KB188236

땅의 기도

매일 매일 드리는 365개의 기도문!

기도 그 이상의 기도

땅의 기도
매일 매일 드리는 366개의 기도문!

찍은날 : 2024. 4. 15
펴낸날 : 2024. 4. 15

지은이 : 정성학
펴낸이 : 정성학
펴낸곳 : 도서출판 십자가
편　　집 : 참디자인
교　　정 : 현나희

등록번호 : 제652-2023-000002호
등록년월일 : 2023. 1. 11

주　　소 : 제주도 서귀포시 표선면 중산간동로 5542번길 10
전　　화 : 010-5602-2132
계　　좌 : 농협 351-0924-1672-13
　　　　　예금주-도서출판 십자가

값 49,500원

정성학 지음

기도 그 이상의 기도

땅의 기도

매일매일 드리는 366개의 기도문

이 기도집이 바로 이 시대 우리의 기도이다.

도서출판
십자가

이 책을 사랑과 존경을 담아

_____

께 드립니다.

_____

_____

_____

_____

_____

20   .   .   .

_____ 드림

Prologue
서문을 대신하여!
'땅의 기도'에 대한 변명!

저는 이 '기도문'을 한 번도 단어나 어휘, 문장 등으로 쓰지 않았습니다. 언제나 제 마음으로 썼습니다. 자살자들의 소식을 듣고 기도하면서 그들을 위해 썼고, 겨울비 내리는 길을 운전하고 다녀와서 결빙을 염려하는 마음으로 운전자들을 위한 기도문을 썼습니다. 기도문은 작품이 아니라 정직한 마음입니다. 기도를 들으실 하나님께 올릴 진실한 기도였습니다. 따라서 이 기도문은 설교문 만큼이나 중요한 영적인 글입니다. 이 한 편 한 편은 피가 마르는 저의 진솔한 고백입니다.

지난해 4월 즈음, 제가 '하늘의 기도'라는 기도문을 책으로 엮고 기도문 '상하'권의 재교(再校)를 보고 있을 무렵입니다. 이제 한두 주간 뒤면 책이 발행될 무렵이고 이미 SNS에는 책 광고가 나가서 일부는 주문을 받을 때입니다. 하나님은 그 때 저에게 아주 강력하게 "이 기도문은 팔지 말고, 그냥 선물로 드려라! 그럼 내가 '땅의 기도'로 감동을 줄 테니 그걸 책으로 내라. 그러면 한국 교인들의 가정마다 기도서(祈禱書)로 그 기도문을 구입하게 해 주겠다."는 감동의 말씀이었습니다.

이건 엄청난 은혜의 약속입니다. 그러나 사실 저는 이미 책을 만들고 서고로 쓸 컨테이너 구입을 위해 거금의 빚을 내 놓은 상태입니다. 수천만 원의 돈은 지불되었지만 저는 그 책들을 제 은퇴 '찬하예배'를 드리러 온 이들에게 몇 백질, 그리고 제 '생전 임종 예배'를 드리러 온 분들에게 몇 백질을 무료로 드렸습니다. 그걸 모르고 미리 구입하신 분들 중에 예배참석 신청을 하신 분들에게는 오셔서 다른 책으로 바꾸어 가도록 안내해 드렸고, 실제로 다른 책으로 바꾸어 드렸습니다.

그리고 하나님은 그 이후에 깜짝 놀랄 만한 감당하기 어려운 방법으로 많은 기도문을 주셨습니다. 그런데 제 마음에는 너무 인위적인 기도문 같은 생각이 들었고, 그 때에 어느 분은 "무슨 기도문을 매일 몇 편씩 올리느냐?"는 말씀이 있어, 기도문이 마치 인위적인 글쓰기 같은 느낌이 들었습니다. 그래서 페이스 북에 올리는 일을 중단했습니다. 그 때 다른 일로 페이스 북에 여느 글도 올리지 않던 시기와 맞물리기도 했습니다. 그렇게 해서 결국 기도문은 6개월이 더 늦어졌습니다.

그러다 지난 12월 23일에 이런 침묵을 깨고 다시 페이스 북에 글과 함께 기도문을 올리기 시작했습니다. 물론 그 어간에도 다른 분들의 글에 댓글을 달거나 간간히 칼럼을 쓰긴 했습니다. 아주 간헐적으로 말이지요. 그렇게 기도문을 올리기 시작한 두 달 후인 2월말에 기도문 366개를 모두 끝낼 예정이었습니다. '땅의 기도'는 제가 쓴 기도문을 여러분이 보시는 게 아니라, 하나님께서 주신 기도문을 저와 독자들이 보는 것입니다. 하나님은 제 손끝을 빌어 시대의 기적을 행하십니다.

이 기도문은 제 마음을 자극하시고, 심령을 감동하시며 제 뇌에 동력을 전달하신 하나님께서 제 손끝으로 쓰게 하신 100% 영감(靈感)으로 된 기도문이요, 완벽하게 순종하여 끌어올린 작품이기도 합니다. 그래서 신비하고 그래서 행복합니다. 저는 이 기도문을 '읽기만 해도 응답되는 기도문!'이라고 부릅니다. 왜냐하면 이 기도문은 그냥 읽으면 믿음이 생기고, 믿으면 기도하게 되고, 기도하면 응답되는 기도문이기 때문입니다. 그래서 이 기도문은 시대에 필요한 우리의 기도입니다.

하나님의 약속대로 이 시대의 그리스도인이 '성경', '찬송', '기도'는 항상 함께 해야 하는데, 이미 성경과 찬송은 성서공회와 찬송가 공회에서 제공하고 있습니다. 거기에 기도문을 포함하면 완벽한 신앙생활을 할 수 있는 것이고, 이 책은 그 일에 쓰임을 받게 될 것입니다. 따라서 이 책은 모든 목회자들과 성도들이 항상 곁에 두게 될 것입니다. 그 때마다 무한광대하신 하나님의 능력을 경험할 것이고, 따라서 누군가 이 책을 읽으면 반드시 몇 명 이상에게 선물하게 될 것입니다.

이 기도문을 읽으면 수많은 사람들이 생각날 겁니다. 자신을 낳아준 부모님께도 선물하고 싶고, 자신의 자녀들에게 선물로 주고 싶고, 나를 전도한 이, 내가 전도할 이에게도 선물하고 싶을 것입니다. 선생님에게도, 제자들에게도 주고 싶을 것입니다. 임직하는 임원들이나 중직들에게 주고 싶은 최고의 선물이 될 것입니다. 제가 감히 자부하기는 이 땅에 존재하는 모든 기도서의 완결판이 되리라고 확신합니다. 매일 한 편의 기도문을 읽기만 해도 축복의 문이 열린다면 어떻겠습니까?

매일 하나님께 올리는 366개의 기도문은 '나라와 민족을 위하여' 드리는 기도부터 '교회를 위하여' 올리는 기도까지, '마음이 힘들 때'나 '기도가 안 될 때' 드리는 기도부터 '소방관'을 위해, '재수생을 위해' 드리는 사랑과 정성의 언어로 쓴 기도문의 결정판입니다. 때로는 무디어진 영성을 자극하여 기도의 사람이 되게도 하고, 때로는 벼랑 끝에 선 자신을 구원하는 생명의 밧줄이 될 것입니다. 숱한 직업군을 모조리 뒤져 기도하고, 수많은 상황들을 찾아 기도하고 있기 때문입니다.

저는 새벽에 일어나 기도하다가 매일 하나님께 요구만 하는 것 같아서 오늘은 고마움의 기도를 드리기 시작했습니다. 고마운 내용들이 너무 많아 한 시간 넘게 기도하다가, 그냥 두면 고마운 내용을 잊어버릴 것 같아, 전화 패드에 적어두었습니다. 기록을 위해 중단한 기도가 아쉽고 죄송해서, 치과치료를 가는 길 한 시간 동안 또 기도했습니다. 그리고 책의 말미에는 그렇게 쓴 감사의 기도가 실렸습니다. 한 가지 불편한 점은 받은 복을 자랑하는 것 같은 느낌이 든다는 것입니다.

앞에서 드린 기도는 세상과 교회와 복음의 확장을 위한 중보의 성격이 강한 공적(公的)인 기도인데 비해, 뒤쪽에 실리는 기도는 순전히 하나님께서 저 자신에게 부어주신 놀라운 은혜에 대한 고백이기 때문입니다. 그래도 제 마음에는, 설령 사람들이 보기에 따라서 "나는 하나님 앞에서 이런 복을 받았다!"하고 자랑하는 것처럼 들릴지라도, 제게 베푸신 은혜를 가감 없이 선포하는 것이 도리요, 신앙이라고 믿습니다. 그래서 매일 새벽에 드린 기도문대로 그렇게 기도하는 것입니다.

아시는 대로 제 글은 깁니다. 글을 줄이라는 말씀도 많이 듣습니다. 그래도 고집스럽게 대하소설 급의 글을, 단문을 생명처럼 여기는 페이스 북에 실어온 이유는, 이 정도의 길이라야 제가 말하려는 중심을 모두 기록할 수 있기 때문입니다. 그래서 줄이지 못하고 있습니다. 특히 이제 제가 고백할 하나님께 받은 은혜에 대한 찬양은 다분히 '고마움'의 범위를 벗어난 '자랑'이 될 수도 있습니다. 그래도 써야하는 이유가 있다면, 하나님께서 제 개인에게 주신 복이 그만큼 크기 때문입니다.

글을 맺으면서 저와 함께 이 기도문을 읽어주셨던 모든 친구 분들에게 고마운 말씀을 드립니다. 그리고 그 분들이 '아멘'이라는 짧은 댓글이라도 달아주시는 그 사랑이 저로 하여금 이 기도문을 계속 쓰는 동력이 되기도 했습니다. 그 분들께 고마운 말씀을 드립니다. 또 개인적으로 전화나 문자 등으로 저에게 위로와 격려의 말씀을 주신 여러분들이 계십니다. 모든 분들께 고마운 말씀을 드립니다. 이 책을 만들기 위해 애써 주신 참 디자인의 강인구 대표님께도 고마운 말씀을 드립니다.

2024. 4
제주 십자가 수도원
원장 정성학 목사

Contents

목차

■ 4. 특별한 선교를 위하여 드리는 기도!! (16편) ■

■ 10. 다양한 직군(職群)을 위하여 드리는 기도!! (43편) ■

■ 부록 1. 개인적 응답을 기억해 드리는 기도!! (23편) ■

월/일별 기도제목

《알려드리는 말씀》

1. 기도문의 순서는 '가나다' 순으로 배치되었습니다.
2. 부록으로 실은 이 '월일별 기도 일람표'는 교회력과는 무관하며 하루 한 편의 기도를 드리도록 안내하는 역할을 합니다.

1월 땅의 기도 월/일별 기도 제목

월/일	기도 제목	기도항목
01월 01일	새해 첫날에 드리는 기도!	신앙의 절기
01월 02일	예배 인도자들을 위하여 드리는 기도!	목회와 사역
01월 03일	강단의 설교자를 위하여 드리는 기도!	목회와 사역
01월 04일	교회의 임원들을 위하여 드리는 기도!	행복한 교회
01월 05일	갑자기 슬픔을 당한 이들을 위하여 드리는 기도!	어려운 이웃
01월 06일	대표 기도하는 이들을 위하여 드리는 기도!	행복한 교회
01월 07일	새해 첫 주일에 드리는 기도!	신앙의 절기
01월 08일	하늘의 기도를 위하여 드리는 기도!	자신의 영성
01월 09일	결혼을 앞둔 이들을 위하여 드리는 기도! (1)	행복한 가정
01월 10일	결혼을 앞둔 이들을 위하여 드리는 기도! (2)	행복한 가정
01월 11일	비전교회(미자립교회)들을 위하여 드리는 기도! (1)	목회와 사역
01월 12일	'고독'의 병에 걸린 이들을 위하여 드리는 기도!	질병과 장애
01월 13일	간호사들을 위하여 드리는 기도!	다양한 직군
01월 14일	상심(傷心)하여 고통받는 이들을 위하여 드리는 기도!	어려운 이웃
01월 15일	선교사들의 사역을 위하여 드리는 기도!	특별한 선교
01월 16일	경제적 위기를 만난 이들을 위하여 드리는 기도!	어려운 이웃
01월 17일	건축 및 건설업자들을 위하여 드리는 기도!	다양한 직군
01월 18일	계속 이 길을 가야 할지 모를 때 드리는 기도!	자신의 영성
01월 19일	가난한 개척교회들을 위하여 드리는 기도!	행복한 교회
01월 20일	간호사들과 간호조무사들을 위하여 드리는 기도!	다양한 직군
01월 21일	교회에서 가르치는 이들(교사)을 위하여 드리는 기도!	행복한 교회
01월 22일	겨울비 내리는 날에 드리는 기도!	절기와 계절
01월 23일	헌금하는 이들을 위하여 드리는 기도!	교회와 복음
01월 24일	고아원에 있는 아이들을 위하여 드리는 기도!	어려운 이웃
01월 25일	설교자들을 위하여 드리는 기도!	목회와 사역
01월 26일	교회의 장로들을 위하여 드리는 기도!	행복한 교회
01월 27일	글을 쓰는 작가(作家)들을 위하여 드리는 기도!	다양한 직군
01월 28일	분노를 쉽게 지울 수 없는 이들을 위하여 드리는 기도!	어려운 이웃
01월 29일	각양 병든 자들을 위하여 드리는 기도!	질병과 장애
01월 30일	기술자로 일하는 이들을 위하여 드리는 기도!	다양한 직군
01월 31일	1월 한 달을 보내며 드리는 기도!	절기와 계절

2월 땅의 기도 월/일별 기도 제목

월/일	기도 제목	기도항목
02월 01일	2월의 첫날에 드리는 기도!	절기와 계절
02월 02일	은퇴 선교사들을 위하여 드리는 기도!	특별한 선교
02월 03일	은퇴 목회자들을 위하여 드리는 기도!	목회와 사역
02월 04일	입춘(立春)에 드리는 기도!	절기와 계절
02월 05일	비전교회(미자립교회)들을 위하여 드리는 기도! (2)	목회와 사역
02월 06일	기초생활 수급자들을 위하여 드리는 기도!	어려운 이웃
02월 07일	폭설이 내렸을 때 드리는 기도!	절기와 계절
02월 08일	고도비만(과체중)환자들을 위한여 드리는 기도!	질병과 장애
02월 09일	노점상들을 위하여 드리는 기도!	다양한 직군
02월 10일	정월 초하루 '설날'에 드리는 기도!	절기와 계절
02월 11일	선거를 앞둔 시기에 드리는 기도!	나라와 민족
02월 12일	사업하는 성도들을 위하여 드리는 기도!	행복한 교회
02월 13일	나이 들고 병든 이들을 위하여 드리는 기도!	어려운 이웃
02월 14일	사순절 첫날 재의 수요일에 드리는 기도!	신앙의 절기
02월 15일	축도하는 이들을 위하여 드리는 기도!	목회와 사역
02월 16일	신학대학 교수들을 위하여 드리는 기도!	특별한 선교
02월 17일	'이스라엘'과 '하마스'의 전쟁 종식을 위하여 드리는 기도!	세계의 평화
02월 18일	사순절 첫째 주일에 드리는 기도!	신앙의 절기
02월 19일	우수(雨水) 절기에 드리는 기도!	절기와 계절
02월 20일	가난한 교회들을 위하여 드리는 기도!	행복한 교회
02월 21일	대학 진학을 앞두고 있는 이들을 위하여 드리는 기도!	어려운 이웃
02월 22일	사순절(四旬節)에 드리는 기도!	신앙의 절기
02월 23일	노숙자들을 위하여 드리는 기도!	어려운 이웃
02월 24일	'우크라이나'와 '러시아'의 전쟁 종식을 위하여 드리는 기도!	세계의 평화
02월 25일	사순절 둘째 주일에 드리는 기도!	신앙의 절기
02월 26일	국가 지도자들을 위하여 드리는 기도! (1)	나라와 민족
02월 27일	농부들을 위하여 드리는 기도!	다양한 직군
02월 28일	골다공증 환자들을 위하여 드리는 기도!	질병과 장애
02월 29일	한없이 게을러질 때 드리는 기도!	자신의 영성

3월 땅의 기도 월/일별 기도 제목

월/일	기도 제목	기도항목
03월 01일	3월의 첫날에 드리는 기도!	절기와 계절
03월 02일	나라와 민족을 위하여 드리는 기도! (1)	나라와 민족
03월 03일	사순절 셋째 주일에 드리는 기도!	신앙의 절기
03월 04일	교회학교의 총무 간사들을 위하여 드리는 기도!	행복한 교회
03월 05일	경칩(驚蟄)에 드리는 기도!	절기와 계절
03월 06일	'우크라이나'와 '튀르키예'를 위하여 드리는 기도!	세계의 평화
03월 07일	일제 강제 동원 피해자들과 유족들을 위하여 드리는 기도!	나라와 민족
03월 08일	다문화 가정들을 위하여 드리는 기도!	어려운 이웃
03월 09일	신학생들을 위하여 드리는 기도!	목회와 사역
03월 10일	사순절 넷째 주일에 드리는 기도!	신앙의 절기
03월 11일	교통사고 환자와 가족들을 위하여 드리는 기도!	질병과 장애
03월 12일	다문화, 다민족 가정들을 위하여 드리는 기도!	어려운 이웃
03월 13일	낙농업과 목축업을 하는 이들을 위하여 드리는 기도!	다양한 직군
03월 14일	사역에 실패한 이들을 위하여 드리는 기도!	목회와 사역
03월 15일	성 금요일에 드리는 기도!	신앙과 절기
03월 16일	땀 흘려 일하는 이들을 위하여 드리는 기도!	다양한 직군
03월 17일	사순절 다섯째 주일에 드리는 기도!	신앙의 절기
03월 18일	미래 세대를 위하여 드리는 기도!	어려운 이웃
03월 19일	노인 요양 시설에 있는 이들을 위하여 드리는 기도!	질병과 장애
03월 20일	막노동을 하는 이들을 위하여 드리는 기도!	다양한 직군
03월 21일	춘분(春分)에 드리는 기도!	절기와 계절
03월 22일	고난 주간 월요일에 드리는 기도!	신앙의 절기
03월 23일	종려주일에 드리는 기도!	신앙의 절기
03월 24일	종려주일에 드리는 기도!	신앙의 절기
03월 25일	고난 주간 월요일에 드리는 기도!	신앙의 절기
03월 26일	고난 주간 화요일에 드리는 기도!	신앙의 절기
03월 27일	고난 주간 수요일에 드리는 기도!	신앙의 절기
03월 28일	고난 주간 목요일에 드리는 기도!	신앙의 절기
03월 29일	고난 주간 금요일에 드리는 기도!	신앙의 절기
03월 30일	고난 주간 토요일에 드리는 기도!	신앙의 절기
03월 31일	부활절 아침에 드리는 기도!	신앙의 절기

4월 땅의 기도 월/일별 기도 제목

월/일	기도 제목	기도항목
04월 01일	4월의 첫날에 드리는 기도!	절기와 계절
04월 02일	치매(癡呆)환자들을 위하여 드리는 기도!	질병과 장애
04월 03일	제주 4.3 피해자들을 위하여 드리는 기도!	나라와 민족
04월 04일	청명(淸明)에 드리는 기도!	절기와 계절
04월 05일	북한의 교회들을 위하여 드리는 기도!	나라와 민족
04월 06일	뇌전증(간질)환자들을 위하여 드리는 기도!	질병과 장애
04월 07일	제주 4.3 희생자들과 유족들을 위하여 드리는 기도!	어려운 이웃
04월 08일	배신 당하여 상처받는 이들을 위하여 드리는 기도!	어려운 이웃
04월 09일	국회의원 후보들을 위하여 드리는 기도!	다양한 직군
04월 10일	입법부(立法府/국회의원)을 위하여 드리는 기도!	나라와 민족
04월 11일	정치적 상실감을 가진 이들을 위하여 드리는 기도!	나라와 민족
04월 12일	바다를 항해하는 선장들을 위하여 드리는 기도!	다양한 직군
04월 13일	당뇨병 환자들을 위하여 드리는 기도!	질병과 장애
04월 14일	부활절에 드리는 기도! (1)	신앙의 절기
04월 15일	바다의 어부들을 위하여 드리는 기도!	다양한 직군
04월 16일	세월호 희생자 유가족들을 위하여 드리는 기도!	나라와 민족
04월 17일	교만이 올라올 때 드리는 기도!	자신의 영성
04월 18일	소방관들을 위하여 드리는 기도!	다양한 직군
04월 19일	부활절에 드리는 기도! (2)	신앙의 절기
04월 20일	사업에 실패한 이들을 위하여 드리는 기도!	어려운 이웃
04월 21일	예배당 건축을 중단한 이들을 위하여 드리는 기도!	목회와 사역
04월 22일	사찰 집사(관리인)들을 위하여 드리는 기도!	행복한 교회
04월 23일	안수 받는 목사들을 위하여 드리는 기도!	목회와 사역
04월 24일	죄의 가책으로 번민할 때 드리는 기도!	자신의 영성
04월 25일	사법부(司法府)를 위하여 드리는 기도!	나라와 민족
04월 26일	국가 지도자들을 위하여 드리는 기도! (2)	나라와 민족
04월 27일	신문 방송 등 언론인들을 위하여 드리는 기도!	다양한 직군
04월 28일	죄를 범하여 무너진 목회자들을 위하여 드리는 기도!	교회와 복음
04월 29일	병상에 누워있는 이들을 위하여 드리는 기도!	질병과 장애
04월 30일	기도가 회복되지 않을 때 드리는 기도!	자신의 영성

5월 땅의 기도 월/일별 기도 제목

월/일	기도 제목	기도항목
05월 01일	5월의 첫날에 드리는 기도!	절기와 계절
05월 02일	아파트 관리인들을 위하여 드리는 기도!	다양한 직군
05월 03일	약사와 한약사들을 위하여 드리는 기도!	다양한 직군
05월 04일	낙심하여 교회를 떠난 이들을 위하여 드리는 기도!	행복한 교회
05월 05일	어린이 날 어린이 주일에 드리는 기도!	신앙의 절기
05월 06일	목회자의 자녀들을 위하여 드리는 기도 (1)	목회와 사역
05월 07일	이 땅의 자녀들을 위하여 드리는 기도!	행복한 가정
05월 08일	분노 조절 장애자들을 위하여 드리는 기도!	질병과 장애
05월 09일	나이 드신 어른들을 위하여 드리는 기도!	행복한 가정
05월 10일	예배당에서 밤새 기도하는 이들을 위하여 드리는 기도!	행복한 교회
05월 11일	이 땅의 부모들을 위하여 드리는 기도!	행복한 가정
05월 12일	어버이 날, 어버이 주일에 드리는 기도!	신앙의 절기
05월 13일	언론기관 종사자들을 위하여 드리는 기도!	다양한 직군
05월 14일	불면증에 시달리는 이들을 위하여 드리는 기도!	질병과 장애
05월 15일	스승의 날, 스승의 주일에 드리는 기도!	신앙의 절기
05월 16일	삶의 의욕을 상실한 이들을 위하여 드리는 기도! (1)	어려운 이웃
05월 17일	좋은 친구를 얻기 위하여 드리는 기도!	자신의 영성
05월 18일	언론사 기자들을 위하여 드리는 기도!	다양한 직군
05월 19일	광주 5.18 민주 항쟁 희생자와 유가족들을 위하여 드리는 기도!	나라와 민족
05월 20일	부모님의 추모일(忌日)에 드리는 기도!	행복한 가정
05월 21일	목회자의 부인들을 위하여 드리는 기도! (1)	목회와 사역
05월 22일	이 땅의 가정들을 위하여 드리는 기도!	행복한 가정
05월 23일	불임(不姙)으로 고통 받는 이들을 위하여 드리는 기도!	질병과 장애
05월 24일	삶의 의욕을 상실한 이들을 위하여 드리는 기도!(2)	어려운 이웃
05월 25일	연예인(유명인)들을 위하여 드리는 기도!	다양한 직군
05월 26일	성령강림절에 드리는 기도!	신앙의 절기
05월 27일	사랑하는 자녀들을 위하여 드리는 기도!	행복한 가정
05월 28일	목회자의 자녀들을 위하여 드리는 기도 (2)	목회와 사역
05월 29일	불임(不姙)의 아픔을 겪는 이들을 위하여 드리는 기도!	질병과 장애
05월 30일	소외된 이들을 위하여 드리는 기도!	어려운 이웃
05월 31일	봉헌식을 준비하는 이들을 위하여 드리는 기도!	목회와 사역

땅의 기도

6월 땅의 기도 월/일별 기도 제목

월/일	기도 제목	기도항목
06월 01일	6월의 첫날에 드리는 기도!	절기와 계절
06월 02일	각급 학교 선생님들을 위하여 드리는 기도!	다양한 직군
06월 03일	슬픔 당한 이들을 위하여 드리는 기도!	어려운 이웃
06월 04일	문제 많은 교회를 위하여 드리는 기도!	행복한 교회
06월 05일	갈등하는 목회자와 평신도 지도자들을 위하여 드리는 기도!	행복한 교회
06월 06일	소아당뇨/소아암 환자들을 위하여 드리는 기도!	질병과 장애
06월 07일	예술가들을 위하여 드리는 기도!	다양한 직군
06월 08일	부모를 잃고 슬퍼하는 이들을 위하여 드리는 기도!	행복한 가정
06월 09일	목회의 의욕을 상실한 종들을 위하여 드리는 기도!	목회와 사역
06월 10일	목회자의 부인들을 위하여 드리는 기도! (2)	목회와 사역
06월 11일	외국인 노동자들을 위하여 드리는 기도!	어려운 이웃
06월 12일	절망과 좌절을 만났을 때 드리는 기도!	자신의 영성
06월 13일	운전기사들을 위하여 드리는 기도!	다양한 직군
06월 14일	돈 때문에 상처받는 성도들을 위하여 드리는 기도!	행복한 교회
06월 15일	이 땅에 전쟁의 위협이 사라지기 위하여 드리는 기도!	나라와 민족
06월 16일	'중국'과 '대만'의 양안(兩岸) 평화를 위하여 드리는 기도!	세계의 평화
06월 17일	수술을 앞둔 환자들을 위하여 드리는 기도!	질병과 장애
06월 18일	이 땅의 여성들을 위하여 드리는 기도!	어려운 이웃
06월 19일	배우자와 사별(死別)한 이들을 위하여 드리는 기도!	행복한 가정
06월 20일	목회자의 설교에 상처받은 이들을 위하여 드리는 기도!	행복한 교회
06월 21일	의사들을 위하여 드리는 기도!	다양한 직군
06월 22일	이 땅의 농부들을 위하여 드리는 기도!	다양한 직군
06월 23일	예배할 수 없는 이들을 위하여 드리는 기도!	행복한 교회
06월 24일	어린 가장(家長)들을 위하여 드리는 기도!	행복한 가정
06월 25일	나라와 민족을 위하여 드리는 기도! (2)	나라와 민족
06월 26일	국가 지도자들을 위하여 드리는 기도! (3)	나라와 민족
06월 27일	인생의 실패자들을 위하여 드리는 기도!	어려운 이웃
06월 28일	일용직 근로자들을 위하여 드리는 기도!	다양한 직군
06월 29일	마음에 평안이 없을 때 드리는 기도!	자신의 영성
06월 30일	남북 이산(離散)가족들을 위하여 드리는 기도!	나라와 민족

7월 땅의 기도 월/일별 기도 제목

월/일	기도 제목	기도항목
07월 01일	7월의 첫날에 드리는 기도!	절기와 계절
07월 02일	시한부 선고를 앞둔 이들을 위하여 드리는 기도!	질병과 장애
07월 03일	천국 환송예배(장례예배/발인)를 위하여 드리는 기도!	행복한 교회
07월 04일	교회 사무직원들을 위하여 드리는 기도!	행복한 교회
07월 05일	자살을 생각하는 이들을 위하여 드리는 기도!(1)	어려운 이웃
07월 06일	작은 가게를 운영하는 이들을 위하여 드리는 기도!	다양한 직군
07월 07일	맥추절에 드리는 기도!	신앙의 절기
07월 08일	이 땅의 교회들을 위하여 드리는 기도!	행복한 교회
07월 09일	재래시장, 자영업자들을 위하여 드리는 기도!	다양한 직군
07월 10일	배우자를 잃고 슬퍼하는 이들을 위하여 드리는 기도!	행복한 가정
07월 11일	이 땅의 유투버들을 위하여 드리는 기도!	나라와 민족
07월 12일	이혼(離婚)한 가정들을 위하여 드리는 기도!	행복한 가정
07월 13일	신부전증(腎不全症) 환자들을 위하여 드리는 기도!	질병과 장애
07월 14일	전화 상담을 하는 이들을 위하여 드리는 기도!	다양한 직군
07월 15일	자살을 생각하는 이들을 위하여 드리는 기도! (2)	어려운 이웃
07월 16일	도로의 유지 관리 보수를 맡은 이들을 위하여 드리는 기도!	어려운 이웃
07월 17일	제헌절(制憲節)에 드리는 기도!	절기와 계절
07월 18일	나라와 민족을 위하여 드리는 기도! (3)	나라와 민족
07월 19일	이혼을 마음먹은 이들을 위하여 드리는 기도!	행복한 가정
07월 20일	여야(與野)의 정치적 평화를 위하여 드리는 기도!	나라와 민족
07월 21일	국회의원들을 위하여 드리는 기도!	다양한 직군
07월 22일	문 닫는 점포들을 위하여 드리는 기도!	어려운 이웃
07월 23일	예배당을 지으려는 이들을 위하여 드리는 기도! (1)	목회와 사역
07월 24일	출판사와 서점을 경영하는 이들을 위하여 드리는 기도!	다양한 직군
07월 25일	방학을 맞은 학생들을 위하여 드리는 기도!	행복한 가정
07월 26일	신생아들을 위하여 드리는 기도!	질병과 장애
07월 27일	재소자(在所者)들을 위하여 드리는 기도!	어려운 이웃
07월 28일	주님의 교회가 부흥되기 위하여 드리는 기도!	행복한 교회
07월 29일	치과 의사들을 위하여 드리는 기도!	다양한 직군
07월 30일	예배당을 지으려는 이들을 위하여 드리는 기도! (2)	목회와 사역
07월 31일	맑은 영혼을 위하여 드리는 기도!	자신의 영성

8월 땅의 기도 월/일별 기도 제목

월/일	기도 제목	기도항목
08월 01일	말 때문에 상처받는 성도들을 위하여 드리는 기도!	행복한 교회
08월 02일	알츠하이머(Alzheimer)환자들을 위하여 드리는 기도!	질병과 장애
08월 03일	재수(再修)하는 이들을 위하여 드리는 기도!	어려운 이웃
08월 04일	뒤늦게 신학을 공부하려는 이들을 위하여 드리는 기도!	특별한 선교
08월 05일	교회를 섬기는 목회자들을 위하여 드리는 기도!	목회와 사역
08월 06일	자신이 깊은 병에 들었을 때 드리는 기도!	자신의 영성
08월 07일	젊은 알바생들을 위하여 드리는 기도!	어려운 이웃
08월 08일	학생들과 수련회를 위하여 드리는 기도!	신앙의 절기
08월 09일	예배당을 지으려는 이들을 위하여 드리는 기도! (3)	목회와 사역
08월 10일	위암(胃癌) 환자들을 위하여 드리는 기도!	질병과 장애
08월 11일	이 땅에 거주하는 외국인들을 위하여 드리는 기도!	어려운 이웃
08월 12일	택배 기사들을 위하여 드리는 기도!	다양한 직군
08월 13일	한일(韓日)관계를 위하여 드리는 기도!	세계의 평화
08월 14일	재앙이 끝나고 회복되기 위하여 드리는 기도!	나라와 민족
08월 15일	조국의 통일 위하여 드리는 기도!	나라와 민족
08월 16일	나라와 민족을 위하여 드리는 기도!(4)	나라와 민족
08월 17일	교회를 개척하는 이들을 위하여 드리는 기도!	목회와 사역
08월 18일	광복절/광복절 기념 주일에 드리는 기도!	절기와 계절
08월 19일	직장 퇴직자들을 위하여 드리는 기도!	어려운 이웃
08월 20일	마음의 조급함을 견딜 수 없을 때 드리는 기도!	자신의 영성
08월 21일	이단(異端)에 빠진 성도들을 위하여 드리는 기도!	행복한 교회
08월 22일	택시 기사들을 위하여 드리는 기도!	다양한 직군
08월 23일	자신이 게을러질 때 드리는 기도!	자신의 영성
08월 24일	믿음이 무너지는 것을 느낄 때 드리는 기도!	자신의 영성
08월 25일	교목(校牧)들을 위하여 드리는 기도!	특별한 선교
08월 26일	국가 지도자들을 위하여 드리는 기도! (4)	나라와 민족
08월 27일	임종을 앞둔 이들을 위하여 드리는 기도! (1)	질병과 장애
08월 28일	새롭게 출발하는 가정의 결혼 예식을 위하여 드리는 기도!	행복한 가정
08월 29일	한국의 육상 선수들을 위하여 드리는 기도!	다양한 직군
08월 30일	자녀를 먼저 보낸 이들을 위하여 드리는 기도!	행복한 가정
08월 31일	무엇을 해야 할지 모를 때 드리는 기도!	자신의 영성

9월 땅의 기도 월/일별 기도 제목

월/일	기도 제목	기도항목
09월 01일	주일을 지킬 수 없는 이들을 위하여 드리는 기도!	행복한 교회
09월 02일	집 없는 이들을 위하여 드리는 기도!	어려운 이웃
09월 03일	자신의 영성 회복을 위하여 드리는 기도!	자신의 영성
09월 04일	공황 장애인(恐慌障碍人)들을 위하여 드리는 기도!	질병과 장애
09월 05일	교회의 담임목회자들을 위하여 드리는 기도!	목회와 사역
09월 06일	한국의 축구 선수들을 위하여 드리는 기도!	다양한 직군
09월 07일	이 땅의 아내들을 위하여 드리는 기도!	행복한 가정
09월 08일	하루하루 힘겹게 살아가는 이들을 위하여 드리는 기도!	어려운 이웃
09월 09일	이중직(二重職)목회자들을 위하여 드리는 기도!	목회와 사역
09월 10일	한의사들을 위하여 드리는 기도!	다양한 직군
09월 11일	심령이 점점 차가워질 때 드리는 기도!	자신의 영성
09월 12일	척추 장애인들을 위하여 드리는 기도!	질병과 장애
09월 13일	교회의 부목사들을 위하여 드리는 기도 (1)	목회와 사역
09월 14일	항공기 승무원들을 위하여 드리는 기도!	다양한 직군
09월 15일	광역지방 자치 단체들을 위하여 드리는 기도!	나라와 민족
09월 16일	임종을 앞둔 이들을 위하여 드리는 기도! (2)	질병과 장애
09월 17일	말씀을 들어도 깨달음이 없을 때 드리는 기도!	자신의 영성
09월 18일	파산선고(破産宣告)를 받은 이들을 위하여 드리는 기도!	어려운 이웃
09월 19일	남북 간의 전쟁 방지를 위하여 드리는 기도!	나라와 민족
09월 20일	남남(南南)의 갈등을 위하여 드리는 기도!	나라와 민족
09월 21일	이단의 발호(跋扈)를 막기 위하여 드리는 기도!	행복한 교회
09월 22일	소멸되어 가는 청년들을 위하여 드리는 기도!	행복한 교회
09월 23일	자비량 선교사들을 위하여 드리는 기도!	특별한 선교
09월 24일	의처증(疑妻症/疑夫症)환자들을 위하여 드리는 기도!	질병과 장애
09월 25일	부흥회를 준비하는 이들을 위하여 드리는 기도!	목회와 사역
09월 26일	자신의 건강을 위하여 드리는 기도!	자신의 영성
09월 27일	검사(檢事)들을 위하여 드리는 기도!	다양한 직군
09월 28일	행정부(行政府/장관)를 위하여 드리는 기도!	나라와 민족
09월 29일	나라와 민족을 위하여 드리는 기도!(5)	나라와 민족
09월 30일	배신의 슬픔을 당했을 때 드리는 기도!	자신의 영성

10월 땅의 기도 월/일별 기도 제목

월/일	기도 제목	기도항목
10월 01일	이 땅의 젊은 세대들을 위하여 드리는 기도!	나라와 민족
10월 02일	전방의 병사들을 위하여 드리는 기도!	나라와 민족
10월 03일	국군 장병들을 위하여 드리는 기도!	나라와 민족
10월 04일	나라의 평안을 위하여 드리는 기도!	나라와 민족
10월 05일	남북통일을 위하여 드리는 기도!	나라와 민족
10월 06일	원목(院牧)들을 위하여 드리는 기도	특별한 선교
10월 07일	입원 환자들을 위하여 드리는 기도!	질병과 장애
10월 08일	이 땅의 남편들을 위하여 드리는 기도!	행복한 가정
10월 09일	공직자들을 위하여 드리는 기도!	나라와 민족
10월 10일	학교 폭력 피해자들을 위하여 드리는 기도!	어려운 이웃
10월 11일	화가나 조각가 등 작가들을 위하여 드리는 기도!	다양한 직군
10월 12일	자신을 돌아보며 드리는 기도!	자신의 영성
10월 13일	병실에 누워있는 이들을 위하여 드리는 기도!	행복한 교회
10월 14일	교회를 위하여 드리는 기도! (1)	목회와 사역
10월 15일	젊은 신혼부부들을 위하여 드리는 기도!	행복한 가정
10월 16일	돈 많은 부자들을 위하여 드리는 기도!	어려운 이웃
10월 17일	직장에 다니는 신앙인들을 위하여 드리는 기도!	교회와 복음
10월 18일	사목(社牧)들을 위하여 드리는 기도!	특별한 선교
10월 19일	해외에 거주하는 동포들을 위하여 드리는 기도!	어려운 이웃
10월 20일	고령층 어르신들을 위하여 드리는 기도!	어려운 이웃
10월 21일	경찰관들을 위하여 드리는 기도!	나라와 민족
10월 22일	심혈관 환자들을 위하여 드리는 기도!	질병과 장애
10월 23일	전립선 비대증 환자들을 위하여 드리는 기도!	질병과 장애
10월 24일	기도 응답이 없는 이들을 위하여 드리는 기도!	행복한 교회
10월 25일	국가 지도자들을 위하여 드리는 기도! (5)	나라와 민족
10월 26일	환경 미화원들을 위하여 드리는 기도!	다양한 직군
10월 27일	기관(機關)목회자들을 위하여 드리는 기도!	특별한 선교
10월 28일	왕따를 당한 사역지들을 위하여 드리는 기도!	목회와 사역
10월 29일	이태원 참사 희생자들의 가족을 위하여 드리는 기도!	나라와 민족
10월 30일	지하철에서 물건 파는 이들을 위하여 드리는 기도!	어려운 이웃
10월 31일	분노가 치밀 때 드리는 기도!	자신의 영성

11월 땅의 기도 월/일별 기도 제목

월/일	기도 제목	기도항목
11월 01일	찬양대와 찬양단을 위하여 드리는 기도!	행복한 교회
11월 02일	폐쇄 공포증 환자들을 위하여 드리는 기도!	질병과 장애
11월 03일	새로 교회에 나온 이들을 위하여 드리는 기도!	행복한 교회
11월 04일	교회를 위하여 드리는 기도! (2)	목회와 사역
11월 05일	행복한 가정을 소원하는 부부들을 위하여 드리는 기도!	행복한 가정
11월 06일	교회를 옮기기 원하는 이들을 위하여 드리는 기도!	행복한 교회
11월 07일	임종을 앞둔 이들을 위하여 드리는 기도! (3)	질병과 장애
11월 08일	억울하고 분한 일을 만났을 때 드리는 기도!	자신의 영성
11월 09일	선교지에서 쓰러지는 선교사들을 위하여 드리는 기도!	특별한 선교
11월 10일	현지인과 결혼한 선교사들을 위하여 드리는 기도!	특별한 선교
11월 11일	북한의 백성들을 위하여 드리는 기도!	나라와 민족
11월 12일	자녀들의 생일에 드리는 기도!	행복한 가정
11월 13일	화재로 모든 것을 잃어버린 이들을 위하여 드리는 기도!	어려운 이웃
11월 14일	병든 목회자들을 위하여 드리는 기도!	목회와 사역
11월 15일	각종 기능인 선교사들을 위하여 드리는 기도!	특별한 선교
11월 16일	교회의 부목사들을 위하여 드리는 기도! (2)	목회와 사역
11월 17일	추수절에 드리는 기도!	신앙의 절기
11월 18일	삶이 곤고할 때 드리는 기도!	자신의 영성
11월 19일	찬양 사역자들을 위하여 드리는 기도!	특별한 선교
11월 20일	여야(與野)의 정치적 갈등 해소를 위하여 드리는 기도!	나라와 민족
11월 21일	시각 장애인들을 위하여 드리는 기도!	질병과 장애
11월 22일	희귀병을 앓는 이들을 위하여 드리는 기도	질병과 장애
11월 23일	비정규직 직장인들을 위하여 드리는 기도!	어려운 이웃
11월 24일	기독교언론(신문/방송/잡지)을 위하여 드리는 기도!	특별한 선교
11월 25일	찬양대(성가대) 지휘자들을 위하여 드리는 기도!	행복한 교회
11월 26일	지체 장애인들을 위하여 드리는 기도!	질병과 장애
11월 27일	힘들고 어려운 이들을 위하여 드리는 기도!	어려운 이웃
11월 28일	말씀을 들어도 은혜가 안 되는 이들을 위하여 드리는 기도!	행복한 교회
11월 29일	미래가 불안한 이들을 위하여 드리는 기도!	어려운 이웃
11월 30일	빚 때문에 질식할 것 같은 때 드리는 기도!	자신의 영성

12월 땅의 기도 월/일별 기도 제목

월/일	기도 제목	기도항목
12월 01일	좌판(坐板)에 앉아 물건 파는 이들을 위하여 드리는 기도!	어려운 이웃
12월 02일	혼기(婚期)가 지난 이들을 위하여 드리는 기도!	행복한 가정
12월 03일	교회를 위하여 드리는 기도! (3)	목회와 사역
12월 04일	예비 장애인들을 위하여 드리는 기도!	질병과 장애
12월 05일	삶의 의욕을 상실했을 때 드리는 기도!	자신의 영성
12월 06일	억울하게 갇힌 이들을 위하여 드리는 기도!	어려운 이웃
12월 07일	고향의 모(母)교회들을 위하여 드리는 기도!	행복한 교회
12월 08일	청각 장애인들을 위하여 드리는 기도!	질병과 장애
12월 09일	교회의 여전도사들을 위하여 드리는 기도!	목회와 사역
12월 10일	자식을 잃어버린 부모들을 위하여 드리는 기도!	행복한 가정
12월 11일	자기 때를 기다리며 드리는 기도!	자신의 영성
12월 12일	척수 장애인들을 위하여 드리는 기도!	질병과 장애
12월 13일	하나님께서 기뻐하시는 교회가 되기 위하여 드리는 기도!	행복한 교회
12월 14일	임지를 옮기려는 목회자들을 위하여 드리는 기도!	목회와 사역
12월 15일	당회(기획위원회)와 당회원(위원)들을 위하여 드리는 기도!	행복한 교회
12월 16일	유방암 환자들을 위하여 드리는 기도!	질병과 장애
12월 17일	해외 선교사들의 건강을 위하여 드리는 기도!	특별한 선교
12월 18일	지적 장애인들을 위하여 드리는 기도!	질병과 장애
12월 19일	군목(軍牧)과 군종 사병들을 위하여 드리는 기도!	특별한 선교
12월 20일	힘든 목회자들을 위하여 드리는 기도!	목회와 사역
12월 21일	부흥회를 요청받았을 때에 드리는 기도!	자신의 영성
12월 22일	성탄 주일에 드리는 기도!	신앙의 절기
12월 23일	혼란스러운 세상을 위하여 드리는 기도!	나라와 민족
12월 24일	폐지 줍는 이들을 위하여 드리는 기도!	어려운 이웃
12월 25일	성탄절 아침에 드리는 기도!	신앙과 절기
12월 26일	교회에서도 소외당한 이들을 위하여 드리는 기도!	행복한 교회
12월 27일	한 해를 마감하며 드리는 기도!	절기와 계절
12월 28일	행복한 송년을 위하여 드리는 기도!	절기와 계절
12월 29일	송년 주일에 드리는 기도!	신앙의 절기
12월 30일	송구영신 예배에 드리는 기도! (1)	신앙의 절기
12월 31일	송구영신 예배에 드리는 기도! (2)	신앙의 절기

1.
나라와 민족을 위하여
드리는 기도!!
(39편)

왜 기도해야 하는가?

나라와 민족을 위하여 드리는 기도!

> "그러므로 내가 첫째로 권하노니 모든 사람을 위하여 간구와 기도와 도고와 감사를 하되 임금들과 높은 지위에 있는 모든 사람을 위하여 하라 이는 우리가 모든 경건과 단정함으로 고요하고 평안한 생활을 하려 함이라." (딤전 2:1-2)

'나라와 민족'! 이건 우리의 근원이자 근본입니다. 아무리 훌륭한 개인이나 혈통이나 기업도 나라가 없으면 존재할 수 없습니다. 이것이 우리가 나라와 민족을 위하여 기도해야 하는 근거요 이유입니다. 그래서 한 세기 전이 땅에 복음이 들어오던 때, 우리 기도의 용사들은 기도를 위하여 제단에 엎드릴 때마다 제일 먼저 '나라와 민족'을 위해서 기도했습니다.

대한민국에 복음이 들어오면서 동시에 우리는 비열한 일본의 침략을 당했고, 그들은 한국 땅에서 온갖 야비한 방법으로 왕을 비롯한 각료들을 겁박하고 회유하여 한 입, 한 입 나라를 삼키기 시작했습니다. 결국은 우리의 조국을 대낮에 두 눈을 뜨고 무력으로 찬탈당한 듯 나라를 빼앗겼습니다. 영토와 국민은 두 눈이 시퍼렇게 살아있는데 주권이 사라진 것입니다.

그렇게 해서 1910년 8월 22일(29일 아님) 경술국치(庚戌國恥) 이후 36년 동안, 나라는 있으되 주권이 없는 잃은 설움을 안고 36년을 살았습니다. 그때 우리의 기도제목은 '나라와 민족'을 위한 기도였습니다. 빼앗긴 주권의 회복이야 말로 가장 절실한 것이었습니다. 나라 빼앗긴 설움을 절절이 토하던 곳이 교회였고, 당연히 교회는 국권회복 운동 중심지였습니다.

그렇게 몸부림하던 민족에게 하나님은 해방을 주셨고, 해방의 기쁨을 잠시 맛본 백성들은 그것이 우리가 바라던 해방이 아니란 걸 알았습니다. 그러나 다시 우리를 억압하는 손은 더 강한 힘을 가진 미국이고, 이 사슬에서 벗어나려고 몸부림하며 무방비로 있던 어느 초여름에 우리는 반쪽 나라 북한에 기습공격을 당하게 되었고 기도는 더욱 필요하게 되었습니다.

이렇게 다시 적군의 손에 나라를 빼앗긴 우리가 할 수 있는 일은 오직 하나 기도하는 일이었습니다. 그때의 자료집을 보면 아이를 들쳐 엎고 엎드려 땅바닥에 흥건하게 고이도록 눈물을 쏟으며 기도하는 모습이 많습니다. 따라서 '구국기도회'는 모든 기도회의 일반적 명칭이었습니다. 따라서 애국 운동의 중심은 교회였고 교회는 애국지사들의 은신처였습니다.

이후 우리는 전쟁이 끝난 나라를 선물로 받았지만, 다른 한편으로는 통일된 나라가 아니라 반 토막이 난 땅으로 돌려받았습니다. 그래서 우리는 지금도 기도하고, 지금도 엎드려 땅이 흥건하도록 우는 것입니다. 이제 우리가 돌려받고 싶은 조국의 모습은 다시는 억압받지 않고, 다시는 분열되지 않는 완전한 통일의 나라, 자유의 나라, 번영의 나라가 될 것입니다.

땅의 기도
광역 지방 자치 단체들을 위하여 드리는 기도!

"예수께서 다시 두로 지방에서 나와 시돈을 지나고 데가볼리 지방을 통과하여 갈
릴리 호수에 이르시매" (마가 7:31)

하나님! 오늘 대한민국의 영토 안에, 이 나라를 구성하고 있는 광역 지방
자치 단체들을 위하여 기도합니다. 중앙 정부에 행정부가 있어서 국무총
리를 비롯한 국무위원들이 대통령을 보좌하여 국정 전반을 돌보게 되지
만, 이제 실제로 전국의 17개 광역자치 단체들이 움직여 대한민국이 돌아
가고 있습니다. 이들을 이끄는 시장들과 도지사들을 기억하여 주옵소서!

광역자치단체는 결코 무시할 수 없는 중요한 위치에 있습니다. 그 광역자
치단체 안에는 '서울시'의 경우 천만 명의 인구가 살고 있고, 다른 광역시
의 경우도 수백만 명씩의 인구가 집중해서 살고 있는데, 이중 어느 하나도
소홀히 할 수 없습니다. 모든 민주주의 국가에서 자치단체의 건강은 건강
한 나라로 가는 디딤돌입니다. 이들 모두에게 지혜를 주시옵소서!

먼저 '특별시'인 '서울시'를 기억하시되, 시장은 시장으로는 유일하게 국무
회의에도 참석할 만큼 중요한 자리인데, 하나님께서 서울시장의 일거수일
투족을 다스리셔서 천만 서울시의 안전과 행복을 지키게 하시고, 수도 서

울이 어떤 방향으로 가는지에 따라 수도권 광역인 경기, 인천도 영향을 받습니다. 하나님의 선하신 뜻이 25개 구청, 구청장들과 함께하시옵소서!

그리고 부산시, 인천시, 대구시, 광주시, 대전시, 울산시 같은 6개의 광역시를 기억하여 주옵소서! 인구 백만 이상의 거대 도시들이고, 특히 부산과 인천은 300만이 넘고, 대구도 230만이 넘는 광역시들이 국가경영의 거점으로 역할을 잘 감당하게 하옵소서! 또 유일한 '특별자치시'인 세종시를 기억하시되, 이제 행정수도로서의 면모를 이루어 가도록 지켜 주옵소서!

경기, 전남, 충남, 충북, 경남, 경북 등 6개 도(道) 위에도 함께 하셔서 도 안에 있던 인천, 광주, 대전, 부산, 울산, 대구처럼 알토란같은 거대 도시들을 내주고 경영에 어려움이 있겠지만, 하나님의 돌보심을 힘입게 하여 주옵소서! 그 가운데 제주도를 비롯한 강원, 전북 등 특별자치도 위에도 함께 하시고, 모든 17개 광역자치단체가 선한 경쟁으로 나아가게 하옵소서!

광역 자치 단체 안에 시, 군, 구 기초 지방 자치단체들과 건강한 풀뿌리 민주주의를 위해서 힘을 주옵소서! 75개의 시(市)와, 82개의 군(郡), 그리고 69개의 구(區)를 기억하시고, 이곳 기초자치단체의 장들인 시장, 군수, 구청장들을 사랑하여 좋은 자치단체와 단체장들이 대한민국을 지탱하게 하시고, 228개의 읍, 1184개의 면, 2098개 동을 모두 지켜 주옵소서!

이 나라 대한민국을 주신 예수 그리스도의 이름으로 기도드립니다. 아멘!

땅의 기도
광주 5.18 민주 항쟁 희생자와 유족을 위하여 드리는 기도!

"히스기야가 그 사자들의 손에서 글을 받아 보고 여호와의 전에 올라가서 그 글을 여호와 앞에 펴 놓고 여호와께 기도하여 이르되" (이사 37:14-15)

사랑의 하나님! 이 나라가 민주화 과정에서 겪은 가장 큰 아픔이자 의미 있는 사건인 '광주 5.18 민주 항쟁'의 역사는 나라의 역사를 새로 쓸 만큼 놀라운 항쟁의 역사이고, 세계적으로도 드문 역사입니다. 우리 민족이 광주항쟁의 역사를 통해 수많은 시민, 학생들이 목숨을 잃고 부상당하고 행방불명이 되었지만 그들의 희생을 통해 나라 정체성이 진일보했습니다.

언론, 지식인을 비롯한 누구도 입을 열지 못한 채 침묵하고 있던 1980년, 서슬 퍼런 군사독재의 총칼이 턱밑에 있을 때도, 시민 학생들이 눈물로 하나 되어 군사독재에 항거하며 정의를 지키기 위한 저항에 하나 되던 감격적인 장면은 민족사에 빛나는 날이 될 것입니다. 하나님께서 먼저 그 때 희생된 500명이 넘는 학생들과 시민들, 가족들을 기억해 주시옵소서!

불의에 항거하고 독재를 타도하려는 저들의 숭고한 정신이 이제 대한민국 헌법 전문에 기재되고, 그들이 흘린 피 위에 우리나라의 자유민주주의가 세워졌음을 기억하게 하시옵소서! 그때 마지막으로 전남도청이 점령당하면서 생긴 희생을 비롯하여 항쟁의 전후에 광주와 전남일대에서 희생된 이들이 사망자, 부상자, 행방불명자를 포함하여 7,000명도 넘습니다.

600여명 가까운 항쟁의 직접 사망자와, 후유증으로 사망한 사망자를 포함 569명이나 되고 3,000명이 넘는 부상자, 1600명 가까운 구속 및 고문 피해자를 낳고, 이제는 봉합된 듯 보이나, 여전히 광주 민주항쟁에 대한 망언들이 심심하면 튀어나와 잠잠하던 지역민심과 국민감정에 화를 돋우고 있습니다. 백성에게 정의와 민주주의를 사랑하는 마음을 주옵소서!

이제 대한민국 헌법 전문에 3.1운동과 4.19혁명 정신에 이어 5.18 민주 항쟁의 숭고한 뜻을 담아 온 민족이 공감하고 계승해 갈 수 있게 하시고, 다시는 군인들이 민족의 가슴에 총부리를 겨누는 불행한 반역의 역사가 없게 하옵소서! 광주항쟁 과정에 생긴 잔혹한 역사가 민주주의의 토양이 되어 이런 비참한 동족 간, 특히 반란군에 의한 수난이 없게 하옵소서!

비무장 시민들을 제압하기 위하여, 특별히 훈련된 3개의 공수여단과, 2개의 사단 병력을 투입하는 잔인한 살육전이 다시는 이 땅에서 일어나지 않도록 지켜 주옵소서! 하나님이 사랑하는 귀한 나라인 대한민국이 그동안 동족 간에 겪은 참상은 5.18을 끝으로 더 이상은 일어나지 않게 하시며, 하나님의 사랑과 공의만 가득한 평화의 나라가 되게 하여 주시옵소서!

대한민국을 특별히 사랑하시는 예수님의 이름으로 기도드립니다. 아멘!

1. 나라와 민족을 위하여 드리는 기도!!

땅의 기도
국가 지도자들을 위하여 드리는 기도! (1)

"그러므로 내가 첫째로 권하노니 모든 사람을 위하여 간구와 기도와 도고와 감사를 하되 디모데전서 임금들과 높은 지위에 있는 모든 사람을 위하여 하라 이는 우리가 모든 경건과 단정함으로 고요하고 평안한 생활을 하려 함이라" (딤전 2:1-2)

이 나라와 민족의 흥망성쇠를 주관하시는 전능하신 하나님! 오늘은 이 나라의 최고 지도자를 위하여 기도합니다. 저희는 헌법 1조 1항에 "대한민국은 민주 공화국이다."고 한 대로 민주공화정을 가의 근간으로 주셨으니, 감사하고, "모든 권력은 국민으로부터 나온다."는 선언처럼 국가의 주인인 국민의 선거를 통해서 지도자인 대통령을 뽑게 하시니 고맙습니다.

왕의 명령 하나에 인권은 온데 간 데 없이 국민들의 생명과 재산을 찬탈해 가는 군주주의가 아닌 것이 너무 고맙습니다. 대통령 혼자만의 힘으로 국가경영을 임의로 할 수 있는 게 아니라, 행정부의 독주를 견제할 수 있는 입법부와 민주공화국을 온전히 세워갈 수 있는 사법부를 두어 무질서를 조장하는 불의한 권력 횡포 요인들을 제거하게 하시니 고맙습니다.

이런 균형과 질서를 위해 적절히 안배된 권력과 상호 견제하고 조화를 이루어 백성들의 권리를 보존하고 행복한 국가의 모습을 갖추게 하시니 고맙습니다. 남북이 긴장하며 대치하고 있는 분단 상황에 이런 어려운 나라를 이끌고 가는 대통령에게 지혜와 믿음을 더하여 주옵소서! 자신에게 맡겨진 운명적 소임을 잘 감당하며 백성들을 두려워하는 마음을 주옵소서!

대통령 한 사람의 무지와 미련함이 국가 전체 국민 모두에게 미치는 영향력이 얼마나 큰지 아시는 하나님께서 대통령에게 '솔로몬'에게 허락하신 하늘같은 지혜를 허락하여 주시고, 그러기 위하여 "누가 주의 이 많은 백성을 재판할 수 있겠습니까? 듣는 마음을 종에게 주사 주의 백성을 재판하여 선악을 분별하게 하옵소서!"(왕상 3:9) 하는 겸손한 마음을 주옵소서!

하늘같은 백성들이 억울한 일을 당하지 않도록 모든 국민들의 형편을 세심하게 살펴, 백성들이 자신의 권리를 국가권력으로부터 부당하게 유린당하는 일이 없도록 지켜주게 하옵소서! 남북의 긴장관계를 완화하고 무력으로 통일을 꾀하려는 파괴적인 방법이 아니라, 상호 존중하는 마음으로 한반도를 평화의 나라로 만들어 우리 후손들에게 물려주게 하옵소서!

대통령은 늘 국정의 중심에 흔들림 없이 바로 서서, 정확한 판단력으로 국정수행의 방향을 정하고 이를 여야 정치지도자들과 국민들을 설득시킬 수 있는 인품과 지도력을 주시어, 결국 동서화합의 리더십, 여야통합의 리더십, 그리고 남북한 화합과 통일의 리더십을 가지고 이 나라를 통일된 평화의 나라가 되는 과정으로 이끌어 가는 지도자가 되게 해 주옵소서!

세상의 왕을 세우고 폐하시는 예수 그리스도의 이름으로 기도합니다. 아멘!

땅의 기도
국가 지도자들을 위하여 드리는 기도! (2)

"우리 하나님 여호와여 원하건대 이제 우리를 그의 손에서 구원하옵소서. 그리하시면 천하만국이 주 여호와가 홀로 하나님이신 줄 알리이다 하니라" (왕하 19:19)

전능하신 하나님! 한 나라의 최고 지도자가 어떤 사람이냐는 것은 그 시대를 사는 백성들에게는 중요합니다. '다윗' 왕과 '솔로몬' 왕 때에 이스라엘 민족이 위대했고 행복했으며, '아합'왕과 '바아사' 왕 때에 백성들이 피폐하고 곤고한 삶을 살았습니다. 한 시대에 백성들을 이끌었던 사사시대에도 어떤 사사가 끌고 가느냐에 따라 백성들의 행/불행이 갈렸습니다.

지도자를 잘못 만나면 백성들이 외세의 침략을 받아 산속 토굴로 도망가거나 붙잡혀 포로가 되어 곤고한 삶을 살고, 전쟁에 동원되어 목숨을 잃거나 부상을 입은 채 종신토록 장애로 살았습니다. 또 그 나라가 하나님의 심판을 받아 흉년과 기근에 처하게 되는 것을 봅니다. 따라서 이 땅에 보내신 대통령은 모두 하나님이 보내시는 선한 대통령이 되게 하시옵소서!

한 나라의 지도자는 가슴에 품은 비전과 그 비전을 선포하고 제시하는 그의 언어를 통해 개인의 인격은 물론 국격을 보여주고, 몸에 배어있는 인품을 통해 세계 여러 나라에 국가의 이미지를 심어줍니다. 우리나라의 대통령이 어질고 따뜻한 지도자의 이미지를 심어줌으로 세계 각국의 지도자들이 다투어 교류를 갖기 원하고 그것이 우리의 국격을 높이게 하옵소서!

유수한 나라의 지도자들과 백성들이 우리나라와 실질적 교류를 갖고 함께 발전하기를 원하게 하시며, 따라서 한류의 열풍이 음악, 연극, 영화, 노래 뿐만 아니라 의상, 음식, 예전에 이르는 전 영역이 이 작은 나라 대한민국이 주도하는 형국이 되게 하옵소서! 수출입을 비롯한 무역도, 경제성장도, 금융도 세계적인 관심을 가진 한류에 부끄럽지 않게 하여 주옵소서!

강력한 군사력을 주셔서 지정학적으로 가장 어려운 지역에 있는 작은 나라이지만, 대통령의 지도력으로 말미암아 강력한 나라가 됨으로 인구나 국토의 면적은 작지만 세계의 열강들이 함께하기 원하는 강력한 나라가 되게 하여 주옵소서! 반만 년 역사 가운데 가장 세계의 존경을 받는 나라, 세계의 지도자들 중에 가장 존경받는 지도자가 되게 하여 주옵소서!

한 나라가 선진국이 되기 위한 우리나라의 규모는 국토 혹은 인구나 경제 면에서 내놓을 것이 없는 반도에 휴전선이 가로막힌 섬 같은 대한민국이지만, 인격과 인품 매너 같은 드러나지 않는 지도력으로 세계의 초강력 국가가 되게 하시고, 작은 거인으로 세계의 경제와 무역, 과학과 문명을 이끌고 갈 수 있는 존경받는 나라, 신망 있는 지도자가 되게 하시옵소서!

우리의 영원한 지도자이신 예수 그리스도의 이름으로 기도합니다. 아멘!

1. 나라와 민족을 위하여 드리는 기도!!

땅의 기도

국가 지도자들을 위하여 드리는 기도! (3)

"미디안이 이스라엘 자손 앞에 복종하여 다시는 그 머리를 들지 못하였으므로 기드온이 사는 사십 년 동안 그 땅이 평온하였더라" (사사 8:28)

지도자는 한 사람이지만 미치는 영향력은 지대하여, 이 나라의 경우 한반도 오천만 민족 모두에게 미칩니다. 대한민국의 대통령을 주장하시고 다스려 주옵소서! 특히 이 민족은 지난 오천년 동안 이웃나라를 침략한 적도 없고, 수탈한 적도 없습니다. 전쟁을 벌여 국민들을 도탄에 잠기게 한 적도 없습니다. 지금도 민족성은 세계 어디에도 내놓을 만큼 뛰어납니다.

근대사만 보더라도 국민 생활이 GDP 300달러 시대에서, 한 세대 만에 3만불 시대로 백배나 성장했습니다. 전후 70년 동안 수많은 위기상황이 있었고 돌발변수가 있었어도 끝내 전쟁으로 비화하지 않고 분단된 채로 하나의 민족, 하나의 조국을 지켜 오게 하셨습니다. IMF의 관리에 들어간 급박한 상황에도 4년이 안되어 모두 상환하는 엄청난 저력이 있었습니다.

4.19혁명, 이후 5.16 군사 쿠데타, 5.18 민주항쟁, 12.12 군사반란 같은 세계가 놀랄만한 충격적인 상황들을 겪고도, 다시 아무 일 없었듯이 꿋꿋이 일어나서 일상을 살아내는 민족의 잠재력이 있습니다. 쿠데타 세력 앞에

온갖 고난과 오욕의 시절을 지냈지만, 끝내 그들을 역사의 단죄를 거쳐 다시 새로운 지도자를 세우고 기적 같은 번영의 길로 나아가고 있습니다.

이런 굴곡이 많은 세월을 아무 일 없은 듯이 버티어 온 대한민국에 하나님께서 국민들의 저력을 상승시켜 국력신장의 길로 이끌 좋은 지도자를 주옵소서! 지도자인 대통령과 국민들이 서로 신뢰와 사랑을 바탕으로 하나가 되게 하옵소서! 백성들은 지도자를 신뢰하고, 지도자는 백성들을 사랑하여 전 세계적으로 어려운 이 시대를 능히 이겨 나가게 하시옵소서!

지도자의 최고 덕목이 백성 앞에 정직하고, 백성들을 이끌고 미래를 향해 나아갈 비전을 제시하는 것인 줄 알고, 눈가림만 하여 백성을 속임으로 불신을 당하는 대통령이 되지 않게 하시고, 그를 보좌하거나 돕는 참모들이나 비서관들이나 보좌관들에게도 은혜를 더하여 지도자인 대통령을 보좌함으로 백성들의 절대적 사랑과 지지를 받는 대통령이 되게 하시옵소서!

어떤 공동체나 그렇지만 특히 한 나라는 누가 최고 지도자인 대통령이 되느냐에 따라 나라의 운명이 좌우됩니다. 하나님! 언제나 세우신 대통령에게 좋은 지도자의 자질을 옷 입혀 주옵소서! 국격에 맞는 품격을 주시어 세계인의 사랑을 받으며 세계 여타 지도자들의 존경받는 지도자가 되어, 우리 대한민국이 세계적으로 신뢰를 얻는 중심국가가 되게 해 주옵소서!

민족의 흥망성쇠를 주관하시는 예수 그리스도의 이름으로 기도합니다. 아멘!

1. 나라와 민족을 위하여 드리는 기도!!

땅의 기도
국가 지도자들을 위하여 드리는 기도! (4)

"그 후에 다윗이 블레셋 사람들을 쳐서 항복을 받고 블레셋 사람들의 손에서 메덱 암마를 빼앗으니라 다윗이 또 모압을 쳐서 그들로 땅에 엎드리게 하고 (중략) 모압 사람들이 다윗의 종들이 되어 조공을 드리니라" (삼하 6:1-2)

전능하신 하나님! "왕은 하늘이 낸다."는 옛 어른들의 말은 독 "지도자는 하나님께서 내신다."는 말인 줄 믿습니다. 이 땅에 사는 사람 누구든지 하나님이 내시는 줄 믿습니다. 그러나 그 가운데 특히 지도자는 그렇습니다. 이 시대는 세계적인 경제적 위기의 시대이고, 이제는 종식선언을 한 코로나 이후에 무서운 기관지 질병이 찾아오고 있는 심각한 시대입니다.

세계가 양 진영으로 나뉘어 패권 다툼을 하고 있고, 두 진영 세력은 피차 양보 못할 만큼 팽팽한 상황입니다. 한발 잘못 디디면 자국의 흥망성쇠가 결정되는 위험한 때입니다. '러시아'와 '우크라이나' 전쟁을 비롯하여, '하마스'와 '이스라엘' 전쟁이 진행 중이고, 특히 남북은 70년 휴전 역사상 가장 위험한 시간 위에 있습니다. 이때에 중요한 자리가 대통령입니다.

특히 우리나라는 세계의 4대강국으로 알려진 미국, 중국, 러시아, 일본 등의 나라와 국경을 마주하는 첨예한 지정학적 위치에 있습니다. 자타가 인정하는 세계 최강의 경찰국가 미국과 이와 패권을 다투는 중국, 과거 명성을 잃기 전 미국과 쌍벽을 이루며 냉전시대를 주도한 소련의 후예 러시아, 가장 침략 근성이 발달한 일본과 운명적으로 경계하고 있습니다.

이런 중차대한 위기의 시대에 위험한 지역을 살고 있는 대한민국에 이런 난국, 난세를 극복하고 백성을 평안하게 이끌고 갈 수 있는 탁월한 대통령을 세워주옵소서! 대통령에게 국제 정치 감각을 갖춘 균형과 조화의 대통령이 되게 하시고, 국가의 위기상황을 극복하고 관리할 수 있는 능력과, 언제나 주변국의 모든 지도자들과 소통하고 공감하는 능력을 주옵소서!

급변하는 국제정서에 대처할 수 있는 지혜와 어제의 적이 오늘의 동료가 되고, 오늘 우방이 내일은 적이 되며 이해관계에 따라 변화하는 국가 간의 이합집산에서 뒤지지 않는 감각이 있게 하옵소서! 그리하여 대통령은 뱀같이 지혜롭고 비둘기같이 순전한 지도자가 되어, 한 시대 세계의 어느 대통령보다 세계의 지도자로 우뚝 서는 위대한 지도자가 되게 하옵소서!

예루살렘 백성과 가슴을 치며 슬피 우는 여자의 큰 무리를 향하여 "나를 위하여 울지 말고 너희와 너희 자녀를 위하여 울라"(누가 23:27-28)고 하신 주님! 좋은 지도자가 있는 나라가 좋은 나라인줄 믿사오니, 저희는 좋은 대통령을 위하여 울게 하옵소서! 강력한 지도자가 있는 나라가 강력한 나라인줄 믿사오니 강력한 리더십이 있는 대통령이 되게 하옵소서!

저희의 영원한 지도자이신 예수 그리스도의 이름으로 기도합니다. 아멘!

땅의 기도

국가 지도자들을 위하여 드리는 기도! (5)

"야훼께서 사무엘에게 이르시되 내가 이미 사울을 버려 이스라엘 왕이 되지 못하게 하였거늘 네가 그를 위하여 언제까지 슬퍼하겠느냐 (중략) 내가 그의 아들 중에서 한 왕을 보았느니라 하시는지라" (삼상 16:1)

대한민국을 사랑하시고 이 민족을 사랑하시는 고마우신 하나님! 이제 민족의 죄와 허물을 사하시고 이 민족의 미래에 영광의 날이 오게 하옵소서! 그동안 민족적 고난의 시간은 지나고 국운이 활짝 열리게 하시되, 먼저 저희에게 좋은 지도자를 세워 주옵소서! 좌우 정치적 이해관계와 무관하게 모든 국민에게 존경과 신뢰와 사랑받는 대통령이 되게 하옵소서!

권력 때문에 따르고 힘에 의해 통치되는 게 아니라, 지도력에 감동받고 지도자의 인품을 흠모하는 대통령이 되게 하옵소서! 백성들의 상처받은 마음을 위로하고 고통 받는 이들의 아픔을 싸매주는 아버지 같은 자상한 대통령, 형님 같은 따뜻한 대통령이 되게 하시되, 특정한 지역이나 계층, 이념을 가진 이들만이 아니라 모든 이들의 대통령이 되게 하시옵소서!

이 땅의 대통령들에게 이름에 맞는 권력을 주시되, 권력을 행하기에 합당한 지도력도 주옵소서! 백성들의 큰 실수도 용납하되 자신에게는 무서우리만치 단호하게 하시며, 사회적이고 국가적인 죄에 대하여는 추상같을 지라도, 어렵고 힘든 이들이 만나는 상황들에 대해서는 위로하고 용서하는 마음을 주옵소서! 앞으로는 점점 더 좋은 대통령이 나오게 하시옵소서!

백성들의 마음에 훌륭한 대통령이 있어 자랑스럽고, 그런 대통령이 있는 나라에 사는 것이 행복하여 세계 어느 나라에서도 "내가 대한민국의 국민이다."고 외칠 수 있는 자긍심을 주시옵소서! 이런 대통령을 가진 나라, 이런 대통령이 있는 나라에 대한 자존감이 있게 하옵소서! 임기를 마친 후에 백성들에게 더욱 존경받는 자랑스러운 대통령이 되게 하옵소서!

그동안 역대 대통령의 삶을 보면, 초대 대통령은 망명지에서 숨을 거두고, 18년 장기집권을 한 대통령은 부하의 총에 맞아 죽고, 한 대통령은 스스로 목숨을 끊었습니다. 다른 네 명의 대통령은 감옥을 다녀왔습니다. 그 중 둘은 세상을 떠났지만 마땅히 묻힐 곳이 없는 이도 있습니다. 이제 우리의 전직 대통령의 운명이 평안하고 행복한 대통령이 되게 하옵소서!

이제 불행한 역사는 끝나고 대통령을 역임한 전직 지도자들이 저희의 평범한 이웃이 되어 국민과 함께 일상을 이야기하고, 이웃들과 나라를 사랑하는 모습을 보여주게 하옵소서! 정치적 신념과 무관하게 국가의 최고 지도자였음을 생각하고 모든 이들에게 존경받게 하옵소서! 대통령의 불행한 역사들은 반복되지 않게 하고 존경받는 지도자가 되게 하시옵소서!

우리 민족을 끝까지 사랑하실 예수 그리스도의 이름으로 기도합니다. 아멘!

1. 나라와 민족을 위하여 드리는 기도!!

땅의 기도
국군 장병들을 위하여 드리는 기도!

"그 때에 내가 너희에게 명령하여 이르기를 너희의 하나님 여호와께서 이 땅을 너희에게 주어 기업이 되게 하셨은즉 너희의 군인들은 무장하고 너희의 형제 이스라엘 자손의 선봉이 되어 건너가되" (신명 3:18)

하나님! 전 세계 군사력 5위인 막강 대한민국의 군인들을 위하여 기도합니다. 하나님께서 세계에서 가장 취약하고 위험한 갈등이 있는 긴장지역 한반도에 사는 저희들을 사랑하셔서 이런 막강한 군사력을 주셨으니 감사하고, 이는 전쟁을 위함이 아니라 전쟁예방을 위한 하나님의 도구인줄 알고, 한국의 육해공군 해병대가 모두 하나님의 손 안에 있기를 원합니다.

국방을 책임진 국방장관을 비롯하여 합참의장, 각 군 참모총장, 각 군단장과 사단장에 이르기까지 모든 지휘관들이 자신들의 휘하에 있는 장병들을 사랑하며 철통경계를 책임지지만, 안보의 첨병인 군인들의 사기를 위해 애정을 가지고 부대를 지휘할 수 있게 하옵소서! 유사시에는 전군이 일당백의 용맹스런 군인이지만 평화시에는 신뢰와 애정을 갖게 하옵소서!

각 군에 배치되어 있는 무기들이 평화시에 악용되지 않게 하시며 군 병력들이 정치적 세력과 결탁하여 쿠데타에 가담하는 불행한 일을 하지 않게 하시며, 이런 슬픈 역사는 지난 세월로 만족하게 하옵소서! 군인은 국민의 생명과 재산을 지키는 국토방위의 신성한 의무에만 임하게 하시고, 국가 반란의 불의한 세력과 야합하여 국민의 신뢰를 잃지 않게 하옵소서!

유사시에는 용맹스러운 군인이지만 평화시에는 언제나 정의롭고 따뜻한 우리의 형제요, 자식이며 부모가 되게 하옵소서! 언제나 군인들을 보면 신뢰할만한 든든한 믿음을 갖게 하옵소서! 유사시에 자기를 위하여 도망치는 비겁한 군인이 아니라 용감한 군인들이 되어, 오직 군 본연의 임무인 국토방위와 국민생명을 지키는 일에만 목숨을 걸게 하여 주옵소서!

군인을 명예스러운 신분으로 생각하되, 특별히 참모총장에서 사단장에 이르는 장군들이 명예를 지키기 위해 군인정신으로 무장하게 하시고, 오로지 국민의 생명과 안전을 지키는 수호자로서의 책무를 성실하게 감당하게 하시고, 장군들이 존경받고, 고급 장교들이 자신의 정체성에 대한 확신을 가지며 말단 사병에 이르기까지 국가방위 업무를 감당하게 하시옵소서!

디시는 군이 불명예스러운 일로 역사의 심판을 받지 않게 하시고, 40만의 마지막 군인 이등병조차 신성한 국방의 의무를 감당하는 동안 자신의 책무에 대한 자긍심을 잃지 않게 하옵소서! 이 나라가 군인들을 믿고 평안히 잠을 자고 일상을 살며 가족 중에, 혹은 자녀 중에 군 입대를 앞둔 이들을 축하하고 격려하며 그가 맡은 임무에 경의를 표하게 하시옵소서!

저희를 지금도 사랑하시는 예수 그리스도의 이름으로 기도드립니다. 아멘!

땅의 기도

나라와 민족을 위하여 드리는 기도! (1)

"내가 그 땅에 평화를 줄 것인즉 너희가 누울 때 너희를 두렵게 할 자가 없을 것이
며 내가 사나운 짐승을 그 땅에서 제할 것이요 칼이 너희의 땅에 두루 행하지 아니
할 것이며" (레위 26:6)

이 민족을 사랑하시어 현재의 복을 주시고 미래의 복을 약속하시고 약속
을 이루어 가시는 전능하신 하나님! 오늘도 하나님은 이 민족 이 백성을
사랑하시고, 이 민족사와 함께 하시고 고대사부터 근현대사에 이르기까지
이 민족이 만나는 큰 고비마다 함께 하셨음을 믿습니다. 하나님께서 이스
라엘 민족과 함께하셨듯이 대한민국과 함께 해 오셨음에 감사드립니다.

이 땅을 일본인들이 침략해 들어와서 국권을 찬탈하고 백성들의 자유를
유린하고 인권을 짓밟으면서 이 땅 백성들의 생명을 자신들의 총알받이로
삼고 노리개로 삼는 질곡의 시간에도 저희를 안고 함께해 오셨음을 믿습
니다. 인류 최초의 원자탄을 투하하여 저희를 36년의 억압에서 해방시키
셔서 더 이상 짐승처럼 밟히고 차이며 살지 않게 하심을 감사합니다.

6.25라는 동족상잔(同族相殘)의 전쟁 중에서도 기가 막힌 낙동강 방어전이
성공하여 민족의 숨통이 끊어지지 않게 지키시고, 인천 상륙 작전을 통해

허리부터 수복시켜 다시 이 민족의 살길을 회복시켜 주셨습니다. 전쟁이 중단되고 휴전이 이루어진 중에도 하나님은 계속 함께 하심을 믿습니다. 지난 70년 동안 기적 같은 방법으로 저희를 지켜주심을 믿습니다.

저희는 알지 못하는 방법으로 이 민족을 눈동자처럼 사랑하시고, 늘 민족이 가는 길 걷는 걸음을 지켜보시고 보호하시고 인도하심을 진심으로 감사하거니와, 이제부터 영원토록 이 백성과 함께해 주실 줄로 믿습니다. 지난 오천년을 지켜주신 하나님! 앞으로 영원토록 저희를 눈동자처럼 지키셨고 또 지켜주실 줄 믿습니다. 이때까지 함께해주신 하나님! 고맙습니다.

하나님! 이제 무한 경쟁시대에 돌입한 세계의 문명과 역사 속에 개입하시어 저희를 안전하게 지켜 주옵소서! 점점 전쟁의 위협에 노출되는 대한민국에 전쟁이 일어나지 않게 하셔서 한반도에는 남북 간의 간장이나 사소한 충돌도 사라지고, 지금처럼 미국과 중국 등 강대국의 각축장이 아니라, 전 세계에서 가장 아름답고 평화로운 행복의 나라가 되게 하옵소서!

이제 하나님께서 이 땅에 서려있는 모든 전쟁의 기운을 제거하시고, 탐욕의 게거품을 물고 한반도를 노리던 강대국들의 거대한 계획이 수포로 돌아가게 하옵소서! 한국은 세계의 열강들 중에 가장 강한 네 나라를 상대하여 위대한 승리를 얻게 하여 주옵소서! 한반도는 세계의 긴장을 완화시킬 수 있는 정치적 완충지대가 되고 평화의 한반도가 되게 하옵소서!

영원히 이 민족을 사랑하시는 예수 그리스도의 이름으로 기도합니다, 아멘!

땅의 기도
나라와 민족을 위하여 드리는 기도! (2)

"문들아 너희 머리를 들지어다 영원한 문들아 들릴지어다 영광의 왕이 들어가시리로다 영광의 왕이 누구시냐 강하고 능한 여호와시요 전쟁에 능한 야훼시로다"

(시편 24:7-8)

전능하신 하나님 아버지! 오늘 저희가 몸담아 살고 있는 조국 대한민국을 위하여 기도합니다. 온 세계가 폭력화되고 자국의 이익, 좀 더 좁혀 가면 몇몇 지도자들의 정치적 기반을 다지려는 사익(私益)을 위한 집단으로 무섭게 변해가고 있습니다. 국제질서 안에서 강대국은 무소불위, 안하무인이고 국가공동체 이익에 부합하지 않으면 전쟁도 불사하고 있습니다.

가난하고 배고파 굶어죽는 민족이 있으면 무상이라도 식량을 줄만한데, 아예 미운 나라에게는 식량으로 쓸 양곡도 팔지 않을 뿐더러 다른 나라도 팔지 못하도록 협박하고 있습니다. 자신의 탐욕을 채우기 위해 어느 날 갑자기 이웃나라를 침략하기도 하고, 어느 날 미사일을 쏘면서 전쟁을 일으키기도 합니다. 그래도 세계는 모두 자국의 이익만 계산하고 있습니다.

전쟁이 일어나면 폭격이 가해지고, 포격이 쏟아지고 건물이 붕괴되면 어린아이를 포함한 여인들, 자신들의 능력으로는 피난도 못가는 노유약자들의 희생이 너무나 큽니다. 우리나라가 70년 전에 3년 동안이나 이런 참혹한 전쟁을 겪었는데, 다시 세계는 동아시아 한반도에 있는 대한민국을 전쟁 위험지역으로 생각하고 있습니다. 무섭고 참혹한 전쟁을 막아 주옵소서!

그러기 위하여 남북 간의 긴장을 막을 수 있는 평화체제로의 협상과 조약 체결로의 전환을 시도하고, 남북한이 군사적 충돌만은 일어나지 않게 하옵소서! 한반도의 전쟁은 다른 여타 전쟁보다 무서운 양상이 될 터인데, 이곳에서 인류최초의 핵전쟁 가능성도 있을 만큼 위험한 생각을 가지고 핵무기를 개발한 북한이 무모한 도발을 하지 않도록 붙잡아 주시옵소서!

한반도에서 전쟁이 일어나면 일제에서 해방되던 2차 세계 대전처럼 자국의 영향권을 확대하여 지배력을 증대시키려는 미국과 러시아, 특히 중국이 참전할 수 있고 기회를 보아 일본도 개입할 수 있습니다. 전쟁이 일어나면 단순히 남북 간의 전쟁이 아니라, 무서운 제3차 세계 대전이 될 수도 있습니다. 하나님께서 저희를 불쌍히 여기사 이 전쟁을 막아 주옵소서!

이 땅에 전쟁이 일어나면 전 세계 군사대국 1, 2, 3위인 미국과 중국과 러시아가 6위의 군사력을 가진 우리나라와 핵을 가진 북한과 싸우는 가공할 전쟁을 하게 될 것입니다. 이 땅이 전쟁으로 불바다가 되지 않게 하여 주옵소서! 더욱이 전 세계 핵보유국 중에 가장 강력한 세 나라를 포함하여 네 나라가 핵보유국입니다. 저희를 핵전쟁의 파멸에서 지켜 주시옵소서!

우리를 전쟁에서 구원하실 예수 그리스도의 이름으로 기도합니다. 아멘!

땅의 기도
나라와 민족을 위하여 드리는 기도! (3)

> "이제는 전에 멀리 있던 너희가 그리스도 예수 안에서 그리스도의 피로 가까워졌
> 느니라 그는 우리의 화평이신지라 둘로 하나를 만드사 원수 된 것 곧 중간에 막힌
> 담을 자기 육체로 허시고" (에베 2:13-14)

전능하신 하나님! 곳곳에 분열과 갈등이 가득한 이 땅을 사람으로는 불가
능하오니 하나님께서 치유하여 주옵소서! 남한과 북한이 강대국의 지배
구조 아래서 70년을 지내왔습니다. 우수한 민족으로 세우셔서 나라는 이
제 무역으로는 10,11위가 되고 군사적으로는 6위가 되었습니다. 컴퓨터,
조선, 자동차, 항만, 철도, 공항, 지하철 등 눈부신 성장을 이루었습니다.

전쟁의 참화가 가득한 잿더미에서 출발하여 지난 70년 동안 엄청난 국방
비를 지불해 가면서도 우리는 괄목할만한 성장을 이루었습니다. 국민 소
득이나 생활수준이나 문화나 과학 문명의 진보는 눈부실 만큼 성장했습니
다. 그동안 아시안게임도, 올림픽도 치렀고, 월드컵도 치르며 4강 신화도
이루었습니다. 그러나 지금 우리가 가장 가슴 아파하는 것은 분열입니다.

이미 남북이 분열된 것이야 세계가 아는 것이지만, 이 안에 있는 국민들은
'보수'와 '진보'로 나뉘었고, '좌파'와 '우파'로 나뉘었습니다. '촛불'과 '태극

기'로 나뉘고, '동서'로 나뉘고 '노사' 간에 나뉘고 '세대' 간의 갈등, '지역'마다의 갈등에 피로감이 쌓여 있습니다. 이런 갈등과 불열을 바라보는 마음이 분노하는 것은 분열의 중심에 정치인들이 자리하고 있습니다.

나라의 강한 힘은 일치와 단결이고, 국가의 힘을 분산시키는 가장 무서운 적은 파당과 분열입니다. 동서고금의 나라들이 분열 이후에 무너졌고, 어느 공동체든 분열을 이길 장사가 없사오니, 이 나라는 하나 된 백성이 되게 하옵소서! 하나인 조국에, 동서와 남북이 하나 되고 좌우가 하나 되고 청치인과 국민이 하나 되어 아름답고 강한 조국을 일구게 하옵소서!

일치를 방해하고 분열을 조장하는 선동 정치, 분열 획책 정치가 궤멸되게 하시고, 증오의 반복을 꾀하는 구태(舊態)를 버리고 서로 양보하는 이해와, 내 목소리를 낮추어 상대방의 소리를 듣는 조화를 이루게 하옵소서! 자기 주장하는 목소리만 높이지 말고, 남의 생각에도 귀를 기울이는 겸허의 마음과 배려를 주옵소서! 그래서 다툼이 아니라 평화가 있게 하옵소서!

이제는 이 땅에 더 이상의 남북 갈등도 사라지고, 민족공동체성을 회복하고 평화적 통일을 이루게 하시되, 한쪽에서라도 먼저 여야의 반목과 증오의 마음과 동서의 이질감을 버리게 하옵소서! 가진 자의 횡포와 못가진 자의 분노를 극복하게 하시고, 강한 자의 오만과 약한 자의 좌절을 함께 품고 갈 수 있는 덕망 있는 지도자들이 사방에서 나오게 하시옵소서!

우리를 하나님과 화목하게 하신 예수 그리스도의 이름으로 기도합니다. 아멘!

땅의 기도

나라와 민족을 위하여 드리는 기도! (4)

"그러므로 네가 어떻게 받았으며 어떻게 들었는지 생각하고 지켜 회개하라 만일 일깨지 아니하면 내가 도둑 같이 이르리니 어느 때에 네게 이르는지 네가 알지 못하리라" (계시 3:3)

하나님께서 이 나라를 지키셔서 모든 국민들이 각자 자기가 처한 자리에서 각자의 의무를 다하게 하시고, 자신의 책임을 잘 감당하는 자 되게 하옵소서! 정치인은 정치인대로, 공직자는 공직자대로, 군인은 군인대로 자신의 책임을 다하는 자리에 머물게 하옵소서! 그리하여 모든 국민들이 맡은바 소임을 감당함으로 이 나라는 건강한 국가공동체가 되게 하옵소서!

군인들은 정치를 넘보지 않고 국가 방위에만 최선을 다하고, 경찰은 사회의 치안 유지에 최선을 다하게 하옵소서! 국무위원은 맡은 부처의 모든 산하 기관을 비롯하여 외청의 한 사람에 이르기까지 보살펴, 업무에 임하는 태도부터 역할과 책임, 능력까지 모두 돌아보게 하옵소서! 사업가는 사업가대로 생산, 유통, 관리, 판매 등 분야에서 최선을 다하게 하옵소서!

특별히 교회를 기억해 주옵소서! 우리나라에 복음이 들어온 지 200년도 안 되었는데, 짧은 선교 기간 안에 세계에서 가장 복음이 많이 전파되게 하신 것을 인하여 감사드립니다. 하나님께서 수많은 교회들을 세우시고, 선교사님들과 초기 교회의 복음 전도자들이 목숨을 버린 순교와 희생 때문에 저희는 박해와 핍박 없이 신앙생활을 할 수 있음이 큰 감동입니다.

또 교회가 사회를 책망하고 견인해 갈 수 있는 지도력을 주심도 감사합니다. 부끄럽게도 지금은 교회의 지도력이 상실되고 약화되어, 오히려 세상이 교회를 염려하게 되었습니다. 이 시간 정신을 바짝 차리고 교회에게 맡기신 선교와 개혁의 사명을 잘 감당할 수 있도록 복을 주옵소서! 교회는 교회의 도리를 다하고 신앙인들은 신앙인의 도리를 다하게 하옵소서!

이 땅의 교회와 성도들이 세상에서 빛과 소금이 되게 하시고, 많은 사람들을 감동시켜 옳은 데로 인도하는 나침반이 되게 하옵소서! 빛이 빛을 잃고 소금이 맛을 잃어버리듯이 복음의 능력과 교회의 가치를 망각한 이 땅의 교회들과 지도자들, 그리고 신앙인들이 정신을 바짝 차리게 하옵소서! 지탄받고 비난받는 자리에 머물지 않고 존경받는 자리에 서게 하옵소서!

대한민국을 구성하는 모든 국민은 갓 태어난 어린아이부터 나이든 노인에 이르기까지 각각 국민의 의무를 잘 감당하게 하시되, 교육이나 납세나 국방 같은 보이는 것만 아니라, 잘 먹고 공부 열심히 하고 가게보고 근무하고 노동하는 곳에서 크고 작은 국민의 도리를 잘 감당하게 하옵소서! 그리하여 대한민국은 균형 잡힌 건강한 나라가 되게 하여 주시옵소서!

우리가 온전하기 원하시는 예수 그리스도의 이름으로 기도합니다. 아멘!

1. 나라와 민족을 위하여 드리는 기도!!

땅의 기도

나라와 민족을 위하여 드리는 기도! (5)

"여호와여 내게 응답하옵소서 내게 응답하옵소서 이 백성에게 주 여호와는 하나님이신 것과 주는 그들의 마음을 되돌이키심을 알게 하옵소서 하매 이에 여호와의 불이 내려서 번제물과 나무와 돌과 흙을 태우고 또 도랑의 물을 핥은지라"

(왕상18:37-38)

사랑이 많으신 하나님! '이스라엘' 민족을 특별히 사랑하시어 430년간의 종살이에서 해방시키시고, 기적같이 홍해를 건너고 광야를 지나 요단강을 건너는 동안, 낮에는 구름기둥으로 인도하시고, 밤에는 불기둥으로 보호하시면서 40년을 동행하신 하나님이십니다. 오늘 하나님 앞에 저희의 조국 대한민국을 의탁하며 이 민족을 구원해 주십사고 간절히 기도 올립니다.

이 땅에 많은 민족이 있지만 특별히 대한민국을 기억하여 주옵소서! 숱한 고난 특히 야비한 도적의 나라 일본에게 1592년에도 침략을 당하고, 근대에 와서는 1910년 한일합방이란 이름의 '경술국치'를 겪으며 일본에게 국권을 찬탈당하는 치욕을 경험했습니다. 그럼에도 여전히 친일 부역세력을 정리하지 못한 채 친일파가 애국자로 둔갑한 세상을 살았습니다.

그래도 그 과정에 연합군을 동원하여 두 차례의 원폭으로 우리를 해방시켰으며, 북쪽 지배국의 사주를 받아 민족의 가슴에 총 뿌리를 겨누고 기습

남침을 한 공산군의 침략에서는 국토의 목구멍까지 적의 공격이 가해졌지만 하나님의 은혜로 인천 상륙작전을 통해 저희를 구사일생으로 지켜주셨습니다. 민족이 걸어온 매 순간은 하나님의 은혜였음을 고백합니다.

이스라엘 민족이 계속되는 애굽의 박해와 학살에 '모세'를 보내 구원하고, '르비딤' 전쟁에서는 '아론'과 '훌'을 통해 모세에게 승리를 주시니 감사하고, '기브온' 전투에서는 '여호수아'를 통해 해와 달을 멈추는 기적을 베풀어 하나님의 주권과 능력을 보여주셨습니다. 이런 사건이 하나님의 살아계심을 증명해보여 주신 것처럼 저희에게도 이런 기적을 보여 주옵소서!

사람은 아무도 그런 일을 행할 수도 믿을 수도 없지만, 하나님은 지금 이 순간에도 기적을 행하시고, 지금 이 민족에게도 그런 기적을 행하여 주실 줄 믿습니다. 아무도 경험하지 못한, 아무도 짐작하지 못했던 기적 같은 일들이 21세기에 대한민국에서 일어나게 하옵소서! 그리하여 저희도 놀라고 세계가 놀라는 일이 일어나서 온 세상을 놀라게 하시옵소서!

지금도 하나님은 기적의 주역이심을 믿습니다. 지금도 여전히 우리 민족을 사랑하시고 구원하기를 기뻐하는 전능하신 하나님이신 것을 믿습니다. 아무도 믿지 않던 광복을 주시고, 거의 침략당한 나라를 다시 수복하는 기적을 주신 하나님! 열거할 수 없이 많은 기적을 연속으로 보여주신 하나님! 다시 한 번 이 한반도 땅에 하나님의 기적이 일어나게 하옵소서!

여전히 기적의 주역이신 예수 그리스도의 이름으로 기도합니다. 아멘!

땅의 기도

나라의 평안을 위하여 드리는 기도!

"그러므로 내가 첫째로 권하노니 모든 사람을 위하여 간구와 기도와 도고와 감사를 하되 임금들과 높은 지위에 있는 모든 사람을 위하여 하라 이는 우리가 모든 경건과 단정함으로 고요하고 평안한 생활을 하려 함이라" (딤전 2:1-2)

전능하신 하나님! 저희가 이 땅에서 태어나 비록 가난하게 살더라도, 전쟁이 없는 나라에서 평화롭게 살기 원합니다. 세상의 가장 값진 것이 바로 평화입니다. 특별히 한반도의 평화는 세계 평화요, 한반도 분쟁은 바로 세계 분쟁의 시작입니다. 그러므로 오늘 저희 대한민국이 실제로 전쟁이 없을 뿐만 아니라 전쟁의 위협이 완전히 사라진 나라가 되게 하옵소서!

특히 정치 지도자들의 입에서 툭하면 '전쟁'이라는 말이 나오지 않도록 지도자들의 입을 지켜 주옵소서! 할 수 있는 한 이 한반도에는 전면전은 말할 것도 없고, 국지전도 일어나선 안 되는 곳입니다. 첨단무기는 물론 재래식 무기도 사용하지 않는 완전한 평화의 나라가 되게 하여 주옵소서! 의도된 침략전쟁 뿐 아니라 우발적인 전쟁도 일어나지 않게 하옵소서!

전쟁의 폐허에서 두 세대 만에 세계가 깜짝 놀랄만한 눈부신 성장과 발전을 이루고 선진국의 증거로 아시안게임, 올림픽대회, 월드컵을 성공적으로 개최한 나라가 되었는데, 이제 다시 전쟁이 일어나면 그동안의 성장과 발전은 물론, 목숨같이 소중히 여기던 평화는 연기처럼 사라지고 우리는 다시 전쟁의 참혹한 실상을 경험하게 되오니 하나님께서 지켜주옵소서!

전쟁이 나면 산업시설은 모두 파괴되고 세계 최고를 자랑하는 공항, 철도, 항만, 산업시설 등이 잿더미가 될 뿐더러 국민들의 생명이 전쟁의 희생양이 되고, 이 땅의 젊은이들은 목숨을 잃을 것이고, 모든 산업 현장은 복구가 불투명한 폐허가 될 것입니다. 이런 무서운 전쟁의 폐해를 소꿉놀이처럼 생각하는 정치인들이나 지도자들이나 국민들이 없게 하시옵소서!

학교와 연구시설이 파괴되어 안전한 공간에서 공부하던 일을 전설처럼 생각하게 될 것이고, 모든 병의원 시설이 파괴되고 환자들은 목숨을 잃게 될 것입니다. 경제는 나락으로 떨어지고 국가의 신인도는 절벽으로 추락할 것이며, 세계인의 존경과 찬사를 받으며 선진국에 진입했던 한국은 세계의 조롱거리가 될 것입니다. 이런 참혹한 일이 생기지 않게 하옵소서!

우리와 필연적으로 전쟁을 벌여야 하는 북한은 핵무기를 가지고 있으며, 누구도 통제할 수 없는 독재자가 있습니다. 그가 마음먹으면 어떤 상상치 못할 일도 벌일 만큼 예측이 불가능한 인물이오니, 하나님께서 이 땅에 빈 말이라도 '전쟁'이란 말이 회자되지 않게 하시고, 평화로운 한반도에 전쟁의 위협이 완전히 사라진 평화의 대한민국이 되게 하여 주옵소서!

평화의 왕으로 세상에 오신 예수 그리스도의 이름으로 기도합니다. 아멘!

땅의 기도

남남(南南)의 갈등을 위하여 드리는 기도!

"마음을 같이하여 같은 사랑을 가지고 뜻을 합하며 한마음을 품어 아무 일에든지 다툼이나 허영으로 하지 말고 오직 겸손한 마음으로 각각 자기보다 남을 낫게 여기고" (빌립2:2–3)

이 땅에 있는 한 민족이 하나로 평화롭게 살기를 원하시는 하나님! 오늘은 이 민족의 진정한 평화와 화해를 위하여 기도합니다. 조그만 반도(半島)에 사는 저희들은 휴전선을 중심으로 남북으로 나뉘어 삽니다. 세계에서 유일하게 같은 언어, 같은 핏줄, 같은 민족인데 원수보다 더 적대시하며 살고 있습니다. 분단 70년이 되었지만 언제 통일이 될지도 모릅니다.

한 민족인데 한쪽에서는 핵을 개발하고 미사일을 발사하면서 전쟁준비에 몰두하고 있고, 한쪽에서는 엄청난 잠재력에도 불구하고 이를 국가 발전의 동력으로 삼지 못하고 여야가 극한 대치를 벌이고 있습니다. 민생은 뒷전이고 정쟁(政爭)만 일삼고 있습니다. 조상부터 원수의 피가 흐르는 것처럼 싸우고 있는 여야 모든 지도자들에게 자숙할 수 있게 해 주시옵소서!

70년을 분단된 땅에서 오고 싶어도 오지 못하고 가고 싶어도 가지 못하는 체제와 이념의 벽을 하나님께서 허무시고, 이제 옛 '야곱'과 '에서'가 '압복'

강에서 목을 대고 해후했던 것처럼 뜨거운 포옹이 있게 하옵소서! 원수로 살던 남북이 머리를 맞대고 통일을 논의하게 하시되, 그렇기 위해 먼저 남남의 갈등이 해결될 수 있도록 서로 양보와 타협이 있게 하옵소서.

철도의 레일처럼 양보 없이 달리는 여야에, 백성들이 정치인들을 보며 얼마나 마음이 상하고 식상해 하는지, 얼마나 저들을 혐오하는지 알고 백성들의 마음을 편안하게 하는 정치인이 되게 하시옵소서! 국회의원 300명을 하나님께서 거듭난 영으로 덧입혀 주시고 저희들이 누리는 특권의 백분의 일만큼이라도 백성들을 편안하게 하는 정치인이 되게 하옵소서!

선거철만 되면 머슴같이 굴다가 당선되면 상전이 되어 거만하고 안하무인으로 사는 오만불손함을 반복하지 않도록 성령님께서 이 땅의 정치인들에게 불벼락을 내려 주옵소서! 머슴들이 머슴의 도리를 잘 하고, 주인인 백성들이 때리는 채찍을 달게 받게 하시옵소서! 좀 더 겸손하고 좀 더 온유한 이들이 될 뿐더러 국리민복을 위해 땀 흘려 일하게 하시옵소서!

여야의 극한 대치가 아니라, 밤을 새워 치열한 토론과 함께 신의와 진실이 담긴 정치인들이 되어, 여야로 나뉘어 있어도 손을 맞잡고 국정을 논의하되 당리당략에 좌우되어 사리분별도 못하는 어리석음을 버리고 지역 간의 갈등과 대립을 끝내고 우선 남남이 하나 되어 화합하며 우리의 자라나는 젊은이들에게 기억에 남는 아름다운 정치인이 되게 하시옵소서!

갈등이 아니라 화합을 원하시는 예수님의 이름으로 기도합니다. 아멘!

땅의 기도

남북 간의 전쟁 방지를 위하여 드리는 기도!

"그 날에는 아이 밴 자들과 젖먹이는 자들에게 화가 있으리로다 이 일이 겨울에 일어나지 않도록 기도하라" (마가 13:17-18)

전능하신 하나님! 해마다 6월이 오면 우리는 70여 년 전, 이 땅이 초토화되었던 참담한 역사를 되돌아보았습니다. 분단된 이후로 남북은 서로 엄청난 전쟁무기를 증강하고 국방력을 강화해 왔습니다. 그 결과 남한은 세계에서 군사력이 강하기로 5,6번째에 들게 되었고, 북한은 전 세계 '핵확산방지조약' 가입 5개국 외에 미 가입 세 나라에 들어가게 되었습니다.

하나님! 결국 지금 우리는 세계의 군사력 5,6위의 '대한민국'과 그 뒤에 세계 1위의 군사대국 '미국'이 버티고 있는 남한과, 세계에서 핵무기를 가지고 있는 8개 나라 가운데 한나라이자, 그 배후에 군사 대국 2위 3위인 '중국'과 '러시아'가 있는 북한이 서로 마주보고 대치하고 있습니다. 상상하기도 끔찍한 조합이 이루어지고 있습니다. 하나님! 도와주시옵소서!

전쟁은 군비를 확장하고 무기를 만들고, 핵을 개발해서 멈출 수 있는 게 아닙니다. 한반도에 전쟁이 일어나면 전후 70년 동안 온갖 희생을 치루며 일구어온 선진국으로 가는 길은 좌초되고 말 것이며, 70년의 부흥과 성장은 잿더미가 될 것입니다. 남북한 당국은 이제 어떻게 하든지 전쟁을 일으킬 것 같은 말이 아니라, 평화를 이룰 것 같은 말을 하게 하옵소서!

전쟁이 일어나면 살아남을 나라도 이길 나라도 없습니다. 남북한은 엄청난 화력과 핵무기 공격으로 공멸할 것이고, 남한은 자동 개입되게 된 미국과 북한의 원군으로 꼽히는 중국과 러시아의 핵전쟁이 될 것이고, 이런 강대국들에 대한 지지도가 다른 세계 여러 나라들이 동시에 전쟁 상황으로 가야합니다. 하나님께서 공멸하려는 이 나라와 민족을 지켜 주옵소서!

사랑의 하나님! 이 땅 한반도에 전쟁이 일어나지 않게 하옵소서! 어느 누구도 전쟁이 일어나기를 원하는 이는 없습니다. 어떻든 이 나라 남북한 한반도에는 전쟁으로 인한 포격이나 폭격이 일어나면 쑥밭이 되고 맙니다. 전쟁은 상상도 하지 말고, 꿈에서도 이런 일은 안 됩니다. 전쟁은 빈말이라도 하지 않게 하옵소서! 이 땅이 평화의 땅이 되게 하옵소서!

어떤 정치적 겁박용으로도, 체제 우위를 장담하는 용어로도 남북한 어떤 지도자의 입에서도 전쟁이라는 말은 입 밖에 내지 않게 하시고, 가시적으로 전쟁 억제력을 키우게 하옵소서! 이제 평화 정책이 있게 하옵소서! 상대방에 대한 저주와 증오가 변하여 신뢰와 대화로 마침내 상생할 수 있는 길을 찾게 하옵소서! 한반도에 전쟁의 불안감이 사라지게 하옵소서!

평화의 왕으로 오신 예수 그리스도의 이름으로 기도드립니다. 아멘!

땅의 기도

남북 이산(離散) 가족들을 위하여 드리는 기도!

"전에는 내가 그들이 사로잡혀 여러 나라에 이르게 하였거니와 후에는 내가 그들을 모아 고국 땅으로 돌아오게 하고 그 한 사람도 이방에 남기지 아니하리니 그들이 내가 여호와 자기들의 하나님인 줄을 알리라" (에스겔 39:28)

사랑하는 하나님! 조그만 땅 한반도가 일제의 침략으로 억압과 박해를 당한지 36년 만에 연합군에 의해 해방되었지만, 온전한 해방이 아니라 땅은 반 동강으로 나뉘고 다시 군정(軍政)이 시작되어 백성들의 주권은 여전히 유린되어 있을 때, 남쪽이 총선을 치르고 반쪽 정부가 되었습니다. 이때 북한의 기습침공이 이루어져 나라는 온통 불바다가 되었습니다.

3년이 지나는 전쟁동안 양측의 군인들이 170만 명 가까이 숨지고 70만 명 가까운 군인들이 부상을 입었으며, 17만 명 이상의 군인들이 포로가 되거나 실종되었습니다. 3천명 넘는 우리 경찰이 목숨을 잃고, 민간인도 60만 명 넘게 죽거나 다쳤습니다. 그 중에 행방불명된 이들도 60만 명이 넘습니다. 우리를 도우러왔던 군인 포함 150만 명이 목숨을 잃었습니다

이런 전쟁의 와중에 생긴 이산가족은 70%넘는 이들이 사망하고 이제는 30%도 채 안 되는 오만 여명만 살아있습니다. 그중에는 90세 이상이 1만

명 이상이고, 80대가 1만 4천 여 명, 70대 7500명 등 주로 고령층이 많아, 점점 혈육과 가족을 그리워하며 기다리던 이산가족들의 숫자는 현저히 줄어들 것입니다. 하나님께서 이들의 아픔을 치료하여 주시옵소서!

이들 중에 부부나 부모자녀가 생이별을 한 사람이 만 오천 명이 넘습니다. 이들 중에 그리운 혈육을 만나고 싶어 이산가족 상봉 신청을 한 13만 4천 명 중에 95,000명은 이미 세상을 떠났고 4만 명이 안 되는 이들이 남아있는데 본인은 물론 관련된 가족 후손 등 천만 이산가족들의 아픔을 헤아리시고 생전에 그리운 혈육을 만나며, 생사여부라도 알게 하옵소서!

부부나 부모자식 간에 혹은 연인 간에 보고 싶어 천리 길도 찾아가는 것을 볼 때, 헤어진 지 수십 년이 되어 혈육에 대한 그리움이 얼마나 큰지 저희 가슴으로는 아무리해도 다 헤아릴 수 없습니다. 자신의 생명의 남은 날이 얼마 되지 않은 안타까운 마음에, 가슴을 끓어 안고 밤을 새우며 울고 있을 연로한 이산가족들의 아픔을 기억하시고 위로하여 주옵소서!

일본군에 의해 위안부로 동원된 피해자도 몇 분을 남겨놓고는 모두 세상을 떠났는데, 남북에 흩어져 가로막힌 휴전선에 의해 인위적으로 소식을 알 수 없는 형제자매 부부의 소식을 어떻게 해서든 알고 생사라도 확인하고 목소리라도 듣고, 서신이라도 오갈 수 있도록 나라의 지도자들이 백성들의 피 끓는 아픔을 이해하고 해결해주려는 마음을 갖게 해 주옵소서!

하나 되기를 원하시는 예수 그리스도의 이름으로 기도 드립니다. 아멘!

땅의 기도

남북통일을 위하여 드리는 기도!

"여호와께서 이와 같이 말씀하시니라 바벨론에서 칠십 년이 차면 내가 너희를 돌
보고 나의 선한 말을 너희에게 성취하여 너희를 이곳으로 돌아오게 하리라"

(예레 29:10)

하나님의 형상과 모양을 따라 지음 받은 세계 모든 인류를 사랑하시되, 그
가운데 지구상에서 유일한 분단국으로 남아있는 대한민국을 사랑하시는
하나님! 한 민족으로 태어나 분단된 지 70년이 넘었습니다. 저희들을 기억
하여 불쌍히 여겨 주옵소서! 부모와 형제들이, 혹은 부부가 남남이 된 세
월이 이렇게 흘렀는데, 이제 노여움을 거두시고 통일을 주옵소서!

'다리오' 원년에 왕의 칙령으로 바벨론 포로가 되었던 이스라엘이 예루살
렘으로 돌아오듯, 이 땅에 분단된 지 70년이 넘도록 서로 불신의 포로가
되고, 전쟁 위협의 포로가 되어 지내온 어두운 세월을 모두 끊고 통일의
기쁨을 맛보게 하시옵소서! 그리움에 목말라하던 이산가족 당사자들이 점
점 세상을 떠나고 있습니다. 남은 저희들을 불쌍히 여겨 주시옵소서!

하나님! 어느 날 갑자기 예고도 없이 '베를린' 장벽이 무너지듯이, 둘로 나
뉘었던 장벽이 무너지고 분단된 동서독이 끌어안고 감격의 눈물을 흘리듯

남북한 형제자매들도 언젠가 어느 날 어느 새벽에 모든 휴전선 비무장 지대에서 목을 안고 어긋맞추어 감격하고 우는 역사가 있게 하옵소서! 이제 세계에서 유일하게 남은 분단국의 아픔을 치유하여 주시옵소서!

전 세계 70억 넘는 지구촌 백성들이 우리의 조국 대한민국의 통일을 희망하며 기도하고 있는바, 통일이 현실이 되는 날 온 세계가 환호하며 하나님께 영광을 돌리게 하옵소서! 다시는 이런 민족적 비극이 일어나지 않게 하시되, 국경을 접하고 있어 전쟁 위협이 상존하는 나라, 서로의 이해관계에 따라 양보하지 못한 채 대치하고 있는 모든 나라에 평화를 주옵소서!

며칠 후, 혹은 몇 달 후 전쟁이 끝나면 돌아오겠다고 떠난 아버지나, 형들 데려다놓고 데리러 온다고 한 채 더 이상은 소식을 알 수 없는 그리운 형제들이 이제 소식만이라도 알게 하옵소서! 얼굴 한 번 보는 희망의 끈을 놓고 한 분씩 세상을 떠나고 있습니다. 하나님께서 이 민족의 아픔을 아시고 분단된 땅에서 겪는 이산가족들의 아픔을 치유하여 주옵소서!

이스라엘이 포로로 잡혀가 거기서 결혼하고 거기서 아이 낳고 거기서 농사를 지으면 하나님이 다시 돌려보낼 것을 약속하시고 그 약속을 이루신 하나님! 이 땅의 통일을 위하여 새벽마다 예배당 바닥에서 눈물을 흘리던 우리 앞 세대의 간절한 기도를 들으시고 소원을 이루어 주옵소서! 민족에 대한 하나님 사랑을 믿고 통일에 대한 하나님의 능력을 믿습니다.

야곱과 에서처럼 만나게 하실 예수 그리스도의 이름으로 기도합니다. 아멘!

1. 나라와 민족을 위하여 드리는 기도!!

땅의 기도
북한의 교회들을 위하여 드리는 기도!

"또 내가 네게 이르노니 너는 베드로라 내가 이 반석 위에 내 교회를 세우리니 음부의 권세가 이기지 못하리라." (마태 16:18)

사랑하는 하나님! 오늘은 우리의 반쪽 땅인 북한의 교회들을 위하여 기도 드립니다. 북한에는 공개된 두 개의 교회 밖에 없습니다. 이미 전 세계에 공개된 봉수교회, 칠골 교회도 형편이 어려워 냉난방도 안 되는 안타까운 형편입니다. 서방 세계의 도움으로 기기나 장비들은 좋은 게 들어갔는데, 정작 교회는 난방기를 돌릴 기름도 없이 겨울에도 냉방 예배드립니다.

'목사'도 교회의 영적 지도자가 아니라 당의 고급 간부일 뿐입니다. 이런 열악한 형편에 놓인 공개된 교회 말고도, 그 실체는 드러나지 않았지만 여기저기 지하교회들이 있을 것입니다. 그 곳 성도들은 목숨을 걸고 믿음을 지키고, 비밀 예배에 하나 뿐인 자신의 생명을 담보로 참석하고 있습니다. 그런 살벌한 통제사회에서 복음을 믿는 교회들을 지켜 주옵소서!

북한 전역에 조상들로부터 혹은 부모로부터 들었던 구원의 복음을 지키기 위해 자신의 목숨을 담보하고 신앙 생활하는 북녘 주민들의 신변의 안전을 지켜 주시고, 그들뿐만 아니라 그들의 가족들과 성도들의 안전을 지켜 주옵소서! 그리고 이들이 복음을 배우고 진리 안에 거하도록 도와주옵소서! 영원을 보장하는 하나님 말씀을 잘 배워 깨닫게 도와주옵소서!

북한 전역의 지하에 숨겨진 채 암암리에 비밀 예배 장소로 쓰이는 살아있는 작은 교회들을 기억하여 주옵소서! 살았다는 이름은 있으나 죽은 것 같은 이 땅의 교회들이 정신 바짝 차리고, 죽은 것처럼 보이나 살아있는 북녘의 교회들을 위해 기도하게 하옵소서! 하나님께서 그 교회들을 기적같이 지키시고, 훗날 그들을 통해 이루신 구원 역사를 보게 하옵소서!

북한 전역에 흩어진 성도들의 신변을 안전하게 하시되 복음을 믿고 기도하는 것이 저들의 안전에 위해가 되지 않도록 지켜 주옵소서! 또 신앙 생활하다가 적발되어 강제로 탄광이나 수용소에 끌려간 이들이 있다면 생명을 잃지 않도록 하나님께서 눈동자처럼 지키시고 보호해 주옵소서! 주님의 교회는 음부의 권세가 해하지 못할 줄 믿습니다. 지켜주옵소서!

이제 통일의 그날이 되면 남한에 있는 모든 목회자들이 수천 명이라도 북한에 올라가 교회를 세우고 기도하며 목회하게 하시려고 하나님께서 이 땅에 많은 목회자들을 세워주신 줄 믿습니다. 철저히 기도로 준비했다가 통일의 날이 오면 상처받고 잃어버린 영혼들을 위하여 자신을 불살라 헌신하는 목회자들이 되게 하옵소서! 그날이 오기를 간절히 기도합니다.

우리에 들지 않은 양을 사랑하시는 예수님 이름으로 기도드립니다. 아멘!

1. 나라와 민족을 위하여 드리는 기도!!

땅의 기도
북한 백성들을 위하여 드리는 기도!

"너희의 하나님이 이르시되 너희는 위로하라 내 백성을 위로하라." (이사 40:1)

세계에서 유일하게 분단국으로 남아 있는 대한민국을 사랑하시는 하나님! 북녘의 동포들을 위하여 기도합니다. 오랜 세월 자유를 빼앗기고 억압받으며 통제된 생활을 하고 있는 북한 주민들을 기억하여 주시옵소서! 잘못된 이념과 체제 아래서 독재정치를 경험하며 3대 세습을 당하고 있습니다. 세계에서 가장 폐쇄적인 북한에 하나님의 능력이 임하게 하시옵소서!

인권이 유린되고 인간이 누릴 수 있는 모든 권리가 박탈된 채 힘든 삶을 사는 저희들에게 우선 사람 사는 데 절대적으로 필요한 식량이 공급될 수 있도록 도우시옵소서! 처음 분단되었을 때는 남한보다 잘 사는 땅이었는데 이렇게 비참하게 되었습니다. 남쪽에 사는 저희들의 가슴이 아픕니다. 저희들과 함께 배라도 굶지 않는 한민족이 되기를 소망합니다.

배고파 울며 배고파 힘들어하는 것을 보는 부모들의 마음이 얼마나 아픈지 아시지요? 하나님께서 북한의 동포들에게 양식이 넉넉하다는 소식을 듣게 하시옵소서! 뿐만 아니라, 질병에서 치유 받을 수 있는 의료시설, 의료진, 의약품들을 넉넉하게 공급해 주시어 병이 나면 바로 치료받을 수 있는 백성이 되게 하시옵소서! 곤고한 저들의 삶을 위로해 주시옵소서!

얼마 남지 않은 이산가족들의 아픔을 헤아리시는 하나님께서 인간의 기본 권인 먹고 마시고 치료받는 문제가 해결되게 해 주시옵소서! 아이가 태어나서 먹일 게 없어서 불행한 나라에서, 자식들이 병들어 죽어가는 데 치료 제도 병원도 없어서 애타는 안타까움이 사라지게 하시옵소서! 마음 놓고 말할 수 있는 자유를 주시어, 인간의 존엄성을 지키게 하시옵소서!

남한에는 식량이 남아서 보관과 유지비만 해도 천문학적 금액이 든다는데, 인도적 차원에서 굶주린 동족에게 합법적으로 전달될 수 있는 길도 열어 주시옵소서! 그리하여 대한민국 남북한이 함께 안전하고 평화롭게 잘 살 수 있는 행복한 나라가 되게 하여 주시옵소서! 유일한 분단국으로 안타까움을 해결하고, 전 세계에 하나님의 개입하심을 전하게 하옵소서!

한반도에 일제 강점기의 시대를 끝내게 하신 하나님! 헐벗은 땅에 어렵게 살던 나라를 경제 선진국이 되게 하신 하나님! 이제 이 나라를 안전이 위협받지 않는 평화로운 나라가 되게 하시옵소서! "하나님이 보우하사 우리나라 만세!" 하며 하나님이 하신 일이라고 이 민족을 가난과 주림과 질병에서 자유롭고 행복하게 하신 하나님을 애국가로 찬양하게 하옵소서!

우리의 행복을 원하시는 예수 그리스도의 이름으로 기도드립니다. 아멘!

땅의 기도

사법부(司法府)를 위하여 드리는 기도!

"너는 재판을 굽게 하지 말며 사람을 외모로 보지 말며 또 뇌물을 받지 말라 뇌물은 지혜자의 눈을 어둡게 하고 의인의 말을 굽게 하느니라." (신명 16:19)

하나님께서 이 백성들의 불법에 대하여 법의 이름으로 공의로운 판결을 내리도록 재판관을 두어 민주주의 최후 보루(堡壘)로 삼아 주심이 고맙습니다. 재판관으로 임명된 이들이 세상에서 겪는 모든 복잡한 문제들을 잘 심리하여 사건을 살피고 원고와 피고, 증인과 참고인, 변호사들의 모든 진술과 증언, 변론을 참고하여 지혜롭게 판단하게 하여 주시옵소서!

국가가 법의 이름으로 부여한 최고의 권한, 백성들을 향한 생사여탈권을 가지고 있는 법관들의 양심에 하나님을 두려워하는 마음을 주시옵소서! 법과 양심에 따라 판단해야 할 법정에서 법의 해석이 왜곡되고 빛이 사라져 양심이 마비되지 않도록 지켜 주옵소서! 한쪽에만 열린 편향된 귀가 되지 않게 하시고, 실체적 진실을 외면한 맹인이 되지 않게 하시옵소서!

특히 힘이 없고 지식도 없어서 의지하고 기댈 곳이 없는 가난하고 배우지 못한 이들이 법정에 나와, 준엄한 사법부의 심판을 받을 때 공정하고 정의로운 판결이 아니라 굽은 판결이 되어 치유 받을 수 없는 상처를 입지 않게 하시옵소서! 법의 해석이 왜곡되고 법리의 적용이 잘못되면 당사자의 인생과 이를 지켜보는 사회는 치유될 수 없는 상처를 입게 됩니다.

모든 재판관들은 지방법원의 판사부터 고등법원, 대법원, 헌법재판소의 판사에 이르기 까지 한 사람도 눈이 어두워 보지 못하고 귀가 어두워 듣지 못하는 불행한 사법부가 아니요, 특히 뇌물에 인성이 마비되고 정치권력에 휘둘려 굽은 판결을 내리는 어리석음을 범치 않고, '솔로몬'의 지혜를 배워 역사에 남는 정의로운 판결을 내리는 사법부가 되게 하시옵소서!

재판을 맡은 이들은 "가난한 사람의 소송이라고 판결을 굽게 하지 말고, 거짓 고소를 멀리하며 죄 없는 이와 의로운 이에게 무고히 해를 입히지 말라." (출애 23:6-7)고 하셨으니 가장 법 가까이에 있는 법관들이 법과 동떨어진 판결을 하거나, 가장 양심의 판단이 존중받아야 할 이들이 비양심적이고 비윤리적인 법관들이 되지 않도록 사법부를 지켜 주시옵소서!

희망을 잃었던 이들이 법정을 나오면서 희망을 붙잡게 하시고, 의지할 곳 없던 이들이 사법부의 정의로운 판결을 의지하게 하시고, 비록 자신의 뜻대로는 되지 않았을지라도 재판부의 공정한 판단에 모두 존중과 경의를 표할 수 있는 사법부가 되게 하시옵소서! 억울한 죽음, 불의한 판결로 통곡하는 이들이 이 땅에 다시 생기지 않도록 사법부를 지키시옵소서!

의로우신 재판장이신 우리 주 예수님의 이름으로 기도합니다. 아멘!

땅의 기도

선거를 앞둔 시기에 드리는 기도!

"온 무리가 이 말을 기뻐하여 믿음과 성령이 충만한 사람 스데반과 또 빌립과 브로고로와 니가노르와 디몬과 바메나와 유대교에 입교했던 안디옥 사람 니골라를 택하여 사도들 앞에 세우니 사도들이 기도하고 그들에게 안수하니라" (사도6:5-6)

세상이 점점 혼탁해지고 있습니다. 최고의 정치적 이벤트인 '국회의원 선거'를 앞두고 각 정당 및 예비후보, 출마 희망자 등 숱한 이들이 모두 자신과 자신의 소속 정당에 대한 지지를 호소하면서 상대 당이나 후보, 혹은 예비후보, 출마 예상자들을 비방하고 비난하고 있습니다. 신문, 방송 등은 물론 인터넷방송, 유튜브 등 전 매체들이 모두 동원되고 있습니다.

여야를 막론하고, 기성정치인이든 신인이든 가릴 것 없이, 나이가 젊던 많던 이런 일에 예외가 없습니다. 확인되지 않은 정보가 공공연하게 흘러나오고, 사실이 아닌 황당한 이야기들이 국민들을 혼란에 빠지게 합니다. 입후보 당사자들은 당사자들대로, 지지자는 지지자들대로 서로에게 지지를 호소하며 추측성 발언, 미확인 정보를 마치 사실인양 말하고 있습니다.

유튜버는 유튜버 대로 이런 기류에 편승해서 각자 자신의 입장을 전파하기에 바쁩니다. 온 나라가 총선 열풍에 갇혀있습니다. 거대한 '토네이도'처럼 무섭게 전 국민을 엄청난 블랙홀로 몰고 갑니다. 때마침 일어난 기괴한 일도 국민들의 마음을 빼앗고, 이제까지 존재도 없던 이들이 여기저기서 나타나 정당을 만들어 순진한 국민들의 판단을 흐리게 하고 있습니다.

중심을 잡고 정치 현실을 직시하여 예리하고 냉철한 평론을 통해 뉴스의 행간 속에 감추어진 진실을 규명하고 이해시켜 주어야 할 정치 평론가들조차 오히려 자신의 정치적 입장에 따라 확정되지 않은 미래에 대한 자의적인 예측을 쏟아냄으로 국민들을 더욱 혼란스럽게 합니다. 4년에 한 번씩 찾아오는 선거철에 나라를 선거판으로 만들어 이전투구를 벌입니다.

사랑하는 하나님! 국민의 머슴임을 자처하는 300명의 국회의원을 뽑는 선거에 금배지를 달기 원하는 모든 지망생들은, 수십 년 써먹은 낡은 정치 선동으로 이 나라를 혼탁하게 하지 않도록 지켜주시고, 그렇게 나라를 위해 자기 지역을 위해 헌신하기로 작정했다면, 먼저 지금 있는 그 자리에서 최선을 다하는 정직하고 신실한 이름 없는 일꾼이 되게 하시옵소서!

정치의 계절에 국민들이 희망을 가지게 하시고, 정치 지망생들은 백성들이 절망하고 상처받지 않도록 자신을 돌아보는 기회가 되게 하옵소서! 유권자 된 모든 백성들은 정치인들의 감언이설에 속아 부화뇌동하는 어리석음을 범하지 않게 하시고, 참 일꾼을 분별하도록 그간 살아온 행적과 언행을 잘 살펴 지역을 위한 바른 일꾼을 뽑는 지혜가 생기게 하옵소서!

나라와 백성들을 사랑하시는 예수 그리스도의 이름으로 기도합니다. 아멘!

땅의 기도

세월호 희생자 유가족들을 위하여 드리는 기도!

"너희를 박해하는 자를 축복하라 축복하고 저주하지 말라 즐거워하는 자들과 함께 즐거워하고 우는 자들과 함께 울라" (로마 12:14-15)

사랑의 하나님! 인천에서 제주로 오는 '세월호' 배 안에서 희생된 이들의 부모, 형제, 자녀들을 위하여 기도합니다. 특히 그 가운데 제주도 '수학여행'이라는 단 꿈을 안고 배에 탔다가 "움직이지 말고 가만히 있어라!"는 말만 믿고 아무런 행동도 취하지 않다가 수학여행의 꿈과 함께 차가운 진도 앞바다에 수장된 '안산' '단원고' 학생들의 부모를 위해 기도합니다.

사람이 문명 시대를 살면서, 수많은 탈 것들을 이용하다가 교통사고를 경험할 수 있습니다. 자동차에는 승용차, 택시, 시내버스, 시외버스, 관광버스, 고속버스 사고나, 선박사고 항공기 사고 등 인생들에게 편리함을 주는 교통수단들은 언제고 사고의 위험성을 안고 있고, 언제 어디서나 누구나 희생될 수 있습니다. 그러나 세월호 사고는 너무 가슴 아픈 사고입니다.

우선은 사고 희생자들 대부분이 고등학교 학생들이라는 것이고, 한 번의 사고로 희생된 숫자가 304명으로 너무 많다는 것이고, 사고 이후에 선장은 옷을 바꾸어 입고 몰래 혼자 빠져나와 자신의 목숨을 구하는 등 책임자들의 행동이 너무 비윤리적이었다는 것입니다. 이런 여러 가지 기록에 관계없이 그 유족들의 아픔은 치료될 수 없을 만큼 크다는 것입니다.

하나님! 언제나 저희를 사랑하시고 저희들의 작은 신음에도 응답하시는 고마우신 하나님께서, 이미 고인이 된 학생들의 부모 마음에 위로를 주시기 원합니다. 10년이 되고 30년이 지나도 그들의 아픔을 온전히 치유될 수 없음은, 당신의 사랑하는 자녀들이 차가운 바닷물 속에서 숨을 못 쉬고 죽어가는 모습을 생각하면 부모들은 살아도 살아 있는 것이 아닙니다.

그 가운데 이제 영원히 아들을 바다에 묻고 시신조차 수습하지 못한 실종자 5명의 유가족들의 심정은 죄책감에 아직도 자기 정신이 아닐 것입니다. 물질로는 보상을 했다지만 보상받은 수백 명의 보상금을 다 보태도 한 사람의 생명 값에 이르지 못할 것인즉, 그 생명을 어떻게 돌려받을 수 있겠습니까? 부모들의 무너지는 가슴을 주님께서 위로해 주시옵소서!

특히 부모 자신들보다 앞서간 자식들의 죽음은, 해마다 그날이 되면 "우리 아이는 살아있으면 올해는 몇 살인데!", "올해는 몇 살이 되었을 텐데!" 하는 마음으로 억장이 무너지는 아픈 추억 때문에 견딜 수 없을 것입니다. 하나님께서 그 아픔을 위로하여 주옵소서! 자신들도 하나님이 속히 불러 주시기를 소원하며 살고 있을 저들을 하나님께서 위로해 주옵소서!

그 희생을 보며 아파하실 예수 그리스도의 이름으로 기도드립니다. 아멘!

땅의 기도
여야(與野)의 정치적 평화를 위하여 드리는 기도!

"선한 사람은 마음에 쌓은 선에서 선을 내고 악한 자는 그 쌓은 악에서 악을 내나니 이는 마음에 가득한 것을 입으로 말함이니라" (누가 6:45)

전능하신 하나님! 이 땅에 군사적인 충돌 못지않게 매일 전쟁이 일어납니다. 여야가 매일 다툽니다. 어린 아이들이나 젊은 사람들 보기에도 부끄럽습니다. 매일 TV 보도를 보면 차라리 성인물 보여주는 것만도 못할 것 같다는 생각입니다. 미래 세대는 너무 나쁜 영향을 받고 있고, 지금 너무 잘못 살고 있습니다. 다음 세대에 정치 혐오증을 심어주고 있습니다.

매일 쏟아지는 폭언과 폭력 사건은 무례함이 도를 넘어 이제는 적국의 군인들을 대하는 것 같습니다. 실제로 이런 불행한 시절을 보내는 것에 대한 자괴감이 듭니다. 우리가 사용하는 언어는 적대적 관계에 있는 상대를 향한 독설 수준입니다. 싸움이 일어나기 전에 주고받는 욕설같이 심한 것이라 특히 나라의 젊은 세대들이 모두 저렇게 되는 게 아닐까 염려됩니다.

'동방예의지국'인 나라였고, 아무리 화가 나도 당사자 앞에서는 소리도 크게 안 지르며 헛기침만 하던 조상들이었는데, 이제는 오가는 대화가 조폭 수준의 상말, 욕설, 천박한 말로 전락했습니다. 하나님! 이 나라가 남북이 나뉘어 분단의 아픔을 겪으며 사는 것도 서러운데, 남쪽 사람들끼리 북한의 억양보다도 강한 말을 매일 들어야 합니다. 불쌍히 여겨 주옵소서!

대한민국 최고의 지성을 가진, 대한민국 최고의 지도자를 자처하는 정치인들이 백성들의 가슴에 매일 대못을 박습니다. 회복이 어려운 상처를 매일 입고 있습니다. 보통사람 된 서민들이 보고 들으며 배울게 있게 하여 주옵소서! 하나님의 자녀로 살기에 부끄럽지 않게 하옵소서! 눈만 뜨면 아침부터 밤중까지 이전투구(泥田鬪狗) 난장판을 보지 않게 하옵소서!

유치원부터 초중고를 거쳐 대학, 대학원에서 최고 수준의 교육을 받은 정치인들이 보여주는 몰상식한 언행들이 저희의 영혼에 차단벽을 쌓지 않게 하옵소서! 서로 다른 생각이 있고, 피차 불편한 일이 있어도 조금씩 절제하고 정제된 언어를 사용하게 하시옵소서! 말이 나라의 미래입니다. "말이 씨가 된다."고 하는데 그 말이 우리의 가슴에서 자라고 있습니다.

오늘도 수없이 들어야 할 말들이 모두 백해무익한 말이라면 저희 귀에서 소멸되게 하시되, 오늘도 그 상처입고 전투하는 듯 싸우는 전장에서 자신을 지켜 순결한 입술로 살게 하여 주시옵소서! 어떻게든 이 나라 금수강산 방방곡곡이 잘 정리, 정돈, 정화된 나라가 되게 하여 주옵소서! 어른들부터, 지식인들부터, 고위층부터 평화롭고 평안하게 하여 주시옵소서!

우리를 하나 되라고 하신 예수 그리스도의 이름으로 기도드립니다. 아멘!

땅의 기도

여야의 정치적 갈등 해소를 위하여 드리는 기도!

"아무 일에든지 다툼이나 허영으로 하지 말고 오직 겸손한 마음으로 각각 자기보다 남을 낫게 여기고 각각 자기 일을 돌볼뿐더러 또한 각각 다른 사람들의 일을 돌보아 나의 기쁨을 충만하게 하라" (빌립 2:3-4)

사랑의 하나님! 우리가 살고 있는 우리의 조국 대한민국을 위하여 기도합니다. 그 중에 매일 마다 신문 방송을 통해 그 얼굴을 만나고 그들의 말을 듣고 그들의 생각을 대하는 정치인들을 위하여 기도합니다. 기도드리면서도 때로는 확신이 안서는 강퍅한 여야 정치인들을 하나님께서 변화시켜 주옵소서! 모두 백성들을 위한 우리 정치인 것을 알게 하옵소서!

좌우 진영은 전 세계 어느 나라에나 있습니다. 미국도 공화, 민주 양당이 있고, 영국도 보수, 노동당이 있고, 독일도 사민, 녹색당이 있습니다. 프랑스도 대통령과 총리가 나라를 끌고 가는 이원집정부제입니다. 그런데 서로의 정강 정책이나 국가 운영의 비전에서 생각의 차이는 있을 수 있으나, 이렇게 비상식적이고 몰상식한 발언이나 행동을 보기는 어렵습니다.

특히 여야 정치인들이 품격을 갖추게 하시고, 그들의 언어 속에 생각과 인격이 들어있는 만큼 정치인들이 서로를 비난하거나 비판할 때도 선을 넘지는 않게 하옵소서! 최소한의 예의를 지키어, 훗날에 그를 국회의원으로 혹은 대통령으로 선출할 때, 마음으로 지지할 수 있는 정당과 정치인이 되게 하여 주옵소서! 여야를 막론하고 인격으로 승부하게 하옵소서!

또 훗날에 그가 정부의 각료로 인사청문회에 들어갈 때에 백성들이 존경과 신뢰를 담아 지지를 보낼 수 있게 하옵소서! 진보 진영에서는 보수가 나라를 절단 내는 원흉으로 보고, 보수 진영에서는 진보는 마치 빨갱이 공산당처럼 대하는 언어폭력에 비판하는 정당이나 비난받는 정당들은 아무 상처가 없지만, 지켜보는 국민들이 상처를 입는 것을 알게 하옵소서!

그가 보수 정당이든 진보 정당이든 국민들을 상대로 정책을 홍보하고 국가경영의 비전을 선포하고 그 속에서 자신들의 미래나 소속 정당의 비전을 소개하게 하옵소서! 매일 입만 열면 비난, 비방, 흑색선전, 마타도어로 내 편에 속한 사람이 아니면 모두 타도와 박멸의 대상으로 생각하지 않게 하옵소서! 백성들은 이들의 소름끼치는 언행을 보지 않게 하옵소서!

사랑의 하나님! 모든 백성들의 생각이 같을 수는 없습니다. 그러나 다르면 다른 만큼 차이가 나면 나는 대로 토론과 타협을 통해서 서로 격론을 벌여 합의하고, 여기서 일치가 안 되면 투표를 통해서 국민들의 심판을 받게 하옵소서! 국민들에게 정치적 혐오를 조장하고 불신을 초래하는 인간 이하의 언행으로 국민들이 더 이상은 슬퍼하지 않게 하여 주옵소서!

저희가 하나 되기 원하시는 예수 그리스도의 이름으로 기도드립니다. 아멘!

땅의 기도

이 나라에 전쟁의 위협이 사라지기 위하여 드리는 기도!

"내가 그 땅에 평화를 줄 것인즉 너희가 누울 때 너희를 두렵게 할 자가 없을 것이며 내가 사나운 짐승을 그 땅에서 제할 것이요 칼이 너희의 땅에 두루 행하지 아니할 것이며" (레위 26:6)

하나님은 이 민족을 사랑하시는 줄 믿습니다. '애굽'이나, '아말렉', '아람'이나 '바벨론', '바사' 그 어느 나라 어느 민족보다 '유다' 민족과 '이스라엘'을 사랑하시고, 이들이 선민(選民)사상으로 하나님을 섬기듯이, 21세기의 하나님은 '한민족'과 '대한민국'을 사랑하시는 줄 믿습니다. 많은 전쟁과 가난의 위기, 경제와 정치의 위기에서 일어선 것이 증거인 줄 믿습니다.

이처럼 사랑하시는 대한민국을 하나님께서는 지속적으로 지켜주셔서, 이 땅이 영원히 번영하고 발전하는 평화로운 나라가 되게 하옵소서! 무엇보다 먼저 동서가 화합하고, 보수와 진보가 연합하여 하나가 된 이후에 남북이 통일을 이루게 하옵소서! 특별히 이런 민족의 저력으로 남북이 '통일 한국'을 이루어 세계의 중심에 서서 세계 평화를 주도하게 하옵소서!

전쟁이 없을 뿐만 아니라 전쟁의 위협이 없고, 전쟁의 조짐도, 전쟁할 이유도 없는 완전히 동서 어느 진영에도 속하지 않은 중립국을 넘어, 세계 어느 나라도 넘보지 못하는 평화의 나라가 되게 하옵소서! 남북이 서로 신뢰하는 방법으로 평화적 통일을 이루게 하시고, 당사국인 대한민국이 비무장, 비핵을 선언함으로 세계가 주목하는 평화지역이 되게 하옵소서!

세계에서 가작 작은 나라, 인구가 1,500명도 안 되는 나라, '보라매공원'만 한 조그만 나라 '바티칸시티'를 누구도 위협하거나 무시하지 않고 경의를 표하듯이, 한국의 국격(國格)으로 세계를 이끌어 갈 수 있는 품격 있는 나라가 되게 하옵소서! 대통령은 말할 것도 없이 나라의 대사는 물론, 한국 여권을 가진 국민은 세계를 다녀도 존중받는 나라가 되게 하옵소서!

끈질긴 동서의 갈등, 좀처럼 사라지지 않는 보수와 진보의 갈등, 영원히 해결할 수 없는 것처럼 끈질기게 우리를 괴롭히는 이념, 노선 등의 해묵은 감정의 골을 모두 메우시고 이 땅이 평화와 정의로 하나가 되게 하옵소서! 세계에서 유일한 분단국이자, 동일한 조상에게서 나서 동일한 언어를 구사하는 한 민족이 하나 되면 세계가 놀랄만한 사건인 줄로 믿습니다.

조상들이 일제 침략자들에 의해 억압받은 세월, 동족 간에 피 흘리는 전쟁에 희생된 억울한 죽음에 대하여 하나님께서 전쟁은 흔적도 없는 평화로운 번영의 나라를 저희 후손들에게 주시옵소서! 세계가 부러워하는 나라가 되기 위하여 먼저 정치인들이 증오와 적개심을 버리고 후손들에게 남겨줄 영광스러운 조국을 위해 말 하나라도 품격이 있게 하게 하옵소서!

이 땅에 평화를 주실 예수 그리스도의 이름으로 기도드립니다. 아멘!

1. 나라와 민족을 위하여 드리는 기도!!

땅의 기도
이 땅의 유튜버들을 위하여 드리는 기도!

"아무 일에든지 다툼이나 허영으로 하지 말고 오직 겸손한 마음으로 각각 자기보다 남을 낮게 여기고 각각 자기 일을 돌볼뿐더러 또한 각각 다른 사람들의 일을 돌보아 나의 기쁨을 충만하게 하라" (빌립 2:3-4)

전능하신 하나님께서 인류의 문화와 문명, 과학과 기술이 급속도의 발전을 이루게 하시고, 이런 과학 문명이 이제는 개인방송국 시대를 열었습니다. 우리나라에 몇 개의 라디오 방송과 흑백 TV방송국이 전부이던 시절에서, 지금은 백여 개의 방송국이 모두 컬러 방송을 하는 시대에 이르렀습니다. 이런 방송 문화의 발전 속에 신기원을 이루게 된 방송이 있습니다.

이른바 '유튜브 방송'이라고 부르는 개인방송 입니다. 특별한 공간에서 여유 있고 품위 있게 할 수도 있고, 조금 세련된 무대나 시설들이 필요하기도 하지만, 그렇게 안하더라도 자신의 서재나 안방에서도 가능하고, 버스나 열차 안에서도 가능합니다. 전 국민이 가지고 있는 휴대전화 하나만 있어도 누구나 가능한 개인 방송은 '유튜브' 플랫폼에서 이루어집니다.

이렇게 시작된 '유튜브 방송'은 국민 몇 명 중에 한 명은 '유튜버'라고 할 만큼 활성화되었고, 이미 몇 백만 구독자를 가지고 있는 유튜버도 있고 수십만 명의 구독자를 가진 유튜버는 부지기수입니다. 이렇게 많은 유튜버를 위해 기도합니다. 방송 언론이 구실을 못하면서 욕구를 충족하지 못한 많은 시청자들과 구독자들이 유튜브로 몰리면서 시장이 뜨겁습니다.

하나님께서 수준이 높아진 시청자나 청취자, 독자들을 위하여 유튜브를 열어주심은 큰 은총의 선물임을 믿습니다. 이제까지 보지 못했던 진솔한 내용과 정보, 대화, 자료들은 그동안 왜곡되고 변형된 정보에 만족하지 못하던 모든 국민들이 몰려들며 열광하게 되고 유튜브 방송의 수준도 점점 높아지고 있음이 고맙습니다. 그러나 염려스러움이 있어서 기도드립니다.

그것은 방송을 진행하는 유튜버들과 패널들이 특히 정치 현안이나 사회적 이슈를 다루는 경우 너무 비슷한 성향을 가진 이들로 구성되면서, 서로 통하는 이들끼리의 말잔치로 끝나거나, 부재중인 당사자의 인격권을 침해할 수 있는 상황이 우려됩니다. 시청자는 물론이지만 운영자인 유튜버나 게스트로 나와서 함께하는 패널들의 품위가 더 갖추어지게 하시옵소서!

서로를 존중히 여기며 상대를 자신보다 낮게 여기고 한마디라도 시청자들을 배려하게 하옵소서! 언제 어디서 어떤 말을 하든 모든 현장에서 하나님은 우리들의 일거수일투족, 한마디 말까지 모두 녹화하여 언젠가 주님 앞에 설 때 우리에게 들려주심을 알게 하옵소서! 돈을 벌기 위한 비열한 수단이 아니라 바른 정보를 전달하는 선한 도구가 되게 하시옵소서!

저희들의 언행을 보시는 예수 그리스도의 이름으로 기도드립니다. 아멘!

땅의 기도

이 땅의 젊은 세대들을 위하여 드리는 기도!

"누구든지 네 연소함을 업신여기지 못하게 하고 오직 말과 행실과 사랑과 믿음과 정절에 있어서 믿는 자에게 본이 되어" (딤전 4:12)

하나님! 장래가 불투명한 우리 청년들의 미래를 하나님께서 붙잡아 주옵소서! '젊음'과 '패기'만 있고 '꿈'과 '야망'만 있는 무질서한 이들이 아니라, 그들에게 '예의'와 '염치'도 있고 '배려'와 '절제'도 있음을 알게 하옵소서! 얼핏 보면 '무질서'와 '무책임'한 것처럼 보이나 취하고 버려야 될 것이 있음을 알게 하옵소서! 30년 후의 자신의 모습을 확신하게 하시옵소서!

하나님께서 이들이 마음 놓고 꿈꿀 수 있는 둥지를 주시고, 얼마든지 내달릴 수 있는 운동장을 주옵소서! 얼마든지 부르짖고 함성도 지를 수 있는 엄청난 계곡의 웅장한 장관을 주옵소서! 젊어서 어른들이 염려하는 것도 있지만, 젊은이들만이 보여줄 수 있는 무한한 잠재력과 끝없는 가능성도 보게 하옵소서! 나라를 끌고 갈, 수만 마력의 힘도 보게 하옵소서!

청년들에게 미래를 주시옵소서! 장차 다가올 영광을 생각하면 잠을 못 이룰 만큼, 그 꿈의 확실한 모습이 보이게 하옵소서! 아무도 믿지 못하는 자신감(自信感)을 주시고, 아무도 그려보지 못한 내일을 그리게 하옵소서! 길거리를 의미 없이 꿈틀대며 활보하는 것이 아니라, 내일을 기대하며 포효하는 것이 되게 하시고, 무한한 비전을 향한 용트림이게 하옵소서!

하나님! 지금 볼 때는 젊은이들이 황무지같이 보이지만 한 번만 뒤집으면 이곳이 황금벌판이고 세계가 부러워할만한 무한 광대한 꿈의 나라가 되게 하시옵소서! '코리안 드림'을 꿈꾸며 세계에서 찾아오는 넓은 벌판에서 단군 이래 가장 거대한 청년 광장이 이루어지게 하옵소서! 무턱대고 추는 광란의 춤이 아니라 하나님을 찬양하는 영광의 춤이 되게 하옵소서!

지금 거리에서 활보하는 청년들의 가슴에 있는 거대한 꿈을 이루게 하시고, 그렇게 젊음을 발산한 이들이 다시 도서관으로 가서 밤을 하얗게 새우며 책을 읽게 하시고, 다시 연극무대에 가서 함께 춤추고 노래하게 하옵소서! 이시대의 청년들은 세계의 학자들이 연구의 대상으로 청년들 속에 숨어있는 놀라운 영성(靈性)과 사회적 DNA를 연구하게 하시옵소서!

저는 우리의 청년들을 믿습니다. 그들이 지금 하나님의 손에 붙잡히게 하옵소서! 노래로 춤으로 세계를 놀라게 하고, 과학으로 기술로 음식으로 놀라게 하고, 축구로 골프로 야구로 수영으로 세계를 발칵 뒤집어 놓는 저력이 발산되어, 앞으로는 과학이든 문화든 체육이든 'K-'로 시작되는 것이 비로소 인정받는 세상이 오도록 한국의 청년들을 붙잡아 주시옵소서!

영원한 청년으로 계시는 예수 그리스도의 이름으로 기도드립니다. 아멘!

땅의 기도

이태원 참사 희생자들의 가족을 위하여 드리는 기도!

"또 실로암에서 망대가 무너져 치어 죽은 열여덟 사람이 예루살렘에 거한 다른 모든 사람보다 죄가 더 있는 줄 아느냐 너희에게 이르노니 아니라 너희도 만일 회개하지 아니하면 다 이와 같이 망하리라" (누가 13:4-5)

하나님! 주일 아침 예배당 가는 길에서 뉴스를 들을 때 택시 기사에게 처음 소식을 들은 제가 믿지 못할 만큼 엄청난 소식이었고, 누구도 믿을 수 없는 일이 서울 한복판에서 일어났습니다. 젊은 남녀 청년들의 남은 부모들을 위하여 기도합니다. 이때까지 잘 자라던 자녀들이 저녁에 차가운 주검으로 돌아왔을 때 심정을 생각하며 저희는 위로할 수 없음을 압니다.

저들의 마음을 사람들은 위로할 수 없으나, 하나님께서 어루만져 주옵소서! 더욱 가슴 아픈 것은 이들의 장례식에 명패도 영정도 없이 보내야하는 부모들의 가슴 아픈 심정을 저희는 헤아릴 수 없습니다. 누구하나 책임지는 이도 없는 그 상황을 직접 겪어보지 않았지만, 두 번 다시 이 땅에서 일어나서는 안 되는 비극인 줄 알고 하나님의 도우심을 구합니다.

하나님께서 저들의 찢어진 가슴을 어루만져 낫게 하시며 어떤 위로로도 위로가 되지 않는 무거운 마음을 하나님께서 고쳐 주시옵소서! 사망자

159명은 이제 땅에서는 영원히 그 해맑은 웃음소리를 들을 수 없고, 더 이상 그 모습을 볼 수 없는 가슴 먹먹함을 하나님께서 위로하여 주옵소서! 이런 어처구니없는 비극이 다시는 우리에게 일어나지 않게 하옵소서!

사고를 당한 뒤에 만난 수습과정에서, 부모들을 분노하게 하고, 보는 이들을 허탈하게 했을지라도 이들의 안타까움과 어이없는 희생에 대한 심판은 역사가 내릴 것을 기대합니다. 하나님은 위로의 하나님이십니다. 저희를 사랑하셔서 영원히 기억하시고 치유하심을 믿습니다. 자신보다 귀한 자녀들의 생명이 참혹하게 죽어간 믿기지 않는 슬픔을 위로받게 하옵소서!

이 땅에 다시는 이런 황당하고 비극적인 일이 일어나지 않도록 인도하여 주옵소서! 다시는 이런 참혹한 일이 이 땅에서 일어나지 않도록 하나님께서 대한민국을 기억하여 주시고, 안전사고 없는 나라, 억울한 희생이 없는 나라가 되게 하여 주옵소서! 일어나서 안 되는 사고, 일어날 수 없는 사고, 믿어지지 않는 사고가 다시는 이 땅에 일어나지 않게 하옵소서!

사랑의 하나님! 2022년 10월에 있었던 이들의 죽음으로 이 땅은 더 행복하고 안전한 나라가 되게 하옵소서! 어른들은 좀 더 젊은 세대들을 소중히 여기고, 젊은이들은 좀 더 성숙한 문화인식에 기초하여, 더 안전한 나라, 더 사랑하는 나라가 되게 하여 주옵소서! 뜻하지 않은 희생을 치룬 것이, 먼 훗날 우리나라의 건강성 회복에 큰 유익이 있게 하옵소서!

생명을 귀히 여기시는 예수 그리스도의 이름으로 기도드립니다. 아멘!

땅의 기도

일제 강제 동원 피해자들과 유족들을 위해 드리는 기도!

"이방인과 고아와 과부를 압제하지 아니하며 무죄한 자의 피를 이곳에서 흘리지 아니하며 다른 신들 뒤를 따라 화를 자초하지 아니하면 내가 너희를 이곳에 살게 하리니 곧 너희 조상에게 영원무궁토록 준 땅에니라" (예레 7:6-7)

우리가 겪은 근대사의 가장 큰 비극인 일제 강점기에 저희들의 뜻에 반하여 1938년부터 강제로 끌려가 탄광이나 공사장, 전장(戰場)이나 위안소 등 닥치는 대로 마치 노예처럼 끌려가서 죽고 다치고 행방불명된 이들이 있습니다. 더러 살아있지만 이들에 대한 일본 정부의 어떤 사과도 어떤 보상도 없었습니다. 4년이나 걸린 소송이 승소했지만 보상은 요원합니다.

'일제 강제동원 피해자 지원재단'이 설립되고, 그간 강제동원 피해조사가 22만 6500여건, 진상조사 32건을 마치고, 7만 여명에게 위로금을 지급했지만 일제의 가혹한 강제동원 피해자들에게 어떤 사과도 혹은 반성도 없이 제대로 된 보상도 없습니다. 4년 만에 법원에서 1심 판결이 나왔지만, 관련 당사자는 법원의 판결도 무시하고 눈 하나 깜짝 않고 있습니다.

일제 강점기 일본으로 끌려가 강제 노동을 당한 피해자 유족이 일본 전범기업을 상대로 한 손해배상 청구소송에서 하나님 은혜로 승소했지만, 고령인 피해자들은 재판이 진행되는 동안 숨을 거두기도 했습니다. 숨진 이들은 말할 것도 없고 부상을 당한 이들, 그 밖의 모든 피해자나 피해자 유족들의 바람은 하나입니다. 진심어린 사과와 이에 대한 배상입니다.

일본은 옛 부터 남의 나라를 침략하기를 업으로 삼는 민족이고 1592년 우리나라를 침략해서 국권을 유린하고 양민을 살육하고 수탈을 일삼아 오던 나라이고, 힘이 없던 구한말 우리나라를 침략해서 무력으로 통치하기 시작하고 여기에서 끝나지 않고 아시아 전체를 삼키려는 침략근성으로 세계대전을 일으켰다가 원자폭탄 세례를 받고 항복을 한 나라입니다.

패전 후 미국의 핵 우산아래 국방비 하나 안 들이고 경제성장을 계속하여 부를 축적하고, 다시 오만방자하여 이제는 경제적 침략을 하고 있습니다. 겸손과 예의, 배려가 없이 이웃나라에 대하여 명백한 가해자요, 명백한 근거들이 널려 있음에도 여전히 사과나 반성 같은 말로 하는 사죄도 안 할 뿐더러 진실한 마음의 증거인 배상은 눈도 하나 깜짝 않습니다.

이에 일본의 악랄한 침략 행위를 기억하고, 그 잔인성을 교육하며 그들에게 당한 국민적 아픔을 치유하기 위하여 '일제 강제동원 피해자 지원재단'이 설립되고 활동은 하고 있지만 정작 가해자인 일본이 미동도 않고 피해자와 유족들만 고통 받고 있습니다. 하나님! 저들이 정신을 차릴 수 있도록 하나님께서 책망하시고 우리 피해자들 마음에 위로를 주시옵소서!

우리 민족을 사랑하시는 예수 그리스도의 이름으로 기도드립니다. 아멘!

땅의 기도

입법부(立法府/국회의원)을 위하여 드리는 기도!

"예수께서 그에게 대답하여 이르시되 너는 이스라엘의 선생으로서 이러한 것들을 알지 못하느냐 진실로, 진실로 네게 이르노니 우리는 아는 것을 말하고 본 것을 증언하노라 그러나 너희가 우리의 증언을 받지 아니하는도다" (요한 3:10~11)

전능하신 하나님 앞에, 이 땅 정치인들을 위해 기도드립니다. 많은 분야의 정치인들이 있지만 국회의원들이 정치의 꽃인데 우리나라 국회의원 300명을 위하여 기도합니다. 여야 할 것 없이 백성들의 평균 민도만도 못한 수준의 정치적 식견을 가지고 국회의원을 하고 있습니다. 일 년에 8억 가까운 돈을 세비를 비롯한 보좌관들의 비용으로 수령해가는 이들입니다.

고비용을 세금으로 지불할 만큼 가치 있는 일을 하고 있는지 살펴보게 하시고, 그들의 의식 속에 국민의 충복(忠僕)으로 살고 있는지 살펴보게 하옵소서! 여야의 편향된 시각으로만 정치하지 않게 하시고, 정당의 지도부나 권력의 눈치나 보는 비겁한 국회의원들이 아니라, 인구 비례해서 뽑힌 국민의 대표로 대의기관(代議機關)이 되었으니 그렇게 살게 하옵소서!

이들이 수치스럽게 당리당략에 의하여 신성한 의사당 안에서 거간꾼이나 하는 모리배 짓 하지 않고, 그들의 상전인 국민들의 뜻을 받들어 법과 양심에 의하며 백성들을 위해 충성하는 종들이 되게 하옵소서! 매일 만나기만 하면 싸우고 비난하고 헐뜯는 볼썽사나운 국회가 아니라, 밤잠을 안자고 국리민복을 위하여 불을 밝히고 국정을 논하는 모습을 보이게 하옵소서!

한 사람이 법을 제정하고 개정할 수 있는 막강 권력을 가진 독립된 입법기관으로, 더욱 철저히 자신을 법 앞에 스스로 검증하게 하시고, 보통 서민들보다 엄격한 법의 잣대로 자신을 재단하는 양심적인 의원들이 되게 하옵소서! 특권의식을 가지고 우월적 지위를 누리려는 오만한 생각을 버리고, 백성들의 머슴으로 두렵고 떨림으로 국정을 논하게 하시옵소서!

대한민국의 민주주의는 국회의원들의 준법정신에 의해서 유지되었다는 역사적 평가를 얻게 하시고, 국민의 권한을 위임받은 종으로 국민들의 심기를 살펴 국민의 뜻을 이행하는 진실한 의원들이 되게 하옵소서! 국회의원들이 도리와 직무를 다하지 못하면 국민들이 소환하여 파면할 수 있도록 제도적으로 뒷받침되어 국회의원들이 오만방자하지 않게 하옵소서!

거대정당은 거대 정당대로 자신들의 마음대로 무소불위의 국정운영을 하듯 하는 인상을 가지지 않게 하시고, 군소 정당은 군소정당으로 소수의 의견이지만 정당하고 바른 의견을 개진하며 거대 정당의 횡포에 의해 훼손되는 국민의 권리를 지켜줄 수 있게 하옵소서! 힘으로 운영되고 힘으로 해결되는 국회가 아니라 토론과 대화와 타협의 국회가 되게 하시옵소서!

저희의 영원한 푯대이신 예수 그리스도의 이름으로 기도합니다. 아멘!

1. 나라와 민족을 위하여 드리는 기도!!

땅의 기도

재앙이 끝나고 회복되기 위하여 드리는 기도!

"블레셋 사람들이 이스라엘에게서 빼앗았던 성읍이 에그론부터 가드까지 이스라엘에게 회복되니 이스라엘이 그 사방 지역을 블레셋 사람들의 손에서 도로 찾았고 또 이스라엘과 아모리 사람 사이에 평화가 있었더라" (삼상 7:14)

사랑의 하나님! 이 땅에 재앙이 끝나고 회복을 기도합니다. 나라에 전쟁 기운이 스멀스멀 피어오르고 전쟁에 대한 이야기가 여기저기서 나오는 이 때, 다시는 전쟁이 없도록 굳게 지켜 주옵소서! 전쟁의 참상이 얼마나 잔혹한지 겪은 지 70년 밖에 되지 않았습니다. 모든 것이 무너지고 모든 것이 사라진 전쟁의 재앙이 영원히 이 땅에서 사라지고 평안을 주옵소서!

무서운 전염병 '코로나'가 창궐하면서 세상이 꽁꽁 얼어붙었을 때, 그 중에 집합금지 명령이 내려지고 교회는 자연히 대면 예배가 아니라 비대면 예배가 진행되면서 예배가 급격히 무너졌습니다. 무너진 교회들과, 함께 무너진 성도들의 믿음을 다시 회복시켜 주옵소서! 예배가 건강하게 부활하게 하시고, 모든 예배자들의 믿음이 온전히 회복되게 하여 주옵소서!

믿음이 회복되게 하시되 기도하는 믿음, 예배하는 믿음, 소망하는 믿음이 되게 하시고, 이런 회복과 믿음의 승리가 있게 하옵소서! 오늘까지 절망하고 슬퍼하던 믿음, 그래서 소망이라고는 찾아볼 수 없고, 기대하고 기다릴 가치를 찾지 못하던 이들이 새로운 전기를 맞게 하옵소서! 저희를 괴롭히던 '블레셋'같은 이들을 물리치시고 하나님 앞에 굳게 세워 주옵소서!

아울러 저희의 병든 육체들에 치유와 회복이 일어나게 하옵소서! 세상이 온통 불안과 근심으로 스트레스가 가중되고 있을 때, 이 땅에 주님의 백성들이 건강을 회복하고 강건하게 하옵소서! 모든 백성들이 뇌경색을 비롯하여 심장질환, 심정지 등 치명적 질병으로 돌이킬 수 없는 상황에 있을 때, 하나님께서 모든 질병과 재앙을 물리치고 회복시켜 주옵소서!

경제에도 재앙이 물러가고 회복되게 하옵소서! 먹고 살기 힘들만큼 가정 경제가 무너지고 중소 상공인을 비롯하여 자영업자들, 1인 사업자들이 모두 아우성입니다. 개인들이 여기저기서 무너진 경제를 한탄하고 있습니다. 하나님께서 긍휼이 여기시고 저희의 경제가 회복되게 하옵소서! 땀 흘리고 수고해도 엉뚱한 곳으로 새는 재앙 같은 상황을 이기게 하옵소서!

이스라엘 백성이 민족적 위기를 당했을 때, 지도자 '사무엘'을 중심으로 '미스바'에 모여 "전심으로 야훼께 돌아오려거든 이방 신들과 '아스다롯'을 너희 중에서 제하고, 너희 마음을 야훼께로 향하여 그만 섬기라. 그리하면 너희를 '블레셋'의 손에서 건져내시리라."고 하자 그대로 했고, 국가적 평안과 회복의 은혜를 얻은 것처럼 우리를 그렇게 회복시켜 주시옵소서!

저희를 구하시고 회복시키실 예수 그리스도의 이름으로 기도합니다. 아멘!

땅의 기도
전방의 병사들을 위하여 드리는 기도!

"이상은 이스라엘 자손이 그들의 조상의 가문을 따라 계수된 자니 모든 진영의 군인 곧 계수된 자의 총계는 육십만 삼천오백오십 명이며" (민수 2:32)

전능하신 하나님! 날씨가 점점 추워지며 겨울이 깊어지는 이 때에 국토방위에 여념이 없는 군인들을 위하여 기도합니다. 남북이 70년을 대치하며 긴장과 충돌이 빈번히 일어나서 언제나 전쟁이 일어날 가능성이 높은 대한민국 땅의 군인들을 기억해 주옵소서! '러시아'와 '우크라이나', '하마스'와 '이스라엘'의 전쟁이 심화되며 더 긴장이 고조되는 대한민국입니다.

이런 위기감이 가득한 대한민국의 전선을 지키는 군인들 중에 합참의장을 비롯한 각 군 참모총장과 군단, 여단, 사단의 사령관 등 고위 장성들과 영관 위관 부사관 등을 기억하시되, 특별히 신성한 국방의무에 폭설과 눈보라에 자신을 던져 훈련과 경계근무에 임하는 사병들을 기억하여 주옵소서! 명령 하나에 죽고 사는 군인들의 신원을 강건하게 하여 주옵소서!

캄캄한 밤중에 잠에서 일어나 경계근무를 서야하는 병사들이 동상(凍傷)이나 그 밖의 질병에 걸리지 않도록 지켜주옵소서! 근무를 하다가 실수하지 않게 하시고, 일상적인 훈련뿐만 아니라 겨울철 혹한기 훈련이나 동계 훈련 과정에서 불상사가 생기지 않도록 저희들의 안전을 지켜 주옵소서! 수많은 훈련 과정에 필수적인 이동과 야영 중에 저희들을 지켜 주옵소서!

육해공군 해병대 전 병사들이 내부에서 총기 오발 같은 단순한 사고 뿐 아니라, 무기를 다루는 병사들의 특성상 일어나기 쉬운 각종사고로부터 저희들의 안전을 지켜 주옵소서! 툭하면 일어나는 군부대의 사고에서 저희 생명의 안전을 지키시며, 외로운 병영생활을 이기지 못해 불행한 일을 일으키는 일이 없도록 모든 군인들의 병영 생활을 안전하게 하시옵소서!

때로는 하늘에서, 혹은 세찬 바람 부는 바다에서, 혹은 높은 고지의 참호에서 각각 임무에 투입된 병사들이 추위를 이길 수 있는 강인한 체력과, 훈련을 감당할만한 정신력과 군부대 안에서 일어날 수 있는 고독과 소외감, 고향과 가족들에 대한 그리움 때문에 힘든 일이 생기지 않도록 붙잡아 주옵소서! 다시 가족과 이웃의 품으로 전역할 때까지 지켜 주옵소서!

이 땅에 전쟁이 일어나지 않게 하시되, 특히 두 번 다시 동족간의 전쟁이 일어나지 않게 하시옵소서! 전쟁이 일어나 가정과 가문의 소중한 아들딸들이 전쟁에 동원되어 희생되는 불행한 일이 일어나지 않도록 지켜 주옵소서! 이 땅의 백성들은 물론 군인들도 평안한 가운데 훈련에 임하게 하시되, 평화시에도 안전하게 군 복무를 마칠 수 있도록 지켜주옵소서!

우리의 영원한 대장되시는 예수 그리스도의 이름으로 기도합니다. 아멘!

땅의 기도
정치적 상실감을 가진 이들을 위해 드리는 기도!

"여호와께서 이같이 말씀하셨느니라 애굽을 붙들어 주는 자도 엎드러질 것이요 애굽의 교만한 권세도 낮아질 것이라 믹돌에서부터 수에네까지 무리가 그 가운데에서 칼에 엎드러지리라 주 여호와의 말씀이니라." (에스겔 30:6)

여당의 당대표 선거가 끝났습니다. 구설도 비난도 많았지만, 선출되었고 당사자는 감격했지만 야당이나 같이 출마했던 이들, 낙선한 후보를 지지했던 절반의 사람들은 마음의 상처를 입고 상심했을 것입니다. 그러나 선거가 끝났으니 지지했던 분들은 당연히 축하하겠지만, 낙선한 이나 그를 지지했던 이들도 상심하지 말고 당선자를 중심으로 하나 되게 하옵소서!

야당도 파트너로 함께 갈 여당 대표를 비난만 하지 말고, 축하를 보내고 함께 미래를 열어가게 하옵소서! 국민들이 판단할 때가지 성숙한 정치의식과 시민의식을 보이게 하옵소서! 당대표는 물론 국회의원이나 대통령까지, 낙선했던 이가 후에는 더 큰 지도자가 되는 경우를 많이 보았습니다. 당장의 결과에 연연하지 말고 미래를 내다보는 혜안(慧眼)을 주옵소서!

인생은 새옹지마(塞翁之馬)이니 오늘 모든 게 끝난 마지막이 아니요, 앞으로도 기회는 오고 올 것이라는 믿음으로 결과에 일희일비하지 말고 끝까지

대의와 평정심을 잃지 않게 하시옵소서! 그래서 지켜보는 국민들이 패자의 처신을 보며 감동하고 교훈으로 삼을 수 있게 하옵소서! 전쟁은, 이길 때도 질 때도 있음을 알고 깨닫는 성숙한 정치인이 되게 하시옵소서!

총선을 앞두고도, 한 번 선거에 떨어진다고 인생의 실패도 아니고 영원한 패배도 아님을 알고, 상심한 일을 당할 때마다 '아브라함'이나 '야곱' '요셉'을 보게 하시며, 결국은 역전과 전화위복(轉禍爲福)의 하나님을 신뢰하게 하시옵소서! 우리가 거꾸러져도 다시 일어나게 하시는 부활의 능력이 하나님께 있음을 알고 한 번의 실패로 끝내 무너지지 않게 하옵소서!

하나님은 예수님을 십자가에 못 박아 죽게 하셨지만, 제자들이 상심하여 고향으로 돌아가던 때 무덤에서 부활을 선물하신 분입니다. 질병 때문에 죽겠다는 이를 고치시고, 심지어 죽은 자를 살리시되, 죽은 지 나흘이나 되어 냄새 나는 '나사로'를 살리신 하나님을 신뢰하게 하옵소서! 하나님은 당신을 믿는 이들을 영원토록 지켜주실 변함없으신 분임을 믿습니다.

인생들의 생사화복을 주관하시고 형편과 처지를 아시며 상황을 바꾸시는 하나님! 저희 현실을 전화위복의 기회로 바꾸시는 하나님께서 힘들고 어려운 상황을 믿음으로 견디는 이들에게 은혜를 베풀어 주옵소서! 당선자는 낙선자들을 위로하고 그를 지지한 절반의 지지자들을 실망시키지 않겠다는 꿈을 주시옵소서! 끝내 모든 이들이 공동승자가 되게 하옵소서!

우리에게 최후의 승리를 주시는 예수님의 이름으로 기도합니다. 아멘!

땅의 기도

제주 4.3 피해자들을 위하여 드리는 기도!

"피 흘림을 심문하시는 이가 그들을 기억하심이여 가난한 자의 부르짖음을 잊지 아니하시도다." (시편 9:12)

사랑의 하나님! 이 땅 제주에 참혹한 역사, 방화와 체포, 구금, 고문 학살로 이어지는 4.3의 아픈 역사가 기억되는 4.3이 또 찾아왔습니다. 벚꽃이 피고 유채꽃이 피는 아름다운 계절이지만 꽃들이 아픈 상처를 치유하지는 못합니다. 세월이 75년이 지났지만, 여전히 이 땅 가득하던 통곡과 절규가 아직도 들리는듯 합니다. 이 슬픔을 기억하시고 보듬어 주시옵소서!

분명히 역사 정리가 된 지금도, 4.3에 대한 오해와 곡해가 난무한 중에, 여전히 불순한 동기로 인한 저항이고, 이를 평정하기 위한 정당한 공권력 투입이라며 3만 명의 희생자를 불순분자처럼 대하는 이들이 있습니다. 해방 이후 극심한 좌우의 이념 대립도 있었고, 불순한 이들도 있었겠지만 정부군에 의해 무참히 생명을 잃은 억울한 주민들의 죽음이 있습니다.

아무리 사상이 다르다고 해도 무자비한 방법으로 국민을 학살하듯 하는 권력의 희생자 된 이들을 위하여 위로와 치유가 필요하고 사랑과 화해와 용납이 필요합니다. 우리의 민족이 침략자 일본에게 그렇게 사과를 요구하는 것은, 죄를 지은 이는 죽을 때까지 만날 때마다 사과를 해야 한다고 하듯이, 희생당한 도민과 유족들에게 해마다 사과해야 한다고 믿습니다.

희생당한 사람은 말이 없고, 유족들은 슬픔과 분노를 토할 기운도 없지만, 3만 여명으로 추정되는 억울한 죽음과 95%가 불에 타 소멸되다시피 한 중산간 지역의 피해를 생각하면 한 나라 안에서 그것도 섬 주민들이 겪은 아픔은 말로 할 수 없습니다. 이제 정부와 민간, 중앙정부와 자치단체가 하나 되어 더 이상의 아픔이 없는 치유와 회복을 주시옵소서!

3만 여명의 희생자와, 삼만 여명의 유족들은 서로 지나간 아픈 역사를 잊고, 미래를 향해 이를 악물고 나아가게 하시되, 그러기 위하여 중앙정부는 4.3이 올 때마다 지속적으로 사과하고 응어리진 주민들의 마음을 위로하고 책임지는 자세를 보이게 하시옵소서! 제주 4.3특별법이 잘 지켜질 수 있게 하시고, 다시는 불행한 역사가 되풀이 되지 않게 하시옵소서!

가해자도 피해자도 모두 역사 너머로 지나갔습니다. 그러나 그 유족들과 후손들이 조상들의 억울한 희생이 매도되는 아픔을 보지 않도록 하나님께서 이 민족의 지도자들과 지식인들에게 4.3의 역사와 실체적 진실을 국민들에게 알려 희생자. 유족들의 억울함이 사라지도록 도와주시옵소서! 옳고 그름, 가해자와 피해자를 떠나 이해와 용서를 나누게 하시옵소서!

이 민족이 하나 되기 원하시는 예수님의 이름으로 기도합니다. 아멘!

땅의 기도

제주 4.3 희생자들과 유족들을 위하여 드리는 기도!

"이에 헤롯이 박사들에게 속은 줄 알고 심히 노하여 사람을 보내어 베들레헴과 그 모든 지경 안에 있는 사내아이를 박사들에게 자세히 알아본 그 때를 기준하여 두 살부터 그 아래로 다 죽이니" (마태 2:16)

하나님! 이 땅의 역사에는 많은 아픔들이 있습니다. 대한민국이 해방되고 독립된 이후 근현대사에 다시 떠올리기 싫은 아픈 역사들이 많습니다. 그 것도 일본처럼 남의 나라에 의해 저질러진 찬탈의 역사가 아니라, 동족간의 참혹한 살상이 저희를 더 아프게 합니다. '여수'와 '순천'에도 있었고, '광주'에도 아픔이 있었습니다. 그러나 '제주'에는 큰 아픔이 있었습니다.

이 아픔을 극복하기 위하여 많은 노력이 있었지만 정권이 바뀔 때마다 이를 바라보는 시각의 차이도 있고, 권력자의 처방이 달라 아직도 아픔은 계속 중이며 언젠가는 끝나게 될 줄로 믿습니다. 어쩌면 민족이 안고 있는 아픔은 영원히 치유되지 못할 수도 있습니다. 제주 4.3사건은 아직도 정확한 희생자 수도 모르며 당연히 완전한 보상도 될 수가 없습니다.

지금도 어딘가에 발굴되지 못하고 묻혀있는 희생자들, 생사를 알지 못하는 행불자들, 이런 억울한 죽음을 당한 이들을 달래줄 유해의 발굴과 안장, 이에 따른 후속조치도 이루어지지 않습니다. 지금도 제주 산하 어느 곳에 묻힌 희생자의 시신들이 발굴되어 가족에 돌아가기까지 아픔은 계속될 것입니다. 국정 최고 책임자들의 시각도 바뀌면서 유족들의 상심은 큽니다.

아름다운 제주의 푸른 나무들은 그 나무 밑 어딘가에 참혹한 죽음을 당한 채 아무도 모르게 영원히 묻혀있는 피해자들의 시신이 있을 터인데 하나님께서 이 땅에 사는 이들 중에 부모나 형제, 배우자들의 기막힌 죽음과 행방불명된 이들의 아픔을 치유하고 속히 상처 입은 역사를 끝내게 하옵소서! 이제 역사는 머물러 있지 않고 앞으로 나아가게 하시옵소서!

해마다 4월이면 목련이 지고, 벚꽃과 유채가 필 때마다 4월의 아픔을 기억해야 하는데, 서로 껴안고 아픔을 공감하고 회복을 열망하는 상생의 걸음이 있게 하옵소서! 비단 제주도 뿐만 아니라, 전국에 흩어진 상처받은 지역들과 도시들 모두가 언젠가는 치유하고 치유 받는 과정을 거쳐야 합니다. 하나님께서 분단의 땅에서 일어난 아픔들을 치료하여 주옵소서!

바다 건너 뱃길로 일주일은 와야 도착하는 유배지 제주에서 일어난 무고한 양민학살의 아픔이, 이제는 완전한 치유가 때가 된 줄 믿습니다. 이 땅이 피와 눈물을 모두 씻어 주시고 온 교회와 성도들이 치유를 위해 기도하게 하옵소서! 온 땅이 치유되어 육지와 다른 자치단체처럼 상생하는 땅이 되게 하옵소서! 저희들을 짓누르던 무거운 짐을 벗겨 주시옵소서!

우리에게 자유를 주시는 예수 그리스도의 이름으로 기도합니다. 아멘!

땅의 기도

조국의 통일을 위하여 드리는 기도!

"바사 왕 고레스는 말하노니 하늘의 하나님 여호와께서 세상 모든 나라를 내게 주셨고 나에게 명령하사 유다 예루살렘에 성전을 건축하라 하셨나니." (에스라 1:2)

전능하신 하나님! 오늘은 같은 민족, 같은 핏줄에서 태어나 한 언어를 쓰며 같은 땅에서 살고 있는 대한민국 동강난 북녘의 동포들을 위해 기도합니다. 전 세계에서 가장 폐쇄적인 나라, 가장 베일에 싸인 나라, 가장 참혹한 나라 북한입니다. '우리나라'이지만 우리나라라고 하기에는 남의 나라 같고, 그렇다고 다른 나라는 아닌 북녘의 동포들을 기억하시옵소서!

하나님께서 왜 이 민족을 세계의 열강 미국, 중국, 러시아, 일본의 틈바구니에 세우셨는지, 왜 열강들의 각축장인 한 반도에 살게 하셨는지 모르지만 열강의 틈에서 수많은 위협과 위험한 순간을 수없이 겪으면서도 오늘까지 생존케 하시니 고맙습니다. 가볼 수 없는 북한 땅과, 거기서 살고 있는 우리 동포들을 그리고 우리의 땅 한반도를 기억하여 주시옵소서!

이 땅 조국이 분단된 지 70년입니다. 이스라엘 민족이 '바벨론'에 끌려가서 모진 고생을 하다가 약속하신 70년이 되자 '고레스' 왕의 칙령에 의해 다시 예루살렘으로 돌아왔듯이, 오늘 한반도에 하나 된 조국 통일을 주시옵소서! 가장 불가능 하게 보이는 현대사의 숙제가 풀리게 하시옵소서! 세계적 관심사가 되어있는 한반도에 통일의 물꼬를 트게 하시옵소서!

혈육, 그것도 부모와 자녀, 같은 형제들이 일 년만 안 봐도, 또 어디에서 무엇을 하고 있는지 알면서도 보고 싶어 병이 날 지경인데, 하물며 긴 세월동안 얼굴은커녕 소식도 알지 못한 채 이제나 저제나 처분만 기다리는 이산가족들의 까맣게 타들어간 속을 헤아리시고 이 봄에 좋은 소식이 들리게 하여 주시고, 꺼져가는 희망의 불씨를 다시 지피게 하시옵소서!

세상에서 가장 가까운 땅, 그러나 세상에서 가장 멀게만 느껴지는 땅, 아니 방문조차 불가능한 땅으로 각인된 그 북녘 땅이 우리의 땅이오니 서로 왕래할 수 있게 하시옵소서! 하늘은 늘 열려있고 땅은 바리게이트만 치우면 지금이라도 오갈 수 있고, 철도는 승인만 나면 아무 때고 달릴 수 있는 나라인데 너무 오랜 세월 문빗장을 잠그고 담을 쌓고 지냈습니다.

이제 남북한 지도자들이 먼저 마음의 문빗장을 열고, 두껍고 높이 쌓인 마음속 불신의 담을 헐고 서로 한민족 공동체임을 확인하고 동일한 단군의 후손이며 통일한국의 미래 주인임을 믿고 테이블에 마주앉아 가능한 일부터 의논하고 이루어 가게 하시옵소서! 그래서 분단이 고착화 되지 않고, 분단조국을 후손들에게는 통일조국으로 물려줄 수 있게 하시옵소서!

이 민족이 하나 되기를 소원하시는 예수님의 이름으로 기도합니다. 아멘!

땅의 기도

행정부(行政府/장관)를 위하여 드리는 기도!

"디베료 황제가 통치한 지 열다섯 해 곧 본디오 빌라도가 유대의 총독으로, 헤롯이 갈릴리의 분봉 왕으로, 그 동생 빌립이 이두래와 드라고닛 지방의 분봉 왕으로, 루사니아가 아빌레네의 분봉 왕으로" (누가 3:1)

하나님! 이 시간은 대통령을 정점으로 하여, 국정의 각 분야 최고 전문 지도력을 가지고 대한민국을 이끌어가는 20명의 국무위원들을 위하여 기도드립니다. 이들이 각기 맡은 분야에 어떤 식견을 가지고 어떤 능력으로 대응하느냐에 따라 나라의 미래가 결정되오니 하나님께서 이들이 이끌고 가는 백성들을 불쌍히 여기셔서 하나님의 도구로 만들어 주옵소서!

먼저 '국무총리'를 기억하여 주옵소서! 각부 장관을 제청하고 제청 받은 대통령이 국회에 인사 청문을 요청하고 청문절차를 걸쳐 임명하는 중요한 자리입니다 총리가 내각의 얼굴이요 정부를 상징하는 인품과 능력이 있는 사람이 되게 해주옵소서! 언제나 백성들의 신망을 한 몸에 받는 거목(巨木)이 되게 하옵소서! 두 명의 부 총리급 장관을 기억하여 주옵소서!

경제 부총리 및 기획재정부 장관을 기억하여, 그가 대한민국의 재정수지를 계획하고 결산하며 나라 살림을 하는데, 국가경영의 '미시'와 '거시'를 볼 수 있는 혜안을 주셔서 국가부도 사태를 방관하거나 초래하지 않도록 붙잡아 주옵소서! 국가의 미래가 달려있는 부총리 겸 교육부장관을 기억하여 국가 백년대계를 설계하고 집행할 수 있는 장관이 되게 하옵소서!

그에게 장차 대한민국의 위상이 걸려있는 만큼 긴 안목으로 조국의 비전을 보게 하옵소서! 유치원부터 초등학교는 물론 중/고/대학 과정, 대학원, 박사원 과정을 내다보고 국민 교육을 미리 보게 하옵소서! 과학기술정보통신부 장관, 외교부 장관, 통일부 장관, 법무부 장관, 국방부 장관을 기억하여 그들 한 사람이 그 분야 대한민국 얼굴임을 기억하시옵소서!

사회의 안전과 나라 전체의 행정을 책임지고, 공직자들을 돌보는 행정안전부 장관, 보훈 업무를 총괄하는 국가보훈부 장관, 문화, 체육, 관광 전반을 책임진 문화체육관광부 장관, 농사와 축산, 식품 안전을 책임진 농림축산 식품부 장관, 무역과 통상을 지휘하는 산업통상 자원부 장관을 기억하여 주옵소서! 이들이 사회의 안전부터 무역까지 주장하고 있습니다.

국민 건강과 의료인들을 관리하는 중요한 책임을 진 보건복지부 장관과, 지구 환경과 국가 환경오염 대책을 세우는 환경부 장관, 고용노동부 장관, 여성가족부 장관, 국토교통부 장관과 해양수산부 장관, 중소벤처기업부 장관에 이르기까지 현재 우리나라 내각의 국무총리를 포함한 스무 명의 장관들을 기억하여 대한민국 호를 잘 이끌어 갈 수 있게 하여 주옵소서!

우리의 영원한 왕이신 예수 그리스도의 이름으로 기도드립니다. 아멘!

땅의 기도

혼란스러운 세상을 위하여 드리는 기도!

"난리와 난리의 소문을 들을 때에 두려워하지 말라 이런 일이 있어야 하되 아직 끝은 아니니라 민족이 민족을, 나라가 나라를 대적하여 일어나겠고 곳곳에 지진이 있으며 기근이 있으리니 이는 재난의 시작이니라" (마가 13:7-8)

사랑하는 하나님! 세상이 자연재해와 교통사고, 전쟁, 테러의 소식이 끊이지 않습니다. 일본에서는 강도 7.6의 지진이 일어나 임시 통계로 백 명 가까이 목숨을 잃었고 오만 명 이상의 이재민이 생겼습니다. 이웃나라의 일이지만 언제 우리의 일이 될지 모릅니다. 우리나라에서도 규모는 약하지만 지진의 소식이 자주 들려옵니다. 하나님께서 이 민족을 기억하옵소서!

국내에서는 야당의 정치 지도자가 흉기에 찔려 병원에서 수술을 받고 회복 중에 있습니다. 또 여기저기에서 화재가 나서 여러 사람이 목숨을 잃었습니다. 수십 대의 자동차가 추돌사고를 일으켜 일대의 교통이 마비되고 있습니다. '이란'에서는 존경받는 자국민 지도자 4주기 추모식에 원격 조정된 상자에서 폭탄이 터져 백 명 가까이 목숨을 잃었다고 합니다.

사건의 배후로 이스라엘이 지목되면서, 중동은 확전 분위기로 출렁이고 있습니다. 몇 나라나 특정지역의 문제가 아니라, 전 세계를 향한 테러이자 전쟁입니다. 지구촌 곳곳에 자연 재해, 교통사고, 테러, 전쟁 등이 쉬지 않고 일어나고 있습니다. 어느 한곳 평화로운 지역이 없고, 어느 지역 안전한 곳이 없습니다. 이런 살벌한 세상에 사는 저희에게 평안을 주시옵소서!

사랑하시는 하나님! 인류가 생긴 이래 전쟁이 없었던 적은 없습니다. '아담'의 아들들이던 인류 최초의 형제 '가인'이 그 동생 '아벨'을 들에서 쳐 죽이면서 시작된 살육과 전쟁은 지금까지 계속해서 이어져왔습니다. 이웃 나라끼리 혹은 형제 나라끼리 싸웠습니다. 전쟁 무기가 '돌'에서 칼과 창과 화살로 바뀌고 총으로 대포로, 무서운 미사일로 바뀌었을 뿐입니다.

이제는 땅에서 뿐만 아니라 벙커나 지하에서, 혹은 바다에서 그리고 하늘에서 싸웁니다. 무서운 살상 무기들도 있습니다. 무서운 병기 핵전쟁도 언급되고 있습니다. 하나님! 대한민국도 전쟁이 비켜가는 안전한 지역이 아니고, 지진 같은 무서운 재앙이 피해가는 곳도 아닙니다. 하나님께서 지키시고 보호하시옵소서! 천재지변 같은 재앙이나 전쟁이 없게 하시옵소서!

이렇게 난리와 난리의 소문만이 아니라, 각종 테러가 때와 사람을 가리지 않고 무차별 행해지고 있으니, 하나님께서 간섭하여 주옵소서! 비인간적인 살상 무기들이 동원되는 현대전에서 가공할 핵무기가 동원되면 인류는 무차별 참혹한 살상의 대상이 되고, 우리는 역사의 죄인이 됩니다. 이 혼란스러운 땅에 모든 이들이 행복하게 살도록 평화를 허락하옵소서!

이 땅에 평화의 왕으로 오신 예수 그리스도의 이름으로 기도합니다. 아멘!

1. 나라와 민족을 위하여 드리는 기도!!

2.
세계의 평화를 위하여
드리는 기도!!
(5편)

왜 기도해야 하는가?
세계의 평화를 위하여 드리는 기도!

"소돔 왕과 고모라 왕과 아드마 왕과 스보임 왕과 벨라 곧 소알 왕이 나와서 싯딤 골짜기에서 그들과 전쟁을 하기 위하여 진을 쳤더니" (창세 14:8)

'세계의 평화'라는 이 거대한 담론은 얼핏 생각하면 작은 몇 사람의 기도가 무슨 영향력을 미치겠는가 싶지만, 자세히 살펴보면 그렇지 않습니다. 언제나 세계적인 큰 전쟁이라고 처음부터 끝까지 크게 시작하고 크게 끝나는 것이 아니고, 작은 것이 발단이 되어 전쟁으로 이어집니다. 따라서 전쟁의 단초를 제공하는 아주 작은 불씨를 끄는 것은 중요한 일입니다.

사실 여기에 있는 기도는 처음에 '나라와 민족을 위하여 드리는 기도'에 함께 들어 있었습니다. 불과 다섯 편의 기도를 하나의 주제로 넣기는 부족했지만, 제가 이번에 기도한 중요한 몇 개 지역은 세계 평화를 유지하는 버팀목이 될 수도 있고, 반대로 끝내 전쟁을 일으켜 세계 평화에 찬물을 끼얹을 수도 있습니다. 따라서 기도의 지역은 작지만 미칠 영향은 큽니다.

'세계의 평화를 위한 기도'는 세계 모든 나라를 위해 기도해야 할, '유엔' 사무실이라야 가능할 것 같습니다. 그러나 지금 전쟁이 지속되는 나라들과 긴장이 고조되는 나라들을 위해 기도합니다. 즉, '우크라이나'와 '러시아,

'하마스'단체와 '이스라엘', 그리고 '중국'과 '대만'의 양안(兩岸)입니다. 어쩌면 이 지역의 평화가 세계 평화를 치료하는 급소이기 때문입니다.

정리하자면 한반도의 평화, 중동의 평화, '타이페이'만의 평화가 세계 평화를 버티어 주는 주 기둥입니다. 그만큼 여기서 언급하는 지역이 세계와의 역학관계도 중요합니다. 그래서 이 나라를 위해 우선 기도합니다. 그리고 이 세계 평화를 위하여 기도하는 영역을 만들어 유지하면, 다음에 10개국, 혹은 20개국을 위해서 따로 기도할 수 있는 동기부여가 될 것입니다.

그리고 저는 개인적으로 "세계평화는 세계 선교다."로 이해하고 있습니다. 정반대로 "세계 선교는 세계 평화다."라고 읽어도 됩니다. 그만큼 선교는 전쟁을 막는 유일한 대안으로도 생각하지만, 달리 전쟁을 막으려면 복음이 들어가야 합니다. 몰론 나라마다 대륙마다 이해관계가 다르지만 우리가 아주 중요한 방아쇠 같은 촉발지역을 놓고 기도한 것은 중요합니다.

우리는 기업가가 아니기에 다른 말은 할 수 없지만 "세계는 넓고 선교할 곳은 많다."거나 "세계는 넓고 기도할 곳은 많다."고 고백할 수 있습니다. 여기에서 가장 중요한 기도 제목은 '전쟁을 멈추고 평화가 오게 해야' 한다는 것입니다. 하나님은 이곳에서 시작한 이 작은 기도를 근거로, 전 세계가 전쟁이 일어나지 않도록 천사를 동원해서라도 막으실 것입니다.

2. 세계의 평화를 위하여 드리는 기도!!

땅의 기도

'우크라이나'와 '러시아'의 전쟁 종식을 위하여 드리는 기도!

"그 때에 이리가 어린 양과 함께 살며 표범이 어린 염소와 함께 누우며 송아지와 어린 사자와 살진 짐승이 함께 있어 어린 아이에게 끌리며" (이사 11:6)

하나님! 도저히 믿고 싶어도 믿기지 않는 일이 일어난 지 벌써 2년이 지났습니다. 하나님께서 엄청난 젊은이들의 목숨이 전쟁터에서 사라지는 무서운 현대전을 왜 용납하시는지 저희는 그 비밀한 뜻을 알지 못하지만, 이제는 이 참혹한 전쟁을 끝내 주시옵소서! 그동안 7만 명의 전사자와 3만 명의 실종자가 생겼고, 민간인들도 1만 명이나 목숨을 잃었습니다.

한 사람의 탐욕과 거기에 속한 정치 지도자들의 그릇된 판단이 전쟁을 불러왔고, 이제 돌이킬 수 없는 전쟁이 되었는데, 승자도 없이 모두 패자가 되었으며 이 일로 세계는 계속해서 정치적, 경제적인 불안한 시간을 보내고 있습니다. '러시아'의 '우크라이나' 침략을 기점으로 세계 경제는 출렁거렸고, 여파는 우리나라를 포함해서 미치지 않은 나라가 없습니다.

현대전이란, 가공할 위력을 가진 미사일을 비롯해 공중 폭격, 대포 공격들이 전쟁에 참여한 군인들뿐만 아니라 민간인들을 포함한 불특정 다수의 국민들이 무고한 희생을 치러야 합니다. 그뿐 아니라 재래식 무기와 달리

파괴력이 커서 전쟁 이후의 피해는 상상할 수 없이 큽니다. 유럽과 아시아의 끝에서 일어난 이 전쟁의 파급력이 전 세계로 미치고 있습니다.

전쟁의 광기에 눈이 벌겋게 달아오른 독재자의 마음을 하나님께서 다스리시어 무서운 전쟁이 멈추게 하시고, 속히 무너진 병원이나 학교 같은 최소한의 치료시설과 교육시설, 주거시설을 정비하여 죽어가는 군인들과 민간인 희생자, 특히 아이들과 노인 등 노유약자들을 돌보게 하시고, 인생을 얼마 살지도 못한 어린이들이 전쟁의 상처를 극복하게 하시옵소서!

전쟁이 지리멸렬해 지면서 혹 전쟁 범죄자의 생각 속에 핵 단추를 만지작거리고 있지 않은지 두렵습니다. 이 상황이 오지 않도록, 인류파멸의 핵단추가 눌러지지 않도록 하나님께서 붙잡아 주옵소서! 전쟁이 종식되고 다시는 이런 전쟁 때문에 세계가 공포에 떨어야하는 불행한 일이 일어나지 않게 하시옵소서! 하나님이 지으신 인생들이 평화롭게 살게 하옵소서!

전쟁이 난지 2년이 지났고 양측의 피해가 무섭게 늘어나고 있는 동안, 양분된 두 나라에 대한 적극적인 지지 의사들도 많이 철회되어가는 때에, 양국 지도자들의 마음에 인류파멸의 동기를 부여할지도 모를 전쟁을 멈추고 국제사회에 사죄하고 전쟁을 멈추게 하옵소서! 우크라이나와 러시아 전쟁이 현대전의 새로운 교훈을 남긴 것으로 만족하게 하여 주시옵소서!

땅에 평화의 왕으로 오신 예수 그리스도의 이름으로 기도드립니다. 아멘!

땅의 기도

'우크라이나'와 '튀르키예'를 위하여 드리는 기도!

"그가 많은 민족들 사이의 일을 심판하시며 먼 곳 강한 이방 사람을 판결하시리니
무리가 그 칼을 쳐서 보습을 만들고 창을 쳐서 낫을 만들 것이며 이 나라와 저 나
라가 다시는 칼을 들고 서로 치지 아니하며 다시는 전쟁을 연습하지 아니하고."

(미가 4:3)

이 땅에 하나님의 형상을 따라 지으신 모든 인생들을 사랑하시는 하나님!
이제 겨울이 지나고 봄이 찾아왔습니다. 그러나 아직도 언제 평화의 봄을
맞을지 모르는 불행한 삶을 사는 이들을 위하여 기도합니다. 아직도 무서
운 추위에 끝날줄 모르는 전쟁의 중심에 서 있는 '우크라이나' 백성들을 기
억하여 주옵소서! 대공습을 앞두고 있음을 기억하여 주시옵소서!

하나님께서 이번 전쟁에서 의(義)의 편이 되시고, 무고한 피를 흘리게 한
불법한 이들을 심판하시되 반드시 정의가 승리하는 것을 보여 주옵소서!
무고히 침략전쟁을 일으켜 세계를 고통 중에 빠져들게 한 불의의 지도자
를 사람들은 수수방관하고 있습니다. 세계의 우방들이 이를 지켜보며 몸
을 사리며 눈치를 보고 있습니다. 이런 악순환을 끝내 주시옵소서!

국가적인 전쟁의 소용돌이에서 어쩔 수 없이 자식을 잃고 슬퍼하는 부모
들을 위로해 주시고, 졸지에 부모를 잃고 고아가 된 이들을 사랑하여, 혼

자 사는 여인들의 남편이 되시고, 부모 없는 아이들의 아버지가 되시는 하나님 아버지께서 저희의 삶에 깊게 드리워진 어두운 전쟁의 상처들을 치료하여 주시고, 이 봄에 전쟁이 끝나 슬픔이 멈추게 하시옵소서!

전쟁 중에 부모를 잃은 자녀들, 배우자를 잃은 부인들, 자녀를 잃은 부모들을 위로하시되 여전히 피난길에 있는 고통 받는 피난민들의 암울한 삶을 기억하시어 하나님의 사랑으로 위로받고 힘을 내게 하여 주시옵소서! 속히 탐욕에 눈 먼 지도자들의 마음에 개입하시고, 세계에 종전(終戰) 소식을 주시옵소서! 전쟁의 피해를 복구하면서 평화를 누리게 하옵소서!

전쟁보다 엄청난 지진 피해를 당하여 슬퍼하는 '튀르키예'와 '시리아'를 기억하시어 무서운 파괴와 죽음에서 절망하는 백성들을 일으켜 주옵소서! 세계가 저희를 위하여 마음을 모아 사랑의 손길을 펴게 하시고, 이런 따뜻한 인류애가 저희들이 다시 희망을 가지고 일어서는 동력이 되게 하옵소서! 죽음과 부상 뒤에 무서운 질병이 발생하지 않도록 도우시옵소서!

사랑의 하나님! 세계를 지으시고 인생을 지으신 창조주 하나님께서 연약한 인생들이 자연의 재앙을 당하지 않도록 도우시고 이 봄에 저희들에게도 따뜻한 소식이 있게 하시옵소서! 우리가 보내는 작은 사랑이 저희들에게 위로가 되고, 앞으로 만날 위기의 역사를 딛고 일어서는 힘이 되게 하옵소서! 우리의 마음이 그들을 위해 지속적으로 기도하게 하시옵소서!

가난하고 병든 이들을 더 사랑하시는 예수님 이름으로 기도합니다. 아멘!

2. 세계의 평화를 위하여 드리는 기도!!

땅의 기도

‘이스라엘’과 ‘하마스’의 전쟁 종식을 위하여 드리는 기도!

"이때부터 아사 왕 제 삼십오 년까지 다시는 전쟁이 없으니라" (대하 15:19)

하나님! ‘하마스’ 무장단체가 이스라엘을 미사일 기습적인 공격을 한지 많은 시간이 지났습니다. 그 전쟁의 동기와 시작, 그리고 그 결과에 대하여 저희들은 알지 못합니다. 왜 그런 일이 일어났는지 무슨 의도가 있는지, ‘하마스’가 노리는 숨은 전략은 무엇인지 모릅니다. 그러나 분명한 것은 전쟁은 끝날 기미가 보이지 않고 피해는 눈덩이처럼 불어난다는 것입니다.

무차별적인 목격이나 포격을 통해 학교가 무너지고 병원이 파괴되면서 무수한 생명이 억울한 죽음을 당하거나 영원히 치료가 안 되는 장애로 살 수밖에 없는 지경에 이르렀습니다. 세계가 불안해하고 있습니다. 전쟁이 ‘이스라엘’과 ‘하마스’의 단순한 전쟁으로 보는 사람이 없습니다. 양진영의 배후에는 무수한 세력들의 이해관계가 얽혀 있기 때문입니다.

자신들은 이스라엘의 편이라고 공식적으로 주장한 ‘미국’을 비롯한 친 이스라엘 성격의 서방 진영이 있고, 하나인 공동체의 입장에서 접근하고 있는 주변의 중동 국가들, 그리고 이들과 이해관계에 있는 수많은 세계 나라들이 이해득실의 저울질을 하고 있습니다. 이 전쟁은 하나님만이 멈추게 하실 수 있습니다. 중동은 지금 화약고입니다. 멈추게 하여 주옵소서!

그동안 무장단체들이 보여준 폭력성과 잔인함, 그리고 전쟁에 돌입하면 아무 것도 가리지 않고 무차별적인 모습을 보이던 그들을 자제시켜 동족의 전쟁, 중동의 전쟁, 세계의 전쟁으로 이어지는 현상을 이해하고 소탐대실(小貪大失)하지 않도록 도우시옵소서! 무고한 어린이와 노인과 부녀자들의 참혹한 희생이 더 이상 계속해서 일어나지 않도록 지켜 주시옵소서!

하나님께서 이스라엘 민족에게 약속하셨던 가나안 땅, '젖과 꿀'이 흐르는 그곳에서 기름이 나고, 유전을 통해 중동의 여러 산유국들이 넘치는 '오일 머니'를 가지고 있습니다. 하나님께서 약속하신 대로 그 땅은 오직 젖과 꿀만 흐르게 하시옵소서! 그동안 무수한 전쟁으로 피와 눈물이 흐르던 그 땅에서 고통의 눈물을 닦으시고 피 흘림이 멈추게 하시옵소서!

그동안 1,2,3,4차 중동 전쟁, 미국의 이라크와의 전쟁, 아프가니스탄과의 전쟁, 미영 연합군의 '예멘'의 '후티' 반군 공격 등 많은 전쟁이 남긴 참상을 기억하시고 이제 포성이 멎게 하옵소서! 전쟁을 멈출 수 있는 이는 하나님 뿐이신 줄로 믿습니다. "암소와 곰이 함께 먹고, 그것들의 새끼가 함께 엎드리며, 사자가 소처럼 풀을 먹는"(이사 11:7)날이 오게 하시옵소서!

진정한 평화의 왕이신 예수 그리스도의 이름으로 기도드립니다. 아멘!

땅의 기도

'중국'과 '대만'의 양안(兩岸)평화를 위하여 드리는 기도!

> "이와 같이 여호수아가 여호와께서 모세에게 말씀하신 대로 그 온 땅을 점령하여 이스라엘 지파의 구분에 따라 기업으로 주매 그 땅에 전쟁이 그쳤더라."
>
> (여호 11:23)

사랑의 하나님! 이 땅에 평화를 원하시고 세계의 평화를 원하시는 전능하신 하나님! 오늘 세계평화의 중심축에 있는 '중국'과 '대만'을 위하여 기도합니다. 한반도의 상황과 너무 흡사하고, 형편이나 처지가 비슷합니다. 하나님께서 중국과 대만 사이에 전쟁위협의 구름이 걷히도록 지켜주시기 원합니다. 양국의 국민뿐만 아니라 세계 평화가 위협받기 때문입니다.

대만은 1949년 중국 '공산당'과 '국민당'의 내전에서 패한 국민당 '장체스/蔣介石' 총통이 지지자들과 더불어 '타이페이' 섬에 정착하고 그곳에서 나라를 세우고 서방의 지지를 얻으면 '중화민국'으로 출발했습니다. 그러나 우방들이 등을 돌리고 우리나라도 그들과의 국교를 단절하고 '중국'과 수교를 맺었습니다. 가장 강력한 우방이던 우리도 그들을 버렸습니다.

세계는 '가치'와 '우정'보다 '실리'를 중시하고 '힘'이 우선하게 되었습니다. 분단의 세월이 흐르고, 중국의 국력이 비대해진 지금 중국과 대만의 양안

(兩岸)관계가 불투명합니다. 양쪽의 해안선에 긴장이 고조되고 있습니다. 양측 모두 한발도 물러설 수 없는 일촉즉발의 긴장이 계속되고 있고 전쟁 기상도가 긴박하게 돌아가고 있습니다. 하나님께서 기억하여 주옵소서!

'중국'과 '대만'의 전쟁은 곧바로 비슷한 긴장관계를 가지고 있는 가까운 한반도 우리나라로 옮겨올 수 있습니다. 중국이 대만을 물리적으로 침공한다면 당장 침몰할 수 있는 상황이고 그 사이에 미국의 역할이 얼마나 무제한적으로 가동할지 지켜보고 있습니다. 지난 75년 동안 쫓겨난 백성들이 약소국의 설움을 딛고 살았습니다. 하나님께서 지켜 주시옵소서!

이 양안(兩岸)에서 무력이 행사되지 않게 하옵소서! '러시아'가 '우크라이나'를 침략하고, '하마스' 무장단체가 '이스라엘'을 침공하면서 세계는 양안(兩岸)을 주목하고 있습니다. 유사한 긴장관계를 유지하는 한반도에도 전쟁이 일어나지 않게 하시옵소서! 중국은 대국의 면모를 갖추고, 대만은 체재의 우월성을 가지고 국제사회에서 공존할 수 있게 지켜 주시옵소서!

하나님은 전능하십니다. 그러나 반면에 사랑이십니다. 사랑과 공의의 하나님께서 중국과 대만의 대결을 다스리셔서 민족의 공멸과 나아가 인류공멸의 열차를 인류 공존으로 돌아서도록 양측의 평화적인 해결을 모색하게 하시고, 이 일이 도화선이 되어 세계에 전쟁이 확산되는 게 아니라, 전쟁의 물결이 평화의 파도로 바뀌어 세계가 평화의 지구촌이 되게 하옵소서!

평화의 왕으로 이 땅에 오신 예수 그리스도의 이름으로 기도드립니다. 아멘!

땅의 기도

한일(韓日)관계를 위하여 드리는 기도!

"그에게 이르기를 너는 삼가며 조용하라 르신과 아람과 르말리야의 아들이 심히 노할지라도 이들은 연기 나는 두 부지깽이 그루터기에 불과하니 두려워하지 말며 낙심하지 말라." (이사 7:4)

봄기운이 느껴지는 해빙(解氷)의 아침을 주심이, 혹한의 계절이 지나고 새 싹이 움트는 따뜻한 계절을 주심 그 어느 때보다 고맙습니다. 가난하게 사는 이들이 더위는 견딘다 해도 추위가 무섭습니다. 치솟는 난방비 때문에 두려운 계절이었는데 이제 지나가게 하심이 고맙습니다. 난방비 폭등은 경제적 어려움도 크지만 여기 국민들의 분노가 폭발하고 있습니다.

이에 못지않게 한일 간의 새로운 쟁점이 된 '강제동원' 여성들에 대한 배상 방법이 발표되었습니다. 정부 안이 다수의 국민들이 납득하기 어렵고, 특히 피해 당사자들이 완강히 거부하고 있는 일을 정부가 밀어붙이고 있습니다. 이미 우리나라 최고 상급심 대법원의 확정 판결과도 배치되는 안을 정부의 외교부 장관이 발표해서 피해자들을 고통스럽게 합니다.

하나님께서 저희 땅 바로 옆에 세상에서 악랄하고 야비한 민족을 이웃으로 주신 뜻이 무엇인지 모르지만, 벌써 430여 년 전 '임진왜란'이 일어나던 때부터 1910년 한일병합을 당한 '경술국치'에 이르기까지, 그 이후 근대사에 수많은 굴욕과 분노를 경험하게 하셨습니다. 저희 심정으로 가장 용서하기 힘든 일본과의 문제를 어떻게 풀어야 할지 지혜를 주시옵소서!

'일본'이라는 나라는 생각할 때마다 저희의 분노를 자아내게 하고, 지금도 여전히 불쾌함이 일어나는 행동으로 국민들의 노를 돋웁니다. 특히 국민들 편에서 백성들의 행복과 이익을 대변하고 지켜주어야 할 정부가 피해 국민들의 심정을 자극하는 지도자의 기념사, 주무 장관의 담화들이 점점 더 반일 감정을 부추깁니다. 연약한 이 민족을 긍휼히 여기시옵소서!

가장 가까이 있는 나라, 세계에서 중국과 미국에 이어 세 번째로 많은 교민이 살고 있는 나라입니다. 이 가까운 나라가 가장 먼 나라가 되었습니다. 일제 강점기를 경험한 세대가 아님에도, 근현대사에서 만나는 저들의 행태를 보며 이웃을 사랑하고 원수를 사랑하라고 하신 말씀이 너무 힘겹게 느껴집니다. 하나님께서 스스로를 다스릴 수 있는 힘을 주시옵소서!

사랑의 하나님이시지만 공의의 하나님이신 것을 믿습니다. 한일 관계에 한 치의 편견도 없는 공의로운 심판주가 되셔서 이 민족이 굴욕적이고 잔인한 압박을 받은 36년, 해방이후 온전한 해방을 누리지 못하고 여전히 강점기의 그늘에서 70년 가까이 살고 있는 착한 이 민족을 불쌍히 여기시고 피차 용서하고 용서하며 상생할 수 있는 사이가 되게 하시옵소서!

이 민족을 사랑으로 지켜주시는 예수님의 이름으로 기도합니다. 아멘!

3.
목회와 사역을 위하여 드리는 기도!!
(32편)

왜 기도해야 하는가?

목회와 사역을 위하여 드리는 기도!

"또 내가 네게 이르노니 너는 베드로라 내가 이 반석 위에 내 교회를 세우리니 음부의 권세가 이기지 못하리라." (마태 16:18)

'교회'는 하나님께서 이 땅에 세우신 가장 아름답고 복된 공동체입니다. 교회를 위하여 주님은 십자가에 죽으셨고, 그 피로 값을 지불하고 사신 곳이 교회공동체입니다. 예수님은 교회의 머리요, 교회의 몸입니다. 따라서 교회는 하나님께서 그 아들의 몸을 버리고 세우신 곳이 교회요, 아들 예수님은 그 몸을 갈아 넣어 세운 곳이 오늘 우리가 일컫는 교회입니다.

따라서 교회의 자궁에서 태어난 우리는, 이 안에 머물러야 하는 것은 물론, 교회의 안전을 위해서 매일 기도해야 합니다. 모태에서 사는 동안 모태의 청결과 안전이 태아의 건강한 출산을 보장하듯, 하나님의 교회 안에서 사는 이들은 건강한 교회가 되기를 위해 최선을 다해야 하고, 지상의 교회가 하나님의 뜻에 따라 건강하게 유지되도록 항상 기도해야 합니다.

교회를 위탁하며 세우신 목회자들을 위해 기도해야 하고, 그를 돕도록 세우신 강도사나 준목, 전도사 등 사역을 준비하며 훈련받는 이들이 출발부터 경건과 신앙, 학문 등 모든 분야에 흠결 없이 자라서 온전한 사역자가 되기를 기도해야 하고, 그들의 곁에서 목회자를 도와 평신도 지도자로 세움을 입은 장로나 안수집사, 권사 집사들도 위해서 기도해야 할 것입니다.

교회 안에 세우신 기관과 부서들, 즉 교회의 작은 공동체인 기획위원회, 당회, 제직회, 공동의회를 비롯하여 권사회, 집사회, 남/녀 전도회 혹은 선교회, 청장년, 청년들을 위해서도 기도해야하고, 교회/주일학교, 찬양/성가대, 속회, 구역, 셀, 순, 목장, 다락, 가지, 둥지로 불리는 소그룹도 기도해야 할 대상입니다. 기관들의 건강이 교회의 건강이기 때문입니다.

교회가 제정하여 지키는 모든 절기와 행사를 위하여 특별히 기도해야 하는 것은 이런 절기나 행사들은 모두 교회 구성원의 신앙을 훈련하고 믿음의 진보를 위하여 제정된 하나님의 절기인 때문입니다. 송구영신 예배부터 시작해서 사순절, 종려주일, 부활절, 맥추절, 추수절, 성탄절까지 크고 작은 교회력과 절기들은 늘 준비된 것이기에 더욱 기도가 필요합니다.

교회 안에는 뜻밖에 소외된 이들이나 기관들이 많습니다. 마치 덜 중요한 것처럼 여겨지는 관리, 안전, 청소, 음향, 방송 등을 비롯해서 장애인부, 영아부, 노년부 등은 성도들의 기도가 절대적으로 필요한 곳입니다. 이런 외진 곳, 관심이 덜한 곳을 위해 기도하다 보면 하나님의 사랑의 빛이 비쳐오는 것을 느낍니다. 거기가 하나님이 사랑하는 곳이기 때문입니다.

땅의 기도
강단의 설교자를 위하여 드리는 기도!

"예수께서 이 말씀을 마치시매 무리들이 그의 가르치심에 놀라니 이는 그 가르치
시는 것이 권위 있는 자와 같고 그들의 서기관들과 같지 아니함일러라"

(마태 7:28-29)

오늘 설교하는 설교자들을 위해 기도합니다. 하나님께서 일주일 동안 오
늘 설교할 말씀을 준비하기 위하여 새벽부터 저녁에 잠자리에 들 때까지,
어떻게 하면 하나님의 뜻을 바로 전할 것인가에 대한 고민과 애정을 가지
고 말씀을 준비했습니다. 자기를 비우고 두려움으로 강단에 올라가게 하
옵소서! 자신의 언변이 아닌 하나님의 능력을 의지하게 하여 주옵소서!

말씀을 준비할 때도 감동을 주셨으니 선포할 때도 감동을 따라 선포하게
하시고, 자신이 설교하는 것이 아니라, 말씀하시는 하나님께 강단을 양도
하고 자신은 무익한 종으로 서서 하나님의 역사를 지켜보게 하시옵소서!
오만하지 않되, 혹 부족한 부분은 하나님께서 채워주시도록 기도하고, 혹
자신 있는 부분은 교만하지 않도록 다스려 달라고 기도하게 하옵소서!

말씀을 듣는 성도들의 눈이 말씀전하는 설교자에게 집중하게 하시고, 말
씀을 들을 때 마음이 열리게 하여 주옵소서! 설교자 자신도 겸손함으로 말

씀을 듣게 하시고, 선포하게 하시고, 말씀을 믿고 행하게 하옵소서! 믿는 것과 행하는 것이 하나 되어, 말씀처럼 변화되어 세상을 변화시킬 수 있게 하옵소서! 성령님께서 저희들과 늘 함께 하시어 예배를 받아주옵소서!

설교자들이 두려움으로 겸손하게 하시고, 가슴 떨림이 있게 하시며, "오늘 하나님은 나를 통해서 어떻게 일하실지, 내 입술을 통해 어떤 말씀을 하실지" 기대하게 하시고, 말씀을 전하기 전에 먼저 은혜 받고, 말씀을 전하며 역사하심을 목격하게 하옵소서! 어디선가 일하시는 하나님이 아니라, 지금 말씀을 통해 일하시는 하나님을 가슴으로 고백하게 하시옵소서!

주일마다 강단에 올라가는 습관 때문에 두려움도 떨림도 없이 습관적으로 하는 설교가 아니라, 매 순간 난생 처음 하는 설교이자 생애 마지막 설교라는 생각으로 전하게 하옵소서! 하나님께서 저희를 축복하시고 인도해 주시므로 설교의 여운이 남아있는 게 아니라 하나님이 일하심이 남아 있게 하시어, 설교자가 아니라 하나님이 위대하심이 드러나게 하시옵소서!

설교자는 언제나 하나님의 종이나 도구로 사용되게 하시되, 그 위치에서 한 치도 벗어나지 않게 하시옵소서! 하나님께서 말씀하시는 순간 첫 번째 성도가 되어, 말씀 앞에 자신을 복종시켜 사는 종이 되게 하옵소서! 말씀을 전하고 내려올 때 더 이상 한 말씀도 할 것이 없을 만큼 모두 전하게 하시고, 아무 말도 못할 만큼 모든 에너지를 쏟아내게 하시옵소서!

역사상 최고의 설교자이신 예수 그리스도의 이름으로 기도드립니다. 아멘!

땅의 기도

교회를 개척하는 이들을 위해 드리는 기도!

"안디옥 교회에 선지자들과 교사들이 있으니 곧 바나바와 니게르라 하는 시므온과 구레네 사람 루기오와 분봉 왕 헤롯의 젖동생 마나엔과 및 사울이라"

(사도 13:1)

사랑하는 하나님! 오늘도 이 땅에 하나님의 소명을 따라, 주신 사명을 감당하려는 아름다운 마음으로 교회를 세우는 남여 종들을 기억하여 주옵소서! 저들이 주님을 사랑하는 열정과 구원의 은혜에 감격하는 마음으로 시작하는 첫 걸음에 복을 주시옵소서! '아브라함'이 '하란'을 떠나는 심정으로 출발하는 저들의 미래를 하나님께서 기억하여 복되게 하옵소서!

이 일을 기뻐하여 함께 축하하고 축복하는 마음으로 참석한 성도들에게도 은혜를 더하시고, 교회를 세우고 사명의 길을 떠는 담임목회자를 마음껏 축복하게 하옵소서! 순서를 맡은 이들 중에 집례를 맡은 이는 예배가 하나님께 봉헌되도록 중심으로 인도하게 하시고, 예배를 위해 기도하는 이는 참석자들을 대표하여 미래에 펼쳐질 영광을 기도하게 하시옵소서!

말씀을 전하시는 사자의 입술을 주관하시어, 두려움으로 교회를 성별하고 축복하는 말씀을 선포하게 하시고, 그가 전한 말씀이 후에 교회에서 그대로 이루어진다는 믿음으로 하나님의 마음을 전하게 하옵소서! 헌금을 드리는 이들은 한 알의 축복을 심는 심정으로, '나드'향을 드리던 여인의 마음으로 바치게 하시옵소서! 하나님이 기뻐하시는 예배가 되게 하옵소서!

축도를 맡은 이는 온 우주의 기운을 모두 모아, 하나님께 교회를 품고 축복하는 기도를 드리게 하시어, 그 교회가 축복 기도대로 영원히 복을 받게 하옵소서! 예배에 참여한 모든 이들도 성령님의 자궁에서 태어나는 교회의 탄생을 축복하게 하옵소서! 세상의 행사에 참석하는 의미 없는 일이 아니라 주님의 몸 된 교회의 탄생에 증인된 것을 복되게 하옵소서!

교회를 시작하는 목회자는 교회의 성장이나 목회의 성공, 자신의 영광이 아니라, 하나님의 자녀를 돌보는 엄중한 사명을 감당하기 위해 부름 받은 엄숙함으로, 단 한 걸음이라도 욕망의 노예가 되지 않게 하시고, 오직 하나님의 종으로 주님의 뜻을 이루기 위해 첫 걸음을 두려움으로 떠나게 하옵소서! 평생 하나님의 뜻을 이루려는 뜻으로 순종하게 하옵소서!

아무리 작은 교회, 오직 담임 목회자 밖에 없는 초라한 출발이라도 교회의 개척설립은 우주만큼이나 큰 것을 알고, 하나님의 창조세계에서 이루신 구원역사에 동참하는 영광스러움을 가슴에 담고 길을 떠나게 하옵소서! 평생 단 한명의 영혼 구원에 그치더라도 부끄러워하거나 상심하지 말고 그 한 사람을 통해서 일하실 하나님의 역사를 희망하게 하시옵소서!

이 땅에 교회를 세우신 예수 그리스도의 이름으로 기도드립니다. 아멘!

땅의 기도
교회를 섬기는 목회자들을 위하여 드리는 기도! (1)

> "우리를 위하여 기도하라 우리가 모든 일에 선하게 행하려 하므로 우리에게 선한 양심이 있는 줄을 확신하노니 내가 더 속히 너희에게 돌아가기 위하여 너희가 기도하기를 더욱 원하노라." (히브 13:18–19)

이 땅에서 그 소명(召命)에 응한 사명자들을 부르시고, 종들을 붙잡아 주시는 우리의 영원한 아버지 되시는 전능하신 하나님! 하나님의 사랑하는 사자들을 기억하시고, 그들이 가는 길에 늘 위로와 복을 더하여 주옵소서! 아무도 알아주지 않는 고난의 길이지만 주님께서 기억하고 위로하시며, 한 해를 마감하는 중요한 때에 하나님의 사랑의 품에 품어 주옵소서!

교단에 따라 명칭은 다르지만 연말에 한 해를 결산하고 새해를 계획하는 당회, 구역회, 임원회, 제직회, 공동의회 등 목회자들을 옥죄어 오는 여러 회의와, 사람을 세우고 예/결산을 살피는 일이 있습니다. 불만을 가진 이들이나, 마음에 덜 드는 이들도 있을 수 있습니다. 모두가 만족할 수는 없지만, 일치된 마음으로 담임자 혹은 당회장들을 잘 섬기게 하옵소서!

한해를 결산하고 마감한 의회가 지나고 나서 온 교우들이 은혜가 충만하고, 교회가 성장한 모습을 보며 감사한 마음이 들게 하여 주옵소서! 해를 거듭할 때마다 목회가 힘든 일이 아니라 보람이 있게 하시고, 하나님의 손 잡고 목회하는 일이 종들의 행복이 되게 하옵소서! 교회 구성원들이나 세상을 바라보지 않게 하시고 오직 하나님만 보고 달려가게 하옵소서!

해를 더할수록 힘은 들겠지만 하나님의 사역이라는 즐거움으로 보람 있고 행복한 목회자가 되게 하시옵소서! 힘든 일들을 감당할 수 있게 하시고, 외로울 때마다 위로해 주시고, 지칠 때마다 힘을 주옵소서! 세상의 미혹, 위협들이 수없이 사역을 훼방할 때 언제나 하나님께서 막아 주옵소서! 비록 땅에서 누리는 것은 없을지라도 미래의 영광을 보게 하옵소서!

주님을 따라 길을 떠난 종들의 가족을 기억하시어 주림에서 지켜 주옵소서! 성도들이 주의 사자된 이들을 위하여 기도하고, 순종하게 하옵소서! "너희를 인도하는 자들에게 순종하고 복종하라. 그들은 너희 영혼을 위하여 경성하기를 자신들이 청산할 자인 것 같이 하느니라 그들로 하여금 즐거움으로 하고 근심으로 하게 하지 말라."(히브 13:17)고 하셨습니다.

주님의 부르심을 따라 길을 떠난 저희들에게 모세에게 주셨던 용기와 담력, 그리고 순종을 주옵소서! 모세에게 주셨던 지도력과 권세를 주셔서 사람들에게 업신여김을 받지 않게 하옵소서! 목회하는 내내 오직 우리를 위하여 죽으시고, 우리에게 사명을 주신 주님만 바라보고 가게 하옵소서! 하나님 한 분으로 행복하고, 하나님으로 만족하며 살게 하시옵소서!

우리의 영원한 목자장이신 예수 그리스도의 이름으로 기도합니다. 아멘!

땅의 기도

교회의 담임 목회자들을 위하여 드리는 기도!

"또한 우리를 위하여 기도하되 하나님이 전도할 문을 우리에게 열어 주사 그리스도의 비밀을 말하게 하시기를 구하라 내가 이 일 때문에 매임을 당하였노라."

(골로 4:3)

전능하신 주님을 믿습니다. 세상에서 하나님의 말씀 주시고, 저희들의 구원을 이루기 위하여 죽으시고, 부활하시어 하나님 우편에 계심을 믿습니다. 특히 하나님께서 세우시고 오는 세대의 구원을 위해 남겨 두신 이 땅의 교회를 위하여, 기름을 부어 세우신 목사님들을 기억해 주심도, 특별히 담임목사님들을 구별하여 더욱 주님의 손에 붙잡아 주심도 믿습니다.

귀한 일을 위하여 세우신 담임목사님들에게 강권적인 성령님의 부으심이 있게 하시옵소서! 성경과 신학과, 관련 학문을 공부하고, 무엇보다 기도와 말씀으로 자신을 담금질하며 사명을 감당해 갈 때, 하나님께서 그들에게 믿음과 건강과, 지혜를 주시옵소서! 믿음이 없어, 다른 사람은 구원하고 자신은 지옥에 던져지는 불행한 이가 되지 않도록 잡아 주시옵소서!

병약하여 사명 감당하지 못하고 병치레하고 병원에 오가느라 아무 것도 못하는 안타까운 일 생기지 않도록, 머리끝부터 발끝까지 건강하게 하시옵소서! 정신적으로도 흠결이 없게 하시고 사상도 건강하게 하시옵소서! 그리하여 정해진 목회 연한을 무흠하게 마치고, 은퇴할 때까지 지켜 주시옵소서! 달려가는 걸음이 성도들 보기에 믿음직스럽게 하여 주시옵소서!

목회하는 동안 부목사님과 전도사님 등 좋은 동역자들 만나고, 좋은 장로님들, 좋은 성도님들 만나게 하시옵소서! 교회를 담임한 목사로 부끄러움이 없게 하시옵소서! 하나님의 교회를 책임진 이로 교회를 사랑하는 마음이 변치 않게 하시고, 주님의 종으로 주님에 대한 일관된 충성이 있게 하시고, 하나님께서 맡겨주신 양들을 위한 사랑이 불변하게 하시옵소서!

기도할 때마다 하늘의 문을 열고 응답해 주시고, 강단에서 기도하든지, 심방 중에 기도하든지, 아니면 새벽에 기도하든지 사랑하는 교회를 위해 언제나 기도함으로써 응답받는 최고의 목회자가 되게 하시옵소서! 말씀 앞에 설 때마다 하나님께서 주신 계시의 언어가 눈과 가슴으로 읽혀지게 하시고, 시대에 필요한 신령한 말씀으로 해석하고 선포하게 하시옵소서!

교회를 책임진 담임목회는 교회 공동체의 구원을 책임진 귀한 직임이니 두렵고 떨림으로 임하게 하시고, 매사를 사랑으로 감당하게 하시옵소서! 교회가 주님의 교회인 줄 알아, 하나님께 묻고 인도를 받아 경영하게 하시되. 언제나 하나님의 뜻을 이루는 교회가 되게 하시옵소서! 담임목사님에게 영력을 칠 배나 더하시고, 지혜와 믿음도 백배나 더해 주옵소서!

당신의 종을 특별히 사랑하시는 예수님의 이름으로 기도합니다. 아멘!

3. 목회와 사역을 위하여 드리는 기도!!

땅의 기도
교회의 부목사들을 위하여 드리는 기도! (1)

전능하신 하나님! 주님의 몸이신 교회 공동체를 위하여 많은 사역자도 필요하고 많은 지체들이 필요한 중에, 건강한 교회를 부흥시키는 주역들이 부목사님들입니다. 담임 목사님을 도와 '부담임'으로 교회를 섬기며 성도를 돌아보는 일이 쉬운 일은 아닙니다. 그리스도 안에서 자기를 죽이고, 담임목사님 아래서 자기를 낮추며 살아가는 이들을 기억하시옵소서!

'부목사'란 세상의 모든 '부(副)'의 자리가 힘들듯이 자기 정체성을 지키며 처신하기가 쉬운 자리가 아닙니다. 있는 듯 없어야 하고 없는 듯 있어야 하는 그 자리는 누구도 쉽게 감당하기 어려운 자리입니다. 누구보다 기도와 영성(靈性)도 필요합니다. 예의도 필요하고 절제도 필요합니다. 지혜를 필요로 하고, 순발력도 필요합니다. 갖추어야 할 것이 너무 많습니다.

담임목사님이 목회를 하며 교회 공동체를 꾸려 가는데 필요한 모든 요소들을 부목사님을 통해 공급받아야 하는데, 언제나 적재적소에서 원만한 교회 경영을 위한 담임자의 필요를 공급해 주는 좋은 부목사님들이 되게 하시옵소서! 사회가 현대화나 첨단화되면서 부목사님들에게 요구되는 것이 많아서 거의 초인간적 능력을 필요로 하는 자리가 되었습니다.

'한글' 프로그램은 말할 것도 없고, 엑셀이나 그래픽 같은 행정편의 도구, 또 인터넷, 컴퓨터 등을 자유롭게 활용하면서 현대문명을 모두 섭렵해서 '홈페이지'도 관리하고 음향 영상 프로그램, PPT도 만들고 이를 구동시키는 기기도 만질 줄 알아야 합니다. 기본적으로 운전은 잘 해야 하며 찬양 인도나 행정적인 뒷받침도 하는 만능 엔터테이너가 되어야 합니다.

새벽기도, 수요예배, 금요철야 인도는 물론 담임목사의 호출과 지시가 있으면 언제라도 무슨 일이라도 해야 합니다. 때로는 몸이 열 개 있어도 모자라고, 그 몸이 부서질 것 같아도 마음대로 쉬지도 못합니다. 그러나 그들에게 주어진 예우와 감사는 턱없이 적습니다. 인격적인 배려 또한 무시됩니다. 힘들고 서럽고 안타깝고 억울한 때에 하나님께서 도우시옵소서!

하나님께서 그들의 형편과 상황을 아시고 힘들어 쓰러질 때 곁에서 그 손을 잡아주시고, 서러워 울 때 눈물을 닦아 주시옵소서! 참고 견디며 고난이 훈련의 기회인 줄 알고 최선을 다하게 하시고, "현재의 고난은 장차 우리에게 나타날 영광과 비교할 수 없도다."(로마 8:18)는 말씀을 현세와 내세 이전에 현재와 미래의 삶에 대비하여 묵상하고 이기게 하시옵소서!

더 나은 내일을 위해 훈련하시는 예수님의 이름으로 기도합니다. 아멘!

3. 목회와 사역을 위하여 드리는 기도!!

땅의 기도

교회의 부목사들을 위하여 드리는 기도! (2)

"그들이 다 자기 일을 구하고 그리스도 예수의 일을 구하지 아니하되 디모데의 연
단을 너희가 아나니 자식이 아버지에게 함같이 나와 함께 복음을 위하여 수고하였
느니라." (빌립 2:21-22)

사랑하는 하나님! 이 시간은 저희 교회에서 담임 목사님을 도와 사역하는
부목사님, 부교역자들을 특별히 기억하여 주옵소서! 어쩌면 세상에서 제
일 어려운 직업군에 속할 만큼 어렵고 힘든 사역의 멍에를 메고 가는 부교
역자들을 사랑하여 주옵소서! 저들이 목회자의 바른 자세를 배우고 실력
을 갖추므로 장차 하나님 기뻐하시는 귀한 목사님 되게 하옵소서!

특히 섬기시는 교회의 담임목사님과 전도사님들, 그리고 교회의 장로님들
과 좋은 관계를 유지하고 지나침도 모자람도 없는 귀한 목회자가 되도록
도와주옵소서! 지금이 진정한 목회를 배울 수 있는 마지막 기회라고 생각
하고 매일 최선을 다하여 섬기며 배우고 익혀, 훗날에 '모세'의 수종자 '여
호수아' 같은 좋은 지도자가 되어 사람들에게 감동을 주게 하옵소서!

특히 자신을 부목사로 부르신 담임목사님께 때로는 부모님처럼 혹은 형님
이나 오누이처럼 따뜻하고 정성껏 사랑하며 섬기게 하옵소서! 앞서지 않

되 뒤쳐지지 않게 하시며 언제나 자신의 부족함을 매일 고백하며 끊임없이 겸손하게 배우려는 자세를 갖게 하옵소서! 섬김과 사역은 담임목사님처럼, 자세는 전도사님이나 강도사님처럼 끊임없이 낮추게 하시옵소서!

때로는 처신이 어렵고, 위치나 입장이 모호할 때도 담임 목사님의 지시 사항 범위를 잘 헤아려, 죽도록 충성하는 하나님의 종이 되게 하시옵소서! 이 기간이 자신의 평생 사역 중에 가장 최선을 다해 섬긴 기간으로 빛나는 시간이 되게 하시되, 교만하지 않은 모습으로 가장 자랑할 만한 시간이 되고, 생애 최고 유익한 교육의 기회로 생각하며 감사하게 하시옵소서!

더 이상 지금보다 좋은 도전과 모험의 기회는 없는 것임을 알고, 매일 마다 연구하는 자세, 도전하는 자세, 배우는 자세로 적극적이고 능동적이며 진취적인 모습으로 살게 하옵소서! 담임목사님이 고마워하고 교회의 중직들이 감동할 만큼의 진실하고 정직한 부목사님 되게 하시되, 모든 교우들이 평생 기억할만한 진실한 부목사님이 되게 하여 주시옵소서!

부목사로 섬길 수 있는 기간이 얼마나 될지는 아무도 모르지만, 언제나 올해가 첫 해인 것처럼 열정을 가지게 하시고, 항상 올해가 마지막인 것처럼 최선을 다하게 하옵소서! 처신은 지혜롭게 하시되 사역은 우직하게 하시고, 관계는 분명히 하게 하시옵소서! 그리고 후에 다른 부목사님들에게 좋은 담임목사님이 되게 하옵소서! 그 눈물과 한숨을 기억해 주옵소서!

언제나 약한 자의 강함이 되시는 예수 그리스도의 이름으로 기도합니다. 아멘!

3. 목회와 사역을 위하여 드리는 기도!!

땅의 기도

교회의 여전도사들을 위하여 드리는 기도!

"그 주인이 이르되 잘하였도다 착하고 충성된 종아 네가 적은 일에 충성하였으매 내가 많은 것을 네게 맡기리니 네 주인의 즐거움에 참여할지어다 하고"

(마태 25:23)

연약한 여인들을 불러 주의 종으로 삼으사, 이들로 하여금 한국 교회의 부흥을 견인해 온 주역으로 삼으신 하나님! 오늘 이 땅의 여전도사님들을 위하여 기도합니다. 한 세대 이전에, 더 거슬러 올라가면 반세기, 한 세기 전에 복음을 사랑하는 열정으로 부름을 입어 아무 것도 바라는 것 없이 오직 교회 부흥을 위해 온 몸을 헌신했던 여전도사님들을 복 주옵소서!

이분들은 세상의 부귀영화와는 무관하게 오로지 교회를 사랑하고 복음을 사랑하며 영혼을 사랑하며 사신 분들입니다. 지금도 부름을 받은 여전도사님들은 거리와 골목을 누비며 노방전도를 하고, 가정을 방문하며 축호 전도를 통해 하나님의 나라를 확장하고 계십니다. 낮에는 심방을 돕고, 밤에는 성전에서 밤을 새워 부르짖사오니 이들의 기도를 들어 주옵소서!

여전히 '여성'이라는 제한된 신분으로 교회를 세워가는 일에 온몸을 갈아넣으며 복음을 위해 헌신하는 전도사님들의 수고와 그 눈물을 기억하시고 하나님 사랑의 품에 안으시고, 그들의 간절한 소원과 열정을 받으시어 응답하여 주옵소서! 더러는 평신도로 교회를 섬기다가 뜨거운 마음을 억누를 길 없어, 소명을 따라 외로운 사명의 길을 떠난 이들도 있습니다.

더러는 남편을 먼저 주님께 보내드리고 자유로운 신분이 되어 복음전선에 뛰어든 이들도 있습니다. 아직도 돌보아 드려야할 부모들이 있거나 양육을 책임져야 할 자녀들이 있는 경우들도 있습니다. 하나님께서 저들의 가슴속에 쌓여있는 이 무거운 짐들을 위한 기도를 들으시고 친히 응답하시어 모쪼록 세상의 모든 염려를 맡기고 사역에만 전념하게 하옵소서!

여성이라는 차별 때문에 일하면서 한계를 느끼고, 아직도 목사안수를 받는 일은 남성에게만 허용되는 교단에서는 안수를 받고 사역자의 꽃이라 할 목사도 되지 못한 채 평생을 일하는 이들도 많습니다. 설령 그런 장애들이 있더라도 원망이나 불평하지 않고 묵묵히 자신의 일을 감당하므로 먼 훗날 하나님의 나라에서 그 이름들이 해같이 빛나게 하시옵소서!

더러는 무시당하고, 더러는 설움당하면서 늘 음지에서 충성한 저희들에게 주님께서 언젠가는 저희의 눈에 눈물을 씻기시고, 그의 영혼에 자유 함을 허락하여 주옵소서! 특히 그들의 자녀들에게 복을 내려 주사 어머니들이 뿌린 기도의 눈물을 먹고 잘 자라 어머니를 자랑스러워하게 하옵소서! 남은 사역의 시간도 저희들을 위로하고 격려하시며 끝까지 지켜주옵소서!

약한 자를 강하게 하시는 예수 그리스도의 이름으로 기도드립니다. 아멘!

땅의 기도

목회의 의욕을 상실한 종들을 위하여 드리는 기도!

> "자기 자신은 광야로 들어가 하룻길쯤 가서 한 로뎀 나무 아래에 앉아서 자기가 죽기를 원하여 이르되 여호와여 넉넉하오니 지금 내 생명을 거두시옵소서 나는 내 조상들보다 낫지 못하니이다 하고." (왕상 19:4)

하나님! 주변에 의외로 목회의 의욕(意慾)을 상실한 이들이 너무 많습니다. 하나님께서 사랑하는 종들에게 사역의 의욕을 불어넣어 다시금 목표를 향해 달려가게 하시옵소서! 주변에 목회자들이 많아서 그런지, 열심히 달리는 목회의 달음질을 멈추고 마치 공황장애가 온 것처럼 특별한 이유도 없이 불안한 상황에서 멈춰 있는 이들이 많습니다. 기억하여 주옵소서!

들어보면 별것 아닌 일인데 당사자에게는 엄청난 충격으로 다가옵니다. 쉬지도 않고 열심히 했습니다. 새벽에 일어나 '새벽기도회'부터 심방, 성경공부, 리더모임 그 밖에 수많은 회의, 세미나 등을 쫓아다니며 어떻게든 건강하게 부흥하는 교회를 세우기 위해 불철주야 땀을 흘렸는데, 가만히 구경하던 이들은 아무 생각도 없이 지나가는 말로 한마디씩 던집니다.

하나님! 사람에게 보이려고 충성하는 것은 아니지만, 같은 말을 해도 사람에게 위로가 되고 용기가 되는 말이 있고, 사람의 기를 꺾는 말이 있습니다. 마치 생살을 찢고 소금을 뿌리는 것 같은 잔인한 말을 들을 때마다 자신이 말은 하지 않지만 주저앉아 의욕을 잃고 맙니다. 오직 주님 한 분만 바라보고 달음질하던 사역자들을 다시 일어나 달리게 하옵소서!

의욕을 상실하고 주저앉아 천정만 쳐다보고 있는 당신의 사랑하는 종들에게, 주님도 같은 비난과 비방을 받았음을 상기시켜 주시고 말씀을 들려주시어 힘을 내게 하시옵소서! 주님께서 사람들의 질병을 고쳐 주실 때마다 '왜 안식일에 병을 고치시느냐?'고 시비하고, 귀신을 쫓아내시면 "저가 귀신의 왕 '바알세불'을 힘입어 귀신을 쫓아낸다."고 모함하였습니다.

언제나 대적하는 이들은 항상 비방거리, 비난거리만 찾습니다. 심성이 착하고 여린 이들에게 세상은 늘 그래왔다는 것을 가르쳐 주옵소서! 지도자 '모세'도 "차라리 저를 죽여 달라!"(민수 11:15)했고, '스데반'은 성경을 풀어 하나님의 구원역사를 설교했다가 죽임을 당했습니다. 위대한 선지자 '엘리야'도 '호렙'산까지 도망갔었고, '요나'도 박넝쿨 아래에 숨었습니다.

사랑하는 귀한 사역자들이 의욕을 잃고 주저앉아 의기소침해 있는 동안, 신이 난 마귀는 세상을 제 손 안에 넣은 양 신이 나서 휘젓고 다닐 터인데, 하나님께서 의욕을 잃은 종들의 손을 붙잡아 일으켜 세워주시고, 등을 떠밀어 사역의 현장으로 보내 주옵소서! 그리하여 일하면서 새 힘을 얻고, 일하면서 위로받고, 일하면서 하나님의 뜻을 발견하게 하여 주옵소서!

우리에게 힘을 주시는 예수 그리스도의 이름으로 기도드립니다. 아멘!

땅의 기도
목회자 부인들을 위하여 드리는 기도! (1)

"남편들아 이와 같이 지식을 따라 너희 아내와 동거하고 그를 더 연약한 그릇이요 또 생명의 은혜를 함께 이어받을 자로 알아 귀히 여기라 이는 너희 기도가 막히지 아니하게 하려 함이라." (벧전 3:7)

하나님께 목회자의 배우자로 부름을 받아 평생을 목회 조력자로 살게 하심이 영광스럽고 고맙습니다. 오늘은 한 번도 자유로운 삶과 시간 없이 오직 하나님과 복음, 교회를 섬기며 목회자의 그늘에 가려 사는 부인들을 위하여 기도합니다. 대개의 경우 남성 목회자이기에 '사모님'으로 불리는 사역자들에게 하나님의 특별한 배려와 위로와 보살핌이 필요합니다.

다른 직업과 달리 사모님들은 남편과 함께 새벽기도부터 심방까지, 성도들의 상담부터 병문안까지 모든 일정을 동행해야 하며, 그 외에 자녀 양육과 살림까지 모두 사모님들 책임입니다. 연약한 육체를 가진 사모님들이 감당하기 어려운 정신적 중노동이지만 의사 결정권은 주로 남편에게 있고 책임은 부인이 져야 하는 어려운 자리를 감당할 힘을 주시옵소서!

하소연 할 친구도 없고, 화풀이 할 대상도 없으니, 하나님께서 부인들의 마음에 위로자가 되어 주시옵소서! 가슴에 한 처럼 남아있는 사람들에게 받은 상처들, 배우자와 자녀들과 성도들 모두 섬겨야 하는 버거운 인생의 짐을 지고 가는 부인들께 '수고하고 무거운 짐 진 자들'을 초청하신 초청의 말씀을 주시어 부인들이 하나님의 위로와 쉼을 얻게 하옵소서!

'더 연약한 그릇이요 또 생명의 은혜를 함께 이어받을 자'라고 말씀하신대로, 교회를 섬기는 사모님들이 물리적인 힘이 더 세고 권리가 보장된 목회자에 비하여 연약한 그릇이요. 모든 교우들을 상전처럼 모셔야 하는 입장에서는 한 없이 연약한 그릇이오니 하나님께서 긍휼을 베풀어 주시옵소서! 훗날에 함께 면류관과 상급을 받을 자임을 알게 하시옵소서!

언제나 보이지 않는 곳에서 드러내지 않고 살면서 하고 싶은 말도 참고, 생각하는 권리도 포기한 채 묵묵히 일하는 이들입니다. 특히 오랜 세월 가부장적 사회, 유교적 전통에 갇혀 살던 환경이 지금도 옥죄어 옵니다. 그 중에는 어쩌다 목회자의 부인이 되었지만, 본인의 의사와 무관하게 그 길에 들어선 이들도 많습니다. 저들의 안타까움을 기억하여 주시옵소서!

모두 일생을 새벽마다 기도하는 종들이오니 그들의 기도가 가납되어, 남편들의 목회가 부인들의 기도로 성공하게 하시고, 기도를 먹고 자란 자녀들이 어머니의 기도 덕분에 미래가 활짝 열리게 하시옵소서! 목회자 부인들의 헌신과 수고를 기억하시어 자녀들에게 복을 주시되, 고생이 끝난 후에 훌륭하게 자란 자녀를 보며 감사하는 은혜를 허락하시옵소서!

저희의 기도를 모두 갚아주시는 예수님의 이름으로 기도합니다. 아멘!

3. 목회와 사역을 위하여 드리는 기도!!

땅의 기도

목회자의 부인들을 위하여 드리는 기도! (2)

"너희의 단장은 머리를 꾸미고 금을 차고 아름다운 옷을 입는 외모로 하지 말고 오직 마음에 숨은 사람을 온유하고 안정한 심령의 썩지 아니할 것으로 하라 이는 하나님 앞에 값진 것이니라" (벧전 3:3-4)

세상에서 제일 힘들고 어려운 신분으로 '극한 직업'을 살아가는 이 땅의 교회 사모님들을 위하여 기도합니다. 서원을 했든지, 본인의 의사와는 상관없이 그 길을 갔든지, 아니면 어떤 이유로든 목회자의 아내가 되었다면 하나님께서 그 인생에 강하게 개입하셨으니, 보람 있는 삶을 살도록 사명도 은사도 주시고 능력도 주시어 행복한 사모님들이 되게 해 주옵소서!

목사님 보다 앞서도 안 되고 뒤에서도, 나란히 가도 안 되는 자리입니다. 자기 자리가 없는 사모의 자리를 주님께서 만들어 주시되, 특히 한국교회 사모의 입장에서, 어떻게 사라지지도 않고 드러나지도 않으면서 존재하는지 비밀을 가르쳐 주옵소서! 목회자도 아무나 부르지 않으시듯이 사모 또한 하나님의 부르심인 줄 믿습니다. 부르심에 합당하게 하시옵소서!

때로는 성도들의 어미처럼 살아야 하지만, 순간 성도들의 하녀처럼 대접받기도 하며, 때로는 시어머니처럼 또는 유령처럼 살아야 하는 모호한 자리를 실족하지 않고 끝까지 잘 갈 수 있도록 남편 된 목사님을 그림자처럼 내조하되, 늘 남편을 진실하게 위로하는 자와 동역하는 자가 되게 하옵소서! 아이들에게는 변함없이 든든한 어머니가 되게 도와주시옵소서!

언제나 예배당 한 구석에서 나라와 민족을 위하여 기도하며, 목사님의 목회와 교회 성도들의 가정과 사업장을 위하여 눈이 붓도록 눈물 흘리며 기도하는 여종이 되게 하옵소서! 언제나 교우들에게는 변함없리 따뜻한 '나오미'같은 어머니가 되고, 교회에서는 든든한 '드보라'같은 선지자가 되게 사옵소서! 자랑스러운 아내이자 존귀한 사모님이 되게 하시옵소서!

성도들이 늘 목회자를 위해 기도할 때 같이 기도하는 존경의 마음을 주시고, 살면서 언제나 귀감으로 삼고 모델로 삼을 수 있는 현숙한 사모가 되게 하옵소서! 남편 목회자에게 사랑받는 사모되게 하시고, 자녀들에게 자랑스러운 어머니가 되게 하옵소서! 평생을 참고 삭이면서 살아야하는 세월을 잘 견디어 훗날 하나님께서 그의 어깨를 만지며 위로하여 주옵소서!

한 평생 하고 싶은 말 하지 못하고 살 때마다 하나님 앞에 기도로 대신하게 하시고, 분노가 생길 때마다 주님 앞에서 울게 하시고, 힘들고 어려워 쓰러질 때마다 하나님께서 일으켜 세워 주옵소서! 있어야 할 자리에 있게 하시고 보이지 않아야 할 때 묵묵히 사라져서 걷는 사모님들의 삶을 주님께서 기억하여 주옵소서! 하나님께서 사모님 곁에 계셔 주옵소서!

진정한 남편으로 서 계시는 예수 그리스도의 이름으로 기도합니다. 아멘!

땅의 기도

목회자의 자녀들을 위하여 드리는 기도! (1)

"이는 네 속에 거짓이 없는 믿음이 있음을 생각함이라 이 믿음은 먼저 네 외조모
로이스와 네 어머니 유니게 속에 있더니 네 속에도 있는 줄을 확신하노라."

(딤후 1:5)

사랑의 하나님! 주일만 되면 목회자의 자녀들이 눈에 밟혀 하나님께 기도
합니다. 이 땅의 모든 이들이 다 안타깝지만 특히 목회자의 자녀로 태어나
부모의 목회 현장인 교회를 벗어나지 못한 채 선택의 여지없이 부모님 일
하시는 교회에 출석하는 자녀들을 하나님께서 기억하여 주시옵소서! 이들
에게는 같은 세대의 다른 이들과 달리 많은 배려가 필요합니다.

목회자의 자녀들은 거의 나이와 상관없이 모든 선택에서 자유를 빼앗긴
채 부모들의 결정에 따를 수밖에 없었습니다. 태어나자 자연스럽게 기독
교인이 되었고, 거의 유아 세례를 받았고, 신앙의 선택부터 교회의 선택까
지 모든 결정이 부모의 뜻에 의해 거역할 수 없는 분위기에서 결정되었습
니다. 모든 자유가 박탈된 채 살던 저희들을 위로해 주시옵소서!

교회에서는 부모님과 같이 마치 성직자처럼 살아야 하고, 친구들 사이에
서는 '목사님!'이란 별명으로 조롱받으며 사는 동안 분노도 슬픔도 있었지

만 누구에게 표출하지 못한 채 살다가 성인이 되어 반항심과 함께 어깃장을 놓고 딴 길로 가기도 하고, 결국에는 '가나안'성도가 되기도 하며, 저항아, 반항아가 되기도 합니다. 그들의 상황을 불쌍히 여겨 주시옵소서!

부모들은 교회를 돌아보고 교인들 심방하고 예배당 건축이나 전도에 시간을 빼앗기다 사택에 돌아오면 지친 몸을 가누지 못하고 쓰러져 다시 새벽기도회에 나가는 분주함에 자녀들과 편하고 따뜻한 대화 한 번 못한 채 시간이 흘렀습니다. 사랑하는 자녀들에게 부모를 이해하려는 마음을 주시옵소서! 그동안 성도들이나 이웃에게 받은 상처들을 싸매 주시옵소서!

경제적으로 여유 없는 빠듯한 생활과 일거수일투족이 투명하게 노출된 목회자 자녀들에 대하여 성도들은 이해하고 저희들의 사생활이 가급적 보호받을 수 있도록 그들의 특수한 환경에 대한 이해심을 가지고 여러 가지 스트레스에서 벗어날 수 있도록 돕게 하시옵소서! 그리하여 '죽어도 목사 안된다.' 거나 기독교에 대한 증오심을 갖지 않게 하여 주시옵소서!

그리하여 이들이 자라서 훌륭한 목회자도 되고, 선교사나 신학자도 되고, 교회를 섬기는 중직도 되어 하나님과 교회를 잘 섬기는 하나님의 사람이 되게 하여 주시옵소서! 어린 시절 혹은 젊은 시절에 경험하며 받았던 상처의 앙금들이 인생을 사는데 거침돌이 아니라 이를 경험삼아 더 훌륭한 사회인이 될 수 있도록 디딤돌 역할을 할 수 있게 하여 주시옵소서!

날마다 새로운 미래를 약속하시는 예수님의 이름으로 기도합니다. 아멘!

땅의 기도
목회자의 자녀들을 위하여 드리는 기도! (2)

"그는 넘어지나 아주 엎드러지지 아니함은 여호와께서 그의 손으로 붙드심이로다 내가 어려서부터 늙기까지 의인이 버림을 당하거나 그의 자손이 걸식함을 보지 못하였도다" (시편 37:24-25)

사랑하는 하나님! 하나님께서 특별히 천국 복음을 전하고 예수 그리스도를 전하여 세상을 구원할 사명을 주신 하나님의 사자들에게 귀한 자녀들을 주셨으니, 부모들이 성도들을 돌아보는 일에 어려움이 생기지 않게 해 주옵소서! 세상의 많은 부모들 중에 특히 목회자의 자녀로 태어나 성장과정에 많은 어려움이 있겠지만, 하나님께서 늘 자비를 베풀어 주옵소서!

자유를 억압당하고 삶이 모든 교우들에게 노출되어 힘들고 어려운 삶을 살거나 살았을 목회자의 자녀들에게 하나님의 따뜻한 보살핌을 허락하여 주옵소서! 순간순간 비뚤어진 길로 가고 싶은 충동이 있을 때마다 하나님께서 지켜 주시고 붙드시어, 모쪼록 하나님의 품을 한시도 벗어나지 않도록 붙잡아 주셔서 곧고 바르게 자라 귀하게 쓰임 받게 하옵소서!

부모들은 숱한 영혼들을 구원하여 천국 백성이 되게 했는데, 정작 자녀들은 돌아볼 틈을 얻지 못하여 잘못된 길을 가지 않도록 하나님이 불쌍히 여겨 주옵소서! 제사장 '엘리'의 두 아들 '홉니'와 '비느하'스가 아버지의 가르침에서 떠나 한날 한 시에 심판을 받은 것을 보며 특히 목회자의 자녀들이 부모의 기쁨이 되고 하나님의 영원한 영광이 되게 하시옵소서!

목회자의 자녀들이 모두 잘 자란 백향목 나무처럼 귀한 재목으로 살게 해 주시고, 하나님께서 주신 은사와 재능을 따라 훌륭한 인물들이 되게 하여 주옵소서! '다윗'이 "어려서부터 늙기까지 의인이 버림을 당하거나 그의 자손이 걸식함을 보지 못하였도다."(시편 37:25)고 하셨듯이 목회자의 자녀들의 미래가 수치를 당하지 않고 하나님께 영광 돌리게 하옵소서!

목회자의 자녀들 중에 '모세' 곁에 있던 '여호수아'나 '엘리야'의 부름을 받고 간 '엘리사'같은 위대한 주님의 자녀들이 많이 나게 하옵소서! '바울'사도 곁에 있던 믿음의 아들 '디모데'나 '디도', '오네시모'처럼 한 시대 역사를 만들 수 있는 귀한 이들이 많이 나오게 하옵소서! 어머니 '한나'의 기도로 '사무엘'이 존재하듯 이 시대의 '사무엘'이 많이 나오게 하옵소서!

비록 세상에서는 많은 것은 누리지 못하고 천국에서 상속받게 하신 사자들이지만, 땅에 남겨진 자녀들에게 사랑을 베푸시어 부모님들보다 탁월한 인물들로 성장시켜 주옵소서! 특히 가난한 목회자들의 경우 자신의 자녀들이 돈 때문에 교육 받을 기회를 놓치거나 그 일로 눈물 흘리며 가슴 아프지 않게 하옵소서! 언제나 사랑하는 종들을 지켜주실 줄 믿습니다.

우리와 동행하시며 도우시는 예수 그리스도의 이름으로 기도합니다. 아멘!

땅의 기도
병든 목회자들을 위하여 드리는 기도!

"그 때에 히스기야가 병들어 죽게 되매 아모스의 아들 선지자 이사야가 그에게 나아와서 그에게 이르되 여호와의 말씀이 너는 집을 정리하라 네가 죽고 살지 못하리라 하셨나이다." (왕하 20:1)

하나님! 저희를 불러 종으로 쓰실 때, 믿음과 지혜를 주시고 성령님을 보내 주셔서 일하게 하심이 은혜입니다. 성경을 해석하도록 영감을 주시고, 성도들을 사랑하는 마음을 주심도 은혜요, 입술에 말씀을 주시어 담대히 전하면 듣는 이들이 은혜 받고 변화되는 모습을 보이심도 은총의 선물입니다. 특히 건강을 주셔서 교회 섬기는 일에 지장 없게 하시니 고맙습니다.

하나님! 목회자들은 사실 질병에 취약할 수밖에 없는 여러 가지 환경에 처해 있습니다. 우선 매일 새벽 4시를 전후해서 일찍 일어나야 하고, 저녁은 교회나 교우들의 형편에 따라 마치고 쉬는 시간이 일정하지 않습니다. 바쁘면 식사를 거르거나, 심하면 한 끼에 두 번을 먹기도 하고, 비위에 맞지 않는 음식을 성도들을 행복하게 하기 위해서 과식도 해야 합니다.

마음 놓고 운동할 만한 여건이나 환경이 되는 것도 아니고, 수많은 사람들의 복잡한 문제를 듣고 이를 해결해 주려는 것도 쉬운 일은 아닙니다. 다양한 신앙이나 신학적 견해, 또 정치 사회적인 갈등에 대한 다른 입장, 담임자에 대한 호불호 때문에 생기는 스트레스 등, 목사를 몇 년 하면 엄청난 건강의 손상을 입게 됩니다. 그럼에도 건강을 주심이 고맙습니다.

그러나 목회자들에게도 건강에 무리가 올 수 있고, 목사도 아플 수 있지만 그걸 쉽게 내색하기는 어렵습니다. 설령 내색을 한다 해도 며칠을 마음 편히 쉴 수 있는 것도 아닙니다. 건강에 이상이 온 것을 교회를 생각해서 참고, 몸에 무리가 온 걸 알지만 여건상 쉬지 못하는 동안 몸은 급격하게 손상을 입고, 이런 일이 반복되면서 치명적 상황을 만나게 됩니다.

하나님께서 사랑하는 교역자들의 쉼 없는 사역 중에서 몸에 무리가 올 때, 믿음으로 한 주간 쉴 수 있는 용기를 허락하여 주옵소서! 임금도 아플 수도 있고, 이 일로 죽음에 이를 수도 있듯이, 교회의 영적 지도자에게도 위기가 올 수 있습니다. 이 일이 더러는 자신의 부주의 때문인 경우도 있고, 전염병에 걸릴 수도 있고, 사고로 병원에 입원할 수도 있습니다.

그럼에도 게을러서 병이 온 것처럼, 믿음이 없어 앓는 것처럼 생각하지 말고, 이 일은 믿음과 관련된 것도 아니고, 죄와 연관된 상황으로 생각지 않게 하시고. 목회자도 병이 날 수 있고, 입원도 수술도 할 수 있고, 목숨을 잃을 수 있음을 알고, 체면이나 자존심 때문에 병을 키우지 않게 하옵소서! 아픈 것이 죄가 아니니 이를 숨기지 않고 치료받게 하옵소서!

건강하게 일하기 원하시는 예수 그리스도의 이름으로 기도드립니다. 아멘!

3. 목회와 사역을 위하여 드리는 기도!!

땅의 기도

봉헌식을 준비하는 이들을 위하여 드리는 기도!

"이스라엘 모든 자손은 불이 내리는 것과 여호와의 영광이 성전 위에 있는 것을 보고 돌을 깐 땅에 엎드려 경배하며 여호와께 감사하여 이르되 선하시도다 그의 인자하심이 영원하도다 하니라." (대하 7:3)

전능하신 하나님! 하나님의 영광과 풍성한 예배의 기쁨을 위하여 예배당을 짓고 그 예배당을 오직 하나님의 영광을 위하여 하나님께 바치며 봉헌예배를 드릴 때, 모든 예배가 하나님께 드리는 것이지만 특별히 봉헌 예배를 통하여 오직 하나님께만 영광이 되게 하시옵소서! 누구도 하나님 영광을 탈취하지 못하고 오직 하나님만 높이는 예배되게 하시옵소서!

예배의 시작부터 끝까지 예배의 주인은 하나님이시고, 홀로 예배를 받으시면서 누구도 하나님의 자리에 대신앉아 영광 받지 않게 하시옵소서! 예배당을 성별할 때에 정말 '솔로몬' 성전이 성별 되듯 성별 되게 하시옵소서! '담임목사님'도 예배당 건축의 사명을 감당한 축복으로 이미 영광을 얻었습니다. '건축위원장'도 수고한 것으로 이미 상급이 되었습니다.

건축회사나 하청업자도 이미 성전을 지어 경영의 이익을 얻었습니다. 성도들도 기도 응답을 받고 하나님의 일에 동참하는 복을 받았습니다. 그러므로 봉헌식은 사람들을 축하하는 자리가 아니라 하나님께 영광을 올리는 복된 자리가 되게 하시옵소서! 기도하는 이는 오직 감격의 기도를 드리고, 말씀을 선포하시는 이도 하나님 영광을 선포하게 하시옵소서!

예배 참석자들은 예배당에 가득한 하나님의 영광을 보게 하시고, 지금도 일하시는 하나님의 위업을 보며 영광을 돌리게 하시옵소서! 찬양이 하나님 영광을 선포하게 하시고 모든 성도들이 이처럼 기이한 일을 행하신 하나님의 성호를 만방에 선포하게 하시옵소서! 이 일에 인생들은 아무도 공로가 없고 오직 하나님만 이 큰일을 이루신 것을 알게 하시옵소서!

온 교회는 하나님의 집을 건축하는 역사에 자신들이 쓰임받게 된 것을 감사하게 하시고, 담임목사는 그 영광스러운 일을 담임목회 재임 시에 누리게 된 것을 기뻐하게 하시옵소서! 이제 온 교회는 새 예배당 봉헌식에 흥분되어 자랑만 하지 말고 그 예배당에서 어떤 귀한 일을 할 것인가 생각하고, 예배당에서 하나님을 기쁘게 해 드릴 일을 생각하게 하옵소서!

하나님께 간절히 기도합니다. 예배당 봉헌이 담임 목사님이나 건축위원장이나 크게 헌금한 몇 사람만의 축제가 아니라 형편이 어려워 함께하지 못한 사람 누구도 소외됨이 없이 기뻐하고 감동하는 봉헌식이 되고, 주변에 믿지 않는 이들에게도 기쁜 일이 되게 하시고, 이 교회를 통하여 솔로몬 성전에서 드린 기도가 그대로 응답되는 역사가 있게 해 주시옵소서!

우리 몸이 참 성전 되기를 원하시는 예수님의 이름으로 기도합니다. 아멘!

땅의 기도

부흥회를 준비하는 이들을 위하여 드리는 기도!

"그 말을 받은 사람들은 세례를 받으매 이 날에 신도의 수가 삼천이나 더하더라 그 들이 사도의 가르침을 받아 서로 교제하고 떡을 떼며 오로지 기도하기를 힘쓰니 라." (사도 2:41-42)

하나님의 교회 공동체가 날마다 건강하게 부흥하기 원하시는 하나님! 교 회가 부흥하기 위하여 집회를 열고 기도와 찬양, 말씀을 집중적으로 선포 하여 무디어진 심령을 기경(起耕)하여 심령이 부흥되기 원하는 교회들이 부 흥회를 엽니다. 부흥회를 통하여 교회가 부흥하되 심령들을 새로워지고 그들이 새 힘을 얻어 하나님의 사람으로 살기를 소원하기 때문입니다.

이를 위해 기도하오니, 이제 묵은 땅처럼 굳어지고 온갖 잡초들이 우거진 심령의 밭을 갈아엎고, 새로운 복음의 씨앗이 자라도록 마음 밭을 깊이 갈 아엎게 되기를 소원합니다. 그리하여 거칠고 차갑고 날카로운 심령을 부 드럽고 따뜻하고 생기 넘치는 밭으로 만드시어, 하나님의 말씀이 떨어질 때 백배, 육십 배, 삼십 배의 결실을 맺는 옥토로 만들어 주옵소서!

첫 번 오순절에 모여 기도하던 120여명의 제자들 위에 "급하고 강한 바람 같은 소리와 함께 불의 혀가 갈라지는 것 같은 것이 저희 위에 임하던"(사도

2:1-4)것처럼 참석한 모든 이들에게 폭풍 같은 성령님의 역사가 임하고, 저들의 닫힌 입이 열려 기도하고, 위축되었던 그들의 심령이 담력을 얻어 세상에 나가서 복음을 전하는 전도자들이 되게 하여 주시옵소서!

말씀을 전하는 주의 사자들은 오직 '예수 그리스도'만 전하고, 오직 회개를 촉구하고, 오직 성령의 충만함을 호소하게 하시고, 오직 자신을 하나님께 드려 헌신하게 하시옵소서! 인간의 언어유희가 아니라 성령님의 감동을 따라 성령님의 말하게 하심으로 말하게 하시고, 부흥집회 이후에 모이는 이들이 폭발적으로 늘어나 서로 놀라는 역사가 있게 하시옵소서!

부흥회를 때가 되면 열리는 연례행사로 생각하는 것이 아니라, 심령도 부흥하고 삶도 부흥하고, 교회도 부흥하는, 그토록 부흥을 갈망하는 심정으로 모이게 하시고, 그 집회에 성령님께서 역사하시어 부흥의 불이 붙게 하시옵소서! 부흥은 사람의 힘으로 일으키는 것이 아니라, 하나님의 부흥인 줄 믿습니다. 이 시대의 교회들에게 하나님의 부흥을 주시옵소서!

'사무엘'이 '이스라엘' 백성들에게 "이방 신들과 '아스다롯'을 제거하고 너희 마음을 여호와께로 향하여 그만 섬기라."며 번제를 드릴 때 '블레셋'사람들에게 큰 우레를 발하여 그들을 어지럽게 하시어, 그들이 이스라엘 앞에 패하여 도망치듯이(삼상 7:3-10) 오늘 부흥을 갈망하는 이들의 회개와 기도 때문에 대적들이 사라지고 부흥과 평강이 일어나게 하옵소서!

교회가 성령님 충만하기를 원하시는 예수님의 이름으로 기도합니다. 아멘!

땅의 기도
비전교회 (미자립교회)들을 위하여 드리는 기도! (1)

"또 비유를 들어 이르시되 천국은 마치 사람이 자기 밭에 갖다 심은 겨자씨 한 알 같으니 이는 모든 씨보다 작은 것이로되 자란 후에는 풀보다 커서 나무가 되매 공중의 새들이 와서 그 가지에 깃들이느니라." (마태 13:31-32)

전능하신 하나님! 오늘은 한국교회의 70%를 넘는 작은 교회들을 위해 기도합니다. 교회가 빈익빈부익부 현상을 겪으며 대형교회들은 대형교회라는 것 때문에 모든 것이 노출되어 사회의 지탄을 받고 있는 중에, 작고 가난한 교회는 대형교회의 그늘에서 덩달아 고난의 멍에를 메고 갑니다. 숫자로만 보면 비전교회가 전체 교회의 대부분을 차지하고 있습니다.

겉보기와 달리 대다수의 교회들이 미 자립교회, 약한 교회, 개척 교회, 작은 교회라는 이름대신 교회와 성도들에게 부흥의 희망을 주고 자립의 꿈을 주기 위하여 '비전교회'라고 이름하고 있지만 비전교회의 대다수는 여전히 비전을 찾기 힘든 안타까운 현실임을 고백합니다. 하나님께서 특별히 이런 교회를 담임하는 목회자들을 격려하시고 용기를 주시옵소서!

똑같이 새벽부터 밤중까지, 아니 오히려 중대형 교회를 담임하는 이들보다 더 열심 있고 부지런해도 결과는 낙심할 수준인 교회를 바라보며 허탈해 하고 자괴감이 들 때에, 그들의 어깨를 두드리시고 위로해 주시옵소서! 이름만 비전교회가 아니라, 실제로 비전 있는 교회들이 되게 하여 주시옵소서! 하나님께서 일으켜 세워주시지 않으면 불가능한 줄 믿습니다.

누가 도와주지 않으면 스스로 설 수 없는 미 자립교회, 개척한 지 10년, 20년 되었지만 여전히 개척교회라는 이름이 지워지지 않는 교회, 비전교회라는 이름을 가지고 있지만 비전이 안 보이는 교회, 이 참담한 현실을 기억하시고 하나님께서 힘을 주시옵소서! 하루아침에 수백, 수천 명씩 늘어나지 않더라도 차근차근 건강한 부흥과 성장이 일어나게 하시옵소서!

누구를 따라간다거나 어느 교회를 추월한다는 것이 아니라, 내가 섬기는 교회가 교회의 사명을 다할 수 있도록 힘을 얻기 위하여 부흥을 기도하는 교회들을 손을 잡고 새 힘을 주시옵소서! 주님께서 보내주시는 이들을 주님의 마음으로 섬겨. 주님의 목장에서 건강하게 잘 자랄 수 있게 하시옵소서! 땅에 있는 모든 비전교회가 건강한 교회가 되게 하시옵소서!

비전교회를 섬기는 목사님, 전도사님들은 조금 큰 교회가 생기면 옮겨갈 생각을 버리고 그들에게 주신 목회지가 사명지인 줄 알고, 죽는 날까지 여기서 뼈를 묻겠다는 각오로 목회하고 천하보다 귀한 한 생명을 보면서 젖을 먹이는 참 어머니, 참 아버지, 참 목자가 되게 하시옵소서! 그러는 사이 섬기는 교회는 부흥하고 주님의 상급이 기다릴 줄 믿습니다.

한 알의 밀로 많은 열매를 맺으신 예수님의 이름으로 기도합니다. 아멘!

3. 목회와 사역을 위하여 드리는 기도!!

땅의 기도

비전교회 (미자립교회) 들을 위해 드리는 기도! (2)

"하나님의 말씀이 점점 왕성하여 예루살렘에 있는 제자의 수가 더 심히 많아지고 허다한 제사장의 무리도 이 도에 복종하니라." (사도 6:7)

하나님께서 사랑하시는 작은 교회들, 특히 성도들이 없어 말씀을 전할 의욕을 상실한 주님의 사자들을 기억하시어, 영혼 구원의 기치를 들고 교회 개척의 길을 떠난 이들이 의기소침하고 용기를 잃지 않도록 붙잡아 주시옵소서! 월세 내고 공과금 내는 날이 다가올 때마다 덜컥 내려앉는 저들의 가슴을 더는 약해지지 않도록 하나님께서 강하게 붙들어 주옵소서!

'지방회'나 '노회', '총회'에 갈 때마다, 큰 교회를 섬기는 이들을 보며 위축되지 않게 하시고, 어떤 교회를 섬기든 맡겨진 자리에서 최선을 다하면 그것이 사명을 다한 것으로 알고, 다른 교회나 목회자와 비교하지 않게 하시옵소서! 혼자, 가족끼리, 또는 적은 성도들이 모여 예배할지라도 외롭지 않게 하시고, 아무도 없는 새벽기도회에 더 많이 기도하게 하시옵소서!

비록 교회는 작아도 큰 믿음을 주시고, 성도들은 없더라도 비전은 크게 가지게 하시옵소서! 교회는 작지만 꿈은 크게 가지게 하시고, 열심히 기도하고 열심히 전도하여 하나님이 주시는 열매들을 거둘 수 있게 하시옵소서!

교회의 크기로 목회자의 인격까지 재단되는 때에 비굴하지 않게 하시고, 비전교회지만 '하나님의 교회'라는 자존감을 잃지 않게 하옵소서!

큰 교회의 목사님들보다 시간이 있을 때 더 기도하고, 더 성경 연구하고, 한 영혼에 더 관심을 갖고 사랑하여, 따뜻한 주님의 마음을 닮게 하시옵소서! 어려워도 사람에게 손 내밀지 않게 하시옵소서! 사람을 바라보며 도움을 구하는 대신 하나님을 바라보며 도움을 구하게 하시옵소서! 다른 일을 하면서 생계를 이어가는 이중직 목회자들의 삶을 지켜 주시옵소서!

당장은 어려워도 머지않은 장래에 고난이 끝날 것이라는 믿음으로 살게 하시고, 설령 고난이 끝나지 않더라도 주님이 주신 사명을 잘 감당했다면 그것으로 감사하게 하시옵소서! 비록 일생동안 비전교회를 벗어나지 못했을지라도 최선을 다해 목회와 선교에 종사했다면 하나님께서 상 주실 것을 믿고 한 달란트의 금이라도 묻어 두지 않고 잘 활용하게 하시옵소서!

비전교회를 섬기는 이들은, 큰 교회를 부러워하거나 비방하지 않고 그만큼 교회를 성장시킨 주의 사자들과 성도들을 존경하며, 그 교회를 축복하고, 내가 섬기는 교회도 그렇게 성장하기를 기도하게 하시옵소서! 신앙생활 하는데 편한 교회를 찾아다니는 손님 같은 성도 되지 말고, 내가 섬기는 교회를 건강한 교회로 세워가려는 헌신이 있게 하여 주시옵소서!

교회보다 믿음의 크기를 보시는 예수님의 이름으로 기도합니다. 아멘!

3. 목회와 사역을 위하여 드리는 기도!!

땅의 기도

사역에 실패한 이들을 위하여 드리는 기도!

"성령이 아시아에서 말씀을 전하지 못하게 하시거늘 그들이 브루기아와 갈라디아 땅으로 다녀가 무시아 앞에 이르러 비두니아로 가고자 애쓰되 예수의 영이 허락하지 아니하시는지라" (사도 16:6-7)

저희를 향하신 하나님의 사랑이 늘 고맙습니다. 저희가 사역자로 하나님의 기대와 기준에 늘 미치지 못하지만 그래도 참으시고 용납하심으로 오늘까지 주님의 일꾼으로 세워주시니 고맙습니다. 그러나 순간순간 "이 길은 내 길이 아닌가?"하는 의구심도 들고, "여기까지가 내 사명이구나!"하며 포기하려는 생각이 들 때도 있습니다. 그러면서 한참을 달려왔습니다.

동역자 중에는 신학대학과 대학원에서 학사와 석사를 마치고 안수까지 받은 다음 사역을 포기한 이들이 있습니다. 더러는 버거운 마음으로 "이 길은 내 길이 아니다."며 내려서는 이도 한두 명 있지만, 대개는 목회자의 길에 나섰다가 도중에 포기한다는 것이 하나님과의 관계가 잘못 되었다든가, 하나님께 인정을 못 받았든가 하는 자격지심도 있어서 괴로워합니다.

다른 직업은 이를 크게 생각지도 않고, 어느 회사에 다니다 다른 곳으로 옮겨도 크게 관심을 갖지 않습니다. 그런데 신학을 전공하고 선교나 목회

사역에 종사하는 목회자들은 동료나 선후배 혹은 지인들에게 못할 짓을 한 사람처럼 생각합니다. 이렇게 복음을 위해 나섰다가 어떤 이유로 중도에 하차하거나 다른 일을 시작한 이들을 기억하여 불쌍히 여기시옵소서!

사역을 중도에 포기한 이유를 한마디로 정리할 수는 없습니다. 교회와 회복이 불가능할 정도의 갈등으로 목회를 접은 이도 있고, 갑자기 찾아온 질병이나 사고로 접은 이도 있습니다. 그 밖에 교회 개척을 꿈꾸었지만 여러이유로 그만둔 이도 있고, 개척은 시작했지만 재정이 어려워 포기한 이도 있습니다. 다양한 이유와 상황들은 마치 불가항력으로 보입니다.

이처럼 지속적으로 사역을 이어가지 못하고 내려놓고, 좌절하는 이들을 기억하여 새 힘을 주옵소서! 수련목 고사를 떨어지거나, 전도사로 받아주는 곳이 없거나, 개척에 필요한 돈이 없거나 그 밖에 어떤 어려움으로 발목이 잡혀 주저앉은 이들을 하나님께서 위로하시고 힘을 주시기 원합니다. 사람의 눈에는 실패처럼 보여도 하나님의 다른 계획을 보게 하옵소서!

"어느 교회에서 목회하느냐?"고 물어도 마땅히 대답할 말이 없고, 선교 기관에 파송 받은 것도 아니고, 그렇다고 가까운 시일에 어떤 계획을 가지고 있는 것도 아니라 동문회나 동기회에도 나가기 어렵고, 가정이나 자신의 관혼상제, 기쁘고 슬픈 일에 연락하기도 어렵고 연락을 받아도 얼굴 드러내기도 어려워하는 이들에게 하나님께서 새 힘을 주시기 원합니다.

저희를 향한 아름다운 뜻을 가지신 예수님의 이름으로 기도합니다. 아멘!

땅의 기도
설교자들을 위하여 드리는 기도!

"이러므로 우리가 하나님께 끊임없이 감사함은 너희가 우리에게 들은 바 하나님의 말씀을 받을 때에 사람의 말로 받지 아니하고 하나님의 말씀으로 받음이니 진실로 그러하도다 이 말씀이 또한 너희 믿는 자 가운데서 역사하느니라."

(살전 2:13)

하나님! 신앙생활의 꽃은 예배이고, 예배의 꽃은 설교입니다. 예배의 한 중심에 설교가 들어있고, 예배의 최고 권위자가 설교를 합니다. 설교는 목회의 영광이라거나 꽃이라고도 부릅니다. 근거는 하나님의 말씀 성경을, 하나님의 영이신 성령님의 감동으로, 하나님의 백성들인 성도들 앞에서, 하나님의 말씀이라는 이름으로, 하나님의 권위로 선포하기 때문입니다.

그러므로 설교자가 되기 위해서는 짧게는 대학에서 7년, 혹은 10년 이상을 설교자가 되기에 필요한 교육과 훈련과정을 거칩니다. 그리고도 바로 설교자가 되는 게 아니라, 또 십여 년은 목회 현장에서 담임자, 부담임자의 훈련을 받습니다. 그럼에도 불구하고 하나님의 기대를 충족시킬만한 설교자는 많지 않습니다. 말씀의 대언자들이 대언자로 바로 살게 하옵소서!

설교자가 자신의 감정을 노출하며 감정을 따라 설교하지 않게 하시고 기도하며 주님의 뜻을 구하게 하시옵소서! 강단에서 하나님의 말씀을 선포할 때에, 전하는 자신은 하나님의 도구요, 복음의 '전달자'인 것을 알고, 스스로 복음의 절대적 '주체'로 오해하지 않게 하여 주옵소서! 말씀이 능력이요, 권세임을 알고 사람의 방법을 동원하여 설교하지 않게 하옵소서!

때로 선포하는 말씀을 거룩하게 보이려는 인간의 욕망 때문에 음성의 높낮이를 조절하고, 몸짓의 변화를 통해 하나님의 임재를 효과적으로 표현하려 하지 않게 하시고, 말씀은 그 자체로 능력이고 권세임을 알게 하옵소서! 언제라도 귀로 들리는 '설교'를 통해서는 사람을 구원하거나 새롭게 할수 없기에, 늘 가슴과 눈으로 들리는 '말씀'을 선포하게 하시옵소서!

설교자는 모든 설교를 통해 예수님을 나타낼 수 있도록 그 일에만 집중하게 하옵소서! "너희가 성경에서 영생을 얻는 줄 생각하고 성경을 연구하거니와, 이 성경이 곧 내게 대하여 증언하는 것이니라."(요한 5:39)고 하셨으니 설교 전체를 성경으로만 도배할 수 없겠으나, 설교의 전편에 주님의 피가 흐르고, 십자가가 나타나며, 부활의 능력이 선포되게 하시옵소서!

강단에 오를 때마다 두려움으로 오르게 하시고, 모든 회중들이 주님으로 보이게 하시고, 모든 말씀은 주님의 보혈로 덮게 하시고, 모든 영광은 하나님께 돌리게 하옵소서! 언제나 설교가 끝날 때마다 "저는 무익한 종입니다." 고백하는 겸손과 "하나님, 고맙습니다."는 진실한 감사가 가슴에서부터 입술로 토해지게 하옵소서! 죽는 날까지 그렇게 살게 하옵소서!

설교의 주인이 되시는 예수 그리스도의 이름으로 기도드립니다. 아멘!

땅의 기도
신학생들을 위하여 드리는 기도!

"건너매 엘리야가 엘리사에게 이르되 나를 네게서 데려감을 당하기 전에 내가 네게 어떻게 할지를 구하라 엘리사가 이르되 당신의 성령이 하시는 역사가 갑절이나 내게 있게 하소서 하는지라" (왕하 2:9)

전능하신 하나님! 이 땅에 있는 선지학교의 신학생들을 위해 기도합니다. 각 신학대학의 경우 한두 개를 제외하고 모든 신학대학이 학생 모집정원을 채우지 못한 채 미달사태를 맞고 있습니다. 자연히 지원한 학생들의 성적도 하향되었고, 이로 말미암아 교수들은 근심하고, 교회 지도자들도 염려하고 있습니다. 그러나 하나님은 사태를 정리해 주실 줄 믿습니다.

사랑하시는 하나님! 이 신학대학교의 신입생 미달사태는 앞으로 한국교회에 대한 예표이자 경고인 줄로 믿습니다. 하나님께서 붙잡아 주옵소서! 그나마 공부하고 졸업한 다음 졸업생들이 일할 수 있는 사역지도 턱없이 부족합니다. 다른 대학의 학부 졸업생도 전공을 살려서 일하는 이들이 10% 미만인 곳도 많습니다. 그러나 신학대학을 긍휼히 여겨 주시옵소서!

신학대학은 저희들이 지원해서 되는 게 아니라 하나님께서 부르신 소명자(召命者)들입니다. 모두를 복음을 전할 사명이 있어서 부르신 하나님의 종들이오니, 그 사명 감당할 수 있는 큰 은혜를 허락하여 주옵소서! 황금 같은 젊은 시절에 학부 4년과 대학원 3년 모두 7년을 공부하고 땀 흘린 전도사님들이 절망하지 않도록 사역지의 은혜를 허락하여 주시옵소서!

세상에 소망을 두지 않고 오직 하나님께 영광을 돌려드리기 위하여 사명자의 길을 떠난 전도사님들에게 믿음의 각오를 더해 주셔서, 무성한 세상의 늪에 빠지지 않고 믿음의 언덕을 오르게 하옵소서! 아무도 가지 않는 길, 많은 이들이 가려고 하지 않는 길, 외로운 길을 가려는 이들을 하나님께서 위로해 주옵소서! 하나님이 아니시면 누구도 힘이 될 수 없사옵니다.

한국의 모든 신학대학의 졸업생들이 세상의 영광이 아니라, 미래에 일어날 하나님의 나라, 영광의 나라를 소망하게 하옵소서! 신학도로 첫 걸음을 내디딜 때부터 하나님께서 붙잡아 주시고, 세상의 친구들과 다른 길을 가게 하시고, 그 일이 즐겁고 그 일에 보람을 느껴, 비록 가지고 누리는 것은 없어도 영원한 가치를 발견하고 떠났으니, 보람 있게 하여 주옵소서!

하나님께서 부르시고 뽑으신 그들이 끝까지 믿음으로 그 길을 가게 하시되, 세속적인 방법으로 성공을 추구하고 세상의 미혹과 유혹에 무너지는 연약한 사람들이 아니라, 하나님께서 주시는 지혜와 능력으로 잘 감당하여, 지금 시대보다 더 나은 예수님의 시대를 이루어가게 하옵소서! 하나님께서 사명자의 길을 떠난 이들과 그들의 미래를 확실히 책임져 주시옵소서!

신학생을 불러 훈련하여 쓰실 예수 그리스도의 이름으로 기도합니다. 아멘!

3. 목회와 사역을 위하여 드리는 기도!!

땅의 기도

안수 받는 목회자들을 위하여 드리는 기도!

> "네 속에 있는 은사 곧 장로의 회에서 안수 받을 때에 예언을 통하여 받은 것을 가볍게 여기지 말며 이 모든 일에 전심 전력하여 너의 성숙함을 모든 사람에게 나타나게 하라." (딤전 4:14~15)

저희를 불러 하나님의 자녀가 되게 하시고, 또 하나님의 종으로 세워 능력과 은사와 재능을 주심으로 복음을 효과적으로 전할 수 있도록 직을 맡겨 주시는 하나님! 이 시간 특별히 안수 받는 하나님의 종들을 위하여 기도합니다. 저들이 스스로 손들고 자원한 이 없이 모두 하나님이 택하시고 부르셨으니, 기왕에 부르신 종들을 잘 다듬어 사용하여 주시옵소서!

이미 하나님의 소명 이후에 짧게는 7년, 더러는 10년 이상을 학문에 매진했으며, 사회적 경험을 쌓은 이도 있습니다. 신학을 공부하는 동안 공부를 잘했던 이들은 공부만큼 목회도 잘 하게 하시고, 더러 학과 공부를 잘 못했다면 목회는 잘 할 수 있게 하시옵소서! 연회 감독님들, 노회장님들과 안수위원들이 손을 얹을 때 하나님의 불이 강하게 임하여 주옵소서!

잠 못 자고 코피를 쏟으며 학문에 집중하던 그 자세로 영혼을 사랑하며 교회를 사랑하고 복음을 사랑하는 마음을 주시옵소서! 무엇보다 자신을 불러 사도로 삼으신 하나님을 사랑하고, 하나님이 사랑하시어 독생자 예수님을 죽게 하신 성도들을 죽도록 사랑하게 하시옵소서! 영혼 사랑으로 마음이 뜨겁게 불타게 하시고 열정적인 목회자들이 되게 하시옵소서!

목회의 과정 중에 상심할 일도 많고 포기하고 싶을 때도 많겠지만, 그 때마다 좌우로 치우치거나 흔들리지 않고 앞만 바라보고 달려가게 하시옵소서! 우쭐하여 하나님께나 사람에게 버림 받지 않게 하시고, 지나친 자기 비하로 비굴한 목회 하지 않도록 하나님께서 매 순간순간 붙잡아 주시옵소서! 오직 하나님만 두려워하고, 오직 하나님만 사랑하게 하시옵소서!

힘든 과정을 만나 하나씩 헤쳐 나갈 때마다 용기와 담력을 주시고, 지혜와 믿음을 주시옵소서! '데마'처럼 세상을 사랑하여 데살로니가로 가지 않게 하시고, 사울처럼 하나님 상심시키지 않게 하시고, 위대한 하나님의 사람들처럼 좋은 목회자가 되고, '데메드리오'처럼 "뭇 사람에게도, 진리에게서도 증거를 받고."(요삼 1:12) 사도들도 증거 하게 하시옵소서!

이제 안수를 받고 일어나면서부터 고난은 시작되겠으나 고난도 기쁨으로 감당하게 하시고, 주님과 함께 받는 고난을 기뻐하게 하시고, 목회자로 받는 고난을 항상 감당하게 하시옵소서! 모든 일은 하나님 앞에 와서 고하고, 하나님을 향해 울고, 오직 하나님께만 토하게 하시옵소서! 하나님의 종으로 최선을 다하고, 하나님의 사랑으로 만족하게 하시옵소서!

우리를 불러 하나님의 종을 만드신 예수님의 이름으로 기도합니다. 아멘!

땅의 기도

예배 인도자들을 위하여 드리는 기도!

"아버지께 참되게 예배하는 자들은 영과 진리로 예배할 때가 오나니 곧 이 때라 아버지께서는 자기에게 이렇게 예배하는 자들을 찾으시느니라." (요한 4:23)

저희가 올려드리는 예배의 주가 되시며, 저희들의 예배를 받으시기에 합당하신 거룩하신 하나님! 저희가 하나님의 전에서 예배할 수 있는 영광을 주시니 고맙습니다. 예배드릴 때마다 예배 참여자로 살게 하심을 감사드리고, 영과 진리로 예배하도록 도우시옵소서! 예배가 얼마나 존귀한 분에게 드리는 영광스러운 예식인줄 알고 거룩하게 예배하게 하시옵소서!

성도들은 두려움과 감격으로 예배에 참여하게 하시고, 그 예배가 자신을 죽음에서 살려주신 하나님, 죄인인 저희를 자녀로 삼으신 거룩하신 하나님의 은혜를 깨달은 이들이, 존귀하신 하나님께 영광을 올려 천하에 그 위엄을 선포하는 일인 것을 알고, 최고의 사랑으로 가납되는 예배를 드리게 하옵소서! 예배의 성공자로 인생의 최고 승리자가 되게 하시옵소서!

특히 예배를 인도하는 주의 사자들 혹은 교회의 중직들을 위하여 기도드립니다. 그 예배가 '주일 예배'든 '수요 예배'든 교회에서 드리는 많은 예배 중에, 예수님은 "이 산에서도 말고 예루살렘에서도 말고 너희가 아버지께 예배할 때가 이르리라."(요한 4:21)고 하셨으니, 영으로 예배하는 예배 인도자가 되게 하시고, 신령한 예배를 진행할 수 있게 하시옵소서!

하나님은 교회 밖의 특별한 곳에서 드리는 예배일지라도 장소를 구별하지 않으시고 받으시는 분이시니, 그 예배의 인도자는 언제나 예배를 인도하는 일에 한 치의 흐트러짐 없이 진행하게 하옵소서! 사람들의 숫자가 중요한 것이 아니라, 그들의 영적 자세가 중요하며 "두세 사람이 내 이름으로 모인 곳에는 나도 그들 중에 있느니라."(마태 18:20)고 하셨습니다.

예배에 참여하여 순서를 맡은 모든 이들은 자신의 복장부터 사용하는 언어까지 일거수일투족이 예배집례자의 품격에 맞게 하여 주옵소서! 세상의 권위자 앞에서 순서를 맡아도 자세가 흐트러지거나 언어구사에 실수를 하지 않으려고 긴장을 하는데, 하물며 거룩하신 만왕의 왕이시고 만주의 주님이신 하나님 앞에서 주의도 안 기울이는 무례가 없게 하시옵소서!

전능하신 창조주 하나님을 높이고, 그분의 영광을 찬양하는 지상 최고의 행위인 예배가, 인도자의 흐트러진 자세나 태도 때문에 천박해지거나 경박스러워지지 않도록 예배진행자는 눈동자 하나까지 세심히 주의를 기울이도록 붙잡아 주옵소서! 그 길이 함께 예배하는 회중들의 영혼이 사는 길인 줄 믿습니다. 하나님께서 모든 예배 인도자들을 도와주시옵소서!

길이요 진리요, 생명이신 예수 그리스도의 이름으로 기도드립니다. 아멘!

3. 목회와 사역을 위하여 드리는 기도!!

땅의 기도

예배당 건축을 중단한 이들을 위하여 드리는 기도!

"너희 중의 누가 망대를 세우고자 할진대 자기의 가진 것이 준공하기까지에 족할
는지 먼저 앉아 그 비용을 계산하지 아니하겠느냐." (누가 14:28)

하나님! 하나님께 예배하는 거룩한 공간인 '예배당'을 짓다가 어떤 이유로
중단된 아픈 사연을 가진 교회를 위하여 기도드립니다. 하나님께서 그 교
회의 형편과 중단된 상황을 모두 아시오니 하나님의 선하신 뜻대로 다스
려 주옵소서! 예배당 건축을 시작하기 전에 온 교우들은 모두 희망에 들떠
있었습니다. 이제 우리도 예배당을 가질 꿈에 부풀어 있었습니다.

우리도 이제 셋방살이 교회, 전세교회, 혹은 상가교회니 지하교회니 하는
예배당 건물이 없는 개척 교회라는 부끄러운 이름을 벗고, 의젓한 건물이
있는 교회가 된다는 희망으로 금식이나 철야기도 같은 특별기도회도 하
고, 건축을 위해 작정헌금, 약속 헌금도 하며 기공식을 했습니다. 기공식
이후 매일매일 예배당이 얼마나 진행되었다는 이야기를 들었습니다.

조금 멀더라도 매일 예배당 근처로 돌아서 공사현장을 보고 가야 마음이
놓입니다. 그렇게 땅을 파고 기초를 놓고, 골조를 세우는 일이 진행되더니
어느 날 부터인가 시끄럽던 공사현장이 조용해졌습니다. 작업반장의 목

소리가 안 들리고, 현장소장의 얼굴도 안 보입니다. 그러더니 공사를 며칠 쉬었다가 한다더니 며칠이 몇 번 지나도 공사는 시작되지 않습니다.

그렇게 공사가 중단된 지 상당한 시간이 흘렀는데 공사는 재개될 생각도 안하고, 이상한 소문만 무성합니다. "교회가 업자에게 속았대!", "누가 무슨 돈을 떼먹고 잠적해 버렸대.", "무슨 설계가 잘못되어 구청에서 중지명령을 내렸대!" 근거도 출처도 불분명한 소문만 무성한 채, 시간은 흐르고 교회는 부흥의 탄력을 잃고 한두 명씩 이탈자가 생기기 시작합니다.

하나님! 이처럼 예배당을 짓다 중단되면 늘 "목사님은 기도도 안하신대!" 부터 시작해서, "애초에 우리 목사님이나 교회는 예배당 지을 그릇이 못 돼!"하는 별별 험담과 구설만 횡행하고 교회는 동력을 잃고 멈추어 서게 됩니다. 담임목사는 애가 타고 교인들은 답답하여, 서로 신뢰와 존경은 사라지고 피차에 원망과 탓만 늘어갑니다. 이런 교회들이 부지기수입니다.

그러다가 심하면 경매에 들어가고 타 교단에 넘어가기도 하고, 심지어 업자에게 넘어가서 목회의 위기를 맡기도 합니다. 예배당 건축을 꿈꾸거나 시작한 교회가 있다면, 하나님께서 특별히 기억해 주시옵소서! 이미 공사가 중단되어 어렵고 복잡한 상황이 생겼으면, 하나님께서 주의 종들에게 능력과 지혜를 부어 주사 잘 정리되고 수습되어 영광을 받으시옵소서!

만물의 창조자이신 예수 그리스도의 이름으로 기도드립니다. 아멘!

3. 목회와 사역을 위하여 드리는 기도!!

땅의 기도
예배당을 지으려는 이들을 위하여 드리는 기도! (1)

"여호와께서 내 아버지 다윗에게 하신 말씀에 내가 너를 이어 네 자리에 오르게 할 네 아들 그가 내 이름을 위하여 성전을 건축하리라 하신 대로 내가 내 하나님 여호 와의 이름을 위하여 성전을 건축하려 하오니." (왕상 5:5)

전능하신 하나님! 저희에게 믿음을 주시고 그 믿음을 따라 아버지의 전을 지을 마음을 주시니 고맙습니다. 세상에서 가장 귀한 일 중의 하나가 하나님을 위하여 전을 짓는 일인데 '다윗'도 이루지 못한 일을 하려는 간절한 염원을 받으시옵소서! 이 일이 하나님께로부터 온 것인지, 인간의 생각에서 온 것인지 구별하여 하나님 기뻐하시는 대로 하게 하시옵소서!

하나님께서 감동을 주셨으면 담임하는 목회자와 중직들과 모든 성도들이 동일한 감동을 받았는지 점검하고, 이 성전이 지금 이 시점에서 우리에게 정말 절실히 필요한 것인지 냉정하게 점검하게 하시옵소서! 없어도 되는 성전을 다른 교회들 따라 짓지 않게 하시고, 얼마나 절실하게 필요한 성전인지, 얼마나 간절하게 건축을 사모하는지 살펴보게 하시옵소서!

성전을 지을 일이 모두의 공감대를 얻은 후에는 예산을 점검하게 하시옵소서! "누가 망대를 세우려 할 때 자기의 가진 것이 준공하기까지 족할는지 먼저 비용을 계산하지 않겠느냐? 기초만 쌓고 이루지 못하면 보는 자가 '이 사람이 공사를 시작하고 이루지 못하였다.'고 하리라."(누가 14:28-30)고 했듯이, 준비 잘하여 사람들의 조롱거리 되지 않게 하시옵소서!

건축을 위한 재정이 준비되지 못한 상태에서 믿음으로 짓는다는 위험한 말을 하지 않게 하시고, 정확한 계획을 세우고 진행하여 공연히 건축업자에게 피해가 가지 않게 해주시옵소서! 예배당 건축을 시작하기 전에 기도의 건축, 믿음의 건축을 먼저 시작하게 하시고 심령에 지어지는 건축을 보며 예배당을 짓게 하시옵소서! 실패한 건축자 되지 않게 하시옵소서!

전능하신 하나님! 건축에 무리하지 않게 하시되, 온 교우들이 기쁨으로 예배당을 건축하는 복을 받게 하시옵소서! 건축을 위해 기도하면서 즐겁고, 헌금하면서 기쁘고, 집을 지으면서 행복하게 하시옵소서! 시작할 때보다 과정과 마침이 경이롭고 신비하게 하시어, 하나님이 지으셨다는 고백을 하게 하시옵소서! 건축 이후에 빚이 아니라 복을 받게 하시옵소서!

이제는 예배당을 지으려는 교회의 목사님들과 장로님들 그리고 성도님들이 건축 때에 스스로 부담해야 할 기도의 양과 드려야 할 헌금의 액수를 작정하여 힘껏 드리게 하시되 감당할 수 있을 만큼 믿음으로 드리게 하시고, 담임목사가 예배당 짓는 일에 홀로 짐을 지고 가는 불행한 건축이 되지 않게 하시옵소서! 성도들의 믿음이 드러난 예배당이 되게 하시옵소서!

아버지의 집이 온전하기 원하시는 예수님의 이름으로 기도합니다. 아멘!

땅의 기도
예배당을 지으려는 이들을 위하여 드리는 기도! (2)

"금과 은과 놋과 철이 무수하니 너는 일어나 일하라 여호와께서 너와 함께 계실지로다 하니라." (대상 22:16)

사랑하는 하나님! 목회의 영광이나 성도의 영광 중에 모든 이들의 한결같은 생각은 하나님의 성전, 즉 예배드릴 공간 '예배당'을 짓는 일입니다. 목회자는 누구나 평생 한 번 만이라도 예배당을 짓고 싶어 하고, 성도들도 생애에 한 번은 예배당 건축에 참여하고 봉헌식을 드리는 기쁨을 누리고 싶어 합니다. 순박한 소원을 받으시어, 기쁨으로 응답해 주옵소서!

하나님께서 저희에게 예배당을 지을 마음을 주실 때는, 거역할 수 없는 강력한 감동을 주시고, 뿐만 아니라 온 교회가 파도에 휩쓸려가듯 성전 건축에 대한 열망의 파도가 저희들을 떠밀고 가게 하시옵소서! 하나님의 감동은 강력한 힘이 있음을 믿습니다. 모두 기쁨으로 이 일에 발 벗고 나서고, 누구하나 불편한 마음 없이 앞장서서 동참하게 하시옵소서!

좋은 설계사를 만나, 도면을 그리는 일부터 제대로 하게 하시고, 설계사에게 감동을 주시어 교회가 원하는 모양의 예배당을 설계하게 하시되, 하나님을 예배하는 공동체의 이미지가 잘 나타나는 예배당을 설계하게 하시옵소서! 작은 공간 하나부터 구석구석 세밀한 디자인을 허락하시어 하나님의 영광이 가득한, 시대에 맞는 예배당을 설계하게 하시옵소서!

또한 건축업자를 잘 만나게 하시옵소서! 자기 집을 짓는 것보다 더 정성껏, 더 기도하며 건축하게 하시되, 건축업자가 아니라 성직자의 자세로 예배당을 짓게 하시고, 신실한 건축업자 때문에 예산도 절감하고 설계변경 과정도 바로 반영하여 아름다운 예배당이 완성되도록 최선을 다하게 하옵소서! 성실한 시공으로 공기도 맞추고 부실공사도 없게 하옵소서!

하청업체 한 곳도 잘못되지 않도록 모두 건실한 업자들을 만나게 하시고, 터파기 공사부터 시작해서 토목, 골조, 철근, 콘크리트, 전기, 소방, 방수, 타일, 도장에 이르기까지 전 과정과 공정에 어떻게든 시방서대로 지으려는 마음이 있게 하시옵소서! 도면에서 한 치도 어긋나지 않게 지으려고 무던히 애쓰는 신실하고 열심 있는 업자를 만나게 해 주시옵소서!

행여 건축비가 부족하여 금융을 조달해야 할 때에는 건실한 금융기관에서 저리(低利)로 차용하여 상환하는데 불편하거나 힘들지 않도록 도우시옵소서! 기공식을 시작으로 준공하여 봉헌식의 영광을 볼 때까지 함께 하여 주시옵소서! 아무런 안전사고 생기지 않도록 안전건축이 되게 하시고, 모든 건축이 도면에서 벗어나지 않은 철벽 시공이 되게 하시옵소서!

성전의 크고 놀라운 영광을 아시는 예수님의 이름으로 기도합니다. 아멘!

3. 목회와 사역을 위하여 드리는 기도!!

땅의 기도
예배당을 짓는 이들을 위하여 드리는 기도! (3)

"솔로몬이 기도를 마치매 불이 하늘에서부터 내려와서 그 번제물과 제물들을 사르고 여호와의 영광이 그 성전에 가득하니." (대하 7:1)

능력과 권세의 하나님! 역사의 시작이자 끝이신 영원하신 하나님! 아버지의 집을 짓는 열정으로 예배당 건축에 몰두하던 이들이 마지막 준공검사를 마치고 사용 승인을 받기까지 한 시도 눈을 떼지 마시고 지켜 주시옵소서! 건축이 끝나가면서 마치 다 된 것 같이 순간 방심하면 사고가 나고, 순간 한눈 파는 사이에 일어나는 실수를 막아주시기를 소원합니다.

준공에 필요한 공사, 서류들을 꼼꼼하게 점검하여, 하나라도 가볍게 넘기지 말고 긴장하게 하시옵소서! 공사의 과정도 모두 알뜰히 챙기게 하시고, 서류 하나라도 빈틈없이 준비하되 결정적인 하자가 생기지 않도록 세심한 주의를 기울이게 하시옵소서! 눈 깜박할 사이에 찾아오는 사고를 대비, 끝까지 안전사고 일어나지 않도록 기도하며 공사하게 하시옵소서!

하자(瑕疵)등에 관련된 서류도 잘 챙기게 하시고 건축업자와 계약된 각 공사 별 하청 업체들의 대금지불도 챙겨 복잡한 이중 피해를 입지 않게 하시옵소서! 한 푼이라도 성도들의 피땀 같은 헌금이오니 기억하여 주시옵소서! 준공을 마친 후 하나님의 은혜에 대한 감사로 가득한 마음이 되도록 하시며, 행여 건축에 소외되어 섭섭한 이들이 없도록 하여 주옵소서!

공사는 마지막 모든 장비와 인부들이 철수하고 현장사무실이 철거되고 준공청소가 끝날 때까지 끝난 것이 아니오니, 아주 작은 것이라도 잘 정리하여 마지막 한 순간에 실수하지 않게 하시옵소서! 그동안 건축 과정에 미처 돌아보지 못한 부분이 없는지 살펴보고, 독려하는 일도 천천히 살펴 예배당 건축이 모든 공동체에게 기쁨이 되게 인도하여 주시옵소서!

건축을 위해 고생한 건축업자, 현장소장, 감독관뿐 아니라 일용직 잡부 한 사람 한 사람 모두 고마운 인사를 하고, 준공검사에 필요한 서류에 날인한 공무원들에게도 고마운 마음을 가질 수 있게 하여, 공사만 잘 하는 것이 아니라, 예의도 갖춘 교회로 평판이 나게 하시옵소서! 흥분하지 않고 끝까지 차분하게 시작할 때의 기대감이 충족되게 하시옵소서!

공사인력과 장비들이 철수하기 전에 앞으로 지속적으로 써야하는 화장실, 전기, 수도 등 하찮아 보이는 것들을 스위치나 밸브 하나까지 점검하여 하나님의 집을 인생의 눈높이로도 최선을 다하여 살피게 하시옵소서! 감사하고 기뻐하는 일 만큼이나 두려움과 긴장의 끈을 놓지 않게 하시고, 누구도 서두름 없이 침착하게 마무리 하며 일하게 하여 주시옵소서!

가장 작은 것도 소중히 여기시는 예수님의 이름으로 기도합니다. 아멘!

땅의 기도

왕따를 당한 사역자들을 위하여 드리는 기도!

"인자는 와서 먹고 마시매 너희 말이 보라 먹기를 탐하고 포도주를 즐기는 사람이
요 세리와 죄인의 친구로다 하니" (누가 7:34)

사랑이 많으신 하나님! 하나님이 그립습니다. 이 땅, '교회 공동체'안에 사
역자로 부름 받아 일하는 중에 사역지에서 보이지 않게 왕따가 된 목회자
들을 기억하여 주옵소서! 하나님은 차별이 없으십니다. 차별 없이 모든 이
들을 구원하시고, 차별 없이 모든 이들에게 성령님을 보내셨는데, 사역의
현장에는 믿기지 않은 차별이 실재합니다. 이 슬픔을 제하여 주옵소서!

목회를 잘 못하여, 오래 동안 목회해도 교회 부흥도 못 시키고 항상 제자
리에 있다는 이유로 좀 부흥한 교회의 목회자로부터 차별받고, 같이 안수
받고 같이 목회하는데 자기와 다른 신학대학을 나왔다고 왕따 되고, 이런
외로움에 울고 있는 주의 사자들이 너무 많습니다. 하나님께서 그들의 눈
물을 씻어 주옵소서! 홀로 잠 못 이루는 밤에 그와 동행하여 주옵소서!

몸에 있는 장애 때문에 왕따 되고, 자신들이 좋아하는 운동을 같이 안 한
다고 왕따 되고, 함께 놀고 함께 어울리지 않는다고 왕따 당하는 경우도
있습니다. 어찌 보면 조폭 같은 질서와 문화가 사역자의 세계에서 발을 붙

이지 못하게 하여 주옵소서! 정치적 입장이 다르다는 것 때문에 당하는 왕따, 진보적이거나 보수적인 것 때문에 왕따 되는 경우도 있습니다.

목사의 아들도 아니고 장로의 아들도 아닌 자가 목회자 되었다고 받는 아픔도 있고, 집안이 너무 가난하고 초라해서 당하는 왕따도 있습니다. 하나님은 이 땅에 현존하는 수십억의 인류를 똑같은 사람 하나도 만들지 아니하셨는데, 인간들은 자기와 같지 않은 이들을 무조건 배척하고 왕따를 시킵니다. 사회도 그렇고 회사도 그런데, 교회 안에서도 역시 그렇습니다.

혹, 불신사회나 평신도 사회에서 그렇다고 해도 하나님께 책망을 받을 것인데 하나님의 사역자 중에 그런 일이 일어나고 있습니다. 다른 학교 출신이니 당연히 동문회나 동기회에는 참석할 수 없고 참석하지도 않습니다. 그러나 교역자 회의나 체육대회는 함께 모이는 것이니 참여할 수 있고 참여해야 합니다. 그런데 이 높은 차별의 벽을 넘어갈 수가 없습니다.

하나님께서 아들의 몸을 입고 인간으로 이 땅에 오실 때 힘 있는 이들에게 가장 차별받고 왕따 된 세리와 죄인들의 친구가 되셨습니다. 사람의 수에도 들지 않던 여인들과 함께 하셨습니다. 예수님의 제자, 부름 받은 사명자로 자임하는 저희들이 '주'와 '선생'이신 예수님을 본받게 하시옵소서! 무서운 벽을 허물어 주옵소서! 왕따 되고, 왕따 시키지 않게 하옵소서!

저희들의 참 좋은 친구이신 예수 그리스도의 이름으로 기도합니다. 아멘!

3. 목회와 사역을 위하여 드리는 기도!!

땅의 기도
은퇴 목회자들을 위하여 드리는 기도!

"이제 후로는 나를 위하여 의의 면류관이 예비되었으므로 주 곧 의로우신 재판장이 그 날에 내게 주실 것이며 내게만 아니라 주의 나타나심을 사모하는 모든 자에게도니라" (딤후 4:8)

사랑이 많으신 하나님! 하나님의 뜻을 따라 복음을 위하여 일생을 살고 이제 교단이 정한 나이가 되어 절차에 따라 은퇴하고 쉬는 주님의 종들을 기억하옵소서! 일생을 땀 흘리고 수고한 저들의 마음을 받으시고 하나님의 위로가 있게 하옵소서! 수십 년 동안 한 직업에서 자신의 일을 묵묵히 감당하고 일선에서 물러난 은퇴 목회자들을 위하여 기도드립니다.

저들이 평생을 바쳐 뿌린 복음의 씨가 싹이 나게 하시고, 잘 자라서 열매를 맺게 하옵소서! 더러는 생전에 그 영광을 보지 못한다 해도 사후에라도 결실을 보게 하옵소서! 혹은 은퇴 이전에, 혹은 땅에 사는 동안, 모든 결실을 다 보려는 생각이 아니라 언제라도 하나님께서 이루어 주시리라는 믿음으로 조금도 서두르거나 조급하지 않고 기다리게 하시옵소서!

일을 놓고 심심하거나 허망하지 않도록 새로운 일을 만나게 하시고, 현직에서 섬기던 교회와 성도들에 대한 미련이나 집착을 가지지 않게 하시고 초연한 마음을 주옵소서! 언제나 성도들에게 섭섭한 마음보다 고마운 마음을 가지게 하시고, 후임자를 신뢰하며 사랑하는 마음으로 항상 기도하게 하시되, 자신보다 더 부흥하고 자신보다 더 잘되기를 빌게 하옵소서!

노후에 새롭게 일할 수 있는 일거리도 주시고, 이를 감당할 만큼의 건강도 주시고, 그 일을 하면서 노년의 즐거움과 행복을 주옵소서! 체력이 감당할 만큼 무리하지 않는 범위에서 품위를 지키며 할 수 있는 일을 찾게 하옵소서! 덕이 안 되고, 은혜가 안 되는 일이 아니라 목회만큼이나 유익하고 영광스러운 일을 할 수 있도록 은퇴 이후에도 기회를 주옵소서!

은퇴 전에 다하지 못한 아쉬운 마음, 주님 앞에 온전히 이루지 못한 불충하고 성실하지 못했음에 대하여 용서를 구하는 마음으로 최선을 다하게 하시되, 남은 시간이 현저히 줄었으므로 하루를 이틀로 생각하고 최선을 다하게 하옵소서! 은퇴 후의 생활이 무너지지 않게 규칙적인 생활과 질서 있는 삶을 살게 하시고, 나이든 사람으로 이웃에 본이 되게 하옵소서!

짧은 인생을 곧 접어야하는 때인 만큼 앞으로 세상을 살아갈 젊은이들에게 하고 싶은 말이 많더라도 입술로 하지 않게 하시고, 몸으로 삶으로 하게 하옵소서! 잔소리처럼 들리지 않고 진실한 사랑으로 들리게 하옵소서! 인생을 마감하고 목회자로 정리하며 남은 이들에게 진한 추억을 남기게 하옵소서! 세상을 떠난 다음 교우들과 이웃들에게 기억되게 하옵소서!

저희의 미래를 책임져주실 예수 그리스도의 이름으로 기도합니다. 아멘!

3. 목회와 사역을 위하여 드리는 기도!!

땅의 기도

이중직(二重職) 목회자를 위하여 드리는 기도!

"다른 이들도 너희에게 이런 권리를 가졌거든 하물며 우리일까보냐 그러나 우리가 이 권리를 쓰지 아니하고 범사에 참는 것은 그리스도의 복음에 아무 장애가 없게 하려 함이로다." (고전 9:12)

하나님께서 사랑하는 사도들 중에 이중직 목회자를 위하여 기도드립니다. 자신이 섬기는 교회에 재정적인 부담을 주기 싫어서든, 혹은 자신의 재능을 세상을 위해 봉사하며 목회하려는 마음이든, 목회하는 것만으로는 생계를 유지할 수 없어서든, 제가 모르는 이유들로 목회 외 시간을 일하는 목회자들을 하나님께서 기억하시어 사랑과 자비를 베풀어 주옵소서!

여느 목회자들은 그들에게 "목회에만 집중하라!"고 합니다. 그러면 안 될리가 없다고 비판하지만, 누구는 목회에 전념하고 싶지 않겠습니까? 저들이 목회하면서 일터에 나가는 일이 얼마나 힘든지 아시지요? 새벽에 일어나 기도회 인도하고 일터에 가서 종일 일하고, 하나님의 말씀을 준비하고 틈틈이 심방하는 일이 버겁습니다. 그래도 불만도 불평도 없습니다.

그들도, 형편 때문이라면 세상의 일은 접고 오직 목회에만 전념하여 교회를 보살피는 일을 하게 하옵소서! 저들에게도 본의가 아니라면 목회만 전념하는 목회자가 될 수 있도록 축복하여 주옵소서! 그러나 섬김의 기쁨으로 일하면서 목회하는 이중직 목회자라면 일터에서 믿지 않는 사람들을 만나 복음을 전하고, 섬김을 통해 영혼을 구할 수 있음이 은혜입니다.

사랑이 많으신 하나님! 요즘은 다양한 문화공간에서 목회하는 이들도 많은데 그들에게도 은혜를 더하시어 좋은 결과들이 나오게 하옵소서! 카페에서 복음을 전하는 카페교회를 비롯해서, 서점, 목공, 화원, 공방 등을 세워 그곳에 오는 이들에게 복음을 전하는 이들이 많습니다. 하나님께서 저들을 기억하시고 두 마리 토끼를 잡는 일에 성공하게 하시옵소서!

이중직 목회를 하는 분들이 자신의 생활을 교회에 짐 지우지 않아도 되고, 자신의 재능과 특기를 사회에 환원할 수 있어서 감사한 일이 중단되지 않고 계속되게 하옵소서! 행여 동역자들의 비판이나 비난에 의기소침 하지 않게 하시고, 열심이 자신의 재능을 지속적으로 연마하여 더 좋은 기량으로 더 많은 사람들을 섬김으로 아름다운 사역을 감당하게 하시옵소서!

교회는 종전의 목회 전임만이 아니라, 하나님께서 보내시는 곳에서, 하나님께서 주신 은사와 재능을 가지고, 하나님의 목회를 할 수 있도록 축복하여 주옵소서! 사람들의 시선에 관심하지 않고 오직 주님이 기뻐하시는 일에만 최선을 다하여 칭찬 듣게 하옵소서! 어렵고 힘든 목회 환경의 척박한 땅 여기저기에서 은사목회로 존경을 받는 이들이 되게 하옵소서!

일하는 제자들을 부르신 예수 그리스도의 이름으로 기도드립니다. 아멘!

땅의 기도

임지를 옮기려는 목회자들을 위하여 드리는 기도!

"바울과 바나바가 담대히 말하여 이르되 하나님의 말씀을 마땅히 먼저 너희에게 전할 것이로되 너희가 그것을 버리고 영생을 얻기에 합당하지 않은 자로 자처하기로 우리가 이방인에게로 향하노라." (사도 13:46)

하나님! 하나님께서 사랑하여 주님의 몸이신 각 교회에 파송한 주의 종들이, 때가 되어 다른 곳으로 옮겨야 할 마음이 들 때가 있습니다. 물론 하나님께서 '아브라함'처럼 직접 계시하거나 음성이나 환상으로 보여주시기도 하겠지만, 실상은 목회자의 마음에 그렇게 해야 되겠다거나, 그래야 될 것 같은 마음이 들 때 하나님께서 그들의 마음을 위로하여 주옵소서!

더 이상 목회의 열정이 살아나지 않고, 무던히 애를 써도 여기는 내 땅이 아닌 듯 하고, 교인들의 얼굴을 볼 때도 속히 떠나 주셨으면 좋겠다는 표정을 짓고 있는 것을 볼 때, 어떻게 해야 할지 가르쳐 주옵소서! 마지막 생명의 진액을 하얗게 태울 때까지 일하게 하시고, 그때 하나님께서 교회를 변화시켜 주시든지, 새롭게 일할 수 있는 임지를 허락하시옵소서!

또 목회를 잘 해서인지는 모르지만 목회 잘 하고 있는 목사에게 새로운 곳에서 초청이 왔을 때, 어떤 마음으로 어떻게 기도해야 할지를 가르쳐 주옵소서! 지금 시무하는 교회보다 지역, 사람, 건물, 재정이 비교할 수 없이 큰 교회일 때 고민이 있습니다. 지금 있는 교회에서 아무 문제도 갈등도 없고, 떠나라는 말도 없는데, 어떻게 해야 할지 가르쳐 주옵소서!

지금 목회 잘 하고 있는 교회의 좋은 성도들을 떠나 새로운 임지로 갈 때, 이들이 받을 상처와 실망감도 헤아리게 하시고, 그동안 제대로 돌보지 못한 것에 대한 통렬한 회개도 있게 하옵소서! 지금 있는 교회가 정말 하나님이 원하시지 않는지도 확인하고, 새로 가려는 교회에서 자신의 미래에 펼칠 꿈도 분명한지, 왜 가야하는지 냉정하게 살펴보게 하옵소서!

이번의 초청이 하나님의 부르심이 확실한지, 아니면 더 큰 목장에서 일하면 잘 될 것인지, 자신의 욕심은 아닌지 깊이 생각하고 기도하게 하옵소서! 하나님이 가라고 하시면 가고 서라하시면 서되 욕심에 미혹되지 않게 하시고, 언제나 주님의 교회와 주님의 마음을 헤아리게 하옵소서! 언제든 주님의 마음이 우선하게 하시고, 주님의 뜻이 우선하게 인도하옵소서!

주님의 마음과 분명한 뜻을 위하여 배나 기도하게 하시고, 언제든지 "보내 주시라!"는 기도나, "머물게 해 주시라!"는 기도보다, 하나님께서 원하시는 뜻이 어디에 있는지를 알아 그 뜻에 순종하려는 하나님의 방법을 선택하게 하시옵소서! 사람의 욕심이나 방법이 개입할 여지를 덮으시고, 지금의 절반도 안 되는 교회라도 주님의 뜻이라면 움직이게 하여 주옵소서!

우리의 선한 목자 되신 예수 그리스도의 이름으로 기도드립니다. 아멘!

땅의 기도

축도하는 이들을 위하여 드리는 기도!

"은혜와 긍휼과 평강이 하나님 아버지와 아버지의 아들 예수 그리스도께로부터 진리와 사랑 가운데서 우리와 함께 있으리라." (요일 1:3)

하나님께서 인생들에게 예배에서 섬길 수 있는 최고의 영광은 축도하는 순서를 주신 것입니다. 주일마다 예배를 드리는 크고 작은 교회공동체에서 예배를 마치며 축도합니다. 십만이 넘는 예배처소마다 드리는 축도가 얼마나 소중한가를 알게 하시옵소서! 설교까지는 할 수 있는 설교자도, 안수 받지 않은 이는 축도할 수 없을 만큼, 축도는 엄격히 제한했습니다.

그만큼 존귀한 일인데, 두 손을 높이 들고 회중은 물론 세계와 나라와 교회를 축복하는 기도, 즉 축도(祝禱)를 드릴 때, 그 축도가 얼마나 존귀한 일인 줄 알게 하시옵소서! 그래서 축도는 예배 시간에 참석한 이들 중에 가장 존경받는 원로에게 부탁하는 일임을 알고, 축도를 맡은 이는 두려움으로 하늘을 향하여 두 손을 펼 때 위에 계신 주님을 보게 하옵소서!

손을 들고 기도를 시작하기 전에, 먼저 그 공동체 일원을 생각하며 그들을 모두 자신의 품에 담아 안게 하옵소서! 매주일 설교하는 담임목사가 축도한다면 축도하기 전에, 그 순간 모든 성도들을 가슴에 품되 미운사람, 모자란 사람, 불의하고 적대적인 사람 모두를 그 가슴에 품게 하시옵소서! 그 모두를 가슴에 품고 그들의 현재와 미래에 복을 빌게 하옵소서!

손을 들어 축복하기 전에, 그 손이 모세의 손에 부끄럽지 않게 하옵소서! 그가 '르비딤'에서 '아말렉'을 향하여 기도할 때, 그의 가슴에는 이스라엘의 안전과 미래의 영광을 품었습니다. 그 전쟁을 통해 하나님께서 예비하신 '가나안'까지 무사히 도착하는 꿈을 꾸었습니다. 그리고 하나님께서 승리하게 하실 것을 믿었습니다. 모든 축도자에게 그런 믿음을 주시옵소서!

모든 축도자에게 하나님께서 은혜를 먼저 주시어, 그들이 손을 들고 기도하기 전에 그들의 영성이 사도 '요한'의 영성이 되고, 사도 '바울'의 영성이 되게 하옵소서! 성부 성자 성령 삼위일체가 임하시는 영광의 자리가 되게 하옵소서! 이 존귀한 자리, 영광의 자리, 무한 책임의 자리인 것을 알고 두 손을 들 때 하나님 앞에 항복하는 의미로 손을 들게 하옵소서!

모든 축도자는 예배의 마지막 축도 시간에 떨림으로 서게 하시옵소서! 특별한 행사에서 축도 순서를 맡은 이들은 그 예배를 마치는 거룩한 예식이 자신의 손을 통해 이루어지는 것을 알고, 예배를 마감하는 마지막 순서자임을 기억하여 예배의 마무리를 거룩하고 복되고 능력 있게 선포하게 하옵소서! 하나님께 드리는 예배를 하나님의 손을 통해 닫게 하옵소서!

예배의 주체가 되시는 예수 그리스도의 이름으로 기도드립니다. 아멘!

땅의 기도

힘든 목회자들을 위하여 드리는 기도!

> "또한 우리를 위하여 기도하되 하나님이 전도할 문을 우리에게 열어 주사 그리스도의 비밀을 말하게 하시기를 구하라 내가 이 일 때문에 매임을 당하였노라."
>
> (골로 4:3)

전능하신 하나님! 많은 사람들 중에 목회자로 불러주신 은혜가 너무 놀랍습니다. 하나님을 전하고 하나님나라를 소개하며 우리를 위해 세상에 오시어 십자가에서 죽으신 예수님의 사랑을 말하고, 예수님을 믿도록 하는 일을 주신 은혜가 큽니다. 그러나 이런 복된 사명을 감당하는 축복을 받았음에도 토요일만 되면 슬프고 힘든 목회자들을 위해 기도합니다.

오늘이 주일인데도 가슴 설렘도 부푼 기대감도 없는 목회자들입니다. 어떻게 좀 해보려고 애를 써도 사람들이 모이지 않고, 천하보다 귀한 생명이라고 하지만 자신의 말도 잘 못 알아듣는 아이들 서너 명이 전부인 교회를 생각하면, 차라리 주일이 두려운 목회자들이 있습니다. '목사'라는 신분이 영광스러운 것이 아니라, 힘겹고 버거운 목사님들이 많습니다.

다른 목사님들이 '성공적인 목회의 비결'을 이야기할 때, 은혜와 도전이 되는 게 아니라 자괴감이 드는 목사님들이 있습니다. 성도들을 위로해 주어야 할 목사님인데, 주말만 되면 위로가 필요한 이들이 있습니다. 차라리 교회 문을 닫고 다른 교회의 뒷자리에 가서 말씀을 들으며 은혜를 충전하고 싶은 목사님들이 있습니다. 주일이 두려운 이들을 기억하시옵소서!

게으름을 피운 것도 아니고, 설교 준비를 안하는 것도 아닌데. 목회적인 어려움이 떠나지 않고 계속해서 괴롭히고 있는 교인 없는 목사님들을 기억하시어, 오늘 아침에는 주님께서 그 예배당의 닫힌 문을 열고 들어가 그의 눈에 잘 보이는 곳에 앉으시어 말씀을 들으며 '아멘'하여 그들에게 힘을 주시옵소서! 예수님 만난 간증을 할 수 있게 기회를 주시옵소서!

기왕에 목사님으로 부름을 받고 목회하는데, 자녀들이나 사모님에게 무능력한 목사로 비치는 슬픈 자리에서 일으켜 주시옵소서! 오늘 새벽에도 두세 사람만이라도 출석하게 해달라는 애끓는 기도를 드리지만 여전히 응답에는 확신이 없는 불쌍한 목사님들을 기억하시어 기적을 주옵소서! 그들에게 일할 용기를 주고 힘을 주실 이는 하나님 한 분 뿐이십니다.

일주일에 해야 할 일을 주일 하루에 하는 목사님들, 일주일의 축적된 에너지를 다 토해야 할 이들, 가슴에 불처럼 타고 있는 사랑과 열정을 다 토하고 쓰러질지언정, 의욕이 없어 움츠러든 목사님이 되지 않도록 하나님께서 저들의 늘어진 어깨에 힘을 불어넣어 주시고, 그들이 충만함으로 몇 명의 아이들에게 성령님의 불이 붙어 교회를 일으키게 해 주시옵소서!

우리를 하나님의 일하도록 부르신 예수님의 이름으로 기도합니다. 아멘!

3. 목회와 사역을 위하여 드리는 기도!!

4.
특별한 선교를 위하여 드리는 기도!!
(16편)

왜 기도해야 하는가?

특별한 선교를 위하여 드리는 기도!

"너는 말씀을 전파하라 때를 얻든지 못 얻든지 항상 힘쓰라 범사에 오래 참음과 가르침으로 경책하며 경계하며 권하라"(딤후 4:2)

이 땅에 주신 복음은 하나이며 복음의 이름은 '예수 그리스도'입니다. 그리고 그 복음을 받은 사람들은 복음을 또 다른 사람에게 전하려고 부단히 애를 씁니다. 너무 귀하고 복된 이름이기 때문입니다. 그 복음 전도의 열정을 가진 이들이 모여 지역에 '교회'를 세우고, 이 교회들은 그들의 공동체를 꾸려가기 의해서 예배당 건물을 짓고 이를 '성전'이라고도 부릅니다.

이렇게 해서 이 땅에 보이는 교회가 세워졌고, 숫자는 아무도 모릅니다. 추측하기는 10만은 넘을 것 같습니다. 그 교회들은 힘이 닿는 대로 복음을 전하고, 그 사역자들을 목회자라고 부르며 그 중에는 '목사'도 있고, '준목'이나 '강도사', '전도사' 등이 있습니다. 제가 모르는 직분이 있을 수도 있습니다. 그들은 복음의 사람이 되어 복음의 사람으로 살고 있습니다.

그런데 이렇게 세워진 교회는 그 곳만이 아닙니다. 해외에 우리가 알지 못하는 선교지에 '선교사'로 파송된 이도 있고, 이 선교지는 또 새로운 교회요, 선교사님들은 새로운 선교사역에 헌신된 다른 사역자입니다. 이들은 자신의 일생을 선교지에 쏟아 붓는 것이, 지역교회를 위해 헌신하는 목사들과 다를 바가 없습니다. 이들 중에는 평신도 선교사들도 많이 있습니다.

선교사 중에는 목사로 안수 받은 이들 뿐만 아니라 평신도들도 많고, 평신도 선교사들 중에는 수지침이나 침, 뜸 같은 한방으로 그들을 섬기며 선교하는 선교사들도 많습니다. 또 각 교회에 소속을 두고 교단의 행정업무를 보거나 기독교 계통의 학교, 방송국, 신문사, 선교단체, NGO단체 등에서 일하는 이도 많습니다. 이런 이들이 또 다른 '교회'와 '선교사'입니다.

공식적으로 병원이나 군대, 학교같이 많은 이들이 모여 있어, 복음은 필요하지만 사역자가 없는 곳에서 또 한 사람의 사역자로 헌신하는 이도 있습니다. 이 분야에도 우리가 기도해야 할 사람들이 많습니다. 그 밖에도 기독교 선교를 표방하며 헌신하는 이들이 얼마나 많은지는 아무도 모릅니다. 선교 자체를 인정하지 않거나 위협이 따르는 지역이 많기 때문입니다.

이들에게는 더 많은 기도가 필요합니다. 왜냐하면 이들은 매일처럼 교회에서 만날 수 있는 이들이 아니고, 보고 싶다고 훌쩍 갈 수 있는 것도 아니요, 더욱이 그들의 사역을 지속적으로 도울 수 있는 시스템 안에 들어 있지 않기 때문입니다. 그리고 더러는 기독교 복음과는 전혀 상관없는 거친 땅에서 일하고 있기 때문입니다. 더욱 많이 기도해야 할 이들입니다.

땅의 기도

각종 기능인 선교사들을 위하여 드리는 기도!

"생업이 같으므로 함께 살며 일을 하니 그 생업은 천막을 만드는 것이더라"

(사도 18:3)

존귀하신 하나님! 하나님께서 인생을 지으실 때, 생산 공장에서 똑같은 제품이 생산되듯 같은 모양으로 내지 않으시고, 70억 100억이라도 각기 다양한 특징과 모양을 주시니 고맙습니다. 지문 하나도 같지 않고, 목소리 하나도 같지 않고, 눈동자 하나도 같지 않게 만들어 주심도 감동이지만, 개개인의 손끝에 각기 다른 독특한 재능을 주심은 더욱 큰 감동입니다.

모든 사람이 같은 재능을 주셨다면 얼마나 재미없는 세상이었을 터인데, 각양의 은사를 주시되 그림을 그리는 이들도 인물, 풍경을 나름대로 주시고, 조각을 해도 돌, 나무를 각각 다르게 하심이 신비입니다. 같은 목소리로 노래를 불러도 클래식이나 가요를 부르게 하셨습니다. 더 큰 감동은 이렇게 본인들에게 주신 은사와 재능을 복음의 도구로 헌신한 것입니다.

하나님께서 특별히 이 민족의 손끝에 기막힌 재능을 많이 주심이 고맙습니다. 그 재능을 가진 이들이 그것을 자신의 생업이나 축재의 도구로 쓰지 않고, 하나님의 영광을 위한 복음의 도구가 되게 드림이 정말 고맙습니다.

그런 마음을 가지고 국내도 아닌 세계 선교의 현장에 가서 그 사막 한가운데에 재능을 드려 복음을 전하겠다는 이들을 기억하여 주시옵소서!

손에 이, 미용 기술을 받은 이들이 이, 미용을 선교의 도구로 하나님께 드린 이들이 있으니, 저들에게 더 큰 재능을 덧입혀 주시고 그들이 이, 미용뿐만 아니라 연관된 일에도 재능이 개발되어 더 큰 봉사의 손길이 되고 선교의 도구가 되게 하옵소서! 그들이 머리를 만지는 동안 앉아있는 이들의 마음도 만져주시고 영혼이 복음에 접목되는 기회가 되게 하옵소서!

건축이나 목공이나 인테리어 기술을 가지고 선교 현장에 나간 이들이 있습니다. 그들에게도 하나님의 감동이 배나 임하여 그들의 손으로 만지는 건축물, 가구, 인테리어 등이 더 빛나고 아름답게 하시고 그들의 손길이 닿는 곳에 하나님의 사랑이 함께 하여 주옵소서! 손에 더 많은 재능을 주셔서 그 손이 하는 모든 일, 손이 닿는 곳마다 복이 임하게 하옵소서!

오늘 이 땅에 전기, 전자 등의 재능으로 선교하는 이들, 태권도로 선교하는 이들, 음식을 만들어 그것으로 선교하는 이들, 침술로 선교하는 이들 등, 들으면 감동의 눈물 나는 기능인 선교사들이 너무 많습니다. 좋은 은사와 재능을 가진 이들의 손에 복음을 쥐어주셨으니 말씀만 들고 가는 이들보다 훨씬 효과적으로 복음을 전할 수 있기에 이들을 복을 주시옵소서!

다양한 은사를 선물하신 예수 그리스도의 이름으로 기도드립니다. 아멘!

땅의 기도
교목(校牧)들을 위하여 드리는 기도!

"하나님의 나라를 전파하며 주 예수 그리스도에 관한 모든 것을 담대하게 거침없이 가르치더라" (사도 28:31)

기독교 계통의 중고등학교와 대학교에 교목을 두어 학생들의 신앙증진을 돕는 좋은 제도가 이 땅에 자리하게 된 것도 하나님의 은혜입니다. 자연과학 학문에 온 몸이 잠긴 가운데 그래도 하나님의 창조역사와 인류구원의 소식을 듣게 하심은 하나님의 은총입니다. 이 일에 쓰임 받고 있는 각 학교 교목들을 기억하여 주시어 저들에게 복음의 담력을 주시옵소서!

중고등학교는 중고등학교 대로 국, 영, 수 중심의 수업을 하다가 다른 과목만 되어도 관심이 줄어드는 형편인데, 하물며 윤리나 신앙 강좌, 예배 같은 과목에 모두 딴 짓하고 있습니다. 그래도 영혼을 사랑하는 마음으로 꾸준히 인격적인 접근을 하는 교목들에게 하나님께서 위로의 말씀을 주시옵소서! 그래도 그 중에 하나님의 말씀에 반응하는 이들을 주옵소서!

세월이 지난 훗날에, 자기의 믿음은 그때 중고등학교 철부지 학생 때 열심히 설교해 주시던 목사님 이야기를 들으며 코끝이 시큰해지는 감동이 있었다고 간증하게 하시옵소서! 입시 준비에 정신없던 시절에, 재미없는 종교과목과 점수도 없는 윤리를 들으며 보내던 시절을 회상하며 하나님의 역사를 믿기는, 그때 듣던 말씀에 영혼의 옷이 젖는 추억을 주옵소서!

대학교 교목의 경우, 학점 때문에 필수인 채플에 와서 카드내고 앉아있기는 하지만 별 관심 없는 젊은이들에게 하나님께서 '다메섹'에 올라온 '사울'을 향해 "사울아, 사울아! 네가 왜 나를 박해하느냐?"하시던 청천벽력 같은 말씀을 주옵소서! 사람은 한 순간에 변화될 수 있으니, 자리에 앉아 딴 생각하는 젊은 청년들을 정신이 번쩍 나도록 불러 세워 주시옵소서!

어느 학교에 있는 교목이라도 어쩔 수 없이 겪어야 하는 소외와 배척 중에서 그래도 많은 학생 중에 몇 명이라도 복음으로 변화된 학생들을 보며 복음 전파의 사명을 재확인하게 하옵소서! 학교를 다니는 짧은 기간 동안의 만남을 통해 복음을 제시받은 이들이 삶의 변화를 통해 인생의 의미를 찾는 과정을 지켜보는 행복을 교목들에게 선물하여 주시옵소서!

'내 양'이라고 할 수 있는 대상도 없고, 지속적으로 성경을 가르칠 여유도 없고, 학생들에게 믿음을 가지도록 강권할 권리도 없으면서 인내와 섬김으로 돌보는 학생들입니다. 새로운 인생의 길을 개척해 나갈 것을 보는 행복과 그들이 "미션 스쿨에 오게 된 것이 일생일대의 축복이라."는 감동적인 간증을 들으며 버겁고 어려운 교목의 삶을 승리하게 하시옵소서!

복음을 알기 원하시는 예수 그리스도의 이름으로 기도드립니다. 아멘!

땅의 기도
군목(軍牧)과 군종사병들을 위하여 드리는 기도!

"살라미에 이르러 하나님의 말씀을 유대인의 여러 회당에서 전할새 요한을 수행원으로 두었더라" (사도 13:5)

이 땅에 군사력 5,6위인 막강 군인들이 있다는 것이 자랑스럽고 감사합니다. 1950년 6.25전쟁이 치열할 때, 미 제33사단 10공병대대에 근무하던 무명의 카추사가 이승만 대통령에게 "성직자가 군에 들어와 전투하는 장병들을 신앙으로 무장시키고 기도로 죽음의 두려움을 없게 해 달라."는 편지를 보내 그 일로 군목이 생겼으니, 무명 병사의 믿음도 받으셨습니다.

이것이 계기가 되어 1950년 9월에 장/감/성/구세군/천주교가 군종제도 창설을 위해 모여 추진위원회를 조직하고 대표들이 대통령을 방문하고 청원하여, 그해 대통령의 지시가 있었고 이듬해 1951년 2월 군종과장이 생기며 시작된 군목의 역사가 오늘까지 이어져 오게 됨을 감사드리고, 지금은 전군에 개신교와 천주교, 원불교가 함께 일하게 되었으니 감사드립니다.

6.25 전쟁이후 지금까지 '황금어장'으로 불리는 군대에서 진중세례식을 통해 한 번에 수천 명씩 세례를 받는 기적이 일어나고, 군대에서 신앙을 경

험하고 고백한 이들이 사회에 나와 훌륭한 성직자로 혹은 신앙인으로 살게 된 것이 큰 은혜입니다. 군목들을 사랑하여 성령님의 능력으로 충만케 하여 국군장병들에게 신앙훈련을 잘 시킬 수 있게 도와주옵소서!

군목의 수가 적어 군종부사관이나 군종사병들이 하급 부대를 섬기는 곳이 많은데, 부사관이나 군종사병들에게도 힘을 주시어 군목의 지시를 잘 받아 예하부대를 섬기는 사역자로 부족함이 없도록 도우시옵소서! 밤잠을 안자고 근무하는 사병들을 방문하여 심방하고, 사랑의 목회를 하는 저들에게 은혜와 영력을 더하시되 하나님의 사랑을 흠뻑 받게 하시옵소서!

기왕에 군목 제도를 주셨으니 군목의 정원도 더 늘려, 더 많은 군목들이 대대 급 부대에도 들어가 일하게 하시옵소서! 우리는 군목 한 명이 2,000명의 사병들을 돌보고 있다는데 1,000명, 500명 수준으로 줄일 만큼 군목, 군종부사관, 군종사병의 숫자도 늘려주옵소서! 군목을 한 사람 늘리는 일은 좋은 무기의 제공보다 전투력을 증진시키는 일인 줄 믿습니다.

또 하나님께서 기왕에 국방부 군종감도 정해진 TO대로 장군이 될 수 있게 하옵소서! 그리하여 부대 안에서 군목이나 군종하사관, 군종사병들의 위상도 제고되어 군 선교에 좋은 영향력을 끼치게 하시고, 이들 때문에 군복음화도 힘을 얻고 군목들도 용기를 갖게 하옵소서! 또 군선교회 소속되어 민간인으로 군부대를 볼보는 목사들에게도 힘을 더하여 주옵소서!

우리를 영원히 사랑하신 예수 그리스도의 이름으로 기도드립니다. 아멘!

땅의 기도

기관(機關) 목회자를 위하여 드리는 기도!

"혹 섬기는 일이면 섬기는 일로, 혹 가르치는 자면 가르치는 일로, 혹 위로하는 자면 위로하는 일로, 구제하는 자는 성실함으로, 다스리는 자는 부지런함으로, 긍휼을 베푸는 자는 즐거움으로 할 것이니라" (로마 12:7–8)

하나님! 목사 안수자들이 모두 교회 공동체의 목회에만 전념하는 것이 아니라, 많은 기관에서도 사역하고 있습니다. 저들이 성직자의 정체성을 잃지 않도록 언제나 그들과 동행하여 주옵소서! 목회자들이 섬기는 '기관'이란 교회의 상회기구인 노회, 연회, 총회 등 교회와 관련된 기구들이 많습니다. 이곳을 섬기는 이들이 교회를 섬기는 마음으로 일하게 하옵소서!

비록 교회를 관리 감독하고 교회보다 위에 있는 기관으로 있어도, 자신이 교회의 상전처럼 생각하지 않게 하시고, 어떻게든 교회를 위한 상회요, 관리기관이 되게 하옵소서! 그 자리에 교회에서 방문한 목회자나 평신도들을 언제든지 겸손함으로 섬기게 하시고 두려움으로 일하게 하옵소서! 기도를 게을리 하지 않게 하시고, 늘 하나님께 무릎 꿇고 살게 하옵소서!

기독교 연합기관에서 일하는 이들도 있습니다. 주님의 몸 된 교회들이 모여 또 하나의 교회를 섬기는 일이니, 언제나 교회를 돌보듯 모든 이들을 돌보게 하옵소서! 복음을 위해 세운 신문사 방송국 잡지사 같은 언론기관에 종사하는 이들도 있어, 취재 편집에 종사하는 이들도 있습니다. 성령님께서 저들의 마음이 주님의 몸을 대하는 두려움으로 일하게 하옵소서!

미션 중고등학교나 대학교에서 사무 행정을 보는 이들도 있습니다. 그곳에서 공부하는 이들이 장차 어떻게 하나님께 쓰임 받을지 모르는 소중한 학생들인데 주님을 섬기듯 사랑으로 대하게 하옵소서! 어느 곳에서 무슨 직책을 맡아 일하든지, 늘 목자의 심정으로 모든 이들을 주님을 섬기듯 하게 하옵소서! 하나님께서 저들의 헌신과 수고를 받아 주시옵소서!

안수 받은 목사들이 하는 일은 교회 목회만 중요한 것이 아니니, 하나님께서 그가 어디에서 일 하든지 주님의 교회를 유익하게 하고, 건강한 교회를 만드는 일에 헌신하게 하옵소서! 언제 어느 곳에서 어떤 일을 하든지 항상 긴장하고 영혼을 섬기듯 조심조심 두려움으로 일하게 하시고, 어느 곳에서 일하든 마지막 날에 주님의 심판이 있음을 기억하게 하옵소서!

저희는 알지 못하는 수많은 기관에 안수 받은 목사들이나 신학을 공부한 전도사들이나 교회의 중직(重職)들이 요소요소에 일하고 있습니다. 모두 크고 작은 그리스도의 모습으로 복음의 향기를 드러내며 사는 종들이 되게 하옵소서! 알지 못하는 때에 저희를 찾아 그가 살아온 과거를 심판하고 상을 주실 하나님을 기억하며 거룩한 두려움으로 일하게 하옵소서!

일을 성별해서 맡기신 예수 그리스도의 이름으로 기도드립니다. 아멘!

땅의 기도

기독교 언론(신문/방송/잡지)을 위하여 드리는 기도!

"우리는 수많은 사람들처럼 하나님의 말씀을 혼잡하게 하지 아니하고 곧 순전함
으로 하나님께 받은 것 같이 하나님 앞에서와 그리스도 안에서 말하노라"

(고후 2:17)

하나님! 이 땅에서 복음을 전하는 다양한 매체를 주시되 교회를 섬기는 또
다른 교회로 기독교 신문, 방송, 잡지 등 언론 매체를 주심이 고맙습니다.
지역 교회들이 전통적인 방법으로 복음을 전하는 데 비해, 언론은 다양한
기능을 가지고 효과적으로 복음을 전파하는 강력한 힘을 가지고 있어, 이
는 시대에 주신 하나님의 최고의 선물이자 선교의 도구입니다.

따라서 방송이나 신문 등 기독교 언론의 창업주, 혹은 지배기관, 대표 등
경영진들에게는 하나님의 엄중한 책임을 부여받은 것을 기억하게 하시옵
소서! 하나님께서 이들 언론기관의 경영자들과 핵심 간부들에게 이 시대
에 좋은 선교매체를 맡겨주신 것에 감사하며, 그 책임과 역할을 잘 감당하
게 하옵소서! 뉴스를 내보내든 다큐를 내보내든 유의하게 하시옵소서!

기독교 선교를 표방하며 세워진 언론기관에서 이루어지는 모든 보도 내용
은 그것이 드라마든 대담이나 토론이든 간증이든, 기획하고 출연하는 모
든 담당자들이 한 사람의 작은 예수로 모든 이들에게는 선교의 책임이 부

여되었습니다. 따라서 이들이 프로그램 기획부터 진행에 이르는 모든 순간들이 이를 읽는 독자나 보는 시청자에게 미치는 영향이 지대합니다.

방송이라면 첫 방송 송출부터 마지막 마감 인사까지 매 순간이 하나님의 도구로 쓰임 받고 있음을 모두가 기억하게 하옵소서! 라디오 방송이든, TV방송이든, 유튜브 방송이든 신문이든 잡지든 매체의 모든 기능은 그리스도를 전하는 문명의 도구라는 사실을 한 순간도 잊지 않고, 언제나 그들은 축호전도자의 입장에서, 또 노방전도자의 얼굴로 살게 하시옵소서!

다른 언론이라면 이해하고 넘어갈 일들이 기독교 언론이기 때문에 그냥 넘어가지 않고, 여느 언론이라면 무시할 수 있는 작은 실수들도 기독교 언론이기 때문에 비판받는 냉엄함을 잊지 말고, 개체 교회들의 수준으로 진행하는 프로그램이 아니라 한국 사회 최고의 수준을 보여주는 언론이 되게 하옵소서! 비판이나 책망을 받고 훈수 듣는 언론이 아니라, 우리 국민들의 의식을 견인해가는 품위 있는 매체가 되게 하옵소서!

조금도 해이해지지 않고, 언제나 긴장하고, 언제나 최선을 다해서 준비하여 집필, 편집, 출간, 방송 등 전 과정 어느 한 분야에도 결코 소홀함이 없게 하시고, 언제나 주님이 보고 계시는 방송, 신문, 잡지가 되어 그분께 합당히 여김을 받고자 하는 마음으로 일하게 하시옵소서! 기독교언론은 세상에 투명하게 노출된 교회이기에, 교회의 본문을 지키게 하옵소서!

우리를 다양한 교회로 세우신 예수 그리스도의 이름으로 기도합니다. 아멘!

땅의 기도

뒤늦게 신학을 공부하려는 이들을 위하여 드리는 기도!

"보라 나중 된 자로서 먼저 될 자도 있고 먼저 된 자로서 나중 될 자도 있느니라 하시더라." (누가 13:30)

하나님! 하나님께서는 이 땅에 있는 인생들에게 모든 신체적 조건을 달리하여 키가 크고 작은 사람과, 피부가 흰 사람과 검은 사람을 만들어 주시듯, 성격도 급하고 더딘 사람을 각각 만들어 주셨고, 모든 이들의 환경과 상황도 각기 달리 만들어 주셨습니다. 어떤 이들은 공부하기 좋은 환경과 두뇌를 주시고, 어떤 이는 열악한 환경과 안 좋은 머리를 주셨습니다.

때로는 재미가 없거나 공부할 여건과 상황이 안 되어 공부를 못하다가, 뒤늦게 머리가 열리거나 환경이 좋아져서 늦은 공부를 하려는 이들이 있습니다, 그 중에 특별히 안타깝기도 하고 감동스럽기도 한 것은 늦게 신학을 하겠다는 이들이 많습니다. 평생을 자신에게 주신 삶의 자리에서 최선을 다해 살았는데, 삶의 현장에서 만난 주님이 너무 감사해서 그렇습니다.

그 사랑을 견디다 못하여 내린 그 결심을 기억하시고 그에게 학문에 대한 열정을 주옵소서! 그 분의 사랑을 전하려는 마음을 받아주옵소서! 혹 환경이 열악해서 공부할 형편이 안 되었던 이들이었다면, 공부와 가족 부양에 어려움이 없게 하시고, 혹 공부에 취미가 없었다면 공부가 재미있게 하옵소서! 두뇌가 안 좋았던 이들이라면 두뇌를 활짝 열어 주시옵소서!

그리고 이런저런 조건들이 하나도 맞는 게 없다면 그가 가진 재능과 은사가 있는 줄 아오니, 하나님께서 그에게 부어주신 재능을 마음껏 쏟아 부어, 하나님의 일에 쓰임 받을 수 있게 하옵소서! 그림을 잘 그리든, 아기를 잘 다루든. 서예를 잘 하든, 운동을 잘 하든 어떤 분야에라도 탁월한 은사를 주셨을 터이니 하나님께서 그 은사를 발견하여 사용하게 하옵소서!

설교준비나 말씀의 선포가 힘들다고 느껴지면, 인격으로 삶으로 감동을 주게 하시고, 예배당을 지을 때는 건축에 조예가 있거나 전기, 음향, 인테리어 등 할 수 있는 일은 수백수천가지입니다. 하나님께서 왜 그들의 마음에 복음전도자가 되고 싶은 마음을 주셨는지 저희들은 잘 모르나 당사자들이 발견하여 어느 분야에서든 멋지고 아름답게 사용하여 주옵소서!

하나님은 미천한 이들을 들어 존귀하게 쓰시고, 나중 된 이들을 들어 먼저 되게도 하시는 줄 믿습니다. 모두가 그런 것은 아니지만 그런 하나님의 기적은 지금도 일어나는 줄 믿습니다. 하나님께서 나이에 관계없이 헌신적인 사역자가 되기 원하는 그들을 기억하시고 사랑하시어 아버지의 뜻을 이루어 주옵소서! 단 몇 년을 해도 존귀하게 쓰임 받게 하시옵소서!

삼년 만에 삼천년의 일을 이루신 예수님의 이름으로 기도드립니다. 아멘!

4.. 특별한 선교를 위하여 드리는 기도!!

땅의 기도
사목(社牧)들을 위하여 드리는 기도!

"그들이 날마다 성전에 있든지 집에 있든지 예수는 그리스도라고 가르치기와 전도하기를 그치지 아니하니라." (사도 5:42)

주로 기독교인이 경영하는 회사에 있는 '사목(社牧)'들을 위하여 축복합니다. 직장인들과 같이 살면서 그 안에서 때로는 성직자로, 때로는 노동자로 자신의 신분과 위상을 달리하는 사목들이 이 땅에 잘 자리매김하게 하옵소서! 저들이 아직은 사역현장이 척박하고, 그 신분과 위상에 대한 이해도 모호한 형편이지만 개척자의 심정으로 사역을 감당하게 하시옵소서!

우선 회사에서 어떻게 하든 목회자의 신분으로 있는 이들조차도, 본디는 노사 양측의 협력이 없으면 사역을 감당할 수 없습니다. 일하다 보면 성직자요 사목이기에, 사원들의 안전, 위생, 복지와 관련된 여러 가지 일에 간여하게 되고, 그러다보면 때로 회사의 입장에서, 즉 경영자의 입장을 변호하거나 두둔할 수도 있기에 직원들을 섭섭하게 할 수도 있습니다.

반대로 어떤 때는 직원의 입장에서 반(反)CEO가 될 수밖에 없는 상황일 때도 있습니다. 또 언젠가는 정상적인 관계 설정에 들어갈 수도 있습니다. 중재를 맡은 목회는 어느 입장에서 바라보느냐에 따라 다릅니다. 양측 모두에게 유익할 수도 있지만, 거의는 어느 한쪽에 치우친 의사전달이 될 수도 있습니다. 하나님께서 사목들의 사역을 능력으로 붙잡아 주옵소서!

그러나 사역을 잘 감당하여 노사문제의 균형을 가지고 접근하며 회사와 근로자의 공동이익에 관심을 갖고 마침내 양측 모두 만족할만한 타결을 이루어 귀한 사역을 잘 마무리하게 하옵소서! 어려운 자리에서 보이지 않는 결과를 기다리며 숨 막히는 사역 현장에 하나님께서 역사하여 주옵소서! 언제나 신실한 믿음으로 인격적인 관계를 잘 유지하게 하시옵소서!

속히 우리나라에 사목 제도가 보편화되어, 어렵고 힘든 직장이나 회사생활에 활력소가 되게 하시고, 회사를 경영하는 CEO에게는 안정적인 인사관리와 회사의 경영에 큰 힘이 되고 사원의 입장에서는 인격적인 사측과의 대화에 의지가 되는 두 마리 토끼를 잡는 결과가 있게 하옵소서! 아직은 요원하지만 이런 제도를 필요로 하는 사회가 되게 하여주옵소서!

어떤 근무환경이나 노동환경에서도 성직자가 필요한 영적으로 민감한 시대가 되게 하여 주옵소서! 이 땅에 하나님의 복음이 사방에 강물처럼 흐르게 하시옵소서! 하나님의 복음사역자들이 어느 자리에 가도 모든 이들이 반길만한 헌신적이고 신중한 사역자들이 되게 하옵소서! 자신의 이익이 아니라 공동의 이익을 위해 기도하는 귀한 사목이 되게 하옵소서!

우리의 참 스승이 되신 예수 그리스도의 이름으로 기도드립니다. 아멘!

땅의 기도
선교사들의 사역을 위하여 드리는 기도!

"이 후에 야훼의 말씀이 환상 중에 아브람에게 임하여 이르시되 아브람아 두려워
하지 말라 나는 네 방패요 너의 지극히 큰 상급이니라" (창세 15:1)

이 땅에 복음을 위하여 보내신 선교사님들은 하나님께서 골라 뽑은 이들
이라, 그들을 그동안 공부시키고 훈련시키셨지만 지속적인 도우심이 필요
합니다. 하나님께서 특별히 선교사로 세우셨으니 그들의 사역을 지키시고
신원을 보호하여 주시기 원합니다. 그동안 살던 곳에서 떠나 멀리 떠나 있
습니다. 따라서 그들이 급히 귀국할 일이 생기지 않도록 도우시옵소서!

선교사님들이 갑자기 고국에 돌아가려면, 우선 항공 스케줄을 잡아야 하
고, 항공료도 준비해야 하는 시간과 비용이 소용됩니다. 별안간 사역을 중
단하고, 항공기 알아보는 것도 쉽지 않고, 선교비를 쌓아 두고 쓰는 것도
아니어서 급히 돈을 구할 길도 없습니다. 하나님께서 저들을 불쌍히 여기
사 일하는 동안에 예정에 없이 귀국하는 일이 생기지 않게 하옵소서!

하나님께서 사랑하는 선교사님들을 축복하시어, 고국에서 급한 연락이 오
지 않게 하옵소서! 그곳의 부모님들이나 형제들에게 급한 일이 생기지 않
게 하옵소서! 뿐만 아니라 선교사님의 가정과 가까운 이들 중에도 꼭 돌아

가 보아야 되는 급한 일이 지인들에게 생기지 않게 하시옵소서! 선교사가 비행기를 타고 한 번 귀국한다는 것은 무척이나 어려운 일입니다.

선교사님의 가정에 갑자기 급한 일 생기지 않게 하옵소서! 교통사고에서 지켜 주옵소서! 사고를 당하여 국내로 이송하지 않으면 수술을 못할 만큼 급한 상황이 생기지 않게 하옵소서! 현지 지형과 도로, 현지인의 운전 습관이 선교사님들에게 익숙하지 않아 발생하는 치명적인 사고들이 있습니다. 사고로부터 지키시며, 일생동안 수술대에 눕지 않게 하옵소서!

사역하는 동안에 갑자기 큰돈이 들어갈 일이나, 사역에 필요한 비용 때문에 견디지 못하고 돌아오는 최악의 상황이 생기지 않게 하시고, 하나님께서 예비하신 까마귀를 동원하시든, 오병이어의 기적을 베푸시어 선교사님들의 가정에 기름이 다하지 않고 가루가 떨어지지 않게 하시든, 사역현장에 재정적인 어려움 때문에 선교가 중단되지 않고 계속되게 하옵소서!

선교사님들의 가정과 사역의 현장에서 일어나는 일 중에, 후원자들이 근심할 일이 생기지 않게 하시며, 선교사님의 생애동안 언제나 좋은 소식과 감사드릴 일만 들려오게 하여 주옵소서! 그들을 파송한 교회나 기관, 그들을 떠나보내며 기도하는 부모형제가 언제나 평안하게 기도할 수 있게 하옵소서! 하나님께서 낮의 해와 밤의 달로부터 그들을 지켜 주옵소서!

저희를 눈동자처럼 지키실 예수 그리스도의 이름으로 기도합니다. 아멘!

땅의 기도

선교지에서 쓰러져가는 선교사들을 위하여 드리는 기도!

"내가 너와 함께 있으매 어떤 사람도 너를 대적하여 해롭게 할 자가 없을 것이니 이는 이 성중에 내 백성이 많음이라 하시더라." (사도 18:10)

지구촌 곳곳의 선교지에서 복음을 전하는 선교사들을 위하여 간절히 기도 드립니다. 말과 글, 정서, 삶의 토양이 다른 해외에서 낯선 민족들에게 복음을 전하기 위해, 때로는 부모와 자녀들을 고국에 두고, 혹은 함께 선교지에서 땀 흘리는 선교사들을 위해 기도드립니다. 훈련을 마쳤든, 지속적으로 훈련을 받으며 일하는 선교사들이든 저들을 기억하여 주시옵소서!

그중에, 그들을 파송해 준 교회도 없고, 본인이 가지고 있는 손재주도 없어 어떻게 선교 비용을 조달해 쓸 방법도 없는 이들도 있습니다. 이들은 용기도 없고 남에게 부탁하는 것도 잘 못해서 어떤 개인이나 교회에 선교의 후원요청도 못 드리고 있는 이들이 많습니다. 그저 하늘만 바라보며 까마귀 소리에도 반색을 할 만큼 그들의 삶 자체가 아픈 십자가입니다.

이들을 불쌍히 여겨 주시옵소서! 하나님께서 천사를 보내주시고, 아이들에게 우유라도 먹일 수 있게 하옵소서! 신분은 선교사인데 선교사의 생활도 안 되고, 선교할 수 있는 최소한의 재정도 없이 실제로 하늘만 쳐다보는 선교사들을 하나님께서 도와주옵소서! 양육하는 자녀들이 있으면 그들에게 부모로서 가슴 아프지 않도록 최소한의 삶을 지켜주시옵소서!

하나님은 언제나 사랑이십니다. 옛적에도 사랑이셨고 지금도 사랑이십니다. 옛날에 먹이고 입히고 살려주셨으며 지금도 먹이고 입혀주시고, 또 선교지에 밥만 먹고 살려고 간 것이 아니니. 일할 수 있는 능력과 선교에 필요한 동력을 주옵소서! 도울 사람 하나 없는 비참한 환경에서도 끝까지 버티게 하여 주옵소서! 그리고 마침내 부활의 주님을 경험하게 하옵소서!

기왕에 선교 현장에 가서 선교사가 되었으니, "선교지에 와서 있는 것만으로도 선교!"라는 마음으로 고난과 주림을 극복하며 선교사로 죽을 각오로 버틸 힘을 주옵소서! 무너지지 않도록 붙잡아 주옵소서! 화려한 선교보고를 할 것이 없더라도, 영혼을 사랑하는 마음으로 같이 지내며 그들을 주님의 마음으로 바라보게 하옵소서! 그리고 승리하게 하여 주시옵소서!

하나님! 선교사들의 가슴 아픈 이야기를 들을 때마다 아무 힘도 없는 종들이 안타까워집니다. 함께 할 수 있는 힘을 주옵소서! 세계 도처에, 이 문명의 시대에 자신의 존재를 알리고 소통할 수 있는 채널조차 없는 선교사들의 손을 잡아 주옵소서! 그들을 안아 주옵소서! 외로움과 슬픔을 이기게 하시고 홀로 버려진 것 같은 좌절감을 딛고 일어서게 하옵소서!

전도의 본을 보여주신 예수 그리스도의 이름으로 기도드립니다. 아멘!

4.. **특별한 선교를 위하여 드리는 기도!!**

땅의 기도

신학대학의 교수들을 위하여 드리는 기도!

"저녁 소제 드릴 때에 이르러 선지자 엘리야가 나아가서 말하되 아브라함과 이삭과 이스라엘의 하나님 여호와여 주께서 이스라엘 중에서 하나님이신 것과 내가 주의 종인 것과 내가 주의 말씀대로 이 모든 일을 행하는 것을 오늘 알게 하옵소서."
(왕상 18:36)

만왕의 왕이신 하나님! 이 땅의 교회를 사랑하여 주시옵소서! 그 이전에 교회를 책임지고 이끌고 가는 목회자들을 사랑하여 주시옵소서! 목회자 이전에 장차 하나님의 사역자가 될 신학생들을 사랑하시고, 그들을 기도와 말씀으로 양육하여 선지자로 만드는 선지학교의 선생님이신 교수님들을 사랑하여 주시어 하나님의 손에 전적으로 사로잡히게 하시옵소서!

역사의 미래가 교회에 달렸다면 교회의 미래는 성도들에게 달렸고 성도들의 미래는 목회자에게 달렸습니다. 그러나 그 목회자들의 미래는 어떤 스승에게 어떤 학문과 신앙을 배웠느냐에 달렸습니다. 따라서 어떻게 가르치느냐는 미래 한국 교회의 모습을 미리보는 중요한 기준이고, 따라서 신학 대학의 교수님들은 나라와 민족의 미래를 책임진 이들입니다.

저들이 경건 신앙과 깊은 학문, 무엇보다 바른 인격을 가지고 장차 시대 앞에서 성도들을 이끌고 갈 주의 사자들을 잘 가르쳐서 내보내기를 소원합니다. 한참 젊은 청년의 시기에 있는 신학생, 더구나 세상의 학문을 버리고 복음의 일꾼이 되기 위해서 왔는데, 저희들의 깨끗한 인격에 아름답고 신실한 복음의 색깔을 덧입혀 세상과 교회에 내보내게 하시옵소서!

위대한 선지자 '사무엘'을 길러낸 '엘리'나, '엘리사'를 키운 '엘리야', '여호수아'의 스승인 '모세', '바울'사도들 가르친 '가말리엘', '다윗'에게 기름을 부어 그로 하여금 하나님의 사람이 되게 한 '사무엘'이나, 왕을 두려움 없이 책망했던 '나단' 같은 선지자가 일어나게 하시옵소서! 학문에 대한 열정과 학생들에 대한 애정과 교회에 대한 충정이 있게 하시옵소서!

신학대학 교수님들의 말씀은 법이요, 그 가르침이 거역할 수 없는 하나님의 교훈이라고 생각하고 모든 학생들이 스승으로 존경하게 하시고, 교수님들은 목회자들은 물론이고 장로님 같은 평신도 지도자나 성도들이 하늘 같은 스승으로 알고 존경하게 하시옵소서! 가르치는 학생 한 사람은 한 교회요, 이들이 모여 미래의 한국교회임을 인식하게 하시옵소서!

스스로 자신의 영성을 매일 담금질하게 하시고, 학생들보다 더 공부하게 하시고, 학생들 틈에 예수님이 계신 것을 알게 하시옵소서! 특히 교수의 권위를 실추시킬 수 있는 여러 상황들, 특히 논문 표절 같은 치욕적인 일에는 연루되지 않도록 붙잡으시고, 교단의 정치판을 기웃거리지 않게 하시옵소서! 자신의 판단에 교회들의 미래가 걸린 것을 알게 하시옵소서!

우리의 영원한 스승이자 주님이신 예수님의 이름으로 기도합니다. 아멘!

4.. 특별한 선교를 위하여 드리는 기도!!

땅의 기도
원목(院牧)들을 위하여 드리는 기도!

"내 이름을 경외하는 너희에게는 공의로운 해가 떠올라서 치료하는 광선을 비추리니 너희가 나가서 외양간에서 나온 송아지 같이 뛰리라." (말라 4:2)

각 대형 병원에서 원목(院牧)으로 일하는 목회자들을 기억하여 주옵소서! 성도들이라야 병원에 입원해 있는 환자와 그 가족들이지만 그들을 입원실이나 응급실로 찾아가 위로하고 하나님께 영혼을 의탁하는 기도를 드릴 수 있는 특별한 신분입니다. 이들은 비록 의사 면허가 없기에 환자를 진료할 수는 없지만, 환자를 지근거리에서 만나 위로할 수는 있습니다.

병원에 따라 가운을 입기도 하며, 찾아가는 병실에서 저희들의 치유와 회복을 위하여 기도하고, 또 마음에 평안을 가지도록 위로하는 일은 목회자로 최고의 영광이자 특권입니다. 그러나 병원 병상의 규모나 병원장이나 이사장의 방침에 따라 원목들의 활동 반경은 천차만별입니다. 그래도 많은 병원이나 환자들이 원목(院牧)을 이해할 수 있음은 하나님 은혜입니다.

하나님! 원목들 중에는 제대로 된 원목실과 직원들을 두고 환우 목회를 할 수 있는 병원도 있지만, 겨우 책상하나 놓고 입, 퇴원하는 환자들의 불편을 도와주는 역할 정도만 하는 '원목'도 있습니다. 그러나 힘들고 어려운 환경에 처해있든, 병원당국의 홀대와 무관심에 있든, 그래도 원목 본연의 영혼을 위한 사역은 성실히 수행하도록 하나님께서 힘 주옵소서!

그래도 절박한 환자와 가족들이 그곳에 와서 매일 예배드릴 수 있는 것이 은혜요, 또 생사를 가늠할 수 없는 중환자의 경우 하나님께 절대적인 도움을 구할 수 있음이 얼마나 큰 은혜인지 모릅니다. 하나님께서 그곳에서 매일 계속되는 기도회, 예배를 통해 환자는 물론 가족들이 위로와 평안을 얻게 하여 주시고, 이 일에 쓰임 받는 원목들을 붙잡아 주옵소서!

예배당이 준비된 병원의 경우, 모든 예전에 따른 주일예배, 수요예배가 계속 진행되는데, 그곳을 섬기는 원목실장을 비롯한 목사님들과 스텝들을 기억하시고, 이들이 모두 성실한 하나님의 종이 되어 환자 한 사람 한 사람을 자신의 가족처럼 소중히 생각하고, 어쩌면 다시는 돌아볼 수 없는 존귀한 환자들임을 알고 잘 섬겨 주님의 나라에서 상을 받게 하옵소서!

병원에서 진행되는 예배에서 말씀을 통해서도 많은 은혜를 받고, 특히 성찬식이나 세례식 그 밖에 특별한 예식에서 생사를 오가는 환자들의 절박한 심정으로 은혜를 사모할 때에 전심으로 환자들을 돌아보는 성실한 목사가 될 수 있게 하옵소서! 불신자들이 가족이나 친척의 입원 때에 만난 원목을 통해 구원의 경험을 고백하는 이들이 많이 생기게 하시옵소서!

위기에 우리를 도우시는 예수 그리스도의 이름으로 기도드립니다. 아멘!

땅의 기도
은퇴 선교사를 위하여 드리는 기도!

"이제 후로는 나를 위하여 의의 면류관이 예비되었으므로 주 곧 의로우신 재판장
이 그 날에 내게 주실 것이며 내게만 아니라 주의 나타나심을 사모하는 모든 자에
게도니라" (딤후 4:8)

전능하신 하나님! 하나님의 나라와 복음을 위하여 평생을 헌신한 선교사
님들을 위하여 기도합니다. 그들이 목회자 선교사든 평신도 선교사든, 아
니면 직능별로 은사를 가지고 복음을 전한 선교사들이 평생을 선교 현장
에서 수고하고 은퇴할 때에, 그들의 마음이 외롭거나 섭섭하지 않게 하셔
서, 하나님나라에 가기 전에 이 땅에서도 작은 위로를 얻게 하시옵소서!

평생 동안 혈육이나 일가친척들에게 배척과 외면을 당하며, 때로는 바보처
럼 때로는 미친 사람처럼 오직 복음만 전하는 전도자로 살게 하셨으니, 그
들에게 건강과 행복을 주옵소서! 복음을 전하는 이들이 힘은 들어도 보람
이 있고, 삶은 곤고해도 가치가 있는 일을 위해 살았으니, 노후에 하나님의
위로가 필요합니다. 하나님께서 외면하지 마시고 기억하여 주옵소서!

친구나 동기 동창들이나 복음을 위해서 살아온 개체교회 목회자들이 교회
의 배려와 관심으로 노후의 삶이 크게 위협받지 않게 하심을 감사하거니

와, 선교사의 노후에도 하나님의 사랑이 넘치시기를 간절히 소원합니다. 교단의 힘이 미치지 못하고, 파송교회의 관심이 미치지 못하지만, 하나님께서 관심하셔서 저들의 기력이 진할 때 평안의 삶을 허락하옵소서!

사랑하는 선교사의 자녀들이 부모의 삶을 지켜보며 자랄 때에 그들도 부모님들처럼 복음을 위해 헌신하기를 작정하게 하옵소서! 부모에게 실망하거나 분노하는 것이 아니라, 존경과 신뢰를 가지고 사랑으로 부모의 길을 따라가는 2대, 3대 선교사들이 나오게 하시옵소서! 선교사를 파송하고 후원했던 교회나 교단, 기관에 고마워하는 마음을 갖게 하여 주옵소서!

특히 이들이 노년에 외롭지 않게 하옵소서! 나이 들어 사역을 끝낸 다음, 늙고 병들어 의지할 곳도 없고 치료받을 형편도 안 되고, 오직 하나님만 의지하며 살아야 하는 가슴 아픈 선교사님이 한 사람도 없게 하옵소서! 선교를 위해 삶을 드렸던 선교사님들이 평생을 달려온 걸음이 조금도 후회 없고, 부끄러움이 없도록 하셔서 자랑스럽고 영광스럽게 하옵소서!

한평생 주님을 사랑했고 지금도 사랑할뿐더러, 목숨이 붙어있는 한 앞으로도 사랑할 것을 다짐하며 살아갈 때에, 선교사님들의 경제적인 삶은 힘들고 어려워도, 끝까지 하나님만 의지하며 행복하게 하옵소서! 그리하여 저들이 하나님 나라에 입성할 때는 천군천사가 수종을 들며 환영하고 찬사장의 나팔소리를 들으며 천국 입성하는 길이 열리게 하여 주시옵소서!

복음을 위해 저희를 부르신 예수 그리스도의 이름으로 기도드립니다. 아멘!

4.. 특별한 선교를 위하여 드리는 기도!!

땅의 기도
자비량 선교사들을 위하여 드리는 기도!

"오직 성령이 너희에게 임하시면 너희가 권능을 받고 예루살렘과 온 유대와 사마리아와 땅 끝까지 이르러 내 증인이 되리라 하시니라" (사도 1:8)

사랑하시는 하나님! 온 세상에 복음을 전하는 일선에서 헌신한 선교사님들을 위해 기도드립니다. 언어도 풍습도 문화도 다른 타 문화권에서 복음을 위해 자신의 삶을 포기한 그들의 삶을 하나님께서 기억하시고 복을 내려 주옵소서! 특히 사랑하는 자녀들까지 가족이 선교지에서 복음을 위해 헌신한 모습을 귀히 여기시고 자녀들에게 풍성한 복을 내려주옵소서!

그 중에 교단이나 개체 교회가 후원하고 기도해서 보낸 파송선교사 외에, 스스로 선교비용을 조달해서 복음을 전한 '자비량 선교사'들을 기억하여 주옵소서! 기술 선교사, 의료선교사, 체육선교사 등 각각의 재능과 은사를 가지고 와서 일하며, 자신을 선교의 도구로 헌신한 귀한 종들을 사랑으로 붙잡아 주옵소서! 그 헌신과 열정이 하늘에서 해같이 빛나게 하옵소서!

사도 '바울'처럼 땀 흘리고 수고한 열매로 복음을 전한 그들의 수고와 헌신을 기억하여, 하나님의 사랑을 입게 하옵소서! 생애를 모두 주님을 위해 드리면서, 누구에게도 자신을 의탁하지 아니하고 오직 주님께 헌신하는 이들에게 하나님의 상이 있게 하시며, 저들과 자녀들이 구걸하지 않게 하옵소서! 주님 위해 헌신한 이들이 부끄러움을 당하지 않게 하옵소서!

세계 선교환경이 녹녹치 않아, 본의 아니게 비자발적 철수를 당한 선교사님들을 기억하시어, 꿈꾸고 기도하던 선교의 비전을 이루어 주옵소서! 속히 현지의 정치적 상황이 호전되고 환경이 바뀌어 다시 복음을 전하게 하시며, 선교 헌장에서 사역의 불꽃을 태우게 하옵소서! 잠재적 위험 지역들을 하나님께서 모두 돌보시어 그들 신변의 안전을 지켜 주시옵소서!

아직도 이 땅에는 수많은 미전도 종족들이 있습니다. 모든 인생들이 자신들의 언어로 된 성경을 읽으며 하나님을 알아갈 수 있게 하옵소서! 여전히 피선교국의 상황 전환이 안 되어 선교사의 입국이 허락되지 않은 모든 선교사님들에게 선교의 문이 열리게 하옵소서! 성령님께서 저들의 사명을 지켜 주옵소서! 마음껏 복음을 전하고 원 없이 일하게 하시옵소서!

복음을 전하는 일이 외롭고 힘든 일이지만, 특히 언어와 문화가 다른 곳에서 복음을 전하는 일은 더 외롭습니다. 거기다 재정 후원도 없는 척박한 곳에서 선교사의 길을 가는 것이 얼마나 외로운지 아시지요? 하나님께서 그들의 친구가 되시고 아버지가 되어주시어, 비록 사역은 힘들어도 외롭지는 않게 하시옵소서! 훗날 천국에서 하나님의 상을 얻게 하옵소서!

선교의 희망을 주시는 예수 그리스도의 이름으로 기도드립니다. 아멘!

4.. 특별한 선교를 위하여 드리는 기도!!

땅의 기도

찬양 사역자들을 위하여 드리는 기도!

"총각과 처녀와 노인과 아이들아 여호와의 이름을 찬양할지어다. 그의 이름이 홀로 높으시며 그의 영광이 땅과 하늘 위에 뛰어나심이로다." (시편 148:12-13)

하나님 아버지! 하나님의 영광을 위해서 부름 받은 많은 이들 중에 찬양사역자들을 위해 기도합니다. "할렐루야 그의 성소에서 하나님을 찬양하며 그의 권능의 궁창에서 그를 찬양할지어다. 그의 능하신 행동을 찬양하며 그의 지극히 위대하심을 따라 찬양할지어다."(시편150:1-2)고 하시며 "호흡이 있는 자마다 여호와를 찬양할지어다."(시편 150:6)고 하십니다.

말씀처럼 저들은 온 몸으로 영으로 마음으로 하나님을 찬양합니다. 자신의 목소리로 찬양하기도 하고 악기를 연주하며 찬양하기도 합니다. 혼자 찬양하기도 하고, 부부나, 자매, 오누이 팀으로도 찬양합니다. 찬양하는 마음이 찬양의 향기로 가득하게 하시고, 입술에서 나오는 찬양만큼 가슴에서도 뜨겁게 하나님을 높이는 전천후 찬양사역자가 되게 하시옵소서!

'다윗'은 하나님을 "찬양 중에 거하시는 하나님!"이라고 고백했는데 저희들의 찬양 뿐 아니라, 온전히 하나님께 찬양으로만 영광을 돌리는 온전한 예배자가 되게 하시며, 언제나 오직 하나님께만 영광이 되게 하옵소서! 자신의 목소리에 찬양을 실어 하늘의 하나님께 올려드릴 때, 모든 이들이 찬양 사역자들이 성직자임을 고백하고 함께 찬양하는 기쁨을 주옵소서!

예배에서 특별한 순서를 맡아 찬양을 드리는 경우든, 아예 독립된 예배에 초청을 받아 찬양을 드리든 찬양 중에 하나님께서 함께해 주옵소서! 혼자나 둘이 드리든, 여러 팀이 함께 드리든, 아니면 모든 이들과 함께 드리든 저들의 영성이 회중과 온 교회의 영성을 끌고 가게 하시고, 그들의 찬양이 메시지가 되어 듣는 이들의 가슴에 큰 울림이 있게 하여 주시옵소서!

특별히 간구하기는 찬양사역자들 중에는 여전히 삶을 꾸려가기에 버거운 사역자들도 많고, 특히 그 가운데는 육체가 연약하여 자신의 병든 몸을 부여잡고 찬양할 때마다 가슴으로 울고 있는 사역자들이 많습니다. 이들 중에는 목회자나 사모님도 계시고 장로님이나 집사님들도 계십니다. 누구든지 건강을 주셔서 자신의 질병에서 자유롭게 일할 수 있게 하옵소서!

아직도 찬양사역자의 존귀한 사역이 폄하되는 경우가 많아 실제 사역자의 권위나 위상도 불안전하고, 사역자들에 대한 목회자와 교우들의 정체성 인식도 많이 뒤져 있습니다. 따라서 찬양 사역자에 대한 교회나 주최자들이 마음도 많이 미치지 못합니다. 하나님께서 한국교회의 인식도, 그들이 말씀과 찬양과 기도를 함께 세워가는 사역자로 이해되게 하옵소서!

저희의 찬양을 받으시는 예수 그리스도의 이름으로 기도드립니다. 아멘!

땅의 기도

해외 선교사들의 건강을 위하여 드리는 기도!

"낮의 해가 너를 상하게 하지 아니하며 밤의 달도 너를 해치지 아니하리로다 여호와께서 너를 지켜 모든 환난을 면하게 하시며 또 네 영혼을 지키시리로다"

(시편 127:6-7)

하나님! 당신의 사랑하는 선교사님들의 건강을 지켜 주옵소서! 멀고 먼 남의 나라에, 기후도 풍토도 음식도 맞지 않는 곳이라면 더욱 저들의 건강을 지켜주옵소서! 적어도 몇 십 년 동안 마시던 공기와 햇볕, 물과 음식들이 온 몸에 최적화 된 다음 새로운 선교지에 적응해서 사는 것이 결코 쉬운 일은 아닐 터인데, 하나님께서 저들의 건강을 책임져 주옵소서!

더구나 기후나 날씨 등이 적응이 안 되어 풍토병이나 수인성 질병, 그 밖의 영향으로 인한 질병에서 지켜 주옵소서! 정신적으로 향수병이나 외로움 등도 생기지 않게 하시고, 자녀나 혈육에 대한 그리움 때문에 마음이 상하여 육체의 면역력이 약해지지 않도록 도우시옵소서! 건강해야 기도할 수 있고, 병이 없어야 전도도 할 수 있습니다. 잘 극복하게 하시옵소서!

특별히 간구합니다. 선교사님들 중에 암 같은 난치병을 앓지 않게 하시고, 진료 받을 수 있는 기회가 없어 병이 많이 진행된 다음에 발견되어 미처 손을 써보지 못한 채 안타까운 일을 당하는 것을 봅니다. 이런 일이 다시는 없게 하시고, 정작 병이 발견된 후에도 치료받을 만한 적당한 방법이 없어서 병을 키우다가 불행한 일을 만나는 이들도 없게 하옵소서!

하나님께서 사랑하는 선교사님들께 은혜를 베푸시어, 저들이 온갖 전염병에서 안전하게 하시고, 풍토병에 감염되지 않게 하옵소서! 또, 성인병으로 알려진 현대병들로부터도 안전하게 하시되 특히 난치나 불치병으로 알려진 위험한 병으로부터 저들을 지켜 주옵소서! 하나님은 병든 자를 고치시며 치료하는 광선이시니 저들을 어두운 질병의 늪에서 건져 주옵소서!

아울러 선교사님들이 안전사고를 당하지 않게 하옵소서! 교통사고를 당해 목숨을 잃는 경우도 있고, 불행한 일을 만나 몸을 다치는 경우들이 있습니다. 치안이 안전하지 못한 나라나 지역에 있는 선교사님들을 안전히 거주하며 선교할 수 있게 도와주시고, 모든 질병, 전염병, 각종 사고에서 안전하게 지켜 주옵소서! 머리카락 하나도 상하지 않게 도와주옵소서!

세상 누구도 질병에서 안전하지 않습니다. 사고로 부터 안전하지도 못합니다. 수많은 위험들도 도처에 기다리고 있습니다. 자연의 위험도 있고, 화재나 수해의 위험, 교통사고의 위험도 있습니다. 심지어 위해를 당할 위험도 있습니다. 모든 위험한 요인을 막아주시고 위험한 상황도 막아 주옵소서! 저들의 건강과 생명을 지키시고 평안하게 일하게 하시옵소서!

해와 밤의 달이 상치 못하게 하실 예수님의 이름으로 기도합니다. 아멘!

땅의 기도
현지인과 결혼한 선교사들을 위하여 드리는 기도!

"하나님은 다만 유대인의 하나님이시냐 또한 이방인의 하나님은 아니시냐 진실로
이방인의 하나님도 되시느니라" (로마 3:29)

하나님께서 사랑하시는 이들은 복음을 전하는 선교사들이라고 믿습니다. "많은 사람을 옳은 데로 돌아오게 한 자는 별과 같이 영원토록 빛나리라."(다니 12:3)고 하셨으니, '전도자', '선교사', '복음증거자'들이 복을 받게 하시옵소서! 그런데 그 중에 저희들이 보기만 해도 가슴이 찐한 이들이 있습니다. 현지인과 결혼해서 그 민족을 선교하며 섬기는 선교사들입니다.

사도 '바울'이 "유대인들에게 내가 유대인과 같이 된 것은 유대인들을 얻고자 함이요, 율법 아래에 있는 자들에게는 내가 율법 아래에 있지 아니하나 율법 아래에 있는 자 같이 된 것은 율법 아래에 있는 자들을 얻고자 함이라"(고전 9:20)듯이 어떻게든 그 민족을 한 사람이라도 더 구원하려는 간절한 마음으로 현지인과 평생의 해로를 작정한 그들을 복 주옵소서!

남녀가 사랑하여 결혼하고 둘이 하나 되는 신비한 일은 '사랑'이 전제되어야 하지만, 그 사랑마저도 선교하려는 그 민족에게 더 끌리게 하심이 은혜입니다. 하나님! 이렇게 선교지의 배우자와 국제 결혼한 이들에게 복을 주

셔서, 그가 같은 민족과 결혼할 때 세밀하게 나누는 사랑과 깊고 따뜻한 감성적인 언어들을 포기했으니 하나님의 사랑으로 채워 주시옵소서!

결혼은 두 사람만 아니라 양가의 부모, 형제, 일가, 친척들이 모두 연관되는 대사(大事)인데, 이런 여러 불편함을 복음에 우선권을 두고 모두 희생시킨 그 헌신을 하나님께서 기억하여 주옵소서! 그가 선교지에서 세상을 떠나든 고국에서 부르심을 받든 배우자나 본인 중 누구 한 사람은 타국에 묻혀야 하는데 이런 아픔을 각오한 그들에게 영원의 상을 주옵소서!

사랑은 "모든 것을 참으며 모든 것을 믿으며 모든 것을 바라며 모든 것을 견디느니라. (고전13:7)고 하신 말씀처럼, 민족에 대한 사랑이 부모나 형제, 가족이나 혈육, 자신의 행복을 비롯한 모든 것보다 사랑하고, 그가 구원하려는 민족의 영혼을 사랑하는 마음에 우선하지 못하는 것을 봅니다. 저희가 그런 사랑을 귀히 여기고 그 사랑에 경의를 표하게 하옵소서!

하나님 사랑합니다. 예수님이 "아버지나 어머니를 나보다 더 사랑하는 자는 내게 합당하지 아니하고 아들이나 딸을 나보다 더 사랑하는 자도 내게 합당하지 아니하며" (마태 10:37)하신 말씀을 따라, 모든 것을 주님을 위해 포기한 그 사랑을 넉넉하게 갚아 주시옵소서! 그렇게 사랑한 민족과, 그렇게 간절한 복음전파를 택한 이들을 존귀하게 대하게 하시옵소서!

사랑하는 인간으로 오신 예수 그리스도의 이름으로 기도드립니다. 아멘!

5.
행복한 교회를 위하여
드리는 기도!!
(41편)

왜 기도해야 하는가?

행복한 교회를 위하여 드리는 기도!

"그리하여 온 유대와 갈릴리와 사마리아 교회가 평안하여 든든히 서 가고 주를 경외함과 성령의 위로로 진행하여 수가 더 많아지니라" (사도 9:31)

이 말이 믿어질는지 모르지만, 신앙생활하면서 제일 많은 기도가 필요한 곳은 교회입니다. 신앙생활의 역설인지도 모릅니다. 하나님의 집에 모여 사는 이들에게 무슨 기도가 그렇게 많이 필요할까? 거기는 바라만 보고 있어도 은혜이고, 가만히 있어도 보이지 않는 천국이 아닐까 생각하는 이들도 있을 터이지만, 하나님의 집에 사는 이들이 제일 기도가 절실합니다.

눈에 보이는 세상에서 보이지 않는 천국을 사모하며 길을 떠난 이들이 모여 사는데, 일가친척처럼 일 년에 한두 차례 대소사에서 만나면 미워할 일도 다툴 일도 없겠지만, 매 주일마다, 또 수요일 금요일 시도 때도 없이 만나다 보면 다툴 일이 생깁니다. 이유는 간단합니다. 서로를 너무 잘 알고 있기 때문입니다. 잘 안다는 것은 서로의 허물도 안다는 것입니다.

같은 교회에서 자주 만난다는 것은 목회자의 관계도 마찬가지입니다. 평생 한 번이나 몇 년에 한 번 와서 설교하는 목회자에게 은혜 못 받을 리가 없습니다. 설교의 구절구절이 모두 은혜입니다. 그 목사의 개인적인 생활,

영성을 도무지 알 수가 없으니 전하는 말씀이 진리이고 인격입니다. 그런데 매주일 같은 목사의 설교를 몇 십 년 듣는 이들은 다릅니다.

또 하나는, 교회가 출신학교 별로 모인 동문들도 아니고, 같은 성(姓)씨끼리 모인 종친회도 아닙니다. 같은 회사의 사우회도, 동향사람들만 모인 향우회도 아닙니다. 연령대도 모두 다릅니다. 그들의 공통분모는 세상에 어느 곳에도 없는 '믿음'입니다. 오직 믿음으로 모인 공동체의 취약점이 있는데, 다른 모든 것은 확인이 가능한데 서로의 믿음은 알 수가 없습니다.

현실을 추구하는 집단이 아니라, 미래 세계를 사모하는 공동체인데 그들이 믿는 바를 이 땅에서 규명해 보거나 진위여부를 가릴 길이 없습니다. "믿음은 바라는 것들의 실상이요 보이지 않는 것들의 증거"(히브 11:1)라고 한 말씀은 숱한 갈등과 충돌을 불러올 뿐입니다. 모두 각자가 보려는 천국, 이해하는 내세, 믿는 미래가 다르기에 주장이 다를 수 있습니다.

이 안에 사는 이들은 매일 기도하는 것이 일입니다. 매일 기도를 해도 시끄럽습니다. '다름'을 극복할 수 없습니다. 그런데 기도를 안 하고 견딜 수 있습니까? 그래서 교인들의 기도는 거의 교회 안에서 일어나는 상황에 몰입합니다. 교회의 모든 구성원들, 예를 들어 남여선교회, 소그룹, 찬양대, 교사 등 모든 이들은 기도의 힘이 아니면 곧 쓰러져버릴 것입니다.

땅의 기도
가난한 개척교회들을 위하여 드리는 기도!

"땅이 스스로 열매를 맺되 처음에는 싹이요 다음에는 이삭이요 그 다음에는 이삭에 충실한 곡식이라." (마가 4:28)

이 땅의 많은 기관이나 조직, 공동체 보다 '교회'를 사랑하시는 하나님! 이 시간 특히 어려운 교회들을 위해 기도드립니다. 이제 막 시작한 교회라도 재정의 여력이 있어서 전세 건물이라도 세를 들어 시작하는 교회는 그래도 경제적 부담에서 한 숨 놓겠지만, 그 조차 안 되어 부담되는 걸 뻔히 알면서 월세로 교회를 개척하는 주의 종들을 기억하여 주옵소서!

혹 개척설립 예배나 창립 예배를 드리는 날이야 지방에서 한번 참석해서 축하도 하겠지만, 그런 일은 그 교회의 역사에 그날이 전무후무한 날입니다. 교회의 목회자는 그날부터 맨땅에 머리박기 하는 무모한 도전으로 자신의 사역의 길을 헤쳐 나가야 합니다. 누구도 관심하지 않는 외로운 길에, 아무도 오지 않는 예배당 문을 바라보며 일주일을 기다려야 합니다.

오지 않는 사람을 기다리며 일주일이 번개 같이 지나가고, 주일이 너덧 번 지나가면 또 월세를 내야합니다. 처음 한두 달은 더러 준비가 된 경우도 있지만 다음부터는 모두 목회자의 몫입니다. 이 힘든 개척의 길에 하나님께서 함께 하심을 알게 하시옵소서! 가끔 한 사람 찾아와 반가움에 정성을 다해 인사, 안내하고 기도하지만 그날이 처음이자 마지막 날입니다.

십자가와 교회 간판을 보고 들어왔는데, 와보니 목회자 내외와 교인이라고는 달랑 자기 혼자니 그런 교회에 정착한다는 건 목회보다 어렵습니다. 이런 성도들의 마음을 주장하셔서 그 한사람이 교회에 남아 1호 교인이 되게 하옵소서! 그 이후에 2호, 3호 교인들이 오게 하옵소서! 지금 사람이 없어도 언젠가 오겠지, 언젠가 오겠지 하면서 기도하며 기다립니다.

그런데 한 달 지나고 두 달 지나면 "6개월이면 누가 오겠지!", "설마 1년이면 오겠지!"했는데 1년도 지나고 2년, 3년이 되어도 교인은 없습니다. 몇 년이 지나도 교인들은 늘지 않고, 교회가 성장한 목사들은 "기도하면 이루어주신다."고 "기도를 안 해서 안 모인다."며 판단합니다. 지금 개척교회 설립 조건을 최저 입교인 수 13명으로 하지만 그것도 어렵습니다.

하나님께서 개척교회 목회자의 설움을 기억하시고, 그들이 용기를 낼 수 있도록 힘을 주옵소서! 어쩌다 창문 너머에 보이는 건 이웃 교회 대형 버스가 예배시간 마다 그들의 교인을 싣고, 개척교회 앞에서 자기 교인들을 태우고 떠날 때의 서글픔도 아시지요! 하나님께서 그들을 위로하시되, 코로나 이후에 심하게 무너진 작은 개척 교회들을 기억하여 주시옵소서!

부활의 능력으로 사신 예수 그리스도의 이름으로 기도드립니다. 아멘!

땅의 기도
가난한 교회들을 위하여 드리는 기도!

"또 내가 네게 이르노니 너는 베드로라 내가 이 반석 위에 내 교회를 세우리니 음부의 권세가 이기지 못하리라." (마태 16:18)

하나님께서 저희들을 사랑하여 저희의 구원을 위해 인간을 입고, 세상에 오신 은혜가 너무나 크십니다. 오셔서 가난하고 약하고 보잘것없는 저희를 부르시고 공동체를 이루게 하시어, 저희의 머리가 되어주심이 감동입니다. 저희가 머리이신 주님의 몸이 되어 주님과 한 운명체가 되고, 주님의 이름으로 세례를 받고. 주님의 이름으로 구원받게 하시니 고맙습니다.

주님께서 세우셨고 저희의 머리가 되어 주셨음에도 불구하고, 믿음 없는 교회도 있고, 능력 없는 교회도 많습니다. 무엇보다 모이는 성도들의 수가 적고 형편이 어려운 가난한 성도들, 경제적 능력이 안 되는 어린이들 밖에 없는 작고 초라한 교회들이 너무 많습니다. 저들을 위로하기 위하여 '비전교회'라는 이름으로 부르는 '미 자립교회'들이 너무 많습니다.

무서운 '코로나'를 이기고 지금까지 존재하는 것도 기적이지만, 그러나 하나님! 교회를 구성하는 성도들의 자존감도 상처를 입고, 교회를 섬기는 많은 주의 종들은 이중직을 가지고 있습니다. 예배를 마치면 한 주간 동안 산업전선에서 땀 흘리는 이들이 너무 많습니다. 교회에 나오는 어린이들을 위한 프로그램은커녕, 목회자의 생계도 해결 못하는 곳이 많습니다.

그런 비참한 현실에도 불구하고 목회자들이 사명감을 잃지 않고 순교의 각오로 교회와 복음을 지키게 하시고, 지치지 않고 낙심하지 않도록 성령님의 위로와 사랑을 부어 주시옵소서! 비록 힘없고 가난하여 스스로 생계를 꾸려갈 능력이 안 되어도, 복음으로 구원하신 하나님의 사랑을 전하는 일을 부끄러워하지 않고, 믿음이 무너지지 않게 하여 주시옵소서!

비록 경제적 능력은 안 될지라도 천국을 소망하며 살아가는 공동체라는 것만으로 자존감을 가지게 하시고, 경제력은 없어도 성령님의 능력은 충만한 교회, 기도의 능력이 넘치는 교회가 되게 하시옵소서! 말씀의 능력이 충만하고 사랑의 능력도 충만하고 복음의 능력이 충만한 교회가 되게 하시옵소서! 세상이 비웃고 조롱해도 자부심을 갖고 이기게 하시옵소서!

주님께서 세우셨고 주님이 주인이신 주님의 교회를 어둠의 권세가 결코 해하지 못한다고 하셨으니, 누구도 교회를 업신여기지 않게 하시고, 비록 교회에 사람은 부족하고 경제도 부족하지만 주님에 대한 믿음이 있고, 주님을 위해 헌신할 사랑의 수고와 믿음의 인내가 있게 하시옵소서! 세상 끝날 주님 앞에 설 때 일생 중 가장 아름다운 얼굴이 되게 하시옵소서!

교회의 머리가 되신 예수 그리스도의 이름으로 기도합니다. 아멘!

5. 행복한 교회르 위하여 드리는 기도!!

땅의 기도

갈등하는 목회자와 평신도 지도자를 위하여 드리는 기도!

"평안의 매는 줄로 성령이 하나 되게 하신 것을 힘써 지키라. 몸이 하나요, 성령도 한 분이시니 이와 같이 너희가 부르심의 한 소망 안에서 부르심을 받았느니라. 주도 한 분이시요 믿음도 하나요, 세례도 하나요." (에베 4:3-5)

사랑하는 하나님께서 주님의 교회를 섬기고 이끌고 가도록 목회자를 주시고 평신도 지도자를 세우셨습니다. 목회자는 배(倍)나 기도하고 배나 경건하고, 배나 모범이 되어 교회의 스승과 아비가 되어 교회를 행복하고 튼튼히 세워가야 할 책임이 있고, 어떻게든 하나님이 보내신 양 무리의 본이 되어 사랑과 겸손으로 공동체를 섬겨 존경을 받고 살게 하셨습니다.

이에 반해 평신도 지도자들은 장로의 직임을 받고 담임목사를 도와 성도들의 신령 상 형편을 살피며 그들의 아픔은 무엇이고 고충은 무엇인지, 또 그들의 바람은 무엇인지 살펴 지상에서의 교회생활이 천국처럼 기쁘게 할 수 있도록 도와야 합니다. 같이 신앙 지도를 받아도 평신도 지도자의 책임을 진 장로들은 목회자와 평신도 사이의 중재자가 되어야 합니다.

그런데 많은 교회들이 목회자와 평신도 지도자들 사이의 갈등과 대립에서 벗어나지 못하고 있습니다. 서로 자신의 권한을 강조하고, 상호 이해와 협력을 따라 피차에 나보다 남을 낮게 여기며 섬김으로 살아야 하는 이들이 강대강(強對强)으로 충돌하면서 그들 자신은 하나님과 은혜의 교제에서 멀어지고, 교회는 교회대로 상처를 입고 울며 신음하고 있습니다.

얼마나 많은 교회들이 이처럼 지도자들의 갈등과 반목, 오해와 편견으로 충돌하는지 하나님께서 아십니다. 오늘도 분쟁하고 다투는 이들 사이에 하나님께서 오셔서 평화를 선물해 주시고, 그들의 반목과 갈등이 하나님의 교회를 얼마나 비참하게 만드는지 알게 하시옵소서! 그들 속에, 더러는 서로 편을 나누어 각각 지지자를 정하고 다투는 걸 볼 때 슬픕니다.

하나님께서 "몸이 하나요, 성령도 한 분이시니 이와 같이 너희가 부르심의 한 소망 안에서 부르심을 받았느니라."(에베 4:4)고 하셨으니, 하나님께서 세우신 하나인 공동체를 피차가 나누지 않게 하옵소서! "아무 일에든지 다툼이나 허영으로 하지 말고 오직 겸손한 마음으로 각각 자기보다 남을 낫게 여기라."(빌립2:3)고 하셨으니 이 말씀을 붙잡고 살게 하옵소서!

지도자들이 하나 되면 성도들이 행복하고, 피차 그렇게 사랑하는 교회를 보시면 하나님 아버지의 행복이 극대화 될 것을 믿습니다. 오늘날 '지상천국'이라고 자칭하는 교회가 미움과 갈등으로 반목하는 아수라장이 아니라, 하나님의 사랑으로 피차 섬기는 사랑의 공동체, '작은 천국'이 되게 하옵소서! 모두 우리 주님이신 예수님을 그대로 닮은 교회가 되게 하옵소서!

우리의 영원한 푯대이신 예수 그리스도의 이름으로 기도드립니다. 아멘!

5. 행복한 교회르 위하여 드리는 기도!!

땅의 기도

고향의 모(母)교회들을 위하여 드리는 기도!

"며칠 후에 바울이 바나바더러 말하되 우리가 주의 말씀을 전한 각 성으로 다시 가서 형제들이 어떠한가 방문하자 하고." (사도 15:36)

하나님 아버지! 오늘 저희가 이만큼 나라가 부강해지고, 개인적인 신앙이 자란 것은 어려운 시절 농어촌이나 광산촌, 산촌의 어렵고 힘든 교회에서 먹을 것도 변변치 않고 입을 것은 더욱 없는 가난이 몸에 밴 시골교회의 사역자들이 오직 예수님의 복음에 미쳐 살던 시절에 저희들을 교회로 보내시고, 그때 복음을 들은 저희들을 불러 복 주신 결과인 줄 믿습니다.

그때 주님을 믿고 기도와 말씀으로 인생의 의미를 발견한 하나님의 사람들을 다시 도시로 부르시고 그들은 또 복 주시어 신앙과 경제능력과 지도력을 주셨습니다. 농경사회에서 산업사회로 접어들면서 인구가 도시로 집중되고, 그 때 도시에 세워진 교회는 넘치는 부흥을 경험했습니다. 그들이 모두 시골에서 올라간 이들은 아니었지만, 중요한 동력이 되었습니다.

순수한 복음의 사람들이 문명사회의 변화된 문화를 접하며 도시인이 되고, 도시교회의 목회자나 장로들이 되고 교회의 여러 직분을 주신 것은 가슴에 끓어오르는 감동을 다 토해도 부족한 하나님의 은혜였습니다. 저희는 그렇게 시골에서 복음을 들었고, 복음의 능력은 무리를 이룬 도시에서 폭발했고, 그 열정은 한국 교회를 이만큼 성장시킨 도구가 되었습니다.

그런데 하나님! 지금 농어촌이나 광산촌의 교회들은 너무 피폐해 있습니다. 목회자만 겨우 있는 교회들도 수두룩하고, 교회는 있지만 예배할 성도들이 없는 교회들이 명맥을 유지하고 있습니다. 더욱이 전대미문의 코로나 사태에 무너진 교회와 예배의 동력은 회복될 기미가 없이 주저앉아 신음하고 있습니다. 어떻든, 특별히 가난한 교회들을 기억하여 주옵소서!

그럼에도 여전히 무너져가는 예배당 강단에서 하나님을 향해 눈물을 흘리며 땀을 쏟는 하나님의 사자들과, 한두 명 회중석에서 앉아 예배하는 성도들의 아픔을 헤아리시고 한국교회 못자리판이었던 농촌의 교회들을 기억하여 주옵소서! 교회들이 역사는 오래되었지만 아직도 개척교회처럼 몇 사람이 모여 말씀을 듣는 교회들을 하나님께서 기억하여 주시옵소서!

성도들이 자신의 젖줄인 교향의 모(母)교회를 위해 기도하게 하시고, 도회지에서 기틀이 잡힌 교회는 피폐해진 시골 교회들에 대한 애정을 갖게 해 주옵소서! 채무감이 아니라 사랑으로, 상생을 위한 하나님의 사랑으로 고향을 방문할 때마다 따뜻한 감사의 인사를 드리게 하옵소서! 무너지는 교회를 끌어안고 마지막 사명을 감당하는 사자들에게 힘을 주옵소서!

우리를 위해 당신을 주신 예수 그리스도의 이름으로 기도드립니다. 아멘!

5. 행복한 교회르 위하여 드리는 기도!!

땅의 기도
교회 사무직원들을 위하여 드리는 기도!

"여호와께서 다시 사무엘을 부르시는지라 사무엘이 일어나 엘리에게로 가서 이르되 당신이 나를 부르셨기로 내가 여기 있나이다 하니 그가 대답하되 내 아들아 내가 부르지 아니하였으니 다시 누우라 하니라" (삼상 3:6)

사랑이 많으신 하나님! 주님의 몸된 교회에서 성도들을 돌아보는 일을 맡은 사무원들을 위해 기도합니다. 교회의 역사나 규모, 그동안의 전통에 따라 사무직원의 하는 일이 다양합니다. 교회에서 아르바이트 수준의 임시 직원으로 쓰는 교회, 학생들에게 장학금을 지원하며 일을 시키는 교회, 여전도사님이 겸해서 하는 교회, 전문직 사무원이 섬기는 교회도 있습니다.

교회의 집사님이나 권사님들이 수고하시는 교회도 있습니다. 이들의 말 못할 어려움을 헤아리시고, 하나님께서 친히 위로하고 힘을 주옵소서! 업무의 특성상 담임목사님의 행정업무를 많이 도와야하고, 장로님들과도 밀접한 관계를 유지해야 합니다. 당연히 교회의 핵심에 있는 이들의 실수나 흠을 볼 수도 있고, 심하면 죄를 목격하거나 인지할 수도 있습니다.

그때마다 상처받은 이들의 마음을 위로하시고, 그들의 믿음이 손상을 입지 않도록 지켜 주옵소서! 더러는 교회의 불편한 사항들 즉, 부정한 예산

집행이나 부당한 인사관리 등을 비롯한 교회 경영의 모든 세밀한 부분을 많이 알고 있으면서 그 일로 상처받지 않게 하시고 낙심하지 않게 하시옵소서! 언제나 하나님께서 모든 것을 품고 갈 수 있는 믿음을 주옵소서!

속상한 일을 여기저기 하소연하다 본의 아니게 구설에 휘말리지 않게 하시며, 본인의 믿음생활에서 장애받지 않게 하시고, 교회에서 사무직원의 일을 하며 교인들과 목회자들에게 좋지 않은 선입견을 갖지 않게 하옵소서! 다른 직원들보다도 먼저 와서 여느 직원들보다 나중 퇴근하는 업무의 특성상 고단함을 아시고 저희의 마음에 평안함과 감사함을 주옵소서!

교회의 구석구석 이런 저런 사람들의 이야기를 많이 아는 것이 거치는 돌이 되지 않도록 도우시고, 하나님의 교회를 위하여 수고한 수고를 기억하여 주옵소서! 담임 목사님을 비롯한 부목사님들이나 장로님들, 교회를 섬기는 여러 사람들의 다양한 요청을 들으면서 피곤을 느끼지 않도록 평안하고 넓은 마음을 주옵소서! 보이지 않은 수고를 기억하여 주시옵소서!

교회 안의 여러 봉사자들과 잘 조화를 이루며 목회자와 중직들이나 평신도에 이르기까지 협력하며, 특히 처음 교회에 나온 새 가족들과 교회를 방문하는 이들, 교회에 궁금한 것들을 물으려고 연락하는 모든 이들에게 따뜻한 응대와 열린 마음으로 상담하여 모든 사람들로부터 칭찬과 사랑을 받게 하옵소서! 자신의 일에 대한 사랑과 자긍심을 갖게 하시옵소서!

우리의 수고를 알고 갚아주실 예수 그리스도의 이름으로 기도합니다. 아멘!

5. 행복한 교회르 위하여 드리는 기도!!

땅의 기도

교회를 옮기기 원하는 이들을 위하여 드리는 기도!

"데마는 이 세상을 사랑하여 나를 버리고 데살로니가로 갔고 그레스게는 갈라디아로, 디도는 달마디아로 갔고" (딤후 4:10)

사랑하시는 하나님! 이 땅에서 공동체를 이루고 사는 '교회'는 사람들끼리 모여 사는 곳이기에 많은 갈등과 다툼도 있고, 서로의 성격이나 신앙의 색깔이 맞지 않을 때도 많습니다. 따라서 서로 얼굴 붉힐 일도 있고 다툴 일도 있다 보면, 같이 지내기 불편한 경우들이 있습니다. 그래서 그런 갈등을 최소화하기 위해 서로 교회를 떠나려는 마음을 가지기도 합니다.

그때마다 그들은 "기도해 보고 결정하겠다."거나 "하나님의 뜻에 따르겠다."고 하지만, 이미 자신들은 기도하기 전에 심중에 결정을 하고 있습니다. 많은 이들이 담임목사의 목회 스타일이나 목회의 중요한 사역 가운데 하나인 '설교'가 본인에게 안 맞는다며 떠나려고 합니다. 물론 처음 출석한 교회에서 죽을 때까지 신앙생활 하라는 법은 없지만 지혜를 주시옵소서!

교회를 떠나게 되는 합리적인 이유는, 집을 교회에서 멀리 떨어진 곳으로 이사를 가게 되어 물리적으로 그 교회까지 오가며 신앙생활 할 수 있는 여건이 안 되면 불가피하게 옮길 때도 있겠지만, 가능하면 신앙생활 하던 교회에서 끝까지 하는 것이 좋은 걸로 알고 있습니다. 하나님께서 교회를 옮기는 것이 얼마나 하나님께 영광이 될지 기도해 보게 하시옵소서!

대개의 경우 교회와의 관계, 담임목사와의 관계, 자신의 존재 인정, 자기의 사역 보장 같은 것들에 충돌이 없을 때는 예배당이 멀다는 생각을 안 하지만, 담임목사의 설교나 목회 방침이 마음에 안 들거나, 교인들 간의 관계가 불편하거나, 자신의 입지나 영향력, 지배력이 흔들리면 멀게 느끼지 않던 교회도 갑자기 멀게만 느껴지고, 별별 핑계들도 생기게 됩니다.

과연 그들이 그 교회에 처음 나올 때 하나님께서 부르셨다고 고백했다면, 지금은 하나님께서 교회를 떠나라고 하시는지, 처음에 나를 사랑하시던 하나님께서 지금은 나를 미워하시는지 거짓 없이 헤아리게 하시고, 내가 이 교회에서 백의종군하면서라도 교회가 건강하게 부흥한다면 소원이 없겠다는 마음으로 처신을 결정할 수 있는지 솔직하게 돌아보게 하옵소서!

특히 교회의 분위기나 상황이 힘들고 어려운 때일수록 평안하고 안정되고 성장하는 교회를 찾아 힘들고 불편한 교회를 떠나기보다, "이 교회에 남아서 헌신과 순종을 통해 건강하고 행복한 교회로 만들고 싶으니 힘을 주옵소서!"라고 기도하며 매달리게 하옵소서! 공연히 여러 사람 모아서 이탈하지 말고, 흔들리는 이도 붙잡아 같이 헌신하는 종들이 되게 하옵소서!

교회를 사랑하시는 예수 그리스도의 이름으로 기도드립니다. 아멘!

땅의 기도
교회를 위하여 드리는 기도! (1)

"고린도에 있는 하나님의 교회 곧 그리스도 예수 안에서 거룩하여지고 성도라 부르심을 받은 자들과 또 각처에서 우리의 주 곧 그들과 우리의 주 되신 예수 그리스도의 이름을 부르는 모든 자들에게" (고전 1:2)

교회들의 머리가 되신 주님! 이 땅에 주님의 피 값으로 세우신 무수한 교회들을 위하여 기도합니다. 사람들이 많이 모이는 교회든 적게 모이는 교회든, 시골에 있든 도회지에 있든, 국내에 있든 국외에 있든 모두 하나님의 소유된 백성들이요 주님의 몸인 줄 믿습니다. 예배할 수 있는 예배당 건물이 있든 없든 하나님은 모든 교회에 언제나 함께 하심을 믿습니다.

교회들의 교파가 다르고 신앙고백과 신조(信條)들이 조금씩 다르다고 할지라도, 이 땅의 모든 교회들을 불꽃같은 눈으로 지켜보시며 바른 교회, 건강한 교회가 되게 하옵소서! 모든 교회들이 세상의 빛과 소금이 되고, 지탄받는 교회가 아니라 칭찬받는 교회가 되게 하시고, 하나님을 비난하는 도구가 아니라 하나님을 알아가는 징검다리가 되게 하여 주시옵소서!

교회에 세워주신 지도자인 목회자들을 붙잡으셔서 바르고 건강하게 목회적 소임을 다하게 하시고, 목사님들께 지혜와 신앙을 겸비하여 바른 사목의 길을 갈 수 있도록 복을 주옵소서! 각 교단이나 교파가 약간씩 다른 모습으로 살아갈 때, 피차 존경과 사랑과 이해함으로 섬기게 하시며 교단의 최고 책임자로 세우신 큰 지도자들에게 영력과 지도력을 주옵소서!

오늘날 함께 신앙의 동반자 된 교회 구성원들 모두 하나님을 사랑하고 생각하는 마음이 각별하여, 순종하고 헌신하며 사랑하되 모두 그리스도의 영광을 위하여 사는 이들이 되게 하옵소서! 사도 '요한'을 통해 책망의 글을 듣는 '아시아'에 교회들처럼 책망할 것이 많은 슬픈 교회가 아니라, '빌라델비아 교회'나 '서머나교회'처럼 칭찬을 듣는 교회가 되게 하옵소서!

교회마다 세상을 사랑하고 긍휼히 섬기는 마음과 세상을 품고 기도하게 하시고, 세상을 의의 말씀으로 견인해가는 종들이 되게 하옵소서! 세상에 대한 집착과 탐욕 때문에 세상의 외면을 받는 교회가 아니라, 비록 힘겹고 가난하게 살아도 세상에서는 존경과 신뢰를 받는 정의롭고 거룩한 공동체가 되게 하여 주옵소서! 세상을 향한 진실한 삶을 살게 하옵소서!

각 교회마다 안고 있는 크고 작은 아픔들과 문제들을 하나님께서 치유하여 주옵소서! 예배 처소를 놓고 기도하는 교회, 예배당 건축을 위해 피를 말리는 교회, 건축비용 때문에 피 같은 헌금을 금융비용으로 지출하는 교회, 목회자와 성도들 간에, 혹은 성도들 간의 갈등과 반목이 치유되지 않는 교회, 여러 가지 문제들로 힘들어하는 교회를 치료하여 주옵소서!

우리 교회의 머리가 되시는 예수 그리스도의 이름으로 기도합니다. 아멘!

땅의 기도
교회를 위하여 드리는 기도! (2)

"잡으매 옥에 가두어 군인 넷씩인 네 패에게 맡겨 지키고 유월절 후에 백성 앞에 끌어내고자 하더라. 이에 베드로는 옥에 갇혔고 교회는 그를 위하여 간절히 하나님께 기도하더라" (사도 12:4-5)

교회를 사랑하시는 전능하신 하나님! 주님께서 세우신 교회를 위하여 기도합니다. "이 집은 살아 계신 하나님의 교회요 진리의 기둥과 터라."고 말씀하신 하나님! 하나님의 교회에 더러 박해가 있고 시련이 있다 해도, 하나님의 능력으로 극복하게 하시고, 하늘의 위로와 평안으로 견디게 하옵소서! 교회가 겪는 환난과 시련이 있을 때마다 담금질되게 하시옵소서!

교회가 어려움을 겪는 일이 저희들의 죄 때문이라면 저희가 죄에서 돌이키게 하시고, 오해와 편견이라면 속히 풀려 교회들이 평안하게 하옵소서! 교회가 세상을 품고 갈 수 있는 크고 거룩한 그릇이 되고, 세상을 이끌고 갈 수 있는 견인력을 주옵소서! '바울'사도 시대에 교회가 믿음이 더 굳건해지고 수가 날마다 늘어가듯이(사도16:5) 교회가 부흥하게 하옵소서!

처음 자생적으로 생긴 '안디옥교회'에 '바나바'와 '바울'이 파송과 초청을 받아 일 년간 모여 있으면서 큰 무리를 가르칠 때, 제자들이 '안디옥'에서 비로소 '그리스도인'이라고 일컬음을 받게 되었듯이(사도11:26), 오늘 저희가 섬기는 이웃들로부터 교회들이 '참 그리스도인' 이라는 영광스러운 별명을 얻게 하옵소서! 교회마다 하나님 영광으로 충만하게 하옵소서!

'사데' 교회의 사자에게 보낸 주님의 편지처럼 "네 행위를 아노니 살았다 하는 이름은 가졌으나 죽은 자로다."(계시3:1)는 하나님의 책망을 듣지 않도록 깨어 바로 살게 하옵소서! 병든 교회, 잠자는 교회, 죽은 교회가 아니라, 살아있는 교회, 일하는 교회, 건강한 교회가 되도록 일으켜 주옵소서! 십자가의 피 값으로 사신 교회들이 영원히 굳게 서게 하시옵소서!

사역을 위해 교회에 세우신 주의 사자들과, 담임자를 도와 목회하는 동역자들, 심방, 행정 등을 돕는 모든 전도사님들, 또 목회를 잘 돕도록 성도들과의 사이에 세우신 교회의 중직들, 예배당의 구석구석 보살피게 세우신 사찰이나 관리 집사들과, 교회의 행정, 사무를 감당하는 직원들과, 규모에 따라 세운 다양한 일꾼들을 붙잡으시어 좋은 교회를 만들어 주옵소서!

목회자는 목회자대로 평신도는 평신도대로. 유급 지원은 직원대로 모두 하나가 되어 서로를 위해 기도하게 하옵소서! 목자들은 양을 위하여 기도하고, 양들은 목자를 위해 기도하는 아름다운 전통이 세워져서, 사도와 성도들의 어려움이 서로에게 아픔이고, 모든 교회의 아픔인 줄 알아서 피차에 기도함으로 모든 문제가 해결될 수 있도록 하나님께서 도와주옵소서!

교회를 음부의 권세에서 지키실 예수 그리스도의 이름으로 기도합니다. 아멘!

5. 행복한 교회르 위하여 드리는 기도!!

땅의 기도

교회를 위하여 드리는 기도! (3)

> "또 만물을 그의 발아래에 복종하게 하시고 그를 만물 위에 교회의 머리로 삼으셨
> 느니라. 교회는 그의 몸이니 만물 안에서 만물을 충만하게 하시는 이의 충만함이
> 니라." (에베 1:22-23)

이 땅의 교회를 하나님의 아들 예수 그리스도의 머리와 몸이 되게 하신 전
능하신 하나님! 오늘 이 땅에 무수히 세우신 주님의 교회들을 위하여 기도
합니다. 모든 교회들이 주님의 권위아래 굴복하여 하나님의 영광을 드러
내며 세상의 구원을 위한 도구가 되게 하옵소서! 교회마다 하나님의 뜻을
위하여 부름 받은 대로 성실한 하나님의 집이 되게 하여 주옵소서!

교회가 거룩하신 하나님의 사랑받는 아름다운 공동체가 되기 위하여 죄악
된 세상에서 부름 받은 후에, 하나님의 뜻을 온전히 이루고 그리스도의 향
기를 풍기며 성령님의 역사하심을 세상에 드러내게 하옵소서! 교회들이
세속적인 탐욕의 노예가 되어, 욕망으로 얼룩지지 않게 강력하게 붙잡아
주옵소서! 사탄의 도구가 아니라 성령님의 공동체가 되게 하시옵소서!

하나님의 교회가 성령님의 거듭나게 하심으로 거듭나는 은혜를 베풀어 주
시고, 수많은 은사(恩賜)들이 나타나되 은사의 주최가 되시는 성령님이 드

러나고, 사람들이 드러나지 않게 하시옵소서! 성경에 약속된 갖가지 열매들이 나타나, 이 땅이 사람들의 냄새가 나는 피해가는 교회가 아니라, 성령님의 열매들로 인하여 땅에 있는 작은 천국이 되게 하여 주옵소서!

교회가 있으므로 마을이나 지역이 행복하고, 도시가 바로 세워지며, 교회 때문에 주변의 사람들이 자긍심을 갖고 살 수 있게 하여 주옵소서! 교회가 있으므로 주변이 복을 받고, 교회 때문에 하나님의 도시가 되게 하옵소서! 주민들이나 시민들이 교회를 자랑스럽게 생각하고, 교회를 사랑할 뿐 아니라, 교회도 주변 지역을 사랑하고 위하여 기도하게 하시옵소서!

지역에서 인정받는 '안디옥교회'처럼 되고, "환난과 궁핍을 당하여도 실상은 부요한 자(계시 2:9)"로 칭찬 듣는 '서머나교회'나 "작은 능력을 가지고서도 하나님의 말씀을 지키며 주님의 이름을 배반하지 아니한 '빌라델피아교회'(계시 3:8)처럼 되게 하옵소서! 자기 것을 자기 것이라 하지 않고 서로의 필요를 채워주는(사도 4:32) '예루살렘교회'가 되게 하여 주시옵소서!

교회들이 복음에 대하여 침묵하지 않고 담대히 전하는 교회가 되게 하시고, 어떤 위협과 불의 앞에서도 "하나님 앞에서 너희의 말을 듣는 것이 하나님의 말씀을 듣는 것보다 옳은가 판단하라. 우리는 보고 들은 것을 말하지 아니할 수 없다.(사도 4:19-20)며 "세상의 위협을 두려워하지 않고, 담대히 하나님의 말씀을 전하는"(사도 4:29)는 교회가 되게 하옵소서!

지금도 표적과 기사를 주시는 예수 그리스도의 이름으로 기도합니다. 아멘!

5. 행복한 교회르 위하여 드리는 기도!!

땅의 기도
교회에서 가르치는 이들(교사)을 위하여 드리는 기도!

"내가 이를 때까지 읽는 것과 권하는 것과 가르치는 것에 전념하라" (딤전 4:13)

교회에 세워주신 많은 사역자 중에 '선생님(교회학교 교사/주일학교 반사)들을 위하여 특별히 기도드립니다. 교회 안에 있는 교회학교(주일학교)의 유치, 유년, 초등, 소년, 중, 고등, 청년대학부 등 모든 부서를 사랑하시되 세우심을 입은 교사들을 기억하여 주옵소서! 교사들이 교육부서에서 이름도 빛도 없이 꾸준히 사명을 감당하는 모습을 기억하여 주시옵소서!

그들이 하는 일은 매 주일 같습니다. 일주일 동안 아이들에게 안부 전화를 하고 주일에 교회에서 보자고 연락하고, 공과 준비를 해서 열심히 가르치고, 함께 손잡고 와서 점심 먹고, 위해서 기도해주고, 어린이들은 성경학교 열어주고, 중고등부 청년대학부는 수련회 준비해주고, 프로그램 끝나면 같이 가서 김밥 한 줄 먹고 헤어집니다. 그래도 그게 천직인줄 압니다.

누가 "수고했다."며 밥 한번 사는 일도 없고, 자기가 '아무개' 학부모라며, "우리 아이 가르치느라고 수고했다."며 선물 주는 이가 없어도, 그렇게 가르쳐 내보내면서 더러 섭섭하기도 하지만 고맙고 행복합니다. 어디 가서 "그 사람이 내 제자라."는 소리 한 번 못했어도, 속으로 행복합니다. 이런 교사들을 복 주옵소서! 그들이 만나는 미래가 행복하게 하여 주시옵소서!

하나님의 나라는 아무리 오랜 역사가 흘렀어도, 이런 무명의 교사들이 헌신해 준 눈물겨운 사역이 오늘의 교회를 만들고, 오늘의 기독교 역사를 써 왔습니다. 하나님께서 이들이 흘린 수고의 땀을 하늘의 상급명부에 기록해 주옵소서! 그들의 수고를 하나도 빼놓지 마시고, 하늘에서 휴가도 주시고, 하늘에서 상도 주시고 땅에서 알지 못하는 복을 내려 주시옵소서!

어른들이 아니라 철부지 아이들입니다. 제멋대로 생각하고 말하는 학생들입니다. 이들을 앞에 놓고 목소리를 다하여 가르치고, 저들의 손을 잡고 기도하고, 함께 땀 흘리며 뛰고, 소리쳐 찬양하는 모든 일은 하나님께서 기억하신바 되셔서, 세상에서는 아무도 위로하는 이가 없어도 하늘에서 위로받게 하시고, 세상에서는 어떤 상도 없었지만 하늘의 상을 주옵소서!

사랑의 하나님! 누구나 주어진 한 평생을 세상에 살다 갑니다. 누구나 자기 하고 싶은 일을 하고, 누릴 영광을 추구하며 살고 싶어 합니다. 그러나 교회학교(주일학교) 선생님들은 그런 자신의 꿈을 접어두고 일주일에 한 번씩 나는 주일의 시간과 매일 조금씩 남는 자투리 시간들을 주님과 교회와 아이들을 위해 살았으니 꼭 수상자 명단 맨 위에 올려 주옵소서!

우리의 영원한 스승이신 예수 그리스도의 이름으로 기도드립니다. 아멘!

땅의 기도

교회에서도 소외당한 이들을 위하여 드리는 기도!

"너희가 아름다운 옷을 입은 자를 눈여겨보고 말하되 여기 좋은 자리에 앉으소서 하고 또 가난한 자에게 말하되 너는 거기 서 있든지 내 발등상 아래에 앉으라 하면" (야고 2:3)

하나님! 이 땅에 '하나님의 집'으로 알려진 곳이고, '주님의 몸'으로 알려진 '교회'에 정작 하나님께서 계실만한 곳이 없다고 탄식하는 걸 들으셨지요? 하나님의 사랑이 제일 짙게 드리워져야 할 곳, 그런데 하나님의 권세와 능력이 가장 힘을 발휘하지 못하는 곳은 부끄럽게도 하나님의 신앙공동체인 '교회'입니다. 가장 사랑이 뜨거워야 하는 곳이 제일 차갑습니다.

이 '사랑공동체' 안에 여전히 사랑은 없고, 힘 있는 사람, 돈 있는 사람, 공부 많이 한 사람들만 끼리끼리 어울리고, 가난한 이들이나 배우지 못한 이들, 뚜렷한 직업도 돈벌이도 없는 이들은 여기에서도 따로 변방에서 살아야 합니다. 힘 있는 이들의 기도 모임에도 참석 못하고, 오래 믿은 이들의 친교 모임에도 낄 수가 없습니다. 이런 외로운 이들을 기억하옵소서!

예수님은 세상에 오실 때 세리와 죄인의 친구로 오셨습니다. "세리와 죄인들이 예수와 그의 제자들과 함께 앉았으니, 이는 그런 사람들이 많이 예수를 따름이라.”(마가 2:15)고 하셨고, “건강한 자에게는 의사가 쓸 데 없고 병든 자에게라야 쓸 데 있다. 나는 의인을 부르러 온 것이 아니요 죄인을 부르러 왔다”.(마가 2:17)고 하셨지만 주님은 지금 계실 곳이 없습니다.

교회 안에는 여전히 보통사람들이 오르기에는 높은 담과, 하찮은 사람들이 가까이 하기엔 너무 특별한 신분의 사람들이 똬리를 틀고 있어서 접근이 어렵습니다. 그래서 세상에서 보통사람으로 살아가는 하층민들은 교회에 들어가서도 변방에 밀려, 눈에 보이지도 않고 손에 잡히지 않는 하나님을 찾으며 살아야 합니다. 이렇게 불쌍한 이들의 아픔을 기억하옵소서!

하나님! 예수님을 안 믿었으면, 믿어도 교회에 안 나오면서 믿었으면 당하지 않아도 될 설움을 예배당 안에서 당하는 이들이 너무 많습니다. 하나님의 집에 하나님은 안 계시고 하나님이 없는 권세 있는 인간들만 우글거리는 바람에 버림받은 그리스도인들이 너무 많습니다. 외면당하여 울고 있는 힘없는 그리스도인들을 하나님께서 품어주시고 위로해 주시옵소서!

‘끼리끼리 문화’, ‘계급사회 문화’같이 청산되지 못한 관계문화가 교회 안에 그대로 들어와 상처받은 영혼들이 도로 불신자가 되고 ‘가나안 교인’들이 되는 통곡할 일이 현대 교회 안에 버젓이 일어나고 있습니다. “교인 한 사람을 얻기 위하여 바다와 육지를 두루 다니다가 생기면 너희보다 배나 더 지옥 자식이 되게 한다.”(마 23:15)는 책망을 듣지 않게 하옵소서!

차별 없이 사랑하시는 예수 그리스도의 이름으로 기도드립니다. 아멘!

5. 행복한 교회르 위하여 드리는 기도!!

땅의 기도
교회의 임원들을 위하여 드리는 기도!

"하나님이 교회 중에 몇을 세우셨으니 첫째는 사도요 둘째는 선지자요 셋째는 교사요 그 다음은 능력을 행하는 자요 그 다음은 병 고치는 은사와 서로 돕는 것과 다스리는 것과 각종 방언을 말하는 것이라" (고전 12:28)

하나님께서 생명처럼 사랑하시는 교회에 세우신 보배 같은 일꾼들을 위하여 기도합니다. 사람들이 모여 공동체를 이룬 교회의 구성원 한사람 한 사람을 돌보도록 귀한 일꾼들을 세우셨습니다. 장로님들을 세우시어 주의 사자들을 곁에서 돕고, 뒤에 세우심을 받은 임원들의 본이 되고, 신앙생활하는 성도들의 귀감이 되게 하셨으니 이들을 붙잡아 주시옵소서!

또한 안수 집사나 권사, 혹은 집사들을 세워 땀 흘리며 일하고 봉사하며 살게 하셨으니 고맙습니다. 교회 안에 세우신 이런저런 직분들은 모두 벼슬이 아니라 일꾼들인데 이들 모두 '아굴라'나 '브리스길라'처럼 복음과 교회와 사도들을 위해서 열심히 일하는 종들이 되게 하옵소서! 자랑하는 것이 아니라 말없이 섬기는 것이요, 내세우지 않고 감당하게 하시옵소서!

교회 안에 "으뜸 되기를 좋아하는 '디오드레베'처럼 전도자들이나 형제들을 맞아들이지 않고 악한 말로 비방하며, 그것도 부족하여 도리어 맞아들이려는 자를 교회에서 내쫓는(요삼 1:9,10)다고 했으니, 이런 악한 이들을 본받지 말고 선한 것을 본받게 하옵소서! '데메드리오'처럼 뭇 사람에게도, 진리에게서도 증거를 받는(요삼 1:12) 선한 일꾼들이 되게 하옵소서!

'겐그레아교회'의 일꾼인 '뵈뵈'처럼 사도의 절대 신임을 받게 하시며, 복음의 동역자 되어 사도의 목숨을 위하여 자기들의 목까지도 내놓는 임원들이 되게 하옵소서!(로마 16:1.4) 섬기는 교회만 아니라 많은 교회에게 유익을 주는 일꾼들이 되게 하옵소서! '데마'처럼 세상을 사랑하여 다시 '데살로니가'로 가는 이가 아니라, 죽음의 순간까지 복음 위해 살게 하옵소서!

하나님께서 저희를 불러 구원하시고, 거듭나서 은사를 체험하고 마침내 열매를 맺게 하셨는데, 스스로 선줄로 알고 자만하여 넘어지지 않게 하옵소서! '부겔로'나 '허모게네'처럼 사도를 대적하는 주동자기 되지 않게 하시고,(딤후 1:5) 믿음과 착한 양심을 버리고, 믿음에 관하여는 파선한 '후메내오'나 '알렉산더'같이 되지 않으며(딤전 1:19-20) 참 일꾼이 되게 하옵소서!

직분을 성실하게 감당하여 후에 저희들이 착하고 충성된 종이라는 칭찬을 듣게 하시고, 하나님의 즐거움에 참여하는 기쁨을 누리게 하옵소서! 게으름을 익혀 집집으로 돌아다니고, 게으를 뿐 아니라 쓸데없는 말을 하며 일을 만들며 마땅히 아니할 말을 하는(딤전 5:13) 문제를 일으키는 임원이 아니라, 보배같이 소중한 하나님 교회의 일꾼들이 되게 하옵소서!

불충한 저희를 일꾼 삼아주신 예수 그리스도의 이름으로 기도합니다. 아멘!

땅의 기도
교회의 장로들을 위하여 드리는 기도!

사랑의 하나님! 이 땅에 교회를 세우시고, 교회를 섬길 목사님들을 세우시고, 또 목회자를 도와 성도들을 섬길 장로님들을 세워주시니 고맙습니다. 하나님께서 세우신 장로님들에게 복을 주시어 자신에게 맡겨진 장로의 직분을 잘 감당하고 하나님께서 언약하신 복을 받게 하시옵소서! 이들의 영향력이 언제나 선하여 하나님께서 기뻐하는 이들에 되게 하옵소서!

교회에 세우신 장로님들은 언제나 '르비딤' 전투에서 '모세'가 힘에 겨워 팔이 내려오자 '여호수아'가 지휘하는 이스라엘 군대가 패하는 것을 보고, '아론'과 '훌'이 팔을 받쳐 주어 전쟁판을 바꾸어 승전의 물꼬를 트듯이 담임목사님의 목회적 어려움이나 사역의 위기 때마다 이를 극복할 수 있도록 양쪽에서 담임자의 팔을 받쳐주는 일꾼들이 되게 하여 주시옵소서!

자신만 못해 보이는 목회자를 만날지라도 충성스럽게 섬기면서 약함과 부족함을 돕게 하시고, 늘 주의 사자 목사님을 위해 기도하는 장로님이 되게 하옵소서! 자신이 교회를 버티는 큰 기둥임을 알고 이 기둥 된 이들이 흔들리지 않고 그 자리에 든든히 서 있게 하여 주옵소서! 가장 영광스러운 중직(重職)의 자리에 섰으니 그 삶과 언어에 무게가 있게 하옵소서!

교회의 가장 영광스러운 직분을 주셨으니 그 직분이 부끄럽지 않도록 먼저 그의 가족 특히 자녀들이 온전한 신앙생활 할 수 있게 하시고, 그의 자녀들 때문에 하나님의 영광이 가려지지 않게 하옵소서! 교회를 충성스럽게 섬기고 있으니 그가 경영하는 사업장이나 일터가 늘 번성하고 풍성하여 이웃들과 지인들과 동종업에서 존경받는 기업이 되게 하옵소서!

새벽마다 성전에 제일 먼저 나와서 제일 나중에 나가는 기도의 용사가 되게 하여 주옵소서! 주일마다 예배당에 먼저 나와 온 성도들의 맏형답게 성도들을 안내하고 환영하는 밝은 미소의 사람이 되게 하여 주옵소서! 봉사하는 일이라면 교회든 사회에서든 언제나 앞장서서 제일 먼저 나왔다가 제일 나중에 마무리하고 돌아가는 충성된 장로님이 되게 하옵소서!

선한 영향력을 가지고 각계 사회 지도층 인사들과 어울려 보이지 않는 작은 하나님 나라를 이루는 장로님들이 되게 하옵소서! 하나님께서 장로님 가정에 언제나 사랑과 풍요가 넘치게 하옵소서! 그리하여 장로님 때문에 교회가 영광을 얻고, 장로님 때문에 가정과 가문이 복을 받게 하옵소서! 이 땅의 장로님들은 늘 고난 받는 민족과 교회와 함께하게 하옵소서!

저희의 영원한 상급이 되신 예수 그리스도의 이름으로 기도합니다. 아멘!

땅의 기도

교회학교의 총무 간사들을 위하여 드리는 기도!

"누구든지 네 연소함을 업신여기지 못하게 하고 오직 말과 행실과 사랑과 믿음과 정절에 있어서 믿는 자에게 본이 되어 내가 이를 때까지 읽는 것과 권하는 것과 가르치는 것에 전념하라" (딤전 4:12-13)

사랑의 하나님! 이 땅 교회의 미래가 되는 교회학교, 혹은 주일학교의 총무들을 위하여 기도합니다. 저들의 이름과 신분 혹은 직제를 어떻게 부르든지 목사님이나 전도사님을 도와 전도사 혹은 교사로 이 직임을 감당하는 이들의 신분과 지위에 필요한 은혜를 더하여 주시옵소서! 과중한 업무 때문에 스트레스 받지 않게 하시며 성실함으로 감당하게 하옵소서!

거의 신학교 재학생들이 자신의 목회 경험을 쌓아가며 교회교육의 현장에서 실무를 익히는 중이라, 경륜에 배해 일은 많고, 업무에 비해 받는 생활비는 적을 것이나, 그런 일로 낙심하지 말고 자신의 교육기간이라 생각하고 감사한 마음으로 받게 하옵소서! 젊은 시절부터 배우려는 마음과, 조금이라도 더 미래 사역을 위해 부지런히 준비하게 하여 주시옵소서!

주로 신학대학 혹은 대학원의 강의와 주일의 봉사를 겸하기에 생기는 충돌에 폭넓은 이해를 갖게 하옵소서! 훗날에 그가 목회 현장에 나설 때 교회학교 총무로 섬기던 시간에 배운 것이 크게 유익하게 하옵소서! 그 시절에 교사들과 전도사님들 그리고 목사님을 돕던 것이 생애 최고의 자산이 되게 하옵소서! 그때 받은 교우들의 사랑이, 평생 가게 하옵소서!

총무로 있는 동안 자신의 미래목회, 특히 기독교교육과 관련된 비전을 세우게 하시고, 영혼을 사랑하는 마음과 목사님에 대한 순종, 동역자들과의 협력, 폭넓은 이해 등 교육담당 전문가로 갖추어야 할 소양들을 준비하게 하시고, 행여 원칙대로 안하는 지도자들이나 교사들을 보며 자신의 내면과 실력을 살피고, 바른 목회자상을 세우는데 도움을 얻게 하옵소서!

기왕에 주일학교의 총무를 맡은 기간이 자신의 발전과 교육의 기회라고 생각하고 최선을 다해 일하게 하시되, 그 자세가 담임목사님과 부목사님 교육 목사님과 전도사님들 또는 교회 장로님들에게 깊은 인상을 주게 하옵소서! 후에 그의 미래 사역에 인정받을 수 있는 기회로 삼게 하여 주옵소서! 될성부른 나무가 떡잎 총무 때부터 다른 모습이 되게 하옵소서!

전능하신 하나님! 살면서 어느 자리에서 어떤 사람들과 일을 하든 그 자리는 '우연'이 아니라 하나님께서 그들에게 주신 기회요 은총이라고 봅니다. 어느 때 어느 자리에 어떤 직임으로 우리를 쓰시든지 감사함으로 최선을 다하여 섬기되, 특히 자라나는 다음 세대의 교회학교 총무로. 그 직임을 잘 감당함으로 하나님의 눈에 들고 사람들의 마음에 남게 하시옵소서!

저희에게 사람과 일을 준비하시는 예수 그리스도의 이름으로 기도합니다. 아멘!

땅의 기도

기도 응답이 없는 이들을 위하여 드리는 기도!

"나에게 이르시기를 내 은혜가 네게 족하도다 이는 내 능력이 약한 데서 온전하여
짐이라 하신지라 그러므로 도리어 크게 기뻐함으로 나의 여러 약한 것들에 대하여
자랑하리니 이는 그리스도의 능력이 내게 머물게 하려 함이라" (고후 12:9)

저희는 늘 "너희가 내 안에 거하고 내 말이 너희 안에 거하면 무엇이든지
원하는 대로 구하라 그리하면 이루리라."(요한 15:7)는 말씀을 믿고 기도했
습니다. "구하라! 그리하면 너희에게 주실 것이요. 찾으라 그리하면 찾아
낼 것이요. 문을 두드리라. 그리하면 너희에게 열릴 것이니!"(마태 7:7-8)란
말씀을 믿고 사는데 응답되지 않는 경우를 자주 만나게 됩니다.

그럴 때면 하나님에 대한 믿음도 흔들리고, 하나님의 사랑도 의심하게 되
는 연약한 인생입니다. 그러나 하나님은 언제나 우리의 요구대로 응답하
시는 분이 아니라 하나님의 뜻대로 응답하심을 믿습니다. 저희가 구하여
주신 것이 아니라 하나님께서 주셔야 하겠기에 우리에게 주시고, 응답을
통하여 우리의 기쁨이 아니라 하나님의 영광을 드러내는 줄 믿습니다.

'바울' 사도가 당신 몸에 가시 때문에 사역이 지장 받을 정도로 고통스러
워, 가시가 몸에서 떠나기를 구했을 때, 하나님은 "내 은혜가 네게 족하도

다. 이는 내 능력이 약한 데서 온전하여짐이라."고 응답하신 것을 봅니다. '아시아' 선교를 꿈꾸고 있을 때도 막으시고, '비두니아' 전도를 계획할 때도 막으셨습니다. 하나님! 저희 상식으로는 이해가 안 될 때가 많습니다.

하나님은 언제나 저희의 다급한 기도보다는 저희의 앉고 일어섬을 아시고 필요를 아시기에, 가장 좋은 때에 가장 좋은 것으로 주시는 줄 믿습니다. 언제나 저희의 유익을 위하여 응답하시는 하나님! 저희가 거절도 은혜요, 무응답이 또 다른 응답인 줄 알고 저희의 기도 제목보다 하나님의 응답 목록을 살펴보게 하옵소서! 하나님은 언제나 크심을 알게 하옵소서!

하나님께서 '밧세바'에게서 태어난 아들을 일주일 만에 데리고 가셨을 때, '다윗'이 금식을 풀고 식사를 하듯, 작은 가슴으로 생각하고 작은 눈으로 바라보는 인생들이 하나님의 크신 응답에 저항하고 불평하는 어리석음을 범치 않게 하옵소서! 하나님께서 지으신 토기에 불과한 저희들이, 토기장이이신 하나님께 불평하지 않는 지혜로운 이들이 되게 하옵소서!

저희가 많은 기도를 드리고 하나님의 응답을 기다릴 때에도, 하나님은 언제나 당신의 방법대로 응답해 주셨습니다. 때로는 즉각적인 것도 있고, 때로는 지연되는 것도 있습니다. 전혀 반대로 주신 것도 있지만, 아예 소식이 없는 것까지 모두 하나님의 응답임을 고백합니다. 기도하는 모든 이들이 쉽게 낙심하지 않게 하시옵소서! 하나님께서는 저희의 응답이십니다.

저희의 영원한 응답이신 예수 그리스도의 이름으로 기도드립니다. 아멘!

땅의 기도

낙심하여 교회를 떠난 이들을 위하여 드리는 기도!

"내가 일어나 아버지께 가서 이르기를 아버지 내가 하늘과 아버지께 죄를 지었사오니 지금부터는 아버지의 아들이라 일컬음을 감당하지 못하겠나이다 나를 품꾼의 하나로 보소서 하리라 하고" (누가 15:18-19)

상처받은 영혼 잃어버린 존귀한 이들을 위하여 하나님께 기도합니다. 지금 세상에는 하나님의 말씀을 한 번도 들어본 적이 없거나, 한 번도 하나님의 집 교회에 와보지 않은 이는 거의 없을 것입니다. 그런데 어떤 이유로 지금은 교회를 떠나있거나, 아직은 돌아갈 마음이 안 생겼거나, 그럴 마음이 있어도 순종하고 싶은 마음이 없어 움직이지 못하는 줄 압니다.

하나님께서 그들의 마음을 다스리시어 이제는 멀리하고 있는 이들이 한 걸음씩 아버지 집으로 나아오게 해 주옵소서! 더러는 목회자의 설교에 상처를 받았거나, 말씀이 마음에 들지 않아서일 수도 있습니다. 목회자를 바라보는 눈에 그가 이중인격자처럼 보일 수도 있고, 교회까지 멀리할 수 있습니다. 교회를 떠난 이들의 마음속엔 목회자가 교회이기 때문입니다.

더러는 교회공동체 구성원인 성도들과 불편한 관계에 놓이거나 그들과의 상처에 앙금이 남아 있어서 같이 대하기 어려운 경우들도 있습니다. 더러는 성도들의 경제수준과 자신의 생활 격차 때문에 함께하기 어려워 떠난 이들도 있습니다. 교회의 임원 선출과정에서 자신만 누락된 섭섭함이 오래도록 자존심을 상하게 하여 견디지 못하고 끝내 떠난 경우도 있습니다.

금전 거래의 뒤끝이 좋지 않아서 떠난 이, 교회의 섬김에서 누락되어 떠난 이, 스스로 알 수 없는 이유로 떠난 이도 있습니다. 수십 수백 가지 이유들이 사람들을 하나님의 집에서 분리시켰습니다. 그러나 가만히 생각하면 극복하지 못할 이유는 하나도. 없습니다. 다가서지 못하고 넘지 못할 장벽은 하나도 없습니다. 세월이 지났나갔으니 털어버리게 하시옵소서!

지나고 보면 손 한번만 잡으면 다 잊을 수 있는 것들이고, 차 한 잔 마시면 모두 녹아버리는 일들입니다. 그걸 붙잡고 얼음장처럼 차가워진 마음으로 긴 세월을 지났습니다. 떠나올 때 우연한 기회에 떠났듯이 돌아올 때도 우연한 기회에 돌아오게 하옵소서! 새해가 되었거나, 담임 목사님이 바뀌었거나, 명절이 되었거나, 봄이 왔거나 돌아올 근거를 찾게 하옵소서!

하나님의 사람들에게는 따뜻한 말 한 마디만으로도, 손 한번 잡고 얼굴에 가벼운 미소를 한 번 띠기만 해도, 해결되는 힘이 있습니다. 하나님께서 쓸데없이 굳어지고, 필요 이상으로 날카로워진 그들의 마음이 녹아지고 부드러워지게 하셔서 말도 안 되는 핑계를 대고 떠났던 이들이, 말도 안 되는 핑계와 이유로 아버지의 집으로 돌아오는 일이 있게 하시옵소서!

지금도 저희를 기다리시는 예수 그리스도의 이름으로 기도합니다. 아멘!

5. 행복한 교회르 위하여 드리는 기도!!

땅의 기도

당회(기획위원회)와 당회원(위원)을 위하여 드리는 기도!

"네 하나님 여호와께서 네게 주시는 각 성에서 네 지파를 따라 재판장들과 지도자들을 둘 것이요 그들은 공의로 백성을 재판할 것이니라" (신명 16:18)

사랑의 하나님! 거룩한 모임을 '신앙공동체'를 '교회'라고 하는데, 사람들은 이 공동체에도 항상 조직이 필요하고, 조직에는 저절로 감투가 있어야 하고, 항상 권위가 있어야 합니다. 그래서 담임목사가 필요하고, 담임목사를 지근거리에서 도우며 목회 동역자가 되는 당회(감리교회:기획위원회)가 있습니다. 하나님께서 교회를 깊이 섬기는 이 기구를 붙잡아 주옵소서!

이 기구는 법적 근거와 관계없이 선교 130년 동안 교회의 막강 권력으로 존재해 왔습니다. '당회'의 경우 그곳에 의사 결정권도 부여되어 있고 '기획위원회'의 경우 거기서 의결하는 것 보다 '당회(공동의회)'에 보고하고 추인을 받는 것이지만, 이미 명문은 사문화 되었고, '당회'와 '기획위원회'를 하나님께서 다스려 주지 않으시면 교회는 수렁으로 들어갈 것입니다.

하나님! 어떤 이는 이런 의결기구를 전부 마귀가 장악했다는 독한 말도 합니다. 그런 이야기가 평신도 전체회의(당회/공동의회)에서도 나옵니다. 목회자들은 일련의 당회(기획위원회)와 피 터지는 싸움을 하는 교회도 일부 있습니다. 이 '당회'나 '기획위원회'가 주님의 손에 붙잡히게 하옵소서! 교회에서는 누구의 발언권 보다 주님의 뜻이 지배력을 갖게 하옵소서!

교회의 의결기구에 속한 이들은 그 기구가 특권이 아님을 알게 하옵소서! 어떤 의결권도 함부로 행사하지 아니하고 섬기라는 하나님의 뜻을 따라, 주님의 도우심을 구하게 하옵소서! 하나님께서 원하시는 쪽으로 결정하게 하옵소서! 하나님께서 '담임목사'와 '기획위원회', '당회장'과 '당회원'을 하나님의 장중에 붙잡으시고, 교회가 바로 가도록 인도하여 주시옵소서!

하나님께 기도하기는, 언제나 기획위원회와 당회를 초대교회 지도자 그룹의 '스데반'이나 '빌립'같이 '믿음과 성령이 충만하여 사람들에게 칭찬받는 이들'(사도 6:3)로 세우시고, 교회를 하나님의 뜻을 따라 하나님께서 지시하시는 방향으로 진두지휘 할 목회자의 곁에 '여호수아'같은 당회원, '엘리사' 같은 기획위원들을 세우셔서 이들이 교회를 섬기게 하여 주옵소서!

하나님께서 예수님의 열두 제자를 세우실 때 밤새 기도하고 세우셨듯이, 주님의 나라를 세워가는 교회의 핵심 의회에 사람들을 세울 때에 기도 많이 하고, 예수님 사랑하는 사람, 교회 사랑하는 사람, 복음 사랑하는 사람, 주의 사자를 사랑하고, 성도를 사랑하는 사람으로 세워주옵소서! 그리하여 교회의 지도자 그룹에서부터 하나님의 의가 나타나게 하옵소서!

우리의 참 지도자이신 예수 그리스도의 이름으로 기도드립니다. 아멘!

5. 행복한 교회르 위하여 드리는 기도!!

땅의 기도

대표 기도하는 이들을 위하여 드리는 기도!

"또 기도할 때에 이방인과 같이 중언부언하지 말라 그들은 말을 많이 하여야 들으실 줄 생각하느니라" (마태 6:7)

저희의 기도를 기다리시고, 어떤 기도를 드리느냐에 감동하시고 응답하기도 하시고, 하늘에서 잡동사니 취급을 받게도 하시는데, 저희가 땅에서 가장 거룩한 행위 중에 하나인 기도를 드리면서 칭찬 듣고 상을 받게 하옵소서! 입술로 내뱉는 저희의 기도가 하나님께 소음(騷音)으로 들릴 수도 있고, 독백(獨白)으로 들릴 수 있으니 기도자의 입술을 주장하시옵소서!

길게 드리는 것이나, 동서남북 우주 공간을 다 휘젓고 간다고 귀한 기도는 아닙니다. 우리 인생들이 평생을 기도하며 사는데 기도에 진전이 없고, 기도 훈련이 안된 막무가내 기도가 되지 않게 하여 주옵소서! 이제 막 걸음마를 하는 아이가 부모에게 말하듯 문법에도 맞지 않고, 예절에도 어긋나는 철부지 아이의 트집처럼 중언부언 하지 않게 다스려 주옵소서!

특히 '대표기도'는 그 자리에 함께한 모든 회중들의 공통분모를 생각하고, 모든 이들의 마음을 담아 그들의 심정으로 아뢰는 것이오니, 일방적인 자기주장이나 터무니없는 욕심이 아니라, 하나님의 살아계심을 두고 약속한 것을 얻게 하시옵소서! 하나님이 찾으시는 그 한사람의 기도자가 되게 하옵소서! 그의 마음과 기도가 하늘나라에서 울림이 있게 하시옵소서!

대표기도를 하는 이는 때로 중보자로, 때로는 대표자로, 하나님 앞에 나아가 잘 정제된 언어와 절제된 표현으로 하나님께 담대히 구하되 하나님 백성의 품격을 잃지 않게 하옵소서! 기도훈련을 받은 이들답게 훈련된 자세로, 고함을 치거나 구걸하지 않고 혹은 거만하거나 비굴하지 않게 기도하게 하옵소서! 대표기도에서 지구촌 모두를 중보하지 않게 하옵소서!

대표 기도는 그 시간 주제 안에서 기도하되, 예배 인도자나 주관자가 할 기도를 하지 않게 하옵소서! '심방 예배'에서는 그날 목회자가 말씀을 전하실 때 그의 능력이 나타나도록 기도하고 수요, 주일 예배 역시 성령님께서 그 예배를 받아 주시도록, 하나님께서 말씀을 주시어 그 자리에 복을 주시도록 기도하게 하옵소서! 대표자의 심령이 뜨거워지게 하시옵소서!

대표기도는 회중석에 앉아있는 이들이 하나님께로 나아갈 용기가 없을 때, 어떻게 하든지 그들의 심정을 하나로 묶어 하나님께 나아가는 제사장이 되게 하옵소서! 자신의 필요를 중심으로, 자신의 감정을 따라, 자신의 뜻을 이루려는 욕심에서 벗어나게 하옵소서! 회중석에서 가슴을 치는 성도들과, 하늘에서 예배를 기다리시는 하나님의 마음을 잇게 하시옵소서!

먼저 그의 나라와 의를 구하라신 예수님의 이름으로 기도드립니다. 아멘!

땅의 기도

돈 때문에 상처받는 성도들을 위하여 드리는 기도!

"곧 헛된 것과 거짓말을 내게서 멀리 하옵시며 나를 가난하게도 마옵시고 부하게
도 마옵시고 오직 필요한 양식으로 나를 먹이시옵소서" (잠언 30:8)

하나님! 교회는 하나님의 자녀들이 공동체를 이루어 작은 천국을 이루며
사는 '신앙공동체' 입니다. 하나님의 나라는 차별이 없는 나라요, 세상에서
가장 평등한 곳입니다. 그런데 가장 차별 없는 세상을 추구하는 교회에서
의외로 돈 때문에 문제가 많이 생기고, 돈 때문에 상처받는 이들이 많습니
다. 돈에 초연해야 하는 교회가 돈에 가장 집착하는 것 같습니다.

한국 교회는 규모와 역사에 상관없이 돈 문제가 교회의 전면에 혹은 중심
에 있습니다. 그 중에는, 특별히 경제적으로 어려운 가정들이 '돈'과 관련
하여 상처를 받고, 심지어 그런 일로 교회를 떠나는 아픈 일도 생깁니다.
떠나서 다른 교회를 다닌다면 그나마 다행이겠지만, 아예 신앙을 버리는
일도 있는 것이 현실입니다. 사랑하시는 하나님께서 도와주시옵소서!

목회자들이 어떻게 하다 물질에 대한 처신이나 설교에 오해가 보였다면
다시는 그런 실수를 하지 않도록 깨달음을 주시고, 성도들 사이에 그런 일
이 있었다면 무엇인가 확인해서 이런 일이 재발하지 않도록 서로 주의하

고, 배려하게 하옵소서! 상처를 받은 이는 크게 상처를 받았을 터인데, 상처를 준 이는 그것도 모르고 심방하는 일이 생기지 않게 하옵소서!

말씀을 듣는 중에 헌금에 관련된 설교를 들으면, 경제적으로 어려운 이들의 반응은 예민합니다. 마치 헌금을 강조하는 것처럼 보이고, 혹 다른 기회에 한 번 더 들리면 "만날 헌금하라는 설교만 한다."고 합니다. 이런 편견과 오해가 불식되도록 하나님께서 도와주옵소서! 또 경제적으로 어려운 교회인데 오히려 방만한 재정운영을 보며 상처를 받기도 합니다.

정말 믿을만해서, 혹은 정말 어려워 보여서, 정말 금방 돌려줄 것 같아서 얼마간 빌려주었더니 갚을 생각도 안하고 미안해하지도 않고, 마치 마땅히 자기가 쓸 수 있는 돈을 쓴 것처럼 사는 게 보기 싫어, 내 돈은 안주면서 자기는 쓸 거 다 쓰는 볼 때마다 마음에 상처를 받습니다. 그래서 "차라리 내가 이 돈 떼이고 너 안보고 산다."며 떠나는 이도 있습니다.

'돈'이란 괴물과 같아서 별별 다양한 모습으로 우리 앞에 다가와 온갖 모습의 상처를 다 줍니다. 돈 관리나 지인관리, 교우관계 등 좀 더 철저하고 확실히 해서, 다시는 돈 때문에 시험 들고 상처받는 이들이 없게 하여 주시옵소서! 집착하지도 말고, 가벼이 보지도 말고, 조심해서 가까이 하거나 멀리하여 신앙의 유익은 못 얻어도 손해는 보지 않게 하옵소서!

물질을 잘 다루기 원하신 예수 그리스도의 이름으로 기도드립니다. 아멘!

땅의 기도

말 때문에 상처받는 성도들을 위하여 드리는 기도!

"무릇 더러운 말은 너희 입 밖에도 내지 말고 오직 덕을 세우는 데 소용되는 대로 선한 말을 하여 듣는 자들에게 은혜를 끼치게 하라" (에베 4:29)

사랑의 하나님! 교회에서 많은 사람을 만나고 많은 말을 듣습니다. 설교도 듣고, 기도도 듣고, 광고도 듣습니다. 성도의 교제도 나누고 그 안에서 서로 축복하고 위로하고 삽니다. 저희 믿는 사람들이 사람 사는 세상에서 말이 제일 많은지 모릅니다. 그래서 어떤 사람들은 "교회가 말이 많다."고도, "말만 많다."고도 합니다. "말은 잘 한다."고 비아냥하기도 합니다.

그런데 그 말이 맞습니다. 말이 많은 곳에 말 때문에 사고가 많이 납니다. 사도 '야고보'도 이런 폐해를 많이 알았는지 "내 형제들아 너희는 선생 된 우리가 더 큰 심판을 받을 줄 알고, 선생이 많이 되지 말라."(야고 3:1)고 하시고, "우리가 다 실수가 많으니 만일 말에 실수가 없는 자라면 곧 온전한 사람이라. 능히 온 몸도 굴레 씌우리라."(야고 3:2)고 했습니다.

그렇습니다. 한 마디 말 때문에, 말 한마디가 그의 인생을 들었다 났다 합니다. 특히 한 마디 말로 갑자기 세상에 우뚝 서는 사람은 드물지만, 말 한마디 잘못하는 바람에 삶이 추락하는 경우, 장관이나 국회의원이 끝나는 일은 부지기수입니다. 그런데도 저희가 입이 가볍고, 이런 가벼움을 버리지 못하여 끝내 인생을 낭패하는 이들이 얼마나 많은지 모릅니다.

함부로 자기주장이나 자기 신앙을 강조하다가 "그렇지 못한 이들에게 상처를 주는 말은 하지 말자!"며 내뱉은 말 중에, 상대 교인을 깎아내린 경우도 있고, 특히 선거 때는 말 한마디에 당락(當落)의 희비가 엇갈리고, 말 한마디에 천문학적인 손해배상 소송을 당하는 경우도 있습니다. 교회 안에도 이런 불상사는 쉼 없이 일어나오니 하나님께서 지켜 주시옵소서!

편한 사이기 때문에 던진 농담이 쓰라린 상처가 되기도 하고, 상대방도 아는 줄 알고 전한 말이 금시초문이라 충격을 받고 수습을 못하는 경우도 있습니다. 좋은 뜻으로 한 말인데 오해하여 두 사람의 거리가 멀어지거나, 그 바람에 교회를 떠나는 경우도 있습니다. 전혀 악의 없이 한 말을 가시돋친 말로 듣는 경우도 있습니다. 사도 '바울'도 그런 말을 했습니다.

사도 '바울'이 사랑하는 믿음의 아들 '디모데'에게 "율법의 선생이 되려 하나 자기가 말하는 것이나 자기가 확증하는 것도 깨닫지 못한다."(딤전 1:7)며 비판하는 이들이 있었습니다. 말은 양약처럼 상대방의 영혼을 살찌우기도 하고, 독약처럼 영혼을 독살하기도 하는 양면성을 가지고 있습니다. 혹 이런 일로 상처받은 이들을 위로하시고 사랑으로 용납하시옵소서!

우리의 허물을 덮어주신 예수 그리스도의 이름으로 기도드립니다. 아멘!

5. 행복한 교회를 위하여 드리는 기도!!

땅의 기도
말씀을 들어도 은혜가 안 되는 이들을 위하여 드리는 기도!

"이러므로 우리가 하나님께 끊임없이 감사함은 너희가 우리에게 들은 바 하나님의 말씀을 받을 때에 사람의 말로 받지 아니하고 하나님의 말씀으로 받음이니 진실로 그러하도다 이 말씀이 또한 너희 믿는 자 가운데에서 역사하느니라."

(살전 2:13)

사랑하는 하나님! 저희에게 믿음을 주심이 감동이고, 그 믿음이 말씀을 들으면서 이만큼 성장하게 하셨으니 고맙습니다. 오늘도 내일도 주님 앞에 설 때까지 말씀은 우리를 이끌어 하나님께로 나아가게 하시는 줄 믿습니다. 말씀을 들을 때에 그렇게 이해가 되니 행복하고, 그렇게 행복하니 힘을 얻고, 힘을 얻으니 더 집중해서 예배하게 하시니 또 고맙습니다.

그런데, 그 때가 언제인지 정확히 모르지만 강단에 올라오는 목사님의 얼굴만 보아도 행복하던 이들이, 얼굴을 보아도 행복하기는커녕 반갑지도 않고, 반갑기는 고사하고 아무런 기대도 설렘도 없이 그저 덤덤해 졌습니다. 말씀을 들으면 가슴이 뛰고 기쁨이 넘쳐 흥분되던 때와 달리 덤덤하고, 예배가 끝나면 "오늘 예배숙제를 마쳤구나!"하는 생각이 가득할 뿐입니다.

헌금을 드리면서 더 많이 드리지 못해서 죄송하고 안타까웠는데, 그런 마음도 다 사라졌습니다. 가만히 생각해 보아도 특별한 이유가 없습니다. 이런 성도들이 너무 많다 보니, 예배가 동력을 잃고, 생명력도 없고, 그러다 보니 교회 전체가 어둡고 예배가 끝나도 마치 운동장에서 조회 마친 아이들 표정이나, 예비군 훈련을 마친 어른들처럼 덤덤한 표정입니다.

하나님! 이런 답답한 성도들의 영적 상태를 보시고 이들에게 넘치는 은혜를 더하여, 말씀이 사람의 말이 아니라 살아계신 하나님의 말씀이라는 믿음으로 듣게 하옵소서! 목회자가 자신의 마음에 호감이 가는 것도 없고, 인상도 마음에 안 들고, 몸짓도 싫더라도, 하나님께서 말씀을 전하기 위해 택하신 도구이니 '하나님의 사자'로 인정하고 말씀을 듣게 하옵소서!

개인적으로 불편한 감정이 있든지, 다른 때 자신을 인신공격 한 듯 설교나, 자신을 비난한 것 같은 설교를 하는 바람에 마음이 상해 있을지라도, 그 시간은 하나님의 말씀 대언자라는 믿음으로 말씀을 들을 준비를 하게 하옵소서! 그 입에서 나오는 말씀이 오늘 하나님께서 나를 위하여 특별히 하시려는 말씀이라는 믿음으로 가슴을 열고 듣게 하여 주시옵소서!

"이 말씀이 또한 믿는 자 속에서 역사하느니라."(살전 2:13)고 하셨으니, '사람의 설교'가 아니라, '하나님의 말씀'이라는 믿음으로 '아멘!'하게 하옵소서! 교만의 노예가 아니라, 겸손한 지혜자가 되게 하옵소서! 그리하여 맹물만 마시고 돌아가는 불쌍한 예배가 아니라 생수를 마시고 해갈의 기쁨으로 돌아가게 하옵소서! 그들에게 말씀의 역사가 일어나게 하시옵소서!

목마르지 않는 생수이신 예수 그리스도의 이름으로 기도드립니다. 아멘!

땅의 기도

목회자의 설교에 상처받은 이들을 위하여 드리는 기도!

"그들이 예수의 이 비유가 자기들을 가리켜 말씀하심인 줄 알고 잡고자 하되 무리를 두려워하여 예수를 두고 가니라" (마가 12:12)

전능하신 하나님! 하나님은 이 땅에 교회를 세우시고, 그 교회에서 성도들에게 말씀을 가르치고, 성도들이 기도하며 살아가도록 목회자를 세우셨습니다. 교회를 위임받은 종들은 기도하며 성경을 읽고 말씀을 연구하여, 시대마다 계시하시는 하나님의 뜻을 풀어 설교하며 목양해 왔습니다. 그렇게 선포된 말씀을 통해 교회는 오늘까지 하나님의 자녀를 양육했습니다.

주의 사자들은 시대의 예언자로 혹은 하나님의 대언자로 신앙과 양심과 계시를 따라 말씀을 선포하고, 하나님은 선포된 말씀을 통해 듣는 이들의 믿음이 자라고 하나님의 백성 된 도리를 다하게 하셨습니다. 그러나 안타까운 것은 이 과정에 말씀을 오해하여 선포자와 청중이 상처가 되어 멀어지는 경우가 생겼습니다. 목회자와 성도들이 서로 소원해졌습니다.

거기에는 외치는 자가 된 목회자의 기도 부족이나, 말씀 해석의 미흡함이 있을 수도 있고, 듣는 청중이 된 성도들의 편견 혹은 몰이해가 빚은 충돌일 수도 있습니다. 그러나 근원을 거슬러 올라가면 두 그룹 사이의 오래된 불신과 애정의 결핍이 가져온 아픔과 상처입니다. 목회자 된 이들이 따뜻하게 성도들을 품지 못했고, 성도들은 목회자를 신뢰하지 못했습니다.

이런 오해나 편견이 시간이 가면서 고착화되고 자기 안에 형성된 고정관념이 두 그룹 사이의 간극을 좁히지 못한 채, 이제는 가까이 할 수 없는 남남이 되거나 증오의 대상이 되었습니다. 세월이 지나면서 그런 오해들과 미움이 녹아지고, 서로에 대한 선입견이 무너져 서로를 이해하고 용납하며 피차에 사랑하는 마음을 주시어 다시 뜨겁게 사랑하게 하옵소서!

성도들은 목회자들의 과중한 업무와 설교의 특성상 모든 성도들의 개인적 상황들을 세심히 살펴보지 못한 상황들을 이해하고, 목회자들은 성도들이 겪고 있는 상처와 아픔, 개개인의 특수한 상황들에 대한 이해가 부족했음을 인정하며 서로 사랑의 눈을 통해보면 이해하지 못할 것도 없고, 서로 이해하려고 마음먹으면 상처받을 일도 없는 것을 알게 하시옵소서!

그리하여 이제 목회자는 아비의 심정으로 사랑하는 자녀들이 겪는 아픈 상황의 갈피들을 치료하는 섬세함을 주시고, 성도들은 목회자들의 입장을 이해하고 그들의 고충과 불가피성을 인정하며 하나님의 말씀으로 듣게 하시옵소서! 무엇보다 서로 사랑의 마음으로 다가서면 모든 담이 무너질 줄 믿습니다. 그리하여 신앙공동체인 교회에 화해의 봄이 오게 하옵소서!

막힌 담을 헐기 위해 오신 예수 그리스도의 이름으로 기도드립니다. 아멘!

땅의 기도

문제 많은 교회를 위하여 드리는 기도!

> "너희 중에 심지어 음행이 있다 함을 들으니 그런 음행은 이방인 중에서도 없는 것이라 누가 그 아버지의 아내를 취하였다 하는도다." (고전 5:1)

전능하신 하나님! 슬프게도 문제 있는 교회를 위하여 기도드립니다. 어떤 교회를 떠올리거나 대화중에 어느 교회가 등장하면 "참 은혜로운 교회!", "충만한 교회!", "살아있는 교회!"같이 듣기만 해도 행복한 이미지가 아니라 "아, 그 문제 많은 교회!", "복잡한 교회!"라는 반응이 나올 때 너무나 슬프고 답답합니다. 하물며 하나님이 들으실 때는 어떠시겠습니까?

오늘날 이 땅에 있는 주님의 교회들이 모두 '안디옥교회'나 '데살로니가교회'처럼 칭찬 듣는 교회들이 되게 하시고, '서머나 교회'나 '빌라델비아 교회'처럼 책망할 것이 없는 교회가 되기를 원합니다. 그러나 사람들이 모여 '그리스도의 완전'을 추구하는 신앙 공동체인 교회는 어느 교회나 흠결이 있습니다. 세상에 있는 어느 교회도 문제가 없는 교회는 없습니다.

"네 행위와 수고와 네 인내를 알고 또 악한 자들을 용납하지 아니한 것과 자칭 사도라 하되 아닌 자들을 시험하여 그의 거짓된 것을 네가 드러낸 것"(계시 2:2)을 칭찬하신 '에베소 교회'는 "네가 참고 내 이름을 위하여 견디고 게으르지 아니한 것"을 아신다고 칭찬하셨어도 "너를 책망할 것이 있나니, 너의 처음 사랑을 버렸느니라."(계시 2:4)고 하셨습니다.

탁월한 점이 많고 주님께 칭찬받는 교회가 '처음 사랑'을 저버린 문제가 있었습니다. 순교의 현장에서 믿음을 배신하지 않은 "버가모 교회'도 '두어 가지 책망할 것'이 있는데, "'발람'의 교훈을 지키는 자들이 있고."(계시 2:14)고 하시고 "니골라 당의 교훈을 지키는 자들이 있다."(계시 2:15)고 그들의 문제를 지적하셨습니다. 이처럼 교회마다 문제들이 있습니다.

오늘 저희 교회에도 문제가 있고, 이웃 교회에도 문제가 있습니다. 큰 교회는 큰 교회대로, 작은 교회는 작은 교회대로 그들에게 숨겨져 있는 문제를 들추어내고 비난하는 것이 아니라, 저희가 그 문제들을 가슴에 품고 기도하여 녹여내게 하옵소서! 커다란 돌덩이 같은 문제, 쇳덩이 같이 해결하기 어려운 문제들을 뜨거운 사랑의 가슴으로 녹이게 하여 주옵소서!

세상 어떤 교회도 살아있는 모든 교회에는 별별 문제들이 있습니다. 저희가 그 문제들을 더 확산시키는 이들이 아니라 치유하고 잠재우는 기도의 사람들이 되게 하시옵소서! 작은 문제를 보고 침소봉대하여 교회를 시끄럽게 하는 마귀의 도구가 되지 않게 하시고, 복잡한 문제들을 끌어안고 기도하며 성령님의 능력으로 녹여내는 성령님의 도구가 되게 하옵소서!

세상의 문제를 잠재우신 예수 그리스도의 이름으로 기도드립니다. 아멘!

땅의 기도

사업하는 성도들을 위하여 드리는 기도!

"사람의 행위가 자기 보기에는 모두 깨끗하여도 여호와는 심령을 감찰하시느니라
너의 행사를 여호와께 맡기라 그리하면 네가 경영하는 것이 이루어지리라"

(잠언 16:2-3)

사랑하는 하나님! 성도들의 기업을 위해 기도합니다. 온 세계가 전쟁의 갈
등과 긴장으로 경기가 침체되고 불황의 늪에서 허덕이고 있는 이때에 사
랑하는 성도들의 기업을 기억하시고 복을 주옵소서! 우선은 재정 압박을
받는 회사의 운전자금, 운영자금의 조달에 어려움이 없도록 도우시고, 차
용한 재정의 금융비용도 잘 극복해 갈 수 있도록 능력을 부어 주옵소서!

크고 작은 회사들마다 사람 구하기가 어려운 때에 신실한 직원을 구할 수
있도록 도우시고, 기왕에 들어온 직원들이 잘 견디고 일을 배워 오래 근무
할 수 있게 하여 주옵소서! 얼마간 근무하다 퇴직하는 직장이 아니라, 한
번 입사하면 평생직장으로 생각하고 장기근속이 많은 직장이 되게 하시
고, 회사는 직원들에게 다른 회사보다 넉넉한 대우를 하게 하옵소서!

기업하기 어려운 상황에도 끊임없이 매출이 늘고 순이익도 늘어서, 불경
기에 기적을 일으키는 회사가 되게 하시고, 언제나 경영자인 사장은 종업

원들에 대한 처우, 후생복지에 대해 관심하는 회사가 되게 하옵소서! 생산회사는 제품마다 불티나듯 팔려나가게 하시고, 유통회사는 물건의 판매가 매년 늘어나게 하시고, 기업이나 제품 이미지가 향상되게 하옵소서!

회사를 경영하면서 받는 어려움 중에 재정문제와 인사문제가 해결되고, 제품을 만들어 적당한 이익을 붙여 판매할 때 판매부진, 불량품 등이 생기지 않게 완판과 불량품 제로가 되게 도와주옵소서! 성도들의 사업장에서 안타까운 일들이 생기지 않게 하시고, 이런 일로 상처받지 않도록 지켜 주옵소서! 하나님의 도우심으로 성도들의 기업이 복을 받게 하옵소서!

회사의 직원들 때문에 속상하지 않게 하시고, 제품의 판매부진, 유통 중의 상품 훼손, 변질, 반품 등의 불상사가 생기지 않게 하시고, 납품 후에 미수금이 생기지 않게 하시고, 소비자들이나 납품업자들과 충돌이 생기지 않게 하시며, 영광스러운 일로는 매스컴에 등장해도, 불미스러운 일로 나오는 일이 없게 하시며, 사람들의 입에 좋은 일로 회자되게 하옵소서!

성도들의 기업 중에 반사회적 기업이 없게 하시고, 비윤리적으로 기업을 경영하거나, 불의한 이익을 추구하는 부도덕한 기업으로. 백성들의 비난을 받는 것이 아니라, 정도 경영으로 국민들의 신망을 받게 하옵소서! 국세청으로부터, 정직한 기업, 모범 납세자로 상도 받고 칭찬도 듣는 기업이 되게 하옵소서! 일반인의 기업보다 뛰어난 좋은 기업이 되게 하옵소서!

세계를 직접 경영하시는 예수 그리스도의 이름으로 기도합니다. 아멘!

땅의 기도

사찰 집사 (관리인)들을 위하여 드리는 기도!

"주의 궁정에서의 한 날이 다른 곳에서의 천 날보다 나은즉 악인의 장막에 사는 것
보다 내 하나님의 성전 문지기로 있는 것이 좋사오니." (시편 84:10)

사랑의 하나님! 이 시간에 하나님의 집에서 가장 중요한 일을 맡아 교회를
섬기는 사찰집사님, 혹은 관리인을 위하여 기도합니다. 우리가 매일 깨끗
한 환경에서 예배하고 모든 성도들이 불편 없이 신앙생활을 하는 비결이
바로 사찰 집사님 덕분입니다. 하나님의 사랑을 많이 받아도 될 만큼 많은
수고를 하시는 분들이니, 특별한 사랑과 은혜를 부어 주시옵소서!

주의 사자들은 교회에서 존경과 사랑을 받으며 지내지만 사찰 집사님은들
심부름꾼처럼, 하인처럼 삽니다. 매일 새벽에 다른 이들보다 한 시간 먼저
일어나 예배당 문을 열고, 불을 켜고 냉난방을 가동합니다. 여름엔 시원하
게 겨울엔 따뜻하게 성도들의 예배를 준비합니다. 눈이 오면 눈을 치우고,
비가 오면 비설거지를 하며 성도들의 안전한 예배를 돕습니다.

담임목사의 크고 작은 심부름부터 성도들 한 사람 한 사람의 수발까지 모
든 이들의 크고 작은 섬김을 위해 세우심을 입었습니다. 교회에서는 전기,
소방, 상하수도, 물탱크, 정화조 등 모든 기기, 장비들에 이상이 생기면 한

밤중이고 새벽이고 일어나 이상 현장에 달려가 마치 자신의 잘못인 것처럼 어쩔 줄 몰라 하며 손보는 비상 대기조 같은 긴장 속에 삽니다.

정해진 근무시간도 별도의 휴식시간도 없이 24시간 늘 긴장 속에서 준(準) 비상 상황에 있습니다. 목사님이나 다른 교인들은 아프면 치료도 받고 힘들면 쉬기도 하지만 사찰 집사님은 아프면 참아야 하고 힘든 건 견뎌야 합니다. 대체 가능한 분야가 아니기 때문입니다. 누가 수고했다며 감사의 인사를 하는 사람이 많지 않고 인사를 해도 말뿐이고 지적만 합니다.

그럼에도 불구하고 하나님의 집에서 일생을 헌신하는 저희들에게 사랑을 부어 주시옵소서! 기계도 아니고 철인도 아닌데, 하나님께서 모든 사찰 집사님들에게 하늘의 상을 주시되, 땅에서도 하나님의 상을 주옵소서! 내가 잘못한 게 아닌데도, 용서를 구하며 수백 수천 명을 시어머니처럼 상전처럼 모시고 사는 저희들의 자녀들이 복을 받고 잘 되게 하시옵소서!

들어도 못들은 척, 알아도 모른 척, 하고 싶은 말도 없는 척, 눈과 입을 다물고 인내하며 오로지 교회의 평안과 행복을 위해 일하는 저들을 사랑하시되, 은혜와 복을 주시고, 아버지의 집을 지키면서 충성한 저들의 건강이 어디서든지 보장이 되고, 으뜸이 되게 하시며, 부모의 기도와 간구가 하나님 안에서 온전히 응답되어 특히 그 후손들이 잘되게 하시옵소서!

약한 자와 천한차를 귀히 보시는 예수님의 이름으로 기도합니다. 아멘!

5. 행복한 교회르 위하여 드리는 기도!!

땅의 기도

새로 교회에 나온 이들을 위하여 드리는 기도!

"화 있을진저 외식하는 서기관들과 바리새인들이여 너희는 교인 한 사람을 얻기 위하여 바다와 육지를 두루 다니다가 생기면 너희보다 배나 더 지옥 자식이 되게 하는 도다" (마태 23:15)

하나님! 지상의 교회에서 가장 소중한 이들은 새로 교회에 나와 믿음을 가진 이들입니다. '새 신자' 혹은 '새 가족'으로 불리는 이들은 이제 교회의 역사를 이어가고 복음의 대를 이어 교회와 구원의 역사를 써갈 사람들입니다. 하나님께서 이들을 귀히 여기사 마치 새싹 같고 새순 같은 소중한 이들을 하나님의 사랑과 은혜의 품에서 자라게 하여 주시옵소서!

어느 시대 어느 교회에서나 '새 가족'은 하나님의 기쁨입니다. 그들 새싹들이 잘 자라는 것이 교회의 소망이요, 천국의 기쁨이 됩니다. 하나님께서는 그가 어떤 동기로 교회에 나왔든지, 예배당에 처음 나와 예배하는 동안, 하늘에서 이슬 같은 은혜를 영혼에게 부어 주옵소서! 그리하여 처음 난 싹, 그 영혼이 그곳에서 잘 자라 든든한 교회의 기둥이 되게 하시옵소서!

신앙생활을 시작할 때부터 올곧게 자라게 하시고, 시작부터 신앙과 경건이 몸에 배게 하시고, 순종과 헌신이 삶의 기초가 되게 하시옵소서! 처음 교회에 나와서 들은 복음의 복됨과 진실함에 매료되어 일생동안 깨끗한 마음으로 하나님을 사랑하게 하옵소서! 처음 들었던 복음, 자신을 위해 죽으신 예수님을 평생 주님으로 모시고 십자가를 자랑하게 하시옵소서!

"먼저 된 자도 나중 되고, 나중 된 자가 먼저 될 자가 있다."(누가 13:30)고 하신 그 '나중 된 자'가 교회의 역사를 새로 쓰게 하시고, 하나님께서 기뻐하시는 거룩한 자가 되게 하옵소서! 전능하신 하나님! 오늘 신앙생활을 하기로 다짐한 이들의 결심이, 훗날 그의 일생에 가장 아름다운 결심이 되게 하시고, 그의 믿음과 사랑이 변치 않게 붙잡아 주시옵소서!

나무에도 새 순에 열매가 많이 맺히듯 새로 나온 신자들의 주변에 있는 불신자들이 모두 전도되어 구원의 큰 강을 이루게 하시고, 새로 믿은 새 가족들의 믿음이 장차 교회의 중심축을 이루게 하시고, 율법주의나 세속주의에 오염되지 않은 순수한 복음주의 신앙이 되게 하옵소서! 주님을 사랑하는 일에 자신을 드리고, 복음전하는 일을 사명으로 알게 하옵소서!

이제 교회에 처음 발걸음을 내딛었으니, 이들의 걸음이 아름다운 결단이 되게 하시고 그 결심이 영원히 흔들리지 않으며, 그의 사랑이 변함없게 하옵소서! 늘 순교자적인 자세로 신앙생활하게 하시고, 언제나 주님을 마음껏 사랑하게 하옵소서! 지금부터 주님이 부르시는 날까지 변함없는 하나님의 자녀로 살게 하옵소서! 신앙의 트랙을 끝까지 완주하게 하시옵소서!

영원한 우리 주가 되시는 예수 그리스도의 이름으로 기도드립니다. 아멘!

5. 행복한 교회르 위하여 드리는 기도!!

땅의 기도

소멸되어 가는 청년들을 위하여 드리는 기도!

"너는 청년의 때에 너의 창조주를 기억하라 곧 곤고한 날이 이르기 전에, 나는 아무 낙이 없다고 할 해들이 가깝기 전에 해와 빛과 달과 별들이 어둡기 전에, 비 뒤에 구름이 다시 일어나기 전에 그리하라." (전도 12:1-2)

하나님께서 새벽이슬 같은 청년들을 기억해 주옵소서! 세상에서 청년들이 사라졌다고, 특히 교회에서는 청년들이 씨가 말랐다고 합니다. 이제 나타나는 인구 감소와 소멸 현상은 중소도시나 농촌, 어촌으로 갈수록 심해져서, 앞으로는 미래의 희망이 보이지 않는 작은 도시이고, 시골은 청년 품귀현상이 일어날 것입니다. 이런 때에 청년들을 기억하여 주시옵소서!

사도 '바울'이 '믿음의 아들'인 청년 '디모데'에게 "너는 청년의 정욕을 피하고, 주를 깨끗한 마음으로 부르는 자들과 함께 의와 믿음과 사랑과 화평을 따르라."(딤후 2:22)고 했습니다. 세상과 교회의 소망인 청년들이 청년의 정욕을 피하며 청년 '요셉'처럼 정결하게 살게 하시고, 깨끗한 마음으로 주를 부르는 이들과 함께 의와 믿음, 사랑과 화평을 쫓게 하여 주옵소서!

청년들이 젊은 시절부터 세상 문화에 젖어 살지 않게 하시고, 땅에 정신을 파묻는 바람에 하늘의 일을 놓지 않게 하옵소서! 젊은 시절에 추구하는 삶이 많고, 꿈꾸는 미래가 다양해서 자칫 하나님의 말씀을 떠날 위험한 순간마다 하나님께서 저들의 삶을 붙잡아 승리하게 하옵소서! 언제나 추구하는 것을 돌아보면서 "하나님의 뜻에 합당한가?"물어보게 하옵소서!

청년들이기에 유혹도 많고, 미혹되는 일도 많고, 관심하고 사랑하는 것도 많을 수밖에 없습니다. 그러나 하나님께서 저들의 삶에 용기와 담력을 주셔서 세상 문화에 마음을 빼앗기지 않게 하옵소서! "청년이 무엇으로 그의 행실을 깨끗하게 하리이까? 주의 말씀만 지킬 따름이니이다."(시편 119:9)는 말씀처럼 하나님의 말씀을 지키는 일에 자신을 드리게 하옵소서!

대도시의 거리에 넘쳐나는 청년들이 교회의 예배실로 자리를 옮겨, 삶을 방탕하게 하는 퇴폐문화에 빠지지 않게 하시고 경건과 절제가 그들의 삶이 되게 하시며, 현재의 삶에 취해 사는 근시안적인 인생들이 아니라 보다 먼 미래, 더 나아가 영원을 꿈꾸게 하옵소서! '삼손'처럼 '롯'처럼 악한 환경에서 나와 빛처럼 아름답고 백합의 향기 같은 곳에 살게 하옵소서!

하나님! 아침안개처럼 사라지는 순간의 시간을 영원처럼 착각하지 않게 하시고, 마셔도 만족이 없는 캔 음료 같은 육체의 욕망에서 벗어나, 그의 영혼의 갈증을 해결해주는 생수 같은 복음 안에 생수가 되시는 예수님을 만나게 하옵소서! 인생의 가운데 토막을 하나님께 온전히 드리고, 기왕이면 하나님 앞에 사랑받고 칭찬을 듣는 청년들이 되게 하시옵소서!

청년들을 살려 쓰시는 예수 그리스도의 이름으로 기도드립니다. 아멘!

땅의 기도

예배당에서 밤새 기도하는 이들을 위하여 드리는 기도!

"하물며 하나님께서 그 밤낮 부르짖는 택하신 자들의 원한을 풀어 주지 아니하시
겠느냐 그들에게 오래 참으시겠느냐" (누가 18:7)

전능하신 하나님! 이 시간 아버지의 집에서 밤새워 기도하는 종들의 눈물
이 보이고 그들의 기도 소리가 들립니다. 제사장 '엘리'는 아픈 가슴으로
성전에서 기도하던 안타까운 '한나'의 슬픈 마음을 모른 채 술 취한 여인으
로 치부하고 책망했듯이, 오늘 성전을 눈물로 적시며 밤을 새우는 안타까
운 이들의 울부짖음에 저희가 함께 기도하지 못함을 용서하옵소서!

지금도 교회 안에는 가진 것도, 누릴 것도, 아무도 부탁할 이조차 없는 외
로운 사람들이 많습니다. 기도를 부탁해봐야 기도는 안 해주고 소문만 내
는 성도들에게 너무나 지쳐, 이제는 누구에게도 기도의 부탁을 안 한 채
오직 하나님께만 부르짖는 이들이 있습니다. 저들의 한숨과 눈물을 기억
하옵소서! 그 안타까운 마음과 타들어가는 심정을 기억하여 주시옵소서!

배우자의 문제든, 자식이나 부모의 문제든, 자신의 문제든, 혹여나 다른
이를 위한 중보의 기도든, 아버지의 집에 와서 오직 하나님 아버지만 의지
하고 밤을 새우며 부르짖는 이들의 눈물을 기억하여 주옵소서! 저희가 "반

드시 응답해 주시리라!"는 약속을 믿고, 반드시 이루실 하나님의 약속을 믿음으로 구하오니 하나님께서 친히 그들에게 응답해 주시옵소서!

"하물며 하나님께서 그 밤낮 부르짖는 택하신 자들의 원한을 풀어 주시지 않겠느냐? 오래 참으시겠느냐? 내가 너희에게 이르노니 속히 그 원한을 풀어 주시리라. 그러나 인자가 올 때에 세상에서 믿음을 보겠느냐?"(누가 18:7-8)고 말씀하셨으니, 저희 힘이 없으나 저들의 아픔을 치유하시고, 그들의 소원을 들어주옵소서! 하나님께서 살아계심을 보게 하시옵소서!

병든 몸을 끌고 나와 만져주시기를 원하거든 그를 고쳐 낫게 하시옵소서! 불임의 아픔을 끌어안고 하소연 하는 여종이라면 잉태의 기쁨을 주옵소서! 그가 경제적인 시달림에서 어찌할 길이 없어 기도하거든 하나님은 그의 가정에 물질의 복을 주시고, 자녀들의 진로나 혼사 문제를 구하거든 들어 주옵소서! 그가 기도하는 것이 무엇이든 믿음대로 허락하시옵소서!

많은 사람들이 간증하는 기도 응답과 하나님의 역사하심에 대한 기적을 들었을 그들에게, 하나님께서 직접 계시하시고 응답해 주심으로 그들도 간증하게 하옵소서! 다른 이들에게 부끄러움을 당하는 종이라면 더욱 하나님께서 기도를 들어 주옵소서! 그리하여 얼굴에 수치를 가리게 하옵소서! 하나님은 지금도 기도하는 자들을 부끄럽게 아니하실 것을 믿습니다.

우리의 기도를 들어 주실 예수 그리스도의 이름으로 기도드립니다. 아멘!

땅의 기도

예배할 수 없는 이들을 위하여 드리는 기도!

"아버지께 참되게 예배하는 자들은 영과 진리로 예배할 때가 오나니 곧 이 때라 아버지께서는 자기에게 이렇게 예배하는 자들을 찾으시느니라" (요한 4:23)

성별된 '주일'에도 하나님 앞에 예배할 수 없는 이들을 위하여 기도드립니다. 예배할 수 없는 이들 중에는 믿음이 없는 이들도 있습니다. 믿음은 있지만 여러 가지 어려움이 있어서 예배하지 못하는 이들도 있습니다. 믿음이 없는 이들에게는 창조주 하나님에 대한 믿음과, 우리를 위해 십자가에서 죽으신 예수님의 사랑에 대한 믿음이 생겨 예배하게 하시옵소서!

예배할 수 없는 상황에 있는 이들은 많습니다. 그들의 직장이나 사업이 도저히 예배 시간을 맞출 수 없어 예배당에 가지 못하는 이들은 유튜브로 예배를 드리든, 인터넷으로 예배를 드리든 하나님의 말씀을 듣고 찬양을 드리며 사랑을 고백하고 예배에 참여할 수 있는 환경을 만들어 주시고, 하나님께서 원하시는 영과 진리로 예배드리는 이들이 되게 하시옵소서!

하나님! 또한 예배드릴 수 없는 공산권 치하의 통제받고 구속받으며 사는 이들을 기억하시어, 저희들이 숨어서 하나님을 섬기며 드리는 기도를 기억하옵소서! 새벽이나 밤중에, 골방에서 혹은 이불 속에서 눈물로 흐느끼는 저들을 기억하시고, 이 땅에서 행복하고 자유롭게 사는 것에 대해 감사하며 그들을 위해 기도를 드립니다. 언제나 그들을 기억하여 주옵소서!

근무시간이 맞지 않아서, 직장에서 일하여 먹고 살기 위해 주일에 일하는 곳에 취직했는데, 예배 시간만 되면 가슴이 떨리고, 눈물이 흐르는 귀한 성도들을 기억하여 그들이 삶의 현장에서 주님을 그리워하고 사모하는 마음을 받으시고, 좋은 환경과 상황을 만나 자유롭게 예배할 수 있도록 허락하여 주옵소서! 마음은 있지만 형편이 안 되는 이들을 기억하시옵소서!

원치 않는 질병 때문에, 혹은 사고 때문에 움직일 수 없는 이들은 침상에 누어서 눈물만 흘리고 있음을 기억하시고 저희가 하나님을 예배하는 간절한 소망으로 침상에서 예배하게 하시고 이를 받아 주옵소서! 지금 어떤 상황에 있을지라도 하나님을 기억하는 그들의 마음을 받아 주옵소서! 이 산이나 저 산이 아니라 신령과 진리로 예배하게 하옵소서!(요한 4:21)

간절한 소원이 있음에도 예배하지 못하는 이들의 아픔을 보는 저희들은, 지금 편안한 때 하나님을 예배하게 하시고, 예배할 여건은 하나님이 주신 은총의 선물임을 알고 좋은 환경에 있을 때 예배하고, 예배드릴 상황이 될 때 예배하게 하옵소서! 피곤하고 바쁜 핑계로 미루지 말고 예배자의 자리로 나아오게 하시옵소서! 때마다 일마다 저희들을 도우시옵소서!

저희의 예배를 받으시는 예수 그리스도의 이름으로 기도드립니다. 아멘!

땅의 기도
이 땅의 교회들을 위하여 드리는 기도!

"이기는 자는 내 하나님 성전에 기둥이 되게 하리니 그가 결코 다시 나가지 아니하리라 내가 하나님의 이름과 하나님의 성 곧 하늘에서 내 하나님께로부터 내려오는 새 예루살렘의 이름과 나의 새 이름을 그이 위에 기록하리라" (계시 3:12)

전능하신 하나님! 이 땅에 교회를 세우시고 교회를 통하여 예수 그리스도를 전하고 그리스도를 통하여 저희의 구원을 약속하신 하나님! 고맙습니다. 이 시간 주님의 몸이신 교회를 위하여 기도합니다. 이 땅에 있는 십만 개의 교회들이 모두 주님의 몸이신 '신앙공동체'인 교회입니다. 이 교회들이 모두 하나님의 영광을 선포하는 건강한 교회가 되기를 소원합니다.

교단이나 교파를 초월하여 어느 곳에 있든지, 교회가 있는 곳이 도시나 농촌이나 상관없이, 교회의 규모가 크든 작든 모두 하나님의 교회로 든든히 세워지게 하옵소서! 모든 교회들이 하나님의 교회로서의 사명과 책임을 감당하고, 지역마다 우뚝 설 수 있도록 복 내려 주옵소서! 언제나 하나님께서 보실 때에 사랑하실만한 아름다운 교회가 되게 하여 주시옵소서!

모든 교회가 '신앙 공동체'가 되어 하나님에 대한 믿음으로 바로 서게 하옵소서! 한 분 하나님, 한 분 예수님, 한 분 성령님을 믿는 믿음 공동체로 굳게 세워주옵소서! 모든 교회를 '예배 공동체'로 든든히 세워주옵소서! 모일 때마다 하나님을 높이며 예배하고, 모일 때마다 예배가 최고의 가치가 있는 교회되어 예배를 위한 공동체임을 천하에 드러내게 하옵소서!

모든 교회는 '선교 공동체'가 되게 하옵소서! 모이면 복음의 능력으로 충만하고, 선교를 위해 머리를 맞대게 하시고, 교회의 모든 에너지를 선교를 위해 불태울 수 있는 건강한 교회가 되게 하옵소서! "오직 성령이 너희에게 임하시면 너희가 권능을 받고 예루살렘과 온 유대와 사마리아와 땅 끝까지 이르러 내 증인이 되리라."(사도1:8)는 예언을 이루게 하옵소서!

모든 교회들은 '사랑 공동체'로 든든하게 세워주옵소서! 오직 하나님의 사랑이 그대로 묻어나는 사랑공동체가 되게 하옵소서! 교회의 모든 구성원들끼리 사랑하며, 사역자들 간에 사랑이 넘치고, 성도들 간에도 사랑이 넘치고, 세상을 향한 사랑도 넘치는 사랑 공동체가 되게 하옵소서! 교회는 사랑으로 행복하고, 세상은 사랑으로 감동받는 교회가 되게 하옵소서!

모든 교회마다 '기도 공동체'가 되게 하여 주옵소서! 모일 때마다 기도하게 하시고, 모일 때마다 기도의 감동이 있고, 기도드릴 때마다 응답의 역사가 있게 하옵소서! 나라와 민족을 위하여 기도하고, 세계 평화를 위하여 기도하게 하시고, 인류의 구원을 위하여 기도하게 하옵소서! 서로를 위하여 사랑으로 기도하는 공동체로 영원히 교회를 굳게 세워 주시옵소서!

교회의 머리가 되시는 주 예수 그리스도의 이름으로 기도합니다. 아멘!

땅의 기도

이단(異端)에 빠진 성도들을 위하여 드리는 기도!

"나더러 주여 주여 하는 자마다 다 천국에 들어갈 것이 아니요 다만 하늘에 계신 내 아버지의 뜻대로 행하는 자라야 들어가리라." (마태 7:21)

사랑이 많으신 하나님! 오늘날 자신의 종교적 열심만 믿고, 자기 의를 주장하는 이들 중에, 말씀 따라 믿지 않고 뿌리 없이 자기의 감정을 따라 믿는 이들이 많습니다. 성도들과 교회 지도자를 지나치게 불신한 나머지 교회 중심으로 살지 않고 자기중심 혹은 사람들 중심의 모임을 만들어 기분 따라 믿다 이단에 미혹된 이들을 기억하여 불쌍히 여겨 주옵소서!

결국은 하나님이 세우신 교회 공동체를 벗어나 거친 광야에 나가서 무서운 이리의 함정과 덫에 걸려 재산과 자녀, 자기 인생을 송두리째 날리고 영혼까지 이단의 교주에게 팔아넘긴 채 극성스러운 종교행위에 몰입해 있는 이들의 영혼을 불쌍히 여겨 주옵소서! 조금만 겸손하고, 한순간이라도 정신을 차려 자기를 돌아보면 자신이 속한 집단이 얼마나 잘못된 곳인 줄 알 터인데 교만과 아집이 그렇게 못하게 하고 있습니다.

하나님! 우리는 종교생활로 구원받는 게 아니고 '믿음'으로 구원받으며, 자기 열심 때문에 구원받는 게 아니고 '은혜'로 구원받는 것을 알게 하옵소서! 구원을 받으려고 종교생활을 하는 게 아니고, 구원해 주심에 감사해서 신앙 생활하는 것을 알게 하옵소서! 탁월한 인간을 신봉하는 게 아니고, 죄인이자 세리와 죄인의 친구로 오신 구주 예수님을 믿게 하시옵소서!

스스로 된 줄 알고 되지 못한 채 사람들을 판단하고 정죄하며, 자신의 신앙만 최고라고 여기는 이단의 우월주의와, 자기들 단체만 구원받고 세상 모든 교회는 심판받을 것이라는 독선에 빠진 이단들의 발호를 기억하시고, 그곳에 미혹된 영혼들을 하나님께서 건져 주옵소서! 그 열심이 특심해서 보통 신앙생활로는 따라가지도 못할 이들입니다. 건져 주시옵소서!

이미 교만과 탐욕으로 양심에 화인 맞은 저들을 불쌍히 여기시어 스스로는 멸망의 구렁에 빠져서도 더 이상은 주님의 거룩한 공동체의 울타리를 파괴하는 엄청난 죄를 범하지 않게 하옵소서! 오늘도 그들을 사랑하는 가족과 가까운 지인들이 잃어버린 영혼들을 위하여 함께 기도하고 있습니다. 지금 신음하듯 울부짖는 그들의 작은 신음소리를 들어 주옵소서!

이미 이단에 영혼을 팔아버린 이들의 가련함을 기억하시되, 어디에, 얼마나 깊은 곳까지 빠져있다 할지라도 하나님의 강한 팔로 저들을 건져 구원하여 주옵소서! 특히 순수한 영혼으로 평범한 신앙생활을 하던 이들이 그 거짓에 미혹되어 생명을 잃지 않게 하옵소서! 주님의 시대에도 존재하던 이단에서 주님의 피로 사신 교회를 하나님께서 지켜 주시옵소서!

이단에 대하여 경고하신 예수 그리스도의 이름으로 기도드립니다. 아멘!

땅의 기도
이단의 발호(跋扈)를 막기 위하여 드리는 기도!

"이는 가만히 들어온 거짓 형제들 때문이라 그들이 가만히 들어온 것은 그리스도 예수 안에서 우리가 가진 자유를 엿보고 우리를 종으로 삼고자 함이로되"

(갈라 2:4)

사랑하는 하나님! 이 땅에 하나님께서 주님의 교회를 세우신 다음 교회의 안팎에는 얼마나 많은 이단들이 발호하는지 모릅니다. 교회를 세울 생각은 안하고 주님의 피로 세우신 교회에 가만히 침투하여 교회를 어지럽히고 흔들어 혼란스럽게 합니다. 연약하고 무지한 영혼들은 이 이단들의 간교하게 훈련된 말에 힘없이 넘어가 가정과 인생이 파탄을 맞고 맙니다.

특히 신학기가 되면, 낯선 환경과 문화에 대한 기대와 동경으로 설레는 가슴을 안고 캠퍼스에 발을 디딘 새내기들에게 접근하여 그들의 영혼을 노략질하고 있습니다. 하나님께서 보이지 않는 교회 안에 가만히 들어와, 영혼을 노략질하는 이단에 대하여 강한 방패가 되어 주옵소서! 그 전에 저희가 선제적으로 이단의 진을 부수는 공격적 방어를 하게 하시옵소서!

언제나 가만히 들어온 거짓 영(靈)인 이단들은 '다른 영', '다른 예수', '다른 복음'을 전하지만 그리스도인들은 바른 영과 다른 영에 대해 지식이 없고,

다른 예수를 전해도 예수님의 실체에 대해서 아는 바가 별로 없습니다. 그래서 그들이 전하는 거짓 이론에 반박할 능력도 없습니다. 이렇게 속수무책으로 당한 영혼들의 울부짖음이 들릴 때는 이미 늦었습니다.

전혀 복음이 아닌 다른 복음, 짝퉁 복음을 전해도 복음을 누구에게 제시해 본적도 없는 이들이 복음의 진위여부를 판단할 수 없습니다. 하나님께서 긍휼히 여기사 모든 성도들이 복음에 대해, '바른 복음'과 '거짓복음'에 대한 분별력을 주옵소서! 교회 교육을 통해 복음의 능력이 모든 성도들에게 고루 전달되게 하옵소서! 특히 다음 세대 영혼을 지켜 주옵소서!

새 학기 처음 들어온 새내기들은 중고등학교 내내 학교공부와 입시 스트레스 때문에 복음에 대한 교육과 학습은커녕 예배조차 제대로 못 드리며 지나온 이들이 태반이고, 설령 예배를 드려도 예배에 집중하고 은혜를 사모하는 시간은 거의 못 가진 상태로 지난 몇 년을 보냈습니다. 그렇게 복음에 무지하거나 차단된 채 지나온 새내기들에 비해 이단은 무섭습니다.

오늘날 한국교회를 무력하게 한 원흉인 이단들이 이제는 발호를 멈추게 하시고, 아직 아무런 무장도 방비도 되지 않은 젊은 청년들이 자신의 영혼을 지키는 일에 최선을 다하게 하옵소서! 새봄, 새 학기만 아니라 일 년 내내, 새내기 때만이 아니라 사회인이 되어서도 이단의 세력으로부터 자신과 가족을 지키고 영혼의 안전을 지키는 성도들이 되게 하시옵소서!

저희의 영혼을 사랑하시는 예수 그리스도의 이름으로 기도드립니다. 아멘!

5. 행복한 교회르 위하여 드리는 기도!!

땅의 기도

죄를 범하여 무너진 목회자들을 위하여 드리는 기도!

"대답하되 주여 없나이다 예수께서 이르시되 나도 너를 정죄하지 아니하노니 가서 다시는 죄를 범하지 말라 하시니라." (요한 8:11)

하나님의 사도로 부르심을 입고 복음을 위해 정진하던 어느 날, 외롭고 힘겨운 사역의 틈에 순간 방심하여 죄의 미혹에 마음을 빼앗긴 목회자들이 있습니다. 그런 일이 일상이 된 양심에 화인 맞은 이들도 있지만, 거의는 한 순간의 실수가 인생을 무너지고 사회에서 매장당하는 일들이 있습니다. 그 어리석음은 책망하시고 하나님께서 한 번 기회를 주시옵소서!

그 일이 인간의 순간 욕망을 어거하지 못해 일어난 일이라면 죄가 가져온 아픔이 얼마나 큰지 본인이 깨닫고, 다시는 죄의 유혹에서 자신을 주어 씻을 수 없는 과오를 더 이상 저지르지 않도록 붙잡아 주옵소서! '용서'는 무한한 은총이 아니라 '다시는 죄를 짓지 않는' 무서운 약속이자 엄한 명령임을 알아 사역하기도 바쁜데 죄에 자신을 던지지 않게 하옵소서!

'한 번 실수가 병가지상사'라는 말은 전쟁하는 군인들에게는 혹 통용되는 말일지 모르나 냉정하고 분명한 그리스도의 사도들이 가는 순명(順命)의 길에는, 비슷한 것도 심지어 그림자도 용납이 안 되는 것인즉 실제 그런 죄의 자리에 있었다면 자신을 성령님의 조명아래 제물로 드려 교회를 살릴 수 있게 하옵소서! 처절하리만큼 무서운 회개가 있게 하옵소서!

교회는 사도의 목숨보다 귀하고, 심지어 주님의 목숨보다 귀한 공동체입니다. 교회는 주님께서 십자가의 피로 사신 곳인데, 주님의 생명을 갈아 넣은 신앙공동체를 한 사역자의 실수로 무너지게 해서는 안 되는 줄 압니다. 어떻든 사역자가 교회를 살려야 할 책임을 지고 파송을 받았는데, 오히려 교회를 무너뜨리는 주역이 되지 않도록 주님께서 지켜 주시옵소서!

그러나 혹여 사실이 왜곡되고 어떤 행동에 오해가 있어 불거진 일이라면, 자신의 행동을 바로잡고 조금이라도 문제의 소지가 될 틈을 주거나 오해 받을 일을 금하여, 끝까지 더러운 소문의 근원지가 되지 않도록 '수신제가 (修身齊家)'하여 자신을 점검하고, 악한 소문에서 벗어나게 하옵소서! 하나님께서 천군천사를 동원하시어 억울하게 된 이들을 지켜 주옵소서!

교회 안에는, 교묘하게 부끄러운 일을 날조하여 조작된 증거들로 목회자를 괴롭히는 이들도 있습니다. 하나님께서 마귀의 종이 되어 무죄한 이들의 피를 흘리는 악한 이들을 제하여, 이들이 두고두고 주의 종들을 괴롭히며 교회를 무너뜨리는 자리에서 하나님의 교회를 지키는 의로운 천사가 될 수 있게 하옵소서! 사람을 변화시키시는 하나님께서 도와주시옵소서!

용서하고 사랑하시는 예수 그리스도의 이름으로 기도드립니다. 아멘!

땅의 기도
주님의 교회가 부흥되기 위하여 드리는 기도!

"하나님의 말씀이 점점 왕성하여 예루살렘에 있는 제자의 수가 더 심히 많아지고 허다한 제사장의 무리도 이 도에 복종하니라." (사도 6:7)

하나님! 저희가 땅에서 가진 가장 간절한 소원은 주님의 교회가 매일 부흥하는 일입니다. 오늘도 믿는 사람들이 일어나게 하시고, 어제까지 하나님을 알지 못했거나 부인하던 이들이 오늘 하나님께로 나아오게 하옵소서! 예배당마다 하나님의 백성들로 가득하게 하시고, 그렇게 하나님을 믿는 이들이 예배당에 발 디딜 틈이 없는 인산인해를 이루게 하시옵소서!

모든 가게들이 손님이 없어서 아우성임에도 어느 식당에는 사람들이 자리를 잡으려고 다투어 달려갑니다. 아직 식사 시간도 안 되었는데, 한 시간씩 30분씩 미리 와서 자리를 잡으려고 난리입니다. 식사를 마치고 나오다 보면 번호표를 받고 의자에 앉아 기다리는 이들이 많습니다. 하나님! 오늘 우리 교회들이 언제든 이렇게 사람들로 붐비게 하여 주시옵소서!

예배시간이 되기 전에 주차를 위해서 달려오고, 앞자리에 앉으려고 다투어 오게 하여 주옵소서! 멀고 가까운 곳에서 10분이라도 먼저 도착하여 자리를 잡으려는 이들로 입추의 여지가 없기를 기도합니다. 예배당 앞에 대기표를 받고 줄을 서 있는 진풍경이 교회마다 일어나게 하시옵소서! 부흥의 시대는 끝났다는 자조적인 탄식이 이제는 멈추어 지게 하옵소서!

초대교회에 "하나님의 말씀이 점점 왕성하여"라고 했듯이, 오늘 이 시대에 하나님의 말씀이 강단에서 폭발하게 하옵소서! 말씀의 능력이 모든 믿는 이들을 변화시켜 주옵소서! "예루살렘에 있는 제자의 수가 더 심히 많아졌다."고 하셨으니, 오늘 우리시대에도 무리들 가운데 훈련받고 쓰임 받는 제자들의 수가 많아지게 하옵소서! 하나님의 기적을 만나고 싶습니다.

"허다한 제사장의 무리도 이 도에 복종했다."고 했는데, 복음을 훼방하고 예수님을 비난하고 십자가에 못 박던 이들이 복음 앞으로 나오게 하여 주옵소서! 교회마다 거리마다 믿고 나아오는 이들이 꾸역꾸역 몰려오게 하시되, 동서남북 원근각처에서 사람들이 찾게 하는 음식의 맛이 있듯이, 다른 곳에서 느낄 수 없는 신비한 말씀이 강단에서 쏟아지게 하옵소서!

모든 강단 사역자들에게 영력을 더해주시고, 서커스 한 시간을 위해서 피를 토하듯이, 때로는 그 일에 자신의 목숨을 걸듯 최선을 다하게 하옵소서! 한 시간의 말씀 한 편을 위해 설교자는 목숨을 걸고, 성도들은 찾아오는 이들이 교회에 정착하여 하나님의 자녀가 되도록 온 몸을 내어주게 하옵소서! 교회마다 '구호'가 아니라 '몸'으로 부흥을 일구게 하옵소서!

교회 부흥의 주역이신 예수 그리스도의 이름으로 기도드립니다. 아멘!

5. 행복한 교회르 위하여 드리는 기도!!

땅의 기도
주일을 지킬 수 없는 이들을 위하여 드리는 기도!

"예수께서 이르시되 너희 중에 어떤 사람이 양 한 마리가 있어 안식일에 구덩이에 빠졌으면 끌어내지 않겠느냐 사람이 양보다 얼마나 더 귀하냐 그러므로 안식일에 선을 행하는 것이 옳으니라 하시고" (마태 12:11-12)

오늘도 예배하는 날인데 예배에 함께하지 못하는 이들을 위하여 기도합니다. 하나님께서 그들을 불쌍히 여겨 주옵소서! 세상이 움직이는 데 필요한, 필수 인원임을 기억해 주시고 용서와 자비를 구합니다. 도저히 자리를 비울 수 없는 이들이 있습니다. 그들을 사랑하여 친히 위로하시고 격려하시며 힘을 주셔서, 마음에 있는 안타까움과 가책을 제하여 주시옵소서!

그런 이들 가운데는 버스 운전기사도 있고, 항공기 조종사나 승무원도 있고, 해외 선박을 운행하는 선장이나 승무원들도 있습니다. 이제 모든 승객들을 성도로 생각하고 기내나 선내 서비스를 예배로 생각하게 하시고, 어느 곳에 있든지 하나님을 찬양하고 "하늘 높은 곳에 갈지라도 거기 하나님이 계신다."고 했으니 실제 하늘에서 하나님을 경험하게 하시옵소서!

또 "바다 끝에 갈지라도 거기 하나님이 계신다."고 했으니, 원양어선을 타고 먼 바다에 간 선원들이 함께 위로받게 하여 주옵소서! 시내버스 등 대중교통의 기사들은, 그들이 움직이지 않으면 세상이 멈춰 서고, 하다못해 예배당에 예배하러 오는 이들조차 움직일 수 없습니다. 모쪼록 그곳이 어디든 일하는 곳에서 예배하게 하시며 하나님의 위로를 얻게 하옵소서!

그밖에도 필수 요원들이 많습니다. 병원의 응급실, 수술실을 비우면 사람들이 목숨을 잃거나 어려움을 겪게 됩니다. 자신의 삶을 드리는 예배가 가납되기 원하는 성도들을 기억하여 하나님께서 친히 심방해 주시기 원합니다. 사회 안전과 치안을 위하여 필수 근무 인력으로 남아 있는 경찰서나 소방서등의 기관에 소속되어 근무하는 당직자들도 기억하시옵소서!

모든 응급 당직자들이 자신을 그곳에 둔 것이 하나님의 특별한 사명이라고 생각하게 하옵소서! 한 순간 사고가 나고, 화재가 발생하여 그가 자리에 없었으면 감당할 수 없는 엄청난 재난들을 감당하고, 강력한 사건들을 해결하고 화재를 진압하였다면, 그들을 통해 안전과 생명을 지킬 수 있었기에 이를 하나님 앞에 드리는 산 제물로 여기시고 받아 주시옵소서!

교회의 차량 봉사를 하는 이들이나, 주방봉사를 하는 이들, 기타 행정을 보기 위하여 자리를 지키는 이들이 이른 예배에 참여하지만, 오래 근무하다 보면 예배에 대한 소중함이 없고 간절함이나 진실함이 사라집니다. 그들의 믿음을 지켜주셔서 예배시간에는 예배에 전념하게 하시고, 예배 후에 다시 봉사할지라도 예배의 자리에선 최선의 예배자가 되게 하옵소서!

우리의 예배를 기다리시는 예수 그리스도의 이름으로 기도드립니다. 아멘!

땅의 기도
직장에 다니는 신앙인들을 위하여 드리는 기도!

"너희는 세상의 소금이니 소금이 만일 그 맛을 잃으면 무엇으로 짜게 하리요 후에는 아무 쓸 데 없어 다만 밖에 버려져 사람에게 밟힐 뿐이니라 너희는 세상의 빛이라 산 위에 있는 동네가 숨겨지지 못할 것이요" (마태 5:13-14)

사랑의 하나님! 저희의 주변에 직장에서 생활하는 그리스도인들을 위하여 기도합니다. 우선 저들이 월요일부터 5일 동안 직장에 나가서 근무할 때, 다른 이들보다 더 성실하고 정직하게 부지런히 일하게 하옵소서! 믿지 않는 이들에게 그리스도이라는 사실을 성실함과 정직함을 통해 증명하게 하옵소서! 신앙인으로 진실하게 일하는 모습이 감동이 되게 하옵소서!

직장의 상사들에게는 정중하되, 비굴하게 아첨하지 아니하고, 동료에게는 우월감이나 자존심을 버리고 동료의식으로 서로 섬기며, 아랫사람들에게는 따뜻하고 자상하게 대하게 하옵소서! 윗사람 모두에게는 인정받는 사람이 되고, 동료에게는 신뢰받고, 아랫사람들에게는 존경받게 하옵소서! 언제나 중심을 잃지 않고 자신의 위치를 정확히 알고 바로 살게 하옵소서!

회사의 대표나 상사들에게는 일하는 자세로 승부를 내고, 업무 처리 능력으로 인정받게 하옵소서! 부서나 팀 안에 있는 동료들에게는 인품으로 인정받게 하시고, 아랫사람들에는 더 이상 할 말이 없는 시대의 표상이 되게 하여 주옵소서! 회사의 역사가 아무리 흘러도, 그 시대의 인물을 다루는 다큐멘터리에 자신이 조명되는 신실한 사람이 되게 하여 주시옵소서!

 출근하는 직장이 어떤 곳이든, 어떤 일을 하는 자리이든, 자신이 부름 받은 곳을 사명지로 생각하고, 그곳이 평생직장이요, 마지막 직장이라는 생각으로 일하게 하시며, 직장에 대한 소속감과 애정을 갖게 하옵소서! 언제나 먼저 출근해서 성실하게 근무하다가 퇴근 할 때는 사무실 구석구석 살펴보고 퇴근하는, 마치 내 사업장 같은 마음으로 일하게 하시옵소서!

어느 직장이든 직장생활이 쉬운 것은 아니지만, 그렇다고 어렵고 힘들기만 한 것도 아님을 알고, 주어진 자리에서 맡겨진 일을 잘 감당하는 저들이 되게 하옵소서! 늘 감사하는 마음으로 살되, 부정적인 생각을 버리고 날마다 기쁜 마음으로 일하는 저들이 되게 하옵소서! 출근하는 직장이 하나의 교회라는 생각으로 열심이 일하는 저들이 되게 하여 주시옵소서!

함께 얼굴을 맞대고 일하는 이들에게 일을 통해 본을 보이며 세상에 감동을 주게 하시고, 예수님이 구주되심을 전할 수 있게 하옵소서! 성실한 근무자세가 전도가 되고, 긍정적이고 창조적인 언어도 전도가 되게 하옵소서! 감사하는 마음 밝은 표정도 전도가 되어, 같이 일하는 팀원이나 상사 모두가 저들의 삶을 통해 복음을 보고 알게 되는 전도자 되게 하옵소서!

세상의 빛이라고 하신 예수 그리스도의 이름으로 기도 드립니다. 아멘!

땅의 기도

찬양대 (성가대) 지휘자들을 위하여 드리는 기도!

"이에 백성은 외치고 제사장들은 나팔을 불매 백성이 나팔 소리를 들을 때에 크게 소리 질러 외치니 성벽이 무너져 내린지라 백성이 각기 앞으로 나아가 그 성에 들어가서 그 성을 점령하고" (여호 6:20)

전능하신 하나님! 저희의 예배를 받으시고 저희가 올리는 기도와 찬양을 받으시기를 기뻐하시며, 늘 찬양 중에 거하시는 하나님! 오늘 예배를 위한 제사장 그룹인 찬양대, 그 중에 찬양대 지휘자를 위하여 기도합니다. 하나님께서 교회를 섬기는 모든 크고 작은 교회의 찬양대 지휘자를, 하나님의 교회에서 드리는 예배의 소중한 지휘 책임자로 기억하여 주시옵소서!

예배에서 찬양은 말씀 선포만큼이나 귀중하며, 이를 책임진 찬양대는 그야말로 제사장 같은 이들이며 대원들의 찬양을 하모니로 일구어 하나님께 바치는 찬양대 지휘자는 천사가 부러워할 존귀한 신분입니다. 이들이 찬양하는 대원들의 다양한 화음을 하나로 엮어 하나님께 올릴 찬양의 제물을 준비하기 위하여, 자신을 성별하고 하나님께 온전히 서게 하옵소서!

각 파트의 다양한 음색을 하나로 만들어 화음을 이루고, 그들의 마음을 하나님께로 올라가도록 하는 일에 온 에너지를 쏟게 하시고, 그의 눈빛과 손끝에 성령님의 번뜩이는 지혜와 능력이 임하게 하옵소서! 그 눈으로 혹은 손으로 지휘하는 대원들의 악기나 음정들이 하나가 되어 하나님께 올리는 극상품 향기로운 제물로 봉헌하기 위해 최선을 다하게 하옵소서!

대원들 한 사람 한 사람을 사랑하는 믿음의 자녀로, 복음의 제자로 돌보아 그들의 음악적 소양과 발성, 주법들을 통일된 영성으로 끌어가게 하시고 대원들의 가슴으로 드리는 찬양으로 온 대지를 적실 수 있는 영감 넘치는 찬양이 되게 하여 주옵소서! 파트 장은 물론 대원 한 사람 한 사람의 미세한 음정도 잘 다듬어 훌륭한 찬양대로 만들어 바치게 하옵소서!

부지휘자나 반주자, 악기 연주자, 악보 담당자, 총무나 서기 등 모든 이들과의 원만한 지휘를 통해 수십, 수백 명의 단원들이 하나 된 영과 하나 된 마음으로 하나 된 찬양을 드리게 하시고, 이 찬양이 말씀과 어우러져 그날의 예배가 더욱 영광스럽고 온전하게 하옵소서! 언제나 겸허한 마음으로 성경 본문과 교회의 절기를 따라 탁월한 선곡도 이루어지게 하옵소서!

예배 참석자들 중에는 언제나 찬양대가 올리는 찬양에서 은혜를 사모하는 이들이 많아지게 하시고, 찬양 속에 표현되는 지휘자의 영성이 아름답게 하옵소서! 지휘자 한 사람이 찬양대의 미래를 좌우하고, 찬양대 하나가 교회의 부흥과 영적 건강성을 견인해가는 것을 알고, 한 사람의 지휘자가 일당백의 역할을 감당할 수 있는 겸손한 지휘자가 되게 하옵소서!

저희의 찬양을 받으시는 예수 그리스도의 이름으로 기도드립니다. 아멘!

땅의 기도
찬양대와 찬양단을 위하여 드리는 기도!

> "그리스도의 말씀이 너희 속에 풍성히 거하여 모든 지혜로 피차 가르치며 권면하고 시와 찬송과 신령한 노래를 부르며 감사하는 마음으로 하나님을 찬양하고"
>
> (골로 3:16)

하나님! 어느 나라 어느 교회나 하나님을 예배하는 데는 찬양이 항상 앞에 있습니다. 성경에도 '비파'와 '수금'을 연주하는 찬양대의 찬양이 있었습니다. 지금도 마찬가지로 각양의 악기를 가지고 찬양하며 온 성도들이 찬양하며 또 찬양대가 찬양을 드립니다. 비교적 찬양대는 젊은이들이 주를 이루고 있고, 특히, CCM은 젊은이가 아니면 소화하기도 어렵습니다.

하나님은 찬양 중에 거하시고 찬송을 기뻐하십니다. 온 몸으로 노래하고 영으로 노래하는 찬양을 받아 주시옵소서! 하나님의 영광을 노래하고, 하나님께서 하신 일을 찬양하고, 하나님의 사랑을 찬양하는 노래가 언제나 예배당 안에 가득하게 하옵소서! 특히 저희들의 영성을 자극하고 하나님께 나아가게 하는 찬양이 예배당의 예배 때마다 가득하게 하시옵소서!

찬양의 동력이 차고 넘치게 하시고, 그 찬양이 성도들의 사랑을 하늘로 밀어 올리게 하옵소서! 특히 젊은 청년, 중고등부, 어린이들의 뜨거운 찬양이 하나님께 상달되게 하시옵소서! 예배드리러 나온 이들이 찬양에 힘을 얻고, 찬양을 드리며 힘을 얻어, 은혜의 보좌 앞으로 나아가게 하옵소서! 인도하는 이들이 살아있는 예배, 역동적인 예배를 이끌게 하시옵소서!

특히 예배에 나오는 성도들을 찬양으로 이끌어 하나님께 나아가게 하옵소서! 침체되어 있던 믿음, 의욕을 상실했던 믿음이 다시 소생하는 역사가 찬양을 통해 일어나게 하옵소서! 죽어가던 영혼들과 잠들어있던 영혼들이 찬양을 통해 일어나게 하옵소서! 무력하던 이들, 죄의 늪에 짓눌려있던 영혼들이 찬양을 드리며 깨어나 하나님께로 달려 나아가게 하옵소서!

위축되었던 영혼들이 찬양으로 가슴을 펴고 일어서게 하옵소서! 잠자던 영혼들이 찬양으로 자리에서 깨어나게 하옵소서! 죽어있던 영혼들을 살아나게 하는 능력 있는 찬양이 하늘을 찌르게 하옵소서! 찬양이 하나님 보좌에 상달되게 하시고, 저희의 병든 영혼의 가슴을 휘젓고 치유의 역사가 일어나게 하시옵소서! 하나님이 기뻐하시는 역사가 나타나게 하시옵소서!

예배 중 찬양을 드리는 찬양대, 회중들의 찬양을 인도하는 찬양단, 특별한 초대나 특별한 순서에 찬양을 드리는 모든 이들, 목소리나 악기나 춤으로 하나님을 높이는 모든 이들이 하나님께서 기뻐 받으시는 제물이 되게 하옵소서! 전통악기나 국악으로 하나님을 높이는 예배나, 현대 악기나 현대 음악으로 하나님을 예배하는 예배와 찬양을 모두 받아 주시옵소서!

저희의 찬양을 받으시는 예수 그리스도의 이름으로 기도드립니다. 아멘!

땅의 기도

천국 환송 예배(장례예배/발인)를 위하여 드리는 기도!

"그리스도께서 죽은 자 가운데서 다시 살아나셨다 전파되었거늘 너희 중에서 어떤 사람들은 어찌하여 죽은 자 가운데서 부활이 없다 하느냐" (고전 15:12)

하나님! 오늘 원로 목사님의 '천국 환송 예배'를 드립니다. 이제 땅에서는 더 이상 만날 수 없지만, 불원간 더 아름다운 곳에서 다시 만날 일을 생각하며 보내드리고자 온 교우들과 한 자리에 모였습니다. 목사님은 이 교회에서 30년이 넘는 세월을 성도들을 돌아보며 목회의 길을 달려 오셨습니다. 저희들이 그 마음을 다 헤아리지 못 한 것을 용서해 주옵소서!

30년 넘는 동안 한 교회를 지키며 힘들고 어려운 일이 많이 있으셨겠지만 일체 내색하지 않으셨고, 모든 짐을 홀로 지고 가셨습니다. 은퇴 이후 21년을 지나는 동안도 변함없이 교회를 사랑하는 마음으로 사셨습니다. 이제 세상의 수고가 다 끝나고 하나님이 예비하신 영원한 나라에 가셨으니 사랑으로 보내드립니다. 그간의 수고와 눈물을 기억하여 주시옵소서!

귀하신 목사님은 주님의 보내심을 입고, 땅에 사시는 91년 동안을 거의 하나님과 동행하셨으며, 그동안 몇몇 교회를 섬기셨지만 특별히 저희교회를 30년 넘게 섬기셨으니 큰 상이 있으실 줄 믿습니다. 하나님께서 귀한 목

사님께 영광의 면류관을 씌워주실 줄 믿습니다. 사모님과 후손들도 위로
해 주옵소서! 자녀들에게도 아버지의 상을 베풀어 주실 줄 믿습니다.

사도 '바울'이 "나는 선한 싸움을 싸우고 나의 달려갈 길을 마치고 믿음을
지켰으니 이제 후로는 나를 위하여 의의 면류관이 예비 되었으므로 주 곧
의로우신 재판장이 그 날에 내게 주실 것이며 내게만 아니라 주의 나타나
심을 사모하는 모든 자에게도 니라."(딤후 4:7-8)하셨으니, 그의 믿음을 부
끄럽게 하지 않으실 하나님께서 목사님을 기억하여 주시옵소서!

인생들은 누구나 흙으로 지으셨기에 흙은 다시 땅으로 돌아가고, 영은 주
신 하나님께로 돌아갈 때에, 인간적인 이별의 아픔은 더 아름답고 행복한
나라에서의 상봉을 기대하며 이기게 하옵소서! 언제나 저희를 사랑하시는
하나님! 우리의 가슴에 견딜 수 없는 슬픔은 약한 인간이 가지는 어쩔 수
없는 아픔이고, 오늘 하나님의 말씀에 위로를 받고 가게 하옵소서!

인간의 태어나고 죽는 생로병사의 모든 순간을 친히 섭리하고 주관하시는
하나님, 이제 고인을 육신으로 마지막 보내며. 환송하는 저희 마음을 하나
님께서 위로하시어, 이곳을 떠난 유해가 다시 화로(火爐)에 들어가 먼지 같
이 재로 나올 때까지, 유해가 다시 한 줌의 흙이 되어 땅에 뿌려질 때까지
예전을 따라 진행되는 모든 순서들을 엄숙하게 지켜 주옵소서!

인간의 생명 주관자이신 예수 그리스도의 이름으로 기도드립니다. 아멘!

땅의 기도

하나님께서 기뻐하시는 교회가 되기 위하여 드리는 기도!

"너는 말씀을 전파하라 때를 얻든지 못 얻든지 항상 힘쓰라 범사에 오래 참음과 가르침으로 경책하며 경계하며 권하라." (딤후 4:2)

사랑의 하나님! 저희 교회가 '예배하는 교회'가 되게 하여 주옵소서! '사랑하는 교회', '봉사하는 교회'가 되게 하옵소서! '기도하는 교회'가 되게 하옵소서! 그러나 무엇보다 '전도하는 교회'가 되게 하옵소서! 전도에 열심 내게 하시고, 전도가 삶이 되게 하시고, 전도에 특화된 교회가 되게 하옵소서! 전도를 말하고 전도를 꿈꾸게 하시되 전도를 실천하게 하옵소서!

우리 교회가 서 있는 곳, 본디 전도하기 가장 어려운 곳이 예배당 주변인데, 이곳부터 전도하게 하여 주옵소서! 전도하기 가장 어려운 이유가 있습니다. 그동안 저희들의 부끄럽고 강퍅하고 무례한 모습을 너무 많이 보여주어 그렇습니다. 늘 시끄럽고 남의 집 앞에 차 세우고 오가면서 미안하다, 고맙다, 죄송하다는 인사 한 번 안하고 지난 후안무치가 되었습니다.

불가항력적인 것은 어쩔 수 없을지라도, 예배당이 주택가에 있어서 도저히 자체 주차장으로 소화할 수 없다면, 좀 힘들어도 공용 주차장이나 멀리 떨어진 곳, 근처 주민들의 방해를 안 끼치고 불쾌감이 없는 곳에 주차하고, 걸어오는 수고를 기꺼이 감당하게 하옵소서! 차 세우고 편안히 들어오는 바람에 한 영혼에게 복음이 들어갈 틈을 막지 않게 하옵소서!

예배당에 나오고 싶은데도 매주일 만나는 낮 두꺼운 사람들이 보기 싫어 교회를 멀리한다면, 우리가 그들을 실족하게 하는 것이고, 저희 목에 연자 맷돌을 메고 바다에 던지는 것이 낫다고 하셨으니 정신 차리게 하옵소서! 예배당에 오며가며 만나는 이들에게 자신을 정중히 소개하고, 복음을 전하게 하옵소서! 때를 얻든지 못 얻든지 틈만 나면 전하게 하옵소서!

세상에 사는 사람들은 교회에 대하여 좋은 인상을 가진 이들이 많지 않습니다. 거리에 나가서 전도지를 주며 거리 전도를 할 수도 있습니다. 이웃에 찾아가서 저희들의 교회를 소개할 수도 있습니다. 피켓을 들고 가서 행인들에게 복음과 교회를 소개할 수도 있습니다. 그러나 가장 가까이 있는 이들에게 복음을 전하는 이웃전도, 관계전도를 열심히 하게 하시옵소서!

하나님! 아는 사람이면 아는 대로, 모른 사람이면 모르는 대로, 가깝고 멀고의 관계에 상관없이 복음을 전하고 교회를 소개할 수 있게 하옵소서! 먹고 마시고, 앉고 일어섬이 하나님의 영광을 위하여 하게 하시고, "많은 사람을 옳은 데로 돌아오게 한 자는 별과 같이 영원토록 빛나리라."(다니 12:3)고 하셨으니 모든 성도들이 하늘의 별처럼 빛나게 하여 주옵소서!

복음 전파를 명령하신 예수 그리스도의 이름으로 기도드립니다. 아멘!

땅의 기도
헌금하는 이들을 위하여 드리는 기도!

"예수께서 제자들을 불러다가 이르시되 내가 진실로 너희에게 이르노니 이 가난한 과부는 헌금함에 넣는 모든 사람보다 많이 넣었도다." (마가 12:43)

이 땅에서 하나님의 사랑을 입고 사는 동안, 언제나 일상에 필요한 재물을 주심이 은혜입니다. 말씀에 "저희를 가난하게도 부하게도 마시고 오직 필요한 양식으로 나를 먹이소서!"(잠언 30:8)했는데, 저희도 "혹 배불러서 하나님을 모른다, 야훼가 누구냐 할까 하며, 혹 가난하여 도둑질하고 하나님의 이름을 욕되게 할까."(잠언 30:9)하며 두려워하게 하시옵소서!

그러나 일생을 감사하며 사는 일에는 최선을 다하게 하시되 언제나 믿음으로 드리게 하옵소서! 저희가 하나님의 전에 예물을 드릴 때마다, 그것이 물질의 복을 얻으려는 동기가 되지 않게 하옵소서! 십일조를 드려도 주신 것의 십일조이고, 감사를 드려도 주신 것에 대한 감사입니다. 하늘의 복을 저희가 드리는 물질로 환산하여 하나님을 기망하지 않게 하옵소서!

상상할 수 없이 엄청난 재물을 드려도, 모두 하나님께로부터 온 것이요, 하나님께서 주신 것입니다. 주신 것을 다 갚으려면 몸을 다 드려도 모자랍니다. 그러나 억만금을 주고도 바꿀 수 없는 귀한 생명을 저희가 누리며,

그 중에 머리카락 하나만한 작은 물질을 드리면서 우쭐해 하지 않게 하옵소서! 당연한 십일조를 드리면서 '헌금'이라고 생각지 않게 하옵소서!

사랑받음이 감사해서 예물을 드리면서 드린다는 마음으로 하지 않게 하옵소서! 금도, 은도 하나님의 것이요, 지금 살고 있는 집도, 타고 다니는 자동차도 모두 하나님께서 주신 것입니다. 오늘 드리는 헌금도 하나님께서 부어주신 것의 백분의 일, 천분의 일도 안 됩니다. 미련한 인생들이, 받은 것은 작고 드린 것은 큰 줄 아는 어리석음에서 깨어나게 하옵소서!

십 억짜리 집에서 살면서 십만 원을 감사하면 0.01%입니다. 1억짜리 월세 집에 살아도 그 감사는 0.1%입니다. 그러나 모든 것들이 아버지로부터 왔음을 고백합니다. 거짓되고 위선된 저희의 믿음을 온전하게 하옵소서! 평생의 시간을 다 드려도 그 시간을 선물하신 분은 하나님이시고, 있는 것을 다 드려도 내 것이 아니라 하나님께서 주신 것임을 알게 하시옵소서!

물질을 많이 드린다고 목에 힘주지 않게 하시고, 형편이 어려워 헌금을 못한다고 예배생활조차 멀리 하지 않게 하옵소서! "삼림의 짐승들과 뭇 산의 가축이 다 내 것이며, 산의 모든 새들도 내가 아는 것이며, 들의 짐승도 내 것임이로다."(시편50:10–11)고 하셨습니다. 물질은 악한 것이라는 극단적 생각도, 사랑하여 만 가지 죄의 뿌리를 키우지도 않게 하옵소서!

저희들의 복의 근원이신 예수 그리스도의 이름으로 기도드립니다. 아멘!

6.
신앙의 절기를 위하여
드리는 기도!!
(34편)

왜 기도해야 하는가?

신앙의 절기를 위하여!

"안식일에 우리가 기도할 곳이 있을까 하여 문 밖 강가에 나가 거기 앉아서 모인 여자들에게 말하는데" (사도 16:13)

우리나라에는 법령에 따라 '국경일'이 있고, '국가공휴일'이 있습니다. 나라의 경사(慶事)를 축하하고 이를 기념하기 위하여 국가에서 법으로 정해 놓은 '국경일'은 모두 5개인데 삼일절, 제헌절, 광복절, 개천절, 한글날이 있습니다. 모두 중요하고 의미 있는 날입니다. 이날은 정부가 주관하여 기념식을 하고 이날의 의미를 되새기고 있습니다. 모르는 이들이 없습니다.

'공휴일(公休日)'은 공적으로 쉬는 날입니다. 관공서의 공휴일은 매 주일(일요일)과 제헌절을 제외한 국경일, 1월 1일, 설날(음력1월1일)을 포함 앞뒤로 하루씩, 어린이날, 현충일, 추석날과 앞뒤하루씩, 석탄일, 성탄절, 대통령과 국회의원 선거일 등이 있습니다. 법령에 따라 넣고 빼기도 합니다. 물론 다른 공휴일과 겹치면 하루를 더 쉬는 '대체공휴일'도 있습니다.

교회 안에서도 이런 큰 절기가 있는데 '부활절'과 '추수절'이 있고 '성탄절'이 있습니다. 두개의 절기는 '주일'에 지키고 성탄절은 해당되는 12월 25일 당일에 지키는데, 여기서 '지킨다.'는 말은 이를 기념하는 예배를 드린다는 의미입니다. 성경에 나오는 성서시대에는 유대인의 3대절기로 유월절(무교절), 오순절(칠칠절/초실절), 초막절(장막절/수장절)이 있었습니다.

지금 우리는 이렇게 교회에서 탄생한 절기들, 즉 '부활절'과 '맥추절', '추수절', '성탄절'을 지키고 역사적 의미가 큰 '오순절'은 '성령강림절'로 지킵니다. '부활절'과 '성탄절'은 유대교에는 당연히 없는 절기입니다. 이런 절기에는 기념하는 예배가 있고 여기에 필요한 기도가 있습니다. 그래서 '신앙과 절기를 위하여 드리는 기도'는 이 때 드린 기도를 모았습니다.

참고로 이곳에 올린 모든 기도의 항목은 미리 이런 항목의 기도를 해야겠다고 정하고 드린 기도가 아니고, 매일매일 그때의 일정을 따라 기도한 후에 나중에 기도문을 보고 "아, 이 기도는 여기 맞는 기도구나!"하고 판단되어 항목에 넣은 것입니다. 그런데 아직도 우리는 절기, 의식, 예전(禮典)에 많이 둔감한 편입니다. '가톨릭'이나 '성공회'에서 배우고 싶습니다.

사실, 이런 교회의 큰 절기나 행사 때에는 기도드린 대로 여러 편을 올리고 싶지만 '매일의 기도' 형식의 정보 제공을 염두에 두다보니 풍성한 기도집이 되지는 못했습니다. 최소한의 지면에 하루 한 편만 함께 기도한다 해도 800쪽을 넘게 되는 기도의 분량 상 더 이상은 어려운 듯 하고. 이 부분은 차후에 2집, 3집이 나오면서 더욱 풍성해 지리라고 확신합니다.

땅의 기도
고난 주간 금요일에 드리는 기도!

> "예수께서 큰 소리로 불러 이르시되 아버지 내 영혼을 아버지 손에 부탁하나이다 하고 이 말씀을 하신 후 숨지시니라 백부장이 그 된 일을 보고 하나님께 영광을 돌려 이르되 이 사람은 정녕 의인이었도다 하고" (누가 23:46-47)

사랑의 하나님! 오늘 기도하기 전에 이미 가슴이 먹먹해지는 날입니다. 하나님의 독생자 예수님이 세상에 오셔서 마치 중죄를 지은 죄인의 괴수가 되어 다른 두 명의 강도 한 가운데 십자가에 못 박혀 죽으신 날입니다. 용기 없는 '빌라도'는 자신의 양심과 부인의 간절한 권면에도 불구하고 자신의 책임을 피하고자 손을 씻고 사형판결을 내린 비굴한 날입니다

이미 온 몸의 무수한 채찍 자국에서 검붉은 피가 흘러내리는 예수님께서, 흉악한 강도 '바라바'의 자리에서 대신 처형당하시던 때에 "나의 하나님, 나의 하나님! 어찌하여 나를 버리십니까?"하고 울부짖으실 때도 침묵으로 일관하신 아버지이십니다. 아들의 외침에 외면하심으로 해와 달과 별이 모두 빛을 잃고 온 세상이 캄캄해진 칠흑 같은 역사적 암흑의 날입니다.

성난 유대인들과 부화뇌동한 무리들이 거칠게 예수님의 처형을 외치고 있을 때, 그동안 병을 고쳐주고, 귀신을 쫓아주는 등 은혜를 입은 수백 명의

수혜자들은 모두 어디론가 사라지고, 주님의 나라에서 한 자리씩 차지하려 얼굴에 핏대를 올리던 제자들도 모두 숨어버린 뒤 외롭게 남은 예수님은 홀로 죽으셨습니다. 유일하게 '요한'만이 십자가 아래에 있었습니다.

어머니 '마리아'에게 불효로 떠남을 고하고, '요한'에게 노후를 의탁한 다음, 하나님도 외면하신 외로운 십자가 위에서 예수님은 "다 이루었다!"는 선언을 하셨습니다. 여느 사람이 30년을 살면서도 겪지 못할 반대, 비난, 야유, 배척을 받으면서 외롭게 달려오신 3년의 세월 속에, 인류구원의 성업(聖業)완수를 선언하시는 순간, 인류 역사에 구원의 은혜가 임했습니다.

그날 십자가의 참혹한 현장을 말없이 지켜보시던 하나님께서는 아직 남은 안식의 일정을 마치게 하신 다음, 부활의 영광을 주시고 그 손과 발과 가슴에 선명한 채찍자국과 창자국과 가시관 자국에서 흐르다 말라버린 피의 흔적을 그대로 간직하신 채 부활을 주셨고, 후에는 하나님 보좌의 우편에 앉히셨습니다. 인류 구원 역사의 절정을 이루신 성 금요일입니다.

하나님! 이날에는 찬송도 기도도 말씀도 멈춘 채 오직 십자가 위에 죽으시면서 목마름으로 외치시던 예수님과, 곧 이어 우리의 구원의 완성을 선언하신 외마디 선언을 곱씹으며 하루를 보내도 모자랄 것입니다. 하나님, 고맙습니다. 죄로 범벅된 수치스러운 인생들을 살려 자녀의 권세를 주시려고 아들 예수님을 이 땅에 버리심에 떨리는 마음으로 감사드립니다.

우리를 위해 자신을 버리신 예수 그리스도의 이름으로 기도드립니다. 아멘!

땅의 기도
고난 주간 목요일에 드리는 기도!

> "저녁 잡수시던 자리에서 일어나 겉옷을 벗고 수건을 가져다가 허리에 두르시고 이에 대야에 물을 떠서 제자들의 발을 씻으시고 그 두르신 수건으로 닦기를 시작하여" (요한 13:4-5)

예수님은 제자들에게 명하여 준비한 다락에서 제자들과 마지막 저녁식사를 하셨습니다. 이 식사는 주님의 심장이 멈출만한 식사인데 아직도 제자들은 지금 무슨 일이 일어나고 있는지 모른 채 서로 더 높은 자리에 앉는 그림을 그리고 있었습니다. 그날 예수님은 우리 주요 선생님이셨지만 스스로 낮은 자 종이 되어 겸손으로 모든 제자들의 발을 씻겨주셨습니다.

이제 더 이상 미룰 수 없는 각각의 역할이 있고, 이 일을 지적하셨으나 '유다'는 그 말이 무슨 뜻인지 모르고, '베드로'는 그런 일이 일어나리라는 상상도 못했습니다. 오늘도 저희들은 여전히 예수님을 팔아 자신의 배를 채우기도 하고, 알량한 위협을 피하려 예수님 부인하는 일을 손바닥 뒤집듯 합니다. 저희의 이기적이고 기회주의적인 더러운 마음을 용서하옵소서!

"시험에 들지 않도록 기도하라!"고 하셨지만 장담만 늘어놓습니다. 주님의 경고를 무시한 '시몬'이 하찮은 여종 앞에서 무너지듯, 장담하던 저희 기도가 무너지면서 모든 것이 무너졌습니다. 주님의 말씀에 귀를 기울이게 하시고, 주님의 경고에 옷깃을 여미고 깨어 기도하게 하옵소서! 지금도 저희의 마음이 완악하거나 교만해질 때마다 주님의 눈을 보게 하옵소서!

예수님은 그 밤에도 여전히 땀이 땅에 떨어질 때 핏방울처럼 붉은 땀을 쏟아내며 기도하시는 모습을 봅니다. 심장이 찢어지고 실핏줄이 다 터지도록 기도하시는 주님의 맞은편에서, 주님께서 어떤 마음으로 간절한 기도를 드리시는지도 모른 채 잠들어 있던 제자들이 저희의 모습이었습니다. 하나님의 용서와 사랑을 기도합니다. 오늘 잠에서 일어나게 하옵소서!

잠에서 일어나 부르짖는 주님의 기도 소리를 듣게 하시고, '유다'를 앞세우고 몰려올 대제사장의 군대를 보게 하옵소서! '말고'의 귀를 자르는 혈기의 싸움이 아니라, 주님 말씀을 따라 기도하며 순종하게 하옵소서! 주님을 부인하는 절체절명의 위기가 다가올 때 기도로 위기를 이기게 하옵소서! 깊은 잠에 빠져있는 이들이 어떤 위기를 만나는지 보게 하옵소서!

모든 인류의 죄를 용서해 주기 위해 하나님이 정하시고 주님께서 가신 길은 고통 없이 가볍게 걸어서 도달할 수 있는 길이 아니라, 자신의 생명을 내놓고 담판하는 무서운 길임을 알게 하여 주옵소서! 오늘 주님이 드린 기도는 주님도 피하고 싶으셨던 대로 "저의 원대로 마옵시고 아버지의 원대로 되기를" 원하시는 일이었음을 알고 감사하는 절기 되게 하옵소서!

피 같은 땀을 흘리며 기도하신 예수님 이름으로 기도드립니다. 아멘!

땅의 기도

고난 주간 수요일에 드리는 기도!

"그 때에 대제사장들과 백성의 장로들이 가야바라 하는 대제사장의 관정에 모여 예수를 흉계로 잡아 죽이려고 의논하되 말하기를 민란이 날까 하노니 명절에는 하지말자 하더라." (마태 26:3-5)

하나님! 예수님의 죽음이 가까워지고 예수님은 예수님대로 마지막 가르침을 주시려 분주하셨고, 제자들은 제자들대로 어수선한 날들을 보냅니다. 이제 하루 이틀이 지나면 다시는 더 이상 주님을 육신적으로 대면하여 볼 수 없고, 십자가에 죽으시는 주님을 보며 영적 혼란이 올 것입니다. 분주한 시간들이 정신없이 지나가고 있을 때도 여전히 주님은 가르치셨습니다.

대제사장들과 서기관들은 계속 함정을 찾기 바쁜 채, 정적(政敵)이 된 예수님을 어떻게든 죽일 생각으로 가득 차 있었고, 제자들은 제자들대로 예수님이 왕권을 잡았을 때의 자기 위치와, 그렇지 않고 자신들의 기대를 저버리고 말았을 때의 좌절감을 극복할 방법을 찾고 있었습니다. 그렇게 흐르는 시간 속에 하나님의 구원역사는 완성을 향해 달려가고 있었습니다.

하나님! 오늘 한국교회를 주님께서 내려다보실 때 어떤 마음이 드실까 생각해봅니다. 이때처럼 언제나 권력자는 교회를 말살하거나 권력의 하수인으로 부리거나, 아무 생명 없이 모인 무력한 공동체로 전락시켜 버리고 싶은 욕망으로 가득합니다. 교회는 기도의 함성이 하늘을 찌르는 것이 아니라, 교회들마다 이상하고 의미 없는 무익한 논란으로 가득합니다.

여전히 방황하는 시대에 정신을 못 차린 교회들이 뒤엉켜 하나님의 마음을 안타깝게 하는 시대에, 저희가 분별력을 가지게 하옵소서! 지금 주님의 시간은 다가오는데, 제자들은 자기 위치도 못 찾고 허둥대는 모습이 오늘 주님의 시간이 다가오는데 여전히 술 취한 사람처럼 횡설수설하는 저희와 똑같습니다. 하나님의 사랑이 이 땅위에 풍성하게 하여 주시옵소서!

깨닫지 못하는 어리석음이 있다면 지혜를 주시고, 배우지 않으려는 교만함이 있다면 배우려는 겸손을 주옵소서! 몰라서 잘못 가고 있을 때 책망이 들리면 가슴을 열고 받아들이게 하옵소서! 제자 된 저희가 무지하고 어리석은 무리들에게 길을 안내하고 방향을 제시해야 할 터인데, 오만함이 하늘을 찔러 배우지도 행하지도 않습니다. 저희를 용서하여 주옵소서!

저희는 여전히 예수님을 믿어온 세월만 자랑하고, 교회 안에서 얻은 직분에 힘을 주고 삽니다. 오만함에서 벗어나게 하시고, 자만함에서 깨어나게 하옵소서! 교만의 옷을 벗게 하시고, 진리 앞에 겸손하게 하옵소서! 맹인이 맹인을 인도하는 어리석음을 벗게 하시고, 보지 못하고 보는 줄 착각하는 것에서 일어서게 하옵소서! 저희의 무지함을 일깨워 주시옵소서!

우리의 길이요 진리이신 예수 그리스도의 이름으로 기도드립니다. 아멘!

6. 신앙의 절기를 위하여 드리는 기도!!

땅의 기도
고난 주간 월요일에 드리는 기도!

"이에 가르쳐 이르시되 기록된바 내 집은 만민이 기도하는 집이라 칭함을 받으리라고 하지 아니하였느냐 너희는 강도의 소굴을 만들었도다 하시매." (마가 11:17)

하나님! 예수님께서 생애 마지막 주간에 '예루살렘'에 올라오셔서 보내신 한 주간을 저희가 '고난 주간'이라고 부르고, 특별히 기도하는 기간으로 지냅니다. 예수님은 평소에도 촌음을 아껴 기적을 행하고 병든 자를 고치시고 말씀을 선포하셨지만, 특히 마지막 한 주간은 더욱 분주한 마지막을 보내셨습니다. 예루살렘에 들어오자마자 성전을 돌아보셨습니다.

이 성전은 당신이 열두 살 때 처음 예루살렘에 올라오셔서, 절기를 지키고 돌아가는 길에 홀로 남아 고향으로 가던 부모들이 사흘 후에 성전에서 예수님을 만났을 때 "선생들 중에 앉으시어 그들에게 듣기도 하시며 묻기도."(누가 2:46)하셨습니다. 오늘 저희도 늘 성전을 사랑하는 마음으로 성전에 관심하고 성전을 중심으로 성전 안에서 살게 하여 주시옵소서!

저희들의 눈이 늘 성전에 와서 성전을 사랑하는 마음으로 돌아보고, '만민의 기도하는 집'이라고 말씀하신 '성전'에서 늘 기도의 영성을 지키게 하시옵소서! 성전의 정결을 위하여 늘 깨어있게 하시고, 성전이 세속 문화에 오염되는 것을 보며 분노하는 믿음을 주시옵소서! 그 성전이 말씀을 가르치고 배우며, 하나님께 기도하는 본디 목적대로 쓰임받기 원합니다.

'베다니'에서 주무시고 예루살렘으로 들어오시던 월요일 아침에 시장하신 예수님께서 무화과 열매를 구하실 때, 아직 무화과의 철이 아니라 열매를 드리지 못하던 안타까운 무화과나무가 뿌리부터 말라버린 것을 봅니다. 오늘 하나님께서 저희에게 구하시는 무화과가 무엇인지 그걸 요구하실 때 그 때가 언제라도 하나님께 드릴 수 있는 저희가 되게 하시옵소서!

종일 성전을 돌아보고, 그들의 불의하고 타락한 모습을 보며 분노하시고, 저들의 상을 들러 엎으시고 장사하는 이들을 내쫓으신 거룩한 분노가 저희에게도 있게 하시옵소서! 공연한 일로 분 내고 폭발하는 것이 아니라, 하나님의 공의가 무너지는 것을 보며 분노하고, 거룩함이 훼손되고 구별의 담이 무너질 때, 분노하는 하나님의 사람들이 되게 하여 주시옵소서!

하나님의 거룩한 역사의 시계가 지금도 멈추지 않고 계속해서 흘러가는데, 게으르지 않고, 촌음을 아껴 하나님 구원역사의 도구가 되게 하시옵소서! 하나님의 뜻을 행한 결국은 만사형통이고 축복이 아니라, 고난과 죽음에 이르는 길이라도 분연히 그 길에 서게 하시고, 거룩한 분노로 인한 불이익을 당할지라도 역사의 진전을 이루는 삶을 살게 하여 주시옵소서!

결국은 고난이 구원임을 보여주신 예수님의 이름으로 기도합니다. 아멘!

6. 신앙의 절기를 위하여 드리는 기도!!

땅의 기도
고난 주간 월요일에 드리는 기도!

"그들이 예루살렘에 들어가니라 예수께서 성전에 들어가사 성전 안에서 매매하는 자들을 내쫓으시며 돈 바꾸는 자들의 상과 비둘기파는 자들의 의자를 둘러엎으시며" (마가 11:15)

하나님! 저희들이 '고난주간'으로 부르는 첫 날 월요일에 '베다니'에서 주무시고 올라오신 예수님은 '예루살렘' 성전의 난장판이 된 모습을 보시고 분노하셨습니다. 거기는 오래전부터 제사장들과 결탁한 장사치들이 진을 치고 자신들의 배를 불리고 있었습니다. 제사드릴 양과 염소를 파는 이들도 있었고, 성전 세를 내기 위해 '세겔'을 바꾸려는 환전상도 있었습니다.

당연히 호객하는 소리, 흥정하는 소리, 짐승들의 우는 소리, 무리들의 요란한 소리가 성전의 기도 소리를 대신하고 있었고. 성전의 향냄새나 기도의 향보다 진한 짐승들의 배설물 냄새가 진동하고 있었습니다. 또 비둘기 털이 사방에 흩날렸습니다. 눈에 거슬리고 코를 자극하는 아수라장 된 성전을 보신 주님은 분노하시어 이들을 모두 성전 밖으로 내쫓으셨습니다.

갑자기 당한 그들이 당황하여 머뭇거리고 있을 때, 채찍으로 짐승들을 때려 내쫓으신 주님은 분노의 음성으로 그들을 향하여 "기록된바 내 집은 만민이 기도하는 집이라 칭함을 받으리라고 하지 아니했느냐? 너희는 강도의 소굴을 만들었도다."(마가 11:17)고 하셨습니다. 이 성전은 바로 주님의 몸이신데, 탐욕으로 가득한 저희의 마음을 정화시켜 주시옵소서!

이 놀라운 광경을 목격한 백성들은 놀라고 있고, 자신들의 권위도 훼손당하고, 실리(實利)도 사라지는 현장을 목격한 대제사장들과 서기관들은 예수님을 죽이려는 음모를 꾀하고 있었습니다. 전능하신 하나님! 오늘날 이 땅의 교회 안에도 교권과 탐욕에 눈이 어두운 이들이 자신의 배를 불리기 위하여 권력을 탐하고 교회를 어지럽히는 이들을 용서해 주옵소서!

사순절을 지키고 고난주간을 천 번을 지켜도 탐욕의 눈으로 바라보는 성전은 한낱 이익의 도구에 불과합니다. 저희들의 눈을 밝히 열어 성전에서 기도의 향을 사르게 하옵소서! 기도의 눈물이 성전에 가득하게 하옵소서! 성전에서 기도의 함성이 하늘을 찌르게 하시고, 성전에 저희 가슴을 찢는 회개의 울부짖음이 구석구석에서 하늘에 상달되게 하여 주시옵소서!

예수님의 답답함이 폭발하던 첫 번째 고난 주간에 우리에게 주신 교훈을 보게 하옵소서! 지도자인양 자처하던 대제사장과 서기관들처럼 눈앞에 있는 이익만 바라보고 있는 것은 아닌지 모르겠습니다. 두려움으로 성전에 오게 하옵소서! 채찍에 맞고 쫓겨 가는 무리가 되지 않게 하옵소서! 세상에서 위협을 당해도 진리를 사수하려는 열정이 가득하게 하옵소서!

성전의 주인이 되신 예수 그리스도의 이름으로 기도드립니다. 아멘!

땅의 기도

고난 주간 토요일에 드리는 기도!

"그리스도께서도 단번에 죄를 위하여 죽으사 의인으로서 불의한 자를 대신하셨으니 이는 우리를 하나님 앞으로 인도하려 하심이라 육체로는 죽임을 당하시고 영으로는 살리심을 받으셨으니 그가 또한 영으로 가서 옥에 있는 영들에게 선포하시니라" (벧전 3:18–19)

사랑의 하나님! 천지개벽이 일어나는 것 같은 무서운 폭풍우가 골고다 언덕을 휩쓸고 지나간 후의 첫 안식일입니다. 주님은 '아리마대'사람 '요셉'의 무덤에서 만물과 함께 잠들어 계셨습니다. 그러나 주님은 그 때도 지옥의 영혼들에게 사랑의 화신으로 당신을 보이셨습니다. 인류구원을 위한 구세주의 치열한 삶의 자취를 봅니다. 하나님의 선하신 경륜이 고맙습니다.

주님은 안식일에 무덤에서 안식하시고, 부활의 날에는 안식을 마치고 부활하심을 보게 하시니 고맙습니다. 오늘 저희도 이 땅에서 죽음의 강을 건너면 안식할 것이고 다시 부활의 생명으로 하나님 앞에 있게 하실 터인데 이날에 대한 소망으로 세상을 살게 하시고, 비록 이 땅의 숨이 멈추어도 잠시 안식 후에는 하나님 앞에서 그리운 아버지를 뵐 것을 기대합니다.

영원한 왕이며 하나님이신 예수님께서 완전한 인간을 입고 오셔서 저희 죄를 용서하고, 저희의 구원을 위하여 죄인이 되시고, 죄인이 받을 형벌인 죽음을 대신 받으시고, 다시 부활의 영광을 주심이 얼마나 신비한지 모릅니다. 대신 죄를 지고 죽으심으로 저희 죄 짐을 벗겨주심이 신비요, 믿음으로 주님과 함께 죽고, 주님과 함께 사는 신비를 주심이 고맙습니다.

오늘 저희들이 죄의 형벌을 받아야 할 십자가 그곳에서 주님께서 못 박히심은 저희들을 대신해서 죄의 형벌을 받으심이요, 그렇게 형벌 받으신 주님께서 다시 살아나심은 저희에게 영원한 생명을 약속하심입니다. 그렇게 하나님의 생명을 받고 그리스도 안에서 새 생명 얻은 자로 하나님의 자녀 되는 특권을 주시니 이 놀라운 은혜를 항상 가슴에 두게 하옵소서!

그러므로 저희가 이 땅에서 비록 숨질 때라도 주님이 주시는 부활의 생명이 있음이 큰 은혜와 상급입니다. 오늘도 세상의 죽음을 두려워하지 않고 죽음 이후에 맞이하게 될 부활의 생명에 관심하게 하시고, 부활이요 생명이신 주님과 함께 죽고 다시 함께 사는 역사를 허락하여 주옵소서! 살아계신 하나님은 저희 믿음을 부끄럽게 아니하실 것을 믿기에 행복합니다.

전능하신 하나님! 지금 침묵의 순간에도 제 속에 생명이 있고, 안식의 시간에도 하나님은 일하시는 것을 믿습니다. 하나님은 먼저 일하고 쉬셨고, 저희는 창조된 직후 먼저 쉬게 되었습니다. 그리고 후에 일했습니다. 이런 놀라운 은혜를 감당하게 하옵소서! 이제 주님의 고난을 기념하고 추억하며 새기는 고난 주간 마지막 날에 저희 마음이 자유하게 하옵소서!

우리를 위하여 죽고 사신 예수 그리스도의 이름으로 기도드립니다. 아멘!

땅의 기도
고난주간 화요일에 드리는 기도!

"이틀이 지나면 유월절과 무교절이라 대제사장들과 서기관들이 예수를 흉계로 잡아 죽일 방도를 구하며 이르되 민란이 날까 하노니 명절에는 하지 말자 하더라."

(마가 14:1-2)

사랑의 하나님! 성전을 정결케 하신 다음 예수님에게 시시각각 위협은 더해 갔습니다. 당시 정치나 종교의 세력을 함께 쥐고 있고, 특히 성전 관리를 책임지고 있던 대제사장들과 서기관들은 어떻게 하면 예수님을 죽일까 모의하고 계략을 준비하여 예수님을 죽일 명분을 찾기 시작합니다. 실제로 죽이는 것은 유월절 후로 미루었지만 계속해서 기회를 봅니다.

어떻게 하면 질문을 통해 예수님을 곤경에 빠뜨릴까 골몰해 있었습니다. 그러나 예수님을 지극히 사랑하는 '베다니'의 '마리아'는 자기의 생애 최고로 소중하게 생각하는 귀한 향유 한 옥합을 가지고 나아와 식사하시는 예수님의 머리에 부었습니다. 물질을 탐하여 성전 뜰 좌판까지 분양한 지도자도 있었고, 반대로 자신의 생명같은 향유를 부은 여인도 있었습니다.

베다니 나병환자 '시몬'의 집에서 식사하실 때에 한 여자가 매우 귀한 향유 한 옥합을 가지고 나아와서 식사하시는 예수님 머리에 향유를 부었는데(마태 26:7) 그런 꿈도 못 꾸어본 제자들은 이 아름다운 장면에 감동하기는커녕 분개하여 "무슨 의도로 이것을 허비하느냐?"(마태 26:8)고 시비합니다. 단순한 비난이 아니라 예수님께 드린데 대한 야비한 분노입니다.

하나님! 우리가 여전히 가난한 이들을 핑계하면서 책망하는 말의 대부분은 허황된 말일 수도 있고, 이웃에 대한 이야기의 대부분은 자기 탐욕일 수도 있습니다. 탐욕은 항상 끝없는 이기심과 질투만을 낳고, 그 질투 때문에 선한 사람들은 선을 행하고도 비방 받는 것을 봅니다. 무지한 인생들은 예나 지금이나 예수님의 본질을 모른 채 종교인으로 머물고 있습니다.

그러나 예수님은 "이 비싼 향유를 팔아서 가난한 자를 도왔으면 엄청나겠다."는 제자들을 책망하시고 여인의 편을 들어주셨습니다. 제자들의 허언(虛言)은 들은 체도 안하신 예수님은 "너희가 어찌하여 이 여자를 괴롭게 하느냐? 그가 내게 좋은 일을 하였다. 가난한 자들은 항상 너희와 함께 있거니와 나는 항상 함께 있지 않는다."(마태 26:10-11)고 하셨습니다.

이미 예수님은 "이 여인이 향유를 부은 것은 바로 내 장례를 위하여 함이니라."고 선언하시고(마태 26:12) "천하에 어디서든 이 복음이 전파되는 곳에서는 이 여자가 행한 일도 말하여 그를 기억하리라."(마26:13)고 하십니다. '유다'는 대제사장에 가서 은 30을 받고 예수님을 넘길 계략을 세웁니다. 이 슬픈 화요일에 우리가 말씀에 바로 서도록 붙잡아 주옵소서!

우리의 주가 되려 팔리신 예수 그리스도의 이름으로 기도드립니다. 아멘!

땅의 기도

맥추절에 드리는 기도!

"칠칠절 곧 맥추의 초실절을 지키고 세말에는 수장절을 지키라 너희의 모든 남자는 매년 세 번씩 주 여호와 이스라엘의 하나님 앞에 보일지라." (출애 34:22-23)

하나님! 이제 여름 추수 절기이자 전반부 6개월을 지내고 반년동안 지켜주신 하나님을 찬양하는 '맥추절'입니다. 교회에서 많은 교회력을 지키고, 연회나 총회에서 정한 기념일들이 있지만 맥추절처럼 희망의 절기가 없습니다. 새로운 후반기 역사를 시작하는 이때 우리가 하나님의 강력한 인도하심을 위해 기도하게 하옵소서! 영광스러운 맥추절이 되게 하옵소서!

예배하는 저희에게 첫 곡식을 드리는 설렘을 주시고, 이 날에 다시 가을 농사에 대한 희망을 주옵소서! 하나님께서 밀이며 보리며 여름 감자며, 때 이른 곡식들을 주심으로 춘궁기를 비켜가게 하시고, 아직도 먼 가을까지 먹을 것이 귀한 때에 철 이른 농산물을 선물해 주심으로 상상치도 못한 방법으로 가난하고 어려운 서민들의 시름을 덜어주시니 참 고맙습니다.

하나님께서 춘하추동 사시사철을 주시되, 어느 절기에도 꽃과 새들을 보게 하시고, 과일과 채소, 곡물들을 주시고, 어느 계절에도 풍성귀며 생선이며 풍성하게 주심이 은혜입니다. 곡식이 떨어지는 시기에 식량을 주심이 감사합니다. 특히 7월 첫 주에는 열심히 품고 기도하던 '태(胎)신자'를 교회에 초청하여 복음을 소개하고 전도하는 '새신자' 환영축제가 시작됩니다.

해마다 초여름과 늦가을 맥추(麥秋)와 추수절기 즉. 보리와 벼를 추수하는 이 절기에 영혼의 추수도 함께 하게 하시고, 이런 때일수록 저희들에게 먹을거리를 주신 하나님을 마음껏 찬양하는 은혜를 허락하여 주옵소서! 주신 열매를 하나님께 드리고, 다시 주실 열매를 열심히 가꾸며 더 큰 추수의 기쁨을 주실 하나님께 마음껏 감사의 찬양을 드리게 하옵소서!

이제는 목축 시대나 농경 사회가 아니기에, 비록 땅을 파고 씨를 뿌리는 파종과 돌봄, 추수 등 농사 절기의 기쁨은 아닐지라도, 산업사회의 꽃인 기계와 제품들이 때마다 풍성하게 쏟아지는 기쁨이 있게 하옵소서! 많은 공장에서 제품들이 생산되어 소비자에게 전달될 때까지 생산과 유통의 전 과정을 하나님께서 지키시어 저들의 수고가 헛되지 않게 하옵소서!

오늘 성소에 달려와서 하나님께서 주신 첫 열매로 감사의 제사를 드릴 때에 하나님께서 그들의 마음을 풍성하게 하시고, 제단에 바치는 즐거움이 땅을 기경(起耕)하고 파종하여 가꾸고 거두어들이는 기쁨 못지않게 기쁘게 하옵소서! 지금 첫 곡식의 맥추절 절기부터 가을 곡식을 드리는 수장절 추수절 까지 성도들의 삶에 늘 감사와 기쁨이 충만하게 하시옵소서!

추수 때라고 말씀하신 예수 그리스도의 이름으로 기도드립니다. 아멘!

6. 신앙의 절기를 위하여 드리는 기도!!

땅의 기도
부활절 아침에 드리는 기도!

"청년이 이르되 놀라지 말라 너희가 십자가에 못 박히신 나사렛 예수를 찾는구나 그가 살아나셨고 여기 계시지 아니하니라 보라 그를 두었던 곳이니라."

(마가 16:6)

전능하신 하나님! 오늘 아침은 하늘의 보좌를 떠나 이 땅에 오셔서 온갖 멸시와 수모를 당하시며 끝내는 십자가에 못 박혀 죽으시고, 무덤에 장사지낸바 되셨다가 사흘 째 되던 날 무덤을 깨뜨리고 승리를 선언하신 주님께서 부활하신 날입니다. 어둠의 권세를 깨뜨리고 부활하여 저희들에게 구주가 되신 날이요, 주님께서 마귀에게 최후 승리를 얻으신 날입니다.

교회는 지난 '재의 수요일'부터 시작해서 46일 동안 오직 주님만 사모하며 기다렸습니다. 사모하며 기도하고, 기도하며 금식하고, 다시 부활의 날에 영광스러운 모습으로 임하실 주님을 기대했는데, 오늘 부활의 능력으로 오신 주님께서 저희 영혼들을 에워싸고 있는 모든 어둠의 그늘을 걷어 주옵소서! 주님 때문에 아파하고, 힘들던 시간을 털어버리게 하옵소서!

부활의 능력이 필요한 곳이 너무 많습니다. 부활의 감격이 필요한 곳도 너무 많습니다. 죄의 노예로 사는 이들에게 자유를 주옵소서! 어둠에 세력에

볼모로 붙잡힌 이들에게 광명의 빛을 주옵소서! 이제는 용기 없이 살던 비겁한 인생을 정리하고, 부활의 주님과 함께 능력의 시간을 살게 하시고, 이제는 억압과 긴장이 아니라 자유와 평화를 누리게 하여 주옵소서!

오늘까지 변함없이 사랑하는 마음으로 사순절을 지키게 하신 하나님. 저희가 부활의 날에, 움츠러들었던 신앙의 날개를 활짝 펴고 날게 하옵소서! 두려움에 떨며 주님을 고백하거나 전하지도 못하던 유약한 저희들을 용서하여 주시고, 이제는 전능하신 하나님을 사랑하는 마음으로 담대히 하나님을 전하게 하옵소서! 부활의 날 이전과는 다른 삶을 살게 하옵소서!

이제 두려워 숨었던 저희의 믿음이 무덤에서 벌떡 일어나 예수님의 부활을 선포하는 저희들이 되게 하옵소서! 담대한 마음으로 부활하신 주님의 빈 무덤을 전하는 부활의 증인이 되게 하옵소서! 부활절 이후에 저희의 삶에 담력을 주옵소서! 더 이상은 자신에게 다가오는 위협과 박해 앞에 도피하는 연약함을 버리고 담대하게 일어서 하나님을 높이게 하옵소서!

십자가의 슬픔과 두려움에서 어깨를 펴고 부활의 능력을 힘입게 하옵소서! 두려움 대신 담력을 주시고, 비겁함 대신 용기를 주옵소서! 주님과 함께 죽고, 주님과 함께 부활하는 승리의 삶이 되게 하옵소서! 어둠과 슬픔의 시간은 지나가고 빛과 기쁨의 시간이 오게 하시고 매일 절망하고 좌절하던 시간에서 부활의 노래를 부르며 하나님께 나아가게 하옵소서!

우리를 위해 부활하신 예수 그리스도의 이름으로 기도드립니다. 아멘!

땅의 기도
부활절에 드리는 기도! (1)

"그가 여기 계시지 않고 그가 말씀 하시던 대로 살아나셨느니라 와서 그가 누우셨던 곳을 보라." (마태 28:6)

전능하신 하나님! 사순절을 보내고 마지막 '종려 주일'과 '고난 주간'을 지나 부활의 아침을 맞습니다. 인생들의 죄 짐을 지고 십자가에서 죽으시고, 부활의 아침까지 무덤에 머무시면서 인류 구원의 꿈을 꾸시던 주님께서 다시 살아 나셨는데, 성경은 "그를 사망의 고통에서 풀어 살리셨으니, 이는 그가 사망에 매여 있을 수 없었음이라."(사도 2:24)고 하셨습니다.

캄캄한 무덤에서 부활하신 주님께서 이미 "나는 부활이요 생명이라."(요한 11:25)고 선언하셨습니다. 우리에게도 부활의 능력을 덧입혀 주신 줄 믿습니다. 예수님께서 십자가 고난을 겪고 죽으신 이후, 침묵의 삼일 만에 다시 사심으로 능력을 보여주시듯이, 죽음이 예비 된 세상에서 부활의 희망을 품게 하시고, 절망 중에 부활을 희망하며 살게 하시옵소서!

캄캄한 어두움이 저희들을 질식시키려고, 서서히 생명을 잠식해오던 때, 생명의 근원이시며 창조자이신 하나님께서 다시 생명을 불어 넣으시고, 예수님이 죽음을 이기고 다시 사신 생명의 주가 되게 하심을 믿습니다. 그리하여 잠자는 자들의 첫 열매가 되게(고전 15:20)하심도 믿습니다. 주님과 함께 고난에 동참한 이들이 부활에 동참하게 하시옵소서!

오늘까지 신앙생활 하면서 많은 고난을 겪으며, 건너야 하는 죽음의 강들이 있습니다. 믿음으로 하나님과 함께 이 강을 건너게 하시옵소서! 죽음 앞에 비굴하게 목숨을 구걸하지 않게 하시고, 순교자의 믿음으로 나아가게 하시옵소서! 우리의 생명을 지배하는 사망권세를 이기고, 부활의 권세로 살려 주시옵소서! 부활의 능력과 감동으로 충만케 하시옵소서!

이제 첫 번 부활절 이후 숱한 증인들이 "예수님이 다시 사셨다."는 부활 증언을 따라 이천년 만에 하나님을 믿었는데, 부활의 능력을 덧입은 저희들이 부활의 증인이 되어 지상 최대의 날이자, 최고 영광의 날인 부활을 경험하며, 저희가 부활의 증인이 되게 하시고 부활의 능력이 충만한 교회가 되게 하시옵소서! 영원한 부활의 희망이 가득하게 하시옵소서!

저희들에게 부활이 없으면 인생 중에 제일 불쌍한 자가 되었을 것입니다. 이 놀라운 간증이 우리의 고백이 되어 부활을 사모하여 희망의 언덕을 오르게 하시옵소서! "나팔 소리가 나매 죽은 자들이 썩지 아니할 것으로 다시 살아나고 우리도 변화되리라."(고전 15:52)는 믿음으로 고난을 이기게 하시며, 사망 권세를 하나님의 부활권세로 이기게 하시옵소서!

영원한 부활의 첫 열매이신 예수님의 이름으로 기도합니다. 아멘!

땅의 기도
부활절에 드리는 기도! (2)

"또 빨리 가서 그의 제자들에게 이르되 그가 죽은 자 가운데서 살아나셨고 너희보다 먼저 갈릴리로 가시나니 거기서 너희가 뵈오리라 하라 보라 내가 너희에게 일렀느니라 하거늘." (마태 28:7)

하나님의 전능하심이 극명하게 들어난 부활의 아침입니다. 하나님의 아들까지 삼켜버린 죽음이 온 땅에 기득하던 첫 부활의 날 새벽에, 빛이신 주님께서 살아나시면서 어둠이 물려가고, 빛이 비쳤습니다. 밤이 지나고 새 날이 밝듯 죽음의 땅이던 무덤에 생명의 주님이 부활하심으로 영원한 생명의 숨을 쉬게 되었습니다. 생명이신 주님을 사망이 토해낸 날입니다.

하나님께서 아들을 십자가에 내어 주실 때 온 세상이 빛을 잃었듯이, 아들에게 생명을 주심으로 세상에 다시 빛이 오셨습니다. 세상의 빛으로, 세상의 생명으로 오신 예수님 때문에 저희가 빛이 되었고, 예수님 때문에 생명을 얻었습니다. 생명이요 부활이신 예수님 때문에 우리가 생명과 부활을 얻게 되었으니 고맙습니다. 이제 부활의 소망을 살게 하시옵소서!

깊은 내면에 예수님이 다시 사셨다고 고백하고, 온 세상을 향하여 예수님의 부활을 선포하는 부활의 증인이 되게 하시고, 아직도 죄와 죽음의 권세에 짓눌려 사는 인생들에게 다시 사신 주님의 구원을 전하게 하시옵소서! 죄에 끌려 다니며 사는 불쌍한 이들을 향하여 생명의 부활로 나오라고 외치게 하여 주시옵소서! 부활이 모든 이들의 기쁨이 되게 하시옵소서!

믿음도 없고, 구원의 주님도 모르고, 부활의 주님도 안 계신 채 지옥 같이 캄캄한 삶을 사는 잃은 영혼들을 기억하여 주시옵소서! 저들의 눈을 열어 부활의 주님을 뵈옵고 능력의 옷을 입게 하시옵소서! 부활하신 주님 앞에서 "내 주님이 어디 가셨는지 알려 달라!"(요한 20:15)고 구하던 '마리아'같은 영적 맹인에서 부활의 주님을 경험하고 일어서게 하옵소서!

죽음을 이기고 부활하신 승리의 아침에, 무덤 문을 부수고 부활하신 예수님은 지옥문을 깨뜨리고 부활의 능력으로 우리 앞에 오셨습니다. 온갖 두려움으로 가득한 세상에, 죽음을 이기신 예수님의 능력으로 두려움을 이기게 하시옵소서! 사람들이 세상에서 제일 두려워하는 죽음 이후의 삶을 영생으로 보장받은 저희들에게 이제 영적 담력을 허락하여 주옵소서!

세상이 끝인 줄 알고 사는 이들, 죄에게 노예처럼 끌려 다니는 어리석은 이들에게 부활의 능력을 알게 하시옵소서! "사망아 너의 승리가 어디 있느냐? 사망아 네가 쏘는 것이 어디 있느냐? 사망이 쏘는 것은 죄요 죄의 권능은 율법이라. 우리 주 예수 그리스도로 말미암아 우리에게 승리를 주시는 하나님께 감사하노라!"(고전 15:55–57)고 선언하게 하시옵소서!

죽음을 이기고 부활하신 우리 주 예수님의 이름으로 기도합니다. 아멘!

땅의 기도
사순절 넷째 주일에 드리는 기도!

"이르되 우리가 너희를 향하여 피리를 불어도 너희가 춤추지 않고 우리가 슬피 울어도 너희가 가슴을 치지 아니하였다 함과 같도다." (마태 11:17)

사랑의 하나님 앞에 사순절 네 번째 주일을 맞아 기도드립니다. 오늘도 저희를 받으시어 하나님의 백성으로 삼으시고 복을 주옵소서! 오늘도 저희의 예배가 예수님의 고난의 중심으로 들어가게 하시고, 오늘 저희들의 기도가 하나님께 기쁨이 되게 하옵소서! 치친 인생들이 하나님께서 주시는 위로에 힘을 얻고, 하나님의 사랑으로 넘치는 복을 받게 하시옵소서!

주님의 사역이 '예루살렘'에서 '갈릴리'로 이어지든, 그 사역이 '환영'과 '배척'으로 나누어지든, 아니면 그 일이 '말씀'에서 '병 고침'으로, 또는 '귀신을 쫓으심'으로 되든, 그 걸음은 결국 십자가를 향하고 있음을 봅니다. 예수님께서 40일을 기도로 시작하신 행보는 모두 '골고다'의 십자가 정점이었음을 볼 때, 저희가 지향하는 목적지도 십자가가 되게 하시옵소서!

오늘도 저희와 함께 하신 하나님! 저희의 앞에 가시는 주님의 걸음을 따라 묵묵히 십자가의 언덕으로 오르게 하시고, 사순절의 깊은 곳에 저희가 들어왔으니 더욱 주님을 사랑하고 더욱 하나님께 순종하게 하옵소서! 주님의 걸음이 순종의 걸음이고, 고난의 걸음이듯이 저희의 걸음도 주님을 묵묵히 따라가는 순종의 걸음이요, 고난의 걸음이 되게 하여 주옵소서!

엄청난 기적을 행하신 이후나 무서운 귀신을 쫓아 내신 후에도, 주님의 마음은 늘 하나님 아버지의 말씀에 순종하는 것이었습니다. 주님이 사람들로부터 환영을 받을 때에도 주님의 마음은 십자가를 지는 순종에 있었습니다. 제자들이 모두 예수님이 왕이 되면 자신이 누릴 영광을 꿈꾸고 있을 때에, 예수님의 마음은 오로지 십자가의 죽음에 집중되어 있었습니다.

저희에게 주님의 마음을 주시옵소서! 예수님처럼 아버지 앞에 순종 하려는 마음을 주옵소서! 예수님처럼 어떤 경우에도 하나님을 사랑하는 마음을 주옵소서! 제자들이 어떤 마음을 가지고 있어도 끝까지 그들을 사랑하신 예수님처럼 하나님 사랑하는 마음을 주옵소서! 제자들이 자신을 버리고, 떠난 후에도 끝까지 사랑하시듯 끝까지 사랑하는 마음을 주옵소서!

이제 사순절이 막바지로 갈 때, 하나님을 향한 저희들의 사랑이 더 고조되게 하시고, 한 해의 사순절을 보낼 때마다 더 깊은 영성을 유지할 수 있도록 도우시옵소서! 교회사에서 정한 절기들이 형식이 아니라 그 안에서 저희와 믿음이 자랄 수 있는 도구가 되고 신앙의 깊이를 더해가는 계기가 되게 하옵소서! 사순절이 끝나면 신앙성숙으로 행복하게 하옵소서!

저희를 위해 고난 받으신 예수 그리스도의 이름으로 기도드립니다. 아멘!

땅의 기도

사순절 다섯 째 주일에 드리는 기도!

"보라 우리가 예루살렘으로 올라가노니 인자가 대제사장들과 서기관들에게 넘겨지매 그들이 죽이기로 결의하고" (마태 20:18)

사랑의 하나님! 사순절 '재의 수요일'부터 달려, 이제 사순절 40일의 70%인 28일을 지났습니다. 마지막 다섯째 주간을 드리면 다음 주에 '종려주일'을 맞고, 드디어 사순절의 절정인 '고난주간'을 맞습니다. 숨 가쁘게 달려온 여기까지, 순전히 하나님의 도우심과 동행하심이 고맙습니다. 모쪼록 40일을 마치고 영광의 부활절 아침에 부활의 주님을 뵙고 싶습니다.

올해는 '사순절'에 유난히 세속적이고 정치적인 일로 시끄럽고 복잡하여 저희가 오롯이 경건생활에 집중하는데 많은 어려움이 있었습니다. 그럼에도 불구하고 하나님께서 붙잡아 주시고 함께해 주시어 은혜의 연속행진을 하게 하시니 고맙습니다. 저희는 어떤 상황에도 오직 하나님만이 저희의 주(主)요 목자이기에 하나님만 따라왔고, 앞으로도 그럴 것입니다.

우리가 지키는 '사순절'은 주님의 광야 40일 금식에는 비교할 바도 아니고, 주님 십자가 고난에는 더욱 비견될 바 아니지만, 그래도 주님을 사랑하는 마음으로 달리며 행복했음을 고백합니다. 주님의 기도에 동참하는 것이 행복하고, 주님의 십자가를 묵상할 수 있음이 무한 은혜입니다. 사순절을 지키면서 생각하지 못했던 은혜는 하나님의 특별한 선물이었습니다.

이제 하나님께서 저희들에게 주님의 기도에 동참하게 하시고, 주님의 고난을 묵상하며 함께 걷게 하시고, 주님의 삶과 죽음에 기꺼이 같이 하게 해주셨으니, 이 시대에 저희에게 주신 이 특권을 거절하지 말고 끝까지 즐겁게 가게 하옵소서! 때로는 주님과 함께 찬송하고, 때로는 주님과 함께 울며, 주님께서 앞서 가신 그 길을 함께 갈 수 있다는 게 영광입니다.

이제 예수님은 '갈릴리'의 사역을 마감하고 3년 동안 고락을 함께하며 정들었던 이들과, 아침저녁으로 제자들과 함께 걸었던 '가버나움'거리, 이른 새벽부터 나루터로 혹은 해변으로 가서 고기를 잡고, 말씀을 전하던 정든 '갈릴리' 호수와 '가버나움' 회당, 그리고 숱한 기적을 경험하게 했던 여러 사람들과 그들의 거처, 가정과 마을을 떠나 '여리고'로 내려갑니다.

'여리고'를 거쳐 '예루살렘'으로 들어가실 예수님의 행로에는 주님의 신분에 대한 확실한 증거를 보여주셔야 합니다. 하나님! 이제 저희도 우리의 일터인 교회, 혹은 사업장, 직장에서 사순절을 기해 자신을 돌아보며 주님의 길에 발을 맞추어 갈 만큼 준비하게 하옵소서! 올해 사순절은 주님과 지근거리에서 동행하는 감동적이고 아름다운 사순절이 되게 하옵소서!

십자가를 위해 예루살렘을 가신 예수님의 이름으로 기도드립니다. 아멘!

6. 신앙의 절기를 위하여 드리는 기도!!

땅의 기도

사순절 둘째 주일에 드리는 기도!

"너희는 하나님의 은혜에 이르지 못하는 자가 없도록 하고 또 쓴 뿌리가 나서 괴롭게 하여 많은 사람이 이로 말미암아 더럽게 되지 않게 하며" (히브 12:15)

사랑이신 하나님! 사순절을 시작하는 재의 수요일이 지난 지 열흘이 되었습니다. 저희의 입술에 사순절을 쉴틈 없이 읊조리는데 실상 사순절적인 삶은 잊어버린 채 열흘이 흘렀습니다. 하나님을 향하여 애통함도 없고, 슬퍼하는 마음도 없이 지나갔습니다. 세상은 여전히 로마의 군인들 같이 폭압과 겁박으로 가득한데 저희는 비겁한 침묵으로 일관하고 있습니다.

하나님께서 저희에게 참회할 마음을 주옵소서! 저희 속에 있는 죄를 통회하고 자복할 용기를 주옵소서! 저희 자신의 죄 뿐만 아니라 미쳐 날뛰는 세상의 죄를 자복할 용기도 주옵소서! 나라의 죄를 위해서도, 지도자의 죄를 위해서도 회개할 용기를 주옵소서! 침묵하고 넘어가는 투명한 의인이 되는 무서운 죄를 깨닫게 하옵소서! 진솔한 믿음의 고백을 주옵소서!

죄의 독소들과 주님을 거역하는 불의의 요인들이, 이 땅의 구석구석 사회의 틈바구니마다 교회와 세상에 구별 없이 넘쳐나고 있습니다. "기록된바의인은 없나니 하나도 없으며 깨닫는 자도 없고 하나님을 찾는 자도 없고 치우쳐 함께 무익하게 되고 선을 행하는 자는 없나니 하나도 없도다.”(로마 3:10-12)는 말씀이 진리입니다. 저희를 불쌍히 여기시옵소서!

세상을 둘러보면 “그들의 목구멍은 열린 무덤이요, 그 혀로는 속임을 일삼으며 그 입술에는 독사의 독이 있고 그 입에는 저주와 악독이 가득하고 그 발은 피 흘리는 데 빠르다.”(로마 3:13-15)고 한 '바울' 사도의 말씀이 맞는 세상이 되었습니다. 그 가운데 오늘 세상을 살피건대 정말 저희들의 목구멍은 열린 무덤이고 혀는 속임을 일삼고 있음을 고백합니다.

저희들의 입술에는 독이 있고, 입에는 저주와 악독이 가득한 사람이라, 피 흘리는데 빠른 저희의 발을 어거(馭車)하여 주옵소서! 사순절을 보내며 부활의 희망을 노래하기 전에, 먼저 정수리부터 발끝까지 죄에 오염되어 찌든 저희 몸을 돌아보게 하시옵소서! 그리하여 사함을 입고, 정결함을 입은 저희들이 세상을 향해 새로운 세상이 되라고 선포하게 하시옵소서!

사랑의 하나님! 사순절 둘째 주일을 맞는 저희의 마음에, 주님의 고난에 대한 절절한 사모함이 있게 하옵소서! 자신의 안위와 평안을 위하여 고뇌와 결단과 아픔과 인내를 배우게 하옵소서! 무너져가는 세상을 향해 책망하고 회개를 촉구하기 전에, 자신이 먼저 허망하게 무너지고 있음을 보게 하옵소서! 주님을 따라 저희 몸에 주님의 흔적을 갖게 하시옵소서!

우리를 위하여 죽으신 주 예수 그리스도의 이름으로 기도드립니다. 아멘!

땅의 기도
사순절 셋째 주일에 드리는 기도!

"세리는 멀리 서서 감히 눈을 들어 하늘을 쳐다보지도 못하고 다만 가슴을 치며 이르되 하나님이여 불쌍히 여기소서 나는 죄인이로소이다 하였느니라."

(누가 18:13)

사랑의 하나님! 이제 사순절 셋째 주일 앞에 섰습니다. 사순절이 점점 깊어가고 있습니다. 저희의 마음이 하나님께로 더 가까이 나아가게 하옵소서! 믿음으로 사는 저희 믿음의 순도가 높아지게 하시고, 주님을 향한 저희의 사랑이 점점 깊어지게 하옵소서! 주님을 향한 고백은 더 진실하게 하옵소서! 그리하여 사순절이 저희 믿음의 갱신 절기가 되게 하옵소서!

하나님은 지금도 살아계십니다. 지금도 저희가 하나님의 뜻대로 살아가기를 간절히 소망하고 계십니다. 저희들을 받아 주옵소서! 말씀 안에 온전히 서기를 소망합니다. 하나님의 자녀의 신분이 되었으니 자녀의 모습으로 살기를 소원하십니다. 하나님의 뜻에 합당하도록 도우시옵소서! 저희가 '요셉'처럼 '다니엘'처럼은 아닐지라도 성별된 영혼으로 살기를 원합니다.

'사순절'이 기독교인의 예전으로 지키는 단순한 절기가 아니라 저희의 가슴으로 지키는, 깊은 신앙 고백의 절기가 되게 하여 주옵소서! 오늘도 저희를 사랑하여 주신 절기가 저희의 영과 혼을 온전하게 하여 하나님의 성품을 닮아가는 저희들이 되게 하옵소서! 언제나 사랑하는 하나님의 품에서 회개의 눈물을 쏟고 사랑의 눈물을 드리는 절기가 되게 하옵소서!

저희가 살아가는 모습을 눈동자처럼 지켜보시며 한 걸음도 실족하는 것을 기뻐하지 않으시는 사랑의 하나님! 사순절에 하나님의 깊은 사랑이 온 몸으로 느껴지게 하옵소서! 가슴에 가득한 하나님에 대한 그리움이 화산처럼 폭발하게 하옵소서! 오늘도 말씀을 들으면서 행복하고, 책망을 들으면서 두렵게 하옵소서! 약속을 들으면서 성취의 희망을 갖게 하옵소서!

오늘을 살도록 허락하신 하나님 앞에 감사로 살고, 생명을 주신 하나님께 사랑을 고백하며, 은사와 재능을 주신 하나님 앞에 최선을 다해 충성하며 살아가게 하옵소서! 상급을 약속하셨으니 그 하나님께 충성하게 하옵소서! 구원의 완성을 주실 하나님께 믿음을 배신하지 않게 하옵소서! 매일 하나님의 거룩한 삶에 들어가 하나님 안에서 행복하게 살게 하옵소서!

오늘도 사순절을 맞아 기쁨과 감사로 하나님을 찬양하게 하시고, 기대와 설렘으로 예배의 자리에 나오게 하시옵소서! 항상 그렇듯이 은혜에 대한 갈급함과 하나님 약속의 성취에 대한 기대감으로 충만하게 하옵소서! 사순절을 보내는 한 달 반 동안 오직 은혜의 중심에 깊이 들어가 주님이 주신 사랑에 머물다 성령님의 충만함으로 부활의 날을 맞게 하옵소서!

저희의 영원하신 주님이신 예수 그리스도의 이름으로 기도드립니다. 아멘!

땅의 기도

사순절 첫날 재의 수요일에 드리는 기도!

"하늘로부터 소리가 나기를 너는 내 사랑하는 아들이라 내가 너를 기뻐하노라 하시니라 성령이 곧 예수를 광야로 몰아내신지라 광야에서 사십 일을 계시면서 사탄에게 시험을 받으시며 들짐승과 함께 계시니 천사들이 수종들더라"

(마가 1:11-13)

재에 앉아 회개하는 의미로 이마에 재로 십자가를 긋거나 점을 찍지만, 비록 재로 십자가 형상을 몸에 드러내 보이지 않고, 점으로 표시하지 않더라도 재위에 앉아 그동안의 삶이 얼마나 죄에 노출되어 있었고 죄에 민감해있었는지 고백하고 가슴을 치며 회개하는 저희들이 되게 하옵소서! 재를 쓰고 앉아 옷을 찢는 심정으로 사순절 첫 날을 맞게 하시옵소서!

오늘부터 시작하는 '사순절(四旬節)'이 돌아오는 사순절 첫 주일부터 마지막 주일까지 때로는 금식하며 때로는 기도와 절제로 고난 받으신 주님을 철저히 목상하게 하시되, 주님이 가신 길, 주님이 받으신 고난에 깊이 동참하게 하옵소서! 예수님의 마음으로 아파하고 예수님의 마음으로 슬퍼할지라도 저희의 궁극적 소망인 부활을 희망하며 견디어가게 하옵소서!

하나님께서 아주 오래전부터 죄를 회개할 때 말씀하신 재위에 앉아 오늘도 회개하게 하시고, 옛적에 저희의 죄를 위하여 예수님께서 세상에 오실 때 세상에 오시는 순종, 십자가를 지시는 순종을 통해, 죄에 순종하고 말씀에 불순종한 인간의 죄를 없이해 주심을 진실로 깊이 생각하게 하시옵소서! 이번 사순절에 신앙의 승리를 얻는 시간이 되게 하여 주시옵소서!

사순절 첫째주일부터 여섯 주간이 지나는 동안 흐트러짐 없이 주님을 생각하게 하시고, 매주간 매일 매일이 저희를 위하여 바람 부는 광야의 거친 사막에서 마귀의 시험에 맞서 싸우시던 주님의 승리가 되게 하시옵소서! 주님은 돌을 떡이 되게 하라는 절박한 문제부터, 자신에게 절하라는 무례함, 높은 곳에서 뛰어 내리라는 시험에 이르기까지 이기셨습니다.

주님은 그런 시험의 때마다 가슴에 있는 하나님의 말씀으로 능히 이기신 것을 봅니다. 그리고 시험장으로 예수님을 이끌고 가셨던 성령님으로 충만함을 입고 돌아오셨습니다. 사순절을 보낸 후, 저희 마음이 끝내는 아름답고 미혹되기 쉽고 넘어가기 쉬운 온갖 시험에 승리하게 하옵소서! 사순절의 끝 부활의 아침에 승리의 찬양을 드릴 수 있도록 도와주옵소서!

전능하신 하나님! 오늘 저희의 마음을 재로 덮습니다. 마음 깊이 죄를 아파하게 하옵소서! 저희의 이마에 재를 바릅니다. 마음 깊은 곳에 똬리를 틀고 있는 죄 덩어리를 정하게 하여 주옵소서! 재가 회개하게 할 수는 없으나 회개를 상징할 수 있음을 압니다. 오늘 시작하는 사순절의 첫 걸음이 매 걸음마다 죄를 아파하는 통회와 회개의 행진이 되게 하옵소서!

40일의 시험에서 이기신 예수 그리스도의 이름으로 기도드립니다. 아멘!

땅의 기도
사순절 첫째 주일에 드리는 기도!

"믿음의 주요 또 온전하게 하시는 이인 예수를 바라보자 그는 그 앞에 있는 기쁨을 위하여 십자가를 참으사 부끄러움을 개의치 아니하시더니 하나님 보좌 우편에 앉으셨느니라" (히브 12:2)

전능하신 하나님! 오늘 사순절 여섯 번의 주일 중에 첫 번째 주일을 맞습니다. 해마다 맞는 사순절이지만 올해의 사순절은 저희의 신앙여정에 특별한 사순절이 되게 하시고, 매 주일이 새로운 은혜의 출발이지만, 첫 주간은 더욱 은혜 안에서 지내는 한 주가 되게 하옵소서! 오직 주님과 시작하고 주님과 동행하며, 주님과 하루와 한 주간을 마감하게 하여 주시옵소서!

무엇보다 먼저 하나님을 사모하게 하시되, 입술로가 아니라 하나님에 대한 갈급함과 사모함을 믿음으로 고백하게 하시고, 이번 사순절에는 기도하는 자신을 돌아보게 하시고, 사순절을 보내면서 저희의 영성을 새롭게 하시되 온 몸의 갈피마다 근육 속에 지방처럼 숨어있는 죄의 흔적들을 모두 찾아내 제거하게 하옵소서! 주님과 함께하는 사순절이 되게 하시옵소서!

입술로만 하나님을 찾고 자기 의를 주장하는 '바리새인'같은 믿음이 아니라, 저희의 죄성(罪性)을 철저히 고백하고 가슴을 치는 세리의 심정으로 기도하게 하옵소서! 새벽마다 예배당 뜰만 밟고 돌아가는 형식적인 신앙에서, 매일 새벽 은혜의 눈물로 흠뻑 젖어 돌아오는 은총의 새벽이 되게 하옵소서! 이번 사순절은 중심에 하나님을 깊이 모시고 살게 하시옵소서!

하나님! 이번 사순절에는 더 이상 하나님께 무엇을 구하기보다, 그동안 베풀어 주신 은혜를 묵상하게 하시며, 저희에게 주신 것 중에서 하나님께 드릴 것이 무엇인지 발견하게 하옵소서! 회개의 영을 주시되, 비움의 마음도 주시고 영적인 고도비만에 걸려 탐욕으로 가득한 기형아가 아니라, 하나님 보실 때 아름답고 균형 잡힌 몸으로 살아가게 도와주시옵소서!

사순절을 맞아 하나님께 간절히 바라기는, 제가 어떻게 하나님의 은혜로 구원을 받았는지, 왜 주님께서 십자가를 지셨는지, 그 십자가가 제게 무슨 의미가 있는지 처절한 돌아봄이 있게 하시고, 그리하여 저희가 주님을 배신하고, 그 죄가 주님을 십자가에 못 박고, 죄인이었던 저희의 영혼이 그 십자가의 죽음을 통해 구원을 얻게 된 것을 깊이 새기게 하옵소서!

이번 사순절은 무엇보다 저희를 구원하려고 세상에 오셔서 숱한 야유와 비난을 받으면서도, 자신의 뜻이 아니라 아버지의 뜻을 이루기 위해 땀이 피처럼 떨어지는 기도 후에 묵묵히 십자가의 길을 오르신 주님을 묵상하게 하옵소서! 꺼지지 않는 탐욕과 욕망의 불을 성령님의 불로 태우면서, 구원받기 요원한 인생들에게 구원을 베푸신 주님을 만나게 하옵소서!

저를 위해 십자가에서 죽으신 예수 그리스도의 이름으로 기도합니다. 아멘!

6. 신앙의 절기를 위하여 드리는 기도!!

땅의 기도

사순절(四旬節)에 드리는 기도!

"너희가 피곤하여 낙심하지 않기 위하여 죄인들이 이같이 자기에게 거역한 일을 참으신 이를 생각하라" (히브 12:3)

저희들에게 사순절을 맞아 기도할 수 있는 은혜를 주시니 고맙습니다. 십자가 고난을 위하여 자신을 내어주신 주님을 묵상하는 저희들을 기억하시고, 주님의 십자가를 더욱 깊이 묵상하게 하옵소서! 오직 우리 삶의 중심에 십자가가 든든히 서 있게 하시고, 앉으나 서나 주님의 십자가만 생각하게 하옵소서! 사순절은 고난이 아니라 행복한 절기가 되게 하옵소서!

오늘 하나님의 사랑을 입고, 예수님의 사랑을 먹고 사는 하나님의 자녀들이, 이 절기에 더욱 믿음의 무장을 하게 하시고, 십자가에 더 가까이 나아가게 하옵소서! 저희의 마음이 독생자 예수님을 이 땅에 보내신 일이 얼마나 큰 사건인지, 주님이 이루신 구속의 은혜가 얼마나 큰 은총인지 알게 하시고, 그 은혜 안에 항상 머물며 더욱 주님을 닮아가게 하옵소서!

어두운 세상이 사람들을 좌절에 빠지고 슬프게 합니다. 악하고 불의한 일들이 세상에 가득하고, 정의롭고 올곧은 이들의 설자리가 점점 좁아지고 있습니다. 이 땅에 공의로운 하나님의 통치가 이루어져서, 모든 이들이 행복하게 살 수 있게 하옵소서! 가진 자나 못 가진 자의 삶이 공평하고, 힘 없는 이들이나 의지할 것 없는 이들이 차별받지 않게 하옵소서!

사순절을 보내며 더욱 깊은 영성과 기도생활에 매진하게 하시되, 끝없는 인간의 욕망으로부터 자유로운 존재가 되게 해주시고, 신앙의 연륜이 깊어지고 교회의 직분이 더해질 때마다, 더욱 깊은 영성과 이를 뒷받침하는 순종의 마음을 주옵소서! 아무 신앙의 성숙이 없고 무늬만 그리스도인들이 되지 말고, 열매를 보아 그리스도인인 것을 알게 하여 주옵소서!

오늘의 예배가 십자가를 준비하는 예배가 되고 하시고, 내가 죽어 내 안에 있는 그리스도가 노출되는 은혜가 있게 하옵소서! 기도하는 저희를 성령님께서 붙잡으셔서 사람의 지혜가 아니라 하나님의 능력으로 감당하게 하옵소서! 기도하는 저희의 미련한 심령을, 말할 수 없는 탄식으로 친히 어루만지고 위로하고 중보해주실 성령님께 이 시간 간절히 의탁합니다.

오늘도 성전 밖이나 안이나, 세상 나라나 주님의 나라나 모두 탄식하고 절망하며 한숨짓는 일이 너무 많습니다. 어려운 경제 때문에 마치 폭탄처럼 서민들을 침몰시킬 것 같은 난방비가 시름을 더해줍니다. 하나님! 가난하여 따뜻한 겨울을 보낼 수 없어 떨고 있는 어려운 이들을 기억하여 주옵소서! 저들이 최소한의 안전장치 안에서 보호받게 하여 주시옵소서!

모든 이들을 사랑하시는 예수 그리스도의 이름으로 기도합니다. 아멘!

땅의 기도

새해 첫 주일에 드리는 기도!

> "야훼께서 여호수아에게 이르시되 내가 오늘부터 시작하여 너를 온 이스라엘의 목전에서 크게 하여 내가 모세와 함께 있었던 것 같이 너와 함께 있는 것을 그들이 알게 하리라" (여호 3:7)

하나님! 새해 첫 주에 예배하오니 올해는 예배하는 해가 되게 하옵소서! 사랑의 고백을 드렸으니 사랑하는 한 해가 되게 하옵소서! 첫 주에 감사를 드렸으니 매 주일 감사의 제목과 예물이 풍성하게 하옵소서! 첫 주에 하나님께 마음을 두었으니 한 해 동안 하나님께 마음을 향하게 하옵소서! 첫 주일에 행복한 마음을 주셨으니 행복한 한 해 되게 하옵소서!

시작하는 주일입니다. 이 주일에 믿음으로 출발하오니 올해는 믿음으로만 살게 하옵소서! 첫 주일을 기도로 시작했으니 기도로 한 해를 살게 하옵소서! 오늘 하나님에 대한 격한 사랑의 고백을 드리오니 매 주일마다 하나님 사랑에 대한 고백이 있게 하옵소서! 첫 주일에 하나님께로 방향을 두었으니, 순간순간 엉뚱한 곳으로 선회하지 않도록 꼭 붙잡아 주시옵소서!

오늘 예배에서 먼저 하나님을 모시고 시작했으니, 올해는 삶의 중심에 주님이 계시옵소서! 올해는 하나님의 말씀을 듣는 것으로 시작했으니 한 해를 말씀을 따라 살게 하옵소서! 오늘 주님을 사랑하는 마음으로 예배하오니, 주님을 사랑하는 마음으로만 한해를 살게 하옵소서! 첫 주간을 하나님의 성전에서 드렸사오니, 올해는 성전 중심의 삶을 살게 하시옵소서!

전능하신 하나님! 오늘 하나님께 예배를 드림으로 하나님께 의탁하는 삶을 시작했으니, 올 한해 하나님께 의탁하며 기도로 삶의 중심을 삼고 하나님께 저희의 삶을 전적으로 의탁하게 도우시옵소서! 올해는 하나님께 저희의 삶을 의탁한 채 살되 오직 하나님께만 의탁하고 하나님의 인도만 받고 하나님을 모신 진정한 하나님의 자녀로 살게 해 주시옵소서!

'시작이 반'이라고 했는데, 멋진 출발을 합니다. 하나님을 아버지로, 예배를 삶의 중심으로, 성령님의 감동을 구하며, 믿음을 동력으로 삼고 살아가기 원합니다. 이제껏 살던 방식이 아니라 새로운 삶의 방식으로, 후회나 미련이 아니라 감사로만 보내는 한 해가 되게 하옵소서! 호흡하고 움직이며 먹고 마시고 일하는 것이 오직 하나님 중심으로 살게 하시옵소서!

오직 하나님만 사랑하며, 하나님만 의지하며, 하나님만 구하며 한 해를 성령님께 의탁하여 출발했으니, 이 첫 주일의 마음이 마지막에 이르는 쉰 두 번째 까지 순간순간 성령님께서 도우심으로 승리하게 하시고, 일생 중 가장 행복하고 보람 있는 한 해가 되게 하여 주옵소서! 하나님만 사랑하고, 하나님께만 의탁하고, 하나님만 두려워하는 새해가 되게 하옵소서!

저희의 시작과 끝이 되시는 예수 그리스도의 이름으로 기도합니다. 아멘!

6. 신앙의 절기를 위하여 드리는 기도!!

땅의 기도

새해 첫날에 드리는 기도!

"그런즉 누구든지 그리스도 안에 있으면 새로운 피조물이라 이전 것은 지나갔으니 보라 새 것이 되었도다 모든 것이 하나님께로서 났으며 그가 그리스도로 말미암아 우리를 자기와 화목하게 하시고 또 우리에게 화목하게 하는 직분을 주셨으니" (고후 5:17-18)

창조의 시작이자 역사의 시작이요, 시간의 시작이신 우주의 창조주 하나님! 오늘은 새해 들어 첫날이요, 또한 첫 시간입니다. 아픔과 회한이 가득한 한해를 떠나보내고, 이제 새로운 한 해가 되었습니다. 부끄러움을 버리고 꿈과 희망을 가득 안고 출발하는데, 올해는 가슴에 꿈만 꾸고 계획만 세우다가 한해를 보내지 말고 꿈들이 현실이 되는 해가 되게 하옵소서!

이제 첫날을 출발합니다. 올해는 가득 품은 희망이 하나도 흐트러지지 않고, 모두 결실을 얻게 하옵소서! 올해는 하나님을 기쁘시게 하나님의 뜻을 따라 행하는 한 해가 되게 하옵소서! 첫 출발을 믿음으로 잘 했으니, 저희들의 고집대로 살지 않고 하나님의 말씀대로 살게 하옵소서! 담임 목사님을 중심으로 뜻을 모아 정한 '올해의 목표'를 이루게 하여 주옵소서!

교회가 꿈꾸는 미래의 비전을 이루어 주옵소서! 하나님의 영광을 위하여, 세상의 구원을 위하여 쓰임 받는 교회가 되게 하시되, '코로나' 여파로 무너진 교회의 부흥과 성장을 이루게 하옵소서! 예전의 영광보다 더 큰 영광을 주시고 "하나님의 말씀이 점점 왕성하여 예루살렘에 있는 제자의 수가 더 심히 많아지는"(사도 6:7)의 사도행전의 역사가 일어나게 하옵소서!

가정마다 소원들이 있습니다. 성도들의 가정마다 새로운 꿈을 주시고, 가장(家長)을 비롯한 모든 가족들이 건강하고 행복한 신앙의 가정들이 되게 하옵소서! 모든 가정 구성원들이 하나님의 아름다운 뜻을 이루게 하옵소서! 가족들 아픔은 모두 치유되고, 문제는 해결되게 하옵소서! 특히 사업을 경영하는 이들은 경영에 어려움이 없고, 기반이 잡혀가게 하시옵소서!

모든 구성원들이 새로운 꿈을 꾸게 하옵소서! 새로운 희망을 품게 하옵소서! 아름다운 목표를 세우게 하옵소서! 그리고 그 꿈을 가슴에 두고 기도하게 하시며, 그것들이 하나씩 이루어지는 기적을 보게 하옵소서! 성령님과 동행하는 가정, 주님께서 가장이 되시는 가정이 되게 하시옵소서! 찬양과 기도와 말씀이 충만하여 천국 같은 행복한 가정이 되게 하시옵소서!

새해에는 꿈꾸는 것보다 더 아름답고 영광스러운 가정이 되게 하시고, 모든 이들이 섬기는 교회에서 인정받고 사랑받는 하나님의 자녀들이 되게 하옵소서! 경제도 풍요롭고, 믿음도 충만하고, 기도생활, 말씀생활이 일생 중에 가장 풍성한 한 해가 되게 하옵소서! 일생을 두고 아쉬움이 없고, 후회도 없으며 부족함이 없는 아름다운 추억의 한해가 되게 하옵소서!

우리 인생의 주인이 되시는 예수 그리스도의 이름으로 기도합니다. 아멘!

땅의 기도
성 금요일에 드리는 기도!

"제구시에 예수께서 크게 소리 지르시되 엘리 엘리 라마 사박다니 하시니 이를 번역하면 나의 하나님, 나의 하나님 어찌하여 나를 버리셨나이까 하는 뜻이라"

(마가 15:34)

전능하시고 또한 사랑이신 하나님! 오늘은 전능하신 하나님께서 가장 무력하게 되시고, 사랑이신 하나님께서 냉혈(冷血)의 모습으로 자신을 드러내신 날입니다. 독생하신 예수님을 십자가에 못 박도록 두셨고, 그 십자가 위에서 "엘리 엘리 라마 사박다니!"하는 울부짖음을 침묵으로 외면하신 날입니다. 온 우주가 침묵하고 해와 달이 빛을 잃은 슬픈 금요일입니다.

이날에 우리가 더러는 일주일, 더러는 하루, 더러는 한 끼라도 금식하며 주님의 고난에 동참하고 아버지의 사랑과 아픔을 추억하는 날입니다. 하나님은 그 아들을 버리시고 대신 죄 범벅이 되어 구원의 소망이 사라진 인생들을 구하셨고, 차마 그 현장인 십자가를 바라보실 수 없어 외면하심으로 온 땅이 캄캄한 암흑천지가 되었던 가슴이 메는 고난의 금요일입니다.

전능하신 하나님! 그러나 그 고난 이후에 예수님은 하나님보좌 오른 편에 앉으셨고, 하나님은 잃어버린 인류의 구원을 이루신 날입니다. 그 때 주님께서 한 번 울부짖으심으로 인생들이 하나님께 버림받고 울부짖는 일이 없게 되었고, 그 때 독생자를 버리심으로 더 이상은 인생들을 버리지 않으셔도 되었습니다. 예수님이 버림받은 오늘이 저희 구원의 날입니다.

하나님이 준비하신 사랑의 구원에 감격하게 하시고, 오늘 우리의 구원을 위하여 자신을 십자가에 못 박고 피 흘리신 예수님의 헌신적 순종에 감동하게 하시옵소서! 그 구원이 이루어진 십자가를 바라볼 때마다 죄인들이 처형당하는 형틀을 생각하게 하시고, 십자가 위에서 일어난 놀라운 사실을 생각하며 십자가는 죽음과 생명의 상징임을 깨닫게 하시옵소서!

"십자가의 도가 멸망하는 자들에게는 미련한 것이요, 구원을 받는 우리에게는 하나님의 능력이라."(고전 1:18)는 믿음으로, 이를 설계하시고 자신의 생명으로 인류를 구원하는 일에 순종함으로 나아간 주님을 묵상하게 하시옵소서! 그리하여 "내게는 우리 주 예수 그리스도의 십자가 외에 결코 자랑할 것이 없다."(갈라 6:14)고 고백할 수 있게 하시옵소서!

오늘 하루도 경건한 마음과 묵상과 기도로 보내게 하시고, 여느 때와는 다른 새벽, 여느 날과는 차별되는 저녁이 되게 하시옵소서! 이날은 주님과 함께 십자가에 죽는 우리 장례의 날이요, 우리의 생명이 다시 사는 은혜가 임하는 영적 생일이 되는 것을 기념하게 하시옵소서! 오늘도 성령님의 도우심으로 죽음을 경험하며 부활을 희망하며 살게 하시옵소서!

십자가로 우리의 구원을 이루신 예수님의 이름으로 기도합니다. 아멘!

땅의 기도

성령 강림절에 드리는 기도!

"오순절 날이 이미 이르매 그들이 다같이 한 곳에 모였더니 홀연히 하늘로부터 급하고 강한 바람 같은 소리가 있어 그들이 앉은 온 집에 가득하며"

(사도 2:1-2)

살아계신 하나님! 오늘은 이천년 전 '예루살렘'의 다락에 모여 기도하던 120여명의 제자들 위에, 급하고 강한 바람 같은 소리와 함께 불의 혀가 갈라지는 것 같은 것이 저희 각 사람 머리위에 임하고, 이들이 모두 성령님의 말하게 하심을 따라 말하던 오순절의 성령강림을 기념하는 '성령강림절'입니다. 오늘에도 진정한 성령강림의 역사가 재현되기를 소망합니다.

오순절 성령강림의 역사가 있고난 다음, 비로소 '교회 공동체'가 생기고, 수천의 '무리'들이 변하여 제자가 되고, 두려움에 떨던 무력한 사도들도 목숨을 걸고 복음을 전하는 증인들이 되었습니다. 오늘날 무기력증에 빠진 하나님의 교회들이 성령님의 능력으로 새 힘을 얻어, 강력한 주님의 증인이 되기를 소망합니다. 지금 불같은 오순절 성령님의 역사를 주옵소서!

그 때나 지금이나 사람들은 구름같이 몰려들었지만, 옛적에도 몰려오는 이들은 모두 병고치고 귀신 쫓아내는 기복적 동기가 많은 것처럼, 오늘도 예배당에 나아오는 이들의 대부분은 병 고침을 받고 부자 되는 세상의 복에 관심하는 이들이 대부분입니다. 하나님께서 저희의 세속적 탐욕을 버리고, 하나님 자녀들이 가야 할 바른 길을 가도록 가르쳐 주시옵소서!

전에는 구원해주실 예수님을 바라보며 다녔다면, 이제는 사랑하는 주님을 위하여 나아가게 하시되, 전에는 두려움에 떨며 숨고 핑계하는 것이 일이었다면, 이제는 죽음을 두려워하지 않는 담력으로 살게 하시옵소서! 위협이 다가올 때 "하나님 앞에서 너희의 말을 듣는 것이 하나님의 말씀을 듣는 것보다 옳은가 판단하라."(사도 4:19)며 담대히 말하게 하시옵소서!

성령님이 저희에게 임하시어, 이제는 두려움 없이 엎드려 "주여, 이제도 그들의 위협함을 굽어보시고 또 종들로 하여금 담대히 하나님의 말씀을 전하게 하여 주시며, 손을 내밀어 병을 낫게 하시고 표적과 기사가 거룩한 종 예수의 이름으로 이루어지게 하옵소서!"(사도 4:29-30)하고 기도하게 하시고, 그렇게 드린 기도가 응답되는 역사가 이 시대에 있게 하옵소서!

살아계신 하나님! 지금도 성령님으로 함께 하시어 "빌기를 다하매 모인 곳이 진동하더니, 무리가 다 성령이 충만하여 담대히 하나님의 말씀을 전하니라."(사도 4:31)고 하신 초대교회의 역사가 나타나게 하여 주옵소서! 힘을 잃은 한국 교회에 강력한 성령강림의 역사가 있게 하옵소서! 오늘 성령님의 임재가 무너진 교회를 일으키고 병든 교회를 고쳐 주시옵소서!

성령님을 보내 주시는 예수 그리스도의 이름으로 기도합니다. 아멘!

6. 신앙의 절기를 위하여 드리는 기도!!

땅의 기도

성탄 주일에 드리는 기도!

> "천사가 이르되 무서워하지 말라 보라 내가 온 백성에게 미칠 큰 기쁨의 좋은 소식
> 을 너희에게 전하노라 오늘 다윗의 동네에 너희를 위하여 구주가 나셨으니 곧 그
> 리스도 주시니라" (누가 2:10-11)

사랑의 하나님! 일 년의 끝자락에서 주님 오심을 기념하는 '성탄 주일'을
맞습니다. 기념 주일마다 갖가지 감동의 사연이 있지만 성탄 주일은 하나
님께서 사랑하시는 독생자 예수님을 이 땅에 보내신 사랑과, 자신을 세상
에 던져 인간을 입고 오신 주님을 기념하게 하시니 고맙습니다. 오늘 세상
에 오신 주님을 저희가 마음껏 환영하고 소리 높여 찬양하게 하옵소서!

예수님의 오심이 저희에게 구원의 감격이 되셨듯이, 이 땅에 사는 모든 이
들에게 그 이름이 구원이 되게 하시고, 존귀와 영광을 돌리는 생명의 이름
이 되게 하옵소서! 누구든지 예수님을 믿으면 멸망하지 않고 영생을 얻는
사실을 알고, 겸손히 주님 앞에 믿음을 고백하게 하옵소서! 세상에 사는
죄인 된 인생들을 위해 자신의 목숨을 던지신 사랑을 알게 하옵소서!

세상에 오신 주님께서 자신을 버려 세상을 구원하시듯이, 복음을 교회 안
에서만 움켜쥐고 있는 것이 아니라 세상에 나누어주는 능력이 있게 하옵

소서! 온 세상을 위해 자신의 몸을 드리신 주님을 세상에 전하는 저희들이 되게 하옵소서! "흑암에 앉은 백성이 큰 빛을 보았고 사망의 땅과 그늘에 앉은 자들에게 빛이 비치었다.(마태4:16)"는 성취가 있게 하옵소서!

아직도 빛이 없는 어두운 그늘처럼 복음을 알지 못하는 흑암의 백성들이 이 시대 저희 주변에는 없게 하옵소서! 복음이 전파되지 않아 망하거나, 복음에 대한 믿음이 없어 망하는 어리석은 이들이 없게 하옵소서! 가난한 자나 부한 자나 모두에게 기쁜 성탄이 되게 하옵소서! 이 땅의 교회들과 헌신된 주의 사자들이 복음에 헌신되어 세상의 빛이 되게 하옵소서!

특별히 기도드립니다. 땅에 있는 교회나 주님의 사자들이나 하나님의 자녀들이 세상에 빛이 되지 못하여 상처받은 이들이 있다면 그들에게 용서를 구하여 그들의 마음에 평안과 행복을 주시옵소서! 서로에 대한 오해로 인한 불편한 관계로 구원에 장애받는 일이 생기지 않도록 이 땅에 평화의 사신으로 오신 예수님이 모든 이들에게 복음이 되게 하시옵소서!

한 해를 마감하는 절기에, 아직도 이웃이나 심지어 가족 간에도 갈등이 있는 이들이 있다면 해가 가기 전에 서로 화해하고 용서하며 사랑하는 절기가 되게 하시옵소서! 한반도에 섬처럼 존재하는 이 땅에 남북 간의 모든 긴장과 갈등이 사라지고, 전쟁의 위협과 불안이 없어진 행복한 나라가 되게 하옵소서! 세계에서 가장 평화로운 대한민국이 되게 하옵소서!

이 땅에 평화의 왕으로 오신 예수 그리스도의 이름으로 기도합니다. 아멘!

6. 신앙의 절기를 위하여 드리는 기도!!

땅의 기도

성탄절 아침에 드리는 기도!

"이 모든 일이 된 것은 주께서 선지자로 하신 말씀을 이루려 하심이니 이르시되 보라 처녀가 잉태하여 아들을 낳을 것이요 그의 이름은 임마누엘이라 하리라 하셨으니 이를 번역한즉 하나님이 우리와 함께 계시다 함이라" (마태 1:22-23)

우리를 사랑하여 이 땅에 아들을 보내신 사랑의 하나님! 오늘 아기 예수님으로 이 땅에 오신 주님의 탄생을 기념하는 성탄절입니다. 예수님이 이 땅에 오심으로 인해 저희의 삶이 생명을 얻고 가치를 발견하게 되었으며 큰 기쁨을 얻게 되었으니 놀라운 은혜입니다. 성탄의 기쁨이 온 교회 안에 가득하며 온 땅 구석구석에 이 기쁜 소식이 전파되게 하시옵소서!

아직도 예수님을 알지 못해 어두움에 사는 이들, 주님의 사랑을 몰라 외로움에 사는 이들을 기억하여 주시고 이 땅에 사는 모든 이들이 넉넉하고 풍성한 하나님의 사랑을 알게 하옵소서! 지치고 곤고한 인생들이 얼마든지 풍성하게 넘치는 주님의 사랑을 알고 승리하게 하옵소서! 언제나 하나님의 크고 놀라운 사랑을 온 몸으로 고백하며 사는 은혜를 주시옵소서!

이 땅에 여전히 죄의 노예로 사는 인생들에게 자유하게 하시는 하나님의 사랑을 알고 자유를 누리게 하시며, 진리에 눈이 어두운 이들이 영의 눈이 열리고 귀가 열려 길과 진리이신 주님을 만나는 기적을 허락하여 주옵소서! 사랑하는 하나님! 저희의 질병을 지고 가신 주님을 생각하며, 주님의 만져주심과 고쳐주심을 통해 치유와 회복의 은혜를 입게 하옵소서!

저희를 사랑하여 자신을 버리신 주님 때문에 구원받은 저희 또한 그 사랑의 화신이 되어, 세상에 나가 구원을 전하는 하나님의 종들이 되게 하여 주옵소서! 주님께서 세상에 오셔서 구원의 빛이 되신 것처럼 흑암이 가득한 이 땅에 사는 이들에게 복음의 빛을 비추어 광명한 빛을 보며 사는 빛의 자녀들이 되게 하옵소서! 주신 사명을 잘 감당하게 하시옵소서!

주님께서 오셔서 "내가 너희를 사랑한 것 같이 너희도 서로 사랑하라."(요한 13:34)고 하셨으니, 이 땅에서 사랑할 수 없는 이들을 사랑으로 품고, 용서할 수 없는 이들을 용서로 손잡아 저희가 사랑으로 거듭난 작은 예수님이 되고 주님의 제자들이 되게 하옵소서! 저희를 통해 빛이신 주님을 알고, 저희 때문에 길이신 주님께로 나아가는 이들이 많아지게 하옵소서!

주님께서 빛과 생명으로 오셨음에도 이를 전하지 않음으로 세상을 어둠과 사망의 그늘에 방치하고 있는 저희들이, 일어나 빛을 발하고 두려워하지 말고 잠잠하지 말고(사도 18:9) 전하는 저희들이 되게 하옵소서! 여전히 우울하고 절망스럽고 실망만 안겨주는 세상에 작은 희망이 되고 작은 불씨가 되게 하시옵소서! 성탄 예배가 세상의 기쁨이 되게 하옵소서!

세상의 사랑과 생명으로 오신 예수 그리스도의 이름으로 기도합니다. 아멘!

땅의 기도

송구영신 예배에 드리는 기도!

"천지는 없어지려니와 주는 영존하시겠고 그것들은 다 옷 같이 낡으리니 의복 같이 바꾸시면 바뀌려니와 주는 한결같으시고 주의 연대는 무궁하리이다"

(시편 102:26-27)

한해를 보내고 다시 한해를 맞는 '송구영신 예배'를 드리면서 기도드립니다. 한 새를 시작할 때 들뜨고 흥분되어 설레던 마음은 사라진지 오래고, 모든 일을 새로운 한 해로 미루며 고삐가 풀린 채로 새로운 해를 준비합니다. 해마다 막연히 '무엇인가 새로워지겠지!' 하며 대책 없이 맞이하는 '송구영신 예배'가 부끄럽기 그지없습니다. 저희들을 용서해 주시옵소서!

이제, 앞으로 다가오는 시간은 끌려 다니는 시간이 아니라 견인해가는 시간이 되게 하시고, 의미 없이 보내는 시간이 아니라 가치 있는 시간을 보낼 수 있게 하여 주옵소서! 새로운 날이 오기만 하면 무엇인가 달라지는 것이 아니라, 그 시간들을 어떻게 쓰느냐에 달려 있다고 믿습니다. 새해의 시간은 단 1분의 시간도 허투루 쓰지 않고 유용하게 쓰게 하시옵소서!

새해가 되면 올해와는 다른, 올해보다 나은, 올해보다 향상된 하루가 되게 하옵소서! 분명히 다시 게으름을 추구하려는 육체의 망이 있을 때 과감히 떨쳐버리고, "세월을 아끼라! 때가 악하니라."(에베 5:16)는 말씀을 듣게 하시옵소서! 게으른 삶은 지난 날로 족하게 하시고, 이제는 후회 없는 삶, 천국의 예비 시민으로 살아가는 충성된 증인들이 되게 하시옵소서!

언제나처럼 어리석은 모습으로, 늘 핑계하는 사람으로, 항상 후회만 하는 사람으로 바보같이 살지 않게 하시고, 다음 한 해를 결산할 때는 주님께서 "착하고 충성된 종아, 네가 적은 일에 충성하였으매 내가 많은 것을 네게 맡기리니 네 주인의 즐거움에 참여할지어다."(마태 25:23)며 칭찬받는 종이 되게 하시고, 더 많은 것으로 맡겨 주시는 은혜가 있게 하옵소서!

그동안 우리 자신만 위해서 살았다면 새해에는 이웃의 아픔에 동참하며 살게 하시고, 그동안 육체만 위해 살았다면 새해에는 하나님의 영광을 위해서 살게 하시옵소서! 한해를 더 살고 나서 영적인 진전이 있게 하시고, 생각에도 진보가 있게 하옵소서! 여전히 살던 대로, 늘 하던 대로 하지 않고, 하나님의 감동을 따라 멋진 인생을 설계하여 살게 하시옵소서!

이제 영원히 오지 않는 마지막 지나가는 날을 붙잡고 애통하고 안타까워하는 일이 다시는 찾아오지 않도록 단단히 차비를 하고 이를 악물며 살게 하시옵소서! 이런 일련의 다짐들이 사람의 생각으로는 불가능하오니 오직 성령님의 동행하심과 임재하심이 함께 하심으로 차질 없이 이루어지게 하옵소서! 오늘의 기도가 일 년 내내 효험이 있게 하여 주옵소서!

저희의 일거수일투족을 지켜보시는 예수님 이름으로 기도드립니다. 아멘!

6. 신앙의 절기를 위하여 드리는 기도!!

땅의 기도
송구영신 예배에 드리는 기도!

"주의 날이 밤에 도둑 같이 이를 줄을 너희 자신이 자세히 알기 때문이라 그들이 평안하다, 안전하다 할 그 때에 임신한 여자에게 해산의 고통이 이름과 같이 멸망이 갑자기 그들에게 이르리니 결코 피하지 못하리라" (살전 5:2-3)

한해를 보내고 새해를 맞이하는 '송구영신 예배'를 드립니다. 오늘까지 지켜주신 하나님의 은혜가 말할 수 없이 크고, 앞으로 일하실 하나님의 능력에 기대하며 오늘 예배하는 저희를 기억하여 넘치는 사랑과 은혜로 부어주실 줄 믿습니다. 세계가 온통 전쟁으로 몸살을 앓는 중에 이 민족을 지켜주심을 감사하며, 앞으로도 이 땅에 전쟁의 재앙이 없게 하옵소서!

한 해 동안 하나님의 언약을 이 땅과 교회에 이루어 주셨듯이 앞으로도 이 민족과 교회 위에, 그리고 하나님의 백서들 위에 하나님의 사랑으로 지키시고 인도하시옵소서! 한해를 보내며 생각나는 아쉬움과 안타까움을 새해에는 희망과 꿈으로 바꾸어 하나님의 영광을 선포하게 하시고, 지치고 곤고했던 올해의 시간들이 이제 희망을 품고 승리하게 하옵소서!

지난 시간의 어두움을 새날의 빛으로 바꾸시고, 불의와 죄로 가득했던 저희들을 하나님의 사랑으로 함께 하여, 새로운 미래를 준비하게 하옵소서!

지난 세월의 실수와 잘못은 교훈을 삼아 더 나은 내일을 설계하는 동력이 되게 하시되, 지난날의 과오에 붙잡혀 앞으로 나아가지 못하는 어리석음을 범치 말고, 꿈에 취하여 일을 그르치지 않도록 지혜를 주옵소서!

흘려보낸 시간에 있었던 쓴 뿌리들과 아픈 추억들은 취하고 모아 교훈으로 삼게 하시고, 그동안 가슴에 꿈으로 있던 것들은 이제 꺼내어 믿음의 손으로 완성하게 하옵소서! 지난 한 해 동안 경험한 실패와 좌절은 저희가 새롭게 내딛는 미래의 디딤돌이 되게 하옵소서! 촌음을 아껴 낭비한 시간을 보충하게 하시고, 하나도 버리지 않고 유익하게 활용하게 하옵소서!

맨 마지막 순간에 이 예배가 끝나면 새해 첫 시간이 되는데, 오지 않을 것 같던 연말도 드디어 찾아오고, 먼 미래처럼 느껴지던 새해도 반드시 오고야 마는 세월의 법칙을 잘 깨달아서 게으르거나 서두르지도 말게 하시되, 매 순간순간 최선을 다해 현재를 마무리하고, 미래를 디자인하게 하옵소서! 과거 자랑만 하고 미래만 그리다가 세월 보내지 않게 하시옵소서!

"예수 그리스도는 어제나 오늘이나 영원토록 동일하시다."(히브 13:8)고 하셨으니, 과거부터 여기까지 인도하신 하나님께 진심으로 감사하고, 또 지금부터 영원까지 인도하실 하나님께 미래의 삶을 의탁한 채, 최선을 다해 달려가는 저희들이 되게 하시옵소서! 과거의 일은 집착도 미련도 갖지 않고, 미래는 믿음과 기대를 모아 하나님께 드림으로 이루게 하옵소서!

어제나 오늘이나 영원히 동일하신 예수 그리스도의 이름으로 기도합니다. 아멘!

6. 신앙의 절기를 위하여 드리는 기도!!

땅의 기도

송년 주일에 드리는 기도!

"대답하여 이르되 주인이여 금년에도 그대로 두소서 내가 두루 파고 거름을 주리니 이 후에 만일 열매가 열면 좋거니와 그렇지 않으면 찍어버리소서 하였다 하시니라" (누가 13:8-9)

전능하신 하나님! 한해를 보내며 마지막 주일 예배를 드리는 '송년주일'입니다. 지난 한 해 동안 52주를 한결같은 복과 은혜로 지켜주신 사랑이 표현할 수 없을 만큼 크고 놀랍습니다. 허물 많은 저희들의 죄를 용서하시고 예배를 받아주시니 고맙습니다. 오늘의 예배까지 가납하시고 한해를 은혜로 마감하게 하옵소서! 언제나 영광의 예배 승리자가 되게 하옵소서!

지난해를 돌아볼 때에 여전히 죄성이 가득한 몸으로 세상을 사는 동안, 하나님께 불충하고 시간을 낭비하고, 맡긴 직임도 성실히 수행하지 못했음을 인정합니다. 그럼에도 하나님의 사랑으로 저희를 용납하시어 다시 한 번 기회를 주옵소서! 완악한 마음은 기경하여 새롭게 하고, 게으른 마음은 추스르고 바로잡아 하나님의 마음에 합한 저희가 되게 하여 주옵소서!

한 해 동안 꿈만 꾸고 계획만 세운 채 넘어간 것들은 다시 하나님의 손에 맡겨드림으로 새해에는 완성되게 하옵소서! 다짐하고도 실천하지 못한 것들은 마음을 다잡아 의지와 결심을 갖고 주님의 뜻을 이루게 하옵소서! 온 세계가 전쟁의 열병을 앓고 있습니다. 한반도 위기론이 있습니다. 그럼에도 이 민족은 하나님의 품에 돌보심을 입어 평안하게 하옵소서!

교회는 여전히 부흥이 멈추어 있지만 하나님께서 부흥의 문을 열어주시고 부흥의 물꼬가 트여지게 하옵소서! 침체의 역사는 지난 시간으로 족하게 하시고, 새해에는 하나님께서 주시는 힘찬 기운으로 달리게 하시고, 교회의 구석구석이 하나님의 손 안에서 풍성하게 하옵소서! 예배마다 은혜와 능력이 넘치게 하시고, 부서와 기관마다 사랑이 넘치게 하옵소서!

저희 마음을 무겁게 짓누르던 구태와 태만, 게으름들은 모두 흘려보내고 새로운 시대에는 희망과 자유, 용기와 열정의 시간이 되게 하옵소서! 시간만 새로운 것이 아니라 마음도 삶도 믿음도 올해와 다르게 하옵소서! 언제나 저희에게 베푸시는 하나님의 사랑을 마음껏 누리며 승리하게 하옵소서! 한해가 지나 내년 이맘때는 보람과 결실이 가득하게 하옵소서!

오늘 한해를 마감하는 마지막 송년 주일에, 한해를 떠나보내는 마음으로 진심으로 기도합니다. 부정적이고 소극적인 삶의 자세와 방식을 떠나보내게 하옵소서! 불신과 무력증, 패배감도 떠나보내게 하옵소서! 죄와 불의에 갇힌 시간들을 이제는 정리하게 하옵소서! 매일 나중에 결산하려는 게으른 사고가 아니라, 지금 당장부터 온전히 살며 매일 결산하게 하옵소서!

알파와 오메가, 처음과 나중이신 예수 그리스도의 이름으로 기도합니다. 아멘!

6. 신앙의 절기를 위하여 드리는 기도!!

땅의 기도
스승의 날, 스승의 주일에 드리는 기도!

> "내가 주와 또는 선생이 되어 너희 발을 씻었으니 너희도 서로 발을 씻어 주는 것이 옳으니라 내가 너희에게 행한 것 같이 너희도 행하게 하려 하여 본을 보였노라." (요한 13:14-15)

하나님께서 저희의 몸을 부모님에게서 태어나게 하심이 고맙습니다. 그런 은총을 입어 세상에 태어난 무지한 인생들에게 지식과 지혜를 가르쳐 주시는 선생님을 보내셔서 저희에게 말과 글을 가르쳐 주시고, 삶과 교양과 예의와 예절, 역사와 문화의 눈을 뜨게 해 주시니 고맙습니다. 부모님이 낳아주신 사람을 비로소 인간되게 만드신 선생님을 주심이 고맙습니다.

오늘 저희의 '이목구비'나 '사지백체', '오장육보'가 하나님의 세심한 디자인 속에서 부모를 통해 존재했다면, 그 속에 숨은 모습을 찾아 인간이 되도록 속사람을 가꾸어주신 분들은 선생님들입니다. 유치원부터 시작해서 초, 중, 고등학교에 이르는 과정 한 번도 선생님 없이 자율학습만 한 것이 아니라, 코흘리개의 코를 닦아주는 일부터 모두 선생님 몫이었습니다.

'대학'을 가고 '대학원'을 가고 학위를 하는 과정에 단 한 번도 선생님 없이 된 적이 없으니, 오늘 이 모든 과정에 저희를 위해 헌신하신 선생님들이 얼마나 귀한지 모릅니다. 담임 선생님이 전 과목을 가르치던 초등학교부터 영어, 수학, 과학 등 낯선 과목별 선생님, 그 이후 심화, 전문화된 고등교육의 대학 과정에 이르기까지 좋은 스승을 만난 것은 은혜입니다.

오늘 그 선생님들에게 고마운 마음을 바치는 '스승의 날'입니다. 하나님께서 늘 저희에게 보은(報恩)의 마음을 주시되 부모의 은혜에 대한 보은이 효도하는 것이라면, 스승의 은혜에 대한 보은은 훌륭한 인물이 되는 것임을 알고, 저희들을 가르치신 선생님들의 기대에 어그러짐이 없이 우리에게 주어진 책임과 사명을 감당하는 진실한 사회인이 되게 하시옵소서!

귀가 따갑도록 하셨던 선생님의 말씀 '훌륭한 사람', '진실한 사람', '쓸모 있는 사람'이 될 수 있도록 매일 자신을 관리하고 지속적으로 채찍을 가하여 하나님께서 주신 사명지에서 저희에게 각자 주신 사명을 잘 감당하여 작게는 가정에서 사랑받고, 사회에서 인정받고, 조국에 쓰임 받는 신실한 하나님의 자녀가 되게 하옵소서! 올바른 그리스도인 되게 하옵소서!

저희 같은 철부지들을 인간이 되도록 가르치기 위해, 짧게는 몇 년부터 길게는 평생을 교직에 몸담아 후학들을 가르쳐 준 모든 선생님들을 하나님께서 기억하여 주옵소서! 모든 선생님들을 지켜 주시되, 그들의 건강을 지키시고, 삶의 보람을 느낄 수 있도록 사방에서 그의 제자들이 훌륭한 사회인이 되었다는 좋은 소식이 계속해서 선생님들께 들리게 하옵소서!

우리의 영원한 스승이신 예수 그리스도의 이름으로 기도드립니다. 아멘!

땅의 기도
어린이 날, 어린이 주일에 드리는 기도!

"예수께서 보시고 노하시어 이르시되 어린 아이들이 내게 오는 것을 용납하고 금하지 말라 하나님의 나라가 이런 자의 것이니라." (마가 10:14)

오늘은 '어린이 날'을 기념하여 '어린이 주일'로 지키는 5월의 첫 주일입니다. 소중한 어린 생명들을 기억하시어, 가정의 보배로 사회의 희망으로, 조국의 미래로 자라게 하여 주옵소서! 특별히 예수님께서도 당시 존재가치도 없던 어린 아이들을 안으시고 그들을 축복하며 천국의 중심에 세워 주셨습니다. "누구든지 어린아이와 같지 아니하면 안 된다."고 하셨습니다.

한 소년의 손에 들려있던 보리떡 다섯 개와 물고기 두 마리가 '벳새다' 광야의 여자와 아이 외에 장정만 오천 명이나 되는 이들을 배불리 먹이신 '오병이어'의 기적은 주님의 능력보다는 아이의 손에 든 것을 무시하지 않으시고 그를 받으신 예수님의 사랑에 주목합니다. 이 주님의 사랑이 사복음서에 모두 기록된 유일한 주님의 기적을 보게 하신 줄 믿습니다.

언제나 사회의 중심에 어린이가 있게 하시고, 교회의 중심에 어린이가 있게 하옵소서! 교회의 모든 프로그램에 어린이가 있게 하옵소서! 예배순서,

예배시설, 예산책정에 어린이가 맨 앞에 있게 하옵소서! 식사 메뉴, 반찬, 자리 배치, 배식 우선순위에도 어린이가 맨 앞에 있게 하시고, 교실 위치, 음향 시설, 악기배치, 안전시설 설치도 어린이가 우선하게 하옵소서!

여전히 가정이나 사회에 들어오려면 아직도 담이 높습니다. 화려한 '어린이헌장'은 두고라도 이미 한 시대를 살고 간 어른보다 미래가 기대되는 어린이들을 소중히 대하게 하옵소서! 어린이헌장 끝에 있는 "어린이는 우리의 내일이며 소망이다. 나라의 앞날을 짊어질 한국인으로, 인류의 평화에 이바지 할 수 있는 세계인으로 자라야 한다."를 기억하게 하옵소서!

"인간으로서 존중하여야 하며 사회의 한 사람으로서 올바르게 키워야 한다."는 헌장처럼 세상에서 존중받게 하시고, "마음껏 놀고 공부할 수 있는 시설과 환경을 마련해 주어야 한다. 공부나 일이 몸과 마음에 짐이 되지 않아야 한다. 튼튼하게 낳아 가정과 사회에서 참된 애정으로 교육하여야 한다."는 헌장이 어른들의 구호가 아니라 저희 진심이 되게 하옵소서!

"어린이는 위험한 때 맨 먼저 구출하여야 한다."는 헌장처럼 위험에서 먼저 구출될뿐더러, 위험에서 우선 보호되게 하시옵소서! 어린이날이 5월에 있음도 감사하고, 어린이 주일로 지키는 것도 감사하지만 무엇보다 겉으로 들어난 제도나 틀보다 어른들의 가슴에 아이들을 소중히 여기는 마음을 주시되 내 아이만 아니라 모든 어린이들이 사랑받게 하시옵소서!

어린이를 안고 축복하신 예수 그리스도의 이름으로 기도드립니다. 아멘!

땅의 기도
어버이날, 어버이 주일에 드리는 기도!

"자녀들아 모든 일에 부모에게 순종하라 이는 주 안에서 기쁘게 하는 것이니라"

(골로 3:20)

세상에 존재하는 이들 중에는 부모 없이 태어난 사람이 아무도 없습니다. 하나님의 창조 섭리를 따라 우리는 부정모혈로 이 땅에 태어나, 어머니의 젖을 먹으며 아버지의 돌보심 아래에서 자랐습니다. 그럼에도 늙고 나이든 부모님, 혹은 이미 돌아가신 부모님은 마치 남처럼 멀어졌습니다. 어버이날, 혹은 어버이 주일에 하루만이라도 부모님을 생각하기 원합니다.

자식 된 이들은 누구나 부모님을 생각하면 가슴이 메고, 부모님 말씀이 나오면 아무도 할 말이 없습니다. 철이 들고 되돌아보면 부모님께 받은 사랑은 너무나 엄청나기 때문입니다. 자식들은 아무리 효자, 효녀라도 유구무언이 됩니다. 옛날 자식도 부모에게 그랬고, 지금 자식도 부모에게 그렇게 합니다. 저희의 패역한 마음을 용서하시고 참 자녀가 되게 하옵소서!

자녀의 양육과 뒷바라지를 위해 온 몸을 헌신하신 부모님들의 건강을 지켜주시고, 저들이 평생을 소원으로 품은 뜻이 자녀들 잘 되기를 바라는 것이었으니, 하나님께서 기도에 응답하시고 저희들의 미래가 빛나게 하여 주옵소서! 특히 노년에 몸이 병약해지지 않게 하시고, 건강을 지켜 주시기 원합니다. 부모님들의 늘그막에 행복한 노년을 보내게 하여 주옵소서!

저희 부모님들의 노후 인생이 보람 있게 하시고, 평생을 기도하던 것들은 하나씩 응답되게 하옵소서! 자식에 대한 기대가 모두 이루어지고, 자신들이 평생소원도 성취되게 하시고, 행복한 가정을 이루어 행복한 자녀들의 모습을 바라보는 즐거움으로 살도록 인도해 주옵소서! 신앙생활이 행복하게 하시고, 세상을 떠날 때까지 변함없는 믿음으로 살게 하시옵소서!

저희들에게 "자녀들아 주 안에서 너희 부모에게 순종하라 이것이 옳으니라. 네 아버지와 어머니를 공경하라 이것은 약속이 있는 첫 계명이니"(에베 6:1-2)라고 하셨으니, 저희들이 이 잘 되고 땅에서 장수하는 하나님의 약속을 유업으로 받게 하옵소서! 하나님의 사랑을 부모님들께 내려 주시고, 저희의 사랑도 부모님들께 올려드리는 어버이날이 되게 하시옵소서!

하나님에 대한 믿음 자랑하지 말고, 부모님 섬기는 자랑하게 하시고, 자식 잘 된 것 자랑하지 말고 부모님이 베푸신 은혜 자랑하게 하옵소서! 부모의 내리 사랑이 어떤 것을 알았으면, 이제 부모님에 대한 치사랑도 하게 하시고, 자식들에게 섬김을 요구할 때에 자신도 부모 섬김의 본을 보이게 하옵소서! 365일중에 어버이날 하루라도 행복을 듬뿍 드리게 하옵소서!

저를 사랑하여 몸을 주신 예수 그리스도의 이름으로 기도드립니다. 아멘!

땅의 기도

종려주일에 드리는 기도!

"종려나무 가지를 가지고 맞으러 나가 외치되 호산나 찬송하리로다 주의 이름으로 오시는 이 곧 이스라엘의 왕이시여 하더라 예수는 한 어린 나귀를 보고 타시니"

(요한 12:13-14)

사랑하는 하나님! 오늘은 이천년 전 예수님께서 십자가를 지러 '예루살렘'에 올라가시던 날, 연도에 있는 무리들이 종려나무 가지를 들고 예수님을 환영했다는 데서 지키는 '종려주일'입니다. 예수님은 죽으심의 길을 들어서는데 무지한 무리들은 예수님이 왕권을 잡으러 오시는 줄 오해하여 환영하던 가슴 아픈 모습입니다. 오늘날 저희의 무지도 용서하여 주옵소서!

'만왕의 왕'이신 예수님은 백마를 타고 수많은 군악대의 나팔소리와 함께 겹겹이 늘어선 병사들의 호위를 받으며 입성하실 예루살렘에, 아직 아무도 타보지 않은 나귀를 타고 '겸손의 왕'으로 들어가셨습니다. 예수님의 앞뒤로 밀려가던 사람들은 "호산나 찬송하리로다. 주의 이름으로 오시는 이여!"(마가 11:9)소리쳤습니다. 주님의 심정이 어땠을지 생각합니다.

말 대신 나귀를 타시고, 수많은 천사들의 환영대신 무지한 무리들의 환영을 받으며 침묵하며 올라오시던 주님을 생각하면 저희 가슴이 아픕니다.

너무 시끄럽다며 자제시켜 달라는 어떤 바리새인들을 책망하며 대답하시기를 "만일 이 사람들이 침묵하면 돌들이 소리 지르리라."(누가 19:40)고 하시고, 성 가까이 오시며 앞으로 무너질 성을 바라보시고 우셨습니다.

그때나 지금이나 저희는 늘 예수님의 표피적인 것만 보고, 실체로 접근할 줄 모른 채 어리석은 무리로만 삽니다. 하나님께서 영의 눈을 열어 주시어 예수님을 바로 알게 하시고, 종려 주일에 '예루살렘'에 들어가시던 때의 어리석은 무리처럼 헛된 마음으로 주님을 환영하는 우를 범치 않게 하옵소서! 십자가를 위해 순종의 길을 들어오시던 주님을 뵙게 하옵소서!

예수님의 오병이어 기적을 보며 떡을 먹고 배가 불렀지만, 고작 예수님을 모셔다 왕 삼으려는 생각만하고, 바다를 잔잔케 하시는 주님을 뵈면서도 놀라면서 "이이가 어떠한 사람이기에 바람과 바다도 순종하는가?"(마태 8:27) 하던 제자들처럼 항상 미련한 저희들입니다. 또 예수님을 여러 선지자 중 하나로 이해하고 있었습니다. 눈이 열리는 아침이 되게 하옵소서!

예수님이 붙잡혀 가는 것을 인간적인 눈으로 보고 측은히 여기는 이들, 즉 "그를 위하여 가슴을 치며 슬피 우는 여자의 큰 무리"(누가 23:27)가 따라오는 것을 돌아보시고 "예루살렘의 딸들아 나를 위하여 울지 말고 너희와 너희 자녀를 위하여 울라!"(누가 23:28)고 하신 주님의 말씀이 지금도 귀에 들리는 듯합니다. 무지한 저희의 영혼을 일깨워 주시옵소서!

영혼의 성숙을 바라시는 예수 그리스도의 이름으로 기도드립니다. 아멘!

6. 신앙의 절기를 위하여 드리는 기도!!

땅의 기도

종려 주일에 드리는 기도!

> "그 이튿날에는 명절에 온 큰 무리가 예수께서 예루살렘으로 오신다는 것을 듣고
> 종려나무 가지를 가지고 맞으러 나가 외치되 호산나 찬송하리로다 주의 이름으로
> 오시는 이 곧 이스라엘의 왕이시여 하더라." (요한 12:12-13)

긴 사순절의 끝이 다가옵니다. '재의 수요일'부터 7주간 동안 주님을 묵상
하며 달려왔습니다. 이제 주님의 고난 받으심을 기억하며 보내는 한 주간
을 여는 '종려주일'입니다. 고난의 십자가를 지기 위해 누구도 올라갈 수
없는 '예루살렘'을 올라가신 주님은 그곳에서 철없는 시민들의 환영을 받
았지만, 아무 것도 모르는 환영 이후에 다가올 죽음을 준비하십니다.

오늘 저희가 '종려 주일'을 맞이하여 옛적의 미련했던 예루살렘 시민처럼
예수님을 세상의 정치적인 왕으로 영접하고 있지 않은지 돌아보게 하시옵
소서! 하늘의 왕이시고, 하나님이신데 마치 세상의 왕처럼 생각하는 속 좁
은 인생들 되지 않게 하시고, 주님의 예루살렘 입성을 보며 십자가의 그림
자를 보게 하시옵소서! 오늘 가슴 아픈 주일임을 알게 하시옵소서!

언제나 주님의 겉모습만 보고 쫓아가는 어리석은 '무리들'이 되지 말고, 주
님의 내면과 그 분의 정체성을 바로 보며 따라가는 '제자'가 되게 하시옵소

서! 육신의 눈으로 세상과 사물을 판단하지 말고, 밝은 영의 눈을 갖게 하시옵소서! 역사를 분별하고 하나님을 바로 이해하는 말씀의 사람이 되어, 하나님을 실망시키지 않고 행복하게 해 드리며 살게 하시옵소서!

지금도 여전히 세상은 이천년 전처럼 허황된 꿈을 쫓는 무지한 인생들과 아직도 땅의 욕망을 이루려는 탐욕스러움이 가득한 어리석은 인생들이 뒤섞여 있습니다. 하나님 앞에서 우리의 적나라한 모습을 바라보게 하시고, 더는 부끄러운 모습 드러내지 않고 믿음의 바른 모습을 지닌 채 살게 하시옵소서! 주님의 길과 확연히 다른 인생을 살지 않게 하시옵소서!

완연한 봄이 되는 4월에 접어들면서 잔인한 4월의 추억들이 있습니다. 좌우의 이념 전쟁에 무참히 희생당한 4.3의 영혼들과, 젊은 꽃잎들이 부정한 세상을 향하여 분노의 목소리를 내다 떨어진 4.19의 붉은 희생도 생각나고, 불과 몇 해 전 제주 여행의 행복한 꿈을 안고 떠난 뱃길의 진도 앞바다에서 한 마디 인사도 못하고 떠나간 아이들이 기억되는 달입니다.

이제는 더 이상 젊은이들이 어른들의 탐욕에 희생되는 일이 없게 하시고, 이 나라, 민족의 미래에 젊은이들이 희망을 갖고 살게 하시옵소서! 죄와 허물로 죽을 인생들을 십자가의 피로 살리시려 예루살렘으로 들어오시는 그 걸음이 얼마나 장엄하고 거룩한 걸음인 것을 알게 하시옵소서! 오늘 우리 곁에 오신 하나님을 볼 수 있는 눈을 활짝 열어 주시옵소서!

이 민족의 젊은이들을 사랑하시는 예수님의 이름으로 기도합니다. 아멘!

땅의 기도

추수절에 드리는 기도!

"맥추절을 지키라 이는 네가 수고하여 밭에 뿌린 것의 첫 열매를 거둠이니라 수장
절을 지키라 이는 네가 수고하여 이룬 것을 연말에 밭에서부터 거두어 저장함이니
라" (출애 23:16)

하나님께서 저희 인생들에게 봄부터 씨를 뿌리고 가꾸며 한 여름 한해(旱
害)와 수해(水害) 병충해를 이기고 논밭을 가꾸고 추수하는 계절을 주셔서
고맙습니다. 하나님께서 세계의 자연만물을 창조하실 때에 씨를 뿌리고
바로 수확하게 하지 않으시고, 긴 여름 무더위와 습도와 싸우고 드디어 청
명한 가을하늘 아래 비로소 추수거리를 주심이 하나님의 은혜입니다.

오늘 '추수절'에 한 해 동안 주신 영농이며, 상업이며, 무역이며 저희가 거
두는 모든 열매들을 기억하여 감사하게 하시고, 이일로 하나님을 더욱 사
랑하게 하옵소서! 옛적 이스라엘 백성들을 하나님께서 직접 통치하시던
시절 '수장절'로 지키던 것처럼 오늘 저희도 논밭에서 혹은 매장이나 공장
에서 하나님께서 주신 것들을 모두 기쁨으로 드리는 행복을 주옵소서!

지금도 저희가 이스라엘 백성들이 출애굽하며 누렸던 수장절의 기쁨, 그
축복의 근거지인 들판에 텐트를 치고, 아니면 갈대 그늘막을 만들고 그 안

에 거하며 우리를 구원하시고 대적을 물리치시며 양식을 주신 것을 추억하고 감사하는 절기가 되게 하옵소서! 하나님께서 저희 인생들을 구원하여 부르시고 저희가 가는 길목마다 복을 쌓아놓고 주심이 감동입니다.

생명의 씨를 주시고, 파종하게 하시고 그 안에 생명인자를 주시고, 그 속에 땅을 뚫고 나올 수 있는 힘을 주시고, 땅 위에 이른 비와 늦은 비를 주심을 감사하게 하옵소서! 햇볕을 주시어 자라게 하시는 신비를 찬양하게 하옵소서! 바람을 주어 기운을 북돋우게 하시고, 구름을 주어 쉬어가게 하면서, 인생들에게 먹을 것을 주시려는 하나님의 마음을 알게 하옵소서!

오늘 추수절에 우리가 하나님께 드린 가지가지 과일이며 잎채소며 뿌리채소며 일년생 곡식이며 다년생 과일이며 모두가 하나님께서 인생들을 위하여 준비하신 사랑의 열매인줄 믿습니다. 이 하나님의 세심한 배려와, 태초부터 주신 경륜과 추수물에 숨겨주신 인간을 위한 하나님의 세심한 사랑과 배려들이 모두 하나님의 선물인 것을 진심으로 깨닫게 하옵소서!

가을에 인생들이 누리는 추수물이 많습니다. 농사하는 이들은 들판에서 거두는 농작물이 추수요, 공부하는 이들은 과정을 마치고 진급하거나 진학하거나 학위를 받는 등의 축복의 산물을 생각하며 감사드리게 하시고, 이 가을에 하나님께서 허락하신 풍성한 가을의 열매가 가정과 직장, 기업에 차고 넘치게 하여 주옵소서! 몸과 미음과 영혼에 가득하게 하시옵소서!

인생들에게 복을 약속하신 예수 그리스도의 이름으로 기도드립니다. 아멘!

6. 신앙의 절기를 위하여 드리는 기도!!

땅의 기도
학생들과 수련회를 위하여 드리는 기도!

지금의 세대 중에 가장 소망이 있는 세대가 학생들인데, 이들이 수련회를 시작합니다. 일생동안 가장 강력하고 추억이 될 만한 성령님을 체험하게 하시고, 말씀과 기도가 그들을 새롭게 하여 주옵소서! 전능하신 하나님! 지금의 중고등부 학생들은 한 세대 후에 이 사회의 허리가 됩니다. 저들을 붙잡아 주옵소서! 오직 하나님의 거룩한 도구가 되게 하시옵소서!

대입 학력고사가 중1은 6년, 고3은 1년도 안 남았는데, 이들을 가장 짓누르는 것은 학력고사의 짐입니다. 초등학교를 기준으로 12년 동안 공부한 것을 단 하루 동안에 평가받는 중요한 날입니다. 하루의 시험 결과에 따라, 그의 미래 50년 이상의 삶의 질(質)과 방향이 결정되는데 하나님께서 이들에게 지혜와 지식을 부어 주시어 실수하지 않도록 지켜 주옵소서!

하나님이 세상에 보내신 중고등학생들, 보석 같은 아이들이 수련회를 떠나는데 세우신 강사님들을 붙잡아 주시고 피곤치 않게 저들의 영혼 깊숙이 하나님의 말씀을 먹여주시고, 성령님의 강한 능력을 접목시켜 위대한 하나님의 사람으로 양육하여 주옵소서! 위대한 역사의 인물들이 학생시절에 받은 충격이 디딤돌이 되었는데 이 학생들이 그렇게 되게 하옵소서!

이 나라를 이끌고 갈 능력 있는 다음 세대의 정치, 경제, 사회 각 분야에 정결한 영혼으로 무장한 학생들을 세워 지도력을 주시고, 그들 속에 인품과 비전을 주옵소서! 그리하여 전 세계 어느 땅에 갖다 놓아도 탁월한 하나님의 사람이 되게 하여 주옵소서! 젊음과 실력이 있고, 믿음과 비전이 있는 학생들이 하나님 말씀과 성령님의 능력으로 충만케 하옵소서!

그동안 국민들의 엄청난 저력에도, 기성 정치인들의 고루하고 편협한 생각이나 굳어버린 사고, 미래에 대한 정보의 부족 등으로 기막힌 국가부흥의 기회들을 놓쳐 버렸지만, 이제 다시 하나님께서 역사를 새롭게 주관하시고 기회를 주셨으니. 이제 나라의 국운을 밝게 해 주옵소서! 이들이 하나님을 만나고 신앙의 힘으로 위대한 역사의 주역이 되게 하여 주시옵소서!

이제 청소년인 중고등부 학생들은 푸른 나무들입니다. 온 교회는 사랑을 모아서 이들을 위해 힘껏 기도하게 하시고, 이들이 펼칠 미래를 기대하며 기다리게 하옵소서! 기도와 말씀을 먹고 거침없이 무럭무럭 자라난 중고등부 학생들이 하늘 높이 솟아올라 푸른 산을 만들고 온 세상에 활력을 공급하는 산소처럼 세상을 새롭게 하는 아름다운 이들 되게 하옵소서!

열두 살에 세상을 놀라게 하신 예수님의 이름으로 기도드립니다. 아멘!

6. 신앙의 절기를 위하여 드리는 기도!!

7.
절기와 계절을 위하여 드리는 기도!!
(19편)

왜 기도해야 하는가?

절기와 계절을 위하여!

"예루살렘에 수전절이 이르니 때는 겨울이라 예수께서 성전 안 솔로몬 행각에서 거니시니" (요한 10:22-23)

우리에게는 매일 기도의 범주 안에 있는 기도, 즉 '우주'까지는 아니라도 70억 인류가 한 마을을 이루고 사는 '지구촌'의 시계를 보면 일 년 열두 달 매일 하루 단 10분이라도 기도할 수 있을 때, 인류가 안고 있는 수많은 제목들 중 1%에서 5%미만의 기도제목을 놓고, 그 안에서 뺑뺑이를 돌고 있습니다. 때문에 특별히 기도할 것도, 특별히 기대할 것도 없습니다.

그러나 조금만 눈을 들면, 일 년 열두 달을 매일 새로운 기도 제목 안에 설수 있습니다. 어떤 면에서 보면 예수님을 믿으면 우주의 창조자이신 하나님의 자녀가 되고, 인류의 구속자이신 예수님의 피로 새 생명을 얻었습니다. 그러면 기도 범위가 우주까지는 아닐지라도 인생 속으로 들어가야 하는데, 믿는 순간 기도가 교회 속으로 들어가면 나올 줄을 모릅니다.

'기도의 개발'이라고 하면, 신앙적 용어가 아니고 마치 산업용이나 상업용처럼 생각하지만, '개발'이란 무한 가능성을 염두에 둔 확장입니다. 원료개발, 제품 개발, 거래처 개발, 물류시스템 개발을 하는 것은 엄청난 사업

확장의 과정이듯이 '기도개발'이란 신앙인의 영력(靈力)에 필수적인 '마스터 키'입니다. 특히 기도하기 위해 매일 특별한 날을 만드는 것입니다.

매월 1일은 1일대로 말일은 말일대로, 기도드릴 일들이 있습니다. 한 달을 열어주시고 한 달을 무탈하게 지나게 해 주시지 않았습니까? 밤에는 밤의 감사가 낮에는 낮의 감사가 있습니다. 춘하추동 계절에 감사의 기도가 있고, '입춘(立春)'부터 '입하(立夏)', '입추(立秋)', '입동(立冬)'을 거쳐 대한(大寒)에 이르는 절기는 일상을 어긋나지 않게 하는 내비게이션입니다.

매일의 대소사, 매일의 역사, 오늘의 역사, 그 해의 캘린더 등은 우리가 기도를 개발하는 아이디어를 끊임없이 제공해 줍니다. 과거의 오늘을 이해하는 것은 미래의 오늘을 예상해 보기도 하고, 세상의 오늘을 조명하는 것은 영적인 내일을 점검하는 길이 됩니다. 우리가 멈추면 영적인 에너지는 한없이 그 자리에 머물러 있고, 우리가 움직이면 가속도를 붙여 줍니다.

어쩌면 우리는 매일 절기나 계절에 따른 '매일의 기도'를 드려도 아쉬울 때가 올 것입니다. 매 주일과 새해 첫 날부터 마지막 송구영신까지, 매월 첫 날부터 그달의 마지막 날까지, 춘하추동의 계절과 이십사절기까지, 눈비 내리고 흐린 날부터 맑은 날씨까지, 눈보라 몰아치고 비바람 부는 날까지 주변에서 일어나는 날짜와 날씨의 변화는 우리의 기도 제목입니다.

땅의 기도

1월 한 달을 보내며 드리는 기도!

"내일 일을 너희가 알지 못하는도다 너희 생명이 무엇이냐 너희는 잠깐 보이다가 없어지는 안개니라" (야고 4:14)

새해를 시작하면서 설렘과 기대로 시작한 한 해가 출발한지 엊그제 같은데, 벌써 오늘이 마지막 날입니다. 어쩌면 시간의 흐름이 이리도 빠른지, 벌써 새해의 곶감 열두 개 중에 하나를 빼먹는 순간입니다. 이렇게 번개처럼 지나가는 시간을, 하염없이 저희를 기다려주는 천사처럼 생각하던 어리석음을 용서하여 주옵소서! 이제라도 남은 시간을 잘 쓰게 하시옵소서!

1월 한 달을 지나면서 아직도 우리의 시간 안에 헛된 시간, 의미 없는 시간, 무익한 시간 같은 낭비적 요소를 품은 시간들이 너무 많습니다. 하나님 없이 지낸 시간, 기도 없이 보낸 시간, 생산적이지 못한 채 낭비한 시간, 가성비가 낮게 소비한 시간, 후회만 하고 아쉬워하면서 보낸 시간, 아무런 의미 없이 흘러가버린, 교훈도 유익도 없이 지낸 시간이 많습니다.

"세월을 아끼라 때가 악하니라. 그러므로 어리석은 자가 되지 말고 오직 주의 뜻이 무엇인가 이해하라."(에베 5:16-17)고 하셨는데, 하루하루를 소중히 다루며 이른 새벽 날이 밝을 때부터 밤에 잠이 들 때까지 촌음(寸陰)을 주님께 드리며 살게 하옵소서! 언젠가 주님의 부르심을 받고 그 앞에 설 때에 주어진 인생을 잘 살았다는 하나님의 칭찬을 듣게 하시옵소서!

이제 혹한이 지나고 입춘이 기다리는 새봄이 오면, 추위와 굶주림에서 벗어나 기지개를 켜게 하시고, 그 때는 좀 더 알차고 가치 있는 하루를 보낼 수 있게 하여 주옵소서! 이 땅에서 보내는 저희의 시간은 언제 끝날지 아무도 모릅니다. 그러나 언제든 부르시면 달려가야 하는 한계를 안고 삽니다. 하루라도 일 년처럼 소중히 여기며 사는 저희가 되게 하옵소서!

성탄, 송년, 신년으로 이어지는 송구영신의 흐름을 맞아 정신없이 한 달을 보냈다면, 이제 새달을 맞이할 때는 정신을 차리고 시간 앞에 좀 더 창조적이고 긍정적인 하루하루를 살게 하옵소서! 어떤 일도 미루지 말고 해결하게 하시고, 아무리 힘든 일도 핑계하지 말고 감당하게 하옵소서! 지금 지체하고 미루면 결국에는 인생이 낙오자가 되는 것을 알게 하옵소서!

이제 새로 시작하는 2월은 다른 달보다 하루나 이틀 적은 달입니다. 더 열심히 더 분발하게 하시되, 최선을 다해 열매를 맺는 하루하루가 되게 하여 주옵소서! 새달, 새봄, 새로운 시작을 잘 준비하게 하옵소서! 정치 사회적인 격변이 예상되는 총선 직전의 시간입니다. 어떤 충격적인 일이 있더라도 믿음으로 감당하며 해결해가는 귀한 은혜가 있게 하여 주옵소서!

언젠가 저희들을 부르실 예수 그리스도의 이름으로 기도합니다. 아멘!

7. 절기와 계절을 위하여 드리는 기도!!

땅의 기도

2월의 첫날에 드리는 기도!

"그런즉 너희가 어떻게 행할지를 자세히 주의하여 지혜 없는 자 같이 하지 말고 오직 지혜 있는 자 같이 하여 세월을 아끼라 때가 악하니라" (에베 5:15-16)

번개처럼 한 달이 지나갔습니다. 세상은 마치 역병이 도는 것처럼 어지럽고 흉흉하여, 이 땅이 내 조국이라는 자긍심이 사라지고, 세계 앞에 대한민국 국민이라는 것이 때로는 부끄럽고 슬퍼지는 시간입니다. 그럼에도 여전히 시간이 흘러 또 새 달의 첫날을 맞습니다. 하나님께서 저희들의 마음을 다스리시고 마음이 정리된 새 각오로 새로운 2월을 내딛게 하옵소서!

특히 2월은 모든 학교들이 개학을 하고 개강 준비를 하며 미래를 위한 새로운 도전을 준비해야 하는 달입니다. 모두 새로운 마음가짐을 가지고 새롭게 출발하게 하옵소서! 특히 나라와 민족을 기억하시고, 이 민족의 정체성을 잃지 않고 세계에 우뚝 서는 선진국의 위상에 걸 맞는 모습을 갖추게 하시옵소서! 전 세계의 존경과 신뢰를 받는 나라가 되게 하옵소서!

교회들마다 민족의 현재를 가슴 아파하며 조국의 미래를 끌어안고 울며 기도하는 운동이 일어나게 하시고, 정치적인 색깔로 위장한 '기도회'가 사라지고 하나님께 '기도'를 많이 올리게 하옵소서! 교회가 권력자의 편에 서서 입신양명을 꾀하고 호가호위 하려는 더러운 생각으로 오염되지 않고, 오직 백성들을 끌어안고 함께 우는 거룩한 공동체가 되게 하옵소서!

비록 백성들이 가난하게 살아도 하나의 민족임을 자랑으로 여기며 함께 돕고 살던 한 세대 전의 사랑하는 공동체성을 회복하게 하시고, 먹고 마실 것은 차고 넘치는데 오히려 문명병이나 현대병이라고 불리는 당뇨나 고혈압, 고지혈증 같은 치명적인 질병들이 세상에 가득한데, 인간이 가진 탐욕이 누적되어 생긴 성인병이자 탐욕 병들을 모두 고쳐 주시옵소서!

먹는 것은 넘쳐나고 먹을 기회도 넘쳐나고 경제적 여유도 많아졌지만, 안타깝게도 국민들은 대다수가 친구들이 되었습니다. 이런 심각한 세상에 살면서 어떻게든 절제된 생활, 어떻게든 경건한 생활이 몸에 배게 하옵소서! 기왕에 한 시대를 사는 저희가 후대에 부끄럽지 않은 세상을 만들어 유산으로 남겨주는 위대한 경건과 절제의 조상들이 되게 하시옵소서!

이 시대가 필요로 하는 사람, 후대에서 우리를 기억하는 사람, 모든 후손들이 고마워하는 사람들이 되게 하옵소서! 21세기 초반에 살았던 자랑스러운 조상들이 되도록 지금 깨어 우리가 해야 할 일이 무엇인가 깨닫고, 지금 내가 살아가야 할 길은 무엇인가 잘 판단하여 온 힘을 다해 이 달을 살아내게 하시옵소서! 자랑스럽고 후회 없는 한 달이 되게 하시옵소서!

저희가 살아온 삶을 평하실 예수 그리스도의 이름으로 기도합니다. 아멘!

7. 절기와 계절을 위하여 드리는 기도!!

땅의 기도
3월의 첫날에 드리는 기도!

"또한 너희가 이 시기를 알거니와 자다가 깰 때가 벌써 되었으니 이는 이제 우리의
구원이 처음 믿을 때보다 가까웠음이라." (로마 13:11)

사랑하는 하나님! 해마다 3월 1일이 되면 역사를 아는 우리 민족의 가슴은
뛰고 있습니다. 1919년 3월 1일 억눌린 백성들의 목이 찢어지도록 '대한독
립 만세'를 외쳤던 날이기 때문입니다. 아무도 믿지 않았고, 믿을 수 없던
'대한독립'이었지만 선조들은 믿었고, 국민들이 이 궐기에 참여했습니다.
손에는 태극기가 들려있었고 얼굴에는 결연한 의지가 있었습니다.

그리고 한 세기가 넘게 지났는데도 여전히 우리는 태극기를 흔들며 목숨
을 걸었던 독립운동의 후손 같지 않은, 나약하고 비겁한 백성이 되었습니
다. 일제 강점기에 버금가는 폭거가 이루어져도 숨죽이고 살며, 내 땅 내
나라는 관심이 없고, 오직 자신의 영달만 위하여, 이 땅이 어떤 세상이 되
든, 세상에서 누릴 영광에 목이 마른 기회주의자가 되어가고 있습니다.

하나님! 저희에게 진실한 믿음을 주옵소서! 믿음으로 하나님만 사랑하는
것이 아니고, 믿음으로 교회만 부흥시키는 게 아니라, 무너지는 나라를 지
키고, 선열들이 보여준 독립의 결기도 갖고, 조상들이 보여준 용기도 갖게

하옵소서! 이 시대보다 백성들이 힘도 없고, 학문도 깊지 못했고, 세계와의 네트워크도 갖고 있지 않았던 시절의 함성을 기억하게 하옵소서!

그렇게 전 국민의 가슴을 요동치게 했던 때로 부터 4반세기가 지나났습니다. 그러나 이후 25년 동안 우리 민족의 가슴에 계속해서 3.1만세 운동의 피가 끓고 있었고, 그것이 동력이 되어 마침내 꿈에도 그리던 해방을 맞았습니다. 온전하지는 않지만 잔인무도한 일제 강점기가 끝나고 독립을 얻었습니다. 하나님! 올해도 이제 정이월이 나고 3월이 되었습니다.

겨울잠을 자던 개구리가 뛰어나오고, 완연한 봄으로 들어선다는 경칩(驚蟄)과 춘분(春分)이 다가옵니다. 잠자던 우리의 믿음이 봄의 소리를 듣게 하옵소서! 이제 두터운 겨울을 걷어내고 따뜻한 봄을 맞게 하옵소서! 비록 작지만 세상을 향하여 개구리 울음 만큼만이라도 울어 세상을 깨울 수 있게 하옵소서! 특히 3월 1일에 그 함성을 한 번 지르게 하옵소서!

3월의 첫날에 이달을 위하여 기도하고, 3월 첫날부터 피가 끓고 가슴이 터질 것 같은 3월이 되게 하옵소서! 이제는 은둔의 신앙이 아니라, 잠든 세상을 향하여 외치고 울부짖는 함성이 되게 하옵소서! 존귀와 영광을 받으시기에 합당하신 하나님! 하나님 앞에 부족함이 없는 새봄 신앙인이 되어, 긴 겨울잠에서 일어나 세상을 깨우는 저희들이 되게 하시옵소서!

사순절 고난주간 후에 부활하신 예수님 이름으로 기도드립니다. 아멘!

땅의 기도

4월의 첫날에 드리는 기도!

"오른손을 잡아 일으키니 발과 발목이 곧 힘을 얻고 뛰어 서서 걸으며 그들과 함께 성전으로 들어가면서 걷기도 하고 뛰기도 하며 하나님을 찬송하니" (사도 3:7-8)

하나님! 우리에게 너무 가슴 아픈 기억이 많은 4월의 첫 날입니다. 왠지 모르게 가슴이 먹먹하고 슬픈 달입니다. 하나님께서 백성들의 가슴에 남은 응어리를 녹여 주옵소서! 1960년 4.19 학생운동이 있던 날입니다. 부패 독재정권의 참상을 더 이상 지켜볼 수 없어 일어섰던 이날의 함성은 국민들은 이 날을 헌법 전문에도 넣고 기념일로 정하여 지키고 있습니다.

그러나 그 때 민주화를 위해 스러져간 젊은이들은 누구인지, 그때 희생된 186명의 희생자들은 누구였는지, 다친 1500여명은 후에 어떻게 되었는지 알지 못한 채 살고 있습니다. 과연 4.19는 과거의 역사인지 되묻고, 오늘 저희의 가슴에 지워져가는 그들의 충정을 이해하고 경의를 표하는 마음을 주시옵소서! 역사의 변곡점에 함께한 이들을 기억하게 하시옵소서!

4월은 생떼 같은 '고등학생들'을 비롯해 304명이 목숨을 잃거나 실종된 '세월호' 참사가 있었던 달입니다. 세월이 흘러도 잊을 수 없는 어처구니없는 일이 이 시대에 일어난 슬픈 달입니다. 저희가 이 비극적 시간을 기억에서 통과시키려면 엄청난 가슴앓이를 해야 지나갈 수 있습니다. 아픔이 속히 지나가고, 특히 유가족들의 아픔도 속히 치유되게 하여 주옵소서!

또 4월은 세상에서 장애를 안고 살아가는 장애인의 고통에 동참하여, 저들을 격려하고 위로하며 함께 하기 위하여 제정한 '장애인의 날'도 20일에 있습니다. 우리 모두는 예비 장애인입니다. 언제 어떤 불행한 일을 만날지 모르는 현대 사회에서, 남의 일이 아니고 내 가족, 나의 일이 될지 모른 채 살고 있습니다. 어느 때 우리 앞에 닥칠지 아무도 모르고 삽니다.

저한 공간에 같은 시대를 사는 모든 장애인들의 아픔을 기억하시고 하나님의 사랑으로 안아 주옵소서! 늘 만나는 시각 장애인들을 기억하여 주시옵소서! 청각 장애, 언어 장애를 겪고 있는 이들을 기억하시고 용기를 갖게 하옵소서! 인지 장애, 지적 장애, 발달 장애를 겪는 모든 장애인들을 기억하시고 위로하여 주옵소서! 하나님의 더 많은 사랑이 절실합니다.

항상 거리에서 만나는 지체 장애 중에 보행 장애인들을 위하여 기도합니다. 중증 뇌성마비를 앓고 있는 이들도 하나님의 사랑이 필요한 이들입니다. 저희가 기념일로 정하고 행사를 해도, 곧 잊어버리는 그들의 아픔을 4월만이라도 기억하게 하옵소서! 우리의 가슴에서 4월은 배나 기도해야겠다는 다짐을 하게 하옵소서! 이들을 위하여 4월을 깨어 있게 하시옵소서!

저희들의 장애를 이기게 하실 예수 그리스도의 이름으로 기도합니다. 아멘!

7. 절기와 계절을 위하여 드리는 기도!!

땅의 기도

5월의 첫날에 드리는 기도!

"자녀들아 주 안에서 너희 부모에게 순종하라 이것이 옳으니라 네 아버지와 어머니를 공경하라 이것은 약속이 있는 첫 계명이니 이로써 네가 잘되고 땅에서 장수하리라" (에베 6:1-3)

하나님! 저희에게 5월을 주심이 너무 고맙습니다. 5월은 따뜻한 달입니다. 또 행복한 달입니다. 장미가 피고 유채가 피는 달입니다. 무엇보다 5월은 우리를 낳아주신 '어버이 날'이 있고, 자녀들을 위한 '어린이 날'도 있고, 선생님들을 위한 '스승의 날'도 있습니다. 생각만 해도 가슴 따뜻해지는 행복한 5월에 저희들의 가정과 자녀들이 모두 행복하게 하여 주옵소서!

이 땅의 부모들을 위하여 기도합니다. 입을 것과 먹을 것이 변변찮던 시절, 태어나는 자녀들은 많고 양식은 늘 모자라던 시기에, '춘궁기'나 '보리고개'라는, 지금 들으면 낯선 말들을 친근하게 듣고 살아오신 분들에게 복을 주옵소서! 저들이 자녀를 양육하고 공부시키는 사랑의 마음과 잘 사는 나라를 만들려는 마음으로 흘린 피땀이 지금 이 나라를 만들었습니다.

자녀들에 대한 무한 애정과 가정을 지키려는 마음이, 어려운 시절의 가정들과 나라를 지키고 일구어왔습니다. 지금의 부모 세대에 왕성하게 꽃 피운 복음이 한국의 교회부흥을 가져왔고, 이것은 민족번영의 복으로 연결되었습니다. 고난의 세월을 견딘 부모 세대들을 하나님께서 기억하시어, 저희는 갚을 수 없는 그들의 수고와 헌신을 하나님께서 갚아 주옵소서!

그 안에서 한 세대가 지나고 또 한 세대가 지나면서 지금의 자녀가 된 저희들은 최상의 복을 누리고 살지만 정작 하나님과의 뜨거운 만남은 부족한 듯합니다. 저희들을 기억하여 주시되, 유년 시절에 말씀의 씨앗을 가슴에 심게 하시고, 학생 시절에 송이 꿀처럼 달고 신령한 말씀의 젖을 사모하게 하옵소서! 특히 청년의 때에 창조주 하나님을 기억하게 하옵소서!

5월에 우리의 다음 세대를 가르치는 선생님들을 기억하여 주시고, 그들이 믿음으로 또 사랑으로 아이들을 가르치게 하시되, 하나님의 창조 신앙과 우주의 창조 경영을 배우게 하옵소서! 우리가 발을 딛고 숨 쉬고 살아가는 세상은 하나님의 창조의 작품입니다. 그 안에서 우주 공간을 창조의 모습 그대로 지키게 하시되, 오염되지 않은 상태로 지켜 가게 하시옵소서!

성령님께서 오늘 사랑하는 가정의 제사장인 가장(家長)들과 천사 같은 아내들과, 보석 같은 자녀들을 모두 붙잡아 주셔서 이 나라가 행복하고 우리가 사는 세계가 아름답게 하시며, 이 땅이 평화롭게 하옵소서! 그리하여 이 나라는 하나님이 통치하시는 나라, 우리의 가정은 성령님이 다스리는 가정, 우리 모든 개개인은 주님의 신실한 제자들이 되게 하여 주옵소서!

5월에 우리의 희망이신 예수 그리스도의 이름으로 기도드립니다. 아멘!

7. 절기와 계절을 위하여 드리는 기도!!

땅의 기도

6월의 첫날에 드리는 기도!

"블레셋 사람들이 이스라엘에게서 빼앗았던 성읍이 에그론부터 가드까지 이스라엘에게 회복되니 이스라엘이 그 사방 지역을 블레셋 사람들의 손에서 도로 찾았고 또 이스라엘과 아모리 사람 사이에 평화가 있었더라" (삼상 7:14)

하나님! 6월의 첫날입니다. 해마다 6월이 되면 항상 제일 먼저 드는 생각은 1950년 6월 25일 새벽에 휴전선을 뚫고 내려온 북한군에 의해 한반도가 초토화되는 6.25전쟁이 생각납니다. 결국 3년 뒤에 휴전이 되기까지 엄청난 인적, 물적 피해를 입고, 한반도는 글자 그대로 폐허처럼 변해 버렸습니다. 그리고 파괴된 위에서 나라는 다시 재건이 시작되었습니다.

하나님! 이제는 두 번 다시 한반도에서는 전쟁이 일어나지 않게 하옵소서! 재래식 무기로 치른 전쟁에도 나라가 그렇게 초토화 되었는데, 엄청난 파괴력을 가진 현대무기가 동원되면 나라 전체는 복구가 불가능한 쑥대밭이 될 터이고, 이에 따른 인명 피해는 상상을 할 수 없을 만큼 엄청날 것입니다. 이런 무서운 민족적 비극이 될 전쟁을 이 땅에서 막아 주옵소서!

하나님께서 다시는 전쟁의 참상이 우리나라를 덮치지 않게 하옵소서! 전쟁이 일어나면 직접 전쟁에 참여하는 군인들은 물론, 대피나 피난이 불편한 영유아나 노약자 같은 이들의 피해가 상상할 수 없을 만큼 클 터인데, 하나님께서 지켜주옵소서! 또 남한은 '한미일'과 북한은 '북중러'가 동맹체재를 유지하고 있기에 전쟁이 확산될 것은 뻔합니다. 지켜 주시옵소서!

그리고 이 남북 양측은 그 뒤로 한쪽은 나토군을 포함한 서방세계의 진영이 있고, 다른 한 쪽은 거대한 사회주의나 공산주의 국가가 연결되어 있는 바, 이 두 그룹의 충돌은 결국 제3차 세계 대전이 될 가능성도 있습니다. 1,2차와는 비교가 안 되는 엄청난 희생이 예측되는 전쟁을 막아 주옵소서! 세계를 화염으로 뒤덮을 한반도 전쟁을 하나님께서 막아 주옵소서!

남북의 지도자들에게 백성 사랑하는 마음을 주시고, 전쟁을 일으켜 조상들과 후손들에게 죄인이 되지 않게 하옵소서! 한반도에서 전쟁이 일어나면 전쟁의 책임자는 역사의 죄인이 될 것인즉, 힘을 가지고 있는 쪽이나 힘이 없는 쪽 모두 감정에 치우치지 말고 한마디 말로 상대를 자극하지 않도록 통치 권한이 있는 이들이 전쟁 억지의 책임도 지게 하옵소서!

전쟁이 남긴 최악의 상처는 전쟁 중에 세상을 떠난 전사자들과 부상을 입고 죽는 날까지 치료를 계속해야 하는 참전 용사들입니다. 수십 년이 지난 지금도 아픔을 안고 있는 당사자와 가족들을 위로하시고, 저들이 국가의 부름을 입고 전쟁에 참여하여 입은 상처를 완전히 회복시켜 주시고, 후손들이 아버지나 할아버지의 참전을 영광스럽게 기억하게 하시옵소서!

민족의 평화를 지켜주실 예수 그리스도의 이름으로 기도드립니다. 아멘!

땅의 기도

7월의 첫날에 드리는 기도!

"그는 우리의 화평이신지라 둘로 하나를 만드사 원수 된 것 곧 중간에 막힌 담을
자기 육체로 허시고" (에베 2:14)

하나님께서 저희에게 주신 7월 첫날에 하루를 의탁하고, 7월 한 달을 의탁
합니다. 무더위가 시작되고 휴가도 시작되는데, 하나님의 사랑이 저희들
을 붙잡으시어 이 달이 행복하게 하옵소서! 7월은 초, 중, 고 등, 각 학교의
방학이 시작되고, 직장인의 휴가도 시작됩니다. 그러나 7월은 우리 민족
의 역사에 중요한 두 기념일 '제헌절'과 '휴전 협정일'이 들어 있습니다.

하나님의 은혜로 7월은 특히 평안하고 안전하게 하시고, 온 국민들이 평
안한 한 달이 되게 하옵소서! 하나님께서 이 민족을 사랑하심으로 저희에
게 평안한 하루가 되게 하옵소서! 성령님께서 우리나라를 불쌍히 여겨 주
시고, 우리 선열들이 이 나라를 민주주의 국가로 만들기 위해 애써온 열
정, 또 이 땅에 전쟁을 멈추게 한 그 뜻이 제대로 빛을 보게 하옵소서!

더 이상은 불안한 휴전이 아니라 남북이나 휴전 협정 당사국들이 종전협
정으로 바꾸어 새롭게 조인해서 이 땅에 영원히 전쟁이 끝나게 하시옵소
서! 같은 민족이요 한 조상의 후손인 저희들이 전쟁의 공포에서 벗어나게

하시고, 이 땅에 평화적인 방법으로 전쟁이 종식되게 하시옵소서! 흩어진 혈육과 형제들이 생사를 확인하고 소식을 나누고, 살아가게 하옵소서!

우리나라도 어느 날 '베를린' 장벽이 무너지듯 '휴전선'이 무너지고 철조망을 사이에 두고 대치하고 있는 남북의 긴장상황이 종식되게 하옵소서! 철책선 안의 비무장지대 155마일이 남북의 상처를 안고 있는데, 그 슬픈 분단의 역사가 마감되고 평화의 바람이 불게 하옵소서! 휴전선에 막힌 채 분단의 세월이 70년이 넘었는데, 이제 저희의 한숨을 멎게 하시옵소서!

이제 휴전선은 전 세계가 '평화의 숲'으로 명명하고 그곳을 정비하고 세계인들이 찾아와 분단의 70년 세월을 참아내며 살아온 한민족의 끈기와 마침내 통일을 이룬 남북의 뜨거운 저력을 보게 하옵소서! 평화를 지키고 통일을 이루기 위해 견딘 70년 인고의 세월을 목격하게 하옵소서! 성령님께서 오늘도 이 민족을 '한라'에서 '백두'까지 하나로 이어 주옵소서!

남북한 민족이 애끓는 사랑으로 그리워하는 혈육의 정, 그리고 민족적 숙원인 통일을 향해 한걸음씩 나아가는 복된 7월이 되게 하옵소서! 무더운 여름에 전 전선에 총성과 포성이 멎고 휴전협정을 했듯이, 이제는 '휴전협정'이 아닌 '평화협정', '종전협정' 혹은 '통일협정'이 체결되는 7월이 되게 하시옵소서! 이 땅에 영원하고 완전한 평화를 이루어 주시옵소서!

이 땅에 평화의 왕이신 예수 그리스도의 이름으로 기도드립니다. 아멘!

7. 절기와 계절을 위하여 드리는 기도!!

땅의 기도
겨울비 내리는 날에 드리는 기도!

"그러나 나의 하나님 여호와여 주의 종의 기도와 간구를 돌아보시며 주의 종이 주 앞에서 부르짖는 것과 비는 기도를 들으시옵소서" (대하 6:19)

우주의 질서와 지구의 사계(四季)를 만드시고 계절에 따라 눈비와 태양과 바람을 주시어 조화를 이루시는 하나님! 겨울비가 오는 날, 이 날의 일기를 위하여 기도합니다. 이 비가 눈이 되어 내리는 지역이 생기면, 길이 미끄러워 힘들어질 차량들과 운전자들을 위하여 기도드립니다. 제일 먼저 날씨와 부딪치는 분들이라 하나님의 특별한 은혜가 필요한 이들입니다.

하나님께서 오늘도 결빙지역을 꼼꼼히 살펴 주옵소서! 운전하는 모든 이들이 운전에 더 집중하게 하시고, 모든 이들이 결빙구간을 안전하게 지나게 하시고 순간적 방심이나 부주의로 대형사고로 이어지지 않게 하시옵소서! 일기나 날씨가 서민들의 삶을 위협하지 않도록 지켜주시고, 언제나 모든 가정에 사고로 인하여 불행해지지 않도록 행복을 지켜 주옵소서!

사랑하는 하나님! 오늘도 출퇴근길을 비롯한 거리의 차량운행을 비롯하여 일기와 전쟁을 치러야 할 이들이 가족들의 걱정이 끝나도록 평안히 귀가하게 하시고, 비가 오면서 과일 농사나 채소농사 등 일기와 직결되는 이들의 피해가 없도록 지켜 주옵소서! 약한 소재로 만든 지붕에서 아무리해도 비가 사는 가난한 가정들의 만성적인 비 피해를 막아 주시옵소서!

자연과 환경이 파괴되고 이상기온 때문에 한 겨울에도 일기의 이상이 자주 발견되고 있습니다. 상상을 초월하는 폭설, 폭우 등, 인력으로는 막아낼 수 없는 자연 재해를 하나님의 보살핌 속에서 이겨나게 하옵소서! 비가 오면서 더 힘들어질, 현장에서 막노동하는 일용 근로자들을 기억하시고 이런 날씨가 저희들의 생계를 유지하는데 힘들지 않게 해 주시옵소서!

비가 오면 온 몸에 통증이 찾아와 견디기 힘든 노인들도 지켜주시고, 이들의 질병이 치유되도록 도우시옵소서! 자유롭게 좌판을 펼치던 노점상이나, 거리에서 노숙하던 이들, 보행이 불편하여도 우산을 챙겨 쓸 수 없는 이들이 비가 오면 더 불편해질 터인데, 모두 기억하여 주옵소서! 환경이나 날씨 하나가 다 고통으로 이어지는 어려운 이들을 기억하여 주옵소서!

어떤 이상 기후나 날씨가, 살아가는 데 아무 불편이 없는 이들도 있지만, 조금만 눈비가 와도 삶이 무너질 이들과 엄청난 불편을 겪는 이들, 치명적인 손해를 입는 이들이 있습니다. 이런 날씨 하나도 극복하지 못하는 이들은 대개 사회적 약자들입니다. 경제적 약자, 신체적 약자들입니다. 이들이 무서운 자연과 맞서 사는 동안 삶이 무너지지 않게 지켜 주옵소서!

저희 산성과 바위 되시는 예수 그리스도의 이름으로 기도드립니다. 아멘!

땅의 기도

경칩(驚蟄)에 드리는 기도!

"여호와는 죽이기도 하시고 살리기도 하시며 스올에 내리게도 하시고 거기에서 올리기도 하시는도다." (삼상 2:6)

세계와 우주와 역사를 지으시고 주관하시는 전능하신 하나님! 오늘 새벽에 하나님께 간절히 구합니다. 봄의 절기들을 주시되 '입춘'과 '우수'와 '경칩(驚蟄)'과 '춘분'을 주시니 고맙습니다. 특별히 오늘은 겨울잠을 자던 개구리들도 땅에서 나온다는 '경칩'입니다. 이런 자연과 만물의 법칙을 주시어, 이제 추운 겨울이 다 지나갔음을 알려주시니 정말 고맙습니다.

하나님께서 지으신 만물이 소생(蘇生)하는 때에 특히 저희 육체도 병 치레를 하고난 다음 회복되는 희망의 소성(蘇醒)이 있고, 기쁨이 있게 하시옵소서! 면역력이 떨어지는 깊은 겨울잠에서 일어나 봄을 맞이하게 하시옵소서! 이제는 무섭고 추운 겨울이 가고 새봄이 왔음을 알고, 움츠러들었던 성도들의 육체가 기지개를 켜고 동면(冬眠)에서 일어나게 하시옵소서!

이 때 특히 경제적 빈곤과 궁핍의 자리도 떨고 일어나 봄을 맞게 하시옵소서! 온 몸이 얼어붙고 위축되던 겨울철에, 천정부지로 치솟은 물가와 추위를 당한 서민들이 가스 값이나 기름 값이 무서워 추운 밤을 보내고, 마음

놓고 방 한 번 따뜻하게 데우고 겨울을 나지 못했는데, 이제 가스를 잠그고 전기를 안 쓰고도 지낼 수 있는 따뜻한 봄을 주시니 고맙습니다.

그러나 하나님! 추위가 찾아오면 자연스럽게 난방으로 이기고, 더위가 오면 냉방을 하면서 적응하며 이런 절기의 변화를 두려워하지 않고 힘들어하지 않고, 난방비 요금 고지서를 보고도 놀라지 않을 만큼의 경제적 여유를 주시옵소서! 허비하고 낭비하려는 것이 아니라, 가난하게도 부하게도 마시되 세상에서 필요를 공급받으며 살 수 있게 도와주시옵소서!

'아굴'이 "나를 가난하게도 마시고 부하게도 마시고 오직 필요한 양식으로 먹여 달라"고 구하면서 그 이유를 "배불러서 하나님을 모른다, 혹은 가난하여 도둑질하고 하나님의 이름을 욕되게 할까 두렵다."(잠언 30:8-9)고 했으니, 저희도 하나님께서 일어나 도우심으로 일어나, 하나님의 멋진 자녀로 경제적 고통 받던 겨울의 삶에서 따뜻한 봄을 허락하시옵소서!

'한나'가 "야훼 하나님은 죽이기도 하시고 살리기도 하시며, '스올'에 내리게도 하시고 올리기도 하십니다. 또 가난하게도 하시고 부하게도 하시며, 낮추기도 하시고 높이기도 하십니다."(삼상 2:6-7)며 고백한 것처럼 하나님께서 이 경칩 날의 새벽에 저희를 기억하시어, 미물처럼 순응하며 살도록 도우시옵소서! 확실한 봄의 절기에 저희에게 따스함을 주시옵소서!

저희를 위해 친히 가난하게 되신 예수님 이름으로 기도합니다. 아멘!

7. 절기와 계절을 위하여 드리는 기도!!

땅의 기도

광복절/광복절 기념 주일에 드리는 기도!

"내가 바로의 마음을 완악하게 한즉 바로가 그들의 뒤를 따르리니 내가 그와 그의 온 군대로 말미암아 영광을 얻어 애굽 사람들이 나를 여호와인 줄 알게 하리라 하시매 무리가 그대로 행하니라." (출애 14:4)

이 땅에서 36년 동안 온갖 잔인한 방법으로 국권을 유린하고, 민족의 모든 것을 수탈해간 일본의 압제에서 벗어난 지 80년이 되었습니다. 국권찬탈 이후 세계에서 유래를 찾아볼 수 없을 만큼 비인간적인 방법으로 국민들의 인권 유린은 물론 우리의 말과 글과 심지에 성과 이름까지 빼앗아갔던 일제 강점기 36년은, 360년만큼이나 고통스럽고 치욕적이었습니다.

심지어는 집집에 있는 동(銅)이며 철(鐵)을 전쟁을 위한 무기를 만들기 위해 수탈해가고, 들판에서 거둔 양식은 농민들의 집으로 들어가기 전에 군량미로 수탈해 갔습니다. 청년들은 군대로 끌려가고 처녀들은 위안부로 끌려갔습니다. 지옥 같은 일제 강점기는 그렇게 흘러갔고, 우리는 해방을 맞았지만 지금도 해방의 감격을 만끽하기는 너무 요원한 것 같습니다.

아직도 우리 역사의 갈피에는 일제 침략의 흔적들이 곳곳에 배어있고, 거리마다 마을마다에 그들이 세운 건축물의 흔적들이 남아 있습니다. 곡물

땅의 기도

수탈의 현장, 우리 민족의 정기를 끊기 위해 산 정상에 박아 놓은 쇠말뚝 등은 지금도 발견되고 있습니다. 그보다 심각한 것은, 사회 전반에, 문화의 곳곳에 배어있는 일본의 잔재들이 우리를 깜짝깜짝 놀라게 합니다.

이보다 더 무서운 것이 있습니다. 아직도 우리 국민들의 언어 속에 묻어있는 일본식 언어, 혹은 그대로 노출되는 일본어들이 그냥 사용되고 있습니다. 무심히 쓰고 있는 단어가 일본말이고, 우리가 무심히 하고 있는 일이 일본의 문화라는 것입니다. 모르면서도 쓰고 알면서도 쓰고, 그러면서 지금은 엔화의 가치가 떨어졌다고 무지한 일본 여행 열풍이 불고 있습니다.

하나님! 서민들은 몰라서 그런다고 해도 지식인이나 일부 지도층들은 아직도 일본의 침략 역사를 미화하고 찬양하는 것을 볼 때 가슴이 터질 것 같습니다. 여전히 일본을 우상처럼 섬기는 사대사상이 가득합니다. 이 잘못된 의식들을 제거해 주시고 수탈당한 일에 분노를 숨기지 않고 영원히 반복해서 사과를 받아내고 그 침략근성을 지금도 조심하게 하옵소서!

이제 다시 일본의 문화 침략, 경제 침략, 독도 문제 등 민족의 가슴에 쇠못을 박으며 들어오는 폭력적인 침략을 주의하여 다시는 잔악한 일본에게 우리 땅 조국을 내주지 않게 하옵소서! 조상들의 잘못으로 우리가 당한 수치와 모욕이 얼마나 큰지, 빼앗긴 나라를 물려주지 않게 하옵소서! 다시는 저들이 폭력으로 이 땅에 들어오지 못하도록 지켜 주시옵소서!

대한민국을 사랑하시는 예수 그리스도의 이름으로 기도드립니다. 아멘!

땅의 기도
우수(雨水)에 드리는 기도!

"땅이 스스로 열매를 맺되 처음에는 싹이요 다음에는 이삭이요 그 다음에는 이삭에 충실한 곡식이라 열매가 익으면 곧 낫을 대나니 이는 추수 때가 이르렀음이라"

(마가 4:28-29)

사랑의 하나님! 오늘은 봄의 두 번째 절기인 우수(雨水)입니다. 한 겨울 얼어붙은 땅이 입춘(立春)의 신호를 받고 나서 '우수'가 되면 얼음이 녹아 물이 되는 때이고, 땅은 녹은 얼음물이 흥건하게 고인다는 뜻으로 전해오는 절기입니다. 이제 우수와 경칩(驚蟄)이 되면 '얼었던 대동강 물이 풀리고, 땅속에서 겨울잠을 자던 개구리도 땅을 박차고 나온다.'고 합니다.

온 땅은 촉촉한 흙 속에서 새싹을 틔울 채비를 하고, 농사하는 이들은 파종할 씨알들을 고르고, 한 겨울 곡간에서 종자로 분류되어 보관되어 있던 가마니를 떠나 땅에 떨어져 발아의 준비를 하는 것입니다. 우리가 일 년을 춘하추동(春夏秋冬) 네 절기에 따라 계절마다 여섯 개의 절기를 정해 농사에 필요한 정보와 일기의 추이를 보는 지혜를 주시니 고맙습니다.

이 절기에 저희의 영혼도 영적 우수(雨水)를 맞게 하시옵소서! 새벽부터 말씀을 들을 때에 얼음장 같이 차가운 심령이 말씀의 권세에 의해 깨어지게 하시고, 그 위에 내리시는 성령님의 단비가 말씀의 씨알을 품고 싹을 틔울 준비를 하게 하시옵소서! 저희의 영혼에 성령님의 단비가 촉촉이 내리고, 심령에서 말씀이 발아하고, 싹은 자랄 준비를 하게 하옵소서!

우수의 절기에 금년 한해의 영적 추수를 위한 준비를 잘 갖추게 하옵소서! 엄동설한의 날씨가 물러가고 따뜻한 봄을 맞이하듯, 차갑게 얼어붙어 있던 저희들이 따뜻한 영혼이 될 수 있게 하옵소서! 차가운 세상에 봄기운이 임하듯이, 온 교회 안이 따뜻해지는 계절이 되게 하옵소서! 뾰족하게 날이 서고 추운 겨울 날씨 같던 저희의 심령이 녹게 하여 주시옵소서!

겨우내 언제쯤 봄이 올지 요원해 보였지만 시간이 가고 세월이 흘러 추위는 물러가고, 눈보라치고 얼어붙은 날씨가 차가운 산 넘어 쫓겨 가며 봄의 훈풍이 불듯이, 이 땅에 사는 성도들의 심성에 봄의 절기가 찾아오게 하옵소서! 추위에 떨던 이들이 우수를 보내며 새로운 희망을 가지듯, 저희들의 심령을 바라보며 기대하지 않던 이들이 변화를 보게 하옵소서!

하나님께서 저희의 냉랭한 가슴에 따뜻한 성령님의 기운을 보내주시고, 세상과 이웃을 향하여 새봄의 온기로 대하게 하옵소서! 우수를 맞아도 여전히 얼어붙은 얼음장 같은 이들이 있다면 따뜻하게 녹여 주옵소서! 자연의 절기를 통해서 저희의 영적 상태를 점검하게 하옵소서! 언제나 강단에서 떨어지는 말씀을 발아(發芽)시킬 준비하는 심령이 되게 하시옵소서!

깨달음을 위해 절기를 주신 예수 그리스도의 이름으로 기도합니다. 아멘!

7. 절기와 계절을 위하여 드리는 기도!!

땅의 기도

입춘(立春)에 드리는 기도!

"또한 너희가 이 시기를 알거니와 자다가 깰 때가 벌써 되었으니 이는 이제 우리의 구원이 처음 믿을 때보다 가까웠음이라 밤이 깊고 낮이 가까웠으니 그러므로 우리가 어둠의 일을 벗고 빛의 갑옷을 입자" (로마 13:11-12)

유난히 눈도 많고 날씨도 추웠던 겨울이 지나고 새봄을 알리는 입춘이 되었습니다. 추운 겨울이 지나고 만물이 기지개를 켜기 시작하는 절기에 저희들의 믿음을 돌아보게 하옵소서! 특히 한국교회가 '코로나'의 직격탄을 맞고 쓰러진 이후 일어서지 못하는 연약한 교회들이 많습니다. 하나님께서 연약해진 손과 무릎을 일으켜 세우시어 다시 눈을 뜨게 하옵소서!

하나님의 사랑을 온 몸으로 느끼며, 동면(冬眠)에 들어갔던 신앙의 잠에서 일어나게 하옵소서! 새해 들어 벌써 한 달이 지나고 둘째 달을 맞았습니다. 성령님께서 게으른 자신들을 겨울잠에서 일으키어, 하나님 앞에서 기도의 호흡을 하고, 하나님의 사랑으로 온 몸이 세포부터 피부조직까지 새 살이 돋고 새 힘이 생기며 신앙에도 입춘이 오게 하여 주시옵소서!

이제 올해는 더 이상 침체되거나 주저앉아 미루지 않게 하시고, 저희들의 믿음에 새 살이 돋게 하시옵소서! 죽은 세포들도 살아나고 죽은 혈관도 자라나고 죽은 호흡도 살아나게 하옵소서! 영적인 기력이 회복되고 삶의 의욕도 살아나게 하옵소서! 교회마다 기도의 숨소리가 들리게 하시고, 예배 때마다 말씀에 능력이 임하고 찬양의 기운에 물이 오르게 하옵소서!

입춘이 되며 천지에 봄기운이 느껴지듯이, 이 땅의 교회마다 새로운 봄의 기운이 임하게 하시고, 온 세상이 따뜻한 봄기운으로 가득하게 하옵소서! 회중 예배가 살아나고 새벽기도가 살아나고 소그룹이 살아나고 금요기도회가 살아나게 하옵소서! 죽은 것 같은 교회들이 있었다면 부활의 능력으로 살아나고, 잠자듯 조용하던 교회도 봄기운에 일어나게 하옵소서!

게으른 사람도 일어나고, 늑장부리던 사람들도 정신을 차려, 봄이 오는 소리에 귀를 기울이게 하시고, 일어나서 뒹굴고 있는 이들도 게으름의 자리를 박차고 일어나 새 날을 준비하게 하옵소서! 온 교회 안에, 또는 세상을 향하여 봄을 소리치게 하옵소서! 다시는 신앙의 겨울을 만나지 않고 새싹이 돋는 봄과 무럭무럭 자라는 여름과 추수의 가을만 있게 하옵소서!

저희의 믿음을 미혹하는 겨울은 다시 오고, 저희들의 영혼을 얼어붙게 하는 겨울은 다시 올지라도, 이제는 마음을 단단히 하고 그 미혹에 넘어가지 않게 하시고, 초겨울부터 단단히 스스로를 믿음에 밀착시켜, 두 번 다시 깊은 겨울잠에 빠지지 않게 하옵소서! 잠들면 잠이 들수록, 지체되면 지체될수록 저희의 영적 성장이 멈추지 않고 생명이 약동하게 하시옵소서!

자연으로 깨닫게 하시는 예수 그리스도의 이름으로 기도드립니다. 아멘!

땅의 기도
정월 초하루 '설날'에 드리는 기도!

"또 너희의 희락의 날과 너희가 정한 절기와 초하루에는 번제물을 드리고 화목제물을 드리며 나팔을 불라 그로 말미암아 너희의 하나님이 너희를 기억하시리라 나는 너희의 하나님 여호와니라" (민수 10:10)

전능하신 하나님! 오늘은 우리 민족이 1300여 년 동안 지켜온 명절 '설'입니다. 이날에는 조상들의 은혜를 기리고, 형제들이 우애를 돈독히 하며, 한 해의 풍요와 행복을 위한 덕담을 하는 뜻있는 날입니다. 하나님께서 동서남북 원근각처에 살던 혈육들을 설에 한 자리에 모아 주셨으니 혈육과 일가친척들을 주님께서 지켜주시고 동행해 주심을 알게 하옵소서!

하나님의 은혜로 특히 오늘이 복되게 하옵소서! 7세기부터 이어져 온 이 '설' 명절에, 혈육들이 서로 만나 반가움으로 덕담을 나누며 축복하고 격려하고, 어른들께 세배하고 음식을 나누어 먹는 세시 풍습을 대보름까지 이어갈 터인데, 한 자리에 모인 가족들이 하나님께 예배하고 기도하는 아름다운 일이 전통적으로 이어지는 '하나님의 명절'이 되게 하시옵소서!

삼국시대부터 저희의 조상들이 오랜 세월 지켜오던 음력 새해가 시작되고, 이제 출발하는 새해에도 오늘이 시작하는 날입니다. 정치, 경제, 사회적으로 모두 어려운 시절을 맞이하여 힘을 내게 하시고, 정월 초하루부터 좋은 일만 이어지는 한 해가 되게 하옵소서! 올해야 '갑진'년이 '값진' 한 해가 되게 하시고 모든 이들에게 좋은 일만 있게 하여 주옵소서!

오늘처럼 전국 각지에서 집안 어른 댁에 가문의 모든 식솔들이 다 모이는 날이 없을 터인데, 기왕이면 복음의 장손이 된 성도들이 온 일가친척들에게 하나님의 사랑을 전하는 좋은 기회가 되게 하시고, 아름다운 예배를 통해 모든 가족이 구원받은 하나님의 백성이 된 것을 선포하게 하옵소서! 한 해에 모두가 건강하고 행복하기를 하나님께 기도드리게 하옵소서!

새해가 시작되면서 "새해에는 이렇게 하겠다."고 결심했지만 어떤 일로 그 결심을 이어오지 못한 이들이 있다면, 오늘 설날 아침부터 결심을 다시 새롭게 하여 그 일을 이루게 하옵소서! 한 해가 시작될 때마다 굳은 마음으로 다짐하고 시작한 일이 '작심삼일'이 되어 무너졌다면, 매일 새롭게 결심하되 특히 의미 있는 '설날' 아침에 새롭게 결심하게 하시옵소서!

늘 보는 부모님과 어른들이지만 오늘은 엎드려 세배하고 넉넉하게 용돈도 드리며 낳아주고 길러주신 은혜에 고마운 마음을 전하게 하시고, 늘 뒷바라지 해준 자녀들이지만 세배를 받으며 자녀들과 손주들에게 두둑한 세배돈을 쥐어주며 사랑을 확인하게 하옵소서! 오늘은 웃음꽃을 넘치게 피우며 가족과 친척 모두가 행복하고 감사하는 하루가 되게 하옵소서!

우주와 역사의 시작이신 예수 그리스도의 이름으로 기도드립니다. 아멘!

땅의 기도
제헌절(制憲節)에 드리는 기도!

"그가 밤에 예수께 와서 이르되 랍비여 우리가 당신은 하나님께로부터 오신 선생인 줄 아나이다 하나님이 함께 하시지 아니하시면 당신이 행하시는 이 표적을 아무도 할 수 없음이니이다." (요한 3:2)

오늘은 우리나라의 헌법을 제정 공포한 1948년 7월 17일을 기념하여 만든 제헌절입니다. "대한민국은 민주공화국이다. 대한민국의 주권은 국민에게 있고, 모든 권력은 국민으로부터 나온다,"는 대한민국 헌법 1조 1,2항을 기억하며 오늘 우리의 조국 대한민국이 자유민주주의 국가가 되도록 섭리하신 하나님께 감사드리고 이런 아름다운 나라를 주심이 고맙습니다.

이에 앞서 '제헌 국회'가 개회될 때는 '이윤영' 의원의 대표기도로 대한민국 제헌의회가 개회된 나라가 되게 하심 고맙습니다. 그 이후 숱한 우여곡절 끝에 헌법도 여러 번 고치고 국가의 제도도 '대통령 중심제'로 자리매김 되고, 세계에서 10위권의 무역국가가 되는 경제적 기반과, 군사력 세계 5,6위에 이르는 강력한 나라로 만들어 주신 하나님께 감사드립니다.

제헌절을 맞아 민주 시민으로 살아가게 하시며, 국민들이 법을 지키는 법치국가의 시민으로 부끄럽지 않게 하옵소서! 어린아이 때부터 나이 들고 성장하면서 법이 우리의 삶을 보호하고, 우리는 법치의 토양에서 자라는 민주시민이 되게 하여 주옵소서! 높은 자리에 있는 이들부터 법을 존중히 여겨 법은 만민에게 평등하게 적용되는 이치를 보여주게 하옵소서!

우리의 일상이 법을 근거로 움직이고. 법이 우리의 삶을 지배하고 있는데, 법을 무시하고 살려는 무법자 되지 않게 하옵소서! 법을 지키는 이가 선량한 시민이요, 법을 준수하는 이가 정직한 시민인 것을 알게 하옵소서! 법을 지키는 사람이 어리석은 것이 아니라 정직한 사람으로 인정받는 사회가 되게 하시옵소서! 힘 있는 이들이 먼저 법을 지키게 하시옵소서!

내가 법을 지킬 때 그 법이 나를 지키고, 내가 법을 존귀하게 생각할 때 그 법이 나를 존귀하게 만드는 것을 알고, 언제나 법 위에 군림하려는 초법적인 사람도, 법을 어기는 범법자도 되지 않고, 머리부터 발끝까지 준법정신으로 무장한 국민이 되게 하시옵소서! 나라의 법을 지키는 이가 결국 하나님의 법을 잘 지키는 모범적 신앙인인 것을 알게 하옵소서!

오늘 '제헌절'은 귀한 뜻을 헤아려 '국경일'로 정해서 지키고 있는바, 오늘 하루만 아니라 평생 저희 몸에 준법이 최적화 된 국민들이 되게 하옵소서! 불법, 탈법, 위법, 편법의 대명사로 살지 않고, 모범적인 준법정신으로 사는 저희가 되게 하옵소서! 가정에서 가정의 예를 지키고, 사회에서는 사회의 규범을 지키고, 나라에서는 국법을 지키는 시민이 되게 하옵소서!

천국의 법을 제정하신 예수 그리스도의 이름으로 기도드립니다. 아멘!

땅의 기도

청명(淸明)에 드리는 기도!

"아침에 하늘이 붉고 흐리면 오늘은 날이 궂겠다 하나니 너희가 날씨는 분별할 줄 알면서 시대의 표적은 분별할 수 없느냐" (마태 16:3)

천지와 우주만물을 지으신 하나님! 오늘은 일 년 중에 가장 하늘이 맑다는 청명(淸明)입니다. 하나님께서 백성들에게 희망을 주시기 위해 주신 이 다섯 번째 절기에 올해의 희망을 주셨습니다. "청명에 날이 맑으면 농사도 잘 되고 고기도 많이 잡힌다."는 오랜 속설이 올해 맑은 하늘을 보며 1차 산업인 농업과 어업에 풍년과 풍어(豊漁)를 위해 기도드립니다.

청명(淸明)이란 뜻이 '맑은 하늘'이라고 했으니 저희 마음이 맑은 영혼이 되어 하나님 앞에 서게 하옵소서! "마음이 청결한 자는 복이 있나니, 그들이 하나님을 볼 것이라"(마태 5:8)는 말씀처럼 저희가 하나님을 볼 수 있는 청명한 마음이 되게 하시옵소서! 하나님을 향한 저희들의 진솔한 마음이 아무 것도 거리낄 것이 없는 맑은 '청명'의 하늘같게 하시옵소서!

교회 안팎으로 뿌연 안개처럼 드리워진 불투명한 정치세력들을 거두어 주시고, 오직 하나님께로 바로 나아갈 수 있는 그런 말씀이 있게 하시옵소서! 봄의 맑은 하늘을 주시듯, 교회가 하나님을 향하여 청명하게 열리고,

언제나 하나님께서 저희를 부르시면 '아멘'하고 답하게 하옵소서! 성령님께서 주장하고 다스리셔서 저희 교회가 작은 천국이 되게 하시옵소서!

저희들의 영혼이 하나님 보시기에 맑은 청명의 날씨처럼 맑은 영혼이 되게 하옵소서! 죄 때문에 가로막힌 뿌연 날씨가 되지 않게 하시고, 죄가 가린 저희들의 마음을 새롭게 하는 복된 마음을 주옵소서! 하나님께 나아가는 일에 장애가 없게 하시고 거룩하신 은총으로 맑은 영혼이 되게 하옵소서! 올 목회의 농사, 혹은 신앙생활의 농사가 풍성하게 하시옵소서!

무슨 일이든 시작을 잘 해야 하는데, 금년 한해 씨를 뿌릴 때부터 하나님께서 개입하셔서 파종의 복을 주시고, 좋은 씨를 뿌린 다음 적절한 비와 햇볕, 알맞은 바람이 불어 큰 풍년이 오게 하옵소서! 영혼의 주림, 전도의 빈곤 같은 악순환이 계속되지 않도록 언제나 저희에게 신앙의 풍년이 오게 하시옵소서! 아름다운 절기에 새로운 풍년을 이루어 주옵소서!

고마우신 하나님! 아직도 게으름 속에 누워있는 겨울잠은 이제 여기서 끝내고, 일어나 파종을 서두르고 퇴비 같은 거름도 준비하며 새로운 도약의 시간도 준비하게 하여 주옵소서! 성령님께서 저희를 다스리어 하나님의 큰 기쁨을 함께 일구어가는 그리스도의 농사꾼이 되게 하시옵소서! 언제나 새로운 미래를 개척하는 종들로 하나님의 기쁨이 되게 하시옵소서!

우리의 영원한 주님이신 예수 그리스도의 이름으로 기도드립니다. 아멘!

7. 절기와 계절을 위하여 드리는 기도!!

땅의 기도

춘분(春分)에 드리는 기도!

"씨를 뿌리는 자가 그 씨를 뿌리러 나가서 뿌릴새 더러는 길 가에 떨어지매 밟히며 공중의 새들이 먹어버렸고" (누가 8:5)

사랑의 하나님! 창조의 시작이자 역사의 시작이신 하나님, 오늘은 스물 네 개의 절기 중에 입춘, 우수, 경칩을 지나 네 번 째 절기인 춘분(春分)입니다. 오늘은 밤과 낮의 길이가 똑같은 날이요, 내일부터는 낮이 길어지기 시작합니다. 그동안 세 개의 절기를 지나며 봄의 시작을 알리고, 봄을 증거하고, 봄의 확인을 거쳐 이제 확실히 봄이라는 선포의 절기입니다.

하나님께서 인간에게 주신 지혜로 어쩌면 이리도 정확하고 의미 있는 절기를 주셨는지 저희는 깜짝깜짝 놀랄 뿐입니다. 겨우내 잠을 자던 대지에 봄의 사인을 주시고, 따뜻한 봄 기운을 주시려고 비를 주시고, 그 따뜻함에 동면(冬眠)하던 개구리가 뛰어나오고, 이제는 확실한 봄이 되었습니다. 이제는 땅을 갈고 씨를 뿌려야하니 일하는 낮 시간을 늘리십니다.

이제는 농사하는 이들은 봄보리를 갈고, 얼었던 땅들을 갈아엎고 지력(地力)을 높여 어떤 종자를 뿌리더라도 잘 착근하고 자라도록 돕는 일을 합니다. 산에 들에 나가면 연두색 산나물들이 고개를 들어 인생들을 환영하여 기꺼이 먹을거리가 되어줍니다. 올해도 인생들의 가장 기본이 되는 농사가 잘 되도록 하나님께서 햇볕과 비와 바람을 적절하게 주시옵소서!

하나님께서 저희들에게 올해 농사를 위해 따뜻한 일기를 주셨으니, 하나님의 교회에도 따뜻한 기운이 돌게 하여. 주옵소서! 냉랭하던 교회들이 있었으면 서로 따뜻한 화해와 화합을 통해 올해의 영적 농사를 잘 지을 따뜻한 마음을 먹게 하옵소서! 올해는 교회의 모든 성도들이 합심해서 믿음의 농사를 잘 지어, 가을에는 행복한 추수절이 되게 하여 주시옵소서!

하나님께서 이제부터 낮의 길이를 차츰차츰 길게 하시니, 일할 시간이 늘어납니다. 저희들이 들판에 나가 씨를 뿌리고 김을 매고 잡초를 뽑아 주어 곡식을 잘 가꾸듯, 하나님의 복음 농사도 마찬가지로 준비를 잘 하게 하시고, 정성껏 영혼을 돌보는 일이 농사하는 농부의 심정 이상 되게 하시옵소서! 곡식을 파종하고 추수할 때까지 정성을 다하게 하시옵소서!

'종자'를 고를 때부터 정말 실한 곡식알을 잘 고르게 하시되, 뿌려놓고 싹이 나지 않을까 걱정하고, 나서 자라면서 김을 맬 때는 호미 끝이 곡식의 뿌리 하나라도 상하지 않게 정성을 기울이게 하옵소서! 비바람이 불 때는 들에 나가 곡식을 붙들어 매는 사랑과 각종 전염병이 틈타지 못하게, 들판에서 최선을 다하듯 영혼 하나에 정성을 쏟게 하여 주시옵소서!

영혼의 추수를 바라시는 예수 그리스도의 이름으로 기도드립니다. 아멘!

땅의 기도
폭설이 내렸을 때에 드리는 기도!

"너희 중에 고난당하는 자가 있느냐 그는 기도할 것이요 즐거워하는 자가 있느냐 그는 찬송할지니라 너희 중에 병든 자가 있느냐 그는 교회의 장로들을 청할 것이요 그들은 주의 이름으로 기름을 바르며 그를 위하여 기도할지니라"

(야고 5:13-14)

우주만물을 지으시고 그 안에 법칙을 만드시고 질서를 부여하신 전능하신 하나님! 폭설이 내리고 있습니다. 저희가 상상할 수 없는 엄청난 양의 눈이 내려, 공항의 활주로가 폐쇄되고 교통대란이 일어나, 사람들이 공항 대합실과 부두에 고립되었습니다. 저희의 고통과 불편을 기억하여 주옵소서! 특히 기상악화에 따른 대형 사고가 생기지 않도록 지켜 주옵소서!

육상, 해상 교통은 물론 하늘 길도 안전하게 하시고 모든 이들이 불안을 떨치고 평안하게 이동하게 하시옵소서! 특히 폭설과 한파로 일상의 고통을 겪는 서민들의 삶을 지켜주시어, 추위에 삶이 움츠러들지 않도록 긍휼을 베풀어 주시옵소서! 삶이 위협받고 위기로 내몰리는 이들과 추위와 관계없이 거리에서 노숙하며 지내야 하는 이들을 기억하여 주옵소서!

냉난방이 되지 않는 시장에서 가게를 지키는 이들이나, 눈과 바람을 고스란히 맞으며 길거리에서 좌판을 펼쳐놓고 앉아있는 이들, 표시도 나지 않는 청소를 계속하는 이들이나, 화재를 진압하기 위해 출동하는 소방관들을 기억하시어 그들의 안전을 지켜 주시기 원합니다. 저들의 생명을 지켜 주시어 가족과 부모 형제들에게 슬픔이 오지 않도록 도와주시옵소서!

전후방에서 경계근무에 헌신하는 군인들을 지켜 주시옵소서! 저들이 조국의 평화와 안전을 위하여 최선을 다해 경계근무를 서고, 혹한기 훈련을 할 때에 육해공군 해병대와 모든 작전에 동원된 군인들을 기억하시어, 자녀들을 군대에 보낸 부모들에게 평안의 소식을 주옵소서! 이들 때문에 우리가 평안한 일상을 누리는데, 잘 견디고 전역할 수 있게 하옵소서!

공사 현장에서 막일을 하는 노동자와 바깥 날씨와 상관없이 추위에 노출된 일상을 직업으로 사는 이들을 기억하여 주시옵소서! 맡은 직임을 위하여, 가족들을 위하여 고통을 감내하여 사는 저희들을 위로하시옵소서! 하나님께서 따뜻한 날씨를 주시어, 힘들고 위축된 서민들과 그들에게 딸린 어린 자녀들의 삶이 다시 어깨를 펴고 살 수 있도록 도와주옵소서!

특히 농/어업에 종사하는 이들이 비닐하우스가 무너지고, 농작물이 냉해를 입거나 조업에 지장을 입어 생계가 위협받지 않도록 하여 주옵소서! 눈에 고립된 산간 지역의 주민들을 위로하여 주옵소서! 잠시 갇혀 있는 동안 불평이나 원함 없이 은혜를 묵상하는 믿음을 주옵소서! 눈 때문에 얼마간이라도 행복한 이들은 이참에 내리 행복이 이어지게 하옵소서!

여전히 저희를 사랑하시는 예수 그리스도의 이름으로 기도합니다. 아멘!

7. 절기와 계절을 위하여 드리는 기도!!

땅의 기도
한 해를 마감하며 드리는 기도!

"들으라 너희 중에 말하기를 오늘이나 내일이나 우리가 어떤 도시에 가서 일 년을 머물며 장사하여 이익을 보리라 하는 자들아 내일 일을 너희가 알지 못하는도다 너희 생명이 무엇이냐 너희는 잠깐 보이다가 없어지는 안개니라" (야고 4:13-14)

까마득한 후에나 올 줄 알았던 한해의 마지막이 어느새 다가왔습니다. 자만하던 시절 금방 올 것 같지 않던 연말이 오고, 오만하던 마음에 남의 일처럼 느껴지던 신체의 변화도 찾아왔습니다. 교만한 마음에 올해는 큰일을 이뤄낼 줄 알았지만 눈에 보이는 아무런 결과도 만들어내지 못한 채 한 해가 닫힙니다. 저희의 허망함만 드러내 보인 채 끝자락에 섰습니다.

인간을 입고 사는 저희들이 그렇게 기고만장 했지만, 전능하신 창조주 하나님 앞에서는 풀벌레만큼이나 하찮고 무력합니다. 어떤 일도 감당할 수 있어 보였지만, 죄인의 모습만 가득합니다. 세월을 거슬러 영원한 젊음을 유지할 것처럼 보였어도 모든 인생들에게는 겨울이 찾아옴을 고백합니다. 겸손히 하나님 앞에 엎드려 회개하고 한 해를 마감하게 하옵소서!

하나님만 의지하지 못하고 자신의 지혜와 능력으로 무언가 이루고 살아보려던 얕은 생각을 회개합니다. 용서하여 주옵소서! 하나님을 가슴으로 뜨겁게 사랑하며, 그 사랑의 힘으로 살지 못하고 늘 거래하듯 천박하게 하나님을 대한 것을 회개하오니 용서하여 주옵소서! 믿음으로 살겠다고 하면서 믿음 없이 불신으로 살아온 것을 고백하오니 용서하여 주옵소서!

베푸신 은혜에 감사하며 살지 못하고, 원망과 불평불만의 마음으로, 채워지지 않은 욕망의 노예로 살아온 것을 용서하여 주옵소서! 주신 은혜가 크지만 잊어버린 채 감사치도 않고 영광을 돌리지도 않고 살아왔음을 인정합니다. 저보다 저희를 더 잘 아시어 모든 필요를 공급해 주심을 잊고 산 것을 용서하여 주옵소서! 끝없는 사랑을 외면했음도 용서해 주옵소서!

하나님의 말씀이나 뜻보다 저희 생각이나 느낌을 따라 살면서 성령님의 인도인 줄 안 것을 회개합니다. 언제나 기도하며 하나님의 뜻을 묻고, 하나님의 말씀대로 살지 못한 것을 용서해 주옵소서! 복음을 모르는 이들에게 전하지 못하고 복음을 살지 못함을 용서해 주옵소서! 시간을 하나님이 원하시는 때에 기쁨으로 못 드리고 자신을 위해 썼음도 용서하옵소서!

하나님의 자녀라는 영광스러운 신분으로 부름 받은 인생들이, 하나님보다 위에 서려고 했음을 용서해 주시옵소서! 순종하지 못하고 핑계하고 미루고 살던 게으름을 용서하옵소서! 지금도 오래 참고 기다리며 과거를 묻지 않으시고 용서해 주기를 기뻐하시는 하나님께로 돌아가게 하옵소서! 몸은 꼼짝도 안하고 입술로만 헌신, 충성하는 저희를 용서하여 주옵소서!

용서해 주시려 기다리시는 예수 그리스도의 이름으로 기도드립니다. 아멘!

땅의 기도

행복한 송년을 위하여 드리는 기도!

"그런즉 너희가 어떻게 행할지를 자세히 주의하여 지혜 없는 자 같이 하지 말고 오직 지혜 있는 자 같이 하여 세월을 아끼라 때가 악하니라 그러므로 어리석은 자가 되지 말고 오직 주의 뜻이 무엇인가 이해하라" (에베 5:15-17)

세상을 지으시되 만물이 거할 우주 공간을 지으시고, 세상의 운행을 위해 시간을 창조하신 하나님! 한 해를 마감하면서 지난 세월을 돌아볼 때 부끄럽기만 합니다. 하나님께서 주신 몸으로, 하나님께서 주신 땅에서, 하나님께서 주신 생명을 살아갈 때에, 하나님의 거룩하신 뜻을 따라, 하나님의 의를 이루며 살게 하옵소서! 한해를 의미 있게 마무리하게 하옵소서!

이처럼 세월이 빠른 것을 실감하는 가장 숨 가쁜 하루하루를 보내면서 마지막 남은 며칠도 의미 있게 보낼 수 있도록 도우시옵소서! 자투리 시간처럼 며칠 남은 며칠도 최선을 다하여 24시간 1440분을 하나님께서 기뻐하시는 의미 있고 가치 있는 일에 사용하게 도우시옵소서! 의미도 없어 세월을 낭비하는 어리석은 저희들이 되지 않도록 붙잡아 주시옵소서!

마지막 주간라고 특별한 날이 아니기에 오늘도 여느 날처럼 성실하게 살게 하시고, 이날도 귀한 날이기에 저희에게 주신 목적대로 선하고 영광스럽게 사용할 수 있도록 도우시옵소서! 하루를 헛되게 쓰면 그 하루가 모여 한 달이 되고 일 년이 되는 것을 알아서, 마지막 하루까지 우리의 주가 계신 앞을 향해 최선을 다해 전력으로 질주하게 하여 주시옵소서!

마지막 며칠이라도 흐트러진 삶을 살지 않게 하여 주옵소서! 마무리를 잘 못하여 한 해 동안 땀 흘리며 쌓아온 발자취가 의미 없이 허망하게 무너지지 않도록 붙잡아 주옵소서! 마시고 취하고 뛰고 춤추면서 하루를 마감하는 동안에도, 하나님은 "지혜 없는 자 같이 하지 말고, 오직 지혜 있는 자 같이 하여 세월을 아끼라."(에베 5:15-6)고 하심을 알게 하옵소서!

한 해를 마감하는 시간이 가까울수록 올해 못한 선하고 아름다운 일, 미처 돌아보지 못한 사람들, 아직도 고마운 인사나 미안하다고 사과를 못한 채 머뭇거리는 이들이 있다면 미루지 않고 찾아보고 돌아보게 하옵소서! 게으르지 않고, 미루지 않고, 핑계하지 않게 하시옵소서! 용서를 구하는 것일수록 용기가 있고, 사과를 하는 것일수록 빨리 실행하게 하시옵소서!

12월이 가고, 새해 1월이 와도 무언가 해결하지 못한 무거운 마음으로 맞지 않게 하시고, 해가 바뀌기 전에 빌린 채무를 변제하듯 형제들에게 진 마음의 빚을 갚게 하옵소서! 아직도 주님의 마음으로 용납하지 못한 것 내려놓게 하옵소서! 먼저 손 내밀기만 기다리던 고집도 꺾게 하옵소서! 쇠처럼 무거운 손은 내미는 순간 새털처럼 가벼워지는 것을 알게 하옵소서!

시간의 고귀함을 알게 하신 예수 그리스도의 이름으로 기도합니다. 아멘!

7. 절기와 계절을 위하여 드리는 기도!!

8.
질병과 장애를 위하여
드리는 기도!!
(40편)

왜 기도해야 하는가?

질병과 장애를 위하여!

"너희 중에 병든 자가 있느냐 그는 교회의 장로들을 청할 것이요 그들은 주의 이름
으로 기름을 바르며 그를 위하여 기도할지니라 믿음의 기도는 병든 자를 구원하리
니 주께서 그를 일으키시리라 혹시 죄를 범하였을지라도 사하심을 받으리라."

(야고 5:14-15)

세상에 살면서 만나는 가장 큰 아픔은 질병입니다. 인생들이 가장 많이 기
도하게 되는 문제이기도 하고, 가장 절절한 기도를 드려야 하는 대목이기
도 합니다. 살면서 누구라도 한번쯤 가보는 곳이 병원인데, 사고를 당하거
나 다쳐서 가는 외상 환자도 있지만, 그보다 여러 가지 질병에 걸려 병원
을 찾은 각종 질환을 앓는 환자들은 문명이 발달할수록 더욱 넘칩니다.

환자 중에는 아프다 시간이 되면 다 치료되어 낫는 병도 있습니다. 뻔히
아는 병이라 수술하고, 시간 되면 퇴원하여 집으로 갈 수 있는 환자들도
많습니다. 이렇게 부러지고 망가진 환자들도 부작용이 있기에 기도해야
합니다. 그러나 원치 않는 질병의 노예가 되어 병원에 있는 이들도 많습니
다. 불치나 난치로 알려진 질병을 앓는 이들은 특별히 기도해야 합니다.

어린 시절부터 '소아당뇨'나 '소아암' 같은 질병에 시달리는 이들과 가족들

에게는 그 일이 청천벽력 같지만 우리는 다만 기도할 뿐입니다. 뿐만 아니라 환자들을 수술하고 치료하는 전문의를 비롯한 의료진, 이들의 수술을 돕고 환자들을 지근거리에서 돌보는 간호사들을 위해서 기도해야 합니다. 환자들의 치료에 음양으로 많은 영향을 미치고 있기 때문입니다.

하나님은 치료하시는 분이십니다. 모든 환자들을 의사나 한의사의 손에만 두지 않으시고, 그렇다고 목회하는 이들이나 종교에만 미루어 두지도 않으십니다. 우리는 누구든 병원에서 진료 받을 권리가 있지만, 동시에 누구나 기도 받을 권리도 있습니다. 하나님은 그들의 믿음이나 상황에 따라 치료의 방법을 정하시되 점진적이든 순간적이든 치료해 모두 주십니다.

희귀병 환자들도 의외로 많습니다. 아직도 원인이나 정확한 증상이 보고된 경우도 없고 완치된 사례도 없는 캄캄 절벽에 놓인 이들은 정말 사막 한가운데 버려진 느낌입니다. 아무도 자기를 위해 기도해주는 이가 없는 고립무원(孤立無援)의 지경에 놓이면 쉬이 상심하고 낙담하기 쉽습니다. 이때 그들에게 용기를 주고 치료에 도전하게 하는 힘이 기도입니다.

거의 기도가 끝나고 원고를 책으로 엮기 직전에, 주신 감동을 따라 장애인들을 위해 보름정도 기도를 드렸습니다. 그러나 따로 항목을 만들지는 않고, 질병으로 고통 받는 환자들과 함께 이곳에 포함시켰습니다. 다음에는 각종 질병을 앓는 이들도 더 기도하고 장애인들도 더 기도하여, 하나님의 사랑이 그 분들을 통해 확증되는 은혜가 있기를 간절히 소망하겠습니다.

땅의 기도

'고독'의 병에 걸린 이들을 위하여 드리는 기도!

"수고하고 무거운 짐 진 자들아 다 내게로 오라 내가 너희를 쉬게 하리라 나는 마음이 온유하고 겸손하니 나의 멍에를 메고 내게 배우라 그리하면 너희 마음이 쉼을 얻으리니" (마태 11:28-29)

하나님! 옛 부터 사람들이 '죽음에 이르는 병'을 '고독'(孤獨)이라고 했습니다. 그런데 이렇게 문명이 발달하고 관계가 복잡하고 사람들이 우글거리는 세상에도, 여전히 아무도 곁에 없이 외롭게 사는 이들이 있습니다. 그의 성격이 사람들을 싫어해서 그렇든, 상황이 사람들이 곁에 가까이 하지 않게 되었든, 이 복잡하고 번화한 세상에서 외롭게 사는 이들입니다.

많은 사람들 가운데 홀로 외롭게 쭈그리고 앉아있고, 그렇게 현란한 빛이 비치는 세상이지만, 유독 불 꺼진 방에서 웅크리고 있습니다. 몇 백 개나 되는 다양한 채널이 있어도 가까이 할 곳이 없고, 수를 헤아릴 수 없이 많은 유튜브 방송이 있어도 시간을 쓸 곳이 없이 외로이 사는 이들을 기억해 주옵소서! 이들을 빛의 세계로, 동굴 밖으로 나오게 하시옵소서!

가까이 해야 하는 모든 좋은 것들, 다시 말해서 밝음, 아름다운 음악, 맛있는 음식, 사람들과의 교제, 대화 같은 것들을 모두 외면하거나 차단하고 오히려 이와는 정반대의 삶을 삽니다. 빛 대신 어둠을 택하고, 대화보다는 침묵 속에 있습니다. 사람들을 피해 아무도 없는 곳으로 와서, 제일 몸에 해로운 술, 담배, 마약 같은 몸과 영혼을 망가뜨리는 일을 합니다.

그렇게 폐쇄적이고 고독한 삶을 살기로 작정한 계기가 병적인 요인에 의한 것이든, 어떤 것이든, 광야에 버려진 채 쓰러져 누워있는 이들을 하나님께서 손을 잡고 빛의 세계로 인도하옵소서! 누구와 어떤 말도 섞기 싫었던 당사자들이 하나님의 초청을 받고 말씀 앞으로 돌아오게 하셔서 기도하게 하시고, 스스로 파놓은 어둡고 깊은 굴에서 나오게 하시옵소서!

세상에 많은 사람들 중에 제일 힘든 이들이 고독에 자신을 내맡긴 채 매몰된 이들입니다. 사람들이 접근을 시도할 때마다 더 높고 튼튼한 철옹성을 쌓고, 더 깊은 침묵의 동굴로 들어가고, 더 짙은 어둠속으로 자신을 숨깁니다. 그의 대인기피증부터 시작해서 그를 얽어맨 모든 사단의 그림자를 하나님께서 하나씩 벗겨주셔서 마침내 그 영혼을 건져 주옵소서!

세상에는 우리가 무심히 지나가는 번화한 거리에 외롭게 앉아있는 이들도 있고, 멋진 고급 아파트에 홀로 자신을 가둔 채 울고 있는 이들도 많습니다. 하나님께서 저희의 외로운 영혼에 사랑으로 만든 구원의 줄을 던져 주옵소서! 마침내 빛이신 하나님, 생명이신 하나님 앞에, 그리고 우리의 친구이신 하나님 앞에 나와서 구원의 감격을 노래하게 하여 주옵소서!

저희의 영원한 친구가 되신 예수 그리스도의 이름으로 기도합니다. 아멘!

땅의 기도

각양 병든 자를 위하여 드리는 기도!

원치 않는 질병으로 신음하는 이들을 위해 기도합니다. 돌아보면 저의 집에도, 일가친척 중에, 이웃 중에, 친구나 선후배 중에도 질병에 시달리는 이들이 너무나 많습니다. 잠깐 입원해서 치료받으면 퇴원할 수 있는 가벼운 질병도 있지만, 언제 완치가 될 수 있는지 치유가 가능하기는 한지 불안하고 희망이 보이지 않는 힘든 병자들을 살펴 건강하게 해주시옵소서!

현대 의학에서도 완치율이 낮은 '말기암'으로 고생하는 이들도 있고, 악성종양 때문에 고생하는 이들도 많습니다. 환자와 가족들이 겪는 고통과 두려움을 헤아리시고 능력의 손으로 저희들을 안수하시어 고쳐 낫게 하여 주시옵소서! 질병이 찾아옴으로 두려움과 고통이 같이 오는데, 그들의 마음에 두려움을 몰아내고 평안을 주시옵소서! 고쳐주시리라 믿습니다.

모두 불치의 병이라 하더라도 하나님께서는 못 고칠 질병이 없으십니다. 모두 난치병이라고 고개를 저어도 하나님께는 난치병이 없음을 믿습니다. 인생들의 사지백체와 오장육부를 지으신 하나님! 병든 이의 몸에 대해 가장 잘 아시는 하나님! 그의 신체적 특성과 질병에 대한 저항력, 면역력을 강화시키시고 어떤 무서운 질병에서든 깨끗이 고쳐 낫게 하시옵소서!

그가 치유 받는 과정을 지켜보는 이들이 영광을 하나님께 돌리게 하시옵소서! 지금도 우리를 낫게 하시고 살리시는 전능하신 하나님인 것을 알게 하시옵소서! 하나님은 우리가 질병에서 놓임 받기를 원하십니다. 깨끗함을 받기 원하시는 자녀들을 괴롭히는 모든 병자들이 회복되게 하시옵소서! 저들에게서 질병을 쫓아내시고 정결한 몸이 되게 하여 주시옵소서!

하나님의 일을 하고 싶고, 마음껏 사랑하고 싶은데 몸이 아파 마음이 답답한 이들이 많습니다. 주님을 위해 몸이 부서지도록 봉사하고 싶은데 육체가 무너져서 움직일 수 없는 슬픈 이들이 많습니다. 이들에게 긍휼을 베풀어 주옵소서! 지금도 육체의 질병을 끌어안고 신음하는 이들을 고쳐 낫게 하여 주시옵소서! 저희가 건강하고 행복하게 살게 하여 주옵소서!

하나님 주신 몸을 잘 관리하되, 탐심을 버리고 자기를 비우고, 음식을 조절하고, 시간을 내어 운동하고, 절제하여 하시고, 무엇보다 우리의 몸을 상하게 하는 탐욕과 게으름과 다툼을 멀리하게 하시옵소서! 건강한 마음으로 건강한 몸을 만들고, 건강한 몸으로 건강한 신앙생활과 건강한 사회생활을 하여, 믿는 저희들 때문에 세상이 훨씬 건강하게 하시옵소서!

우리가 병에서 고침받기 원하시는 예수님의 이름으로 기도합니다. 아멘!

땅의 기도
고도비만 (과체중) 환자들을 위하여 드리는 기도!

"사랑은 여기 있으니 우리가 하나님을 사랑한 것이 아니요 하나님이 우리를 사랑
하사 우리 죄를 속하기 위하여 화목 제물로 그 아들을 보내셨음이라" (요일 4:10)

사랑하시는 하나님! 이 시간은 고도비만 환자들을 위하여 기도드립니다.
누가보아도 비만이고, 그것도 어느 정도의 비만이 아니라 '고도비만'이라
지나가는 이들이 한번쯤 쳐다보고 가는 정도가 된 이들을 기억하여 주옵
소서! 제일 큰 책임은 당사자에게 있겠지만, 이를 지켜보면서 점점 비대해
지는 자녀들에 대해 야속한 마음을 가진 부모들을 위로하여 주옵소서!

늘어나는 체중을 느끼며 저울에 올라갈 용기조차 없고, 이것저것 다 해보
지만 뾰족한 결과가 없어 이제는 포기한 상태에 있는 이도 많습니다. 하나
님께서 그들에게 용기를 더하여 주옵소서! 이 세상에 불가능한 일이 없음
을 알고, 어느 날 몸에 살이 붙었으니 어느 날 그 살이 빠져나갈 것에 대한
소망을 갖게 하여 주옵소서! 그리고 최선을 다해 극복하게 하옵소서!

비대해진 몸으로 취직을 하려 해도 외모에서 자기 관리가 안 되는 사람으
로 보이고, 연애를 하려고 해도 그렇게 지나친 비만 환자를 좋아할 이성도
없는, 그래서 더욱 외롭고 더러는 분노해도 결국은 자신의 운명은 스스로

책임져야 되는 걸 알게 하옵소서! 어떤 변명도 핑계도 통하지 않고 오직 결과로만 말해야 하는 현실을 알고 독하게 마음먹게 하시옵소서!

몸을 관리하는 것에 자신의 인생이 달려있고, 거기에 자기 미래가 달려있다는 생각으로 이를 악물고 정한 목표를 반드시 이루게 하시고, 그렇게 하여 그동안 불가능의 영역에 있던 과제들에 도전해 보게 하옵소서! 새벽부터 일어나 움직이고 운동하고, 뛰고 달리면서 자신이 정한 목표에 달하도록 이를 악물고 힘을 tM게 하시고 자신의 운명을 다시 쓰게 하옵소서!

집에서도, 부모들이나 당사자나 우선 살찌는 음식은 배제하고 식단관리를 해주고, 본인은 먹고 싶은 것에 대한 잔인하리만큼 철저한 자기 절제를 하게 하시고, 불가능해 보이는 목표를 정하고 목표가 이루어지기를 꿈꾸게 하옵소서! 그래서 마침내 승리를 선포하게 하시되, 과정과 순간마다 하나님의 도우심을 구하고 주님께 도움을 요청할 때 개입하여 주옵소서!

고도비만 환자들을 위로하시고, 그들이 심혈관 질환으로 사망률도 배나 높은 것도 알고, 고혈압, 당뇨, 고지혈증 같은 합병증의 위험도 알게 하옵소서! 또 대장, 췌장, 전립선 등의 암이 생길 위험성도 큰 것을 알고 식습관이나 음식, 운동 등을 통해 비만의 지옥에서 벗어나게 하옵소서! 그래도 스스로 독한 결심을 하면 극복할 수 있는 것임을 알게 하시옵소서!

저희를 생명같이 사랑하시는 예수 그리스도의 이름으로 기도드립니다. 아멘!

땅의 기도
골다공증 환자들을 위하여 드리는 기도!

"죽어갈 때에 곁에 서 있던 여인들이 그에게 이르되 두려워하지 말라 네가 아들을 낳았다 하되 그가 대답하지도 아니하며 관념하지도 아니하고" (삼상 4:20)

하나님! 오늘은 특별한 증상이 없고 발견이 어려워, 소리 없이 찾아오는 침묵의 질병으로 알려진 '골다공증' 환자들을 위하여 기도합니다. 특히 남성들보다 하와와 그 후손에게 해산의 고통을 주신 이래로 인류의 종족 번식의 사명을 감당하고, 자녀 양육의 모든 짐을 진 여성들에게 특히 많습니다. 육아휴직까지 주면서 부인을 돌보게 하지만 다 도울 수는 없습니다.

잉태한 생명을 세상에 토해내는 격한 고통으로 옛적에는 해산의 고통을 이기지 못한 산모가 목숨을 잃기도 했습니다. '비느하스'의 아내가 남편과 시아주버니, 시아버지가 한 날 세상을 떠난 소식을 들으며 아들을 출산하다 충격을 받고 세상을 떠난 것을 봅니다. 지금도 70세 이상의 여성 입원환자 삼분의 이가 골다공증의 골절환자라는데 불쌍히 여겨주옵소서!

아이를 출산하면서 온 몸이 찢기는 고통을 경험하며 출산 때마다 몸의 영양소를 한 생명이 나누어 갖고 태어나서 몸에서 꼭 필요한 피와 뼈를 구성하는 중요한 철분의 부족상태를 가져오게 됩니다. 계속 보충해야 되지만 경제적 형편이나 마음의 여유가 없어서 못 하고 있습니다. 한번 골절되면 계속될 가능성이 높은데 평생치료 할 생각으로 주의하게 하옵소서!

부인들이 남성들보다 빈혈 증세를 많이 겪고, 나이가 들면서 뼈의 급속한 노화가 이루어지는 골다공증이 남자들보다 훨씬 많은데, 신체적으로 연약한 여인들을 불쌍히 여기시어 무서운 골다공증에서 자유롭게 해주시기 원합니다. 뼈에 구멍이 숭숭 뚫리는 이 병은 특히 부인들에게는 치명적인 질환인데 일찍부터 예방 및 치료에 힘써 여기에서 벗어나게 하옵소서!

골강도와 골밀도를 하나님께서 지켜 주시어 그 수치가 언제나 건강한 여인의 골밀도 정상 수치를 유지하게 하시고, 병원에서 잴 때마다 수치가 내려가는 불안에서 벗어나게 하옵소서! 뼈가 약하여 넘어질 때마다 툭하면 골절상을 입고, 아교질 부족으로 치료와 회복도 더딘 채 고통당하는 이들을 위로하여 주옵소서! 약한 인생들을 불쌍히 여기사 고쳐 주옵소서!

영양소를 빼앗기고 산후 조리도 못하는 시절이 아니니, 영양보충을 위해 힘쓰고, 나이 들어 증세가 오기 전부터 관리하되, 예비 진단이라도 받으면 뼈가 계속 형성되도록 골밀도를 높이는 형성촉진제나, 빠져 나가지 못하게 하는 흡수억제제 같은 약을 잘 복용하고 열심히 운동하여 건강하게 하옵소서! 특히 장년 이후 부인들의 골다공증이 치료되게 하옵소서!

건강하게 살기 원하시는 예수 그리스도의 이름으로 기도합니다. 아멘!

8. 질병과 장애를 위하여 드리는 기도!!

땅의 기도

공황 장애인(恐慌障碍人)들을 위하여 드리는 기도!

"주여 내 아들을 불쌍히 여기소서 그가 간질로 심히 고생하여 자주 불에도 넘어지며 물에도 넘어지는지라 내가 주의 제자들에게 데리고 왔으나 능히 고치지 못하더이다" (마태 17:15-16)

하나님! 병이라는 게 안 무서운 게 없지만 '공황증'은 정말 무섭습니다. 멀쩡하던 사람이 갑자기 패닉에 빠지고, 자기 자신의 정체성도 잃어버리고, 정신을 잃고 발작을 하는 경우가 예측도 할 수 없는 때에 일어나는 돌발적인 병입니다. 어떤 예후도 발견하지 못한 채 일어나는 이 공황발작 등은 본인은 물론 주변 사람들조차 짐작할 수 없어 더욱 충격적입니다.

이런 상황을 겪은 당사자나 이를 목격한 가족이나 지인들이 두려움에 떨지 않게 하시고, 이런 일이 한두 번 발생하면서 심각한 걱정을 하지 않도록 위로하시고 붙잡아 주옵소서! 아무 일도 없는데 가슴을 부여잡고 두려워 떨며, 웬일인지 불안한 모습을 보일 때 하나님께서 평안을 주시고 오직 믿음의 능력을 의지하게 하시옵소서! 하나님이 절대로 필요합니다.

갑자기 호흡이 빨라지고 좌불안석일 때 놀라지 않게 하시옵소서! 증상은 병이나 장애 같지도 않고, 가볍게 볼 수 있습니다. 우리가 '공황장애'라는 이름을 들은 지 얼마 안 되는데, 해마다 환자 수가 폭증하고 있으며, 특히 한참 직장이나 사업에 몰두해야 할 4-50대에 발생 빈도가 높다는 것이 충격입니다. 하나님께서 기억하시어 마음의 평안을 주시옵소서!

급격한 불안 증세나 어떤 상황에 대한 과민 반응을 억제하게 하시고, 아직 일어나지도 않은 일에 대한 지나친 염려, 과거에 경험했던 대형 사고에 대한 불안한 생각들, 특별한 사건에 대한 집착 같은 것을 다 떨쳐버리고 평안한 가운데 살게 하시옵소서! 공황장애가 언제 다시 올지 모를 불안감과 지나친 염려가 더 위험한 줄 알아서 스스로 벗어나게 하옵소서!

예수님께서 폭발 위험이 상존한 제자들 앞에 오실 때마다 평안을 기원하셨습니다. 수많은 위협과 위험, 갑자기 만난 충격적인 사건들이 끊임없이 제자들을 불안하게 할 때, 주님께서 주신 평안으로 평정심을 찾고 공황발작에서 자유롭게 되었습니다. 오늘 저희를 평안하게 하여 주옵소서! 요즈음 천지개벽에 버금가는 상황들이 일어나는 속에서 평안을 주시옵소서!

열두 살짜리 외동딸이 죽어 충격에 빠진 이들에게 주님은 "죽은 것이 아니라 잔다."고 하셨습니다. 풍랑에 놀란 제자들이 죽겠다고 할 때도 파도를 잔잔하게 하시고 믿음 없는 제자들을 책망하셨습니다. 충격적이고 큰일들이 수시로 일어나는 때에, 평화를 기원하고 평화를 주셨는데, 오늘 저희에게, 특히 공황장애인들에게 하나님의 평화가 임하게 하시옵소서!

우리에게 평안을 주시는 예수 그리스도의 이름으로 기도드립니다. 아멘!

땅의 기도

교통사고 환자와 가족들을 위하여 드리는 기도!

"예수께서 대답하여 이르시되 어떤 사람이 예루살렘에서 여리고로 내려가다가 강도를 만나매 강도들이 그 옷을 벗기고 때려 거의 죽은 것을 버리고 갔더라"

(누가 10:30)

전능하신 하나님! 세상이 복잡해지고 모두 바쁘기에 교통수단이 발달하고, 덩달아 교통사고는 헤아릴 수 없이 늘어납니다. 바쁘기에 과속하게 되고, 과속은 물론 저절로 신호 위반, 중앙선 침범, 횡단보도 마구 통과 등 언제나 사고의 위험을 안고 있습니다. 교통사고 12대 중과실은 이 외에도 앞지르기 위반, 철길 건널목 통과방법 위반, 속도위반 등이 있습니다.

횡단보도 사고, 무면허사고, 음주운전, 보도침범, 개문발차(승객 추락방지 의무 위반), 어린이 보호구역 안전운전 의무 위반, 화물 낙화방지 조치라는 중과실교통사고 규칙이 있지만 이걸 다 지키면 사고는 일어나지 않습니다. 연간 교통사고 20만 건이 넘고, 여기서 사망자만 9천 건이 넘고 부상자수도 30만 건이나 됩니다. 문명의 이기가 살인무기가 되었습니다.

사랑의 하나님! 이런 운전자 부주의, 특히 무면허나 음주운전 사고 등의 소식을 들으면 참혹한 모습에 가슴이 아픕니다. 어떻게 다른 이들의 생명을 빼앗는 음주운전이나 무면허, 난폭운전을 하는지 이해도 안 되지만, 일단 사고가 나면 숨진 사람은 말할 것 없고, 가해자나 피해자를 떠나 목숨은 건졌지만 일생을 사고 후유증으로 살아야 하는 이들이 있습니다.

아무런 잘못도 없는데 사고를 당해 평생 치료를 받아야 하는 심각한 부상을 입는 경우, 거기다 죽을 때까지 장애인으로 살아야하는 이들의 답답함을 기억하시고 그들을 위로하여 주옵소서! 그것은 치료비나 합의금 혹은 위로금처럼 물질로 환산할 수가 없는 것입니다. 거기다 무보험 차량이나 뺑소니 차량에 피해를 입어 그것마저 없는 이들을 기억하여 주옵소서!

가해자를 특정하지 못하거나 보상이 이루어지지 않아 지루한 소송을 이어가는 경우, 몸도 마음도 경제도 모두 엉망이 되어 그는 아무 죄 없이 이중삼중의 고통을 겪을 수밖에 없습니다. 거기에 뻔뻔한 가해자를 만나 일말의 뉘우침도 사과도 없는 경우 폭발하는 분노를 어떻게 하겠습니까? 하나님! 이렇게 억울한 교통사고 피해자들을 기억하시고 위로해 주옵소서!

지금도 병원에서 치료를 받으며 모든 가정사가 엉망이 되어버린 이들, 사고에 가장(家長)이 목숨을 잃거나 장애를 만나는 중증 사고를 당해 가족들의 생계가 막막한 이들, 멀쩡하던 사지(四肢)를 못쓰게 되어 불편하고 부끄러운 몸으로 살아야하는 모든 이들을 하나님께서 찾아가 위로해 주시옵소서! 세상에는 도우심을 입고, 위로받을 이가 하나님 밖에 없습니다.

우리를 사랑하시는 예수 그리스도의 이름으로 기도드립니다. 아멘!

8. 질병과 장애를 위하여 드리는 기도!!

땅의 기도

노인 요양 시설에 있는 이들을 위하여 드리는 기도!

"우리가 즐거워하고 크게 기뻐하며 그에게 영광을 돌리세 어린 양의 혼인 기약이 이르렀고 그의 아내가 자신을 준비하였으므로" (계시 19:7)

사랑의 하나님! 한 평생을 살다가 늙고 병들어 하나님의 부르심이 가까운 이들을 기억하여 주옵소서! 이들이 일생을 지내온 집을 떠나 요양원이나 요양병원, 호스피스 병동 같이 임종을 준비하는 보호시설에 머물고 있을 때, 그들의 마음을 다스려 주옵소서! 무엇보다 자신이 시설에 수용되어 있는 것에 대해 자녀들과 가족에게 섭섭한 마음을 갖지 않게 하옵소서!

자신이 외면당했다는 생각보다 보호받고 있다는 생각으로, 노여움이나 섭섭함보다는 감사함으로 지내게 하시고, 답답함보다는 안정감을 가지고 평안하게 살게 하옵소서! 특히 호스피스 시설이나 중증 환자들이 머무는 요양시설에서 기억이 희미해지는 이들이 생명에 대한 집착이나 미래에 대한 두려움에서 벗어나 다가올 하나님과의 만남을 준비하게 하옵소서!

특히, 믿음 없이 한 평생을 살았던 이들은 경험해보지 못한 낯선 죽음을 생각하며 소름 돋는 공포심보다 기대감을 갖게 하시되, 그동안 무수히 들었던 '천국'과 '지옥'같은 미래세계에 대한 믿음을 가지게 하시고, 구원의 약속을 무수히 던져주신 예수님에 대한 신앙고백과 신뢰의 마음을 갖게 하옵소서! 불안한 마음과 초조한 마음을 버리고 하나님을 믿게 하옵소서!

반대로, 신앙생활은 했지만 제대로 기도 생활도, 말씀 묵상도, 기도를 통한 하나님과의 교제도 못해온 이들은, 지금부터라도 말씀을 묵상하고 하나님에 대한 사모함으로 기도하며, 기도 중에 주시는 세미한 감동을 경험하고 믿음의 축복을 나누게 하옵소서! '믿음의 결국은 영혼의 구원'인 것을 알고, 믿음이 얼마나 소중한지, 믿음의 줄을 단단히 붙잡게 하시옵소서!

같이 시설에 수용된 이들이 한 사람씩 하나님 나라로 거처를 옮길 때마다, 이젠 내 순서인가 하며 불안이나 초조함으로 지내거나 가슴 졸이며 사는 것이 아니라, 내 순서는 언제나 올 것인가 하는 기대를 안고 희망의 하루하루를 살게 하옵소서! 보고픈 자식들이 자주 찾아오지 못하는 것에 대한 노여움이나 섭섭함을 버리고 평안한 마음을 가지게 하여 주시옵소서!

이제는 영원하고 평안한 곳으로 자신의 거처를 옮겨주실 하나님 앞에, 형편이 될 때마다 힘껏 고마움의 예물을 드리도록 부탁하고, 자신이 소유한 물질부터 영향력이 미치는 모든 소유로부터 자유를 얻게 하옵소서! 아직 원한이나 나쁜 감정이 남아있는 모든 이들을 기억나는 대로 용서하고, 자유롭고 편한 마음으로 영원한 세상을 향해 떠날 준비를 하게하옵소서!

저희를 기다리시는 구주 예수 그리스도의 이름으로 기도드립니다. 아멘!

8. 질병과 장애를 위하여 드리는 기도!!

땅의 기도
뇌전증(간질)환자들을 위하여 기도!

"귀신이 소리 지르며 아이로 심히 경련을 일으키게 하고 나가니 그 아이가 죽은 것
같이 되어 많은 사람이 말하기를 죽었다 하나 예수께서 그 손을 잡아 일으키시니
이에 일어서니라." (마가 9:26-27)

전능하신 하나님! 어려서부터 물에도 들어가고 불에도 들어가는 아이를
키운 아버지가 아들을 고치려고 예수님께 왔지만, 마침 예수님은 '베드로',
'요한', '야고보'를 데리고 기도하러 산에 가시고, 나머지 제자들만 있었습
니다. 그들에게 자신의 아들을 고쳐달라고 했지만 도무지 고치지 못할 때
에, 산에서 내려오신 예수님께서 그 아들을 고쳐주셨음을 믿습니다.

이 땅에 자기 자녀들이 이처럼 뇌전증이 있어서 많은 사람들이 보는 앞에
서 침을 흘리고 눈을 뒤집으며 거품을 물고 온 몸이 뒤틀려 돌아가는 모습
을 보는 마음이 얼마나 아프겠습니까? 뇌전증을 앓는 모든 환자의 몸을 주
님께서 만져 낫게 하시어, 본인의 고통은 물론 사람들 앞에서 자식의 간질
하는 모습을 보아야 하는 부모들의 고통을 덜어 주시옵소서!

'예루살렘'의 맹인을 본 제자들이 "랍비여! 이 사람이 맹인으로 난 것이 누
구의 죄입니까? 자기입니까? 부모입니까?"(요한 9:2) 물었을 때, 주님께서

"이 사람이나 부모의 죄가 아니라, 그에게서 하나님이 하시는 일을 나타내고자 하심이라.(요한 9:3)"고 하신 후, 그에게 진흙을 발라 '실로암' 못에 가서 씻고 낫게 하시는 기적이 지금 여기너 일어나게 하시옵소서!

그리하여 뇌전증이 가져다주는 고통과, 간질로 많은 사람들 앞에 발작하는 모습이 적나라하게 드러나는 수치심을 이제는 훌훌 털어버리고 일어나, 자유롭게 인생을 살 수 있게 하시옵소서! 마치 천형(天刑)처럼 여겨 죄인이 되었던 부모나, 자신의 고통 받던 짐을 벗게 하시옵소서! 그의 뇌 속에 주님의 보혈을 흘려보내시어 손상된 뇌를 정결하게 하시옵소서!

그동안 본인은 얼마나 괴로웠을지, 별별 생각을 다 했을 것을 생각하면 가슴이 먹먹합니다. 우리의 질병을 대신 지신 주님! 머리에 쓰신 가시관에서 흐르던 붉은 피가 이 땅에서 뇌손상을 입어 고통 받는 수많은 이들의 삶을 창조 이후의 온전한 모습으로 정결하게 하여 주시옵소서! 이제는 자기도 모르게 몸이 뒤틀리고 거품을 물고 쓰러지는 일이 없게 하시옵소서!

전능하신 하나님! 사람이 자기 의지가 아닌, 스스로 제어할 수 없이 무의식중에 일어나는 증상처럼 무서운 것이 없습니다. 그런 증상이 수시로 나타나서, 더러는 가정도 이루지 못하고, 더러는 안타까운 인생을 사는 바람에, 평생 죄인으로 사는 부모들의 가슴 아픈 삶을 보시고, 저의 안타까운 형편을 기억하시어 지금 그들에게 고침 받음을 선언하여 주옵소서!

우리의 손을 잡아 일으키실 예수 그리스도의 이름으로 기도합니다. 아멘!

땅의 기도
당뇨병 환자들을 위하여 드리는 기도!

"이는 내가 그의 옷에만 손을 대어도 구원을 받으리라 생각함일러라 이에 그의 혈루 근원이 곧 마르매 병이 나은 줄을 몸에 깨달으니라" (마가 5:28-29)

전능하신 하나님! 국민 가운데 환자 600만 명이나 되고 예비 환자 1500만 명이 당뇨병을 앓고 있다는데, 당뇨가 찾아오면 평생 먹고 싶은 것도 못 먹고 운동하며 삽니다. 당뇨환자들을 불쌍히 여겨 주옵소서! 특별히 당뇨는 그 자체보다 합병증이 더 무서워 당뇨로 시력을 잃고 힘든 생활 하는 이, 당뇨로 발을 절단하는 이들의 이야기를 여기저기서 듣고 있습니다.

건강한 이들이 무서운 당뇨에 걸리지 않도록 스트레스 받지 않게 하시고, 행여 당뇨가 왔더라도 두려워하지 않고 차분히 당뇨와의 싸움을 하게 하옵소서! 식단 관리를 잘 하고 운동도 규칙적으로 해서 공복 혈당이나 식후 혈당이 정상치를 유지하게 하시고, 특별히 당화혈색소 수치도 뚝 떨어져 정상이 되어 당뇨의 공포로부터 벗어나 일상이 행복하게 하 옵소서!

하나님께서 이 땅의 당뇨환자들이 얼마나 외롭고 힘든지 아시지요? 그 병이 언제 어느 때 내 몸을 들어와 합병증이 생기게 될지, 그 병 때문에 내게 어떤 힘든 일이 생길지 모르는 불안이 늘 있습니다. 긍휼히 여겨 주옵소서! 췌장의 기능을 정상화되고, 인슐린 분비도 정상화되게 하시며, 혹 약을 복용하는 동안 다른 장기에 무리가 오지 않게 해 주옵소서!

전능하신 하나님! 인생의 건강을 창조 때의 모습으로 새롭게 회복시키시는 전능하신 하나님! 오늘 하나님께서 저희들의 건강을 지켜 주시되 특별히 무서운 당뇨에서 안전하게 하시옵소서! 가볍게 생각하던 당뇨가 심해지고, 합병증세가 나타나서 고통 받고, 제2, 제3의 질병으로 발전되지 않도록 하나님께서 저희들의 몸을 당뇨로부터 건강하게 지켜 주옵소서!

균형 잡힌 식사와 꾸준한 운동, 그리고 정기적인 측정으로 당뇨가 더 진행하지 않도록 하나님께서 저희의 게으름을 고치시고, 부지런히 운동하고 균형 있는 삶을 살게 하옵소서! 언제나 피곤하지 않고, 나른함도 없애 주시고, 즐겁게 살 수 있도록 도우시옵소서! 약을 먹는 시간이나 식사하는 시간, 운동하는 시간들을 규칙적으로 잘 지켜 실행하게 하시옵소서!

사람들이 말하기를 "당뇨병은 완치되는 병이 아니라 평생을 운동과 식이요법, 그리고 약물로 관리하는 병이라."는데, 하나님께서 이 질병을 깨끗이 고쳐 낫게 하여 주옵소서! 전능하신 하나님! 언제나 저희들을 기억하시어 하나님께서 주신 몸을 질병 없이 유지하게 하시되, 이미 발병되었더라도 잘 관리하여 질병에 지지 말고 이겨 합병증을 예방하게 하옵소서!

건강하게 살기 원하시는 예수 그리스도의 이름으로 기도합니다. 아멘!

땅의 기도

병상에 누워있는 이들을 위하여 드리는 기도!

"예수께서 이르시되 일어나 네 자리를 들고 걸어가라 하시니 그 사람이 곧 나아서 자리를 들고 걸어가니라 이 날은 안식일이니" (요한 5:8-9)

전능하신 하나님! 인생들을 치료하시고 고쳐 낫게 하시는 능력의 하나님! 이 시간에 어떤 연유로 병원 신세를 지며 오랜 시간 침상에 누워있는 이들이 눈에 밟혀 이들을 위해서 기도합니다. 불치병으로 알려진 질병에서 치료중인 이들을 기억하시고 이들의 치료가 진전이 없어 낙심하고 있으면, 이제 곧 병상에서 일어나리라는 희망과 용기를 갖게 하시옵소서!

지붕에서 달아 내린 중풍병자에게 "네 자리를 들고 걸어가라!"고 하시듯이, 지금 오랜 시간 침상에 누워있는 이들에게 "네 자리를 들어 일어나 가라!"고 말씀하여 주시옵소서! 오랜 세월 진전이 없어, 이대로 죽을 것이라고 회의(懷疑)에 젖어있는 이들을 위로하시고, 사람의 생명을 지으시고. 병든 몸을 일으키시는 전능하신 하나님을 신뢰하게 하시옵소서!

매일 침대에 누워 병원 천정만 바라보며 사는 이들에게, 하나님께서 사랑의 손을 내미시고 저들을 일으켜 주시옵소서! 반복되는 일상에 삶의 재미도, 미래의 희망도 없이 동일한 삶을 살아가는 이들에게 퇴원의 소식이 들리게 하시고 이 시대에 하나님의 기적을 목격하는 증인들이 되게 하시옵소서! 간병하고 수발들던 가족들이 이를 보며 기뻐하게 하시옵소서!

하나님은 저희가 때로 낙심할 일을 만나도 다시 일어서기를 바라시고, 힘든 상황들도 극복하기를 원하시니 사랑과 자비를 베풀어 주시고 능력을 베푸시옵소서! 특히, 긴 세월동안 더 악화되지는 않지만 평생을 병상에 누워서 지내야 하는 답답한 이들의 손을 잡아 일으켜 주시옵소서! 지금도 하나님의 기적이 저들이 누워있는 병실에서 일어나게 하시옵소서!

주님께서 '베데스다' 연못에 오셨을 때 거기 38년 된 병자가 누운 것을 보시고, 병이 오래된 줄 아시고 "네가 낫고자 하느냐?"고 물으셨는데(요한 5:5-6), 오랫동안 병상에 누워 아무런 변화도 진전도 없는 인생을 사는 동안. 이런 주님의 질문을 받고, 그 질문 끝에 그들이 주님께서 일으키시는 은혜를 입게 하시옵소서! 이 기도가 기적의 기도가 되게 하시옵소서!

전국의 크고 작은 병원의 침상에서, 더 위험해 지지는 않지만 변화도 회복도 없는 이들에게 "일어나 네 자리를 들고 걸어가라!"고 하시어, 무료하고 답답한 일상을 끝내고 거리로 나아가 자신을 일으켜주신 하나님을 찬양하게 하시며, 걷고 뛰고 기뻐하며 성전으로 달려가게 하시옵소서! 날마다 인생들을 일으키시는 행복한 사역을 하시는 하나님을 사모합니다.

우리를 병상에서 일으켜 주시는 예수님의 이름으로 기도합니다. 아멘!

땅의 기도

병실에 누워있는 이들을 위하여 드리는 기도!

"예수께서 불쌍히 여기사 손을 내밀어 그에게 대시며 이르시되 내가 원하노니 깨끗함을 받으라 하시니 곧 나병이 그 사람에게서 떠나가고 깨끗하여진지라"

(마가 1:41-42)

이 시간에 병실에 누워 있는 환자들을 위하여 기도드립니다. 따뜻한 봄날이 와도 바깥에 바람 쐬러 갈 수도 없고, 급한 일이 생겨도 자유롭게 움직일 수 없는 부자유한 병자, 사람들만 물끄러미 바라보고 있는 그들에게 하나님께서 찾아 심방하여 주시옵소서! 오늘 그 손을 잡으시고 그들을 일으킬 수 있는 시간이면 일으켜 주시고, 병에서 회복시켜 주시옵소서!

종일 누워 있어도 간병인 말고는 찾아오는 사람도 없고, 체온을 재고 약을 주러 간호사들이 전부고, 의사들의 회진이 전부입니다. 매일 사랑으로 다가오고, 사랑으로 대하는 사람들이 그리운 이들입니다. 그들의 마음에 하루 한 번 의사가 회진하는 것보다, 늘 하나님께서 침상 곁에서 그 손을 잡으시고 고통스러운 상처를 만져주기를 그리워하며 기다리고 있습니다.

수술한 곳의 통증이 사라지기까지, 고쳐 낫게 해 주시기를 원하는 수많은 병원의 입원 환자들을 기억하여 주시옵소서! 누워 있는 동안에 별 생각을 다 합니다. "가족들은 날 기억도 안 하는 걸까? 버린 것은 아닐까?" 그런 마음이 들 때마다 하나님께서 위로하시고 평안하게 하시며 행복하게 하여 주옵소서! 주님을 생각하고 감사하며 말씀을 듣고 읽게 하옵소서!

잠시 일어날 수 있다면 성경을 읽고, 형편이 되면 기도하게 하시어, 병실이 '성소'와 '지성소'가 되게 하옵소서! 매일 만나는 의사 간호사, 늘 마주하는 병실의 환자들이 전도대상이 되게 하옵소서! 담당 의사나 간호사가 그가 전한 복음을 듣고, 그에게서 믿음의 향기를 맡고 하나님 자녀가 되게 하옵소서! 구원받은 그들이 주님의 사랑으로 평생 교제하게 하옵소서!

의미 없이 입원한 것이 아니고, 전도의 사명 감당하게 된 것을 알게 하옵소서! 병실에 있는 시간이 묵상하는 시간이 되고, 휴식하는 시간이 되게 하시옵소서! "내가 너를 버리지 아니하리라.(신명 31:6), 내가 너를 지켜 주리라.(시 121:7) 내가 너와 함께 하리라.(신명 31:8)"고 하셨으니 혼자가 아니라 하나님과 함께 있음을 알고 하나님의 사랑을 받게 하옵소서!

원망이나 불평의 시간이 아니라 감사하는 시간이 되게 하옵소서! 몸을 회복하고, 마음을 정돈하고, 믿음을 점검하는 시간이 되게 하옵소서! 누워 있기에 불편하고 답답하지만, 혼자 있는 시간에 하나님께서 오셔서 손을 잡고 복을 주옵소서! 아무도 방해하지 않는 병실에서, 육체의 통증이나 질병에 대한 염려는 있더라도, 하나님께서 작은 천국이 되게 하옵소서!

우리를 고치실 의사이신 예수 그리스도의 이름으로 기도드립니다. 아멘!

땅의 기도

분노 조절 장애자들을 위하여 드리는 기도!

"가인이 그의 아우 아벨에게 말하고 그들이 들에 있을 때에 가인이 그의 아우 아벨을 쳐죽이니라." (창세 4:8)

전능하신 하나님! 이 땅에 있는 이들의 다양한 성격이 때로는 많은 타인들에게 위해를 가하고, 문제를 일으키는 것을 봅니다. 특히 자신의 마음을 스스로 다스리지 못하는 '분노 조절 장애'가 있는 이들을 위하여 기도합니다. 저희들의 마음을 스스로는 어거하지 못하오니 하나님께서 다스려 주시옵소서! 그리하여 그 분노가 일으킬 극한 상황을 막아 주시옵소서!

자신의 감정을 다스리지 못하면 무서운 참상이 생깁니다. 하나님께서 저들의 마음에 참고 인내하는 마음, 견디고 이기는 마음을 주시옵소서! 하나님의 거룩한 성품을 유전 받은 인생인데 마귀의 마음이 자리하지 못하도록 그의 영혼을 지켜 주시옵소서! 특별히 분노를 절제하지 못하면 무서운 결과가 일어날 수 있으니 마음을 다스릴 수 있게 하여 주시옵소서!

이 땅의 현실은 국민들이 집단적으로 분노하고 집단적인 화풀이를 하고 싶은 여러 가지 국내외적 상황들이 일어납니다. 자신이 생각한 정치 지도자가 배제되거나, 자신의 생각과 다른 정책이 펼쳐지고, 자신의 마음과 충동할만한 역겨운 사건들이 전개될 때, 이를 물리력으로 맞서려는 생각대신 합리적 절차를 따라 경청, 이해, 타협, 양보, 인내하게 하시옵소서!

모든 사람은 내 마음과 같지 않고, 세상에서 일어나는 일은 내 뜻과 일치하지 않더라도 이를 분노 표출의 기회로 삼지 말고 자신의 내면을 다스릴 수 있는 기회로 삼아, 스스로 절제하고 인내하는 기회로 만들게 하시옵소서! 참지 못하고 분풀이를 하는 것을 "노하는 자는 다툼을 일으키고 성내는 자는 범죄함이 많으니라."(잠언 29:22)는 말씀을 기억합니다.

"오직 하나님은 긍휼하시므로 죄악을 덮어 주시어 멸망시키지 아니하시고, 그의 진노를 여러 번 돌이키시며, 그의 모든 분을 다 쏟아 내지 아니하셨다."(시편 78:38)고 하셨으니, 우리를 심판하시면 살아남을 자가 아무도 없으신 능력의 하나님께서도 분노를 참고 참으시는데, 하물며 그의 피조물 된 인생이 분노하는 일이 얼마나 부질없는 것을 알게 하시옵소서!

사도 야고보는 "내 사랑하는 형제들아! 사람마다 듣기는 속히 하고 말하기는 더디 하며 성내기도 더디 하라. 사람이 성내는 것이 하나님의 의를 이루지 못한다."(야고 1:19-20)고 하셨는데 저희가 분노함으로 문제가 해결되고, 분노를 발함으로 마음이 평안해 지리라는 어리석은 판단을 하지 않도록 지혜를 주시옵소서! 모든 이들이 평화하여 평안하게 하시옵소서!

저희에게 '이것까지 참으라!'고 하신 예수님의 이름으로 기도합니다. 아멘!

땅의 기도
불면증에 시달리는 이들을 위하여 드리는 기도!

"너희가 일찍이 일어나고 늦게 누우며 수고의 떡을 먹음이 헛되도다 그러므로 여호와께서 그의 사랑하시는 자에게는 잠을 주시는도다." (시편 127:2)

사랑하는 하나님! 저희에게 아침에 눈을 뜨고 일어나 하루의 일과를 진행하고, 저녁에 일과를 마치면 잠자고 쉬도록 해 주심이 고맙습니다. 저희를 강철로 만들어 쉼도 없이 일만 하지 않게 하시고, 항상 잠만 자지 않게 하시고, 적당히 잠자고 일하도록 밤에는 어두움을 주셔서 눈감고 숙면하고, 이튿날 일할 수 있는 에너지를 준비하고 일어나게 하심이 고맙습니다.

하나님께서 복주신 안식의 시간에 잠을 못 이루고 고통 받는 '불면증' 환자를 위하여 기도드립니다. 어느 날 너무 피곤해서 잠 못 잘 수 있습니다. 어느 날은 극한 고통으로 잠에 들지 못할 수도 있습니다. 근심이 그를 짓눌러 뜬 눈으로 밤을 지새울 수도 있습니다. 그런데 가끔이 아니라 늘 못 자는 불면증에 시달리는 불면증 환자들을 위하여 기도합니다.

저들을 불쌍히 여겨 주옵소서! 남들 다 숙면을 취하고 거뜬한 몸으로 일어나는 데 잠을 못자고 눈이 푹 패어 일어나고, 이튿날은 일상을 소화하지 못하고 피곤해 하는 저들을 불쌍히 여겨 주옵소서! 열심히 땀 흘려 일할 수 있는 복을 주시되, 모든 것을 잊고 평안히 잠잘 수 있는 복도 허락하여 주옵소서! 밤새 몸을 뒤척이며 새우는 고통을 제하여 주옵소서!

하나님께서 그에게 규칙적으로 생활할 수 있도록 생활 패턴을 바꿔 지키게 하시고, 지나치게 각성 성분이 강한 카페인 섭취도 줄이고, 일어나지 않은 일로 인한 쓸데없는 근심을 줄이고, 평안히 누어 잠자는 복을 누리게 하옵소서! '스트레스'에서 벗어나려고 힘쓰며 기왕에 잠 못 드는 일을, 선한 시간으로 바꾸어 성경도 읽고 기도하면서 극복하게 하시옵소서!

아직도 정확히 원인을 알지 못하는 수면장애 현상을 하나님께서 주시는 은혜에 대하여 만족하고 고마워하는 마음을 주시어 평안히 눕고 행복하게 일어나게 하시옵소서! 그런 증상이 심리적인 것이든지, 혹은 생리적 현상이든지, 급격하게 변한 환경적 현상이든지 알게 하시되, 너무 민감하거나 예민한 성격으로 인해 연관된 질병인지도 살펴 조심하게 하옵소서!

우리가 신체적으로 경험하는 모든 비정상적인 질병이나 고통은, 먼저 자신의 정신적인 자세교정도 필요한 줄 아오니, 스스로 극복을 위해 힘쓰되, 질병에 대한 완전한 치료는 하나님의 손 안에 있음을 기억하고 기도하게 하옵소서! 잠들지 못하게 하는 모든 정신적, 육체적, 환경적 요인들을 제거하시는 전능하신 하나님께서 긍휼과 자비를 허락하여 주시옵소서!

영원한 안식을 주실 예수 그리스도의 이름으로 기도드립니다. 아멘!

땅의 기도

불임(不姙)으로 고통받는 이들을 위하여 드리는 기도!

"그들이 아침에 일찍이 일어나 여호와 앞에 경배하고 돌아가 라마의 자기 집에 이르니라 엘가나가 그의 아내 한나와 동침하매 여호와께서 그를 생각하신지라."

(삼상 1:19)

사람의 생명을 잉태케 하시고 출산의 기쁨을 주시는 하나님! 이 땅에 사는 여인들 중에 불임(不姙) 때문에 고통 받는 많은 이들을 기억하여 주시옵소서! 행복한 결혼을 하고 꿈같은 신혼생활을 시작했지만 한 달 두 달, 일 년 이년 몇 년이 지나도 아무 소식이 없어 점점 불안해지는 여인들이 많습니다. 그들을 불쌍히 여기시고 잉태의 은혜를 베풀어 주시옵소서!

하나님! 이는 부인의 문제만이 아니라 남편들도 같이 애를 태우고, 내외만의 문제가 아니라 가문(家門)의 문제라 양가의 부모 형제들이 모두 애태우고 있습니다. 저들은 집안에서 죄인이 되어 매일 힘들어하고 있사오니 하나님 사랑의 마음과 능력의 손으로 만져주시고 잉태의 복을 주시옵소서! 하나님의 손은 생명창조의 손이십니다. 그 손은 기적의 손입니다.

하나님께서 연약한 여인들이 끌어안고 가는 불임의 고통에서 자유를 주시옵소서! "대저 하나님은 능치 못함이 없으십니다." (누가 1:37) 옛적에 '리브가'가 아이를 낳지 못한 오랜 후에 '에서'와 '야곱'을 낳아, 그가 '이스라엘'을 낳은 위대한 어머니가 되고, 야곱의 특별한 사랑을 받은 '라헬'이 오랜 세월 아이를 낳지 못하다가 '요셉'을 낳게 허락하여 주셨습니다.

전에도 어렵고 힘들게 낳은 아이들이 마침내 역사의 인물이 된 것처럼, 그동안 아이 낳지 못하는 수치와 설움을 안고 살아온 여인들을 위로하시어 그들에게서 태어난 아이들이 시대의 위인물이 되어 불임의 아픔을 견딘 여인들에게 위로가 되게 하시옵소서! 비록 지금은 석녀(石女)처럼 설움의 시절을 살지만 한 번 태(胎)를 열어주시면 활짝 열려질 줄 믿습니다.

'엘가나'의 부인 '브닌나'의 학대를 못 견딘 다른 부인 '한나'가 '실로' 성전에서 밤새 울며 "만군의 여호와여! 만일 주의 여종의 고통을 돌보시고 나를 기억하사 주의 여종을 잊지 아니하시고 주의 여종에게 아들을 주시면, 내가 그의 평생에 그를 여호와께 드리고 삭도를 그의 머리에 대지 아니하겠나이다."(삼상 1:11)고 기도할 때 마치 취한 듯이 보였습니다.

그러나 제사장조차도 그의 간절한 심정을 알지 못하던 답답한 때에 하나님은 그의 태의 문을 열어 '사무엘'을 주셨습니다. 하나님의 능력은 지금도 동일하고, 하나님의 말씀은 지금도 능력이 있음을 믿습니다. 이 말씀에 대한 믿음이 지금도 하나님의 기적이 되어 불임 여인들이 하나님께 영광을 돌리고, 세상에 태어난 즐거움과 보람을 만끽하게 하시옵소서!

인생들의 아픔을 해결해 주시는 예수님의 이름으로 기도합니다. 아멘!

땅의 기도

불임(不姙)의 아픔을 겪는 이들을 위하여 드리는 기도!

"서원하여 이르되 만군의 여호와여 만일 주의 여종의 고통을 돌보시고 나를 기억하사 주의 여종을 잊지 아니하시고 주의 여종에게 아들을 주시면 내가 그의 평생에 그를 여호와께 드리고 삭도를 그의 머리에 대지 아니하겠나이다." (삼상 1:11)

전능하신 하나님! 옛적부터 여인의 가장 큰 수치는 아이를 낳지 못하는 일이었고, 이렇게 된 여인들은 늘 부끄러움을 당했습니다. '사라'가 어려움을 겪었고, '라헬'도 우여곡절을 겪었습니다. '한나'는 그 대표적인 인물입니다. '엘리사벳' 역시 여인의 모든 기능이 다하도록 자식이 없었습니다. 현대 사회에도 불임 여인들의 아픔과 고민은 의외로 많이 있습니다.

요즘은 과학이나 의술이 발달하고, 불임의 원인이 남자인지 여자인지도 알게 되고 시험관 아기 등 출산의 과학적 방법도 있습니다. 더구나 아예 결혼을 안 하는 독신주의도 있고, 일부러 아이를 낳지 않는 이들도 있습니다. 인구 절벽시대라 아이가 없어서 폐교되는 일도 있고, 인구 소멸, 도시 소멸 이야기도 많습니다. 이때에 불임 여인들의 아픔을 기억하옵소서!

여인이 한 가정으로 출가하여 자녀를 생산하지 못한다면 이처럼 죄스러운 일이 없습니다. 그들의 안타까운 마음을 읽으시고, 저들이 살아계신 하나님께 간절히 기도하거든 하늘의 하나님은 그들의 기도를 들으시고 그들의 태(胎)의 문(門)을 열어 주옵소서! 생명의 주(主가) 되시며 창조의 근원이신 하나님의 능력으로 저들에게 기쁨과 행복을 선물하시옵소서!

나이 90이 되고 이미 석녀(石女)가 된 '사라'가 자신도 믿지 않은 때에, 하나님은 그들을 불쌍히 여기시고 '아브라함'에게 자식을 주셨습니다. 그렇게 구박받고 괴롭힘을 당하던 '한나'가 오랫동안 기도하며, 그의 입술에서 내뱉는 기도가 소리는 아무 것도 안 들리고 입만 달싹거리자 제사장 '엘리'조차 술 취한 여인으로 오해한 '한나'에게 잉태의 기쁨을 주셨습니다.

하나님께서는 여인들이 당하는 고통과 그들이 겪는 죄책감과 그들이 느끼는 부끄러움을 모두 아십니다. 인간은 이런 생명 잉태의 신비를 해결할 이가 아무도 없습니다. 하나님께서 받으시고, 여인들의 수치를 가리어 주시옵소서! 아무리 세상에서 다른 것들을 다 이루었을지라도 잉태와 해산의 기쁨을 맛보지 못한 여인들의 아픔을 생명의 주께서 풀어 주옵소서!

혹, 남편에게 잉태케 하지 못하는 결함이 있고, 이미 의학적으로 규명된 사실을 당사자 부부들이 알고 있을지라도, 하나님께서 그들의 안타까움을 들어 주옵소서! 이 일을 어떻게라도 해결해 주시어 하나님께 영광을 돌리게 하옵소서! 마침내 하나님의 신비를 간직하고 체험하는 가정이 되게 하시옵소서! 그럼에도 이들 부부는 하나님 안에서 행복하게 하옵소서!

생명을 잉태하게 하시는 예수 그리스도의 이름으로 기도 드립니다. 아멘!

8. 질병과 장애를 위하여 드리는 기도!!

땅의 기도

소아 당뇨 / 소아암 환자들을 위하여 드리는 기도!

"예수께서 그 아버지에게 물으시되 언제부터 이렇게 되었느냐 하시니 이르되 어
릴 때부터니이다" (마가 9:21)

하나님! 이 땅에 태어나서 바로 어린 시절에 '소아 당뇨'로 판정을 받은 아
이들을 기억하여 주옵소서! 그들의 엄마는 어린 아이를 안고 애처로워하
며, '인슐린' 주사를 놓고 아이가 자라고 나이가 들면서 평생을 그런 고통
중에 살 것을 생각하며 가슴이 아파합니다. 사랑하는 자녀들의 당뇨가 그
에게서 사라지게 하시되 어린 때부터 고통 받지 않게 해 주옵소서!

아이 때부터 병마와 싸워야하는 자녀를 출산한 부모 모두에게, 그리고 아
이의 가족들 모두에게 하늘의 위로가 있게 하옵소서! 안타깝고 측은한 부
모의 마음을 다스리셔서 아이의 고통뿐만 아니라 부모의 고통을 감하여
주옵소서! 저희는 다만 간절히 기도하오니 당사자인 아이는 물론 그런 측
은한 모습을 지켜보며 살아야 하는 부모의 고통을 기억하시옵소서!

원인도 진행 과정도 잘 모르지만 이런 아이들을 병원이나 가정에서 만날
때마다 안쓰러워 견딜 수가 없습니다. 그 병이 어떤 것인지, 치료확률은
얼마나 되는지, 현재 이 병에 대한 연구는 어디까지 왔는지 알 길이 없지

만, 하나님께서 사랑하고 아끼시는 귀한 어린이가 만난 질병에서 그들을 지키시고 건강하게 하여 부모와 아이들의 아픔이 치유되게 하옵소서!

소아당뇨 환자는 아침 먹고 나면 당뇨 약에 인슐린을 맞는 모습이 애처롭습니다. 볼 때마다 저런 일을 평생 해야 하는가 하는 안쓰러움이 생깁니다. 하나님께서 긍휼히 여겨 주옵소서! 자유롭게 뛰놀며 마음 편히 공부할 수 있게 하옵소서! 가정에 웃음꽃이 활짝 피고, 부모들이 자녀에 대한 미안함이 사라지게 하옵소서! 건강하게 자랄 수 있도록 도와주옵소서!

또한, 연평균 1600명이나 발생하고 유아 사망률 1위를 차지하는 '소아암'을 기억하시옵소서! 그들을 대할 때마다 가슴이 먹먹합니다. 소아암은 어린이의 빠른 대사 특징상 진행된 다음 발견된다는데, 조기 발견이 되어 빨리 치료받을 수 있도록 도와주옵소서! 그래도 완치율이 7-80%가 된다니 감사하지만, 그래도 애타는 부모들의 아픔을 헤아려 치유하여 주옵소서!

소아암 중에 40%가 '백혈병'이랍니다. 하나님의 도우심으로 치유 받게 하옵소서! 자라면서 다치는 경우도 있고, 다른 병으로 고생하는 경우도 있겠지만, 아주 어린 시절에 힘든 병마와 싸우며 휠체어에 앉아 있는 아이들을 볼 대마다 하나님의 도우심이 너무 간절합니다. 말도 제대로 못하는 아이 때부터 무서운 병에 붙잡혀 있는 것이 안타깝습니다. 도와주옵소서!

우리의 질병을 치료하실 예수 그리스도의 이름으로 기도 드립니다. 아멘!

땅의 기도

수술을 앞둔 환자들을 위하여 드리는 기도!

"너희 중에 병든 자가 있느냐 그는 교회의 장로들을 청할 것이요 그들은 주의 이름으로 기름을 바르며 그를 위하여 기도할지니라 믿음의 기도는 병든 자를 구원하리니 주께서 그를 일으키시리라 혹시 죄를 범하였을지라도 사하심을 받으리라"

(야고 5:14-15)

사랑하는 하나님! 지금 질병의 진단을 받고 수술 날짜를 잡은 이들, 혹은 사고로 급히 수술을 해야 하는 이들을 위하여 기도합니다. 의사들은 당신의 경험이나 상식에 의하여 '가벼운 수술'이라고 해도, 수술 받는 당사자에게는 모두 두려움이 느껴지고 수술받기가 무섭습니다. 그럴 때 저들의 마음에 평안을 주옵소서! 하나님께서 지켜주실 것을 믿게 하옵소서!

수술대에 올라가는 순간 전신이든 국소든 마취의 순간에 두려움을 걷어내 주옵소서! 특히 전신마취를 하는 순간 "다시 깨어날 수 있을까?"하는 원초적인 두려움과 "수술이 잘 될 수 있을까?", "혹시 수술할 때 의사가 실수하지 않을까?"하는 어리석은 염려에 이르기까지, 모든 염려를 맡기게 하옵소서! 하나님은 언제나 저들의 곁에서 함께하심을 믿게 하시옵소서!

저희들의 생명은 전적으로 하나님의 손에 달려있습니다. 사람이 나고 죽는 것이 하나님의 손 안에 있고, 저희의 병을 고쳐 낫게 하시는 이가 하나님이십니다. 이 사실을 안 옛 어른들도 순자(荀子)의 '인명재천'을 그대로 믿어왔습니다. 저희는 세상에 태어날 때부터 살다 돌아갈 때까지 모두 하나님께 있음을 고백하오니 저희의 믿음이 헛되지 않게 하시옵소서!

수술을 앞두고 부정적인 생각으로 염려하는 대신, 좋은 병원에서 의사를 만나 수술할 수 있음을 감사하게 하시고, 돈이 없어 수술을 하지 못하거나 병원이 멀어서 혜택을 입지 못한 이들을 생각하며 감사하고, 특별한 은총을 허락하신 하나님께 감사하게 하옵소서! 하나님께서 저희 일상의 작은 순간까지 개입하심을 생각하며 고마운 마음을 갖게 하여 주시옵소서!

기왕에 믿는 하나님께서 그동안 베풀어 주신 기적 같은 일들이 지금도 이어지는 것을 일게 하옵소서! 나병을 고치시고 맹인과 혈루증 환자를 고치시고, 들것에 실려온 중풍병자를 고치셨습니다. 마취도 안하고 칼을 대지도 않았습니다. 때로는 손만 대시고 때로는 말씀으로 만도 고쳐주셨습니다. 그래도 하나님은 그들을 본디 모습으로 완벽하게 고쳐주셨습니다.

질병뿐 만아니라 장애도 고쳐주시어, 보지 못하던 이들이 보고, 걷지 못한 이들이 걷게 되었습니다. 마취도 없이, 주사도 놓지 않으시고 치료해 주셨습니다. 수술대에 누어 지난날 베풀어주신 기적 같은 치유와, 앞으로 나를 고쳐주실 놀라운 기적을 기대하게 하옵소서! 오늘도 수술대 위에서 행하실 하나님의 기적 같은 능력을 기대하며 고쳐주심을 믿게 하옵소서!

우리의 병을 고쳐 낫게 하실 예수 그리스도의 이름으로 기도합니다. 아멘!

땅의 기도
시각 장애인들을 위하여 드리는 기도!

"예수께서 말씀하여 이르시되 네게 무엇을 하여 주기를 원하느냐 맹인이 이르되 선생님이여 보기를 원하나이다" (마가 10:51)

사랑하시는 하나님께서 무한 광대한 우주를 아름답게 지으시고, 지으신 후에 보시기에 얼마나 좋으셨는지 상상이 됩니다. 그 우주 공간에 있는 작은 별 '지구'도 이렇게 아름다운데, 세상에 태어나서 하나님께서 지으신 아름다운 세상을 한 번도 보지 못한 이들이 있습니다. 푸른 바다며 높은 하늘, 붉게 떠오르는 태양이며 아름다운 별을 보지 못한 이들입니다.

제가 '맹인'이라고 부르는 '시각장애인'들입니다. 바로, 세상에서 제일 불쌍하다는 생각이 드는 이들입니다. 왜냐하면 신체의 다른 장애가 있는 이들도 불편한 건 사실이지만, 그래도 그들은 볼 수는 있습니다. 그런데 맹인들은 아무 것도 볼 수 없습니다. 할 수만 있다면 세상의 모든 걸 다 주고도 보고 싶을 것입니다. 이런 안타까운 맹인들을 기억하여 주옵소서!

세상에서 정전(停電)이 된 다음, 불 꺼진 방에서 잠시 움직이는 동안에도 불편해서 어쩔 줄 모릅니다. 그런데 태어나서 평생을 살며 밤과 낮의 구별도 없는 캄캄한 밤의 세계에서 산다면 그 고통이 이해도 안 되고 믿기지도 않습니다. 얼마동안도 아니고 평생, 제한된 특정 지역이 아니라 모든 것을 볼 수 없다니 숨이 막힙니다. 그들을 불쌍히 여겨 주시옵소서!

함께 일생을 해로하는 배우자, 그의 사랑하는 자녀들, 그리고 부모 형제들, 모든 지인들, 상상만으로 그려보는 모든 이들을 볼 수 없다는 일이 얼마나 안타까운 일인지 모릅니다. 우리가 만난 맹인은 건널목을 건너는 불편한 모습 밖에 없었지만, 그건 생활의 백분의 일, 천분의 일이고 가는 곳 어디든지 캄캄한 어두운 세상입니다. 하나님께서 불쌍히 여겨 주옵소서!

생전의 주님께서도 '예루살렘'의 맹인을 '실로암' 못에 가서 씻고 오게 하여 눈을 뜨게 하셨고, '여리고'의 '바디매오'에게는 "네 믿음이 너를 구원하였다!"(누가 18:42)고 하시며 돈으로 해결이 안 되는 눈을 뜨게 하셨습니다. '가버나움'을 떠나가시는 예수님께 나왔던 두 맹인들은 눈들을 만지시며 "믿음대로 되라!"(마태 9:29)고 하시자 그 자리에서 곧 눈을 떴습니다.

하나님! 이런 일이 지금은 일어날 수 없습니까? 그러면 그들이 눈을 뜬 것처럼 밝히 보며, 불편하지 않게 자유롭게 사는 방법을 가르쳐 주옵소서! 세상에서 가장 불쌍하게 생각되는 그들이 어떻게 해서든 무엇이라도 하면서 살아보려고 치열하게 사는 것을 봅니다. 하나님께서 그들에게 긍휼을 베풀어 주셔서 이들을 보는 저희들의 마음도 평안하게 하여 주옵소서!

맹인의 눈을 뜨게 하신 예수 그리스도의 이름으로 기도드립니다. 아멘!

8. 질병과 장애를 위하여 드리는 기도!!

땅의 기도

시한부 선고를 받은 이들을 위하여 드리는 기도!

"내일 일을 너희가 알지 못하는도다 너희 생명이 무엇이냐 너희는 잠깐 보이다가 없어지는 안개니라 너희가 도리어 말하기를 주의 뜻이면 우리가 살기도 하고 이것 이나 저것을 하리라 할 것이거늘" (야고 4:14-15)

사랑하는 하나님! 이 땅에는 원치 않는 질병으로 사형선고와 같은 시한부 인생을 사는 이들이 너무 많습니다. 어느 날 건강검진을 받고, 어제까지만 해도 남의 일 같은 각종 암 말기 선고를 받은 이들을 위해 기도합니다. 뜻 하지 않은 청천벽력 같은 시한부 선고를 받은 이들이 선택할 수 있는 길은 많지 않습니다. 신/불신을 떠나 전혀 새로운 길로 출발합니다.

먼저 충격을 받고 절망하고 좌절하다가, 자기 운명에 닥친 상황에 대하여 분노하고, 시간이 지나면서 이를 극복하기 위한 길로 자기를 순응시켜 나 갑니다. 이런 일련의 과정들을 좀 더 지혜롭고 창조적으로, 남은 시간들과 자신의 운명을 조명해 보는 시간을 갖게 하옵소서! 지금까지 살아온 삶과 앞으로의 삶을 돌아보고 냉정하게 미래의 계획을 세우게 하옵소서!

지난 시간의 반추는 곧 끝나겠지만, 남은 세월을 사는 것은 깊이 있고 신 중하게 세우게 하옵소서! 시간의 길이로는 지난 삶의 10분의 1, 혹은 100

분의 1도 안될 수 있지만 그건 단순히 양적인 면에서의 무의미한 대조일 뿐, 이제는 질적인 시간으로 삶의 가치를 비교하는 지혜를 주옵소서! 허망하게 산 지난 50년보다 앞으로의 5년이 가치 있음을 알게 하옵소서!

소비적으로 살아온 몇 십 년 세월보다 창조적으로 산 앞으로의 1년이 훨씬 귀한 인생이 될 수 있음을 알게 하옵소서! 늘 부정적인 생각으로 낭비적 인생을 살던 지난 시간을 마감하고, 긍정적인 언어와 행동으로 가치 있는 삶을 사는 앞으로의 시간이 훨씬 행복할 수 있음을 알게 하옵소서! 단순히 물리적 시간이 아니라 복된 인생을 사는 지혜를 주시옵소서!

10년 20년을 살아도 행복한 추억 하나도 없이 살던 무의미한 몇 십 년이 아니라, 단 몇 개월, 몇 년을 살아도 아름답고 영원한 추억을 남기며, 영원하지 못하더라도 남은 가족들에게 아름다운 추억을 남기게 하옵소서! 전에는 영원히 죽지 않을 것처럼 오만방자하고 교만하게 살았다면, 이제는 당장 내일 죽을 것처럼 겸손하게 자기를 비우고 사는 지혜를 주옵소서!

전에는 죽음이 멀리 있는 두려움으로 인식했는데, 이제 시한부 선고를 받은 후에는 죽음이란 내 곁에 있는 친구 같은 존재임을 알게 하옵소서! 시한부 선고가 죽음의 존재와 실상을 가르쳐줌으로 자신을 다시 태어나게 한 것에 대해 고맙게 생각하는 믿음을 주옵소서! 이렇게 변화된 삶을 살다가 죽음이 저 뒤편으로 물러가는 기적 같은 일도 경험하게 하시옵소서!

죽음이 끝이 아니라 하신 예수 그리스도의 이름으로 기도드립니다. 아멘!

땅의 기도

신부전증(腎不全症) 환자들을 위하여 드리는 기도!

"예수께서 손을 내밀어 그에게 대시며 이르시되 내가 원하노니 깨끗함을 받으라 하시니 즉시 그의 나병이 깨끗하여진지라" (마태 8:3)

사랑하는 하나님! 정말 힘든 환자들을 위하여 기도합니다. 하나님께서 저희의 오장육부(五臟六腑)장기 중에 신장(腎臟)을 주심은 감동입니다. 사람의 몸 안에 생긴 노폐물을 걸러, 소변으로 배설하는 기능을 담당하는 기관인 '신장'은. 독성 물질이나 약물, 대사산물의 독을 없앤 다음 몸 밖으로 내보내는 일을 하는, 이게 없으면 우리는 생존할 수 없는 장기입니다.

이런 중요한 역할을 하는 장기인 신장, 없어서는 안 되는 중요한 장기 신장이, 많은 경우 만성 신장질환을 갖고 있습니다. 그럼에도 신장질환의 기능 저하가 상당히 진행된 후에나 발견됩니다. 지금도 장년 일곱 명 중의 하나는 이 만성 신장질환을 가지고 있습니다. '당뇨'나 '고혈압'도 신장병 원인으로 신장이 안 좋으면 나타나는 합병증들도 조심하게 하옵소서!

비록 크기도 대단한 것이 아니지만, 몸속 체액의 양과 이온 농도를 적절하게 조절하고 체내 균형이 깨지지 않도록 돕게 하심이 고맙습니다. 뼈를 튼튼하게 유지하는 데 필요한 비타민 D를 활성화 시켜주니 얼마나 고맙습니까? 이 신장의 기능이 저하되면 고혈압도 생기고, 심하면 팔다리 등의 몸이 붓고, 심장이나 근육, 신경 등의 기능에도 이상을 초래한답니다.

하나님! 이런 귀한 신장에 장애가 생기지 않도록 지켜주시고 이런 증상을 조기 발견하는 지혜도 주옵소서! 피로가 계속 느껴지는 것도 신장기능이 저하되어 몸속의 독소 분해를 못하여 생긴 현상이고, 흔하게 보는 수면 무호흡증도 만성 신장 질환 사이에 연관이 있는 것으로 알려졌는데, 잠잘 때마다 숨이 넘어갈듯 한 무호흡증이 있으면 유의하게 해 주시옵소서!

반대로 '수면 무호흡증'은 신체에 충분한 산소 공급이 안 되어 신장을 손상시킬 수 있고, 만성 신장 질환이 체내에 독소를 분해하지 못해 축적시키면, 수면 무호흡증을 유발할 수 있으니 결국 하나의 질병을 미리 발견하고 치료하지 못하면 또 다른 질병을 유발시키는 상호관계가 있습니다. 만성 신장 질환은 시간이 지나면 자연히 신부전으로 이어질 수 있습니다

질병은 치료보다는 예방이오니 쉽게 만나는 가려움증처럼 체내 독소분해를 못하는 신장의 기능저하 때문에 생기는 질병을 조기에 발견하게 하시고, 머리가 어지럽고 입맛 없고 입에서 악취가 나는 일상의 증상들이 신장의 기능 약화에서 일어나는 것인지 면밀하게 검사하게 하옵소서! 투석이나 이식으로 치료하기 원할 때 기증자도 속히 만나게 하여 주옵소서!

우리를 치유하여 주시는 예수 그리스도의 이름으로 기도드립니다. 아멘!

땅의 기도

신생아들을 위하여 드리는 기도!

"여자가 해산하게 되면 그 때가 이르렀으므로 근심하나 아기를 낳으면 세상에 사람 난 기쁨으로 말미암아 그 고통을 다시 기억하지 아니하느니라." (요한 16:21)

생명을 지어 모태로부터 세상에 나게 하시고, 어린 생명체가 엄마의 젖을 먹으며 호흡하고 자라게 하시는 하나님! 세상에 갓 태어난 생명들을 위하여 기도합니다. 세상에서 가장 큰 기쁨은 한 생명이 이 땅에 태어나는 것입니다. 그 누구도 할 수 없는 창조의 신비가 완성되는 하나님의 사건입니다. 그러나 한 생명이 태어날 때만큼 긴장된 때도 없습니다.

한 달 한 달이 긴장과 두려움의 연속입니다. '남아'일까 '여아'일까 하는 궁금증은 분별이 된다지만 혹시 병을 가지고 태어나지는 않을지, 심각한 장애를 가지고 태어나지는 않을지 두려움이 가시지 않던 중에 건강하고 아름다운 아이가 세상에 태어난 것은 행복입니다. 근심을 뒤로하고, 아름다운 자녀의 출산은 그간의 염려를 상쇄할 만큼의 커다란 행복입니다.

"여자가 해산하게 되면 그 때가 이르렀으므로 근심하나, 아기를 낳으면 세상에 사람 난 기쁨으로 말미암아 그 고통을 다시 기억하지 아니하느니라."
(요한 16:21)고 하신 것처럼 뱃속에 아이를 낳으면 그 아이가 자라서 부모의

기쁨이 되고 한 사회나 나라를 위해 얼마나 크게 쓰임 받을지를 아는 만큼 부모는 물론 온 가족들이 얼마나 기뻐하며 기대합니다.

'어머니 뱃속'이라는 보호막 안에서 탯줄을 타고 공급되는 음식물을 먹다가, 이제 자궁 밖으로 나오는 순간 춘하추동의 계절, 밤과 낮의 시간, 무엇보다 세상에서 제일 무서운 인간들과 마주하게 됩니다. 그가 모태로부터 나오는 순간 어른이 된 이들과 동일한 공기를 마셔야하는 거친 환경에 노출되어 적응해야 합니다. 수많은 사고의 위험에도 대처해야 합니다.

생명들이 세상에 나서 백일잔치를 하고 돌잔치를 하는 동안 무서운 세상에서 하루 이틀 견디었다는 것이야말로 하나님의 은혜입니다. "믿음으로 모세가 났을 때에 그 부모가 아름다운 아이임을 보고 석 달 동안 숨겨 왕의 명령을 무서워하지 아니하였다."(히브 11:23)고 하신 말씀처럼 세상에서 가장 아름다운 모습이 신생아인데 그들이 잘 자라나게 하시옵소서!

한살씩 나이를 더해갈 때마다 "지혜와 키가 자라가며 하나님과 사람에게 더욱 사랑스러워 가시던"(누가 2:52) 예수님처럼 한 달씩, 일 년씩 나이가 들면서 부모의 마음에 더욱 사랑스러워지고, 더욱 기대가 커지는 자녀들이 되게 하시옵소서! 무엇보다 아이들이 자라며 안전지대인 교회에서 신앙생활을 잘 하게 하시고, 끝까지 안심하며 자라도록 도우시옵소서!

저희들의 영원한 창조자이신 예수 그리스도의 이름으로 기도합니다. 아멘!

땅의 기도

심혈관 환자들을 위하여 드리는 기도!

"주의 앞에 수종병 든 한 사람이 있는지라 예수께서 대답하여 율법교사들과 바리새인들에게 이르시되 안식일에 병 고쳐 주는 것이 합당하냐 아니하냐"

(누가 14:2-3)

하나님께서 저희들에게 주신 생명의 상징은 '심장(心臟)'입니다. 주먹 보다 조금 큰 크기로 갈비 뒤에 숨어 있으면서, 하나님은 일 년 내내 밤낮으로 피를 뿜어내 인생들의 전신에 깔려있는 10만km의 혈관을 통해 영양분을 공급하게 하시니 고맙습니다. 뇌로 올라가는 혈관부터 발가락 끝의 혈관까지 흐르게 하시고 우리의 생명을 유지하게 하시니 고맙습니다.

이런 신비한 장기를 주셨는데 인생들이 이 '심장'이라는 중요한 장기를 바로 관리하지 못하여 세계 사망원인 1위, 한국인 사망원인 2위가 '심장병'이 되었습니다. 고혈압이나 협심증도 위험하지만 심장마비, 심정지로 세상을 떠나는 이는 아무런 준비를 못하고 아무 말도 남기지 못하고 속절없이 떠납니다. 이런 안타까운 죽음을 당하는 이들을 위하여 기도드립니다.

심장질환으로 세상을 떠나거나 고통 받는 이들의 병은 모두 익숙한 병입니다. 하나님! 우리나라는 거의 심장과 관련된 지병으로 목숨을 잃는데 그 중에 고혈압, 협심증, 심근 경색 따위가 있습니다. 하나님께서 이런 질병의 위기에서 저희를 지켜 주옵소서! 심부전증을 예방하기 위해서도 음식을 가려 먹고 관리하여 관상동맥이 막히지 않도록 주의하게 하옵소서!

고혈압, 심장판막 질환, 심근병증도 심장에서 뿜어내는 피를 내보내는데 '기름'이나 '콜레스테롤'이 혈관을 막으면서 생기는 치명적인 병인바, 특히 성도들이 미련하게 먹지 말고 지혜롭게 먹고 살게 하옵소서! 다른 질환과 달리 심장이 멎으면 더는 살 수가 없습니다. 심장기능의 이상은 모든 장기보다 우선해서 돌보게 하시고 저희에게 건강한 심장을 주시옵소서!

하나님께서 주신 몸을 가지고, 평생을 살던 어느 날 밤에 심정지가 와서 갑자기 세상을 떠나면 이처럼 황망한 일이 어디 있겠습니까? 하나님께서 저희의 건강을 책임지시어 건강한 심장을 주셨어도 저희들이 심장을 관리하고 책임지지 않으면 어디서 하소연 할 수도 없습니다. 심장병 사망자의 90%를 차지하는 부정맥도 수시로 보고 혈압도 자주 살피게 하옵소서!

심장에서 뿜어낸 피를 전신에 공급하는 혈관을 깨끗하게 관리하게 하옵소서! 혈관이 막혀 피의 공급이 원활하지 못하면 생명이 위협받습니다. 건강한 삶을 위해 하나님께서 주신 심장에서 보내는 피를 운반하는 교통이 원활하도록 하시옵소서! 심장 질환자들을 하나님께서 직접 다스려 주옵소서! 심장병 환자들의 몸에 하나님께서 치유의 능력을 부어 주옵소서!

우리 생명의 주가 되신 예수 그리스도의 이름으로 기도드립니다. 아멘!

땅의 기도

알츠하이머(Alzheimer)환자를 위하여 드리는 기도!

"예수께서 이르시되 할 수 있거든이 무슨 말이냐 믿는 자에게는 능히 하지 못할 일이 없느니라 하시니" (마가 9:23)

사랑의 하나님! 가족들과 지인들이 차마 볼 수 없는 힘든 질병 '알츠하이머' 환자들을 위해 기도합니다. 치매환자의 60%이상이 이 병이라 '치매'라고도 부르는데, 함께 사는 배우자와 가족들에게 너무 가슴 아픈 병입니다. 아주 천천히 발병하고 진행되는 병이라 노인들에게 흔히 있는 기억력 감퇴쯤으로 생각하다가 시간이 지나면서 인지나 언어장애가 찾아옵니다.

처음에는 잠깐씩 기억을 못하는 별 일 아닌 것으로 생각하다, 모든 일상이 마비되고 나면 가족들이 당황합니다. 그 착하고 점잖은 사람에게서 난폭한 성격이나 공격적이고 폭력적인 언어가 나타나고, 우울증이나 이상한 행동이 이어져 가족들을 당황하게 합니다. 시간이 지나면 걷는 것도 불편해지고 결국 소/대변도 못 가리는 합병증까지 나타나니 더 무섭습니다.

처음에는 그저 뇌의 '해마'가 손상을 입어 기억력에 문제가 조금 있는가보다 생각하던 가족들이, 한말 또 하고 했던 질문 또 하고 금방 아침 먹고 또 밥 달라고 하고, 집을 나가서 특정 지역이나 특별히 가는 곳을 계속 방황하는 증세로 발전하면 가슴이 아픕니다. 자기 정체성에 대한 인식도 희미해져서 자기가 누군지, 앞에 있는 가족들이 누군지도 모르게 됩니다.

전체 발병의 절반가량은 유전적 요인으로 밝혀지니 가족들은 전전긍긍합니다. 처음에는 단어선택이 어려워 애를 썼지만, 차츰 표현도 어려워지고 상대의 말도 이해를 못하며 언어장애, 인지장애를 겪으니 자연히 이해력도 떨어지고 구사력도 떨어져 혼자 있고 싶어 하고 답답하니 우울증도 오고, 가출하고 싶고 저절로 성격이 난폭해지고 공격적이 되어갑니다.

하나님! 이렇게 병이 진행되면서 나중에는 시간이나 장소, 상황이나 환경을 인식해 내는 지남력(指南力)도 떨어져, 지금이 낮인지 밤인지, 여기가 어딘지, 내가 왜 여기에 있는지도 모르는 상황에 오면 가족들은 눈물 밖에 안 납니다. 결국은 자기가 누군지, 지금 어디에 왜 와 있는지도 모르는 완전한 자기 상실의 아픔을 겪는 환자들을 불쌍히 여겨 주시옵소서!

사랑의 하나님! 자기도 모르고 가족도 배우자도 알아보지 못하는 '알츠하이머' 환자들을 주님께서 기억력, 인지능력, 언어능력을 회복시켜 주옵소서! 최소한 가족을 알아보고 웃을 수 있는 능력이라도 회복시켜 가족들이 누릴 수 있는 최소한의 행복을 주옵소서! 결국 가족들은 그를 격리시키는 일 밖에는 할 수 없는 아픔을 이기도록 이들 환자들을 도와주옵소서!

저희의 아픔을 잘 아시는 예수 그리스도의 이름으로 기도 드립니다. 아멘!

땅의 기도

예비 장애인들을 위하여 드리는 기도!

"너는 내일 일을 자랑하지 말라 하루 동안에 무슨 일이 일어날지 네가 알 수 없음이니라" (잠언 27:1)

하나님! 지금 UN은 전 세계 인구의 10%를 장애인으로 보고 있습니다. 북유럽은 총 인구의 20%를 보고 있는데 비해, 그래도 우리나라는 약 5.2%정도를 보고 있습니다. 약 265만이 장애인으로 있는데 수는 점점 늘어갈 것입니다. 하나님께서 아시는 대로 환경파괴, 기후변화, 방사능 오염 등 태아가 생명체로 잉태되며 많은 장애의 위협 요소를 안고 있습니다.

장애를 갖고 태어나는 선천성 장애인은 전체 장애인의 10~20%인데 비해 약 80-90%는 세상에서 각종 사건 사고나 질병 등으로 인한 장애인이 되고 있습니다. 오늘날 발달한 교통 환경이 우리의 거리를 복잡하게 만들고, 그 안에서 일어나는 각종 교통사고가 죄 없는 시민들을 장애인으로 만들고 있습니다. 오늘까지 비장애인이 내일 장애인이 될 수 있습니다.

그러므로 저희들이 오늘 비장애인이라고, 거리에서 만나고 알게 된 수많은 장애인들이 남도, 남의 가족도 아니고 내가 될 수도 혹은 내 가족이 될 수도 있습니다. 내일 우리에게 무슨 일이 일어날지 아무도 모르는 위험한 세상이요, 교통이나 도로 뿐만 아니라 대기, 환경 등이 저희의 건강을 위협하여, 한 순간 폐나 간의 장애를 가져올 수 있는 세상이기 때문입니다.

당장은 이상 없이 건강한 육체와 맑은 정신으로 살고 있는 것 같아도, 내일 당장이라도 치매 진단을 받을 수 있고, 공황장애의 진단을 받을 수도 있고 세상이 점점 복잡해지고 의료기술이 발달되면서 그동안 발견하지 못한 치명적 장애나 질병들이 우리를 기다리고 있습니다. 그 일이 저의 미래일 수도 있기에 항상 두려움과 겸손함으로 하나님 앞에서 살겠습니다.

하나님! 저희는 당연히 부정적 생각의 노예가 되지 않고 "너희는 마음에 근심하지 말라. 하나님을 믿으니 또 나를 믿으라." (요한 14:1)고 하신 말씀대로 살아야 하겠지만, 그러나 자신을 과신하고 하나님도 두려워하지 않는 오만과 만용(蠻勇)에서는 나오게 하옵소서! 그리고 장애를 갖고 버겁게 살고 있는 이들과 가족들을 사랑으로 따뜻하게 대하게 하옵소서!

우리의 여러 장애 중에 절반 가까운 44%이상이 지체장애인이고, 청각 16%, 시각 9%, 지적 8.5%순인데 이런 상황들은 수시로 늘고 줄겠지만 변화가 많습니다. 모쪼록 우리가 이날까지 비장애인으로 살게 하신 것을 감사하며, 이후에도 건강하게 도와주옵소서! 사고나 질병으로 어려움을 당하면 적응하기 너무 고통스럽습니다. 저희를 불쌍히 여겨 주시옵소서!

건강하게 살기 원하시는 예수 그리스도의 이름으로 기도 드립니다. 아멘!

땅의 기도

위암(胃癌) 환자들을 위하여 드리는 기도!

"이에 일어나 먹고 마시고 그 음식물의 힘을 의지하여 사십 주 사십 야를 가서 하나님의 산 호렙에 이르니라" (왕상 19:8)

위(胃)는 입으로 섭취한 음식물을 임시로 저장하면서 소장(小腸)으로 전달하는 저장고 역할과, 위의 운동과 위액 분비를 통해 음식물을 잘게 부수고 분해하여 소장에서 영양분이 흡수되기 쉽도록 만드는 소화기능을 합니다. 몇 년 전(2020) 우리나라에 25만 명의 암환자가 발생했는데, 그 중 위암은 남녀를 합쳐서 이만 오천 건 10%를 넘어 4위가 되었습니다.

특히 위암은 나이가 들어도 50대가 약 20%, 60대가 약 30%, 70대가 약 26%인데 나이 들어가며 주의하게 하옵소서! 60대, 70대로 가면서 높아지고 있사오니, 계속 위를 위해 절제하고 관리하게 하옵소서! 특히 위암을 일으키는 것으로 추정하는 '헬리코박터 파일로리균', 음주, 흡연 같은 얼마든지 일상에서 주의할 수 있는 발병 원인을 제거하여 건강하게 하옵소서!

저희가 국가에서 해마다 검사해주는 '위장 조영술'이나 '위 내시경'으로 조기에 진단하게 하시고, 힘들면 '수면 내시경' 검사라도 해서 일단 조기에 발견하게 하옵소서! "위는 절반을 잘라내도 끄떡없다."느니 "다 잘라내고도 사는데 지장이 없다."느니 하면서 위암을 가볍게 생각하지 말고, 언제나 위에서 발생한 암세포는 무섭게 전이되는 것을 알게 하옵소서!

하나님은 우주와 만물을 지으실 때에, 가장 필요한 것을 가장 적당한 곳에 배치하셨습니다. 작은 우주인 인체를 만드실 때도 완벽하게 각기 있어야 할 자리에 있으며, 적당한 크기로 만드시고 장기마다 할 일을 정하시고 모든 지체들은 필요한 자리에서 각각의 역할과 기능을 하게 하셨습니다. 어느 장기 하나라도 가벼이 창조하지 않으셨음을 기억하게 하시옵소서!

특히 위 주변에는 '간'과 '췌장', '비장', '십이지장', '소장', '대장' 등의 장기와 간에서 나온 담즙이 흘러가는 '담관'이 위치하고 있습니다. 암이 진행되면 부근에 자리하고 있는 간, 췌장, 십이지장, 식도 등을 침범하여 전이되거나, 암세포가 혈관이나 림프관을 타고 간, 폐, 복막 등 멀리 떨어진 장기로 옮겨가 전이될 수도 있습니다. 위험한 위암을 살펴 주시옵소서!

하나님! 우리에게 먹을 것을 주시고 이것을 맛있게 먹고, 음식이 식도를 타고 처음 도착하는 곳이 위(胃)입니다. 여기서 잘 소화시켜 십이지장, 소장, 대장을 거쳐 피로 살로 모든 영양소들이 분배하고 소/대변으로 필요 없는 찌꺼기가 배설될 때까지 완벽한 과정을 거치도록 장기를 주셨는데 모든 장기들이 다 건강하게 하시되 특별히 위가 건강하게 하시옵소서!

위암을 깨끗이 치료해주실 예수 그리스도의 이름으로 기도합니다. 아멘!

땅의 기도

유방암 환자들을 위하여 드리는 기도!

"예수께서 이르시되 내게 손을 댄 자가 있도다 이는 내게서 능력이 나간 줄 앎이로다 하신대" (누가 8:46)

사랑의 하나님! 여성으로 자신의 성 정체성의 중요한 상징적 부위에 암이 발생하여, 수치심과 고통을 함께 겪고 있는 여성들의 아픔을 위하여 기도드립니다. 전체 유방암의 99%가 여성이라 여성의 생리, 출산등과 연관된 것으로 추정하는 이 병은 여성으로 태어난 이들이 겪는 또 하나의 고통인데, 하나님께서 유방암으로 고통 받는 여성들을 기억하여 주시옵소서!

다른 암과 달리 저희가 환처에 손을 얹고 기도할 수도 없고, 병이 어떻게 진행되는지 확인하기도 어려운 암을 앓으며 고통 받는 이들을 치료하여 주시옵소서! 유방에서 비정상적인 조직이 계속 자라거나 다른 장기에 퍼지는 치명적인 '유방암'은 이제 '갑상선 암'을 제치고 한국 여성의 질병 1위에 올랐을 만큼 많은 여성들이 유방암으로 고통을 받고 있습니다.

여성의 상징성이 큰 신체의 질환이라 어려움도 많습니다. 아직 원인은 밝혀지지 않았지만 앞으로도 여러 가지 식생활의 조정이나 예방할 수 있는 환경을 위해 먼저 기도합니다. 모든 암이 마찬가지지만 위험 요인을 알면 아는 대로 주의해야 할 줄 합니다. 암은 불가항력적인 질병이라 저희들의 주의가 우선 필요합니다. 연약한 여종들의 고통을 불쌍히 여기옵소서!

치유의 희망을 가지고 평안히 있다가도, 견딜 수 없는 통증이 찾아오면 다시 낙심되기도 하고, 이런 상심과 포기를 수없이 거듭하면서 여전히 불안한 날을 보내는 이들을 위로하시고, 믿음과 소망을 주옵소서! 어느 날 알지 못하던 때 증상이 나타나 종양 같은 것이 느껴지며 암이 찾아오듯이, 어느 날 갑자기 어디론가 사라지는 기적의 치유 역사가 있게 하옵소서!

아직 밝혀진 원인은 없어도, 초경과 폐경 등 생리주기와 너무 이른 조산(早産)이나 늦은 출산도 의심하는 바, 의심되는 모든 가능성은 예방 차원에서 주의한다고 해도, 예방하기에는 너무 광범위해서 한계에 부딪힙니다, 예방의 기회조차 오지 않은 채 고통 받는 이들을 긍휼히 여기시고, 특히 살림을 책임진 주부의 경우에 겪는 심적 고통에서 자유하게 하옵소서!

그래도, 1년에 2만 명이나 진단받는 유방암 생존율이 0기에서 3기의 조기 발견 경우 98%에서 92%로 비교적 위험성이 덜한 것으로 알고 있습니다. 그러나 4기부터는 34%로 급격히 떨어지는 여전히 무서운 병입니다. 가볍게 보지 않게 하옵소서! 이렇게 복잡한 형태의 유방암은 창조의 주체이신 하나님께서 발생 초기부터 부위에 치유의 은혜를 베풀어 주옵소서!

모든 질병을 치유하시는 예수 그리스도의 이름으로 기도드립니다. 아멘!

땅의 기도

의처증(疑妻症/疑夫症) 환자들을 위하여 드리는 기도!

"아내는 자기 몸을 주장하지 못하고 오직 그 남편이 하며 남편도 그와 같이 자기 몸을 주장하지 못하고 오직 그 아내가 하나니" (고전 7:4)

사랑하는 하나님! 백년해로(百年偕老)를 약속하고 행복한 가정을 꾸리던 중에 무너지게 하는 단초가 된 의처증(의부증) 환자들을 위해 기도드립니다. 어떤 경우에 배우자가 의심받을 만 한 행동을 한 경우도 있지만, 거의는 아무 근거도 없이 배우자를 의심하는 무서운 가정 파괴의 주범입니다. 처음에는 전혀 말이 안 되는 작은 일이 의심의 빌미를 주기도 합니다.

때로는 단순 의심도 있고, 작은 꼬투리가 눈에 띄는 경우도 있고, 대개의 경우 이유 없이 의심하는 것이 대부분입니다. 이런 일을 위하여 기도를 올리는 것은, 가정을 무너지게 하는 가장 큰 주범이 신뢰가 무너지는 것인데, 신뢰를 무너뜨리는 첫 째가 상대를 의심하는 것입니다. 의심이 무서운 것은, 의심은 의심으로 끝나지 않고 상상으로 이어지기 때문입니다.

그런 다음 배우자의 행동 하나하나, 말투 하나하나는 의심하는 사안과 일치하는 것 같아 보입니다. 자기에게 잘못하면 못하는 대로 다른 곳에 마음을 빼앗긴 때문이고, 잘하면 잘하는 대로 자신의 죄를 은폐시키려는 위장술로만 이해합니다. 처음부터 모든 사실을 밝히고 대화했으면 쉽게 규명이 되었을 것을 자존심 때문에 밝히지 못하고 은밀히 추적하는 것입니다.

신경이 쓰여 밥도 못 먹고 잠도 못자니 피차에 피곤하고, 정신과 육체의 피곤은 결국 얼굴에 기미도 생기고 안색도 안 좋고 체중도 줄어 겉으로 드러납니다. 피 말리는 전쟁의 1차 피해자는 당사자들이지만, 2차 피해자는 바로 자녀들입니다. 하나님께서 자녀들을 기억하시어 조기에 수습되고 오해를 풀게 하시옵소서! 속히 정리되어 자녀들을 돌아보게 하옵소서!

'의처증'이든 '의부증'이든 시작은 행복한 가정의 소중한 덕목인 신뢰가 무너진 것인즉, 저들에게 상호 신뢰를 회복할 수 있는 기회를 발견하게 하시어, 가정의 평안을 회복시켜 주시옵소서! 회복이 안 되면 지금 출석하는 교회에 상대가 있을 수 있다는 의심 때문에, 난데없이 불편해지는 의심받는 성도들도 있을 수 있는 점이, 교회분란의 원인이 되기도 합니다.

'에덴동산'의 경우 '아담'과 '하와'에게 있었던 '살 중의 살이요, 뼈 중의 뼈'였던 애틋한 사랑이 무너지고 나서, 결국은 서로 책임을 전가하고 변명하고 미워하는 관계가 되었습니다. 무너진 사랑은 끝내 대물림되어 형이 동생을 죽이는 계기가 되었습니다. 사랑은 신뢰에 있고, 사랑이 무너지면 뒤이어 무서운 일이 찾아오는 것을 알고 의심의 눈을 거두게 하시옵소서!

서로 사랑하기 원하시는 예수 그리스도의 이름으로 기도드립니다. 아멘!

땅의 기도
임종을 앞둔 이들을 위하여 드리는 기도! (1)

"이르되 예수여 당신의 나라에 임하실 때에 나를 기억하소서 하니 예수께서 이르시되 내가 진실로 네게 이르노니 오늘 네가 나와 함께 낙원에 있으리라 하시니라."

(누가 23:42-43)

전능하신 하나님! 이 땅에 잠시 왔다 가는 짧은 생애는, 사람에 따라 어떤 이는 '소풍'을 마친 듯 하고, 어떤 이는 '전투'를 끝낸 것 같습니다. 그러나 이제 세상의 삶을 끝내고 하나님께로 돌아가는 이들은 누구나 하나님의 사랑이 필요합니다. 땅에서 어떤 권세를 누리고 살았든지, 아니면 아무런 힘도 없이 무력하게 살았든지 모두 동일한 부르심을 받게 됩니다.

모두 겸손한 마음으로 하나님의 부르심에 '아멘'하고 나아가게 하시되, 주님의 심판대 앞에 서게 하시옵소서! 기왕에 예수님을 주로 믿은 이들은 하나님 자녀의 특권으로 아버지의 집에 들어가는 행복감으로 충만하게 하시고, 담대히 아버지 앞에 나아가게 하시되, 행여 임종이 가까운 순간까지 하나님의 은혜를 모르는 이들은 주님께 기도하게 하시옵소서!

주님과 십자가에 함께 못 박힌 한 편 강도처럼 이제 곧 마지막 시간이 다가올 때에, 나의 연약함을 주님께 맡기고 "주여, 당신의 나라에 임하실 때에 나를 기억하소서!"하며 구원의 희망을 선포하게 하시옵소서! 그리하여 구원의 보장 없이 캄캄한 인생을 마무리하지 않게 하시고, 우리를 위해 예비하신 하나님 나라에서 받을 구원과 상급을 생각하게 하시옵소서!

"너희는 마음에 근심하지 말라. 하나님을 믿으니 또 나를 믿으라!"(요한 14:1)고 하신 주님의 말씀을 따라, 세상에서의 마무리를 두려워하지 않고 하나님나라의 백성이 되는 위대한 여정의 첫 걸음을 내딛게 하시옵소서! '하나님을 사랑하는 자, 곧 그 뜻대로 부르심을 받은 이들은 모든 것이 합력하여 선을 이룬다.'(로마8:28)고 했으니 말씀처럼 되게 하시옵소서!

오만함을 내려놓게 하시고. 두려움을 버리게 하시옵소서! 저희를 위해 좋은 것을 예비해두신 전능하신 하나님 앞에 미래를 의탁하게 하시고, 약속하신 나라를 믿음으로 받아들이게 하시옵소서! 우리가 하나님 나라 앞에서 "오늘 구원이 이 집에 이르렀으니, 이 사람도 아브라함의 자손이다." (누가 19:9)는 위대한 선언을 듣는 복된 이들이 되게 하시옵소서!

저희에게 약속하신 하나님의 나라를 믿음으로 가게 하시고 의심하지 않게 하시옵소서! 저희들은 모두 죄인인데, 그런 인생들에게 허락하신 영광의 나라가 분에 넘치는 것을 알고, 두려움으로 그 앞에 서게 하시옵소서! 이제, 세상의 나라에서 이루지 못한 하나님의 뜻을 믿음으로 완성하기를 사모하게 하시옵소서! 마지막 순간까지 믿음을 붙잡게 하시옵소서!

우리의 현재와 미래의 주인이신 예수님 이름으로 기도합니다. 아멘!

8. 질병과 장애를 위하여 드리는 기도!!

땅의 기도
임종을 앞둔 이들을 위하여 드리는 기도! (2)

"나는 선한 싸움을 싸우고 나의 달려갈 길을 마치고 믿음을 지켰으니, 이제 후로는 나를 위하여 의의 면류관이 예비되었으므로 주 곧 의로우신 재판장이 그 날에 내게 주실 것이며 내게만 아니라 주의 나타나심을 사모하는 모든 자에게도니라"

(딤후 4:7–8)

인간의 생사화복을 주관하시는 전능하신 하나님! 하나님께서 저희들을 하나님의 자녀로 살아가도록 우주의 한 중심, 가장 아름다운 별 지구를 만드시고, 그 가운데 일생을 호흡하며 살게 하신 하나님의 크신 은혜를 생각합니다. 이날까지 건강하게 하나님의 자녀로, 선물로 주신 자녀들과 부모와 형제들과 함께 호흡하며 행복하게 살게 해주신 은혜가 놀랍습니다.

이제 주님께서 정하신 생명의 기한이 이르러 주님의 나라에서 영원의 삶을 살게 하실 것을 기대하며 기도합니다. 생전에 종에게 베푸신 것과는 비교할 수 없는 엄청난 영광이 기다리는 주님의 나라를 향하여 기대와 설렘으로 준비하게 하여 주옵소서! 일생을 달려오는 동안, 고난과 침체의 시절에도 함께해 주셨거니와, 영원까지 임마누엘의 은총이 있게 하옵소서!

죽음은 아무도 가보지 않은 길이지만, 주님께서 계시는 곳이고, 저희에게 약속하신 그 나라가 펼쳐지는 곳인즉, 이에 대한 확신으로 두려움의 옷을 벗고 평안의 마음을 갖게 하옵소서! 다가올 아름다운 미래에 대한 주님의 언약을 한 치도 의심하지 않고, 저희에게 주신 영원한 언약이 명백하게 이루어질 나라에 입성하는 영광을 끝내 놓치지 않게 하여주옵소서!

주님께서 일생동안 종의 기도를 들으시고, 저의 곁에서 저와 함께 위로와 격려를 보내신 그 사랑을 직접 확인하게 하옵소서! 땅에 사는 동안 힘들고 어려운 순간을 보낼 때마다 위로의 말씀으로 지켜주신 하나님! 하나님께서 허락하신 땅에서의 마지막 시간이 행복하고 평안하게 하시고, 저희를 위하여 준비하신 영원의 나라가 무한 기대가 되게 하시옵소서!

육신을 입고 이 땅에 살면서 욕망 때문에, 혹은 혈기나 고집 때문에 아직 용서하지 못한 이들이나 얼크러진 관계를 풀지 못한 이들이 없도록 저희 기억을 되살려 모든 이들을 용서하고, 모든 이들에게 용서를 구하며, 품고 가지 못할 사람이 없음을 인정하고, 아직 냉랭한 관계가 풀리지 않는 이들을 초대하여 얼굴을 바라보며 손을 잡고 모두 품고 가게 하옵소서!

여전히 마음 안에 집착의 끈이 있다면 놓게 하시고, 저희가 움켜 쥔 믿음의 끈을 더욱 꼭 붙잡게 하여 주옵소서! 오늘까지 오는 동안 주님을 불신했던 일들, 이웃에 불쾌했던 일들, 사회에 불의하고 자신에게 불충했던 일들을 세상을 떠나기 전에 모두 고백하게 하옵소서! 온전하신 하나님 앞에 설 때에는 우리의 모든 것을 털고 빈손으로 나아가게 하시옵소서!

저희의 모든 죄를 용서하신 예수 그리스도의 이름으로 기도합니다. 아멘!

8. 질병과 장애를 위하여 드리는 기도!!

땅의 기도
임종을 앞둔 이들을 위하여 드리는 기도! (3)

"평안을 너희에게 끼치노니 곧 나의 평안을 너희에게 주노라 내가 너희에게 주는
것은 세상이 주는 것과 같지 아니하니라 너희는 마음에 근심하지도 말고 두려워하
지도 말라" (요한 14:27)

전능하신 하나님! 오늘 이 땅에 보내심을 입고 한 평생을 살다가 정든 가
정을 떠나 하나님의 품으로 돌아갈 준비를 하는 귀한 이를 위하여 간절히
기도합니다. 저가 이 땅에서 더러는 전쟁터처럼 험악하게 살기도 하고, 더
러는 소풍처럼 즐겁게 살기도 하면서 하나님께서 허락하신 삶을 살다 가
는데 그 마음이 후회와 아쉬움이 아니라 평안과 감사가 있게 하옵소서!

이 땅에서 더러는 슬픔과 아픔을 경험하고, 때로는 절망과 좌절을 경험했
지만 가슴에는 아름다운 추억만 가득 간직하고 돌아가게 하옵소서! 사랑
하는 배우자, 그리고 그리운 자녀들을 모두 그 품에 안고 손을 잡은 후에
아쉽지만 행복한 이별이 되게 하옵소서! 서로가 더 많이 사랑하지 못한 아
쉬움과 미안함은 있어도, 피차에 미움과 원망은 사라지게 하옵소서!

영원하지 못한 사랑에 대한 아쉬움과, 부모나 자식으로서 하지 못한 최선
의 섬김과 베풂에 대하여 피차 미안하게 하옵소서! 영원하지 못한 사랑이

그리울 때마다 임종의 순간 아름답던 추억을 간직하게 하옵소서! 아직도 떠나기에는 아쉬움이 가슴 한가득 남을 터인데 그를 위로하여 더 좋은 안식의 나라로 평안히 떠나게 하시고 미련 없이 보내게 하옵소서!

그동안의 정 때문에 울고 눈물을 흘리는 일이야 인지상정이지만, 눈물과 한숨이 없고 슬픔과 고통이 없는 곳을 향해 떠나는 임종자의 미래를 따뜻하게 환송하게 하옵소서! 언젠가 우리 자신이 임종의 순간을 맞아 저 자리에 설 때에 한 움큼 후회도 아쉬움도 없이 떠날 수 있도록 저희의 삶을 빛나게 하옵소서! 가족들과 아름다운 작별의 시간을 갖게 하옵소서!

이제 고인의 숨이 평안히 멎고 평생을 봐서는 안 되는 괴로운 세상을 보던 저희의 눈이 평안히 감기고 나면, 더 이상은 볼 수 없는 가족을 떠나 입관하고 장례를 치르며, 화로에 들어가 허망한 욕심덩어리인 육체를 태우고 영원의 시간으로 갈 터인데 이때 모든 절차를 하나님께서 인도하시어 평안하고 행복하게 모든 장례 절차가 마무리 되게 하여 주옵소서!

고인의 임종을 지켜보는 이들이 자신의 임종을 준비하고, 자신의 장례를 준비하며 처절한 자기와의 싸움에서 믿음으로 승리하게 하옵소서! 더는 아픔이나 부끄러움이 없는 평안하고 행복한 마지막이 되게 하옵소서! "너희는 마음에 근심하지 말라. 내 아버지 집에 거할 곳이 많다."는 주님의 위로를 받게 하옵소서! 믿음으로 살고 소망으로 떠나게 하여 주옵소서!

영원한 생명의 주가 되시는 예수 그리스도의 이름으로 기도합니다. 아멘!

땅의 기도

입원 환자들을 위하여 드리는 기도!

"너희 중에 병든 자가 있느냐 그는 교회의 장로들을 청할 것이요 그들은 주의 이름으로 기름을 바르며 그를 위하여 기도할지니라." (야고 5:14)

전능하신 사랑의 하나님! 이 땅에 수백 수 천 종의 질병이 있고, 그 원인도 병명도 모르는 채 입원해서, 언제 끝날지 모르고 입원해 있는 분들을 위해 기도드립니다. 병, 의원이나 각 요양병원, 혹은 요양원 등에 입원하여 치료를 받고 있는 입원환자들을 불쌍히 여겨 주옵소서! 특히 질병의 치료가 언제 끝날지 모르는 장기 입원 환자들을 기억하여 주시옵소서!

이들이 좋은 의료시설에서 좋은 의료진을 만나 더 이상 악화되지 않고 쾌유되게 하시되, 매일 매일 자신의 몸이 나아지는 것을 몸으로 느끼게 하옵소서! 의료진에 대한 믿음을 갖게 하옵소서! 입원 치료를 받는 것은 특권인 동시에 답답한 일입니다. 환자에 대한 치료 방법은 다양하나 의사의 소견에 대한 환자와 보호자의 한결같은 믿음으로 치료받게 하옵소서!

입원해 있는 동안, 병의원이나 시설의 책임자나 실무자들과 부대낌이 없게 하시고, 그들로부터 스트레스 받을 일이 생기지 않게 하옵소서! 서로가 신뢰함으로 또 감사함으로 지내게 하시고, 입원에 따르는 경제적 부담이 최소화되게 하옵소서! 갇혀있는 외로움 때문에 짜증내지 않게 하시고, 답답함이 그들의 질병을 더 악화시키지 않게 하나님께서 지켜 주옵소서!

질병 때문에 입원해 있는 이들은 그곳에서 합병증이 생기지 않게 하시며, 사고 등으로 입원한 이들은 치료가 빨리 되어, 속히 회복되므로 퇴원시기가 앞당겨지게 하옵소서! 병문안을 오는 이들로부터 위로를 얻고 감사하게 하시며, 찾아오지 않는 이들에게 섭섭한 마음 갖지 않게 하옵소서! 병원에서 병이 악화되거나 다른 질병에 감염되지 않게 지켜 주옵소서!

입원기간이 길어지고 치료와 회복이 지연되면서 낙심하지 않게 하시고, 의료진과 짜증내고 다투지 않게 하시고, 가족들과 불화하지 않게 하옵소서! 한 여름에는 무더위와 겨울에는 추위와도 싸울 때에 함께 입원한 환우들과 피차 이해하고 양보하게 하옵소서! 모든 이들이 위로하고 격려하며 새로 입원한 이를 따뜻하게 맞고 퇴원하는 이를 축하하게 하시옵소서!

입원해 있는 동안 어떤 연유든지 우리의 치료와 회복, 입, 퇴원 등 모든 문제의 열쇠는 하나님께서 갖고 계신 것을 알게 하시고, 인간의 편견이나 극단적인 고집보다는 언제 나도 입원환자가 될지, 언제 누가 침대에 누어있게 될지 모르는 입장에서 늘 겸손하게 하시며 삶의 수레바퀴가 굴러가는 동안 하나님께 모든 생사화복을 의탁할 수 있는 믿음을 주시옵소서!

우리의 질병을 낮게 하실 예수 그리스도의 이름으로 기도합니다. 아멘!

땅의 기도
전립선 비대증 환자를 위하여 드리는 기도!

"내 나이가 이제 팔십 세라 어떻게 좋고 흉한 것을 분간할 수 있사오며 음식의 맛
을 알 수 있사오리이까 이 종이 어떻게 다시 노래하는 남자나 여인의 소리를 알아
들을 수 있사오리이까 어찌하여 종이 내 주 왕께 아직도 누를 끼치리이까"

(삼하 19:35)

하나님께서 이 땅의 사랑하는 남성들을 긍휼히 여기시고 가족들을 위해
평생을 정신없이 열심히 일해 온 이들을 붙잡아 주옵소서! 오늘까지 부지
런히 일하고 활기찬 인생을 살았는데, 어느 날 장년이 되고 노년이 되면서
갑자기 몸도 힘들어지고 피곤도 늘어나면서 인생 전반에 자신감이 줄어듭
니다. 온 몸의 기관 여기저기에 이상증상을 호소해 오고 있습니다.

왠지 모르에 갑자기 가을바람처럼 스산한 바람이 자신의 몸에 불어오고,
이제는 재미있는 인생이 다 끝나는 것 같기도 합니다. 좋아하는 음식도 점
차 없어지고 식사량도 현격하게 줄었습니다. "이제는 다 살았나?"하는 서
글픔도 생기고, "내 인생은 여기서 끝인가!"하는 생각도 듭니다. 전에는 계
절마다 신선함이 있고 새로웠는데, 이제는 계절의 변화가 싫습니다.

어느 날부터인가 소변을 보고 싶어 화장실에 가면 소변은 안 나오고, 어쩌
다 좀 보고나도 왠지 잔뇨(殘尿)의 느낌이 있고, 금방 다시 와야 할 것 같은

찜찜함도 있습니다. 또 소변을 봐도 소변 줄기가 마치 고장 난 수도꼭지에서 동파 방지를 위해 열어놓은 것처럼 시원치가 않습니다. 소변을 다 보고도 더 보고 싶은 느낌 때문에 소변기 앞을 떠날 수가 없습니다.

하나님께서 이처럼 '전립선 비대증'에 걸린 이들을 기억하여 주옵소서! 밤에 잠을 자다가도 몇 번씩 화장실에 달려오지만 막상 화장실에 가면 소변은 나오지 않는 답답함을 아시고, 저녁에 잠들면 아침까지 푹 잘 수 있게 도와주옵소서! 장년 이후의 남성들의 자존감을 살려 주옵소서! 어디에 자유롭게 상담도 못하는 수치심과 불편을 하나님께서 치료해 주옵소서!

특히 전립선비대증은 남성들의 자존심에도 상처가 되어, 어떤 일을 만났을 때 얼마나 사람의 구실을 할 수 있는지를 측정해보는 잘못된 기준점이 됩니다. 평생 자신만만하던 남성성(男性性)도 상처를 입어 약해지고, 어디에서도 고개 숙일 일이 없던 인생이 비참해지지 않도록 전립선 비대증 인생들을 치료해 주옵소서! 남은 인생을 활기차게 보내게 하시옵소서!

전 인생을 활력 있게 하시되 특히 화장실에 자신 있고 편안하게 출입하고 한밤중에 화장실 드나드는 일로 불편하지 않게 하시고, 이 증상이 인생전반을 무력화하지 못하도록 붙잡아 주옵소서! 소변을 다 못보고 방광에 잔뇨가 지속되면 남은 소변에서 세균이 성장하여 요로 감염이 생길 수도 있다고 하는데 하나님께서 열심히 산 이들의 건강을 지켜 주옵소서!

우리를 우리보다 더 잘 아시는 예수님의 이름으로 기도드립니다. 아멘!

땅의 기도

지적 장애인들을 위하여 드리는 기도!

"예수께서 이르시되 어린 아이들을 용납하고 내게 오는 것을 금하지 말라 천국이 이런 사람의 것이니라 하시고" (마태 19:14)

사랑의 하나님! 누가 자녀를 낳았는데 그의 지적 능력이 성장하지 않고 너 덧 살의 지적수준으로 평생을 살아야 한다면 얼마나 가슴이 아플까 생각해 봅니다. 이는 유전적인 이유나 부모의 과실로 인한 것도 아닌데, 왠지 자식에게 큰 죄를 지은 것 같은 부모의 마음을 위로하시고, 사랑하는 자녀들에게 행복하게 살 수 있는 길을 열어주도록 힘쓰게 하시옵소서!

그의 인지 능력이나 지적 능력이 현저히 떨어져서 학교생활이 어렵더라도 할 수 있는 대로 적응할 수 있게 하시고, 몸과 마음이 기대하거나 마음먹은 대로 되지 않더라도 상심하지 않게 하옵소서! 어려서 발달 장애를 경험하는 아이들은 과정에 시간이 지나면서 개선되거나 향상될 수 있으니 조급하지 않고 항상 동일한 마음으로 침착하게 살게 하시옵소서!

어떤 형태로든 장애를 가지면 장애 당사자를 비롯해서 가족들이나 특히 부모의 마음이 많이 아픕니다. 사랑하는 자녀의 미래가 불투명하고, 부모로서 자신의 무한책임을 느끼기에 많은 가책을 받을 수 있지만, 성령님께서 그들의 마음을 주장하시어 오히려 가족애가 돈독해지고, 하나님의 사랑을 더 많이 알아가게 하옵소서! 가정에서 보석같이 사랑받게 하옵소서!

지적 장애를 가진 이들은 부모나 형제의 사랑이 최고 치료의 길이자 행복한 사회생활의 비결이니, 더 따뜻하고 살갑게 사랑의 마음과 눈빛으로 바라보며 애정을 표하게 하시고 조금도 차별은 물론 특별 배려도 하지 않고 함께 가는 세상이 되게 하옵소서! 하나님의 나라에서는 인생들이 모두 동일한 사랑을 누리는 하나님의 자녀인 것을 알게 하여 주시옵소서!

하나님! 사람들은 얼른 철나고 어른이 되기를 원하지만, 주님은 하나님의 은혜와 천국의 비밀을 '지혜롭고 똑똑한 자에게는 숨기시고 어린 아이에게 나타내신다.'(마태 11:25)고 하셨습니다. 또 "너희가 돌이켜 어린 아이들과 같이 되지 아니하면 결단코 천국에 들어가지 못하리라"(마태 18:3)고 하셨으니, 오히려 때 묻지 않고 해맑은 영혼으로 살게 하시옵소서!

사람들은 성장한 사람을 어른이라고 하지만, 주님은 어린아이들을 꾸짖은 제자들에게 노하시며 "어린 아이들이 내게 오는 것을 금하지 말라. 하나님의 나라가 이런 자의 것이니라."(마가 10:14)고 하셨으니, 진정한 어른은 어린아이의 영성으로 사는 것인 줄 알고, 지적 발달 과정이 안타까울 만큼 늦어도 그가 사랑받는 자녀인 것을 알고 존귀하게 대하게 하옵소서!

어린이를 축복하고 사랑하신 예수 그리스도의 이름으로 기도합니다. 아멘!

땅의 기도
지체 장애인들을 위하여 드리는 기도!

"루스드라에 발을 쓰지 못하는 한 사람이 앉아 있는데 나면서 걷지 못하게 되어 걸어 본 적이 없는 자라" (사도 14:8)

하나님께서 인간을 지으실 때 자유롭게 걷고 뛰고 달릴 수 있도록 지으시고 발과 발목, 허벅지, 무릎에 근육과 뼈, 관절을 주셔서 고맙습니다. 우리가 이 건강한 사지로 80년 90년을 살게 하신 것이 경이롭습니다. 그러나 이 땅에는 건강해야 할 다리가 장애를 갖고 태어나거나 불의의 사고를 당해 보행에 불편을 겪는 보행 장애인 즉 지체장애인들이 많습니다.

시절이 좋아져 법이 개정되고 인식이 개선되어, 지금은 지하철이나 지하, 지상 건물에 거의 승강기가 설치되어 있고, 목발로 이동이 가능한 소아마비 장애는 에스컬레이터로도 이동이 가능하지만, 보행 장애를 겪는 이들이 그렇게 초현대식 시설이나 건물에만 다니는 게 아니라는 것입니다. 그런 시설을 나와 거리로 가면 여전히 보행을 가로막는 것들이 많습니다.

요즘은 보행 장애자를 위하여 거의 모든 방지 턱을 없애고. 카페, 식당, 병원, 학교, 은행 같은 시설은 큰 불편이 없지만 신체의 불편을 겪는 이들이 계속 거리만 이동하는 게 아닙니다. 길고 짧은 동선을 따라 일어서고 앉는 일들이 한둘이 아닙니다. 그런 불편은 견딘다지만 시민들의 시선은 여전히 측은지심, 편견입니다. 저들의 아픈 마음을 위로하여 주옵소서!

지금도 자나가다 이런 이들을 보면 이동권이 더 보장되었으면 하는 아쉬움이 많습니다. 좋은 시절이 와서, 거리나 시설, 기타 필요한 모든 곳을 자유롭게 오갈 수 있는 날이 오게 하시옵소서! 때로는 손을 대고 기도해서 벌떡벌떡 일어나게 해드리는 상상을 하기도 합니다. 하나님께서 한 번도 걸어본 적이 없는 이도 일어서게 하셨는데(사도 14:10) 도와주옵소서!

그가 휠체어를 타고 다니든, 목발을 짚고 다니든, 혹은 작은 이동 도구를 타고 다니든, 아니면 불편한 쪽의 다리를 한 손으로 집고 다니든 하나님의 따뜻한 사랑이 필요합니다. 하나님의 진실한 사랑이 그들에게 느껴지게 하옵소서! 세상 사람들이 생각하는 동정이나 관심이 아니라, 동일한 하나님의 자녀로 평등하게 살아가는 복을 마음껏 누리게 하시옵소서!

그래도 감사한 것은, 사회적 인식이나 법과 제도 개선 때문인지 장애인 채용에 많이 일할 수 있어 고맙습니다. 조금 불편한 그들이 다른 지혜나 업무처리 능력이 탁월함을 인정받고, 어느 곳 어떤 자리에서도 사랑받고 인정받게 하시옵소서! 조금도 불이익이 없는, 그렇다고 우대받음도 없는 평등사회가 이루어지는 날까지 주님께서 저들의 손발이 되어 주옵소서!

우리 걷고 뛰게 하실 예수 그리스도의 이름으로 기도합니다. 아멘!

땅의 기도
척수 장애인들을 위하여 드리는 기도!

"열여덟 해 동안이나 귀신 들려 앓으며 꼬부라져 조금도 펴지 못하는 한 여자가 있
더라 예수께서 보시고 불러 이르시되 여자여 네가 네 병에서 놓였다 하시고"

(누가 13:11-12)

하나님께서 이 땅에 살게 하신 동안 불의의 사고로 척수 장애를 만난 이들의 안타까움을 기억하시고, 저희들의 삶에 기적 같은 일이 일어나기를 소원하며 기도드립니다. 생각지 않은 날 만난 사고 등으로 척추가 부러져 척수 안의 척수신경이 손상되면서 인생이 갑자기 바뀌었습니다. 다친 정도나 위치에 따라 완전마비나 불완전마비의 차이가 있을 뿐입니다

심하게 손상을 입어 손상 부위 이하 신체의 모든 기능이 마비되는 '완전 마비'의 경우는 시간이 가도 좋아질 가능성이 전혀 없는 암담한 상황입니다. 이때의 충격이 큰데, 마음을 잘 다스리게 하옵소서! 재활 치료 여부에 따라 좋아질 수 있는 불완전마비는, 손상 부위 이하로 감각과 운동신경의 일부, 또는 전부가 살아있는 경우인데 상당히 희망적인 상태입니다.

하나님! 어제까지 건강하게 뛰놀고 춤추고 달리며 운동하던 이가 갑자기 하반신이 마비되어, 휠체어가 아니면 한 발짝도 움직이지 못하는 상황이

되니 얼마나 절망스럽겠습니까! 당장 균형감각도 잃고, 근 손실이 나타나는 자신의 몸을 바라보고 있노라면 별별 생각이 들 것입니다. 이때 이런 사고의 충격에서 그를 지키시고, 다른 마음먹지 않도록 도우시옵소서!

병원에서 척추 손상의 진단을 받고 재활에 들어가지만 완전 마비의 진단을 받으면 의욕 상실과 수치감, 꾸던 꿈의 좌절, 상실감 등으로 어떻게 마음을 정리할 수 없습니다. 차츰 마음을 다잡고 "그래도 열심히 하면 좋은 결과가 있겠지!" 하는 막연한 기대와 희망이 점점 좌절로 고착되고, 남은 생애는 낯선 휠체어에 의지해서 살아야 한다는 절망감이 찾아옵니다.

그래도 하나님께서 사랑하는 종들을 위로하셔서 두 다리를 절단하고도 살아가는 이들을 보며 용기를 얻게 하시고, 그 상태에서 할 수 있는 일, 이룰 수 있는 것이 무엇인가 생각하게 하시고, 이런 어렵고 절망적인 상황에서 다시 일어서서 고난당한 세상 사람들에게 희망과 용기를 줄 수 있는 믿음의 사람이 되게 하옵소서! 부활의 주님처럼 살게 하시옵소서!

비록, 갑자기 휠체어 인생이 되어 자존심은 상했을지라도, 하나님께서 그 존재에 대한 가치를 인정하심을 알고 자존감을 지키며 살게 하시되, 자신을 이렇게 처참하게 무너지게 해서 얻으실 하나님의 영광이 무엇이며, "내가 이 몸으로 감당해야 할 사명이 무엇일까?" 생각하고 하나님께서 주시는 감동과 응답을 받게 하옵소서! 끝내 위대한 승자가 되게 하옵소서!

마침내 우리를 일으켜주실 예수 그리스도의 이름으로 기도드립니다. 아멘!

땅의 기도
척추 장애인들을 위하여 드리는 기도!

"그가 예수께서 어떠한 사람인가 하여 보고자 하되 키가 작고 사람이 많아 할 수 없어" (누가 19:3)

사랑의 하나님! 세상은 외모지상주의에 몰입해 있어서 큰 키, 흰 피부, 검은 눈동자 등이 선호하는 인물의 외모입니다. 고래(古來)로부터 인간들은 외모를 더 젊게, 더 아름답게 살려고 발버둥 쳤습니다. 굽을 높여 키를 크게 하고, 눈을 크게 수술하고, 피부는 박피(剝皮)로 벗겨내고, 턱은 깎아 갸름하게 만들었습니다. 그리고 신체적 결함은 감추려 애를 썼습니다.

노출될 수밖에 없는 장애는 감출 수 없어서, '소아마비'를 겪은 '지체장애인'이나 '척추장애인'같은 경우는 대중들이 한 눈에 금방 알아보기에, 잊을 수 없는 아픈 사연들이 많이 있습니다. 특히 척추장애를 가진 '척추장애인'들을 사랑하셔서, 그가 독특한 외모 때문에 사람들의 눈에 쉽게 띄고, 그러면서 겪어온 아픔에서 건져 주시고 하늘의 위로를 부어 주옵소서!

키가 작은 정도가 아니라 절반의 키와 절반의 체중으로 외모 우선 시대를 관통해 살아오는 일이 결코 쉬운 일이 아니었을 것인데, 그래도 내색하지 않고 밝은 얼굴로 인내하며 자신의 직업이나 사업장에서 괄목할만한 삶을 살고, 자녀를 양육하는 동안 아무도 모르는 아픔과 설움이 있었으리라 믿습니다. 남은 세월도 외모 때문에 당하는 모멸감에서 지켜주옵소서!

자신에게 멍에처럼 굴레 씌워진 '척추장애인'의 이름으로 거칠고 험난한 편견의 세월을 묵묵히 걸어 오늘까지 오는 동안, 자신의 가업과 사업장, 직장에서 묵묵히 버티며 "장애는 수치가 아니고, 조금 불편할 뿐이다."는 변치 않는 사고를 가지고 버텨온 지난 시간을 돌아보며 감사하게 하시고, 이런 부모와 함께 상처를 삭이며 지나온 자녀들을 함께 축복해 주옵소서!

세상에는 새롭고 좋은 법이 생기고, 좋은 사회적 영향력이 생기고, 진보된 생각들이 자리를 잡아도, 의식의 밑바닥에 깔려있는 장애인, 특히 척추장애인처럼 한 눈에 드러난 장애를 가진 이들에게 보내는 냉소와 비하는 쉽게 사라지지 않습니다. 그러나 하나님께서 그들에게 이기기 힘든 천형(天刑)처럼 주신 장애가 결국 그의 인생을 복 주신 것임을 알게 하옵소서!

아직도 문명이 발달하기 전의 생각 없는 사람들이 이런 장애인들을 폄하해서 부르던 '꼽추', 혹은 '곱사'등의 모멸감이 담긴 호칭을 아무 저항 없이 온 몸으로 감당하며 버텨온 그들에게 그간 인내하고 견디며 아픔과 외로움을 이겨온 이들에게 주실 하늘의 상이 있을 줄 믿습니다. 차별 없는 하나님의 나라에서 그들을 맞아 꼭 안아 주시고 위로하여 주시옵소서!

우리를 차별치 않으시는 예수 그리스도의 이름으로 기도 드립니다. 아멘!

땅의 기도
청각 장애인들을 위하여 드리는 기도!

"예수께서 그 사람을 따로 데리고 무리를 떠나사 손가락을 그의 양 귀에 넣고 침을
뱉어 그의 혀에 손을 대시며 하늘을 우러러 탄식하시며 그에게 이르시되 에바다
하시니 이는 열리라는 뜻이라" (마가 7:33-34)

하나님! 저희가 듣는 것이 얼마나 귀한지 가르쳐 주셨습니다. "그런즉 그
들이 믿지 아니하는 이를 어찌 부르리요 듣지도 못한 이를 어찌 믿으리요
전파하는 자가 없이 어찌 들으리요."(로마 10:14)라고 하시고, "그러므로 믿
음은 들음에서 나며 들음은 그리스도의 말씀으로 말미암았느니라"(로마
10:17)고 하셨습니다. 들을 수 있는 것이 삶에서 그만큼 귀합니다.

그런데 세상에는 상대방의 말을 전혀 들을 수 없는 청각장애를 겪고 있는
이들이 많습니다. 지금은 소통의 방법이 수화나 문자 등등 많기에 감사하
지만 전에는 동작과 표정만 가지고 상대의 말과 생각을 전달받았으니 얼
마나 힘들었을까 생각해 봅니다. 하나님께서 선천적이든 후천적이든 듣지
도 못하고, 말 못하는 청각장애인들을 기억하여 불쌍히 여겨주시옵소서!

마가복음 7장에서 '두로'에 올라가셨다가 '갈릴리'에 내려오신 예수님께
'귀 먹고 말 더듬는 자'를 데리고 안수해 달라고 왔을 때, 예수님은 그 사람

을 따로 데리고 무리를 떠나 고쳐주신 일을 기억합니다. 주님께서 '손가락을 그의 양 귀에 넣고 침을 뱉어 그의 혀에 손을 대시며'(마가 7:33) 그 때 주님은 하늘을 우러러 탄식하셨습니다. 너무나 마음아파 하셨습니다.

그렇게 탄식하시며 "에바다!" 하셨고, 그러자 귀도 들리고 혀도 풀려 말도 온전해졌습니다. 하나님께서 이 땅에서 듣지 못하고 말 못하는 수많은 이들의 아픔을 기억하시어 모두에게 "에바다!"하여 주옵소서! 뿐만 아니라 말 못하고 듣지 못하는 이들이 자유롭게 말하고 들을 수 있게 하여 주옵소서! 동일한 아픔을 겪고 있는 40만 청각 장애인들을 기억하시옵소서!

하나님께서 맹인을 고쳐주실 때도 처음에는 '나무 같은 것이 걸어가는 것'이 보이다가 다시 안수하시니 "나아서 모든 것을 밝히 보았다." (마가 8:25)고 하셨는데, 어려서부터 혹은 모태부터 청력을 잃었거나 약해진 이들이 차츰차츰, 점진적으로라도 들을 수 있는 청력을 회복하게 하시옵소서! 그러면 이들이 천지개벽 버금가는 새로운 세계를 경험하게 될 것입니다.

그러나 우리가 '보아도 보지 못하고, 들어도 듣지 못하며 깨닫지 못하는' 영적인 지진아나 미진아들이 되지 않게 하옵소서! 청각장애가 언어장애를 가져오는 것을 아오니, 우리가 이런 안타까운 상황을 개선하려고 부단히 사랑으로 힘쓰게 하시고, 그리하여 이런 아픔을 가진 당사자들과 가정에게 작은 희망이 되게 하옵소서! 새로운 하나님의 역사를 간구합니다.

저희의 입과 귀를 열어주신 예수 그리스도의 이름으로 기도드립니다. 아멘!

8. 질병과 장애를 위하여 드리는 기도!!

땅의 기도

치매(癡呆)환자들을 위하여 드리는 기도!

"이에 예수께서 대답하여 이르시되 여자여 네 믿음이 크도다. 네 소원대로 되리라 하시니 그 때로부터 그의 딸이 나으니라" (마태 15:28)

인생들을 사랑하시는 하나님! 뇌 안의 혈액순환이 잘 이루어지지 않아 서서히 신경세포가 죽거나, 갑자기 큰 뇌혈관이 막히거나 터지면서 뇌세포가 죽어 발생하는 뇌질환 '치매'를 앓는 이들을 위하여 기도드립니다. 이들은 이 병에 진입함으로 무섭고 다양한 증세를 보이는데, 후에는 언어 능력이나 시공간(時空間)파악 능력, 맨 나중에서는 성격 자체도 바뀝니다.

'치매'가 비참한 것은, 처음에는 흔한 '건망증'처럼, 사람이나 상황에 대한 기억을 못하고 잊어버리는 듯하다가, 아무리 이해할만하고 생각날만한 정보를 주어도 거짓말처럼 전혀 기억하지 못한다는 것입니다. 뿐만 아니라 '형용사(形容詞)'도 아닌 단순한 보통 명사인데, 물건의 이름조차 기억하지 못하는 것이 마치 한국말을 전혀 모르는 외국인 같다는 것입니다

치매가 상당히 진행되면서 급격히 일어나는 증상이, 지금이 밤인지 낮인지, 여기가 집인지 시장인지도 모르고, 동서남북의 방향도 구별하지 못한다는 것입니다. 시공간을 이해하지 못하는 이 증상은 급기야 내가 나온 집

을 찾아갈 수도 없는, 자기 집도 못 찾는 기억능력 저하입니다. 심지어 집 안에 있는 공간 용도가 방인지 화장실인지 모르고 마구 여는 것입니다.

하나님! 치매 환자들이 흔하게 나타날 수 있는 증상이 급격한 성격의 변화인데, 과거에 꼼꼼하던 사람이 대충대충 하거나, 매우 의욕적이던 이가 매사에 무관심해지기도 합니다. 통제할 수 없는 수면 장애가 생겨, 잠을 너무 많이 자거나 반대로 전혀 못자고 밤새 사방을 돌아다니기도 합니다. 감정의 변화도 많아, 쾌활하던 이가 심각한 우울증이 오기도 합니다.

며느리가 음식을 차려왔는데 "댁은 누구신가?"하고 묻는 불행한 일이나, 늘 먹던 음식이 무슨 음식인지, 또 그걸 어떻게 먹는지도 모를 만큼 기억 능력이 완전 상실되는 것입니다. 남편이 찾으러 가서 만나도 알아보지 못하고, 괴한인줄 알고 소리 지르고 피하는 경우는 슬퍼지는 일입니다. 인지 능력이나 기억력이 이 정도면 가족들은 어떻게 손을 쓸 수가 없습니다.

이제, 수술치료든 약물치료를 받아야 되는 때쯤이면 부모자식간의, 혹은 부부간의 사랑이 시험대에 오릅니다. 하나님! 저희 가정의 행복을 지켜 주옵소서! 아직도 치매는 왜 오는지, 어떤 치료방법이 있는지 의학적인 규명이 안 된 치매, 또 고침을 받고 회복되는 경우도 흔치 않고 악화되지 않기만을 바라는 질병 '치매'를 창조주 하나님께서 고쳐주시기 원합니다.

저희를 끝까지 사랑하신 예수 그리스도의 이름으로 기도드립니다. 아멘!

땅의 기도

폐쇄 공포증 환자들을 위하여 드리는 기도!

"내가 네게 명령한 것이 아니냐 강하고 담대하라 두려워하지 말며 놀라지 말라 네가 어디로 가든지 네 하나님 여호와가 너와 함께 하느니라 하시니라" (여호 1:9)

사랑하시는 하나님! 이 시간에 닫힌 폐쇄 공간에 들어가면 불안하고 누군가가 자신을 해할 수 있을 것 같은 불안감, 아무도 없는 곳에 누가 불쑥 튀어나와 위해를 가할 것 같은 느낌에 좌불안석하는 이들을 위하여 기도합니다. 캄캄한 창고는 물론, 멀리 떨어진 공간, 높은데 올라가면 생기는 '고소공포증'과도 같이 밀폐된 공간에 가면 불안한 이들이 있습니다.

혼자 아파트의 복도를 걸어가거나, 혼자 버스 정류장에서 기다리는 동안, 어디선가 금방 누가 나타나서 내 소지품을 강탈하거나 칼이라도 들이댈 것 같은 공포심을 느낄 때도 있습니다. 안전띠를 하고 차를 타고 가면서도 "사고가 나서 이 안에 갇혀버리면 나는 숨도 못 쉬고 죽겠구나!" 하는. 두려움에 온 몸이 옥죄어 오기도 하는 곳에서 자유하게 해 주옵소서!

혼자 있을 때 갑자기 현관문이 열리며 낯선 사람이 들어오는 것 같은 느낌에 소름이 돋기도 하고, MRI 기계 아래 누워 촬영을 하는데 마치 기계가 나를 덮쳐 압사(壓死)할 것 같은 불안감에 기계 작동 멈춤을 호소하기도 합니다. 비행기가 상공으로 올라가면 이대로 날아가다 추락할 것 같은 불안감이 있어서, 늘 나를 옥죄어 오는 강박증에서 자유롭지 않습니다.

이런 강박증과 몰려오는 압박에서 자유함을 얻게 하옵소서! 어디를 가든지 어느 곳에 있든지 하나님이 나와 함께 계심을 알게 하시며, 어떤 비좁은 공간, 높은 공간, 폐쇄된 공간도 하나님께서 이곳에 함께 하심을 깨달아 알게 하옵소서! 그리하여 두려움이 아니라 평안과 안정감이 밀려오게 하시옵소서! 언제나 혼자 버려진 경우는 없다는 믿음으로 살게 하옵소서!

이런 불안 장애, 강박 장애들이 전에 유사한 상황에서 겪었던 공포에 대한 트라우마일 수 있으니, 잘 회상하고 이를 극복하고 떨쳐버리는 훈련도 할 수 있게 하옵소서! 특히 이 증상에는 약물치료 처방을 삼가는 편이니, 내가 매일 자신을 훈련하되 혼자 새벽기도 나가기, 혼자 남아 기도하기 등 비교적 안전한 상황에서 나를 적응하여 두려움을 이기게 하시옵소서!

무엇보다 하나님이 나와 항상 함께 하심을 믿는 믿음을 더하여 주옵소서! 하나님께서는 인생들에게 "두려워하지 말라!"는 말씀을 얼마나 많이 하셨는지 모릅니다. "내가 너와 함께 하겠다 고도 말씀하셨습니다. 따라서 폐쇄 공포증, 혹은 폐소 공포증에서, 신경안정제 처방의 도움도 받아 훨훨 날아 하나님과 함께하는 자유로운 영혼의 날갯짓을 하게 하옵소서!

우리를 자유하게 하시는 예수 그리스도의 이름으로 기도드립니다. 아멘!

땅의 기도

희귀병을 앓는 이들을 위하여 드리는 기도!

> "이는 내가 그의 옷에만 손을 대어도 구원을 받으리라 생각함일러라 이에 그의 혈
> 루 근원이 곧 마르매 병이 나은 줄을 몸에 깨달으니라." (마가 5:28-29)

저희의 질병을 치료하시는 전능하신 하나님! 흙으로 지은 인생들이 사는 동안 육신을 괴롭히는 질병들로 고통을 받습니다. 하나님께서 저희를 기억하시고 은혜와 긍휼을 허락하여 주시옵소서! 특별히 아직도 그 원인이나 치료방법이 알려지지 않은 '희귀병'들이 많습니다. 자신의 질병이 정부에 보고되고 아직 연구 대상이 되어있는 희귀병을 하나님은 아십니다.

저들의 답답하고 불안한 삶을 하나님께서 평안하게 하시고, 성경에서 고침 받은 희귀병 환자들처럼 하나님께서 고쳐주시는 은혜를 입게 하여 주시옵소서! 아직도 원인이 밝혀지지 않은 질병은 속히 원인을 규명시켜 주시고, 치료제나 치료방법을 모르는 병은 속히 의술의 발달을 통해 치료받을 수 있는 길을 열어 주시옵소서! 두려움에서 벗어나게 하시옵소서!

병을 앓는 당사자의 마음에 평안을 주시고, 우리의 병을 치료하시는 하나님을 신뢰하게 하시옵소서! 오늘 이 기도를 드리면서 인간을 지으시고 우리의 병을 짊어지신 주님을 의지하고 저희를 사랑하시는 하나님께 매달려

기도할 때에 그동안 많은 의원에게 많은 괴로움을 받고, 있던 것도 다 허비하던 이들이라도 주님의 옷자락을 만지고 일어서게 하시옵소서!

기적의 하나님! 우리는 감기나 몸살 하나도 어찌할 수가 없습니다. 그러나 열두 해를 혈루로 고생하던 거리의 여인이 예수님의 겉옷 가를 만지고 혈루의 근원이 말랐다면, 수십 년 된 희귀병도 치료의 능력을 발하여 치료하여 주시옵소서! 염병을 치료하시고 나병을 고쳐 주신 하나님! 이 시간 불안과 염려로 누워있는 하나님의 자녀들을 불쌍히 여겨 주옵소서!

"하나님께 나아가는 자들은 반드시 그가 계신 것과 또한 그가 자기를 찾는 자들에게 상을 주시는 이심을 믿어야 할지니라."(히브11:6)고 하셨는데, 오늘 저희가 하나님께 나아가서 기도드릴 때, 지금도 하나님을 찾는 저희들에게 치유의 은혜를 상으로 주실 것을 믿게 하시옵소서! 기왕에 주신 생명인데 건강하게 하시고, 특히 희귀병에서 놓임 받기 원합니다.

사랑의 하나님! 이 땅에 사는 동안 몇 명밖에 되지 않는 희귀질환을 잃는 이들을 불쌍히 여겨 주시옵소서! 저들을 불쌍히 여겨 온전케 하심으로 일생동안 감사로 살게 하시옵소서! 그가 어떤 사람이든지 그 병에서 놓임 받게 하시어 그에게 주어진 인생을 하나님의 영광을 위하여 유익하게 사용되게 하시옵소서! 하나님의 자녀들에게 21세기의 기적을 주옵소서!

저희의 평안과 건강을 주신 예수 그리스도의 이름으로 기도합니다. 아멘!

9.
어려운 이웃을 위하여
드리는 기도!!
(45편)

왜 기도해야 하는가?
어려운 이웃을 위하여!

"임금이 대답하여 이르시되 내가 진실로 너희에게 이르노니 너희가 여기 내 형제 중에 지극히 작은 자 하나에게 한 것이 곧 내게 한 것이니라 하시고" (마태 25:40)

세상에는 각자 자신의 믿음으로 자신의 기도 응답을 통해서 자신의 삶을 이어가는 이들이 많습니다. 그러나 그보다 믿음과 기도의 용사들이 기도해 주는 힘으로 살아가는 이들도 의외로 많습니다. 그가 믿음이 없든지, 기도의 능력을 못 믿든 어떤 이유로든 하나님과 연결되는 끈이 끊어진 이들도 있고, 자신도 기도하지만 누군가의 도움이 절실한 이들도 있습니다.

때로 그들은 우리의 중보 사실조차도 모르고, 기도의 능력 자체도 신뢰하지 않는 이들일 수 있습니다. 우리의 기도로 큰 위기에서 벗어나고 죽을 때까지 고맙다는 말도 못하고, 아니 아예 그 사실을 인지하지 못하고 사는 이도 많습니다. 그래도 우리가 그들을 위해 기도해야 하는 것은 하나님께서 그들을 위해 기도하도록 명하셨기 때문입니다. 그것이 사랑입니다.

대부분 우리가 중보 해야 하는 이들은, 기도는커녕 매일 현실적인 앞가림을 하기에도 버겁고 어려운 이들입니다. 그들에게는 비빌 언덕이 필요하고 기댈 기둥이 필요한 이들입니다. 그들에게는 우리의 작은 중보가 거대한 바람막이가 되기도 하였다 하고, 순간의 비명 같은 중보가 그에게 도달할 때는 든든한 밧줄이 되기도 합니다. 그래서 기도는 매우 중요합니다.

더욱 중요한 것은 지금 우리가 자신의 믿음으로 이만큼 이룬 것 같은 착각을 하고 있는 순간에, 실상 오늘 우리의 뒤에서 우리가 알지 못하던 때에 복음을 듣도록 기도하고, 믿음이 없을 때 믿음의 사람이 되도록 누군가 기도했기 때문입니다. 그러므로 우리도 기도밖에 없습니다. 세상의 권력자인 왕들도 하나님 앞에 무릎을 꿇었다면 오늘 우리야 오죽하겠습니까?

처음에는 "왜 하필 나에게!, 왜 나게 이런 일이!" 하면서 탄식하고 몸부림하고 반항했지만 잠잠히 상황으로 말씀하시는 하나님을 알고 난 다음에는 침묵으로 감사를 드릴 수밖에 없었습니다. 목사에게는 이런 시련들은 좀 비켜가게 하시면 얼마나 좋겠습니까? 이런 일은 제가 감당할 수 없으니 거두어 달라고 기도했지만 하나님은 끝내 아무 말씀이 없으셨습니다.

말씀은 없으셨지만 응답하셨고, 전화위복의 기회로 반전시켜 주셨습니다. 영원하신 하나님께는 우리가 겪는 몇 년의 고통은 밤의 한 경점 같고, 우주의 창조자이신 하나님께는 우리가 당하는 시련이 새털바람만큼의 충격도 아닙니다. 여기에 실린 기도는 바로 그 생생한 기록이고 거짓 없는 간증입니다. 세상은 우리의 기도가 필요한 어려운 이들이 많습니다.

9. 어려운 이웃을 위하여 드리는 기도!!

땅의 기도

갑자기 슬픔을 당한 이들을 위하여 드리는 기도!

"좋은 이름이 좋은 기름보다 낫고 죽는 날이 출생하는 날보다 나으며 초상집에 가는 것이 잔칫집에 가는 것보다 나으니 모든 사람의 끝이 이와 같이 됨이라 산 자는 이것을 그의 마음에 둘지어다" (전도 7:1-2)

전능하신 하나님! 전혀 예상치 못한 갑작스러운 일을 겪고 황망해하는 이들을 위하여 기도드립니다. 갑자기 부모님이 심정지를 당했거나 운동을 하다 뇌졸중으로 쓰러졌을 때, 전혀 예상치도 못했고, 믿어지지도 않는 일 앞에서 받을 충격이 상상이 안 됩니다. 그러나 눈물을 거두고 몸을 일으켜 하나님 앞에 오히려 감사의 기도를 드릴 수 있는 믿음을 주옵소서!

어제까지 맛있게 식사하고. "딸아, 사랑한다!"고 말씀하시고, 어제까지 "아들아, 난 널 믿는다."며 어깨를 두드려주던 아버지! 명절 음식을 잔뜩 해놓으시고 자녀들이 도착하자 세상을 다 가진 듯이 좋아하며, 이걸 자녀들이 폭풍흡입을 할 때에 손주 안아 보는 것으로 힘든 것을 잊어버리던 어머니가 갑자기 아무 말씀 없이 영안실에 누어있을 때에 어떻겠습니까?

그러나 그때 인생의 허망함을 배우게 하시고, 우리의 목숨이 한 줌 흙이었음을 알게 하옵소서! 우리는 누구든 시한부 인생이며, 언제든 부르시면 지체 없이 달려가야 하는 먼지에 불과한 것을 깨닫게 하옵소서! 이런 진리를 깨닫고 삶의 자세를 바로 잡게 하시고, 저희도 어느 날 알지 못하는 시간에 주님이 부르시면 달려가야 하는 인생임을 깨닫게 하옵소서!

마지막 사랑한다는 따뜻한 말 한 마디 못하고 보내드리는 것이 슬프고 가슴 아프겠지만, 오래도록 지병을 앓으며 고생하지 않고 가신 것이 오히려 감사하게 하옵소서! 따뜻한 손 한번 잡아보지 못하고 훌쩍 떠나보낸 것이 너무 가슴이 아프지만, 그래도 오랜 세월 병치레 하며 고생 안하고 떠나가심이 고인에게 얼마나 큰 축복인 것을 알고 감사하게 하시옵소서!

이제는 영원히 다시 볼 수 없는 부모에게 효도하지 못함이 죄스러운 것을 알고, 남은 한쪽 부모님 자주 뵙고 문안하게 하시고, 나의 자녀들 앞에 이렇게 황망하게 떠날 때를 대비해서 자주 만나 대화하고 사랑한다는 말도 자주 하고, 손도 자주 잡아주고 선물도 자주 하게 하옵소서! 바쁘다는 핑계를 대지만 주님의 부르심에는 핑계 대지 못함을 알게 하옵소서!

다른 이에게는 일상적이던 일이 우리 자신에게 닥쳤을 때, 이 충격의 크기가 얼마나 큰 것인지 알고, 이토록 뜻하지 않은 슬픔을 당한 이들이 있으면 바쁘더라도 찾아가 위로하고, 그를 부축해주는 사랑을 베풀게 하옵소서! 아무도 내일 일을 모른 채 바쁘게 살고 있지만, 언제나 우리를 유익하고 행복하게 하시는 하나님의 마음을 헤아려 알게 하여 주시옵소서!

저희 미래를 준비하시는 예수 그리스도의 이름으로 기도드립니다. 아멘!

땅의 기도

경제적 위기를 만난 이들을 위하여 드리는 기도!

"오늘 있다가 내일 아궁이에 던져지는 들풀도 하나님이 이렇게 입히시거든 하물 며 너희일까 보냐 믿음이 작은 자들아" (마태 6:30)

저희 인생들의 행복한 미래를 원하시는 전능하신 하나님! 이 땅에서 제한 된 능력으로 살아가는 인생들에게는 언제나 수많은 위기 상황이 생깁니 다. 인생들이 감당하기에는 너무나 벅찬 위기임이 분명합니다. 그래도 전 능하신 하나님을 의지하는 믿음으로 위기를 극복하게 하옵소서! 사업이 무너져도 삶마저 무너지지 않고 물질의 위력을 이기고 서게 하옵소서!

사업을 꾸려가려면 작으면 작은 대로, 크면 큰 대로 위기는 언제나 사방에 서 몰려옵니다. 시설자금, 운영자금 금융비용 등에 압박을 받아 1금융권, 2금융권을 다 뒤져. 돈을 끌어대고, 담보대출, 신용대출까지 한계에 이르 도록 끌어옵니다. 그래도 해결은 안 되고 안타까운 마음만 있지 아무 힘이 없습니다. 도움을 주실 이는 천지를 지으신 하나님뿐이십니다.

경제적으로 어려움에 처해도 영혼만큼은 피폐해지지 않게 하시고, 돈에는 쫓길지언정 마음조차 조급해지지 않도록 도우시옵소서! 옛 어른들도 "하 늘이 무너져도 솟아날 구멍이 있다."고 했는데 절망스러운 상황이 오더라도 주님의 처방에 대한 믿음을 가지게 하옵소서! 벼랑 끝까지라도 견디고 가게 하시고 마지막 순간까지 최선을 다하고 포기하지 않게 하옵소서!

이미 인간의 손을 떠나고, 자신의 한계를 벗어난 상황에서라도 정신만은 잃지 않게 하시고, 옛적에 하나님에 대한 뜨겁고 풋풋한 사랑을 회복하며 다시 눈물로 하나님께 아뢰게 하시되, 하나님은 저들의 기도에 손을 내밀어 사람도 만나 실타래처럼 얽혀있는 재정 문제를 풀게 하옵소서! 특히 일상의 경제가 아니라 사업의 존폐가 걸린 경우에 간절히 기도합니다.

이런 경제적 위기를 당했을 때 한 움큼의 시간을 쪼개, 하나님 앞에서 정리하지 못한 것, 회개하지 못한 것은 없는지 살펴보게 하시고, 먼저 하나님을 기쁘시게 하지 못한 것 있으면 이런 매듭도 풀게 하옵소서! 오히려 경제적 위기 앞에 자신의 믿음을 돌아보는 지혜와 깨달음을 주시어, 경제적 위기가 신앙회복의 기회가 되는 전화위복이 되게 하여 주시옵소서!

비록 쫓기고 쫓겨 벼랑 끝에 몰릴지라도 포기하지 않고 최선을 다하게 하시되, 행여 벼랑 아래 떨어졌다 할지라도 만신창이가 된 몸과 마음으로 다시 일어나게 하시고, 그래서 사람들로부터 떨어지기 전보다 더 멋있어졌다는 덕담을 듣게 하옵소서! 언제나 지금이 끝이 아니고 시작인 것을 알게 하옵소서! 경제적 위기가 인생의 위기는 아닌 것도 알게 하옵소서!

저희의 삶을 책임져 주시는 예수 그리스도의 이름으로 기도합니다. 아멘!

땅의 기도

고령층 어르신들을 위하여 드리는 기도!

"너는 센 머리 앞에서 일어서고 노인의 얼굴을 공경하며 네 하나님을 경외하라 나는 야훼니라" (레위 19:32)

하나님께서 영광의 면류관인 백발을 주신 사랑하는 어르신들을 위하여 기도드립니다. 저들이 태어나서 만고풍상을 겪으며 오늘에 이르기까지 국가적인 위기도 많았고 사회의 변혁도 수 없이 겪었습니다. 가정적인 시련, 교회가 겪은 아픔도 모두 겪으며 여기까지 왔습니다. 그들의 노고를 하나님께서 치하해 주옵소서! 고난을 이긴 이들에게 하늘의 상을 주옵소서!

이 시간 어르신들을 위하여 기도합니다. 이제는 나이 들고 기력이 없어 무엇을 하고 싶어도 할 수 없습니다. 일하는 즐거움도 누릴 수 없고, 교회에서는 교회학교, 중고등부, 청년들을 위한 프로그램들은 많지만 노인들을 위한 프로그램은 없습니다. 다른 곳에 가서 기웃거릴 수도 없고, 간들 누가 반겨 맞아주지도 않습니다. 노인들의 외로움을 기억해 주시옵소서!

노인들에게 남은 것은 없습니다. 체력은 나이 들어 고갈되었고, 교회를 위해서 중보의 기도를 드리는 것도 여러 한계가 왔습니다. 일을 못하니 자연히 수입이 없고, 수입이 없으니 경제가 핍절합니다. 나이드니 모든 일이 귀찮고 좋은 걸 보아도 좋은 줄 모르고, 맛있는 걸 보아도 맛을 모릅니다. 천국에 대한 소망도 차츰 식어가는 노인 위기의 시대를 맞았습니다.

사회와 교회에서 노인들은 소외 시대입니다. 운전도 할 줄 모르거나, 했더라도 이젠 차를 안 끌고 다닙니다. 영화관을 가든 택시나 비행기를 타든 누군가 곁에서 도와주지 않으면 아무 것도 할 수 없습니다. 사회의 모든 시스템이 인터넷, 인공지능, 모바일 등 젊은 세대 중심으로 되다 보니 노인들은 바보가 되어갑니다. 전화기를 들고 다녀도 통화 밖에 못합니다.

옛날에는 어른들이 젊은이들을 가르쳤는데, 슬프게도 이 시대는 아이들이 어른들을 가르치는 시대가 되었습니다. 음식점에 가서 음식을 시켜 먹어도 '키오스크'에서 주문을 하고 스스로 가져다 먹습니다. 커피 한 잔을 먹으려 해도 똑같습니다. 항공권 구매도 젊은이들은 이것저것 적용해서 할인해서 발권하는데, 노인들은 정해진 값을 주고 수수료까지 내고 삽니다.

이제 노인들은 젊은이들이 따라다니지 않으면 완전히 고립되는 고립 시대에 진입했습니다. 앞으로 세상이 더 자동화되고 인공지능이 더 간여하면 예배드리는 일도 못할지 모릅니다. 노인들은 동물원 사육장에 갇히듯 꼼짝도 못하고 도움을 기다려야 하는데, 하나님께서 외로운 노인들을 기억하여 주옵소서! 하나님께서 늘어나는 노인들을 고립감에서 도와주옵소서!

우리를 끝까지 지켜주실 예수 그리스도의 이름으로 기도드립니다. 아멘!

9. 어려운 이웃을 위하여 드리는 기도!!

땅의 기도
고아원에 있는 아이들을 위하여 드리는 기도!

"너희 중에 분깃이나 기업이 없는 레위인과 네 성중에 거류하는 객과 및 고아와 과부들이 와서 먹고 배부르게 하라 그리하면 네 하나님 여호와께서 네 손으로 하는 범사에 네게 복을 주시리라 (신명 14:29)

사랑이 많으신 하나님! 하나님은 의지할 남편 없이 혼자 사는 여인들과 사랑해줄 부모 없이 외롭게 자라는 고아들의 아버지가 되심을 믿습니다. "네가 밭에서 곡식을 벨 때에 그 한 뭇을 밭에 잊어버렸거든 다시 가서 가져오지 말고 나그네와 고아와 과부를 위하여 남겨두라. 그리하면 야훼께서 네 손으로 하는 모든 일에 복을 내리리라(신명 24:19)고 하셨습니다.

그 연유가 어찌했든 사랑하는 부모의 돌봄을 받지 못하고 어린 시절에 영아원과 고아원에 맡겨 양육된 고아들을 기억하여 주옵소서! 그 시설이 영아원이든 보육원이든 고아원이든 홀로 있는 자녀들을 돌보는 '시설'에서 자란 주님의 자녀들을 하나님께서 불쌍히 여겨 주옵소서! 어떻게 시설에 맡겨졌든지 아버지의 손이 그립고 어머니의 품이 그리웠을 것입니다.

특히 지금은 전시(戰時)도 아니고, 우리나라에서 포로나 난민이 생기는 것도 아닌데, 어른들이 잘못하여 불행한 삶을 유전 받은 자녀들을 기억하여 주옵소서. 그들이 어떻게 해서 시설에 위탁되었든지 그곳에서 비록 부모의 따뜻한 손길의 보호를 받지는 못하지만 세상으로부터 버림받은 것 같은 외로움을 느끼지는 않게 하옵소서! 고아들을 버리지 말아 주옵소서!

여러 서류와 함께 낯선 고아원에 팽개치고 던져진 고아들의 삶이 그때부터 구겨지는 것이 아니라 더 강인한 들꽃으로 새로 피어나게 하여 주옵소서! 외롭고 거친 환경이 그들을 더 모질게 만드는 게 아니라 강한 전사로 양육되게 하여 주옵소서! 하나님의 지극한 관심을 받고 자라나는 소중한 꽃이 되게 하옵소서! 주님께 특별 양육되는 자녀들이 되게 하옵소서!

"실상은 내가 젊었을 때부터 고아 기르기를 그의 아비처럼 하였으며, 내가 어렸을 때부터 과부를 인도하였노라." (욥 31:18)고 하셨으니 고아들의 삶이 사회적 무관심의 영역에 들어있다 할지라도 하나님의 지극한 관심 안으로 들어오게 하여 주옵소서! 어렵고 거친 광야에서 굳건히 서서 기어이 하나님의 창조 세계를 밝히 드러내는 이들이 되게 하옵소서!

유복한 가정에서 부모의 따스한 사랑과 관심을 받고 자란 청소년들보다 더 밝고 용기 있게 성장해서 세상에 그 존재를 드러내는 귀한 이들이 되게 하옵소서! 후에 성인이 되어 고아원을 떠나 사회로 나올 때는 온실에서 자란 이들보다 더 강인하고 야성을 갖춘 하나님 자녀들이 되게 하시며 한 치도 어둠의 그늘이 묻어있지 않은 멋진 사회인이 되게 하옵소서!

고아들의 아버지가 되시는 예수 그리스도의 이름으로 기도드립니다. 아멘!

9. 어려운 이웃을 위하여 드리는 기도!!

땅의 기도

기초 생활 수급자들을 위하여 드리는 기도!

"무리가 물어 이르되 그러면 우리가 무엇을 하리이까 대답하여 이르되 옷 두 벌 있는 자는 옷 없는 자에게 나눠 줄 것이요 먹을 것이 있는 자도 그렇게 할 것이니라 하고." (누가 3:10-11)

이 땅에 살면서 생활이 어려운 이들을 기초생활 수급자로 정하고 기준에 맞는 지원을 정부가 하게 하시니 고맙습니다. 하나님께서 그들에게 지급하는 생계지원비, 의료지원비나 주거 지원비, 교육 지원비 등이 모든 대상자에게 골고루 잘 지원되게 하시되 이들이 국가의 지원을 받으면서 부끄러워하지 않게 하시고 법이 정하는 수급자로 떳떳하게 살게 하옵소서!

개인에게 재난이 왔을 때 이를 돕는 것은 사회나 국가의 책무입니다. 정부는 이 책무를 소홀히 하지 않게 하시고, 언제나 하나님의 뜻에 합당하게 하게 하옵소서! 또 차 상위 계층에 속한 이들의 어려움도 해결해 주시고, 이 땅에서 경제력이 없는 어려운 이들의 인생이 위축되지 않게 하시고 어떻게든 정부의 도움을 받아 위기상황에서 벗어날 수 있게 하옵소서!

제도적인 허점을 이용하여 국가에서 베푸는 저소득층에 대한 재정을 부정 수급하는 이들도 사라지게 하시고, 반대로 이런 정보에 눈이 어두워 정말 간절히 도움의 손길이 필요한 이들이 소외되는 일도 일어나지 않게 하여 주옵소서! 할 수 있는 대로 우리의 사회 보장망은 촘촘히 짜여 져서 그 사이로 빠져나가 버림받는 이들이 없도록 하나님께서 지켜 주옵소서!

이 땅에는 먹고 사는 경제적 어려움에서 자유롭지 못한 이들이 많습니다. 어려운 시대를 사는 저희들을 불쌍히 여기시고 더 이상 생계로 인해 어려움을 겪는 이들이 사라지게 하옵소서! "마른 떡 한 조각만 있고도 화목한 것이 제육이 가득하고 다투는 것보다 낫다."(잠언 17:1)고 했으니, 가난한 이유로 인격마저 짓밟히지 않게 하시고, 떳떳하게 살게 하시옵소서!

가난한 이들이 서로 도우며 서로 보살피며 짐을 나누어지게 하옵소서! 주님께서 "옷 두 벌 있는 자는 옷 없는 자에게 나눠 줄 것이요, 먹을 것이 있는 자도 그렇게 할 것이니라."(누가 3:11)고 하셨는데, 이제 저희에게 있는 것이 무엇이든 이웃과 나누어 먹고 살게 하옵소서! 하나님이 보시는 부자는 많이 가진 자가 아니요, 많이 나누는 자임을 알게 하옵소서!

"삼가 모든 탐심을 물리치라 사람의 생명이 그 소유의 넉넉한 데 있지 아니하니라."(누가 12:15)고 하셨으니, 조금 부하다고 어깨에 힘 줄 일도 아니고, 조금 가난하다고 어깨에 힘이 빠져 위축되어 살 필요도 없다고 믿습니다. 만유와 세상이 모두 아버지의 것이기 때문입니다. 물질세계를 가난하게 살아가는 어려운 이들을 하나님께서 일일이 기억하여 주옵소서!

가난한 자를 부요하게 하시는 예수 그리스도의 이름으로 기도합니다. 아멘!

9. 어려운 이웃을 위하여 드리는 기도!!

땅의 기도

나이 들고 병든 이들을 위하여 드리는 기도!

"너희는 이르되 누구든지 아버지에게나 어머니에게 말하기를 내가 드려 유익하게
할 것이 하나님께 드림이 되었다고 하기만 하면 그 부모를 공경할 것이 없다 하여
너희의 전통으로 하나님의 말씀을 폐하는도다" (마태 15:5-6)

역사의 주관자 되시는 하나님! 이제 한해가 다 지나고 며칠밖에 남지 않았
습니다. 형편이 좋은 분들은 '송년회', 혹은 '망년회'도 하고 교회에서는 '송
구영신 예배'를 준비합니다. 한 해를 보내고 새해를 맞으면서 회한과 희망
이 교차하는 시간입니다. 올해를 잘못 살았음을 반성하며 새해에는 좀 더
진실하게 살고자하는 소망을 가지는 정리의 시간이기도 합니다.

그러나 한해를 마감하고 새해를 여는 준비로 희망과 설렘의 시간을 가지
는 동안에도, 여전히 아무런 기대도 설렘도 없이 사는 이들을 기억하여 주
옵소서! 한 해를 살면서도 특별한 각오 없이 살았고, 새해를 맞으면서도
새로운 희망도 없이 하루하루 연명하듯 사는 이들이 있습니다. 경제적으
로 손을 쓸 수 없이 궁핍한 이들이 있는데 이들을 기억하여 주시옵소서!

나이가 들어 자연스럽게 찾아온 질병이 괴롭히지만 본인의 수중에는 아무
것도 없고, 그렇다고 기댈 자녀들도 없이 외로운 노인들이 있습니다. '고

령자'에 '기저질환자'에 '독거노인'에 세상에서 반갑지 않은 이름으로 불리는 모든 호칭들을 한 아름 안고, 마치 사회의 병폐처럼 취급당하는 노인들을 기억하여 서럽지 않고 겨울을 따뜻하게 보낼 수 있게 해 주옵소서!

가을이 깊어지고 겨울이 시작되면 벌써 난방비 걱정으로 잠을 못 이루고, 찬바람이 불면 껴입은 옷으로 난방을 대신하며, 굶고 떨며 헐벗지 않을 만큼, 삶에 대한 즐거움도, 죽음에 대한 두려움도 없이 되는대로 사는 어른들의 안타까운 모습을 보며 기도합니다. 겨울에도 편히 몸을 녹일 만큼의 난방비와 입에 맞는 식사 한 끼는 할 형편을 허락하여 주옵소서!

병들고 가난하여 비참하게 사는 이들을, 게으른 사람이요 인생을 잘못 살아서 사회의 부담만 끼치는 공해 같은 존재로 생각하지 않게 하시고, 세상이 그를 바라볼 때 측은지심이 아니라 사랑으로 공경할 수 있는 마음을 주옵소서! 얄팍한 동정이나 자선이 아니라 함께 살을 부대끼며 사는 이웃으로 바라볼 수 있는 겸손과 배려의 은혜를 허락하여 주시옵소서!

전능하신 하나님! 이 세상에는 시간의 흐름이나 계절의 변화에 아무런 감동이 없는 무감각하고 무기력한 어른들이 너무 많습니다. 자신의 앞가림을 스스로 하지 못한 채 돌볼 이 없고 기댈 이 없이 의미 없는 하루를 살아가는 이들을 기억하여 주옵소서! 해가 바뀌어도 희망이 없고, 명절이 와도 꿈이 없이 사는 병약하고 노쇠한 노인 분들을 지켜 주시옵소서!

늙고 병약한 이들을 사랑하시는 예수 그리스도의 이름으로 기도합니다. 아멘!

9. 어려운 이웃을 위하여 드리는 기도!!

땅의 기도
노숙자를 위하여 드리는 기도!

"내가 주릴 때에 너희가 먹을 것을 주었고 목마를 때에 마시게 하였고 나그네 되었
을 때에 영접하였고 헐벗었을 때에 옷을 입혔고 병들었을 때에 돌보았고 옥에 갇
혔을 때에 와서 보았느니라." (마태 25:35-36)

사랑이 많으신 하나님! 이 땅, 크고 큰 집 '우주(宇宙)'를 지으시고 저희를
이 집에 거하며 다스리도록 명하신 하나님! 저희 인생들은 거대한 우주 공
간 안에 작은 행성 '지구'에 저마다 크고 작은 집을 짓고 삽니다. 인간이 사
회생활을 하는데 기본적으로 필요한 것이 의식주(衣食住)인데 그 중에 가장
중요한 것이 밤에 이슬을 피하고 눈비 바람을 피할 '집'입니다.

집이 없으면 추위와 더위를 피할 수 없으며, 따뜻한 방에서 잠을 자고 밥
을 해 먹으며 가족들과의 사랑을 나눌 수도 없습니다. 그런데 인간의 가장
기본적인 필요가 되는 집을 구할 수 없는 이들이 너무 많습니다. 평생을
일해도 집 한 칸 마련하지 못하는 이들이 태반이나 되는데, 집 중에 내 집
은 아닐지라도 전세나 월세도 없고 움막도 없는 이들이 있습니다.

'가정'의 둥지인 '집'이 없으므로 저절로 '가정'조차 해체된 채 거리로 내몰
린 이들을 기억하여 주옵소서! 할 수 없이 길거리에서 노숙을 해야 하는

이들을 궁휼히 여기시고 집 없는 설움을 이기고 반드시 재기할 수 있게 도 와주시옵소서! 여름은 푹푹 찌는 공기와 달구어진 바닥에 누어, 겨울은 얼음장같이 차가운 거리 바닥에 온 몸이 차갑게 얼어 한기에 떱니다.

거리에 누어 하늘을 보면 "이 넓은 땅, 저렇게 수 없이 많은 아파트나 단독 주택이나 전세 집 월세 방 중에, 내가 오늘 들어가 잠 잘 방 한 칸이 없나?" 하는 절망적인 탄식이 나올 수 밖에 없습니다. 그럼에도 이를 악물고 이겨내 반드시 내 집에 들어가서 사는 그림을 그리며 희망을 놓지 않고 상황과의 싸움에서 하나님께서 힘주시어 기어이 승리하게 하시옵소서!

거리 노숙자의 신분은 보호받지 못하는 안전 사각지대입니다. 각종 감염병, 추위나 더위로 부터 오는 병, 제대로 자고 먹지 못해서 생기는 병에 노출된 무방비상태입니다. 또한 거리의 폭력을 방어할 형편이 안 됩니다. 치안의 손길이 미치지도 않습니다. 이런 악조건 속에서 특히 자신의 몸을 위해(危害)로부터 지킬 수 있도록 하나님께서 안전장치가 되시옵소서!

언제나 노숙자의 마음을 하나님께서 지키시어, 가족이나 친구로부터 버림받음에 대한 절망, 사회로부터 거절당함의 분노, 국가로부터 방치된 것 같은 처절한 마음들이 자칫 삶을 자포자기하지 않게 하시고, 그럼에도 건강을 지키고 맑은 정신을 잃지 않으며 어디선가 여전히 자신을 사랑하는 가족들을 생각하며 매일 매일을 무서운 각오로 이겨나가게 하시옵소서!

외로움의 자리에 있을 때 함께하시는 예수님의 이름으로 기도합니다. 아멘!

9. 어려운 이웃을 위하여 드리는 기도!!

땅의 기도
다문화 가정들을 위하여 드리는 기도!

"손님 대접하기를 잊지 말라 이로써 부지중에 천사들을 대접한 이들이 있었느니라." (히브 13:2)

지금도 우리의 일거수일투족을 지켜보시는 전능하신 하나님! 이 땅에 살고 있는 많은 '다문화가정'을 위하여 기도합니다. 사람이 누구나 자기와 같은 사람을 좋아합니다. 마음이 맞는 사람과 같이 살기 위하여 같은 성격의 사람을 찾습니다. '다름'이 가져다주는 불편과 고통이 큰 것을 알기 때문입니다. 그럼에도 여전히 다른 이들과 내는 파열음으로 시끄럽습니다.

그러나 민족이 다르고 언어도 피부색도 문화도 다른 이들이 가정을 이루고 사는 이들이 많습니다. 대한민국에 사는 다문화 가정이 40만 가구에 백만 명이 되는데 국적이 다르고 피부색이나 외모가 달라 사람들의 눈에 금방 드러나는 저들이 언어와 문화가 다른 이 땅에 살면서 느끼는 이질감도 있고 문화적 충격이 클 터인데 하나님께서 살펴 지켜 주시옵소서!

언어가 다르므로 상대방의 의중을 정확하게 이해하지 못하거나 자신의 생각을 충분히 전하지 못하는 안타까운 일로 오해와 상처를 주고받게 되는 경우들이 있을 터인데, 이때도 지혜를 주시어 서로를 배려하고 이해하려는 마음이 불통의 상황을 소통의 기회로 만들어 주시옵소서! 그리하여 작은 문화의 차이, 언어의 뉘앙스 차이를 사랑으로 극복하게 하시옵소서!

오랜 세월동안 단일민족으로 살던 우리나라에 와서 다른 얼굴로 다른 문화를 경험하여 다문화 가정을 이루고 사는 이들이 겉으로는 치유된 것처럼 보이는 배타적 이질감들을 극복하는데 어려움이 없게 하시고 그 모든 '다름'을 '사랑'의 동력으로 극복해 나가게 하시옵소서! 특별히 2세가 태어나 어린 나이에 만나게 되는 환경들을 잘 극복하게 하시옵소서!

나이 들어 유치원이나 어린이집, 또는 초등학교 저학년에서 만나게 되는 환경들을 적응해가게 하시고, 초등학교 고학년에서 중고등학교로 이어지는 민감한 사춘기나 청소년기 시절에 자신에게 있는 외모나 언어구사, 의식을 지배하는 가치관의 차이에서 충격을 받지 않고 잘 적응하게 하시옵소서! 작은 문제도 커지면 사회나 나라의 문제가 될 수 있습니다.

다문화가정의 여러 상황들을 제일 먼저 피부로 느끼는 어머니인 여성들에게 위로와 담력을 주시고, 사랑으로 선택한 배우자, 그 가정에서 태어나 다문화 가정의 자녀 신분으로 살아가야 할 자녀들에게 용기를 주게 하시옵소서! '인류는 하나 되게 구원받은 한 가족'(찬송가 475)임을 알고 사랑으로 어울리며 지혜롭게 살아가는 천국 백성이 되게 하시옵소서!

인류를 한 가정으로 사랑하시는 예수님의 이름으로 기도합니다. 아멘!

땅의 기도

다문화, 다민족 가정을 위하여 드리는 기도!

"그들은 모압 여자 중에서 그들의 아내를 맞이하였는데 하나의 이름은 오르바요 하나의 이름은 룻이더라 그들이 거기에 거주한 지 십 년쯤에 말론과 기룐 두 사람이 다 죽고 그 여인은 두 아들과 남편의 뒤에 남았더라" (룻기 1:4-5)

사랑의 하나님! 인류를 한 아버지의 자녀로 지으시고 생육하고 번성하게 하신 하나님! 인류가 번성하며 사방으로 퍼지면서 아시아와 유럽은 물론 남북 아메리카와 아프리카, 오세아니아 등 오대양과 육대주에 흩어져 번성하게 하시니 고맙습니다. 흩어진 인류의 종족들이 이 지구상에서 각각 부족을 이루고 나라를 이루어 살도록 허락하심도 하나님의 은혜입니다.

세월이 흐르고 시대가 변화면서 국가 간의 국경이 무너지고, 대륙의 장벽들이 무너지면서 인류가 인종의 벽을 넘고 종족의 경계를 넘어 가정을 이루게 되었습니다. 그러나 아직 우리 나라는 이런 다문화 다민족 가정을 바라보는 시각이 일찍 개방된 서구보다 낯설어 하고 있습니다. 이때에 다른 민족들과 결혼한 다문화 다인종, 다민족 가정들을 기억하여 주옵소서!

먼저 눈에 두드러지게 드러나는 인종 간의 피부색이 다르고 체구의 크기나 골격의 형태나 언어 등이 다를지라도 겉으로 드러난 신체적 특징 때문에 이질감을 가지지 말고 한 인류로 생각하는 인류애로 품게 하옵소서! 이미 한국 가정 중에 35만 명 이상이 국제결혼을 통해 한국에 들어온 결혼 이민자들이고, 그 중에 많은 이들이 귀화하여 한국인이 되었습니다.

때로는 특별한 시선으로 바라보는 아픔도 있었고, 특정지역 결혼 이민자의 경우 차별받으며 살던 경우도 있었습니다. 또 이들이 한국에 와서 취업하는 경우 3D업종에 종사하는 경우도 많이 있었습니다. 모두 낯선 나라 이 땅에서 부당한 대우를 받지 않게 하시고, 열심히 살아가는 대한민국 사람이 되게 하옵소서! 또 이들이 나라를 사랑하는 마음도 주옵소서!

여기서 태어나는 2세들이 학교에 들어가서 특이한 외모나 언어 때문에, 친구나 선생님들로부터 따돌림을 당하지 않도록 붙잡아 주옵소서! 한국사회에서 지내는 동안 교통사고나 안전사고를 당하여, 가족들에게 해외에 가서 목숨을 잃는 불상사를 당하는 일이 되지 않도록 지켜주옵소서! 이런 가정들이 늘어날 때 사회만 아니라 교회가 관심을 갖게 하시옵소서!

이제는 단일민족이니 백의민족이니 하는 말을 쓰기가 어렵도록, 해외에서 들어오는 외국 근로자, 결혼 이민자 등 국제결혼을 하여 가정을 이루는 외국인들이 급격히 늘어나는데, 반가운 마음으로 인사하고 축복할 수 있도록, 우리도 그들을 따뜻한 마음으로 차별 없이 돌아보는 진실한 하나님의 자녀가 되게 하옵소서! 세상이 그만큼 달라졌음을 알게 하옵소서!

우리를 이방(異邦)에서 부르신 예수 그리스도의 이름으로 기도합니다. 아멘!

땅의 기도

대학 진학을 앞두고 있는 이들을 위하여 드리는 기도!

"내가 다시 해 아래에서 보니 빠른 경주자들이라고 선착하는 것이 아니며 용사들이라고 전쟁에 승리하는 것이 아니며 지혜자들이라고 음식물을 얻는 것도 아니며 명철자들이라고 재물을 얻는 것도 아니며" (전도 9:11 상중)

우리의 작은 신음에도 응답하시는 전능하신 하나님! 이제 수능을 치루고 원하는 대학에 수시 원서를 내서 합격하거나, 정시 접수를 기다리며 가도 하는 중입니다. 특별히 젊은 학생들을 기억하여 주시고 저들이 지난 12년 동안을 오로지 대학에 가는 것을 목표로 삼고 학교와 학원과 집을 오갔습니다. 이제 수시 등록은 끝나고 정시는 원서 접수를 기다리고 있습니다.

하나님께서 앞길이 창창한 젊은 청년들의 미래를 기억하시고, 이들이 자신들의 소망하는 대학에 들어갈 수 있도록 믿음과 실력과 꿈을 가지게 해 주실 뿐만 아니라, 어느 대학을 가야 자신의 적성에 맞고 능력과 성격을 따라 미래를 열어갈 수 있는지 생각하는 지혜를 허락하여 주옵소서! 무한한 경쟁시대에 자기 자신만이 할 수 있는 것을 잘 준비하게 하옵소서!

시험 결과나 합격 여부에 따라 등록할 이, 재수할 이 등으로 나뉠 터인데 그 결과가 어떻게 결정되든지 자신의 미래를 자신이 책임지는 자세를 가지고, 철저하게 준비하게 하옵소서! 성적이나 합격 여부에 따라 불행한 선택을 하는 일이 생기지 않도록 붙잡아 주옵소서! 대학을 안가고 직장생활을 하거나 군대를 가거나 그 어떤 결정도 감사하고 만족하게 하옵소서!

자신의 미래는 자신이 판단하고 자신이 결정해서 자신이 책임져야 하는 것을 알되, 사회나 부모에게 책임을 넘길 일이 아님을 알게 하옵소서! 자신의 미래를 위해 냉정하게 판단하여 진로를 결정하게 하시고, 어떤 길을 가든지 최선을 다하여 자신의 미래를 준비하게 하옵소서! 이제 성인이 되었으니 스스로 자신의 운명을 책임질 성숙한 마음과 자세를 주옵소서!

오늘날 학벌 우선사회, 학교 서열화 사회에서, 자신이 가지고 있는 역량을 발휘하여 나름대로 자기계발을 하는 지혜와 자신만이 할 수 있는 특별한 은사와 재능을 발휘하여 모든 젊은이들의 빛나는 미래가 열리게 하여 주옵소서! 유명한 대학에 가는 이나 그렇지 못한 대학이나 직장전선에 바로 뛰어든 이나 모두 가치 있는 인생이 될 수 있도록 붙잡아 주옵소서!

대학 진학을 앞둔 소중한 젊은이들이 대학이 자신의 미래를 결정하는 것이 아님을 알고, 스스로 자신을 개척하고 그 인생을 디자인하며 모두가 사회의 승자(勝者)가 되게 하여 주옵소서! 서열화 된 학교 중에 어느 대학을 갔다는 표피적인 결과만을 가지고. 일희일비 하지 않고, 자만과 낙심도 하지 말고 인성과 인품을 잘 갈고 닦아 훌륭한 인물이 되게 하옵소서!

죽으시고 부활하여 승리하신 예수 그리스도의 이름으로 기도합니다. 아멘!

땅의 기도

도로의 유지 관리 보수를 맡은 이들을 위하여 드리는 기도!

"여호와는 나의 반석이시요 나의 요새시요 나를 건지시는 이시요 나의 하나님이
시요 내가 그 안에 피할 나의 바위시요 나의 방패시요 나의 구원의 뿔이시오 나의
산성이시로다." (시편 18:2)

하나님! 이 땅에 우리가 무심히 발을 딛고 살아가는 모든 곳에는 보이지
않는 많은 사람들의 수고가 있습니다. 지금 저희가 차로 다니는 '5.16도로'
는 당시 병역 기피자, 조직폭력배, 노숙자들만 모아서 '국토 건설단'을 만
들어, 길을 닦았는데, 워낙 험난해서 많은 사람의 목숨을 앗아간 곳입니
다. '경부고속도로'를 닦는 데도 77명이 공사 중 목숨을 잃었습니다.

이렇게 잘 닦여진 고속도로, 국도, 지방도는 그렇게 한 번 닦아 놓은 다음
무한정 다닐 수 있는 것이 아니라 수시로 유지, 보수, 관리를 해야 하는데
이 일은 길을 닦는 만큼이나 어렵고 위험합니다. 그러나 하지 않을 수 없
는 것은, 그냥 두면 차량 운행이 불편하거나 심한 경우 위험하여 안전사고
를 막기 위해 보수도 하고 가로수나 잔디나 꽃도 심고 있습니다.

이 일들은 차들이 지나다니는 도로의 중앙분리대 위에서 이루어지거나,
도로나 도로 양쪽의 '갓길', 혹은 보도에서 이루어집니다. 이때는 안전을

위하여 '공사 중' 안내판을 설치해야 하지만 그렇게 못하는 곳도 있고, 설령 안내판을 설치해도 공사하는 인부들의 안전을 100%보장하지 않기 때문에 실제 공사 중인 인부들이 목숨을 잃거나 다치는 경우가 많습니다.

더러는 사고 수습을 위해 출동한 경찰관을 덮쳐 희생되는가 하면, 이를 돕기 위해 차에서 내려 힘을 보태던 무죄한 시민들의 목숨을 위협하기도 합니다. 이렇게 차들이 달리는 위험한 도로 위에서 힘든 작업을 하는 전국 도로의 유지, 보수, 관리팀에 있는 이들과, 이런 위험한 도로를 작업 현장으로 삼고 있는 많은 노동자들을 불쌍히 여기시고 지켜 주시옵소서!

사랑하는 가족들은 남편이나 부인들이 도로 위에서 보수 작업이나 가로수, 꽃, 잔디심기 작업을 하는 가족을 위해 늘 염려하고 있습니다. 도로 한 가운데 삼각대 하나를 세워놓고 작업하는 가장을 위해서 늘 걱정하고 있습니다. 만일에 저들이 갑작스레 사고를 당하면 가족을 부양해 줄 사람도 없습니다. 부상을 당하면 그 엄청난 치료비를 어떻게 감당하겠습니까?

하나님께서 위험한 도로 위에서 작업을 해야 하는 인부들의 생명과 안전을 지켜 보호해주옵소서! 어려운 가정에서 임시직으로 근무하는 근로자로 짐작되는 인부들의 안전을 지켜주시어 슬픈 소식 들리지 않도록 도와주옵소서! 하나님은 모든 사람들을 사랑하십니다. 어떤 일에 종사하는 사람이든지 하나님의 불꽃같은 눈동자로 생명을 지켜 보호하여 주시옵소서!

우리의 생명이 되시는 예수 그리스도의 이름으로 기도드립니다. 아멘!

9. 어려운 이웃을 위하여 드리는 기도!!

땅의 기도
돈 많은 부자들을 위하여 드리는 기도!

"네가 말하기를 나는 부자라 부요하여 부족한 것이 없다 하나 네 곤고한 것과 가련한 것과 가난한 것과 눈 먼 것과 벌거벗은 것을 알지 못하는도다." (계시 3:17)

하나님! 이 땅에서 돈이 많은 부자들을 위해 기도드립니다. 돈도 많을 뿐 아니라 권력도 많고 없는 것이라고는 없는, 그래서 하나님께 무엇을 구할 것도 없고, 다급한 게 하나도 없는 이들을 위해 기도합니다. 그런 이에게 천만 다행이게도 하나님에 대한 진실한 믿음까지 있다면 감사한 일이겠지만, 그는 그럼에도 불구하고 사실은 하나도 갖지 못한 사람입니다.

본인이 너무 많이 가지고 있기에, 오히려 지금 아무것도 없다는 것을 모르고 삽니다. 이런 답답한 인생을 사는 유명인들이 얼마나 많은지 모릅니다. 돈이 너무 많으니 더 필요할 것이 없습니다. 언제든 필요한 것은 전화 한 통이면 즉시 오고, 쓰고 싶은 만큼 쓰고, 먹고 싶을 만큼 먹고, 보고 싶은 만큼 볼 수 있습니다. 헐벗고 주리는 이들이 이해가 안 됩니다.

그러나 불원간에 그 많은 돈이 한 움큼의 공기만도 못하고, 그 엄청난 부가 바다의 모래보다 천한 것을 알게 될 것입니다. 머지않은 날 그의 한 마디면 모든 것이 이루어지던 이가 자신을 알아보지 못하는 문 앞에서 자기의 이름과 업적을 장황하게 늘어놓으나 "내가 도무지 너를 모른다."고 하면서 "내게서 떠나가라!"(마태 7:22-23)는 말씀을 듣게 될 것입니다.

엄청난 성공을 거두고 신천지가 열릴 기대와 소망으로 자기의 영혼을 향하여 "영혼아! 여러 해 쓸 물건을 많이 쌓아 두었으니 평안히 쉬고 먹고 마시고 즐거워하자!(누가 12:19)고 하나, 그날 밤 영혼을 주신 하나님께서 그를 부르시면 그것은 남아있는 자의 것이 될 것입니다. 이 무섭고 놀라운 사실이 다른 이들에게 일어날 줄 알고 있는 이들을 위해 기도합니다.

현재에 만족하여 취해있는 인생들을 깨닫게 하여 주옵소서! 저들의 눈을 열어 다가올 미래를 준비하게 하옵소서! 젊은 시절에 미래를 위한 투자에 성공해서 돈을 번 사람들이 있다면, 지금 재물을 미래를 위하여 투자하게 하옵소서! "불의의 재물로 친구를 사귀라. 그리하면 재물이 없어질 때에 그들이 너희를 영주할 처소로 영접하리라."(누가 16:9)고 했습니다.

사랑의 하나님! 하나님께서 복 주셔서, 풍성한 재물에 둘러싸여 아무 것도 보지 못하는 맹인의 삶이 아니라, 눈을 뜨고 자신의 미래에 대한 실체적 진실에 눈을 떠, 미련한 자가 되지 말고 지혜 있는 자가 되게 하시옵소서! 내 것은 영원히 내 것이 아니고, 지금도 내 것이 아닌 것을 알게 하옵소서! 많은 재물보다 하나님은 더 큰 보화임을 알게 하시옵소서!

세상보다 더 크신 구주 예수 그리스도의 이름으로 기도드립니다. 아멘!

9. 어려운 이웃을 위하여 드리는 기도!!

땅의 기도

문 닫는 점포들을 위하여 드리는 기도!

"야훼는 죽이기도 하시고 살리기도 하시며 스올에 내리게도 하시고 거기에서 올리기도 하시는도다. 야훼는 가난하게도 하시고 부하게도 하시며 낮추기도 하시고 높이기도 하시는도다." (삼상 2:6-7)

사랑의 하나님! 세계의 경제가 어렵습니다. 도산(倒産)하는 기업이 늘고, 특히 영세한 소상공인들이나 자영업자들이 가게 하나를 붙잡고 가족들의 생계를 이어오다 너무 장사가 안 되어 어려움을 겪습니다. 장사는 코로나 이후 폭격을 맞은 듯이 무너져 내린 다음 좀처럼 회복이 안 된 채 바닥에 주저앉았는데, 여전히 애초에 약속한 가게 세는 꼬박꼬박 내야합니다.

견디다 못한 업주들은 직원을 내보내고 가격을 내리는 별별 자구책을 다 써보지만 반응은 없어, 더 이상은 버티지 못하고 가게를 내놓습니다. 가게를 내놓는다고 이튿날 당장 나가는 것도 아니고, 한 달 두 달 시간이 지나면서 몇 푼 안 되는 보증금에서 거르지 않고 월세는 빠져나갑니다. 어느새 '가게 세놓음', '점포 임대'라고 써 붙인 글씨의 빛이 다 바랬습니다.

이제는 전화를 기다릴 힘도 없어졌습니다. 세입자가 있어서 설령 계약을 한다고 해도, 먼저 세 들어 살던 세입자에게는 아무 의미가 없어졌습니다.

이미 보증금의 월세로 깎여 나가 받아 나갈 돈도 없기 때문입니다. 그래도 아직 보증금이 남아있는 이들은 기적 같은 일이 일어나기를 기다리지만, 이미 상권이 죽어버린 상가에 누가 들어오려고도 하지 않습니다.

비어있는 점포 사이에 드문드문 남아있는 가게들도, 문만 열었지 손님이 없기는 마찬가지입니다. 이런 황량한 시장을 볼 때 너무 가슴이 아픕니다. 그나마 건물을 가지고 있던 '건물주'들도 '세입자'로부터 들어오던 수입은 중단되고, 상권이 형성되어야 가게를 팔든 새로운 세입자를 받아드릴 터인데, 상권은 다 죽어 오도 가도 못하고 건물만 낡아가고 있습니다.

하나님께서 사랑하는 소상공인, 자영업자의 눈물 섞인 하소연을 들어주시고, 그들에게 재기의 발판을 마련하게 힘을 주옵소서! 사업을 실패하여, 마지막까지 버티다 급기야 점포를 내놓은 비참한 지경에 이른 이들을 기억하시어 이들에게 삶에 대한 도전과 용기를 주옵소서! 가장으로 가족들에게 가지는 미안함과 안타까움을 가족들이 이해하고 위로하게 하옵소서!

하나님께서 가게에서 내몰리는 자영업자들, 가게 하나가 밥줄이자 생명이었고 행복의 전부였던 그들의 행복한 하루 일과를 회복시켜 주옵소서! 종들이 기도하오니 매일 문을 열며 가지던 기대감, 셔터를 내리며 마음에 가득하던 자영업자들의 보람이 다시 시작되게 하시옵소서! 하나님의 도우심으로 이제 고난이 끝나고 속히 희망의 새날이 오게 하여 주옵소서!

영원히 우리 희망이신 주 예수 그리스도의 이름으로 기도드립니다. 아멘!

땅의 기도
미래 세대를 위하여 드리는 기도!

"사람들이 예수께서 만져 주심을 바라고 어린 아이들을 데리고 오매 제자들이 꾸짖거늘 예수께서 보시고 노하시어 이르시되 어린 아이들이 내게 오는 것을 용납하고 금하지 말라 하나님의 나라가 이런 자의 것이니라" (마가 10:13-14)

하나님께서 사랑하시는 이 땅의 미래세대를 위하여 기도드립니다. 지금 최고의 부와 여유와 발전된 문화를 마음껏 누리며 부족함이 없이 살고 있는 이 땅의 젊은 세대들에게 하나님께서 함께 하여 주시옵소서! 저희의 선조들은 무도한 일제 강점기를 겪으며 억압과 수탈을 견디어 왔습니다. 말도 글도 이름도 빼앗기고 숨도 제대로 못 쉬며 36년을 살아 왔습니다.

불의의 기습 공격으로 한반도가 거의 공산화 될 뻔한 순간까지 무서운 전쟁의 참화를 겪었습니다. 동족상잔의 암흑기를 겪으며 같은 민족끼리 전쟁을 하고 이념이 좌우로 나뉘어 죽고 죽이는 참상을 겪었습니다. 암흑과 같은 세상에서 학생들이 혁명을 일으키고 군인은 쿠데타를 일으키는 일을 겪고, 장기 집권하던 대통령은 총에 맞는 초유의 시대를 살았습니다.

그 와중에 국가 부도 사태도 경험하고, 대통령 탄핵도 경험했습니다. 그래도 오늘까지 이 나라를 지켜주신 하나님의 은혜로 여기까지 왔습니다. 이제 앞으로도 하나님은 이 조국과 민족을 지켜주실 것을 믿습니다. 이때 역사를 이어갈 다음 세대들을 기억하여 주옵소서! 무서운 대립과 갈등의 시대를 지켜보며 하나님께서 지금 사는 다음 세대를 기억하여 주옵소서!

이제 어리게는 복중(腹中)에 있는 생명부터 영유아, 그리고 초등학교, 중고등학교, 대학에 이르는 미래세대를 기억하여 주옵소서! 저희가 어떻게든 조국을 행복한 나라, 평화의 나라로 물려줄 수 있게 하옵소서! 경제적으로 IMF의 관리를 받던 나라에서 무역액 세계 10위권에 들고, 공산세력의 침략을 받아 초토화되었던 나라가 군사력 세계 5위가 되었습니다.

이제 다음 세대는 열심히 공부하고 부지런히 학문을 익힐 뿐 아니라 인격을 갖춘 세계 정상의 나라가 되게 하여 주옵소서! 조상들의 시대는 가난, 전쟁, 참혹한 무질서의 세계였고, 오늘 저희들의 세계는 세계와 피나는 무역, 산업, 경제 전쟁을 해왔습니다. 이제 다음 세대는 선조들이 뿌리고 갈고 닦은 조국의 터 위에서 결실하는 행복의 열매를 따먹게 하옵소서!

이 땅에서 자란 다음 세대들 중에 역량을 갖춘 세계적인 정치 지도자가 나와 전 세계에 선한 영향력을 끼치게 하옵소서! 세계적인 한류 문화 열풍을 일으키는 영화, 춤, 노래, 스포츠, 의복, 음식 등 각계각층의 탁월한 인물들이 하늘의 별처럼 일어나게 하옵소서! 그리하여 어둠의 시간을 견디며 나라를 지켜온 조상들의 자랑스러운 후예들이 되게 하옵소서!

다음 세대를 안고 복 주신 예수 그리스도의 이름으로 기도드립니다. 아멘!

9. 어려운 이웃을 위하여 드리는 기도!!

땅의 기도
미래가 불안한 이들을 위하여 드리는 기도!

"너희 중에 누가 염려함으로 그 키를 한 자라도 더할 수 있겠느냐 또 너희가 어찌 의복을 위하여 염려하느냐 들의 백합화가 어떻게 자라는가 생각하여 보라 수고도 아니하고 길쌈도 아니하느니라" (마태 6:27-28)

저희의 과거와 현재와 미래를 아시는 전능하신 하나님! 내일 어떤 일이 있을지, 어떤 결과가 나올지 불안해하고, 당장 내일 어떤 충격적인 일이 벌어질지 몰라서 긴장되는 이들을 위하여 기도합니다. 주님께서 "너희는 마음에 근심하지 말라 하나님을 믿으니 또 나를 믿으라."(요한 14:1)고 하셨으니, 내일 일은 주님의 약속에 대한 믿음으로 근심하지 않게 하옵소서!

"너희 중에 누가 염려함으로 그 키를 한 자라도 더할 수 있겠느냐?"(마태 6:27)고 하신 주님! 오늘 저희가 염려하고 불안해도 염려하는 것 외에는 아무 것도 할 수 없는 연약한 존재임을 알고, 매일의 삶에 최선을 다하고 내일은 내일의 주관자이신 하나님께 맡겨드리게 하옵소서! 다가오지 않은 미래 때문에 지금 누릴 행복을 빼앗기지 않게 하여 주시옵소서!

'암'같은 난치병을 앓으면서, 혹은 그런 이상 징후 때문에 정밀 종합 검진을 받고 결과를 기다리며 불안해하는 이들을 기억하여 저희의 마음에 하늘의 평안이 있게 하옵소서! 결과가 이상이 없기를 위해서 기도하게 하시고, 이상이 있을지라도 하나님께서 치료해 주실 것을 믿고 주님을 의뢰함으로 평안하게 하옵소서! 알려진 결과 때문에 불안하지 않게 하옵소서!

하루하루가 빈곤한 생활을 하며, 내일은 어떻게 살 것인가 불안하여 아무것도 모르고 누어 잠들어 있는 아이들을 보며 걱정하는 부모들을 위하여 기도합니다. 이들에게 보이지도 않고 믿어지지도 않는 하나님의 사랑과 능력을 믿는 믿음을 주옵소서! 저희를 사랑하여 지독한 가난과 무서운 질병에서 건지시며, 이를 행할 능력이 있으심을 믿게 하여 주시옵소서!

"무엇을 먹을까 무엇을 마실까 무엇을 입을까 하지 말라. 이는 다 이방인들이 구하는 것이라. 너희 하늘 아버지께서 이 모든 것이 너희에게 있어야 할 줄을 아시느니라."(마태 6:31-33)고 하신 주님의 말씀을 믿게 하여 주옵소서! 수고도 길쌈도 하지 않는 백합화를 기르시고, 심지도 않고 거두지도 않는 공중의 새를 먹이시는 하나님을 믿는 믿음을 주옵소서!

특히 질병 검사 후에 결과를 기다리는 이들과, 온 몸으로 암세포가 전이되어 하루하루가 불안한 이들에게도 평안을 주옵소서! "내일 일을 위하여 염려하지 말라. 내일 일은 내일이 염려할 것이요 한 날의 괴로움은 그 날로 족하니라."(마태 6:34)고 하셨으니 내일은 내일이 염려하고 내일의 주인이신 주님께서 해결해 주시도록 오늘 평안하게 잠들게 하옵소서!

오늘부터 영원히 우리의 주인이신 예수 그리스도의 이름으로 기도합니다. 아멘!

땅의 기도

배신당하여 상처받은 이들을 위하여 드리는 기도!

"내가 너희 모두를 가리켜 말하는 것이 아니니라 나는 내가 택한 자들이 누구인지 앎이라 그러나 내 떡을 먹는 자가 내게 발꿈치를 들었다 한 성경을 응하게 하려는 것이니라" (요한 13:18)

전능하신 하나님! 사람들과 뒤섞여 사는 세상에 누구나 겪는 배신에, 홀로 울고 있을 이들을 위해 기도드립니다. 언제나처럼 배신은 먼데 사람이 아니라 가까운 사람들로부터 옵니다. 가까운 이들이 배신하고, 가까운 이들이기에 더욱 아프고, 견디기 어렵습니다. 배신에서 느끼는 분노와 적개심이 평정되도록 하나님께서 아파하는 그 마음을 위로하여 주시옵소서!

성경에 있는대로 형 '가인'에게 배신당해 들판에 끌려가 죽임을 당한 '아벨'부터, 사랑하는 제자 '유다'의 배신에 십자가 형장에서 죽임을 당한 예수님에 이르기까지, 숱한 역사적 인물들이 배신의 아픈 잔을 마셨습니다. 그리고 견디기 힘든 괴로움을 모두 견뎌냈습니다. 누구도 그 배신의 쓴 잔을 스스로 갚아 돌려주지 않았음에도 하나님께서 모두 갚아 주셨습니다.

아들 '압살롬'이 왕좌를 노리고 반역을 했을 때, '다윗'은 "왕궁에서 쫓겨나 감람산 길로 올라갈 때, 그의 머리를 가리고 맨발로 울며 가고, 그와 함께 가는 모든 백성들도 각각 자기의 머리를 가리고 울며 올라갔다." (삼하 15:30)고 합니다. 그럼에도 불구하고 배신자 아들 압살롬을 살려달라고 '요압'을 비롯한 장수들에게 부탁하는 아버지 '다윗'의 마음을 봅니다.

억울하고 분하여 잠을 못 이룰 때에도 하나님의 살아계심을 믿고 "내 사랑하는 자들아 너희가 친히 원수를 갚지 말고 하나님의 진노하심에 맡기라."(로마 12:19)고 하셨으니, 오늘 저희의 마음이 평안을 찾게 하옵소서! 배신을 응징하고 원수를 갚아도 남는 것은 공허함 뿐이오니 하나님이 갚으실 의로운 판결을 기대하게 하옵소서! 의의 최후 승리를 믿게 하옵소서!

밤이 되고 새벽이 올 때까지 분노함으로 치가 떨려도, 제자의 배신에 침묵하시며 "네가 행할 일을 하라!"고 하시던 주님을 배우게 하옵소서! 수많은 사랑을 공급받으면서도 배신을 일상사로 여기며 살던 죄성을 가진 저희 자신을 돌아보게 하옵소서! 하나님의 용서가 없으면 우리는 진즉에 이 땅에서 심판받았을 죄인의 괴수였음을 생각하며 회개하게 하시옵소서!

하나님의 끝없는 용서와 사랑을 받으면서도 틈만 나면 사랑을 배신하고 마귀의 종노릇 하는 저희들이, 작은 배신을 만나도 이를 견디지 못하여 혈기를 부리고 거품을 무슨 것을 봅니다. 하나님께서 저희 마음에 평안을 주옵소서! 타락한 인간은 근본적으로 하나님을 배신하고, 은혜를 배신하는 악한 인생임을 알고 흥분하지 않고 잠들 수 있도록 도와주시옵소서!

인생들의 배신을 견디신 예수 그리스도의 이름으로 기도드립니다. 아멘!

땅의 기도

분노를 쉽게 지울 수 없는 이들을 위하여 드리는 기도!

"분을 내어도 죄를 짓지 말며 해가 지도록 분을 품지 말고 마귀에게 틈을 주지 말라" (에베 4:26-27)

하나님! 본인은 착하게 법을 잘 지키며 모범시민으로 살았는데, 다른 사람의 불법한 행동 때문에 피해를 입고 절망 중에 있는 이들이 있습니다. 그중에 특별히 억울한 일을 당한 교통사고 피해자를 위로하여 주옵소서! 본인은 신호를 따라 횡단보도를 건너고 있었는데, 갑자기 음주 운전자가 모는 승용차에 치어 전치 20주의 중상을 입고 병원에 입원했습니다.

이제는 두 다리를 쓸 수가 없이 평생을 휠체어에 의지해서 살 수 밖에 없는 처지가 된 이들의 불편, 고통, 계속되는 재정지출이 순간순간 분노하게 되고 증오심도 생길 수 있는데, 하나님께서 그들의 마음에 모두 용서하고 평정심을 갖고 사랑으로 상대를 대할 수 있게 하옵소서! 법규를 위반하여 운전하는 모든 운전자들에 대한 증오심도 버리게 하옵소서!

사는 동안에 이런 불편의 짐을 죄 없는 자신이 일생동안 지고 살아야 한다는 생각에 순간순간 미움도 원망도 생기지만, 평생을 가해자로 살면서 가책 받는 고통보다는 덜하리라는 마음으로 지난 세월의 사건들은 잊어버리고, 오늘 지혜롭게 불편을 감당하며 사는 법을 익히게 하옵소서! 그리고 이런 이들에게 하나님께서 감사해야 할 마음을 부어 주시옵소서!

늘 정직하고 진실하게 살고, 누구를 속인 적도 누구에게 해를 입힌 적도 없는 착한 사람인데, 남을 속이고 거짓으로 미혹하여 재물을 갈취하는 사기꾼에게 걸려 전 재산을 잃고 분하고 억울한 마음이 가득한 이들도 있습니다. 언제나 사기꾼은 멀리 있는 사람이 아니고 가까운 사람이고 믿을만한 사람이기에, 더 괘씸하고 분노와 증오심이 쉽게 사라지지 않습니다.

그러나 이런 분한 마음들을 가슴에 안고 살아야 자신의 몸만 망가지게 되는 것을 알고, 그런 분노의 마음을 잊고 새로운 미래를 준비하게 하옵소서! 하나님께서 인과응보의 상벌을 내리실 것을 믿고, 여전히 착실하고 열심히 신실하게 살게 하여 주옵소서! 하나님께서 이 피해자에게 복을 주시고 사기당해 입은 손실들을 경제적으로도 회복하게 하여 주시옵소서!

지금 당장은 속고 속는 것 같지만 언젠가는 의(義)가 불의를 이기는 최후의 승자가 되는 것을 기다리게 하여 주옵소서! 두 다리 뻗고 평안한 잠을 이룰 수 있는 복을 주시고 자신에게 피해를 입힌 이를 용서하고 그의 허물을 덮어줌으로 사기꾼도 더 이상 남을 속여 갈취하는 악한 일에서 손을 떼게 하시고, 본인도 지혜를 배워 다시는 피해입지 않게 하시옵소서!

우리를 선악 간 심판하실 예수 그리스도의 이름으로 기도드립니다. 아멘!

땅의 기도
비정규직 직장인들을 위하여 드리는 기도!

"그 품삯을 당일에 주고 해 진 후까지 미루지 말라 이는 그가 가난하므로 그 품삯을 간절히 바람이라 그가 너를 여호와께 호소하지 않게 하라 그렇지 않으면 그것이 네게 죄가 될 것임이라." (신명 24:15))

사랑의 하나님! 사람이 사는 세상에 가족을 부양하고 가정의 삶을 유지하기 위해서 우리에게 직장을 주신 것은 은혜입니다. 그곳에서 일할 수 있다는 것이 큰 기쁨이고, 그곳에서 나온 급료를 가지고 가족을 부양할 수 있다는 것이 보람입니다. 그래서 세상 사람들은 직장생활을 하는 것을 자랑으로 여기고, 얼마나 좋은 직장인지가 자부심의 기준이 되기도 합니다.

그런데 세상은 우리 모두에게 제공할 일자리들이 풍족하지도 않고, 또한 주어지는 일자리는 우리 모두가 감사하고 행복할 만큼 만족하지도 않고, 모든 이들의 불평을 잠재울 만큼 평등하지도 않습니다. 그래도 불평할 수 없는 것은, 그나마 주어진 일자리를 내일이라도 나오지 말라면 일하는 이들은 속수무책으로 그만 두어야 합니다. 이런 세상에서 살고 있습니다.

그나마 정규직은 함부로 해고할 수도 없거니와, 설령 해고를 해도 고용노동부 등에 제소해서 '해고 무효 선고'를 받을 수도 있지만 일용직이나 비정규직 직원들은 그런 억울함을 호소할 최소한의 안전장치가 없습니다. 그들의 눈물을 씻어줄 이가 없습니다. 세상은 모두 힘이나 돈 있는 자들의 편이니, 하나님께서 힘없고 가난한 이들의 눈물을 닦아 주시옵소서!

"곤궁하고 빈한한 품꾼은 너희 형제든지 네 땅 성문 안에 우거하는 객이든지 그를 학대하지 말라"(신명 24:14)고 하셨는데, 이 땅에서 힘없고 많은 공부 못했고 연줄도 없는 비정규직 근로자들은 자신의 신분을 보장받을 법도 없고, 그 억울함을 호소할 대상도 없습니다. 언제나 약하고 가난한 자의 편이신 하나님께서 저들 일용직을 불쌍히 여기사 지켜 주옵소서!

하나님은 늘 '고아'와 '홀로 사는 여인'을 불쌍히 여기시고, 병들고 가난한 이들을 사랑으로 지켜 주셨습니다. 흘린 이삭도 줍지 말고 밭모퉁이에 이들을 위한 여분의 곡식도 베지 말게 하셨습니다. 가난한 자들은 품삯도 이튿날로 미루지 못하게 했습니다. 그 돈으로 그날의 식량을 준비해야 하기 때문입니다. 하나님께서 이런 힘없는 비정규직의 삶을 지켜 주옵소서!

우리나라 비정규직의 지난해 해고 숫자가 OECD국가 중 1위라고 합니다. 기업을 경영하는 이들도 경영의 어려움이 있고 말 못할 사정들이 있겠지만, 해고하면 당하게 될 비정규직 종사자들의 어려움을 알고도 해고하는 매몰찬 사회입니다. 경영주들에게 자비를 베풀어 이윤이 좀 적더라도, 해고되면 당장 목숨을 지탱할 힘이 없는 비정규직을 생각하게 하시옵소서!

가난한 이들의 친구이신 예수 그리스도의 이름으로 기도드립니다. 아멘!

9. 어려운 이웃을 위하여 드리는 기도!!

땅의 기도

사업에 실패한 이들을 위하여 드리는 기도!

"백성 중 삼천 명쯤 그리로 올라갔다가 아이 사람 앞에서 도망하니 아이 사람이 그들을 삼십육 명쯤 쳐죽이고 성문 앞에서부터 스바림까지 쫓아가 내려가는 비탈에서 쳤으므로 백성의 마음이 녹아 물 같이 된지라" (여호 7:4-5)

사랑이 많으신 하나님! 이 땅에서 잘 될 줄 알던 사업이 뜻하지 않은 복병을 만나 실패하여 주저앉아 울고 있는 이들을 위하여 기도드립니다. 분명히 잘 되고, 분명히 성공할 줄 알았습니다. 사업 자금도 충분하고, 경험도 많은 사업이고, 몫도 좋고, 사업이 성공할 확률이 높았는데 의외로 주저앉았습니다. 너무 상심되어 자리에 주저앉은 그들에게 힘을 주옵소서!

누구나 사업을 성공할 수 있는 것으로 알듯이, 실패도 누구든지 할 수 있다는 것을 기억하여, 실망한 채로 "왜 이런 실패는 나에게만 찾아왔는가?" 하며 낙심하지 않게 하옵소서! 실패가 끝 것처럼 생각하고 주저앉을 것이 아니라, 작은 실패가 커다란 성공으로 이어지게 하옵소서! 이제 다시 주님의 손을 잡고 일어서서 실패의 원인을 분석하고 재기하게 하옵소서!

성경은 누구나 한 번에 성공을 거머쥔 사람이 없습니다. 다만, 실패한 자리에서 다시 일어나 용기를 가지고 도전하고, 새로운 역사를 쓰려는 이들에게 하나님께서 기회를 주신 줄 믿습니다. '아이'성 점령에 실패한 '이스라엘'이 패인(敗因)을 분석하고 그들의 중심에서 죄를 제거하고 다시 도전하자 하나님께서 그 성을 이스라엘에게 넘겨 정복하게 하셨습니다.

'시몬 베드로'가 주님께 위대한 신앙고백을 했으나 금방 "사탄아 물러가라!"는 책망을 받습니다. 계집 종 앞에서 주님을 부인했지만 닭의 울음소리에 심히 통곡하고, 갈릴리 호수에서 두 번째 부르심을 입고 위대한 사도가 된 것을 봅니다. "나사렛에서 인물이 나겠느냐?"던 '나다나엘'은 주님의 인정을 받는 제자가 되었습니다. 그들에게 실패는 귀한 것이었습니다.

한번 실패하고, 무너졌다고 포기하지 말고 "끝날 때까지 끝난 것이 아니다."는 의지와 함께 다시 도전하게 하옵소서! 아들에 의해 왕좌(王座)에서 쫓겨났던 다윗은 40년 왕정을 통해 이스라엘의 가장 빛나는 왕이 되듯이 저희 실패를 거울삼아 일어서게 하옵소서!" 왜 나만 겪는 고난이냐?"며 울지 말고, 역사의 인물들은 모두 실패의 경험이 있음을 알게 하옵소서!

죄도 용서하시고, 실수도 용납하시고, 실패도 잊어버리시는 하나님! 지금 어떤 마음으로 서 있는지 보시고, 실패의 자리에서 툭툭 털고 일어서게 하옵소서! 그리하여 실패를 교훈삼아 더 멋진 성공을 이루고 승리를 쟁취하는 저희가 되게 하옵소서! 학문이든, 신앙이든 사업이든 실패를 딛고 일어선 든든한 언덕에서 새로운 성공을 일구어가는 지혜를 주옵소서!

죽으시고 부활로 다시 사신 예수 그리스도의 이름으로 기도드립니다. 아멘!

땅의 기도

삶의 의욕을 상실한 이들을 위하여 드리는 기도! (1)

> "내가 여호와를 기다리고 기다렸더니 귀를 기울이사 나의 부르짖음을 들으셨도다 나를 기가 막힐 웅덩이와 수렁에서 끌어올리시고 내 발을 반석 위에 두사 내 걸음을 견고하게 하셨도다." (시편 40:1-2)

우리의 희망이 되시며 능력이 되시는 전능하신 하나님! 오늘 하나님의 사랑을 기대하며 도우심을 구합니다. 이 땅 삶의 여정에서 수없이 만나는 거대한 장애 때문에 의욕을 상실하고 용기를 잃어버린 이들이 많습니다. 스스로 감당하기에는 자신도 없고, 그렇게 무리하게 극복해야하는 회의가 들 때도 있습니다. 주저앉고 싶고, 포기하고 싶을 때가 많습니다.

그러나 우리가 만나는 크고 작은 어려움 때문에 도전을 포기하기에 우리의 삶은 너무 소중합니다. 이제껏 견뎌온 어려움들을 생각하면 여기서 주저앉기에는 저희의 삶이 너무 고귀합니다. 하나님께서 저희 마음에 담력을 주시어 이제까지 왔는데 여기에서 무너질 수 없다는 새로운 각오로 저희를 일으키시는 하나님을 바라보고 지금 일어나게 하시옵소서!

위대한 믿음의 사람들은 위기를 만나지 않은 사람들이 아니라 위기를 극복한 사람들인 것을 알게 하시옵소서! '아브라함'부터 시작해서 지금에 이르기까지 위대한 믿음의 사람들은 모두 수많은 절망의 위기를 겪은 이들임을 믿습니다. 인생이 다 끝난 것 같은 순간에도 끝내 희망을 포기하지 않고, 다시 일어서서 그 앞에 있는 어려움을 극복해 낸 이들입니다.

하나님께서 저희에게도 믿음의 선진들에게 주신 믿음의 은혜를 주시옵소서! 상황에 굴하지 않고 환경에 묶이지 않고 하나님을 바라며 승리하게 하시옵소서! "내 영혼아 네가 어찌하여 낙심하며 어찌하여 내 속에서 불안해하는가 너는 하나님께 소망을 두라. 그가 나타나 도우심으로 내가 여전히 찬송하리로다."고 하셨듯이, 하나님께 소망을 두게 하시옵소서!

깊은 바다의 큰 물고기 뱃속에 갇힌 것 같은 절망의 '스올'에서 부르짖어 기도하게 하시고, 죽음의 문턱에서도 "이번만 힘을 달라!"고 기도하게 하시옵소서! 대적들이 목을 치러올 때도 "아버지의 뜻을 이루기 위해"기도하게 하시옵소서! 감옥에 갇혀 죽음의 그림자가 눈앞에 왔어도 '바울'과 '실라'처럼 기도하여(사도 16:25), 하나님의 기적을 보게 하시옵소서!

"두려워하지 말고 믿기만 하라!"고 하신 주님께서 오늘 마음을 억누르는 두려움을 이기고, 한 움큼 빛에 소망을 두게 하시옵소서! 끝날 때까지 끝난 게 아님을 알고, 아무리 큰 절망보다도 하나님은 더 크시다는 믿음으로 살게 하시옵소서! 저희의 생애를 두려움으로 끌고 가는 어두움의 세력도 하나님 앞에서는 아무 것도 아님을 알고 용기를 내게 하시옵소서!

우리에게 이김을 주시는 예수 그리스도의 이름으로 기도드립니다. 아멘!

9. 어려운 이웃을 위하여 드리는 기도!!

땅의 기도

삶의 의욕을 상실한 이들을 위하여 드리는 기도! (2)

"게으른 자여 개미에게 가서 그가 하는 것을 보고 지혜를 얻으라 개미는 두령도 없고 감독자도 없고 통치자도 없으되 먹을 것을 여름 동안에 예비하며 추수 때에 양식을 모으느니라." (잠언 6:6-8)

봄이 오고 만물이 솟아나는 희망의 계절이 왔습니다. 봄의 마지막 절기 '춘분'도 지났습니다. 날씨도 바람도 따뜻해지고 사방은 봄이 오는 소리로 시끌벅적합니다. 들에는 봄나물이 고개를 내밀고 '매화', '산수유' 등이 사방에 꽃을 비우고 '유채'도 이미 피어있는 곳이 많아서 누구도 봄을 부인할 수 없습니다. 햇살도 전처럼 차갑지 않고 옷차림도 가벼워 졌습니다.

그런데 저희들의 마음은 아직 웅크리고 있습니다. 도저히 일어설 생각을 안 하고 있습니다. 긴 감염병 세계의 한복판에서 전쟁이 계속되고 있습니다. 여전히 끝날 기미를 보이지 않는 상황들을 기억하시고, 더 이상 자신 없어 주저앉는 측은한 인생들이 아니라 용기를 가지고 기지개를 켜게 하시옵소서! 의욕을 잃고 앉아있던 자리에서 벌떡 일어나게 하시옵소서!

봄의 계절에 어떻게 봄을 맞이할지 생각하게 하시고, 계절을 거스르거나 피해가지 않도록 함께 하여 주시옵소서! 주님의 도우심으로 새로운 계절의 나른한 기운을 이기고, 흐트러진 마음을 다잡고, 혼란스러운 때를 틈타 저희 마음을 약해지게 하는 요인들을 이기게 하시옵소서! 피곤하고 나른 하게 하는 연약함을 극복하고 활력을 되찾게 하여 주시옵소서!

추웠던 날씨가 풀리면서 함께 무너지고 싶은 육체의 게으름을 어거하고, 피곤해지는 몸을 일으키어 새 봄을 맞이할 준비를 하는 몸짓을 하게 하시 옵소서! 무기력해지고. 의욕이 사라질 때에 하나님께서 저희를 강하게 하 시어, 승리하는 봄의 성도들이 되게 하시옵소서! 인간의 약함을 아시는 하 나님께서 저희에게 땅을 깨고 솟아오르는 봄기운을 주시옵소서!

몸은 날씨에 민감해서 계속 처지고 싶고, 끝도 없이 게으름을 피우고 싶 고, 하루 종일 뒹굴며 나태해지고 싶습니다. 그렇게 애를 쓰고 열심을 내 어도 안 되는 피곤한 절기를, 새로운 희망과 용기의 계절로 바꾸어가게 하 시옵소서! 저희 속에 부정적이고 소극적인 사고로 가득 찬 이때, 저희에게 의욕이 생기고 새로운 목표와 기대가 불처럼 일어나게 하여 주시옵소서!

내일로 미루고 싶고 다음에 하고 싶고, 어떻게든 핑계대고 지체하고 싶은 봄에 하나님께서 저희 게으름의 잠을 깨워주시옵소서! 온 몸이 늘어지고 손발이 굳어지고 마음이 게을러지는 나른한 계절에 우리를 위해 하루를 준비해 주시고 열어주신 하나님 앞에 의욕을 가지고 일어서게 하시고, 자 연과 대기와 햇볕과 바람에 부끄럽지 않게 일어나게 하시옵소서!

우리에게 함께 가기를 원하시는 예수님의 이름으로 기도합니다. 아멘!

9. 어려운 이웃을 위하여 드리는 기도!!

땅의 기도

상심(傷心)하여 고통받는 이들을 위하여 드리는 기도!

"왕이 그의 얼굴을 가리고 큰 소리로 부르되 내 아들 압살롬아 압살롬아 내 아들아 내 아들아 하니." (삼하 19:4)

사랑의 하나님! 살다보면 뜻하지도, 예기치도 않았는데 상심할 일을 만나게 됩니다. 때로는 큰 슬픔을 당하거나 해결할 수 없는 근심이나 좌절을 겪기도 합니다. 감당하기 어려운 마음의 상처를 입었을 때 그들의 마음을 위로해 주옵소서! 어떤 일로 상심이 되었든 이유 여하를 막론하고 상심된 마음을 위로하여 주옵소서! 다시 힘을 얻고 일어서게 하시옵소서!

사랑하는 연인을 잃어버린 실연(失戀)의 아픔 때문에 상심한 이도 있고, 도저히 다시 일어설 수 없는 큰 사업의 실패가 큰 상심이 된 이도 있습니다. 하나님께서 그들에게 위로가 되시어 상심한 마음을 어루만져 주옵소서! 실연이 더 아름다운 사랑을 할 수 있는 기회가 될 수도 있고, 사업의 실패가 새로운 성공의 기회가 될 수도 있음을 알게 하여 주시옵소서!

잃어버린 연인 때문에 더 열심히 인생을 공부하여, 애초에 사랑하던 연인보다 모든 면에서 하나님께서 더 아름답게 하시고, 실패한 사업 때문에 상심하던 이는 다시 일어서서 더 좋은 사업을 구상하고 실행하여, 본디 하려던 것보다 더 규모나 매출이나 생산되는 제품이 탁월하게 하여 주옵소서! 상심한 이들이 하나님 주신 위로로 전화위복을 경험하게 하옵소서!

어떤 사람은 집에 도둑이 들어 모두 실어가는 바람에 현금을 포함하여 평생 모아두었던 소중한 보물이며 재산 가치가 나가는 걸 모두 가져가는 바람에 허탈한 마음을 극복하지 못한 채 몸 져 누워있는 이도 있습니다. 집에 들어갔을 때 귀금속을 넣어둔 금고가 열리고 집안이 어지러이 널려있는 것을 보고 놀란 가슴을 아직도 진정하지 못하고 있는 이도 있습니다.

어떤 이는 시험에 낙방한 다음 그 일이 상심이 된 이도 있습니다. 학력고사를 실수로 잘 못 보고 너무 허망하여, 재수할 의지도 여력도 없어진 이가 있습니다. 본인이나 가족들이 당연히 합격할 것을 믿고 있던 국가고시에 불합격하여 주변 사람들은 물론 당사자의 상심이 회복되지 않은 이도 있습니다. 마음이 상한 이가 일어나 회복되어 재기하게 도우시옵소서!

세상에는 부족한 것이 없는 사람이지만, 마음에 타박상이든 자상(刺傷)이든 상처를 받으면 감당이 안 됩니다, 하나님께서 저희들에게 깨달음을 주시옵소서! 한 번 상심한 마음을 추슬러 원상을 회복시켜주시고, 상심한 이가 일어서면 두 번 다시 그런 상처는 입지 않고, 한 번 앓고 잃어서면 그는 면역기능이 강화되어 다시는 그런 상심은 없는 것을 알게 하옵소서!

혼자된 이를 사랑하시는 예수 그리스도의 이름으로 기도드립니다. 아멘!

9. 어려운 이웃을 위하여 드리는 기도!!

땅의 기도
소외된 이들을 위하여 드리는 기도!

"너희 중에 분깃이나 기업이 없는 레위인과 네 성중에 거류하는 객과 및 고아와 과부들이 와서 먹고 배부르게 하라 그리하면 네 하나님 여호와께서 네 손으로 하는 범사에 네게 복을 주시리라" (신명 14:29)

이 땅에서 사람들의 마음과 눈길에서 벗어난 이들과, 손길에서 멀어진 이들을 특별히 관심하고 사랑하시는 하나님! 연말을 맞아 세상이 떠들썩하고 분주히 오가는 사람들의 소리나, 가족들과 외출과 외식을 하며 행복해하는 모습들이 자주 눈에 뜨이는 계절입니다. 거리에서 상점에서, 연말이며 송년이나 신년이라 축하와 모임, 식사며 선물이 일상인 계절입니다.

이렇듯 따뜻하고 행복한 모습들이 사방에서 전해지고 있지만, 이 행복한 순간을 부러움으로만 지켜보는 이들이 세상에는 의외로 많습니다. 갑자기 행복을 함께 나눌 가족을 잃어버린 이들, 함께할 부모가 세상을 떠나 사랑한다는 말도 못하고, 작은 선물도 전해 줄 수 없는 이들, 이런 분주함 속에서도 따뜻한 밥 한 그릇 정성껏 챙겨줄 자녀들도 없는 이들입니다.

병들어 누운 지 오래되어 바쁜 연말에 찾아오는 것은 오히려 부담이 된다며 극구 오지 말라고 했지만, 함께 입원한 이들과만 보내기에는 감당하기 힘든 외로운 장기 입원 환자들도 있습니다. 내년 연말은 더 이상 맞을 자신이 없는, 올 마지막 날이 마지막 송구영신이 될 것 같은 쓸쓸한 노인들도 있습니다. 요양보호 시설에서 버림받듯 보호받는 이들도 있습니다.

영원한 소외자가 된 걸인, 노숙자를 비롯하여 거주지 자체가 없는 이들과, 사업에 실패하여 동기들의 송년회나 친척모임에도 못가고 혼자 밤을 보내는 이들도 있습니다. 빚 때문에 숨어 지내는 이도 있고, 누구에게도 이야기 못한 질병의 아픔을 겪는 이들, 누가 손 한 번 잡아주거나 아픔을 공감하는, 한 마디 격려가 천군만마 같은 위로와 힘이 될 만한 이들입니다.

면회도 서신도 없이 특식 한 끼로 외로움을 달래는 재소자들도 있고, 가족들과 같이 지내고 싶지만 상황이 함께 할 수 없는 군인들, 각 지방에서 근무하는 공무원들, 해외 거주자들과 유학생들도 많습니다. 세상이 시끌벅적하면 할수록 더욱 그리워지는 가족들이나 고향마을이나 모두를 기억하는 이들은, 누가 외로우리라 미처 생각도 못한 채 있는 이들입니다.

세상에는 의외로 소외된 이들이 많습니다. 의외로 외로운 이들이 많습니다. 세상이 화려하고 요란할수록 그 한쪽에는 관심을 받지 못한 채 쓸쓸한 시간을 보내야하는 소외된 이들이 많습니다. 전혀 소외될 일이 없을 이들이 소외된 채 외로워하고 있습니다. 그런 이들에게 관심할 수 있는 마음을 주옵소서! 한마디 말과 따스한 눈빛에서 새 인생을 살게 하옵소서!

고아, 과부, 나그네를 사랑하시는 예수님의 이름으로 기도합니다. 아멘!

땅의 기도
슬픔당한 이들을 위하여 드리는 기도!

"즐거워하는 자들과 함께 즐거워하고 우는 자들과 함께 울라" (로마 12:15)

세상에서 한 번 가면 돌아올 수 없는 길이 '죽음'입니다. 그 길에 자신을 던진 이들과 가족을 위하여 기도합니다. 또 한 사람의 소중한 별을 잃었습니다. 슬픔을 당한 가족들 특히 배우자와 자녀들에게 위로의 은혜와 삶에 대한 용기를 주옵소서! 이미 고인이 된 이를 위해서 저희가 할 일이 없지만, 유족들이 허망한 죽음 앞에 슬픔을 이기고 일어서게 하옵소서!

고인이 된 이가 여러 날 동안 국민의 관심을 받으며 엄청난 번민을 했을 것입니다. 저희들은 어려운 상황에 처한 그를 위로하거나 중보하지 못했습니다. 지금 이 순간에도 여러 연유로 삶과 죽음의 기로에서 방황하는 사람들이 있을 터인데, 이들을 찾아 함께 무거운 삶의 짐을 지고 갈 마음을 갖게 하여 그가 상처를 치유 받고 일어설 수 있도록 힘을 주옵소서!

이런 슬픔이 어떤 일로든 희화화(戲畫化)되지 않고 정치적으로 악용되지 않게 하옵소서! 슬픔은 이번 일로 족하고, 다시는 불행이 일어나지 않게 해주옵소서! 이런 일이 일어나게 된 문화, 사회적인 상황들을 하나님께서 도와주시고, 모든 문화, 예술계 종사자들과 이들 외에도 모든 국민들이 자신의 생업에만 전념하도록 자유로운 정의의 세상이 되게 하옵소서!

사랑의 하나님! 그동안 우리나라에 너무나 고귀한 생명들이 스스로 목숨을 끊었습니다. 나라의 대통령을 지낸 지도자부터 국회의원, 재벌총수, 정상에 오른 연예인 등 신분이나 직업에 관계없이 유명(幽明)을 달리한 이들을 많이 보았습니다. 학교에서 아이들을 가르치던 선생님조차 고통을 견디지 못하고 갔습니다. 이제는 이런 불행한 사슬들이 끊어지게 하옵소서!

사업가들이 자금의 압박을 받을 수도 있고, 정치인들이 명예의 실추를 당할 수도 있습니다. 그러나 혹 잘못한 일이 있으면 용서받을 기회도 있고, 잃어버린 것이 있으면 회복할 수도 있습니다. 고통이 있으면 치유될 수도 있습니다. 세상에 어떤 수치와 모욕, 비난과 고통도 생명과 바꿀 만큼 크지는 않습니다. 땅에 사는 저희들에게 생명의 소중함을 알게 하옵소서!

지금도 어디선가 우리가 알지 못하는 곳에서 혼자 울며 고통을 토하고 있는 이들이 있습니다. 하나님께서 그 영혼들을 위로하시고 붙잡아 주옵소서! 힘들고 어려운 상황에도 하나님께서 주신 고귀한 생명을 스스로 버리는 선택은 하지 않도록 도우시옵소서! 이 땅에 있는 이들, 특히 아직도 세상을 살아야 할 날이 많은 이들이 행복하게 살 수 있게 도와주옵소서!

생명을 천하보다 귀히 여기신 예수 그리스도의 이름으로 기도합니다. 아멘!

9. 어려운 이웃을 위하여 드리는 기도!!

땅의 기도

억울하게 갇힌 이들을 위하여 드리는 기도!

고마우신 하나님! 오늘은 감옥에 갇힌 이들을 위해서 기도드립니다. 죄를 지어 그 형벌로 감옥에 갇힌 이들이야, 당연히 법의 심판을 받았으니 그 안에서 고통을 받아야 한다고 하겠지만, 세상에 죄 없는 이가 누구겠습니까? 모두 신실하게 형기를 마치고 건강하게 출소해서, 다시는 그런 불행한 자리에 있지 않게 하옵소서! 그곳은 한 번으로 족하게 하시옵소서!

특별히 그 중에 억울하게 옥살이를 하고 있는 이들이 있습니다. 무죄한 이를 죄인으로 만들어 억울한 형기를 사는 이들, 더구나 그중에 사형이 집행된 이들도 있습니다. 성경에는 '요셉'도 감옥에 갇혀 고생했고 '예레미야'도 감옥에 갇혔습니다. 무고를 당해 억울한 옥살이를 하고, 정치적으로 왕의 미움을 받아 갇혔습니다. 세례 '요한'은 감옥에서 처형되었습니다.

사도 '바울'은 여러 차례 억울한 옥살이를 했습니다. '바울'뿐만 아리라 '실라'도 '아리스다고'도 '오네시모'도 갇혔습니다. 복음 때문에 억울하게 감옥에 갇힌 이들 중에는 믿음의 아들 '디모데'도 있습니다. 언제나 감옥에는 사회와 격리되어야 한다고 판단된 흉악한 죄인들만이 아니라, 정치적으로 정적이 된 이들, 무고하게 범죄자 누명을 쓰고 갇힌 이도 있습니다.

사회정의와 민주화를 위한 투쟁이 실정법을 위반하는 바람에 영어(囹圄)의 몸이 된 이들도 있습니다. 하나님께서 이들을 위로하시고 힘을 주시며, 답답하고 고통스러운 수감생활을 잘 감당하게 하옵소서! 때로 힘들면 하나님께서 힘을 주시고, 때로 외로울 때는 하나님께서 곁에서 위로하여 주시옵소서! 분하고 억울한 이들은 그를 꺼내 '요셉'처럼 크게 써 주옵소서!

감옥에서 수감생활을 하는 동안 기도 많이 하게 하시고, 자신을 돌아보게도 하시고, 미래의 설계도 하게 하옵소서! 그래서 수감된 죄수의 생활이 그의 미래에 큰 힘이 되게 하옵소서! 특히 자기를 무고한 사람도, 기소한 검찰도, 판결한 재판부도 원망하지 않고 덮고 잊어버리게 하시고, 억울하고 고통스러운 세월을 다 이기고 마침내 최후의 승자가 되게 하시옵소서!

살다보면 억울한 일을 많이 겪게 됩니다. 순간에는 억울하고 분하고 고통스럽지만 세월이 지나 돌아보면 모두 유익한 시간이 됩니다. 모든 수감자들이 그런 경험이 있게 하시되, 특히 억울하게 옥살이 하는 이들의 미래가 활짝 열려 하나님의 기쁨이 되게 하여 주시옵소서! 세상에서는 더 이상 감옥에 가는 죄인들도, 억울하게 갇히는 이들도 없기를 소원합니다.

옥에 갇힌 자를 기억하시는 예수 그리스도의 이름으로 기도합니다. 아멘!

9. 어려운 이웃을 위하여 드리는 기도!!

땅의 기도
외국인 노동자들을 위하여 드리는 기도!

"너는 이방 나그네를 압제하지 말라 너희가 애굽 땅에서 나그네 되었었은즉 나그네의 사정을 아느니라." (출애 23:9)

전능하신 하나님! 인류를 지으시되 다양한 민족으로 지으시고 이들을 전 세계에 흩어져 살게 하신 하나님을 찬양합니다. 그 가운데 우리나라가 어려웠을 때는 세계 다른 나라에 가서 돈을 벌어 오게 하셨고, 이제 하나님께서 우리를 이만큼 살게 하시므로 이제는 외국의 노동자들이 한국에 와서 일할 수 있을 만큼의 경제적 성장을 허락하시니 은혜가 놀랍습니다.

오늘 '외국인 노동자'들을 위해 기도합니다. 낯선 한국 땅에 와서 일하면서 언어의 장벽도, 문화의 차이도 있을 터인데, 잘 극복하며 일하게 하신 것 고맙습니다. 그러나 그들이 일하면서 당하는 여러 가지 아픔들이 있습니다. 한국인과 임금과 신분에서 차별받는 고통이 있고, 보이지 않는 불이익도 있습니다. 신분상 불법 체류자가 된 이들의 고통은 더욱 큽니다.

각각의 상황 때문에 안전한 노동허가를 받지 못한 채 비공식적인 취업을 한 경우, 고용주들의 위협, 임금 체불, 착취, 심지어는 물리적 가해까지 당하기도 합니다. 먼 외국에 와서 일하여 가족의 생계를 책임진 저들의 안타까움을 헤아려 따뜻한 관심으로 배려하는 저희가 되게 하시옵소서! 전에 우리가 독일에 광부나 간호사로 있던 때를 돌아보게 하시옵소서!

우리도 옛적에 중동에 나가서 건설 현장에서 노동자의 삶을 산 적이 있고, 세계 여러 나라에 나가서 눈물 섞인 서러움의 밥을 먹으며 돈을 벌던 때가 있습니다. 그때 하나님께서 저희를 불쌍히 여겨 대한민국을 오늘에 이르게 하셨는데, 그 외국인 노동자들의 눈물을 보시고 그들의 탄원을 들으시어 그들도 속히 목적을 이루고 고국으로 돌아가게 하시옵소서!

한국에서 일하는 외국인 노동자들이 악덕 고용주를 만나 임금을 수탈당하지 않게 하시고, 신실한 고용주들을 만나 저희들의 땀과 눈물이 묻은 돈을 빼앗기지 않게 하시옵소서! 그들에게 우리 국민 한 사람 한 사람이 대사(大使)입니다. 좋은 인상으로 외국인 노동자들을 대하여 누구든지 한국에 와서 노동자의 삶을 산 이들은 좋은 인상으로 남게 하시옵소서!

우리의 주변에 외국인 노동자가 보일 때, 고국을 떠나 타국에서 땀 흘리는 저희들을 위로하고 격려하게 하시옵소서! 하나님! 그들이 억울한 일을 당하지 않도록 지켜주시되, 하나님의 공의가 노동현장에 이루어지게 하시옵소서! '애굽'에서 종살이 하던 '이스라엘'을 기억하신 하나님께서, 지금 외국인 노동자의 신분으로 일하는 이들의 눈물을 기억하여 주시옵소서!

사람을 차별하지 않으시는 예수 그리스도의 이름으로 기도합니다. 아멘!

9. 어려운 이웃을 위하여 드리는 기도!!

땅의 기도

이 땅에 거주하는 외국인들을 위하여 드리는 기도!

"너는 이방 나그네를 압제하지 말며 그들을 학대하지 말라 너희도 애굽 땅에서 나그네였음이라" (출애 22:21)

우리가 수천 년 동안 이어져 오던 '단일 민족'의 혈통이 이제는 계속 주장할 수 없을 만큼 이 나라에 세계인들이 몰려와서 함께 사는 다인종사회로 나아가고 있습니다. 전에는 대한민국 국민들이 전 세계에 흩어져 살면서 우리의 국력을 이야기 했지만, 이제는 세계 사람들이 한국으로 몰려와서 함께 살며 우리의 국력을 자랑하는 은혜의 글로벌시대가 되었습니다.

이미 길거리는 물론, 학교나 매장이나 식당, 호텔, 사무실 그 어느 곳에 가도 외국인들이 넘쳐납니다. 가까운 '중국'이나 '일본'은 물론 '베트남', '태국', '라오스' 등 동남아에서 온 이들도 많고, 또 '영국'이나 '프랑스'같은 유럽에서 온 이도 많습니다. 북미나 남미에서도 사람들이 몰려오고 있습니다. 결혼 이민자도 많고 유학비자나 취업으로 오는 이들도 많습니다.

우리나라 사람들의 재외 한국인 동포는 모두 180개 나라에 700만 명이 있는데, 우리나라에 들어와서 사는 이들도 이제 200만 명이 넘었습니다. 외국인으로 한국에 사는 이들을 위해 기도드립니다. 외교관 신분이나 대기업 임원 및 고문, 대학의 교수로 있는 이들도 있고 관광으로 오는 이들도 많지만, 그 중에 어려운 환경에서 일하는 이들을 기억하여 주옵소서!

식당이나 호텔 등 서비스업에서 종사하는 이들, 건축 현장에서 근로자로 일하는 이들, 주로 힘들고 어려운 환경에서 외국인으로 일한다는 것이 때로는 경멸당하거나 무시당할 수 있습니다. 이런 이들을 기억하여 주옵소서! 우리나라에 '코리안 드림'을 꿈꾸며 힘없는 나라에서 임금수준이 좋은 나라에 왔기에 더러는 천박한 사람 대하듯, 무시하는 경향이 있습니다.

사람을 똑같은 하나님의 자녀가 아니라 피부색이 다르고 우리보다 가난하고 열등한 민족으로 우리가 무시하고 천대해도 괜찮은 이들로 생각하지 않게 하옵소서! 우리의 조상들이 처음 사탕수수 농장에서 수모를 당하던 때를 기억하게 하시옵소서! 미국이나 유럽에 더 나은 내일을 꿈꾸며 일하던 때를 기억하여 나그네 된 저들을 따뜻하게 대하게 하여 주옵소서!

힘들고 외로운 이국생활에서 인간 대접을 제대로 못 받고 살던 외국인 노동자, 혹은 결혼 이민자 등 모든 외국인들이 '동방예의지국'으로 품위 있게 자신들을 대하는 한국인, 특히 그리스도인의 인격적인 삶을 통해 저들에게 복음도 전하고 위로와 사랑도 전하게 하옵소서! 고국을 떠나 타국에 온 이들을 따뜻하게 대하고 기도하는 우리들이 되게 하여 주옵소서!

나그네를 불쌍히 여기신 예수 그리스도의 이름으로 기도드립니다. 아멘!

9. 어려운 이웃을 위하여 드리는 기도!!

땅의 기도

이 땅의 여성들을 위하여 드리는 기도!

"남편들아 이와 같이 지식을 따라 너희 아내와 동거하고 그를 더 연약한 그릇이요 또 생명의 은혜를 함께 이어받을 자로 알아 귀히 여기라 이는 너희 기도가 막히지 아니하게 하려 함이라." (벧전 3:7)

인간을 '남자'와 '여자'로 구별하여 지으셨으나, 차별하지 않으시는 사랑의 하나님! 오늘 '세계 여성의 날'에 특별히 연약한 여성들을 위하여 기도합니다. 육체를 구성하고 있는 골격과 근육의 힘이 남성보다 약하여, 거의 많은 가정이나 나라에서 억압받고 무시당하며, 혹은 소외당하며 사는 여성들을 기억하여, 저들의 인권이 이제는 침해당하지 않게 하시옵소서!

태어나면서부터 '남성 우월적'인 상황에서 태어나 체념하며 살아온 아픈 세월을 기억하시고, 설움과 슬픔으로 짓눌린 여성들의 삶을 하나님께서 일으켜 주옵소서! 여인들이 있어 인류와 종족이 번식하고 역사를 이어왔으며, 여인들이 있으므로 생명의 젖줄을 통해 생존해 왔지만, 여성들이 해왔던 숱한 일들은 이날까지 보이지 않는 음지에 가려져 있었습니다.

남성들이 하는 일은 위대하게 평가되었고 여성들의 일은 하찮은 일로 폄하되어, 세계를 품고 낳고 기른 어머니들이 수치와 굴욕의 삶을 살아왔습니다. 민주화되고 선진화 된 나라에서도 여전히 여성들은 차별과 배제를 당하며 삽니다. 심지어 민도가 낮은 나라에서는 남성들에 의해 모든 것이 억압받고 있음을 기억하시고 저들의 눈물을 씻어 주시옵소서!

모든 인생은 여인의 몸에서 태어나고, 예외 없이 여인의 젖을 먹으며 자랐지만, 그 어머니 된 여성들의 역할은 늘 부정되었고, 인격은 무시되었습니다. 지금도 드러내지 못하고 아픔을 삼키고 있는 이 땅의 여성들을 위하여 '여성의 날'을 제정해서라도 자신들을 지키려 몸부림하오니, 이제 남성들의 폭력성이 자제되고 여성들의 짓밟힌 주권이 회복되게 하시옵소서!

가장 공평해야 할 교회 안에서도 구성원이나 하는 일은 몇 배 많으나 배려는 삼분의 일도 못 받는 여성들입니다. 직장, 학교, 기업, 사회, 국가에서 공평한 대우가 아니라 차별받는 안타까운 모습을 봅니다. '더 연약한 그릇이요 생명의 은혜를 함께 이어받을 자'라고 하지만 여전히 깨닫지 못하고 갖가지 폭력과 착취의 대상이 되고 있습니다. 불쌍히 여기시옵소서!

하나님! 지금도 순전히 '여성'이라는 이유 하나로 무시당하고 학대받는 여성들을 위하여 기도하오니, 저희들의 상하고 억울한 심정을 위로하시어 힘을 얻어 어깨를 펴고 당당히 달릴 수 있는 여성들이 되게 하시옵소서! 태어나 '여자 아이'로 구박받고, 자라며 '여학생'으로 차별받고, 사회인이 되어 '여성'으로 무시되는 아픔을 하나님께서 위로하여 주옵소서!

힘없는 여인들을 사랑해 주신 주 예수님의 이름으로 기도합니다. 아멘!

9. 어려운 이웃을 위하여 드리는 기도!!

땅의 기도

인생의 실패자들을 위하여 드리는 기도!

"시몬이 대답하여 이르되 선생님 우리들이 밤이 새도록 수고하였으되 잡은 것이 없지마는 말씀에 의지하여 내가 그물을 내리리이다 하고 ―그렇게 하니 고기를 잡은 것이 심히 많아 그물이 찢어지는지라" (누가 5:5-6)

하나님! 이 땅에 사는 이들은 누구나 성공하고 싶어 합니다. 그럼에도 성공하는 이들보다 실패하는 이들이 많고, 실패의 아픔은 성공의 기쁨보다 몇 배나 깊고 오래 갑니다. 이 아픔은 누구도 위로할 수 없고, 어떤 위로도 회복이 어렵습니다. 이 땅의 모든 실패자들이 실패에서 오는 좌절감을 딛고 일어서는 지혜를 베풀어 주시고 다시 희망을 가지게 하시옵소서!

잘 되던 사업이 '코로나'를 맞아 무너진 다음, 옛날의 호황을 회복하지 못하고 있다면, 그들의 사업이 다시 일어서게 하옵소서! 조금만 비빌 언덕이 있으면 일어설 수 있는 안타까운 이들에게 하나님께서 도울 이를 보내주시고, 조금만 돈이 있으면 다시 사업을 일으킬 수 있을 터인데 빌릴 곳이 없어 발을 구르는 이들에게는 자금 조달의 길도 열어 주시옵소서!

사람을 잘못 만나 실패한 이들에게는 좋은 사람을 만나게 하여 주옵소서! 서로 혈육처럼 아끼며 친구처럼 사랑하며 가족처럼 희생할 수 있는 좋은 사람들을 만나게 하옵소서! 그래서 한 번 실패의 쓴 맛을 본 이들이 심기 일전하여 더 나은 길을 갈 수 있게 하옵소서! 한두 번 실패한 것으로 주저 앉지 않게 하시고, 그 실패로 인해 삶을 포기하지 않게 하옵소서!

세상에서도 한 번의 실패가 성공보다 귀한 값을 지니는 경우가 많은즉, 실패의 부끄러움을 딛고, 다시 영광스러운 재기를 이루게 하옵소서! 자신의 명함을 자랑스럽게 생각하고, 자신의 사업장에 자부심을 갖고, 얼굴 들고 어깨 펴고 당당하게 살 수 있는 재기의 사람이 되게 하옵소서! 사업에 실패한 것이 인생을 실패한 것이 아닌즉, 하나님께서 인도 하시옵소서!

실패했던 '모세'를 들어 쓰시고, 실패했던 '다윗'을 다시 쓰신 하나님! 스승이신 예수님을 부인하는 실패를 경험했던 '베드로'를 다시 쓰신 하나님! 실패한 이들이 실패를 인정하고 다시 하나님의 손에 붙잡혀 위대한 믿음의 사람으로 태어난 것처럼, 오늘 이 시대에 사업이나 신앙생활에 실패한 이들을 붙잡아 주시고 실패를 딛고 위대한 성공자가 되게 하시옵소서!

이혼의 아픔을 통해 결혼에 실패한 이들을 기억하여 주옵소서! 이혼은 가정의 실패가 아니라, 그 과정에서 더 나은 미래를 설계하게 하옵소서! 억압된 자유의 상처를 추스르고 새로운 인생을 설계하게 하옵소서! 사람들이 실패했다고 생각하는 경제적 실패나 가정적 실패자들에게, 상처 입은 겉모습보다 그의 내면에 돋아나는 새 살에서 희망을 갖게 하옵소서!

저희의 삶을 다시 세우시는 예수 그리스도의 이름으로 기도합니다. 아멘!

땅의 기도
자살을 생각하는 이들을 위하여 드리는 기도! (1)

"사람이 만일 온 천하를 얻고도 제 목숨을 잃으면 무엇이 유익하리요 사람이 무엇을 주고 제 목숨과 바꾸겠느냐." (마태 16:26)

아흔 아홉 마리의 양을 '우리'에 두고 잃어버린 한 마리의 양을 찾아 나서는 목자의 심정을 보이신 사랑의 하나님! 오늘 생명을 경시하는 풍조가 만연되어, 남의 생명만이 아니라 자신의 생명마저 귀하게 여기지 않고 스스로 극단적 선택을 하는 이들이 늘어나고 있습니다. 오늘도 한 정치인의 측근이 스스로 목숨을 끊음으로 보는 이들의 마음을 아프게 합니다.

한 사람의 죽음이 가져올 파장도 크고, 이에 대해 서로 책임을 추궁하는 이들도 있을 것이지만, 중요한 것은 그 자신과 가족들입니다. 태어나서 어린 시절, 학창시절, 직장생활을 하면서 이렇게 일생을 마무리 할 마음은 갖지 않았을 것입니다. 그 죽음의 진실이 무엇인지는 스스로 가슴에 안고 갔으니 정확히 알 수 없으나 천하보다 귀한 생명을 스스로 끊었습니다.

그가 모셨던 지도자의 탓이든, 강압 수사가 원인이 되었든 살아서 진실을 밝혀도 될 터인데 너무나 안타깝습니다. OECD 가입 국가 중에 우리나라가 이런 불행한 자살률 1위라는 불명예를 안고 있는 것은 수치이지만, 수치 이전에 한 생명을 그것도 내 손으로 끊는 것이 얼마나 억울하고 분하고 안타까운지 모릅니다. 이제는 자살행진이 멎게 해 주시옵소서!

우리나라, 특히 남자들의 경우 '암'이나 '심장질환', '폐질환' '뇌질환'에 이어 스스로 목숨을 끊는 것이 사망 원인 다섯 번째 순위에 있으니 그렇게 병에서도 살아보려고 몸부림을 하는데, 고귀한 생명을 스스로 버린다는 것은 생명의 창조자이신 하나님 앞에만 아니라 부모나 배우자 특히 앞으로 살아갈 날이 많은 자녀들에게 얼마나 큰 아픔인지 모릅니다.

심신이 연약하고 불안에 시달리는 이들이 순간적 판단으로 극단의 선택을 하지 않도록 죽을힘을 다해 살아보도록 힘을 주시옵소서! 허무하게 죽으면 가족들이 얼마나 많은 아픔을 겪어야 하는지 알고, 한 번 참아보고, 또 참아 어떻든 살아서 그 고통을 상쇄할 수 있게 하시고, 남의 생명만 아니라 자신의 생명을 해하는 것도 '살인'임을 알게 하시옵소서!

하나님! 스스로 목숨을 끊는 이들은 얼마나 괴롭겠습니까! 그럼에도 극단적 선택을 할 때의 번민을 저는 알지 못하기에 정죄할 수는 없지만, 생명의 소중함을 알고 남은 가족들이 겪게 될 죽음보다 더 큰 고통을 헤아려 견딜 수 있는 믿음을 주시옵소서! 무서운 병마와 싸우면서 생존의지를 불태우는 이들 앞에 부끄럽지 않도록 이들에게 용기를 주시옵소서!

우리의 생명을 살리기 위해 오신 예수님의 이름으로 기도합니다. 아멘!

9. 어려운 이웃을 위하여 드리는 기도!!

땅의 기도
자살을 생각하는 이들을 위하여 드리는 기도! (2)

"이르되 내가 무죄한 피를 팔고 죄를 범하였도다 하니 그들이 이르되 그것이 우리에게 무슨 상관이냐 네가 당하라 하거늘 유다가 은을 성소에 던져 넣고 물러가서 스스로 목매어 죽은지라." (마태 27:4-5)

사랑의 하나님! 오늘 안타까운 마음으로 간절히 기도합니다. 세상이 너무 힘들다 보니 삶의 무게를 견디다 못해 스스로 목숨을 끊으려는 이들이 많습니다. 하나님께서 저들의 마음에서 어두운 마음을 거두어 주시옵소서! 자신의 생명을 스스로 끊어버리려는 안이한 생각을 버리게 하시옵소서! 죽음의 결심을 실행하기 전에 한 번만 더 생각하게 하시옵소서!

고귀한 자신의 생명을 이 땅에 스러져가는 이들을 살리는 일에 사용하게 하시옵소서! 자신의 목숨을 살려 다른 곳에서 죽어가는 사람을 살릴 수 있는 용기를 주시옵소서! 그를 어둠의 골짜기로 몰고 가는 흑암의 영을 하나님께서 막으시고 빛의 세계와 생명의 시간으로 나오게 하시옵소서! 한 사람 생명의 무게가 천하보다 무겁고 존귀한 것을 알게 하옵소서!

스스로의 목숨을 끊을 만큼 가책이 되는 일이 있다면 그 어둠의 일을 토해내고 하나님께 구하여 용서받고 다시 일어서게 하시옵소서! 자신의 목숨을 포기할 만큼 힘든 상황과 환경을 만났으면, 어려운 고비들을 넉넉히 이길 수 있는 각오와 용기를 주시옵소서! 지친 삶의 무게를 견딜 수 있는 인내력을 주시고, 이를 감당하려는 생명에 대한 의지를 주시옵소서!

사랑의 하나님! 사람들이 스스로 목숨을 끊으면 자신의 결백이 입증되고 무죄가 밝혀지리라 생각하지만, 차라리 살아서 더 아름답게 자신의 억울함을 증명해 보이게 하시옵소서! 스스로 목숨을 끊음으로 세상에 대한 저항을 보이려는 이들에게, 그 목숨을 붙잡고 더 멋진 세상을 만드는 초석이 되게 하시옵소서! 자살이 얼마나 허망한 일임을 알게 하시옵소서!

자살은 자신에게는 아무 의미가 없으며, 결과는 너무 허무하며 이로 인한 파장은 깊고 오래가는 것을 알게 하시옵소서! 스스로 목숨을 끊는 이가 청소년이라면 그의 부모님과 형제들, 그리고 그의 친구들과 선생님, 그 밖에 관련된 이들에게 얼마나 오랫동안 아픔이 이어지는지 알게 하시고, 그가 성인이라면 배우자와 자녀들에게 줄 상처를 생각하게 하옵소서!

그가 기업인이라면 그에 딸린 수많은 직원들, 그가 정치인이라면 그를 지지하고 후원하며 기대했던 모든 이들에게 얼마나 큰 상실감을 주는지 알게 하시옵소서! 자신의 죽음이 얼마나 무가치하며 얼마나 의미 없는 죽음인 것을 깨달아, "나 하나만 사라지면 된다."는 무책임만 생각에서, 고통스럽지만 생명의 끈을 붙잡고 기어이 살아서 승리하게 하시옵소서!

저희의 죽을 생명을 살리려 죽으신 예수님의 이름으로 기도합니다. 아멘!

9. 어려운 이웃을 위하여 드리는 기도!!

땅의 기도
재소자(在所者)들을 위하여 드리는 기도!

"너희가 갇힌 자를 동정하고 너희 소유를 빼앗기는 것도 기쁘게 당한 것은 더 낫고 영구한 소유가 있는 줄 앎이라 그러므로 너희 담대함을 버리지 말라 이것이 큰 상을 얻게 하느니라" (히브 10:34-35)

사랑의 하나님! 오늘 교도소에서 영어(囹圄)의 몸이 되어 있는 재소자들을 위해 기도합니다. 어떤 연유로든 법의 판단을 받고 자유를 박탈당하고 있는 이들을 기억하시고, 추운 겨울에 추위를 이길 수 있는 환경을 더하여 주옵소서! 그곳에 수감된 지 얼마가 되었든지 그 기간 동안 많은 고통이 있었겠지만 그럼에도 지나고 나면 유익한 시간이 되게 하시옵소서!

특히 추위보다 더 차가운 외부의 시선과 선입견으로부터 자유롭게 하시고, 그 중에서도 가족, 배우자, 자녀들과의 아름다운 사랑의 관계가 끊어지지 않고 더욱 견고해지게 하옵소서! 찾아오는 사람 없이 홀로된 외로운 교도소에서 하나님께서 저희들을 만나주시고, 세상의 사람들이 잊어버린 다음에도 주님은 잊지 않고 갇힌 자를 기억해 주심을 ale게 하시옵소서!

교도소 안에서 함께 수형생활 하는 이들이 서로 위로하고 용기를 주며 더 나은 미래를 디자인하게 하시고, 서로에게 힘이 되고 서로에게 위로가 되게 하옵소서! 밖에 있는 가족이나 혈육, 일가친척이나 친구 선후배들에게 섭섭한 마음 가지지 않게 하시고, 서로 용납하고 품게 하옵소서! 원인 제 공자를 미워하거나 원한을 갖지 않도록 넉넉한 마음을 주시옵소서!

수감생활 하는 동안에 하나님에 대한 사랑과 믿음을 회복하게 하시고, 형 사사건의 경우 피해자들에게 용서를 구하는 마음도 주옵소서! 전화위복이 되어, 하나님께서 그곳을 천국처럼 만들어 주옵소서! 감옥에서 '바울'을 만 난 '오네시모'처럼 인생을 바꿀만한 인물을 피차에 만나 인생역전이 되게 하옵소서! 하나님의 일하심을 경험하는 신비함이 있게 하옵소서!

특히 건강을 잃지 않도록 늘 운동하며, 어떻게든 억압된 자유 때문에 분노 나 원망보다 이후에 새롭게 펼쳐질 아름다운 세계를 준비하게 하옵소서! 저희에게 허락하신 고난이, 비록 죄를 지었거나 누명을 썼거나 상관없이 끝내는 그 자신들에게 유익하게 하여 주옵소서! 이유 없는 고난은 없는 것 을 알고 견디며, 그 고통의 시간을 통해 하나님의 뜻을 이루시옵소서!

'요셉'은 감옥에서 조국의 미래를 책임지는 꿈을 해석하고 꿈을 이루었습 니다. '예레미야'는 감옥에서 하나님의 약속과 일하심의 신비를 들었습니 다. '다니엘'은 감옥에서 하나님의 살아계심을 경험했습니다. '오네시모'는 감옥에서 자신의 삶에 변화를 경험했습니다. 오늘 모진 고통 속에 수감생 활을 하는 이들이 그곳을 떠날 때는 위대한 인물들이 되게 하시옵소서!

크고 비밀한 일을 준비하실 예수 그리스도의 이름으로 기도합니다. 아멘!

9. 어려운 이웃을 위하여 드리는 기도!!

땅의 기도

재수(再修)하는 이들을 위하여 드리는 기도!

"자기의 육체를 위하여 심는 자는 육체로부터 썩어질 것을 거두고 성령을 위하여 심는 자는 성령으로부터 영생을 거두리라 우리가 선을 행하되 낙심하지 말지니 포기하지 아니하면 때가 이르매 거두리라" (갈라 6:8–9)

사랑하는 하나님 아버지! 이제 입시철에 수시(隨時)에도 떨어지고 정시에도 학교의 선택을 받지 못한 채 일 년을 다시 피나는 입시준비를 해야 하는 젊은이들을 위해 기도합니다. 초등학교부터 고등학교까지 12년을 똑같이 공부했는데, 복수 지원이 가능한 입시제도 하에서 하나도 합격 못하고 재수해야 하는 이들의 심경을 헤아려 저들을 위로하여 주시옵소서!

가르쳐준 선생님들께 죄송하고, 기대했던 부모님들께 면목이 없고, 같이 공부한 동창들 앞에서 부끄러운 모습으로 마치 낙오자라도 된듯한 기분으로 일 년을 다시 버텨야 하는 저희들을 기억하여 주옵소서! 일가친척들도 말 붙이기를 두려워하고 "어느 대학에 갔느냐?"는 질문조차 끊어진 다음에 열사(熱沙)와 광야를 홀로 걸어야하는 길에 함께하여 주시옵소서!

흉악범이라도 된 듯 사람들의 낯을 피해야하고, 부모들 앞에는 천하의 불효자가 되어 고개를 못 들고 다니는 젊은 재수생들을 하나님께서 손을 잡고 일으켜 주옵소서! 재수를 결심하고 실행하는 이들은 다만 학교가 원하는 성적에서 학과 점수가 좀 모자랐을 뿐인데, 마치 인격도 부족하고 인성도 모자라는 사회의 낙오자처럼 오해받고 살지 않게 잡아 주옵소서!

세계의 훌륭한 지도자들이 많은 실패의 늪을 이겨내고 다시 일어서 최후의 승자가 된 것을 보았듯이, '대학 입시'는 인생의 수많은 시험 중에서 가장 작은 시험 하나를 실패한 것뿐임을 알게 하여 주옵소서! 학생으로 12년을 마치고 성인 사회의 첫발을 내딛는 대학 입시에 한 번 실패한 후 인생을 모조리 부정당하는 획일적 사고에서 벗어나 이기게 하옵소서!

위축된 당사자들에게 하나님께서 용기를 불어넣어 주시고 저희들이 만나는 선배, 동기동창 후배들이 모두 용기를 불어넣는 덕담을 할 수 있도록 은혜를 베풀어 주옵소서! 이렇게 인생 초반에 한 번의 실패가 오히려 인생전반에서 무수히 만나는 실패의 연속을 차단하는 계기가 되게 하옵소서! 한 번의 실패와 재수의 경험이 후에 저를 빛나게 단련하게 하옵소서!

그렇게 굴욕과 수치를 이기고 주경야독(晝耕夜讀)의 심정으로 열심히 공부하며, 보는 이들이 깜짝 놀랄만한 결과를 얻게 하시고, 그를 응원하던 부모들도 부끄러움을 이기고 미소 짓게 하시고, 무엇보다 온갖 수모를 겪으며 피눈물을 흘리며 공부하던 시간들을 보상받게 하여 주옵소서! 그를 키워준 가문(家門)이나 그에게 가르침을 준 학교에도 영광이 되게 하옵소서!

우리를 다시 일으켜 주시는 예수 그리스도의 이름으로 기도합니다. 아멘!

9. 어려운 이웃을 위하여 드리는 기도!!

땅의 기도
젊은 알바생들을 위하여 드리는 기도!

"내 사랑하는 형제들아 들을지어다 하나님이 세상에서 가난한 자를 택하사 믿음
에 부요하게 하시고 또 자기를 사랑하는 자들에게 약속하신 나라를 상속으로 받게
하지 아니하셨느냐" (야고 2:5)

사랑하시는 하나님! 이 땅에 사는 젊은 세대들을 기억하여 주옵소서! 저희
들이 생활전선에 뛰쳐나와 돈을 벌기 위해 임시로 하고 있는 알바 현장을
봅니다. 젊은이들은 모두 나라의 미래이자 보배입니다. 앞으로 한 세대 후
에는 그들이 국가의 중추적 역할을 감당할 인재들인데, 그들에게 학업의
기회를 놓치지 않게 학문에 대한 열정을 놓지 않게 하시옵소서!

당장 알바전선에 뛰어들지 않고도 생계를 걱정하지 않는 사회 환경과, 저
들이 알바를 하지 않고도 계속해서 공부할 수 있는 제도적 장치가 있게 하
여 주옵소서! 저 출산으로 미래세대는 그 수가 점점 줄어가는데, 그나마
있는 젊은이들도 공부하고 연구할 생각보다 돈 버는 현장으로 내몰리고,
그들의 알바는 미래와는 무관한 곳에서 돈을 벌 수 밖에 없습니다.

전능하신 하나님! 이 땅에 있는 유흥업소, 음식점, 백화점 등 단순한 소비
적 형태의 업소에는, 중장년층들이 알바든 정직원이든 일하게 하시고 젊

은 청년 학생들은 학문의 전당으로 돌아가 공부하고 연구할 수 있는 풍토가 되게 하옵소서! 이 땅의 젊은이들이 조국의 미래일진대 그들은 전부 책에 파묻혀 밤을 새우는 미래적이고 창조적인 현장에 있게 하시옵소서!

젊어서 고생은 사서라도 할지언정, 우선 그 젊음을 잘 살려 미래를 준비하는 유익한 곳에 사용하게 하시옵소서! 퇴폐적이고 향락적인 곳이나, 소비적인 곳에 젊은 시절을 소진하지 않도록 젊은 청년들을 학교에 돌려보내주옵소서! 미래적이지도, 생산적이지도, 창조적이지도 못한 곳에서 하루하루 소비적인 사업장의 심부름만 하지 않아도 되게 해주시옵소서!

누구나 할 수 있는 일, 영접하고 주문하고 봉사하는 일 정도는 중장년 남녀가 누구라도 할 수 있습니다. 이런 평범한 노동 현장에, 청년들이 투입되어 안타까운 시간 낭비를 하는 것을 볼 때 가슴이 아픕니다. 저들은 모두 그들의 미래를 개척할 수 있는 학문, 연구, 실험 등에 매진할 수 있도록, 사회적 인식이나 국가경영의 원칙에 청년들의 미래를 도와주옵소서!

젊은 시절 잠시 일하고 나서 복학하여 공부하겠다는 이들이 그대로 돈의 노예가 되어 거기서 나오지 못한 채 평생 머물러 있지 않게 하시고, 이 땅의 젊은이들이 본연의 터전인 학문의 장으로 나오게 하옵소서! 오늘만 보지 말고 내일을 보고, 현재에 묶여있지 말고 미래를 내다보는 혜안을 갖게하옵소서! 그들에게 조국의 미래가 걸려있는 것을 알게 하옵소서!

저희의 스승이시며 본이 되신 예수 그리스도의 이름으로 기도합니다. 아멘!

9. 어려운 이웃을 위하여 드리는 기도!!

땅의 기도

좌판(坐板)에 앉아 물건 파는 이들을 위하여 드리는 기도!

"네 형제가 가난하게 되어 빈손으로 네 곁에 있거든 너는 그를 도와 거류민이나 동거인처럼 너와 함께 생활하게 하되" (레위 25:35)

하나님! 세상에서 어렵게 사는 이들을 위하여 기도합니다. 똑같이 가게를 열고 똑같이 물건을 팔아도, 특별히 건물이 있는 것도 가게가 있는 것도 아닌, 거리에 나무 판때기 몇 조각 깔고, 그 위에 물건을 올려놓고 파는 좌판 상인들을 위하여 기도합니다. 힘겹게 살아가는 그들을 기억하여 주시어 그들의 삶에서 힘들고 지친 흔적들이 사라지게 하여 주시옵소서!

'좌판장사'는 큰 거리에 펼친 것도 있고 골목길에 펼쳐 놓은 작은 것도 있는데, 시장 안에도 못 들어간 이들, 오일장 시장 안에 있는 좌판도 못 구하고 오일장 시장 입구의 좌판에 앉은 이들, 해산물 공판장 들어가는 입구에 펼쳐놓고 있는 이들을 기억하여 주시옵소서! 세상에서 제일 어려운 상인들보다도 어려워 시장 초입에 벌려놓고 장사하는 이들 옳습니다.

그는 땅도 자기 땅이 아니지만, 자리도 자기 자리가 아니라 당장이라도 시청이나 군청에서 호루라기 불며 나타나면 철수해야 합니다. 생사여탈권을 가진 이들이 나타나기 전까지 임시로 가게를 연 이들입니다. 비오면 그대로 비를 맞거나 우비 하나 뒤집어쓰면 끝입니다. 아니면 가게 접고 들어가야 하고, 추우면 추운대로 떨며 언 몸을 버티고 앉아 있어야 합니다.

좋은 물건을 많이 떼다가 이윤을 많이 붙여 팔 형편이 아닙니다. 돈이 없고 손님도 없기에 조금 싼 물건을 조금 떼어다가 조금 이윤을 붙이고 조금 팔아 그걸로 사는 서민들입니다. 어디서 나오는 돈도 없고, 누가 도와주는 이도 없는 찬바람 부는 광야에 홀로 서 있는 외로운 이들이자, 많은 사람들이 관심을 보여야 할 우리의 이웃을 하나님께서 기억하옵소서!

하나님! 이들에게 손님들이 많이 오게 하옵소서! 이것저것 주무르다 엉뚱한 것 사가면서 깎을 대로 깎아서 이윤도 안 남겨주는 잔인한 손님이 아니라, 조금 비싼 듯해도 사고, 물건이 덜 좋아도 사는 천사 같은 손님을 보내주옵소서! 물건 흠 잡아 깎고, 한두 개 더 사면서 깎고, 다 더한 금액의 우수리 깎는 사람이 아니라, 착한 손님들을 보내주시기 원합니다.

좀 덜 좋은 물건, 더 흠집 많은 물건을 값도 깎지 않고 사는 이들을 보내 주옵소서! 잔돈 받을 거는 그냥 두라고 하고, 애들 과자 사다주라는 손님, 고마워서 덤을 주려면 이것만 해도 충분하다고 하는 손님을 보내 주옵소서! 장사가 좀 안 되어도 그런 손님 때문에 위로가 되고 행복한 세상을 살게 도우시고, 이런 좌판의 아주머니들이 행복하게 하여 주시옵소서!

가난한 이들의 친구이신 예수 그리스도의 이름으로 기도 드립니다. 아멘!

9. 어려운 이웃을 위하여 드리는 기도!!

땅의 기도

지하철에서 물건 파는 이들을 위하여 드리는 기도!

"여호와께서는 자기 백성을 버리지 아니하시며 자기의 소유를 외면하지 아니하시
리로다" (시편 94:14)

사랑의 하나님! 이 땅에는 여전히 하루하루 벌어먹고 사는, 어렵고 힘든
이들이 많습니다. 특히, 일 자체가 힘들고 어렵다기보다 사람들 앞에서 자
존심을 버리고 얼굴에 철판을 깔고 수치심을 극복해야 감당할 수 있는 일
이 있습니다. 바로 '전철'에서 승객들에게 물건들을 파는 이들입니다. 아무
나 할 수 있는 일 같아도 누구나 못하는 힘들고 어려운 일입니다.

한 세대 전에는 고속버스나 시외버스 터미널에서도 승객들을 대상으로 팔
았고, 지금도 일부 터미널에서는 판매하는 이들이 있지만, 이제는 한 번에
많은 손님을 만날 수 있고, 한 번 타면 여러 칸을 이동하며 장사할 수 있는
강점을 가진 '전철'이 주를 이루고 있습니다. 이곳을 '장터'요 '사업장'으로
삼고 하루 종일 목청을 높이는 이동 상인들을 기억하여 주시옵소서!

우선 현행법상 그곳에서 물건을 파는 것은 불법입니다. 단속의 대상입니
다. 그래도 실제로는 제재를 안 하니 장사는 할 수 있습니다. 파는 물건은
다양하여 볼펜, 칫솔, 양말, 혁대, 손톱 깎기 등 많지만, 이걸 들고 전철에

오르기까지 힘든 과정을 통과해야 합니다. 물건이 담긴 상자나 가방을 들고 개찰구를 들어가야 하고, 열차에서는 공안의 눈치도 봐야합니다.

지금은 예전처럼 시끄럽게 하지는 않아도, 잠시 차내에서 물건 소개를 해야 하고, 또 물건을 들고 이쪽 끝에서 저쪽 끝까지 이동해야 합니다. 여느 자리에서는 말을 잘하는 이들도 물건을 들고, 사람들 앞에 '장사꾼'으로 서는 것에는 담력이 필요합니다. 그나마 설명이 끝난 다음 여기저기서 물건을 사주면 모르지만 아무도 안사면 그처럼 뻘쯤한 것은 없습니다.

그렇게 한 칸 한 칸 지날 때마다 그의 등에는 땀이 흐르고, 그러다 친구나 선후배, 동기동창 등 지인을 만나면 여간 황당하지 않습니다. 그렇게 별별 일을 겪었기에 이제는 물건이나 많이 팔렸으면 좋겠지만, 좋은 물건을 싸게 공급한다는 일은 원천적으로 한계가 있습니다. 그래도 남에게 해를 입히지 않고 정직하게 벌어먹고 살려는 그들을 불쌍히 여겨 주옵소서!

아침에 전철이 조금 덜 복잡한 시간부터 저녁 퇴근시간 전까지 하루 종일 서서, 숱한 사람들의 눈치를 보아가며 목이 아프도록 물건을 소개하고, 원하는 이들에게 물건을 건네주고 받는 돈이 얼마나 되는지 모르나 하나님께서 이렇게 먹고 살려고 몸부림하는 이들을 기억하여 주시고, 그렇게라도 식솔들을 부양하고 자녀를 가르치려는 그들에게 힘을 주시옵소서!

가난한 자를 사랑하시는 예수 그리스도의 이름으로 기도드립니다. 아멘!

9. 어려운 이웃을 위하여 드리는 기도!!

땅의 기도
직장 퇴직자들을 위하여 드리는 기도!

"하나님이여 내가 늙어 백발이 될 때에도 나를 버리지 마시며 내가 주의 힘을 후대
에 전하고 주의 능력을 장래의 모든 사람에게 전하기까지 나를 버리지 마소서"

(시편 71:18)

사랑하는 하나님! 이 땅에 70, 혹은 80년을 사는 동안 3,40년 동안을 직장
에서 오직 한 길에 자신을 버리고 이제는 은퇴를 하고 인생을 정리하는 퇴
직자들을 기억하여 주옵소서! 평생 젊음을 불태운 직장이나 사업장이 퇴
직자 한 사람이 물러날 때마다 더 발전하고 성장하게 하옵소서! 이제 은퇴
이후에는 나름대로 규칙적이고 엄격하게 운동하며 살게 하옵소서!

그동안 돌보던 자녀들도 장성하여 출가하고 자리를 잡게 하시고, 한 가장
이나 아이의 엄마로 진실하게 하옵소서! 자녀들이 더러는 기대에 못 미치
는 삶을 살더라도 이 일로 마음상하지 않게 하시며, 자녀들을 원망하며 탓
하지 않게 하시고 자신의 배우자로 혹은 자녀로 살아간 것에 감사하게 하
옵소서! 욕심을 내려놓고 처한 상황에 만족하며 살게 하시옵소서!

나이 들어 찾아 주는 사람도 없고 찾아갈 사람이 없을지라도 지루하지 않
게 살게 사시며, 무언가 내 삶을 평화스럽게 유지할 수 있는 일거리를 찾

게 하옵소서! 그러나 오락하고 놀이하며 의미 없이 보내는 일이 아니라, 무언가 창조적인 일에 관심을 갖게 하옵소서! 작은 부분이라도 다음 세대나 자녀들에게 희망과 용기를 줄 수 있는 일에 매진하게 하시옵소서!

이제는 산 날보다 살날이 적게 남았으니 촌음을 아껴 세상과 사람들에게 유익한 삶을 살되, 세상에 희망이 되게 하옵소서! 세상이 자신 때문에 한 터럭만큼이라도 더 좋아질 수 있는 길을 열어 주옵소서! 가지고 있는 재물은 없을지라도 살아온 삶의 자취로라도 유익을 끼칠 수 있게 하옵소서! 후세들에게 존경과 사랑은 아닐지라도 욕된 삶이 되지 않게 하옵소서!

특히, 노년에 건강을 주옵소서! "우리의 연수가 칠십이요 강건하면 팔십이라도 그 연수의 자랑은 수고와 슬픔뿐이요 신속히 가니 우리가 날아가나이다."(시편 90:10)고 했으니, 수고와 슬픔이 전부인 인생일지라도 허락받은 세상에서 은혜로 강건하게 하여 주옵소서! 오래 산 것을 자랑하지 않고, 뜻 있게 산 것을 감사하게 하시고, 삶에 감동이 있게 하옵소서!

배우자에게 평생 고마운 마음을 가질 만큼 성실하게 하시고, 자녀들에게 자랑스러운 부모로 추억될 만큼 신실한 부모로 살게 하옵소서! 조상들에게는 부끄럽지 않게 하시고, 자녀들에게는 본이 될 만큼 살게 하옵소서! 남은 하루하루를 소진하며 살지 않고 최선을 다해 불태우며 살게 하옵소서! 시간에 쫓기는 노년이 아니라 시간을 견인하며 살게 하시옵소서!

저희의 연한을 정하여 주시는 예수 그리스도의 이름으로 기도합니다. 아멘!

땅의 기도

집 없는 이들을 위하여 드리는 기도!

"너희는 마음에 근심하지 말라 하나님을 믿으니 또 나를 믿으라 내 아버지 집에 거할 곳이 많도다 그렇지 않으면 너희에게 일렀으리라 내가 너희를 위하여 거처를 예비하러 가노니" (요한 14:1-2)

하나님! 이 땅, 거대한 집 우주(宇宙)의 작은 별 지구에 70억 인구가 살고 있습니다. 인생들의 가장 큰 소망 가운데 하나는 내 집을 갖고 사는 것입니다. 햇빛과 비를 피하고 한데서 잠자지 않아도 되는 집, 그 집에서 가정을 꾸리고 가족이 둘러앉아 예배하고 식사하고 사랑의 삶을 살고 싶어 합니다. 이 집이 수많은 사람들에게 때로는 절망과 좌절을 안겨줍니다.

집이 없는 사람은 '벼락거지'가 되었고, 집이 있는 사람은 '적폐세력'이 되었습니다. 서울의 아파트 평균가격이 10억이 넘어, 지금까지 집이 없는 사람은 영원히 무주택자가 되어 평생을 집 없이 살아야하는 설움을 겪을지도 모르고, 집이 있는 사람은 세금의 폭탄을 맞게 되었습니다. 집 한 채에 수십억씩 되는 말을 들으면서 이제는 놀라지 않는 세상이 되었습니다.

무주택자와 주택 소유자의 자산 증식 속도는 워낙에 편차가 심해 주택소유 여부가 빈부의 격차를 극대화시켜 이 백성들을 빈익빈부익부의 시대로 가게하고 있고, 서울에 무주택자로 살던 이들은 주택문제를 해결하지 못해 인근 도시로 수십만 가구가 빠져나가고 있습니다. 지금껏 집 없이 살던 가구들은 영원히 내 집 마련의 꿈은 접어야 하는 절망 속에 있습니다.

하나님! 도시마다 지역마다 빼곡하게 하늘 높은 줄 모르고 들어선 아파트를 쳐다보며, 이 아파트 중에 어떤 이는 몇 채씩 어떤 이는 몇 십 채씩 가지고 있는데 아이들과 편안히 살 수 있는 조그만 집 한 채 없는 무주택자의 설움을 기억하여 주옵소서! 평생을 벌어 한 푼도 안 쓰고 모아도 집을 못 사는 절망 상황을 이기고 그럼에도 희망을 버리지 않게 하옵소서!

영원히집 없는 설움을 이기고, 주택을 소유할 수는 없을 것이라는 생각으로 삶의 의욕과 가족들에 대한 미안함, 사회적으로 당하는 부끄러움을 극복하고 지속적으로 꿈을 꾸게 하옵소서! 무주택자로 사는 수치심을 극복하게 하시고, 정직하고 성실하게 일하며 사는 건강한 신앙의 사람들이 되게 하옵소서! 저들의 상실감에 드러난 아픈 가슴을 치유하여 주옵소서!

모든 국민들의 마음속에 서민들의 주택 문제나 무주택자의 아픔, 부의 불공정한 분배에 대한 분노가 아니라, 누구나 성실하게 일하면 언젠가는 꿈을 이룰 수 있다는 희망과, 이런 공정과 상식의 사회가 이루어지리라는 믿음이 국민들의 가슴 속에 자리하게 하시옵소서! 그리하여 이 땅에서 사는 모든 이들이 자신의 집에 대한 희망을 포기하지 않게 하시옵소서!

천국에 저희 집을 준비하실 예수그리스도의 이름으로 기도드립니다. 아멘!

땅의 기도

파산선고(破産宣告)를 받은 이들을 위하여 드리는 기도!

"갚을 것이 없는지라 주인이 명하여 그 몸과 아내와 자식들과 모든 소유를 다 팔아 갚게 하라 하니 그 종이 엎드려 절하며 이르되 내게 참으소서 다 갚으리이다 하거늘" (마태 18:25-26)

사랑하는 하나님 아버지! 그 이유야 어떻든 이 땅에 살다가 다른 이들에게 진 빚을 갚을 길이 없어 파산선고를 받은 이들이야말로 그 정체성에서 '파산자'라는 이름의 치명적인 상처를 안고 살아갑니다. '파산법원'에서 법적으로 파산자의 판결을 받고 나면, 그 스스로나 가족들 앞에는 말할 것도 없고 사회적으로도 '파산자'라는 주홍글씨를 등에 붙이고 다닙니다.

이제는 삶의 의욕도 사라지고 삶의 목적도 잃어버린 채 다시는 일어설 수 없는 영원한 패배자처럼 느낄 때, 사랑의 하나님께서 그를 기억하시어 다가가셔서 일으켜 주옵소서! 세상에서 경제적 파산선고를 받았을지라도 하나님께서 그에게 다시 일어설 수 있도록 힘을 주시고, 비록 경제적으로는 파산선고를 받았을지라도 믿음은 파선하지 않게 하여 주시옵소서!

"그 믿음에 관하여는 파선하였느니라. 그 가운데 '후메내오'와 '알렉산더'가 있느니라."(딤전1:19-20)고 했는데, 이런 불명예를 안고 살지 않게 하옵소서! 또 파산법원의 기록보다 하나님의 법정에서 '착하고 충성된 종'이 되고, 하나님의 시상식에 참여하게 하시옵소서! 우리가 두려워 할 이는 세상 파산법원 판결이 아니라 하나님 한 분이신 것을 알게 하여 주옵소서!

"몸은 죽여도 영혼은 능히 죽이지 못하는 자들을 두려워하지 말고, 오직 몸과 영혼을 능히 지옥에 멸하실 수 있는 이를 두려워하라."(마태 10:28)고 하셨으니, 세상의 법정에서는 파산선고를 받았을지라도 하나님의 법정에서는 저희를 변호해 주시는 주님의 사랑 때문에 새로운 판결을 받게 하옵소서! 그리하여 파산자 된 불명예를 믿음으로 회복하게 하옵소서!

'파산자'라는 굴레를 쓰게 된 부모 때문에 부끄러움을 당한 자녀들이, 다시 떳떳하게 고개를 들고 살 수 있도록 그의 삶이 복구되는 은혜를 입게 하여 주옵소서! 또 파산선고 후에 실의에 빠져 자포자기하고 주저앉지 않게 하시고, 다시 일어나 열심히 파산자의 불명예를 벗고 일하게 하시며 믿음의 승리자가 되게 하옵소서! 포기하지 않고 일어서게 하시옵소서!

비록 지금은 채무를 변제할 능력도 없고, 채무상환에 대한 어떤 담보도 할 수 없는 형편이라 파산 선고를 받았지만, 이를 안전장치로 삼아 다시는 채권자에게 휘둘리지 않고 일어설 수 있게 하여 주옵소서! 그 때를 위하여 부끄러움을 무릅쓰게 하옵소서! 천하고 힘든 일을 가리지 않고 열심히 일하여 수치스러움을 이기고 그 곳에 우뚝 서게 하여 주시옵소서!

저희를 일으켜 주시는 예수 그리스도의 이름으로 기도드립니다. 아멘!

9. 어려운 이웃을 위하여 드리는 기도!!

땅의 기도

폐지 줍는 이들을 위하여 드리는 기도!

"가난한 자를 불쌍히 여기는 것은 여호와께 꾸어 드리는 것이니 그의 선행을 그에 게 갚아 주시리라" (잠언 19:17)

사랑의 하나님! 거리의 상점 앞이나 재활용 도움 센터 근처나 문 닫은 가 게 앞에서 리어카나 소형 트럭을 세워놓고 폐지나 박스를 줍는 이들을 기 억하여 주시옵소서! 배운 것도 없고 나이 들고 힘도 없고 어디 일할 곳도 받아줄 곳도 없어 임자 없는 박스나 공병을 줍는 이들을 자주 봅니다. 하 나님께서 사랑을 베풀어 주셔야 할 이들인바 도우심을 구합니다.

그들이 한 번 트럭이나 리어카를 끌고 나와서 몇 키로의 박스를 싣고 가는 지는 모릅니다. 또 얼마의 고철이나 병을 싣고 들어가는지도 모르나 그들 의 생업을 훼방하고 단속하는 이들이 없어 보기에 마음이 편합니다. 그러 나 그 일이 전혀 위생적이지도 않고 나이에 비해 힘이 들고, 자식들이나 가족이 볼 때 부끄러운 일인데 감당하는 걸 보면 마음이 편치 않습니다.

박스나 폐지 값은 얼마나 하는지, 빈 병은 얼마나 쳐주는지, 캔은 얼마나 받는지 모르지만 커다란 비닐봉투에 담긴 빈 캔이며, 간혹 주어 담은 구리 나 철제품, 그리고 공병, 박스들이 이들의 수입원입니다. 쓸 만한 박스들을 정리해서 리어카에 실을 때, 빈병들이나 음료수 캔을 종류별로 트럭에 실을 때 그게 자신의 꿈이요 자식들의 미래입니다. 힘을 주옵소서!

세상이 어렵고 힘든 때에 그렇게 해서라도 굶지 않고 바르게 살려는 이들을 조금 여유 있는 이들이 관심을 가지고 집에 있는 것들 좀 내다 실어주고, 모아두었던 것들을 내 주면 얼마나 좋을까 생각합니다. 힘은 들어도 내 손으로 일하고, 내 힘으로 리어카 끌고, 내 힘으로 자동차 몰아서, 돈과 권력 있는 이들이 사는 것보다 정직하게 살려는 모습이 귀합니다.

저희들이 어렵게 살아도 악을 행하지 않게 하시옵소서! 힘들게 살아도 불의와 가담하지 않게 하옵소서! 겉모습으로는 부끄럽게 살아도 양심에 부끄럽지 않게 하옵소서! 가진 자들의 횡포를 보며 증오하지 않게 하시고, 힘 있는 이들의 불의를 보면서 부러워하지 않게 하옵소서! 돈이 있다고 사람을 무시하고 거지처럼 막 대하는 이들보다 멋지게 살게 하옵소서!

육신적으로 힘들고 경제가 어려워도 비굴하지 않게 하시고, 가난하게 살아도 자식들에게 부끄럽지 않게 하시며, 비록 더럽고 남루하게 입고 살아도 남을 해롭게 하고 속이며 살지 않음이 하늘을 하나님 앞에 부끄럽지 않도록 용기를 주시고 하나님께서 친히 그들을 격려하시옵소서! 훗날 하나님 앞에 설 때에 그들의 삶을 보신 하나님께서 칭찬하여 주시옵소서!

옷 한 벌로 살다 가신 예수 그리스도의 이름으로 기도드립니다. 아멘!

9. 어려운 이웃을 위하여 드리는 기도!!

땅의 기도

하루하루 힘겹게 살아가는 이들을 위하여 드리는 기도!

"여리고에 가까이 가셨을 때에 한 맹인이 길 가에 앉아 구걸하다가 무리가 지나감을 듣고 이 무슨 일이냐고 물은대" (누가 18:35-36)

사람이 똑같은 인격체로 모두 존귀한 하나님의 자녀로 태어났지만, 모든 사람들이 동일하게 살 수는 없습니다. 그들의 삶의 질과 수준은 천차만별입니다. 수십 억 짜리 아파트를 몇 채씩 가지고 사는 이도 있는가 하면 다달이 내는 월세 몇 십만 원에 밤잠을 못 자며 월말을 맞는 이들도 있습니다. 엄청난 격차가 있지만 이를 인간의 생각대로 균등하게 못 합니다.

극명한 대조를 보이며 살 수 밖에 없는 것이 인생들이오니, 하나님께서 극한 가난에 처해있는 이들을 기억하여 주옵소서! 어떤 이들은 '수급자'나 '차 상위 계층'이 정부로부터 받는 일정의 혜택도 받지 못한 채, 매월 돌아오는 집세에 대한 공포만 없어도 살겠다며 힘들어 합니다. 살아가기 너무나 힘든 이들이 많습니다. 힘겹게 사는 이들을 기억하여 주옵소서!

순간순간 "이렇게 살아서 무슨 의미가 있을까?"하며 차라리 극단적 선택을 하고 싶을 만큼, 삶의 회의와 좌절을 맛보며 사는 이들을 기억하여 주옵소서! 사랑의 하나님께서 삶의 밑바닥에서 신음하며, 자녀들이나 친지들 앞에 떳떳하지 못하여 위축되어 사는 이들을 기억하여 주옵소서! 누구도 관심하지 않고 아무도 돌보지 않는 이들의 신음소리를 들어 주옵소서!

새해에는 좀 나아지겠지, 새해에는 좋은 일이 생기겠지 하며 막연한 기대를 안고 한 해 한 해 새해를 맞이하지만 연말에는 하나도 나아지지 않는 여전히 궁핍하고 힘든 시간을 보내며 자꾸 나이만 들어가는 자신을 바라봅니다. 이런 감내하기 어려운, 나라의 허리에 해당하는 이들의 상실감을 헤아리시고 어떻게든 그 깊은 실의와 절망의 늪에서 건져주시옵소서!

도시마다 마을마다 하늘 높은 줄 모르고 올라가는 아파트나 연립주택들이 분양광고를 보고, 모델하우스도 보고, 수많은 곳들을 다녀봅니다. 그럼에도 가진 돈의 한계 때문에 언제나 선택의 폭은 좁습니다. 아예 그런 쪽에서는 구할 엄두도 못 냅니다. 부동산 소개하는 곳을 가도 액수가 적어 관심도 안 가지고 소개해 줄 마음도 없는 조그만 집을 구해서 다닙니다.

사람 사는 것을 물리적으로 통폐합시켜 평준화 시킬 수는 없지만 차이가 나도 너무 나기 때문에 분노하고 환멸을 느끼기도 합니다. 하나님께서 그들의 세세한 형편을 모두 아시오니 형편과 처지를 따라 가족들도 힘을 합하고, 세상도 그렇게 힘든 이들을 위하여 도울 최선의 것을 돕게 하옵소서! 힘들고 어려운 이들도 서로 팔을 걷어 부치고 돕게 하여 주옵소서!

우리를 긍휼이 여기시는 예수 그리스도의 이름으로 기도드립니다. 아멘!

9. 어려운 이웃을 위하여 드리는 기도!!

땅의 기도

학교 폭력 피해자들을 위하여 드리는 기도!

"이제 가라 이스라엘 자손의 부르짖음이 내게 달하고 애굽 사람이 그들을 괴롭히는 학대도 내가 보았으니 이제 내가 너를 바로에게 보내어 너에게 내 백성 이스라엘 자손을 애굽에서 인도하여 내게 하리라." (출애 3:9-10)

전능하시고 사랑이 많으시어 연약한 인생들의 신원(伸寃)을 들으시고 그들의 눈물을 씻기시며 아픔을 치료해 주시는 하나님! 요즘 어린 학생들의 학문공동체 안에서 동급생이나 선후배로부터 폭력을 당하는 일이 사회문제화 되고 있습니다. 거기에 가해 학생들은 소위 금수저인, 힘 있는 부모 덕분에 피해 학생들과 부모님들의 애타는 호소를 기억하시옵소서!

동급생이나 하급생에게 금품을 갈취하고 폭력을 행사하는 일은 단순 폭력이 아니라 피해 학생이 영원히 기억에서 지울 수 없는 아픈 추억을 남겨주는 잔인한 살인적 폭력인 바, 다시는 이런 학교 폭력이 재발하지 않도록 도와주시옵소서! 아직 인격 형성이 완전하지 않은 청소년기 폭력은 본인과 부모 모두에게 씻을 수 없는 충격이오니 이를 지켜 주옵소서!

특히 가해 학생들이, 평소에 힘없고 연약한 학생들을 대상으로 일상적인 갑질과 폭력을 행사해 왔다면 다시는 이런 범죄가 재발되지 않도록 하나님께서 도우시옵소서! 또, 내 자녀나 내가 당한 억울한 폭력이 아니라고, 눈 감고 입 다물고 사는 비겁한 사람이 있다면, 신고와 고발을 통해 제2, 제3의 학교폭력 사태가 생기지 않도록 서로가 힘쓰게 하여 주시옵소서!

꿈과 희망을 안고, 청소년 시기의 학교생활에서 우정과 인격을 나누며 행복한 학창 시절을 보내야 할 학생들이 씻을 수 없는 학교 폭력의 상처를 입었다면 그들이 속이 그 기억에서 벗어나게 하시고 상처를 딛고 학업에 전념하게 하시옵소서! 더구나 피해 학생이 가해 학생을 피하여 전학이나 자퇴를 해야 하는 언어도단의 상황이 재현되지 않도록 도우시옵소서!

신성한 교육의 장인 학교를 불꽃같은 눈으로 살피시어, 행여 학교 안에서 권력의 힘 때문에 가해 학생들의 편을 들어 피해 학생을 두 번 울리는 불법적인 행위를 하는 교사들이 있다면 지켜 주시옵소서! 어디나 독버섯 같은 존재들의 기생 가능성이 있사오니, 하나님께서 이를 막아 주시옵소서! 학창시절의 소중한 꿈이 짓밟힌 학생들을 위로하여 주시옵소서!

어리고 젊은 학생들의 소중한 학습권과 인격권이 보장받아야 할 신성한 학교에서, 폭력이 묵인되거나 은폐되는 일이 있다면 이는 그 학생의 미래만 아니라 인류의 내일을 파탄으로 몰아넣는 중대 범죄이오니, 이런 일이 있을 때, 그 학생들의 고통과 신음소리를 들으시고 이곳에 오셔서 힘없고 억울한 피해 학생들을 지키시고 그들의 하소연을 들어 주시옵소서!

억울한 호소에 귀를 기울이시는 예수님의 이름으로 기도드립니다. 아멘!

땅의 기도

해외에 거주하는 동포들을 위하여 드리는 기도!

"네가 밭에서 곡식을 벨 때에 그 한 뭇을 밭에 잊어버렸거든 다시 가서 가져오지 말고 나그네와 고아와 과부를 위하여 남겨두라 그리하면 네 하나님 여호와께서 네 손으로 하는 모든 일에 복을 내리시리라" (신명 24:19)

사랑하는 하나님! 지금 대한민국의 국위가 선양되고 국력이 증가되면서 우리나라 국민들이 해외에 많이 살고 있고, 정부도 이들을 위해 '해외 동포청'도 신설한다고 합니다. 그럼에도 불구하고 우리 국민들의 해외 생활은 늘 불편합니다. 여권이나 비자 등 영사업무도 복잡합니다. 설움도 겪고 비애감도 겪습니다. 동포들을 불쌍히 여기시고 자비를 베풀어 주옵소서!

따라서 저희 동포들이 외국에 있는 동안, 주기적으로 비자를 받아야 하고, 그 때마다 국내에 들어와야 하는 불편함이 많습니다. 또 주재국 영사들에게 갑질을 당해야 합니다. 이것도 견디기 힘든 일입니다. 주권국 국민이 외국에서 당하는 분노와 슬픔을 하나님께서 위로하여 주옵소서! 국민들이 외국에서 주권국 대한민국의 국민으로 살도록 인도하여 주옵소서!

우리나라의 대사관이 설치되어 있는 곳에서는 당연히 자국민이 불이익을 당하지 않게 하시고, 현지에 도착해서 업무를 보는 모든 국민들이 권리를 침해받지 않고 업무를 보게 하옵소서! 대사관을 통해 여권 및 비자 업무를 비롯한 기업의 활동을 원활히 하고, 아무 불편 없이 살 수 있게 하옵소서! 현지 국민들이 어디서든 주거나 교육, 의료에 안전하게 하옵소서!

한국의 국력이 신장되면 될수록 우리 대사관의 숫자도 늘어나고 대사관의 규모도 달라지게 하옵소서! 우리가 외국 여행을 가서 불편한 일을 만나든, 억울한 일을 당하든 신속하게 대사관의 도움을 얻게 하시되 하나의 불편도 없게 하옵소서! 특히 현지에서 계속 거주하고 있는 동포들이 국내에서 사는 것처럼 평안하고 안전하며 자유롭게 살도록 도와주시옵소서!

수십 년 전 우리가 처음 경험하던 시기의 이민, 혹은 유학, 수출입 무역, 취업, 여행 등에서 겪은 아픈 역사의 흔적들도 성령님의 도우심이 함께하여 치유해 주시고, 조국의 국격이 달라지면서 재외 한국인의 위상도 달라지게 하옵소서! 대사를 포함한 대사관의 직원으로 누가 근무하든 한국의 주권이 해외에도 강력해지고 교민들이 든든히 보호받게 하시옵소서!

우리나라의 재외국민이 어느 나라에 있든지 그 나라의 대사관을 통해서 주권을 보호받고, 평안하고 안전한 영사 업무를 보게 하여 주옵소서! 우리의 국력이 이만큼 신장되어 있음을 알게 하시고, 그들이 이민자이든지, 유학생이든지, 기업가이든지, 관광객이든지 그 나라에서 자신의 일상에서 확인하게 하옵소서! 언제나 하나님께서 평안하고 안전하게 해 주옵소서!

영원하신 하늘의 대사이신 예수 그리스도의 이름으로 기도합니다. 아멘!

9. 어려운 이웃을 위하여 드리는 기도!!

땅의 기도
화재로 모든 것을 잃어버린 이들을 위하여 드리는 기도!

"즐거워하는 자들과 함께 즐거워하고 우는 자들과 함께 울라 서로 마음을 같이하며 높은 데 마음을 두지 말고 도리어 낮은 데 처하며 스스로 지혜 있는 체 하지 말라" (로마 12:15-16)

사랑의 하나님! 몹시 추운 겨울에, 그것도 명절을 앞두고 설 대목을 준비하기 위해 점포마다 물건을 가득 쌓아두었던 상인들이 한 순간에 모든 것을 잃어버렸습니다. 평생 고생하고 애써 모아온 재산이 잿더미가 된 현장을 지켜보는 상인들의 마음을 위로하여 주옵소서! 사람은 누구도 무서운 재앙의 위로자가 될 수 없고, 오직 하나님만이 저희의 위로자이십니다.

화재를 당한 상인들의 허망한 마음을 헤아리시고, 하나님의 위로가 그들의 텅 빈 가슴에 가득 채워주시고, 사람이 치유할 수 없는 상한 마음을 하나님께서 치유하여 주옵소서! 불타버린 재산을 바라보며 망연자실하고, 재만 남은 꿈을 끌어안고 오열하기보다, 다시 몸과 마음을 추스르게 하옵소서! 그래도 생명을 살려주신 것에 감사하며 다시 일어나게 하시옵소서!

화재로 한 순간 모든 것을 잃어버린 것을 바라보는 당사자는 물론, 그 일을 당한 자녀를 보는 부모나, 그런 일을 겪은 부모를 지켜보는 자녀 등 혈육과 가족들의 아픈 마음도 위로하여 주옵소서! 또, 이들의 친지나 이웃의 안타까움도 위로하여 주옵소서! 이미 한번 지나간 화재는 어쩔 수 없더라도 더 이상 이런 화재가 일어나지 않도록 저희들을 지켜 주옵소서!

나라의 대통령이 현장에 와서 피해자도 안 만나고 돌아갔다며 분노하고, 배신감을 토로하는 피해자들을 기억하시되, 세상에는 누구도 진정으로 슬픔 당한 사람의 아픔을 헤아려 위로해 줄 사람이 없음을 다시 한 번 알게 하옵소서! 누구를 탓하고 분노하지 말고, 다시 일어서기 위하여 마음을 쏟아 마침내 이런 재앙이 전화위복의 기회가 되어 이기게 하옵소서!

그럼에도 불구하고 이런 거대한 슬픔에 좌절하여 믿음 없는 행동을 하지 않게 하시고, 이번 상황을 조기에 수습하고 다시 생업에 종사할 수 있도록 힘을 주옵소서! 혹 떠도는 흉흉한 소문이 있더라도 배척하며 사실에 입각해서 전하는 소식에만 귀를 기울이게 하옵소서! 화재를 수습하다 보면 예기치 못한 어려움들이 늘 있습니다. 이런 장애들도 극복하게 하옵소서!

어려움이 있을 때마다 반드시 극복하고, 더 나은 내일을 위해 일어서겠다는 의지를 갖게 하시고, 특히 이런 화재 발생의 책임자로 지목된 이의 마음을 지켜주옵소서! 화재진압을 위해 출동했던 소방대원들과 수고한 모든 이들은 하나님의 뜨거운 사랑을 경험하게 하옵소서! 성령님께서 더 이상은 이런 슬픔과 상심, 절망이 찾아오지 않도록 저들의 삶을 지켜주옵소서!

우리와 함께 울며 우시는 예수 그리스도의 이름으로 기도합니다. 아멘!

9. 어려운 이웃을 위하여 드리는 기도!!

땅의 기도
힘들고 어려운 이들을 위하여 드리는 기도!

"너희 재물은 썩었고 너희 옷은 좀먹었으며 너희 금과 은은 녹이 슬었으니 이 녹이 너희에게 증거가 되며 불 같이 너희 살을 먹으리라 너희가 말세에 재물을 쌓았도 다" (야고 5:2-3)

부한 자들보다 가난하고 어려운 이웃에 대해 더 관심이 많으신 사랑의 하나님! 차가운 겨울 날씨에 한 해를 마감하는 이 때에, 저희의 주변에 경제적 어려움으로 고통 받는 이들을 기억하여 주옵소서! 선하고 의롭게 살고 있으나 가난이 저희를 괴롭히고, 빈곤한 삶이 일상을 위축시키고 있어 추운 겨울 날씨가 더 춥게 느껴질 가난한 이들을 기억하여 주옵소서!

연말에 이웃들이나 금융기관에 해결하고 가야 할 부채가 있는 이들, 아직 내지 못하여 부담으로 남아있는 전기수도 요금, 의료보험료, 세금, 공과금을 비롯한 크고 작은 고지서들을 깨끗이 정리하고 한 해를 마감할 수 있도록 도와주옵소서! 가진 이들에게는 별 것도 아니지만 가난한 이들에게는 큰 부담이 될 것들인데, 하나님께서 그 짐을 가볍게 도와주옵소서!

올해보다 다가오는 해에는 더 좋은 미래가 열리게 하시고, 이런 희망과 확신을 가지고 암흑의 시간을 마무리 하고 광명한 새날을 소망하게 하옵소서! 특별히 크고 작은 신체적 장애나 질병들이 있는 이들에게, 자신에게 주어진 여러 가지 상황들을 긍정적인 마음으로 이겨나가게 하시고, 위축된 삶의 갈피마다 용기를 잃지 않고 희망을 갖도록 인도하여 주옵소서!

새해를 맞아 상급학교에 진학하는 학생이나 젊은이들이 경제 형편 때문에 진학을 포기하고 좌절하는 일이 생기지 않게 하시고, 어떤 어려움이 있더라도 학문을 익히고 배우는 일에는 막힘이 없도록 도와주옵소서! 질병의 차도가 없이 병원에서 몸이 나아지기를 원하며 퇴원 일자를 기다리되, 병원비 걱정을 동시에 하고 있는 어려운 이들도 기억하여 주옵소서!

연말까지만 일을 하고, 새해부터는 그나마 사라지는 일자리 때문에 마음이 어두운 이들이 새해에도 어디엔가 일정부분 수고하고 그 대가로 본인과 가족들의 삶을 누릴 수 있는 환경을 허락하여 주옵소서! 획기적으로 나아지지는 않아도 조금씩 좋아지게 하시고, 더 좋아지지 않아도 현상 유지만이라도 할 수 있는 한 움큼의 자비를 허락하여 주시옵소서!

이 땅에 사는 동안 맨 앞이나 정상에 살지는 못할지라도 끄트머리 자리에서마저 탈락하여 절망하는 일이 없도록 가난하고 병들어 사람들에게 돌봄의 관심 밖으로 밀려난 외로운 이들을 불쌍히 여겨 주옵소서! 비록 어려울지라도 언제나 희망을 포기하지 않고 붙잡게 하옵소서! 누구에 대한 원망이나 증오 없이, 고마운 마음으로 살 수 있도록 도와주옵소서!

저희의 삶을 구석구석 살피시는 예수 그리스도의 이름으로 기도합니다. 아멘!

10.
다양한 직군을 위하여 드리는 기도!!
(43편)

왜 기도해야 하는가? -
다양한 직군(職群)을 위하여!

"군인들도 물어 이르되 우리는 무엇을 하리이까 하매 이르되 사람에게서 강탈하지 말며 거짓으로 고발하지 말고 받는 급료를 족한 줄로 알라 하니라" (누가 3:14)

많은 사람들이 수많은 직업군에 속해서 지구촌에 사는데, 그 중에 특별히 누구를 위해 기도해야 할지를 정하는 것은, 비교적 '기도를 필요로 하겠구나!' 생각되는 이들이었습니다. 세상 직업이 12,000여 개나 된다는데, 그 사람들 중에 이런 이들은 정말 기도가 필요한 사람들이라고 느껴지는 이들을 위해 기도하게 되었고, 이들 역시 마음에 느껴지는 이들이었습니다.

어떤 이들은 너무 막강한 힘을 가지고 있어 별로 기도가 필요할 것 같지 않은데, 세상이 돌아가는 걸 보면 그들을 위해 더 많이 기도해야 되는 이유를 알게 됩니다. 권력은 있는데 악하고, 힘은 있는데 바르지 못하면 이들이야 말로 기도를 많이 해드려야 하는 것입니다. 대통령이나 국회의원 선거를 한번 지켜보십시오. 아무나 뽑는다고 잘못 뽑으면 큰일 납니다.

어떤 사람은 대단한 사람이고 대단한 권력을 가지고 있으니 기도할 필요가 없어 보이나, 사실은 그렇기에 더 많이 기도해서 그가 바른 정치지도자, 바른 기업인이 되기 위해서 기도해야 합니다. 그래서 이 안에는 다양한 직군의 사람들이 올라 있습니다. 그러나 이들 약 50여 직군도 안 되는 이들을 위하여 기도드리고 올렸는데, 사실은 전체의 0.4%밖에 안 됩니다.

신기한 것은, 땅에 있는 직업 중 쉬운 직업은 하나도 없다는 것입니다. 전에 제가 '극한 직업'에 대한 글을 시리즈로 쓴 적이 있는데, 쓰다 보니 제가 아는 거의 많은 직업군이 나름대로 극한 직업입니다. 또 이 땅의 직업 중에는 중요하지 않은 직업도 하나도 없습니다. 직업은 누구에게나 소중합니다. 역설적으로 아무리 하찮은 직업도 우리에게는 모두 소중합니다.

또 신분은 누구나 귀합니다. 천한 신분이 있고 귀한 신분이 존재하는 것은 부인할 수 없는 사실입니다. 그러나 아무리 천한 신분의 사람이라도 그의 가족들에게, 그 가정에게 그는 존귀한 신분입니다. 그들 중에서 지금 당장 기도가 필요하다고 생각하고, 또 우리가 기도해 드려야 할 대상이 되었다는 것도 신비한 일입니다. 세상 모든 사람들은 기도를 필요로 합니다.

다만, 귀하다거나 천하다고 여겨지는 직업군이 아니라 이 사회를 버티어 가는, 그래서 우리의 눈에 쉽게 띄는 직업군을 위해 기도했습니다. 또 다른 직업군을 찾아 기도하겠지만, 어쩌면 저도 이 책이 나온 이후에 매일 이 기도일정이나 제목을 보고, 마치 다른 이의 글처럼 따라서 기도할 것입니다. 왜냐하면 모두 지속적인 기도가 필요한 이들이기 때문입니다.

땅의 기도

각급 학교선생님들을 위하여 드리는 기도!

"너희가 나를 선생이라 또는 주라 하니 너희 말이 옳도다 내가 그러하다 내가 주와
또는 선생이 되어 너희 발을 씻었으니 너희도 서로 발을 씻어 주는 것이 옳으니라
내가 너희에게 행한 것 같이 너희도 행하게 하려 하여 본을 보였노라"

(요한 13:13-15)

전능하신 하나님! 이 땅의 초/중/고등학교에서 아이들과 학생들을 가르치
는 선생님들을 위하여 기도합니다. 다음 세대를 잘 가르쳐 보려는 꿈을 안
고 대학을 졸업하고 다시 임용고사를 보고 교육 현장에 도착하지만, 그곳
은 너무나 거친 들판입니다. 감당하기 어려운 생경한 문화와 이미 오랜 세
월 굳게 다져진 관습과 다양한 학생들의 요구들이 뒤섞여 있습니다.

이즈음의 학교는 교육 현장이라고 보기보다 무서운 전쟁터 같습니다, '군
사부일체(君師父一體)'라던 스승에 대한 엄한 교훈은 전설이 되었고, 지금은
누가 선생님인지 구별이 안 되고, 언어의 폭력은 일상사가 되고, 어린 학
생들조차 선생님들께 마음 놓고 물리적 폭력을 행사하는 시절이 되었습니
다. 차마 그냥 듣고 있기에는 저희 마음이 너무 상처를 입습니다.

교과 교육 외에도 일반적인 행정업무들이 선생님들을 힘들게 하고 자녀에
대한 과도한 관심과 왜곡된 교육열이 학부모들로 하여금 학교에 와서 지

나친 간섭을 하려합니다. 자신의 자녀에 대한 편협한 생각의 발로일 것입니다. 그래도 잘 참고 견딜 수 있도록 힘을 주옵소서! 한 분의 선생님이 세워지기까지 얼마나 많은 이들의 기대와 관심이 있었기 때문입니다.

선생님들이 학교생활에 지치지 않도록 힘을 주시고, 그래서 우리의 다음 세대들이 마음 놓고 교육받을 수 있도록 도우시옵소서! 선생님들이 사방에서 불어오는 외풍에 쓰러지지 않고 자유롭고 행복한 마음으로 교육에 전념할 수 있도록 도우시고, 저희들이 하나님의 사랑으로 인내하며 아이들을 가르칠 수 있도록 하시어 날마다 보람과 가치를 발견하게 하옵소서!

학교에 아이들을 보낸 학부모들은 학교 당국을 신뢰하고, 선생님들을 사랑하며 자신의 자녀들 뿐 아니라 학교에서 같이 공부하는 모든 학생들의 교육받을 권리를 존중하는 마음을 주옵소서! 학생들의 인성이 대부분 형성되는 시기에 선생님들과 지낸 아름다운 초중고 시절의 추억이 일생동안 그의 심성에 자리하게 하시어 모두 나라의 보배들이 되게 하옵소서!

아직도 학교에서 제자들을 가르치는 선생님들 중에 학교가 두렵고 아이들을 대하기가 두려운 선생님들을 붙잡아 주시고, 아이들 사랑하는 마음과 비전을 이루는 일, 미래를 꿈꾸는 일을 주저하거나 중단하지 않도록 담력을 주시옵소서! 숱한 장애들을 극복하고 믿음으로 사명을 감당한 이후에 수많은 제자들이 자신을 스승으로 고백하는 날을 경험하게 하옵소서!

저희의 영원한 스승이신 주 예수 그리스도의 이름으로 기도합니다. 아멘!

땅의 기도
간호사들을 위하여 드리는 기도!

"어떤 사마리아 사람은 여행하는 중 거기 이르러 그를 보고 불쌍히 여겨 가까이 가서 기름과 포도주를 그 상처에 붓고 싸매고 자기 짐승에 태워 주막으로 데리고 가서 돌보아 주니라" (누가 10:33-34)

사랑하는 하나님 아버지! 이 땅의 병, 의원에서 의사의 지시를 받아 환자들을 돌보고 환자들에게 주사를 놓고 처치하는, 없어서 안 될 의료인 중 보조업무를 감당하는 간호사(간호 조무사)들을 기억하여 주옵소서! 저들이 비록 의사의 절대적 권한인 진료나 처방은 못할지라도 환자에게 친근감으로 나아갈 수 있는 자리에 있으니, 이들이 천사처럼 되게 하옵소서!

일찍 병의원에 출근하여 병의원을 치우고 책상을 정리하며 시작되는 근무가 '데이'와 '이브닝', '나이트'의 삼교대로 일하는 것이 주로 여성들이 다수인 업무의 특성상 버거울 수 있습니다. 이들의 체력이 이를 능히 감당하게 하시고, 의사들보다도 더 많이, 더 가깝게 환자들을 대하는 그들에게 환자에 대한 따뜻한 마음과 섬세한 보살핌의 자세를 더해 주옵소서!

의사들이 의학적인 지식과 임상 경험을 가지고 환자를 진료하고, 그 결과에 따라 처방을 내리거나 수술하지만, 그렇게 의학적인 치료에 헌신하는 의사와 달리 간호사들은 환자들을 심리적이고 정서적인 공감대를 가지고 돌보아야 할 보이는 천사들입니다. 환자들이 그들의 따뜻한 웃음과 친절한 한 마디 말에 의료 외적인 치유의 기적이 일어나게 도와주옵소서!

수많은 환자들의 다양한 요구를 들어주기 힘들어 짜증을 낼 수도 있고, 무시할 수도 있고, 소극적으로 응대할 수도 있겠지만 그럼에도 불구하고 자신의 생명을 의료진에게 맡긴 환자들의 절박한 마음을 이해하여 그들에게 작은 위로와 안식이 되어줄 수 있게 하옵소서! 환자들이 퇴원하고도 따뜻한 미소와 친절한 응대가 그리워 찾아오는 일이 있게 하옵소서!

세상에 태어나서 어떤 일을 하든지 사람을 유익하게 하고 행복하게 해야 하는데, 특히 자신의 생명과 직결된 병원에 입원해 있으며 만난 친절한 간호사 때문에 마음에 위안을 얻고 그 평안함으로 병세도 호전되고 쉽게 회복된다면 그는 후에 하나님의 자녀가 될 것입니다. 그런 이가 전도하고 그런 이들이 하나님의 사람으로 위로를 받고 상을 받게 하시옵소서!

'백의의 천사'로 불리는 간호사들이 옷만 흰옷을 입고, 천사는 커녕 나쁜 이미지만 가지고 있으면 어떻게 되겠습니까? 모든 병원의 간호사들이 입원한 환자들을 자신의 혈육처럼 생각하고 전심으로 최선을 다하여 보살피게 하시옵소서! 그런 마음조차 하나님께서 주셔야 가능한 줄 믿사오니, 간호사들이 온 땅에서 선하고 의로운 직업군이 될 수 있게 하여 주옵소서!

저희를 위로하고 역사하시는 예수 그리스도의 이름으로 기도합니다. 아멘!

땅의 기도

간호사와 간호조무사들을 위하여 드리는 기도!

"어떤 사마리아 사람은 여행하는 중 거기 이르러 그를 보고 불쌍히 여겨 가까이 가서 기름과 포도주를 그 상처에 붓고 싸매고 자기 짐승에 태워 주막으로 데리고 가서 돌보아 주니라" (누가 10:33-34)

하나님께서 인생들을 사랑하셔서, 병들기 쉽고 무너지기 쉬운 저희의 질병과 사고로 망가진 육체를 치료하기 위하여 의사와 한의사 치과의사를 세우시고, 또 그 인력만으로는 완전하지 않기에 전국에 15만 명의 간호사와 간호조무사를 주심이 은혜입니다. 오늘 저희들을 불쌍히 여겨 주시고 이들이 각각의 자리에서 의료인으로 살아가기에 피곤치 않게 하옵소서!

의사의 지도와 지시를 받아 환자들을 돌보는 업무를 행하는 간호사들의 수고와 헌신을 기억하시고 이들이 격무에 건강을 해치지 않도록 도우시옵소서! 간호업무를 하면서 갈등할 수 있는 순간들이 있습니다. 의사들과 충돌할 수도 있고 간호조무사와 부딪힐 수도 있습니다. 그러나 언제나 환자의 생명과 안전이 제일 중요하다는 판단에는 편함이 없게 하옵소서!

의사보다 환자를 더 가까이 만나는 이요, 의사보다 환자의 상태를 더 세심히 살필 수 있는 신분의 간호사들을 기억하여 주옵소서! 환자들을 가족처럼 돌아보는 세심함이 있게 하시고, 가족들보다 환자의 고통과 괴로움을 보며 더 아파하는 간호사들이 되게 하옵소서! 한국의 의료인들 가운데 의사, 치과의사, 한의사보다도 존귀한 간호사들이 되게 하여 주옵소서!

그들이 대학병원이나 종합병원 등 대형 상급 병원의 수간호사든 책임 간호사나 주임 간호사든 평간호사든 아니면 동네 개인 병의원의 간호사든 붙잡아 주셔서 환자와 제일 가까운 위치에서 돌아보는 저희들의 열심과 사랑이 꺼져가는 생명을 살릴 수 있는 귀한 손길이 되게 하시고, 그들의 따뜻한 미소가 고통 속에 있는 환자에게 위로와 희망이 되게 하옵소서!

그 중에 특히 업무의 강도나 환자를 위한 수고의 정도는 큰 차이가 없지만, 의료인의 신분이 아니지만 의사나 간호사의 지도를 받아 환자를 돌보는 간호조무사들을 기억하시어, 저들의 수고와 희생이 병원과 환자에게 얼마나 큰 힘이 되는지 15만 간호조무사들의 수고를 기억하여 주옵소서! 정체성에 대한 갈등을 기억하시고 하나님의 자비를 베풀어 주옵소서!

이처럼 우리 의료계 맨 아래 계층에서 수고하며 땀 흘리는 숨은 천사인 간호사와 간호조무사들을 위로하시고 저들이 모두 위대한 나이팅게일 선서가 그들의 삶이 되게 하시고, 이는 선언이나 고백이 아니라 일상의 삶이 되게 하옵소서! 그리하여 나이팅게일 선서에 기초한 간호 윤리강령보다도 월등한 의료 봉사자로 희생, 봉사 헌신의 삶을 살게 하여 주옵소서!

저들의 모든 삶을 기억하실 예수 그리스도의 이름으로 기도합니다. 아멘!

땅의 기도

건축 및 건설업자들을 위하여 드리는 기도!

"나의 이 말을 듣고 행하지 아니하는 자는 그 집을 모래 위에 지은 어리석은 사람 같으리니 비가 내리고 창수가 나고 바람이 불어 그 집에 부딪치매 무너져 그 무너짐이 심하니라" (마태 7:26-27)

하나님! 건축은 역사요, 문화입니다. 건축이 어떻게 시대를 대변하고 상징하는지 지나온 시절 건축물을 보면서 배웁니다. 고대의 '피라미드'나 중국의 '만리장성', '에펠탑'이나 '엠파이어스테이트 빌딩'을 보며 당 시대의 문화와 비전을 봅니다. 건축 문화가 발달하면서 사회 간접시설인 도로, 철도, 항만 들이 눈부시게 발전하여 시대의 문화를 가늠할 수 있습니다.

특히 그 가운데 중요한 시설들과 주택의 건축을 책임진 건설 회사들을 위하여 기도합니다. 그들이 세우는 모든 건축물이나 시설들은 국민들의 행복과 안전을 추구하는 시설인 동시에, 자칫 하자가 발생하면 치명적인 사고로 이어지며 숱한 생명을 앗아갑니다. 대표적으로 '삼풍백화점'이나 '성수대교' 붕괴 참사를 통해 건축 및 건설회사의 무한 책임을 배웠습니다.

그러나 여전히 안전 불감증이나 그릇된 경영과 이익추구에 대한 탐욕이, 지금 위험한 사고들을 여기저기에서 일어나게 하고 있고, 건축 중인 아파트가 무너지며 교량이 주저앉는 일들이 심심찮게 일어나며 사고가 날 때마다 정부 당국이나 업자들은 입으로는 참회하지만 여전히 건물의 안전이 심각하게 위협받는 부실시공은 끝없이 이어지는 슬픈 현실을 봅니다.

백성들의 생명은 안중에도 없고, 자신들의 배만 생각하는 몰지각한 공사, 관리, 감독 책임자들을 하나님께서 권고하시어 그 건축물이 자신과 가족들의 안전과 직접 연결되었다는 생각으로 살게 하옵소서! 이에 따라 건설 및 건축의 설계, 인허가, 시공부터 준공에 이르기까지 전 과정을 하나님께서 주장하여 주옵소서! 항상 안전 시공이 모토가 되게 하옵소서!

철근 하나를 누락시킬 때마다 내 가족의 생명을 끊는다는 생각으로 임하여 시방서를 따라 규격품으로 꼼꼼히 시공하게 하시고, 관리감독 부서나 기관은 철저히 시공과정을 점검해서 그 건물이 국민들의 생명을 위해(危害)하는 흉기가 되지 않도록 철저히 안전규격 심사를 하게 하옵소서! "이것 하나쯤은!" 혹은 "나 하나쯤은!", "이 정도쯤은!"하지 않게 하시옵소서!

화려하고 멋진 외형보다, 견고하고 실용적인 건축물을 지어 후세들이 자랑하고 자부심을 가질만한 건축물을 남기게 하옵소서! 몇 사람이 부당한 이익에 눈이 어두워 부실공사를 하고, 후에 이것이 화근이 되어 부끄러움을 당하는 불명예를 안고 살지 않도록 붙들어 주시고, 세상에 활력을 불어넣는 건설, 혹은 건축업자로서의 영광과 자부심으로 살게 하옵소서!

저희를 위해 세상을 지으신 예수 그리스도의 이름으로 기도합니다. 아멘!

10. 다양한 직군을 위하여 드리는 기도!!

땅의 기도

검사(檢事)들을 위하여 드리는 기도!

"성도가 세상을 판단할 것을 너희가 알지 못하느냐 세상도 너희에게 판단을 받겠거든 지극히 작은 일 판단하기를 감당하지 못하겠느냐" (고전 6:2)

이 땅에서 '수사권'과 '기소권'이란 막강한 두 개의 권한을 좌우편에 들고 있는 검사(檢事)들을 위하여 기도합니다. 혐의가 있는 자를 수사하되, 법원에서 발부받은 압수 수색 영장을 가지고 가택이든 사무실이든 모조리 뒤질 수도 있고. 그의 죄를 기소할지 말지를 결정할 수 있는 검사의 막강한 힘은, 범죄를 수사하여 죄를 밝혀내고 죄에 상응하는 형을 구형합니다.

이렇게 이 땅에서 일어나는 모든 범죄를 찾아내어 모조리 벌하되, 세상이 검찰을 믿고 평안하게 생활할 수 있는 안전지대가 되게 하옵소서! 행여 자신의 권한을 자의적으로 사용하거나 범죄 수사를 편파적으로 하여 국민들의 신망을 잃지 않도록 도우시옵소서! 대통령도 감옥에 집어넣을 수 있는 무소불위의 권위를 공정과 상식의 선에서 선히 사용하게 하옵소서!

'검사 동일체의 원칙'이 범죄를 소탕하고 조직적이고 신속하게 범죄를 처단하는 도구로 사용되지 아니하고, 오히려 특정한 인물과 사건에는 잔인하리만큼 집요하고, 반대로 특정한 사안은 지나치게 관대하여 외면하는 누구나 알 수 있는 편파적인 수사를 하지 않도록 공정과 상식, 양심과 법치의 원칙을 지킬 수 있도록 모든 검찰에게 정의로운 양심을 주시옵소서!

검찰의 날카로운 칼날이 언제나 정권의 하수인처럼 정적의 가슴을 향하는 것이 아니라, 무서운 범죄자와 범죄 집단을 향하게 하시고, 그리하여 백성들은 검찰을 두려워하는 게 아니라 신뢰하고, 존경받는 이들이 되어, 억울한 백성들은 검찰로 달려가게 하옵소서! 힘을 가지고 있어 두려운 것이 아니라, 힘을 정의롭게 쓰고 있기에 신뢰받는 검찰이 되게 하옵소서!

'수사권'은 모든 범죄행위에 공정하게 하시고, '기소권'은 모든 범죄자들에게 공평하며, 재량권은 힘없는 서민들과 억울한 피해자에게 우선하는 정의롭고 신뢰받는 검찰이 되게 하옵소서! 각 지방 검찰청부터 고검, 대검에 이르기까지 모든 민원실은 억울한 이들이 문턱 없이 찾아오게 하시고, 평검사부터 검찰청장까지 억울한 이들이 찾아가는 곳이 되게 하옵소서!

법을 수호하고 집행하는 최고의 권위가 이 땅에서 조롱당하고 비난받는 것이 아니라 존경과 신뢰를 얻게 하시되, 모든 검사들이 자신의 신분을 부끄러워하지 않고 영광스럽게 생각하고 긍지를 가지고 자신을 소개할 수 있는 진실한 공직자가 되게 하옵소서! 한 번 임명되면 평생 꽃길을 보장받는 소수의 검사들이 예의와 가치를 소중히 여기며 살게 하시옵소서!

우리의 언행을 살피시는 예수 그리스도의 이름으로 기도합니다. 아멘!

10. 다양한 직군을 위하여 드리는 기도!!

땅의 기도
경찰관들을 위하여 드리는 기도!

"내가 너와 함께 있어 네가 어디로 가든지 너를 지키며 너를 이끌어 이 땅으로 돌아오게 할지라 내가 네게 허락한 것을 다 이루기까지 너를 떠나지 아니하리라 하신지라" (창세 28:15)

하나님께서 사회의 안전을 지키고 국민들의 생명과 재산을 보호하기 위해 경찰관들을 세워주시고, 그들이 근무하는 경찰청을 비롯하여, 17개 각 광역시/도 경찰청, 257개 경찰서, 1500개의 파출소가 국민들의 곁까지 구석구석 있게 해 주셔서 고맙습니다. 경찰관 한 사람 한 사람이 국민들 곁에 가까이 다가가 지팡이가 되게 해 주심이 하나님의 은혜입니다.

우리나라의 치안이 내국인들은 물론, 외국의 방문객과 관광객들조차 한국에서 마음 놓고 밤거리를 다녀도 위험하지 않고, 소매치기 들치기 좀도둑 같은 낯선 나라를 방문할 때 듣는 주의 사항을 듣지 않아도 될 만큼 치안이 잘 된 나라가 되게 하심도 큰 은혜입니다. 이 일을 위해 불철주야 서민들 가장 가까이에서 고생하고 있는 경찰관들을 위하여 기도드립니다.

주야를 가리지 않고 공휴일도 쉬지 못하고 국민들의 안전한 일상을 지켜주기 위한 그들의 수고를 기억하시고, 밤낮 취객들과 사나운 민원인들로

부터 욕설과 행패를 당하면서도 그 일이 마치 자신들의 잘못인 양 묵묵히 감당하는 경찰관들을 기억해 주시기 원합니다. 제복을 입고 백성들의 안전과 생명을 위해 수고하지만 듣는 것은 시민들의 욕설과 비난입니다.

억울하게 행패를 당하고 욕설을 들어도 묵묵히 견디며, 오직 백성들의 안전을 지켜주는 12만 경찰관들을 사랑하여 그들의 근무환경과 조건들을 안전하게 하옵소서! 거리 질서를 지키는 교통경찰이든, 사건을 쫓아 법인을 잡는 수사 경찰이든 언제나 마음 놓고 직무를 수행할 수 있도록 지켜주옵소서! 백성들을 위해 온갖 위험에 노출된 경찰관들을 지켜 주옵소서!

경찰청장을 정점으로 17개 지방청장, 사이버, 정보, 외사 등 모든 업무를 관장하는 책임자, 간부, 임원, 경찰관 한 사람에 이르기 까지 거대한 조직을 기억하여 주옵소서! 시민들과 만나는 제복을 입고 눈에 띄는 경찰뿐만 아니라, 경찰청, 경찰서, 파출소 기타 기관에서 일하는 거대한 조직 속에 있는 모든 경찰 공무원들의 사기가 저하되지 않도록 지켜주옵소서!

일선 경찰서의 경무, 수사, 형사, 교통, 경비, 보안 등 각 분야별로 모두 하나님의 도우심이 필요합니다. 이들이 국가치안의 일선에서 충성하는 책임자로서 자긍심이 있게 하시고, 전국 12만의 경찰인력이 모두 안전한 사회를 위한 첨병임을 알고 자긍심으로 살게 해 주옵소서! 최고의 경찰을 주신 것이 고맙습니다. 미래에는 더 보람 있는 경찰관들이 되게 하옵소서!

저희의 안전을 지켜주시는 예수 그리스도의 이름으로 기도드립니다. 아멘!

땅의 기도

공직자들을 위하여 드리는 기도!

> "이르되 부과된 것 외에는 거두지 말라 하고 군인들도 물어 이르되 우리는 무엇을
> 하리이까 하매 이르되 사람에게서 강탈하지 말며 거짓으로 고발하지 말고 받는 급
> 료를 족한 줄로 알라 하니라" (누가 3:13-14)

사랑이 많으신 하나님! 오늘 이 땅에서 땀 흘리며 일하는 공직자(公職者)들을 위하여 기도합니다. 공직자들이야 말로 국가의 명을 받고 국민들을 섬기는 이들입니다. 나라의 녹을 먹으며 백성들을 섬기는 이들이 최고의 충복(忠僕)이 되어야 나라가 평안하고 백성들이 행복합니다. 공직자들이 건강하고 바르게 직무를 감당하여 일꾼의 역할을 잘 감당하게 하옵소서!

모든 공직자들은 맡은 업무에 충실하게 하시되, 행정 공무원은 백성을 섬기는 행정에 만전을 기하여 백성들이 불편하거나 노엽지 않게 하시고, 그가 지방 공무원이든 국가 공무원이든, 교육 공무원이든 각각의 자리에서 충성스럽게 일하게 하옵소서! 이들의 자긍심이 높아져서 덩달아 공직자 청렴도도 높아지게 하시고, 백성들의 행복지수도 높아지게 하시옵소서!

어떻게 하면 공직자들이 몸담고 있는 기관에서 국가와 민족을 위해 성실하게 일할 수 있을까 하는 마음으로 정부가 '공직자 윤리법'을 만들고 고위

공직자들의 재산을 등록하도록 하고, 또 공직자들이 각자 청렴(淸廉)의무를 지게 하였지만 여전히 공직사회의 현실은 백성들이 바라는 만큼 되지 않습니다. 고위 공직자의 후보를 보면 한결같이 실망스럽습니다.

특히 맑은 아랫물을 위하여 윗물인 고위 공직자들은 '수신제가(修身齊家)'부터 하고 '치국평천하(治國平天下)'를 할 수 있도록, 세상에 만연한 부정부패, 서민들이 저질렀다가는 난리가 나는 위장전입, 논문표절, 부정축재 등 비도덕적인 법률 위반이 없게 하시고, 지금 당장 모두를 뿌리 뽑을 수 없다할지라도 점점 청렴하고 정의로운 세상이 되게 해주옵소서!

이들이 교육공무원, 세무공무원, 혹은 군인공무원이나 모두 하나님께서 다스리시고, 특별히 권력기관에서 근무하는 공직자들의 근무 평가가 백성들의 눈높이에 맞는 도덕적인 모습을 갖추어 높은 평가를 얻을 수 있게 하옵소서! 예수님 시대처럼 "두 벌 있는 자나 먹을 것이 있는 자는 없는 자에게 나눠 주라."(누가 3:11)고 했으니 지금도 그리하게 하시옵소서!

세리들은 "부과된 것 외에는 거두지 말라."고 하셨고, 군인들은 "사람에게서 강탈하지 말며. 거짓으로 고발하지 말고, 받는 급료를 족한 줄로 알라."고 하셨으니 다시는 군인들이 탐욕으로 나라를 어지럽히지 않게 하옵소서! 이 땅의 모든 공직자들이 어디서부터 어떻게 행할지를 알아 정신 바짝 차리고 국민들을 섬기는 충성스런 공직자들이 되게 하시옵소서!

우리의 영원한 심판자 되시는 예수 그리스도의 이름으로 기도합니다. 아멘!

10. 다양한 직군을 위하여 드리는 기도!!

땅의 기도

국회의원 후보자들을 위하여 드리는 기도!

"너는 또 온 백성 가운데서 능력 있는 사람들 곧 하나님을 두려워하며 진실하며 불의한 이익을 미워하는 자를 살펴서 백성 위에 세워 천부장과 백부장과 오십부장과 십부장을 삼아" (출애 18:21)

'정치의 계절'에는 나라가 국회의원 선거로 몸살을 앓고 있습니다. 하나님께서 저들의 마음속에 작게는 지역주민들을 섬기고, 나아가서 국민들을 섬기려는 마음을 주시되, 당선 여부와 관계없이 마음이 변치 않게 하옵소서! 공천을 받고 후보가 된 이들이나 신청한 이들이나 결과에 승복하는 자세를 갖게 하옵소서! 내 마음에 맞지 않아도 순리를 따르게 하옵소서!

공천을 위해 당(黨)을 기웃거리는 이가 없게 하시고, 정치적 소신도 없이 옮겨 다니는 철새 같은 정치인도 없도록 도와주옵소서! 공천여부에 관계없이 본인이 공천신청을 한 당(黨)의 판단을 전적으로 수긍하고, 민주주의를 뿌리내리기 위해 최선을 다해 선거에 임하게 하옵소서! 선거에 임하여 당락의 결과에 관계없이 유권자들의 선택을 존중히 여기게 하옵소서!

한 사람의 독립된 입법부가 되려는 저들에게 먼저 법을 제정하고 개정하는 신분이 되기 위하여 준법 자세를 바로 하게 하시고, 자신의 유, 불리를 떠나 국가와 민족 앞에 유익한 인물이 되게 하옵소서! 한국의 정치사에 중요한 시기에 국회의원이 되고 입법부의 일원이 되는 것이 얼마나 영광스러운 일인 줄 알고 후보 시절부터 품격 있는 언행을 하게 하옵소서!

소속된 당의 정강정책을 따라, 신선하고 의연한 의원이 되기 위하여 금배지를 다는 날까지 겸손하게 주민들을 섬기고, 나라의 발전과 민주주의의 발전에 기여할 수 있는 인물이 되게 하옵소서! 겸손한 마음으로 유권자와 국민들 앞에 서게 하시고, 함께 입후보하여 같은 지역구에서 경쟁해야 하는 상대 후보에게 최선을 다하여 예의를 지키며 경쟁하게 하시옵소서!

부지런히 지역을 돌고 유권자를 만날 때의 자세로 선거후에도 지역주민들의 대소사를 살펴보게 하시고, 당선된다면 당선 이후에는 보다 더 부지런히 국정을 돌보는 귀한 의원이 되게 하옵소서! 국회에 입성할만한 실력과 품격을 갖추고 어떻게 하든 유권자의 선택을 받기 위해 애쓰겠지만, 특히 정직하며 성실하고 부지런하여 유권자들에게 부끄럽지 않게 하옵소서!

건강한 국가관을 가지고 자신의 정체성에 대한 확실한 신념으로 임하게 하시고 정치인으로 도덕성에 결격사유가 없게 하시고, 지역의 자긍심이요 자랑이 되게 하옵소서! 그가 수십만 명 중에 한 사람을 뽑는 선거에 임하면서, 자신이 수십만 유권자를 대신할 수 있는 품격을 갖추었는지 돌아보게 하옵소서! 대한민국의 입법부 구성원으로 흠이 없게 하옵소서!

이 땅의 지도자를 세우시는 주 예수 그리스도의 이름으로 기도드립니다. 아멘!

땅의 기도

국회의원들을 위하여 드리는 기도!

> "아리마대 사람 요셉이 와서 당돌히 빌라도에게 들어가 예수의 시체를 달라 하니 이 사람은 존경 받는 공회원이요 하나님의 나라를 기다리는 자라" (마가 15:43)

전능하신 하나님 앞에, 이 땅의 정치인들을 위해 기도드립니다. 많은 분야의 정치인들이 있지만 그 중심에 국회의원이 정치의 꽃인데 우리나라 국회의원 300명을 위하여 기도합니다. 여야를 할 것 없이 일 년에 십억 가까운 돈을 세비를 비롯한 보좌관 비용으로 수령해가는 고급 인력인데, 백성들의 평균만도 못한 수준의 의식을 가지고 국회의원을 하고 있습니다.

이들이 고비용을 세금으로 지불할 만큼 가치 있는 일을 하고 있는지 살펴보게 하시고, 그들의 의식 속에 국민의 충복으로 살고 있는지 알게 하옵소서! 여야의 편향된 시각으로만 정치하지 않게 하시고 정당의 지도부나 권력의 눈치나 보는 비겁한 국회의원들이 아니라, 각 지역의 인구를 비례해서 뽑힌 국민의 대표이니 대의기관(代議機關)답게 살게 하여 주옵소서!

이들이 수치스럽게, 당리당략에 의하여 신성한 의사당 안에서 거간꾼들이나 하는 모리배 짓 하지 않고, 그들의 상전인 국민들의 뜻을 받들어 법과 양심에 의하며 백성들을 위해 충성하는 종들이 되게 하옵소서! 매일 만나기만 하면 싸우고 비난하고 헐뜯는 볼썽사나운 국회의원들이 아니라, 밤잠을 안자고 국리민복을 위하여 일하는 모습을 보이 주게 하여 주옵소서!

법을 제정하고 개정할 수 있는 막강권력을 가진 독립된 입법부의 한 사람으로 더욱 철저히 자신을 법 앞에 스스로 검증하게 하시고, 보통 서민들보다 엄격하게 법의 잣대로 자신을 재단하는 양심적인 의원들이 되게 하옵소서! 특권의식을 가지고 우월적 지위를 누리려는 오만한 생각을 버리고, 백성들의 머슴으로 두렵고 떨림으로 국정을 논하게 하여 주옵소서!

대한민국의 민주주의는 국회의원들의 준법정신에 의해서 유지되었다는 역사적 평가를 얻게 하시고, 국민의 권한을 위임받은 종으로 국민의 심기를 살펴 국민들의 뜻을 이행하는 진실한 의원들이 되게 하옵소서! 국회의원들이 도리와 직무를 다하지 못하면 국민들이 소환하여 파면할 수 있도록 제도적으로 뒷받침되어 국회의원들이 오만방자하지 않게 하옵소서!

거대정당은 거대 정당대로 자신들의 마음대로 무소불위의 국정운영을 하는 인상을 가지지 않게 하시고, 군소 정당은 군소정당으로 소수의 의견이지만 정당하고 바른 의견을 개진하며 거대 정당의 횡포에 의해 훼손되는 국민의 권리를 지켜줄 수 있게 하옵소서! 힘으로 운영되고 힘으로 해결하려는 국회가 아니라 합리적인 대화와 타협의 국회가 되게 하여 주옵소서!

우리의 푯대가 되시는 예수 그리스도의 이름으로 기도합니다. 아멘!

땅의 기도
글을 쓰는 작가(作家)들을 위하여 드리는 기도!

"그 모든 일을 근원부터 자세히 미루어 살핀 나도 데오빌로 각하에게 차례대로 써 보내는 것이 좋은 줄 알았노니 이는 각하가 알고 있는 바를 더 확실하게 하려 함이로라" (누가 1:3-4)

오늘은 하나님께 땅에 있는 작가들을 위하여 기도합니다. 작가의 신분으로 일하는 이들, 자신의 저작물이나 원고를 출판사에 넘겨주어 단행본, 시리즈물, 혹은 전집으로 책을 내는 이들을 포함하여, 드라마 대본을 쓰는 작가, 영화 시나리오 작가, 신문 등에 연재하는 소설 작가들을 위하여 기도하오니 기억하여 주옵소서! 웹툰 소설의 작가들도 살펴 주시옵소서!

하나님께서 모든 작가들에게 신선하고 따뜻한 마음을 허락하여 주옵소서! 기왕에 흥미로 보는 소설이나 영화이지만 필요하지도 않은 곳에 선정적인 내용을 삽입하는 바람에 보고 읽는 이들의 마음을 상하게 하는 게 아니라, 행복하고 따뜻한 이야기, 감동의 스토리로 얼마든지 보고 읽는 이들이 감동할 수 있다는 것을 알고 시청자와 독자들을 행복하게 하옵소서!

특히 안방 드라마로 알려진 TV 연속극의 경우 성인들의 전유물이 아니라, 그 안에는 연령대를 제한할 수 없는 어린 자녀들이 함께 TV를 시청할 수 있습니다. 그러므로 누가 그 프로그램을 보든지 아무 문제가 없게 하옵소서! 가뜩이나 뉴스나 대담, 토론을 틀어도 속상하고 분노하는 소식들만 많은 세상에, 드라마까지 선정적인 게 올라오지 않게 하여 주옵소서!

작가들의 마음을 주장하시어, 아무리 갈등사회라지만 고부간의 갈등, 형제간의 갈등을 언제까지 이용하지 말게 하시고, 아무리 막장 드라마가 되어도 도저히 상상할 수 없는 관계설정은 비켜가게 하시옵소서! 아이들과 한 자리에 앉아서 본다는 것을 염두에 두고, 안방에서 인격이 파괴되고, 그 바람에 가정이 무너지는 모습을 보여주는 잔인함이 없게 하옵소서!

물질만능이 모든 이들의 생각은 아닌즉, 성실하고 부지런히 일하면서 보람 있게 사는 이들이 아름다운 삶을 개척해 가는 멋지고 아름다운 이야기로 시청자, 독자, 관람객들을 감동케 하는 작가들이 되게 하옵소서! 날마다 작품을 구상하고 집필할 때마다 그들에게 강력한 영감을 주옵소서! 사람의 지혜가 아니라 하나님의 감동이 넘치는 작품이 되게 인도하옵소서!

대본을 쓰는 작가, 소설을 쓰고 시를 쓰고 에세이를 쓰는 작가, 그들의 가슴과 손끝에 재능을 주시어 세계에 감동을 줄 수 있는 이들이 나오게 하옵소서! 그들의 작품을 보면서 독자들이나 시청자들 관람객들의 마음에 감성의 꽃이 피고, 작가들을 통해 세상사는 사람들의 심성이 따뜻하고 행복하게 하시고 그들의 작품이 저희들의 마음을 따뜻하게 하옵소서!

영원한 우리의 주가 되시는 예수 그리스도의 아름으로 기도합니다. 아멘!

땅의 기도

기술자로 일하는 이들을 위하여 드리는 기도!

"우리가 너희와 함께 있을 때에도 너희에게 명하기를 누구든지 일하기 싫어하거
든 먹지도 말게 하라 하였더니" (살후 3:10)

이 땅에서 여러 가지 기술을 익혀 산업 현장에서 기능공, 기술자로 일하는
이들을 위하여 기도드립니다. 하나님께서 저들을 특별히 기억해 주시기
원합니다. 학교에 다니던 지금보다 어리거나 젊은 시절, 더러는 머리가 친
구들을 따라갈 수가 없어서 인문계 대신 실업계에 진학한 이도 있고, 더러
는 가정이 힘들어 일찍 취업 전선에 뛰어든 그들을 기억하여 주옵소서!

이들이 더 많은 학문을 할 상황이나 형편이 안 되어 기술을 배워 산업 현장
에 뛰어들어 현장을 누비며 자신의 실력과 기술을 발휘하는 동안, 저들의
손에 이 땅의 산업은 날마다 발전해 왔습니다. 주택 혹은 아파트가 올라가
고 도로가 개설되고 자동차가 만들어졌습니다. 기술을 필요로 하는 곳에
저들의 실력이 유감없이 발휘되어 빛나는 조국이 되었습니다.

그가 가지고 있는 기술, 재능이 토목이든 건축이든, 혹은 금속이든, 자동
차든 아니면 목공이나 철공이든 그 손으로 배우고 익혀 오늘에 이르기까
지 수많은 땀과 정성도 있었지만, 그 길에서 흘린 눈물도 많았을 것입니

다. 기술을 배우고 숙련공이 되기까지 흘린 눈물을 많이 보셨을 것이나, 막상 그들이 산업 현장에서 쏟는 땀은 바다를 이룰 만큼 많았을 것입니다.

무엇보다 자신의 미래에 기술을 익혀 그걸로 살아간다는 진로를 결정하고 공부할 때에 주위에서 보내는 시선들, 사회적 몰이해와 편견, 심하면 가족들이나 자녀들이 겪은 수모도 다 표현할 수 없을 것입니다. 그런 냉대와 오해를 받으면서 일구어 온 그 길이 가시밭길처럼 느껴지고 광야의 모래밭처럼 느껴졌을 터인데 이제는 가족과 함께 행복하게 걷게 하옵소서!

자신의 손끝에서 이루어진 결과물을 볼 때 자랑스럽게 가족들이나 자녀들에게 보여 주게 하시고, 어쩌다 시간이 나면 현장의 시설이나 건물 혹은 기계나 설비 기타 어떤 기능으로 일군 것이든 자랑스럽게 설명해 줄 수 있게 하옵소서! 하나님께서 기름 범벅이 되고 땀 냄새 나는 작업복을 입고 작업현장을 바쁘게 움직이는 그들에게 넘치는 복을 주시옵소서!

다른 이들보다 더 고생하며, 더 어렵고 힘들게 기능을 익혀, 개인은 물론 사회와 조국에 말없이 공헌해 온 오늘의 기능공, 기술자들을 사랑하시되 비록 기능장이 아니더라도 그 수고한 땀과 열정을 온 국민들이 박수로 보상할 수 있게 하시고, 하나님의 은총을 만방에 전하게 하옵소서! 나이 들어 몸을 움직일 수 있을 때까지 자랑스럽게 일할 수 있게 하시옵소서!

피곤하시도록 일하셨던 예수 그리스도의 이름으로 기도합니다. 아멘!

땅의 기도

낙농업과 목축업을 하는 이들을 위하여 드리는 기도!

> "사론 사람 시드래는 사론에서 먹이는 소 떼를 맡았고 아들래의 아들 사밧은 골짜기에 있는 소 떼를 맡았고" (대상 27:29)

사랑의 하나님! 우리의 산업 구조나 산지(山地) 구성상 목축업을 하는 이들을 자주 만날 수는 없지만, 이 땅에서 목축을 생계나 산업으로 사는 이들을 위하여 기도합니다. 하나님의 눈에는 모든 이들이 한 눈에 다 들어오실 것입니다. 이들의 생업 대상은 사람들이 아니라 가축들입니다. 소, 돼지를 키우고 염소를 키우는 이들입니다. 그걸로 업을 삼는 이들입니다.

이들은 늘 가축들과 지내다가 사람들의 관심을 받을 때는 '광우병'이나 '돼지콜레라' 혹은 '조류독감' 같은 가축들을 대상으로 무섭게 번지는 전염병이 나돌 때입니다. 그러다 '고기값'이 폭락하거나 '유제품'가격이 폭등할 때 한 번씩 등장합니다. 이들은 다른 산업에 종사하는 이들보다 부지런해야합니다. 새벽 먼동이 트기 전부터 일어나 어둠이 깊어야 잠에 듭니다.

찬바람이 불기 시작하면 짐승들이 겨우살이 할 축사나 돈사(豚舍)를 준비하고 월동(越冬)에 필요한 난방부터 겨울 사료까지 그들의 월동과 난방이 자신의 겨울나기보다 더 관심이 갑니다. 어디서 콜레라가 발생하면 잠을 못 이루고 뉴스를 봐야 합니다. 사람이 손쓸 수 없는 속도로 병이 번지고, 축사나 돈사에 감염된 짐승 한 마리라도 생기면 비극이 일어납니다.

당국에서 살(殺)처분 명령을 내리면, 그들은 지금까지 자식처럼 키우던 소를 땅을 파고 묻어야 하고, 이때 주사를 맞고 쓰러지며 굵은 눈물을 흘리는 가축들을 바라보며 함께 울어야합니다. 이때의 상처가 오랫동안 그들을 괴롭힙니다. 당국에서 살 처분한 가축 대금은 지불하지만 사료비밖에 안 되고, 나머지 손실은 모두 농가가 오롯이 감당해야 할 몫입니다.

그러다 소 값이나 돼지 값이 폭등하면 비난은 모두 목축업자나 양돈업자가 들어야 하고, 희대의 거간꾼이 되기도 하고 폭리를 취하는 업자가 되기도 합니다. 가격이 폭락하면 업자들의 욕심이 가져온 인과응보처럼 되고, 계속 먹이려니 사료 값도 안 되고 팔려니 손실이 너무 커서 이 또한 목축업자나 양돈업자들이 떠안아야 합니다. 이들의 신음을 들어 주옵소서!

목축이나, 낙농, 양돈은 미래 예측이 불가능한 도박판처럼 줄타기 사업을 벌이는 동안에도, 주변 이웃들은 악취가 난다며 계속 민원을 제기하고, 행정당국에서는 대책도 세울 수 없는 뻔한 일을 가지고 업자들을 피곤하게 합니다. 성경에서 가장 오래된 최초의 직업인 목축업과 양돈을 하는 이들의 지난한 삶을 하나님께서 기억하시고 위로해 주시기를 기도드립니다.

우리 영혼의 목자가 되시는 예수 그리스도의 이름으로 기도합니다. 아멘!

10. 다양한 직군을 위하여 드리는 기도!!

땅의 기도
노점상들을 위하여 드리는 기도!

"내가 알거니와 여호와는 고난당하는 자를 변호해 주시며 궁핍한 자에게 정의를 베푸시리이다." (시편 140:12)

전능하신 하나님! 이 시간 특별히 노점상들을 위해 기도합니다. '기업'이라는 이름으로 사업을 할 형편도 안 되고, '소상공인'의 수준도 안 되고, '구멍가게'라 불리는 작은 점포 하나도 자신의 이름으로 낼 수 없는 이들이 거리에 좌판을 깔고 장사하는 이들은 어느 거리에나 많습니다. 가난한 자의 부요가 되시는 하나님께서 저희 삶을 지켜 주실 것이 절실합니다.

거리에서 가게를 연다는 것은 너무 힘겹습니다. 돈이 없다고 아무나 거리에 나가서 장사할 수 있는 게 아니라, 이미 선점한 이들이 있고 이를 관리하는 이들도 있고, 바로 앞 가게들이 있고, 경쟁하는 동종업자들이 있습니다. 길거리 어디나 가게를 열 수 있는 것도 아니고, 연다고 누구나 장사를 할 수 있는 것도 아닙니다. 아무나 노점상을 하도록 두지 않습니다.

우여곡절 끝에 어찌어찌 리어카 한 대 장만하고 팔 물건 몇 종류 갖추었다고 장사할 수 있는 것도 아닙니다. 보관소에서 수레를 끌고 나와 휘장을 치고 장사를 시작하고, 장사를 마치면 다시 수레를 밀어 보관소까지 가야

합니다. 그 사이 별별 손님들을 만나 비위를 맞추며 장사하는 동안 눈물도 많이 흘려야 합니다. 불법이라 시청, 구청의 단속도 피해야 합니다.

음식 장사를 하는 이들은 보건소나 위생과에서 위생 검열을 오면 그들은 마치 죽음의 사자 같습니다. 장사하는 것도 귀에 걸면 귀고리가 되고 코에 걸면 코걸이가 되는데, 위생까지 신경 쓰려면 힘에 겹습니다. 단속반원들을 피해 수레를 밀고 도망을 다니거나 좌판의 물건들을 들고 뒷골목으로 숨어야 할 때도 있습니다. 굴욕감과 수치심을 이기게 하여 주옵소서!

똑 같은 장사인데 규모가 작고, 점포 없이 거리에서 물건 파는 사람이라, 인격마저 훼손당할 때도 떳떳하게 하시고, 언젠가 번듯하게 가게도 열고 자영업자의 대열에 합류할 수 있도록 마음 놓고 일할 수 있는 환경을 허락하시옵소서! 성경에 나타나는 대부분의 기적은 노상(路上)에서 일어났는데 길에서 물건을 팔던 노점상들이 성경의 기적을 보게 하시옵소서!

길가에 앉았던 맹인이 주님의 부르심을 듣고 눈을 뜨고, 길가에 있던 다른 맹인들도 밝은 눈이 되었습니다. 길가는 예수님의 겉옷을 만진 여인의 혈루 근원이 말랐습니다. 노점상을 하며 힘든 삶을 사는 이들이 눈을 뜨는 것 같은 기적을 경험하고, 열두 해 되는 혈루의 근원이 길가에서 치료되듯이 노점상들에게 그렇게 슬픈 삶이 반전의 계기가 되게 하시옵소서!

우리의 가난을 부요로 바꾸어 주시는 예수님 이름으로 기도합니다. 아멘!

10. 다양한 직군을 위하여 드리는 기도!!

땅의 기도

농부들을 위하여 드리는 기도!

"나는 심었고 아볼로는 물을 주었으되 오직 하나님께서 자라나게 하셨나니 그런
즉 심는 이나 물주는 이는 아무 것도 아니로되 오직 자라게 하시는 이는 하나님뿐
이니라." (고전 3:6–7)

이 땅을 지으시고 그 위에 '땅은 풀과 씨 맺는 채소와 각기 종류대로 씨 가
진 열매 맺는 나무를 내라 하시니 그대로 되어, 땅이 풀과 각기 종류대로
씨 맺는 채소와 각기 종류대로 씨가진 열매 맺는 나무를 내니 하나님이 보
시기에 좋았더라."(창세 1:11–12)고 하신 하나님! 땅에 살면서 농사하는 이
가 천하의 대본(大本)이라고 여기던 농부들을 위해 기도합니다.

농사하는 이들이 긍지를 가지고 농사하던 일은 옛 이야기가 되었고, 지금
은 가장 비참하고 측은한 직업이 되었습니다. 한 겨울부터 파종 준비를 하
고 겨울바람이 가시기도 전에 종자를 고르고 파종합니다. 지금 감귤 농가
는 벌써 가장 분주한 철이 되었습니다. 이 농사철은 겨울이 되어야 끝이
나고, 그나마 농작물을 모두 판매해야 한 해 농사의 끝이 납니다.

그때까지는 한해(旱害), 풍수해, 강풍, 폭설과 싸워야 합니다. 농촌의 인구
는 민물 빠져나가듯 줄고, 그나마 영농에 종사할 수 있는 이는 없습니다.

아무리 기계화, 자동화가 되어도 많은 사람의 손이 필요한데, 사람을 구할 수 없어 비싼 임금을 주고 구해오지만 숙련된 농부를 구하기는 어렵습니다. 일꾼들을 사서 일을 시켜도 해마다 적자는 불 보듯 뻔합니다.

열심히 하우스를 돌보고 거름 주고 김을 매도 한 해를 지나 수확을 해보면 여전히 비싼 인건비, 비료값, 농약대, 이자를 제하면 농협의 빚은 계속 늘어만 갑니다. 이런 상황에 태풍이라도 불면 비닐하우스는 날아가고 벼는 쓰러지고, 폭우까지 겹치면 하우스는 물에 잠기고 논밭은 저수지가 됩니다. 농민들은 어디에 이런 아픈 현실을 하소연할 곳도 없습니다.

해마다 농사를 지으면 지을수록 적자가 나서 그만두고 싶지만 여기저기 걸려있는 빚 때문에 그러지도 못한 채 계속 농사하는 안타까운 농부들의 한숨을 기억해 주시옵소서! 문명과 문화의 혜택도 적고, 자기 발전을 기대할 수도 없어 젊은이들은 농촌을 떠나고, 직업으로 농업을 버린 지 오래입니다. 경제, 문화, 환경, 의료에도 언제나 농촌은 제일 열악합니다.

미래가 불투명한 농촌, 노년에 온갖 질병과 싸우면서도 내색도 못한 채 버티는 농부들을 불쌍히 여겨 주시옵소서! 오늘도 날 새면 시간과 관계없이 들판으로 나가, 들판이 보이지 않아야 들어오는 곤고한 농부들의 삶을 기억하시고, 특히 한국교회의 모판 같은 농촌교회를 섬기는 목회자들을 위로하시되 무너지는 농촌을 끝까지 붙잡고 가는 믿음을 주시옵소서!

하나님이 지으신 세상을 사랑하시는 예수님의 이름으로 기도합니다. 아멘!

땅의 기도

땀 흘려 일하는 이들을 위하여 드리는 기도!

"예수께서 함께 내려가사 나사렛에 이르러 순종하여 받드시더라 그 어머니는 이 모든 말을 마음에 두니라" (누가 2:51)

사랑하는 하나님! 이 땅에서 연장과 장비를 다루며 작업현장에서 일하는 이들을 위하여 기도드립니다. 이들이 일하는 현장은 늘 사무실 보다는 더 럽고 먼지 많은 열악한 환경입니다. 저들의 노동 강도는 실내에서 일하는 사무직보다는 힘들고 어렵습니다. 세상의 인식도 여전히 한 단계 아래로 낮게 봅니다. 이런 열악한 환경에서 일하는 저들을 붙잡아 주시옵소서!

그들의 근무환경이나 조건이 사람들 보기에는 열악하고 실제로 온갖 질병에 노출될 수 있는 먼지나 소음 그 밖에 그곳에 설치된 시설이나 장비로 인한 재해를 입을 수도 있습니다. 가스가 누출되거나 폭발하여 목숨을 잃거나 크게 다칠 수도 있고, 기계나 장비가 오작동 되어 불행한 일을 겪을 수도 있습니다. 이밖에도 많은 유해 환경들에서 저들을 지켜 주옵소서!

심한 악취를 맡으며 일하는 곳도 있고, 위험한 전압이 통과하는 곳일 수도 있고, 조금만 실수를 해도 목숨을 잃을 수 있는 위험한 현장도 있습니다. 조그만 오차도 용납할 수 없는 정밀 분야를 다루는 곳일 수도 있고, 아무도 짐작하지 못한 사고들이 예고 없이 일어날 수 있는 곳도 있습니다. 또 지루하게 무한 반복되는 동일한 작업이 진행되는 곳도 있습니다.

무더운 여름이면 에어컨을 켜놓고 반팔 옷을 입고 일하는 이들에 비해, 원천적으로 냉방설비의 설치가 불가능한 야외 인 경우도 있고, 추운 겨울이면 히터로 난방을 하고 현재의 바깥 날씨가 몇 도인지도 모른 채 일하는 이들에 비해, 드럼통에 나무토막을 넣고 불을 지펴 연기 반 그을음 반으로 불티와 먼지를 동시에 마시며 일하는 불편한 작업장도 많습니다.

이런 현장에서 땀 흘리며 사계절을 일하는 이들에게 하나님께서 저희를 부르신 것을 기억하게 하옵소서! '모세'도 들판에서 양을 치는 이였습니다. '베드로'나 '안드레', '야고보'나 '요한'은 '갈릴리' 바다에서 고기를 잡아 생계를 유지하던 어부였습니다. '바울'은 텐트를 만드는 사람이었고, 예수님은 목수였습니다. 이들에게 감동과 교훈을 얻는 저희가 되게 하옵소서!

지금도 하나님은 그가 사무/행정직이나, 노동직이나 모두 사랑하십니다. 은사대로 일하게 하시고, 재능대로 쓰임 받게 하십니다. 그러나 무엇보다 땀 흘리며 일하는 이들을 사랑하십니다. 현장에서 땀 흘리는 이들을 귀하게 보시는 줄 믿습니다. 언제나 게으르지 않고, 그 일이 어떤 일이든 맡겨 주신 일에 최선을 다하며 일하는 이들을 기억하여 복을 주시옵소서!

아버지와 목공일을 하신 예수 그리스도의 이름으로 기도드립니다. 아멘!

10. 다양한 직군을 위하여 드리는 기도!!

땅의 기도
막노동을 하는 이들을 위하여 드리는 기도!

"이 사람이 마리아의 아들 목수가 아니냐 야고보와 요셉과 유다와 시몬의 형제가
아니냐 그 누이들이 우리와 함께 여기 있지 아니하냐 하고 예수를 배척한지라"

(마가 6:3)

사랑의 하나님 아버지! 이 땅에서 하루하루를 공사 현장이나 건축현장, 그
밖에 햇볕과 비에 노출된 채 막노동을 하는 이들을 위하여 기도드립니다.
그들 중에는 고학력자들도 있지만 세상에서 공부를 많이 못한 이들이 대
부분입니다. 물론 그 안에는 목공이나 석공, 타일공, 시멘트, 조적 같은 분
야의 숙련공도 있고 허드렛일이나 잡부(雜夫)로 일하는 이도 많습니다.

비록 숙련공이라 할지라도 대부분이 평생직장으로 다니는 정규직원이 아
니고, 매일매일 현장에 나와서 일하는 이들입니다. 작업장에서 일하다가
사고로 다쳐도 보험이나 그 밖에 치료비, 쉬는 날에 대한 보상, 치료와 회
복 이후의 재취업이 불확실한, 그야말로 하루 벌어 하루 먹고 사는 이들입
니다. 노조가 있는 것도 아니고 든든한 배경이 있는 것도 아닙니다.

눈이 오나 바람 불고 비가 오면 일을 못하고, 일을 못하면 그날 수입이 없
는 이들입니다. 몸이 아파서 며칠 쉬면 쉬는 날만큼 벌이가 없는, 그야말

로 막노동의 대부분은 일용직 노동자입니다. 그래서 죽기를 각오하고 일하러 가야하고, 무리를 해서라도 지속적으로 일하려 애를 쓰는 것은 그 길이 먹고 살 수 있는 유일한 길이요, 달리 대안이 없기 때문입니다.

이들이 하는 일은 거의 육체노동이고, 무겁고 위험한 연장을 다루거나 폐자재나 건축자재를 운반하는 일입니다. 작업 도구를 들고 땅을 파거나, 흙이나 돌, 폐자재 건축자재를 이곳저곳으로 나르는 일입니다. 또 이쪽 현장에서 다른 현장으로 옮기는 일 등도 합니다. 숙련된 기술자 옆에서 그를 도와 조수로 일하는 노동자들은 종일 반복되는 노동을 할 뿐입니다.

하나님께서 이들의 건강과 안전을 지켜 주옵소서! 하루를 쉬면 쉬는 만큼 수입이 없어 가족의 부양에 어려움이 있기에, 몸이 아파도 쉴 수 없고, 무리를 해서라도 계속해서 일을 해야 먹고 살 수 있기 때문에 무리해서 일하려는 저들의 건강과 안전을 지켜주시고, 가족들의 염려를 버리게 하시옵소서! 그들 자신의 건강과 안전, 그리고 그의 가정을 지켜주옵소서!

눈비가 오거나 궂은 날씨가 되면 일을 못 하고, 본인의 몸이 아프거나 피곤하면 또 못 하고, 회사에 여러 가지 일이 생기 생기면 또 쉬어야 하는데 이 불안정한 직장을 일터로 삼고 있는 이들의 형편을 기억하여 불쌍히 여겨 주옵소서! 그들이 몸에 무리 없이 안정적으로 일할 수 있도록 도와주옵소서! 언제나 용기를 주시고 그들의 가정을 안전하게 하시옵소서!

어린 시절 목수로 일하셨던 예수 그리스도의 이름으로 기도합니다. 아멘!

땅의 기도

바다를 항해하는 선장을 위하여 드리는 기도!

"내가 하늘에 올라갈지라도 거기 계시며 스올에 내 자리를 펼지라도 거기 계시나이다. 내가 새벽 날개를 치며 바다 끝에 가서 거주할지라도 거기서도 주의 손이 나를 인도하시며 주의 오른손이 나를 붙드시리이다" (시편 139:8-10)

전능하신 하나님! 바다를 항해하는 선박의 선장을 비롯한 운행 책임자들을 위하여 기도드립니다. 옛날부터 바다는 위험하여 미련한 인생들은 바다의 지배자로 믿은 '용왕'에게 기도를 했습니다. 이제 하늘과 바다를 지으신 창조주이신 하나님께 배들의 안전한 항해를 위하여 기도드립니다. 바다를 떠다니는 모든 배를 주장하시어, 안전하게 항해하게 하시옵소서!

세계의 바다를 다니며 관광객을 실어 나르는 수만 톤급 대형 '크루즈'선부터 연근해 조업을 하는 10톤 미만의 작은 고깃배까지 종류도 많습니다. 얼마 전 전설의 '타이타닉'보다 다섯 배나 큰 2조 6750억 짜리 '아이콘 오브 더 시스'(Icon of the Seas)'가 운항을 시작했습니다. 그러나 선박사고는 망망대해에서 일어나기에 여차하면 큰 사고가 되오니 지켜주옵소서!

1912년 4월 14일 영국을 떠난 지 나흘 만에 5만 이천 톤급 '타이타닉'호가 침몰하여 승객과 승무원등 1514명의 목숨을 앗아갔습니다. 이렇게 하나님도 침몰시킬 수 없다고 장담하고 뉴욕으로 출발한지 4일 만에 일어난 참사가 다시는 일어나지 않게 하옵소서! 과학이 발달하고 문명이 발전할수록 저희는 더욱 겸손하게 하나님 앞에 낮아지고 낮아지게 하시옵소서!

배를 운행하는 선장이나 항해사들을 기억하여, 저들이 바다를 두려워하고 과학에 대한 믿음이 지나쳐 맹신하지 않게 하시고, 언제나 매뉴얼대로 겸손히 안전규칙을 지키며 안전 장구를 갖추고 운항할 수 있게 하옵소서! 언제나 규범을 지키게 하옵소서! 선장, 갑판장, 항해사, 조타수 등등 배의 규모에 따라서 많은 직함들이 있어도 모두 안전에 진심하게 하옵소서!

10톤 20톤의 작은 고깃배도 선주나 선장이나 선원들이 바다에 나갈 때는 모두 자기 위치에서 자기의 할 일을 잘 감당하는 이들이 되게 하시고, 무엇보다 항해 수칙, 조업 수칙, 근무 수칙들을 잘 지키게 하옵소서! 어획고에 너무 욕심내지 않게 하시되, 일기예보 등 기상특보에 민감하게 반응하게 하옵소서! 그리하여 언제나 만선 깃발을 꽂고 돌아오게 하시옵소서!

바다에 목숨을 걸고, 자신의 운명을 배와 함께 해야 하는 선장 이하, 배 한 척에 인생을 건 이들의 생명을 주장하시어 오직 하나님께 자신과 배와 미래와 안전과 생업을 모두 맡겨드리게 하옵소서! 그리하여 늘 하나님의 도우심으로 살고 있다는 간증을 할 수 있도록 복을 내려 주시옵소서! 하나님은 배에서도 바다에서도 조타실에서도 영원히 우리의 왕이십니다.

바다를 잔잔하게 하시는 예수 그리스도의 이름으로 기도합니다. 아멘!

10. 다양한 직군을 위하여 드리는 기도!!

땅의 기도

바다의 어부들을 위하여 드리는 기도!

"시몬이 대답하여 이르되 선생님 우리들이 밤이 새도록 수고하였으되 잡은 것이 없지마는 말씀에 의지하여 내가 그물을 내리리이다 하고 그렇게 하니 고기를 잡은 것이 심히 많아 그물이 찢어지는지라" (누가 5:5-6)

하나님! 이 시간 고기를 잡아 생계를 유지하는 어부들을 위하여 기도합니다. 우리는 삼면(三面)이 바다로 둘러싸인 반도입니다. 그래서 바다를 근거지로 사는 이들의 삶이 부요해야 할 터인데 실제로는 그렇지 못합니다. 저희들의 형편과 입장을 살피시어 마음 편히 고기를 잡을 수 있게 하옵소서! 걱정 없이 배를 끌고 나가 고기를 잡아 평안하게 살게 하옵소서!

동해의 '대게'나 '오징어'잡이는 힘들게 작업하고 있으며, 이미 '명태'같은 어종은 씨가 말라 한 마리도 잡히지 않습니다. 남쪽의 멸치나 서쪽의 조기 작업은 EEZ 침범으로 어려움에 처해 있으며, 휴전선을 코앞에 두고 있는 대청, 백령, 소청, 연평, 우도 등의 서해5도(西海五島)는 북측의 잦은 NLL침범으로 때로는 신변의 위협과 어획량 확보의 어려움이 많습니다.

평생 바다에서 고기를 잡아 먹고사는 이들이 무도한 주변국의 침략과 같은 불법 약탈로 해마다 많은 재산상의 피해를 입고 있습니다. 하나님께서 어부들의 고충을 이해하사, 저들이 안전하고 평안한 중에 어업에 종사할 수 있게 하여 주옵소서! 고기가 잡히지 않아 생계가 어려울 때는, 이들에게도 다른 특정분야만큼의 지원이 될 수 있었으면 참 좋겠습니다.

가장 많은 부담이 되는 선박용 기름도 더 큰 면세 혜택이 주어져 서민들의 기본생활을 정부가 책임질 수 있게 하옵소서! 배의 정기적인 수리비용, 장비 구입 및 교체 비용도 정책입안 및 집행자들이 관심하게 하시고, 안전에 치명적인 영향을 미치는 노후 선박의 교체에, 또 식사 및 취침에 열악한 화재 및 건강 손상도 파격적 지원이 될 수 있도록 도와주옵소서!

1차 산업의 특성상, 고기가 많이 잡히면 잡히는 만큼 가격이 폭락하고, 가격이 좋으면 좋은 만큼 어획량이 줄어, 많이 잡혀도 걱정, 안 잡혀도 걱정하는 것을 기억하시고, 또 고기를 잡아 경매시장에 낼 때도 이들이 허탈하지 않도록 수고가 보상되게 하시옵소서! 툭하면 해상의 날씨 때문에 출어를 못하는 날들을 하소연할 곳도 없는 저희들을 기억하여 주옵소서!

무엇보다 배를 탈 사람을 구할 수 없는 인력난에 허덕이는 저들에게 좋은 길을 열어 주옵소서! 어차피 흔들리는 배 위에서 무거운 그물을 다루는 일이라 강한 힘과 숙련된 어부들이 필요한데, 어부들의 연령대는 점점 높아지고 외국인 선원들의 수가 늘어나면서 겪는 인력수급의 차질, 선불로 임금을 받고 사라지는 이들의 횡포도 감당할 수 있게 해 주옵소서!

빈 배를 만선으로 바꾸실 예수 그리스도의 이름으로 기도합니다. 아멘!

10. 다양한 직군을 위하여 드리는 기도!!

땅의 기도
소방관들을 위하여 드리는 기도!

"대답하여 이르되 네 마음을 다하며 목숨을 다하며 힘을 다하며 뜻을 다하여 주 너의 하나님을 사랑하고 또한 네 이웃을 네 자신 같이 사랑하라 하였나이다"

(누가 10:27)

사랑이 많으신 하나님 아버지! 춥고 건조한 날이 많은 계절이라 화재발생의 위험이 높습니다. 화재는 산이나 사무실이나 가정을 막론하고 도처에서 일어날 수 있으며, 화재 신고가 접수되면 밤중이든 새벽이든 시간과 장소에 관계없이 진압 무장을 하고 달려가야 하는 소방관들을 기억하여 주옵소서! 출동하여 화재를 진압하는 전 과정에 함께 하여 주시옵소서!

화재 진압을 위하여 출동한 소방대원들의 안전을 위하여 간절히 기도드립니다. 화마에 뛰어들어 고립 중인 생명을 구하는 귀한 일에, 미처 불길을 피하지 못해 소방관들이 희생되는 것을 봅니다. 하나님께서 저들의 안전을 지켜 주옵소서! 건물은 점점 높이 올라가고, 진압에 위험한 요인들은 늘어나도 소방관의 안전은 나아지지 않는데 불쌍히 여겨 주옵소서!

사람을 구하러 현장에 뛰어들었다가 불을 피하지 못해 희생당하는 이들도 있고, 건물이 무너져 희생되는 이도 있습니다. 가스가 폭발해 희생당한 이들도 있습니다. 아직 젊은 시절에 젊음을 꽃피워 보지도 못하고 목숨을 잃는 경우도 많습니다. 희생자들에게는 상응하는 보상과 예우가 있게 하시고, 자녀들이 아버지의 희생을 자랑스럽게 생각하게 하옵소서!

문명이 발달하고 삶이 부요해져도 여전한 안전 불감증 때문에 일어나는 전근대적인 화재를 막기 위하여 온 국민이 화재 예방에 관심하고 피차에 조심하게 하시되, 시민들은 불을 내고, 불은 소방관들이 끈다는 안일한 생각에서 벗어나게 하옵소서! 한번 화재가 나면 얼마나 심각한 피해가 일어나는지 알고, 완전한 복구가 어려운 피해를 피차 조심하게 하옵소서!

하나님께서 국민의 재산과 생명을 지키는 일에 기꺼이 자신을 던진 소방관들을 기억하여, 소방관들 모두 지위고하를 막론하고 화재진압은 물론 자기 신변의 안전을 지키는 일에도 최선을 다해 훈련하여, 최소한 화재 현장에서 소방관들의 목숨까지 잃는 안타까운 일이 일어나지 않도록 도와주시고 이 땅에서 일어나는 소방관들의 희생이 사라지게 하시옵소서!

화재의 발생도 해마다 줄어들고, 따라서 신고횟수나 출동횟수도 줄어들면서 소방관들이 다치거나 목숨을 잃는 일이 사라지게 하옵소서! 국민들 한 사람 한 사람이 화재 예방에 민감하게 하시어 스스로의 안전과 경제적 손실을 줄이고, 소방관들의 희생도 감소되도록 국민들의 생각을 바꾸어 주시옵소서! 화재에서 발생하는 사회적 비용들도 줄어들게 하옵소서!

저희를 지옥 불에서 건져주실 예수 그리스도의 이름으로 기도합니다. 아멘!

땅의 기도
신문 방송들 언론인들을 위하여 드리는 기도! (1)

"내가 그리스도 안에서 참말을 하고 거짓말을 아니하노라 나에게 큰 근심이 있는 것과 마음에 그치지 않는 고통이 있는 것을 내 양심이 성령 안에서 나와 더불어 증언하노니" (로마 9:1)

하나님! 세상에서 가장 큰 힘을 가지고 있는 개인, 혹은 기관이나 조직을 말할 때 저희는 '대통령'이라고 합니다. 맞는 말입니다. 또 사람들은 검찰, 경찰, 세무직원, 국정원 직원 등 권력기관에 종사하는 이들을 '힘 있는 이들'이라고 합니다. 그래서 그 기관의 최고 책임자인 검찰총장, 경찰총장, 국세청장, 국정원장 같은 이들을 권력의 실세(實勢)라고 생각합니다.

저희는 늘 이런 힘 있는 이들이 나라와 국민들을 위해 바로 서야 '건강한 나라'라고 생각합니다. 지난 역사에서도 이 자리에 있던 이들 일부의 일탈이 국정 전체를 마비시키기도 했습니다. 그러나 이보다 무서운 힘을 가진 이가 있다면 신문이나 방송 등 보도와 해설 기능을 가진 언론기관입니다. 이들이 자기 자리에 바로 서면 건강한 사회가 될 수 있다고 믿습니다.

오죽하면 행정부, 입법부, 사법부에 이어 제4부라는 이름으로도 불리는 언론의 힘은 사실 상상을 초월합니다. "펜은 총보다 강하다."는 순박한 표현의 시대를 넘어, 이제는 언론이 권력을 창출하고 권력을 와해시키는 막강한 힘을 가지고 있으며, 지금 우리는 그 현실을 우리의 눈으로 지켜보아 왔습니다. 따라서 절박한 마음으로 언론기관들을 위해 기도합니다.

세상없는 권력자도, 재벌도, 그 어떤 사람도 언론 앞에는 작아집니다. 반대로 이 언론이 얼마나 정직하고 진실한 지는 그 시대와 사회, 그 나라를 평가하는 기준으로 얼마나 언론이 자기 자리에 있는지 보는 것입니다. 그래서 정치권력을 가진 이들은 언론을 무시하지 못하고 언론기관을 장악하고 통제할 수 있는 중요한 기관에 자기 사람을 앉히려 하는 것입니다.

'방송통신 위원장'이나 각 방송사 사장은 늘 권력자가 무리수를 두어가면서 자기 사람을 앉히려고 합니다. 그러므로 지금 신문이나 방송 등 언론기과의 종사자들, 그 중에서도 의사 결정권을 가진 최고책임자, 일선에서 취재를 통해 권력자들의 잘못을 알리고, 백성들의 생각을 전하는 이들이 바로 서게 하옵소서! 그들이 바로 보고 바로 쓰고 바로 말하게 하옵소서!

백성들이 용기 있는 기자들이 목숨을 건 채 취재하는 모습을 보게 하시고, 자신의 신분과 신변의 안전을 위협받으면서도 백성들에게 진실을 전하려는 일념으로 순교자 못지않게 목숨을 걸고 진실을 전하는 사명을 감당하게 도와주옵소서! 사실을 왜곡, 축소, 은폐하는 언론이 아니라 정직하고 공정하게 균형 잡힌 진실한 시각으로 세상을 보고 전하게 하옵소서!

세상을 새롭게 하시는 예수 그리스도의 이름으로 기도드립니다. 아멘!

10. 다양한 직군을 위하여 드리는 기도!!

땅의 기도
아파트 관리원들을 위하여 드리는 기도!

"대답하여 이르되 네 마음을 다하며 목숨을 다하며 힘을 다하며 뜻을 다하여 주 너의 하나님을 사랑하고 또한 네 이웃을 네 자신 같이 사랑하라 하였나이다."

(누가 10:27)

전능하신 하나님! 이 나라에 수를 셀 수 없이 많은 공동주택 아파트들이 있습니다. 그 아파트마다 여러 명의 관리인들이 아파트를 관리하고, 출입자를 확인하고 정비와 청소도 하면서 생계를 유지하고 있습니다. 아파트의 위치나 규모에 따라 하는 일은 조금씩 차이가 있지만 대동소이합니다. 다만 이들 중에 많은 이들은 정년퇴직 후의 직장으로 선택한 이들입니다.

이들이 나이가 들어 선택한 일이라 체력적으로도 버겁지만, 늘 이들에 대한 인간적인 예의와 배려가 없이 직장에서 함부로 대하는 바람에 힘들어합니다. 저희가 쓰는 말에는 "직업에 귀천이 없다."고 하지만, 직업에는 귀한 직업도 있고 천한 직업도 있습니다. 주로 온 몸을 써서 일하는 이들은 천히 여김을 받고, 사무를 보는 이들은 귀히 여김을 받고 있습니다.

사랑의 하나님! 아파트 관리인은 아파트에 사는 모든 이들이 시어머니요, 상관입니다. 크고 작은 우편물 심부름부터 택배관리까지 안 하는 일이 거의 없고, 청소 상태부터 출입자 관리까지 간여하지 않는 것이 없습니다. 모든 아파트에서의 일은 아니지만, 이들이 당하는 부당한 갑질이 매스컴에 자주 등장합니다. 편안한 마음으로 일할 수 있도록 도와주옵소서!

어느 직장에서 어떤 일을 하든지 갑질은 늘 있습니다. 그럼에도 불구하고 뻔한 겁박도, 고발이나 신고를 할 수 없습니다. 곧바로 자신들에게 미칠 불이익 때문에 한 마디도 못하는 답답함을 기억하시고, 저들의 숨통이 틔어 일할 수 있도록 도우시옵소서! 어떤 어려운 일이 있더라도 잘 견디게 하여 주옵소서! 일한 만큼 대접받고 행복하게 살 수 있게 하시옵소서!

어느 직장도 정당한 대우를 받으면서 공정하게 부여된 일을 할 수 있도록 해 주옵소서! 일은 좀 힘들어도 사람대접 받고 살 수 있게 하여 주옵소서! 어떤 직업이든 자식들이 부모가 하는 일이 자랑스럽게 해 주옵소서! 언제나 기쁨으로 일하고 보람으로 마칠 수 있는 직장이 되게 하시되 특별히 사회적으로 관심을 받는 공동주택 관리자들을 기억하여 주시옵소서!

세상에 편한 직업이 없습니다. 쉬운 일도 없습니다. 그러나 특별히 어떤 일을 하든지 일의 내용에 따라 일하며 인격적인 모멸감을 당하지 않도록 지켜 주옵소서! 일은 힘들고 봉급은 적어도 그를 대하는 이들로부터 받는 따뜻한 인간적 대접으로 마음이 편안하고 행복한 직장이 되게 하옵소서! 공동주택 주민들이 조석으로 만나는 관리인들을 기억하여 주옵소서!

우리 양들의 문이신 예수 그리스도의 이름으로 기도합니다. 아멘!

땅의 기도

약사와 한약사들을 위하여 드리는 기도!

"예수의 소문을 듣고 무리 가운데 끼어 뒤로 와서 그의 옷에 손을 대니 이는 내가
그의 옷에만 손을 대어도 구원을 받으리라 생각함일러라 이에 그의 혈루 근원이
곧 마르매 병이 나은 줄을 몸에 깨달으니라" (마가 5:27-29)

이 땅에 있는 모든 약사(藥師)들을 위해 기도합니다. 저들이 병원 약제실에
있든지, 개인 약국을 경영하든지, 혹 관리 약사나 제약사, 의학연구소에서
연구를 하든지, 약방을 경영하든지 국민들의 건강을 위한 진실한 약사가
되기를 기도합니다. 의사의 처방전과 처방의도를 정확히 확인하여 조제하
고, 환자를 위해 약을 올바르게 지을 수 있도록 도와주시옵소서!

약사들이 모두 신성한 자기 의무를 게을리 하지 않게 하시고, 의사의 처방
전에 입각해서 정확하게 조제된 약으로 환자의 질병치료에 중요한 역할
을 하게 하옵소서! 의사는 약사를 믿고 처방하고, 약사는 의사를 신뢰하고
약을 조제하며, 환자가 이를 믿고 복용할 수 있도록 도와주시옵소서! 대체
조제를 하는 경우도 신중하게 접근하고 철저히 확인하게 하옵소서!

약사들이 자신들이 취급하고 조제하는 약을 투여한 환자들이 치료받고 회
복되는 과정을 지켜보며 보람을 찾되, 환자의 약력(藥歷)이나 병력(病歷)을

잘 관리하여, 환자들이 조제한 약을 제대로 복용 수 있는 정확한 길을 안내하게 하옵소서! 일반 약국의 약사나 병원 약국의 약사가 공히 양심을 따라 성실하게 조제하는 자기 직무에 최선을 다하게 하여 주옵소서!

환자를 정확히 진료하는 의사의 일이 환자의 생명을 살릴 수 있는 최고의 기회이고, 의사의 눈으로 응급환자의 상태를 파악하고 조치를 취하는 일이 중환자로 실려 온 위급한 때에 그의 생명을 살릴 수 있는 것처럼, 약사의 정확한 조제와 함께 분명하고 확실한 약효와 복용법에 대한 바른 설명은 환자의 생명과 직결되는 것을 알고, 친절하고 자상하게 하옵소서!

언제나 약과 조제에 관한한 해박한 지식을 갖춘 약사가 되어, 한 알의 약이 결국은 천하보다 귀한 생명을 살릴 수 있음을 알고, 언제나 환자들에게 약의 오남용으로 인한 사고를 예방하게 하시고, 그리하여 의사도 신뢰하고 환자도 신뢰하는 좋은 약사들이 되게 하옵소서! 의약분업 이후의 환경에서 약사들의 헌신과 진심이 국민건강을 지키는 것을 알게 하옵소서!

아울러 한의사의 처방을 따라 한약을 조제하는 한약사들도 기억하시고, 한방과 양방이 서로 환자를 치료하는 일에 아름다운 협업을 할 수 있도록 도우시옵소서! 그가 어떤 의료 업무에 종사하든 언제나 궁극적인 관심은 환자들과 병자들을 회복시켜 일상으로 복귀시키는 것이오니, 모두 진심과 열정을 가지고 맡은바 책임을 감당하는 이들이 되게 하여 주옵소서!

저희의 병을 고치시는 예수 그리스도의 이름으로 기도드립니다. 아멘!

10. 다양한 직군을 위하여 드리는 기도!!

땅의 기도

언론 기관 종사자들을 위하여 드리는 기도! (2)

"범사에 네 자신이 선한 일의 본을 보이며 교훈에 부패하지 아니함과 단정함과 책망할 것이 없는 바른 말을 하게 하라 이는 대적하는 자로 하여금 부끄러워 우리를 악하다 할 것이 없게 하려 함이라" (디도 2:7-8)

하나님! 이 땅에서 일어나는 모든 사건, 사고 역사를 기록하여 그 때마다 저희가 전해 듣고 이해하게 하심이 고맙습니다. 사람들이 눈으로 보고 읽고 듣는 매체들을 풍성하게 주시니 고맙습니다. 공영방송, 민영방송을 주시고, 지상파, 공중파 등 다양한 형태의 방송을 주심도 은혜입니다. 신문, 방송이 중앙방송 중앙지(中央紙)부터 지역방송, 지역신문을 주셨습니다.

그러나 여전히 언론은 정론(正論)과 직필(直筆)을 신뢰하기 힘든 왜곡, 편파 보도와 축소, 과장 보도를 자신들의 입맛, 또는 권력의 입맛에 맞추어 보도하는 경우들을 많이 보아왔고, 지금도 이런 상황은 계속되고 있습니다. 그래서 언론사를 권력자의 입맛에 따라 소유권을 빼앗거나 통폐합시키거나 기타의 방법으로 힘 있는 이들의 영향력을 행사하고 있습니다.

하나님! 저희는 매일 세상에서 일어나는 모든 사실을 그 중요도에 따라 균형 잡힌 분량으로 사실대로 보도하는 뉴스를 보고 싶습니다. 사건과 사고,

사실 속에 숨겨진 진실을 볼 수 있게 하옵소서! 왜곡된 시각을 가지고 방송을 편집하고, 편향된 기사를 쓰는, 언론의 흑 역사가 되지 않게 지켜 주옵소서! 모든 언론사 사주(社主)를 비롯한 직원들을 지켜 주옵소서!

저들이 이 나라를 지키는 최후의 보루라고 생각하게 하옵소서! 기자들은 자기가 쓴 기사와 취재한 사실에 목숨을 걸고, 매일 진실보도를 각오하고 현장으로 가게 하시고, 자신의 입신양명(立身揚名)이 아니라 백성들의 운명이 그들의 손과 발, 입에 달려 있음을 알고 진실한 보도를 위해 사투를 벌이게 하옵소서! 세상에서 가장 존귀한 직업군임을 알게 하옵소서!

특히 기사가 최종적으로 방송을 내보내게 하는 책임을 진 보도국, 편집국, 편성국의 책임자들을 지켜주셔서 일선 기자들이 발로 뛰고 쓴 기사들이 사장되지 않게 하옵소서! 자신이 신분의 위협을 각오하면서 취재하고 돌아온 기자들을 격려하고 용기를 북돋우고 보도를 보장하는 담력을 주옵소서! 기사가 얼마나 가치 있고 중요한 것인지 스스로 알게 하옵소서!

언론인들의 머릿속에 나라를 지키는 것은 군대나 경찰이 아니라 언론인 것을 알게 하옵소서! 철책선이나 바다가 뚫리면 나라의 안보가 위협받듯이, 언론이 무너지면 나라가 무너진다는 생각으로, 그 일을 주도하거나 방조하면 역사의 죄인이 된다는 것을 알게 하옵소서! 국민들이 식탁에서 뉴스를 보면서 왜곡된 보도에 역겨움이 들지 않는 사회가 되게 하옵소서!

진리의 말을 하도록 가르쳐 주신 예수님의 이름으로 기도합니다. 아멘!

땅의 기도
언론사 기자들을 위하여 드리는 기도!

"이 말씀을 들은 무리 중에서 어떤 사람은 이 사람이 참으로 그 선지자라 하며 어떤 사람은 그리스도라 하며 어떤 이들은 그리스도가 어찌 갈릴리에서 나오겠느냐" (요한 7:40–41)

사랑하는 하나님! 이 땅에 있는 12,000개가 넘는 직업가운데 귀하기도 하고, 힘들기도 한 직업이 언론에 종사하는 직업일 것입니다. 하나님께서 종들에게 성직의 길을 가게 하신 것도 힘들고 어렵지만, 그래도 한국의 현실에서 아예 없는 것은 아니지만 고난은 사라졌습니다. 나름대로 존경을 받는 경우도 있습니다. 그러나 언론사 기자들의 경우는 그렇지 않습니다.

저들은 하루하루가 전쟁입니다. 현장을 누벼야하는 전쟁, 취재원을 만나는 전쟁, 기사를 쓰고 편집하는 전쟁, 데스크와의 전쟁, 그리고 다음에는 자신의 기사나 보도 내용을 불편해 하거나 싫어하는 이들과의 전쟁, 무엇보다 힘 있는 이들의 눈 밖에 나면 자신의 '기자' 직업이 하루아침에 사라질 수 있기에 언제나 불안합니다. 마치 지뢰밭을 걷는 심정일 것입니다.

이 시간 특히 기자들을 위해 기도드립니다. 모든 신문이나 방송의 기자들을 지켜 주옵소서! 특히 여야의 이해관계가 민감하게 얽힌 정치부, 사회부

기자들을 지켜 주옵소서! 그 중에서도 대통령 실, 법원, 검찰, 경찰청, 국회 출입 기자들을 기억하여 주옵소서! 그들에게 세상의 흐름을 바로 볼 수 있는 눈을 주시고, 옳고 그름을 분별할 수 있는 지혜를 주옵소서!

기자로 태어나서 자신에게 돌아올 이익이나 받을 불이익 때문에, 혹은 신변의 위협 때문에 곡필(曲筆)기자가 되지 않게 하시고, 정의감 같은 거창한 주장이 아니라도, 기자의 직업으로 신분에 부끄럽지 않은 기사를 쓰게 하옵소서! 그 기자 한 사람의 손끝에 수 천 수만 명의 국민들이 절망하거나 희망을 가질 수 있습니다. 하나님께서 이들의 신분을 지켜 주옵소서!

특히 데스크를 기억하여 주옵소서! 현장의 기자들이 얼마나 땀 흘려 작성한 기사인데 자신의 취향이나 정치적 입맛, 혹은 윗선의 눈치 때문에 사장(死藏)시키는 어리석음을 범하지 않도록 도와주옵소서! 생사를 걸고 취재한 기자들이 피눈물로 쓴 기사를 단칼에 무 자르듯 하지 않게 하옵소서! 기사 때문에 옷 벗을 각오를 하며 진실한 소식을 전하게 하시옵소서!

그동안 언론사들의 해직(解職) 기자들이 있었는데, 지금도 계속되고 있습니다. 그러나 언론 민주화가 온전히 이루어지고, 백성들이 왜곡된 기사가 아니라 제대로 보도된 기사를 보고, 국민의 수준이 높아져서 바른 판단을 하게 하옵소서! 해장국 한 그릇으로 허기를 채우며 오늘도 취재에 임하는 기자들을 지켜주시고 그들이 하나님의 살아계심을 경험하게 하옵소서!

우리의 영원한 주님이신 예수 그리스도의 이름으로 기도드립니다. 아멘!

땅의 기도

연예인(유명인)들을 위하여 드리는 기도!

"미련한 자의 입은 그의 멸망이 되고 그의 입술은 그의 영혼의 그물이 되느니라 남의 말하기를 좋아하는 자의 말은 별식과 같아서 뱃속 깊은 데로 내려가느니라"

(잠언 18:7–8)

많은 이들이 동경하고 그렇게 되기를 추구하는 연예인, 소위 유명인들을 위해 기도합니다. 어떤 이는 영화배우도 있고 탤런트도 있습니다. 가수나 무용수도 있습니다. 연주자도 있고, 기획하고 제작하는 이들도 있습니다. 대본을 쓰는 이도 있고 피디도 있습니다. 그러나 대중들에게 얼굴이 많이 노출된 무대예술인인 배우나 탤런트 가수들을 위해 특별히 기도합니다.

저들은 늘 화려한 조명과 요란한 음악 그리고 청중들의 환호를 받으며 삽니다. 더 많은 인기와 사랑을 받기 원하고, 그렇지 않은 경우도 있지만 삶이 유명세, 인기 같은 것들과 연결되어 행복 지수의 기복이 심합니다. 이때마다 좌절하기도 하고 더러는 받은 충격을 감추기 위해 은둔생활을 하기도 합니다. 때로는. 또 나락으로 떨어지는 죽음을 경험하기도 합니다.

현대 사회처럼 대화의 채널이 다양해지면서 여러 SNS에 자신의 이야기를 올리면 그를 위로하고 격려하는 이들의 선한 댓글도 있지만, 온갖 종류의 악플들이 쏟아지기도 합니다. 심지어는 전화 문자로 혹은 직접 찾아다니며 괴롭히기도 합니다. 너무 곤고하여 심경을 정리하려다 마약을 입에 대기도 하고 이런 약점이 잡히면 추락 속도가 걷잡을 수 없어집니다.

얼마나 많은 연예인들이 지금도 악한 이들의 손아귀에 사로잡혀서 고통받고 있는지 모릅니다. 인격을 유린당하고 사생활과 가족들의 명예까지 모든 삶이 송두리째 무너지고, 더 이상 견디지 못한 그는 스스로 죽음 앞에 자신을 내던집니다. 언론이나 방송, 혹은 여론은 마녀사냥 하듯 한사람 연예인을 날카로운 이로 물어뜯고 그런 일을 재미로 즐기고 있습니다.

많은 백성들을 웃게 만들지만 정작 자신은 울어야 하는 연예인 개그맨, 세상 사람들에게 감동을 주고 자신은 침륜의 늪으로 빠지는 유명인들을 불쌍히 여기시고 저들을 지켜 주옵소서! 특별히 언론에 의해 난도질당하는 사생활과 확인되지 않은 개인사가 루머가 되어 두 번 세 번 당사자를 죽이는 일에서 보호하여 주옵소서! 다른 이들처럼 그의 생도 소중합니다.

오늘도 하루가 시작되는 것이 두렵고 사람을 만나는 것이 두려운 이들을 불쌍히 여기셔서 저들의 생업도 안전하게 보호받게 하시옵소서! 하나님께서 여린 심성을 가진 저들을 기억하셔 주옵소서! 이 땅에서 다시는 이런 연예인, 인기인, 유명인들이 스스로 소중한 목숨을 포기하는 일이 없게 하옵소서! 이 땅에서 산소 같은 인생, 생수 같은 인생을 살게 하옵소서!

모든 인생들에게 아버지가 되시는 예수그리스도의 이름으로 기도합니다. 아멘!

10. 다양한 직군을 위하여 드리는 기도!!

땅의 기도
예술가들을 위하여 드리는 기도!

"브살렐과 오홀리압과 및 마음이 지혜로운 사람 곧 여호와께서 지혜와 총명을 부으사 성소에 쓸 모든 일을 할 줄 알게 하신 자들은 모두 여호와께서 명령하신 대로 할 것이니라" (출애 36:1)

하나님! 이 땅에 하나님을 사랑하며 잘 섬기는 예술가들이 많습니다. 그들의 손으로 하는 일들이 복을 받게 하옵소서! 하나님께서 저들의 손끝에 재능을 주셔서 어떤 이는 그 손으로 작품을 만들고, 어떤 이는 그림을 그립니다. 어떤 이는 그 악기를 연주하고 어떤 이는 그 손으로 글을 씁니다. 모두 아름다운 손을 주셨으니 그들의 손에 능력을 더하여 주옵소서!

그림 그리는 손을 위해 기도합니다. 창조의 빛을 그리는 이는 그 손으로 더 깊고 놀라운 빛의 세계를 그리고, 그림을 보는 이들이 천지창조의 위엄과 영광을 보게 하옵소서! 그 손이 캔버스에 닿기 전에 먼저 하나님께서 손을 잡아주시고, 그가 붓을 들기 전에 먼저 붓을 들어 작품을 그려 주옵소서! 사람들이 작가를 보지 않고 하나님의 손을 볼 수 있게 하옵소서!

작품을 만드는 손을 주신 이들을 위하여 기도합니다. 저들의 손끝으로 빚어 만들어내는 작품들은 늘 하나님의 손끝을 경험하게 하시며, 작품들은 우상이 아니라 하나님의 걸작품을 만들어 우주창조의 기운을 느끼게 하시고, 능력이 충만하신 하나님의 손으로 이를 나타내게 하옵소서! 작품을 감상하는 이들이 작품 속에 드러난 하나님의 사랑을 알게 하시옵소서!

하나님께서 주신 손으로 악기를 연주하는 이들이 있습니다. 손끝으로 만지는 악기들에서 하나님의 강력한 힘과 따뜻한 사랑과 부드러운 마음이 함께 느껴지게 하옵소서! 인간의 손 끝에서 연주되는 선율이 하나님의 숨소리처럼 느껴지며, 천상의 소리를 지상에서 듣는 것 같은 감동을 주옵소서! 그 악기가 무엇이든지 하나님을 연주하는 도구가 되게 하시옵소서!

하나님께서 주신 손으로 글씨를 쓰는 이들이 있습니다. 한글 서예든지 한문 서예든지 혹은 캘리그라피든지 그걸 보는 이는 글씨 안에서 성령님이 춤을 추시는 느낌이 느껴지도록 작가의 손끝에 감동을 주옵소서! 오직 하나님의 영광만을 표현할 수 있고, 하나님의 마음만 담아낼 수 있는 아름다운 서예가 되게 하옵소서! 글씨에서 하나님의 숨결이 있게 하옵소서!

하나님이 주신 손으로 하나님에 대한 글을 쓰는 이들이 있습니다. 그 작품들을 성별하시고 시든 수필이든 단편이든 장편이든 그 작품세계 안에서 지금도 하나님께서 말씀하여 주옵소서! 부족한 종이 창조의 에너지로. 충만한 믿음의 손을 가진 이들을 위하여 기도하오니 믿음으로 작업하는 모든 이들의 손끝에서 하나님의 능력이 강하게 나타나게 하시옵소서!

창조와 치유의 손을 가지신 예수 그리스도의 이름으로 기도합니다. 아멘!

10. 다양한 직군을 위하여 드리는 기도!!

땅의 기도

운전기사들을 위하여 드리는 기도!

"또 형제들아 너희를 권면하노니 게으른 자들을 권계하며 마음이 약한 자들을 격려하고 힘이 없는 자들을 붙들어 주며 모든 사람에게 오래 참으라." (살전 5:14)

자동차를 운전하는 기사들을 위하여 기도합니다. 새벽부터 밤중까지 시간에 따라 각종 차량의 운전대를 잡은 모든 기사님들을 축복하여 주옵소서! 시내버스나 시외버스, 혹은 마을버스나 고속버스를 운전하든, 혹은 택시나 화물차를 운전하든 모든 기사님들을 기억하여 주옵소서! 승용차든 트럭이든 모든 운전자들이 안전운행을 할 수 있도록 도와주시옵소서!

운전기사들은 언제나 보행자나 승객등 상대방의 생명에 위협을 가할 수 있다는 사실을 기억하고 안전운행이 몸에 배게 하옵소서! 항상 교통법규를 잘 지켜 안전운행 하는 일이 머릿속에, 또 그 마음속에, 그리고 손발에 배게 하옵소서! 아침에 출근할 때 가족들과 사랑의 인사를 하고, 열심히 일하고 돌아와 다시 행복한 인사를 할 수 있도록 복을 주시옵소서!

특히 가장 많은 승객들과 만나는 택시나 시내, 시외, 고속버스 등 일반 시민들이 주로 이용하는 교통수단의 기사들은 이른 새벽, 혹은 아침부터 어떤 마음으로 출발하느냐가 하루의 운행에 계속 영향을 미칩니다. 출발할 때부터 좋은 느낌과 마음으로 떠나게 하시고, 차량의 일상적인 점검도 부지런히 하고, 무슨 일이 있어도 안전을 여러 번 확인하게 해 주옵소서!

하루 동안 자동차에 자신의 몸을 싣고 운행한다는 것은 자신만 아니라 승객, 보행자 등 모든 이들의 안전을 지켜야 한다는 사명을 가지고 출발하는 사실을 알게 하여, 운전으로 가족들의 생계도 책임지지만, 자신의 안전 운행으로 승객들과 보행자들의 생명도 지켜준다는 것을 알게 하옵소서! 따라서 눈에 보이는 차 안팎의 모든 이들이 가족임을 알게 하옵소서!

한 사람의 부주의로 인해 일어나는 사고는 승객은 물론 행인을 비롯한 많은 사람들의 생명을 앗아갈 수도 있고, 치명적인 부상을 입힐 수도 있다는 엄중한 인식을 가지고, 끝까지 안전 운행을 기억하게 하옵소서! 그것이 승객과 보행자의 생명을 지키는 일이고, 이것이 사회 안전의 초석이 되는 것을 알고, 교통사고로 인해 슬픔과 아픔을 겪는 이들이 없게 하옵소서!

특히 폭설이나 결빙 등 겨울철 기상에 유의하여 항상 신중하게 언제나 평안하게 또 집중하여 운전하게 하시되, 쓸데없는 생각으로 마음이 해이해져서 산만한 마음으로 신호와 차선과 속도 등을 위반하여 무서운 사고가나지 않도록 안전하게 하옵소서! 교통사고로 목숨을 잃은 이들이나 부상당한 이들도 있지만, 저들의 희생과 헌신의 고마움을 알게 하옵소서!

운전자의 안전을 책임지실 예수 그리스도의 이름으로 기도합니다. 아멘!

땅의 기도

의사들을 위하여 드리는 기도!

"열두 해를 혈루증으로 앓아 온 한 여자가 있어 많은 의사에게 많은 괴로움을 받았고 가진 것도 다 허비하였으되 아무 효험이 없고 도리어 더 중하여졌던 차에"

(마가 5:25-26)

사랑하는 하나님 아버지! 오늘은 이 땅 백성들의 질병을 치료하고 죽음의 문턱에서 살려 행복한 삶을 지속하도록 해주는 의사들을 위하여 기도합니다. 사람이 태어날 때 가지고 태어난 하나뿐인 생명이 병들거나 사고를 당해 생명 유지가 어려울 때, 수술 기타 방법으로 치료하여 목숨을 살려주는 나라의 고급 인력인 11만 명의 의사들을 기억하여 주시옵소서!

세상에서 가장 소중한 인간의 생명을 다루는 의사가 되기 위해서 오랜 기간 의과대학에서 어려운 수업을 마치고 국가고시에 합격하여 의사가 되었습니다. 후에 인턴, 레지던트, 전공의가 되고, 전문의가 되어 각 대학병원을 비롯한 각급 병의원 일선에서 국민건강을 책임지고 있습니다. 또는 의학 발전을 위해 연구기관에서 연구를 계속하고 있는 의사도 있습니다.

그가 종합병원에 소속되어 의사 업무를 하든, 동네 병원인 개인 병원을 차려 1차 의료기관으로 진료를 하든, 군의관으로 임명되어 군인들의 건강을 책임지든 하나님께서 저희들의 신원을 강건하게 하시고 10년이나 공부해서 배우고 수많은 임상을 통해 쌓은 중요한 지식과 정보와 경험들이 국민들의 생명을 살려내는 일에 요긴하게 쓰임 받을 수 있게 하옵소서!

가장 먼저 의사로서의 윤리강령에 위배됨이 없는 국민생명 존중에 철저하게 하시고, 무엇보다 언제나 생명 중시로 환자 제일로 생명을 지키게 하시고, 저들의 격무에 자신의 소중한 몸이 치명적인 손상을 입지 않도록 지켜 주시옵소서! 무엇보다 질병의 진단에 민감하게 하시고 오진이 생기지 않게 하시며 오진으로 인한 피해자가 생기지 않도록 지켜 주시옵소서!

정확한 진단에 따른 처방, 그리고 시술, 혹은 수술에는 티끌만한 실수도 없도록 저들의 눈과 손을 지켜 주시며 수술을 집도하는 의사의 경우 생명을 다루는 중요한 순간에 세포나 신경, 혈관 하나에 최선을 대해 접근하고 칼을 대게 하시며, 수술을 마칠 때까지 그를 곁에서 돕고 있는 보조의사나 간호사, 장비 기사등과 혼연일체가 되어 환자를 다루게 하옵소서!

작은 일상적 수술도 받는 당사자에게는 생명을 다루는 소중한 일입니다. 최선을 다하게 하시고, 난치병의 경우 치료와 회복 과정 하나하나에 최선을 다하게 하옵소서! 그의 손에 개인은 물론, 가정과 가문의 미래가 달려 있는 만큼 신중하게 수술에 임하게 하시되, 무엇보다 환자와 가족들에게 친절하고 자상한 설명을 통해 그들의 존경과 신뢰를 받게 하시옵소서!

우리의 영원한 치료자이신 예수 그리스도의 이름으로 기도합니다. 아멘!

땅의 기도
이 땅의 농부들을 위하여 드리는 기도!

"더러는 좋은 땅에 떨어지매 어떤 것은 백 배, 어떤 것은 육십 배, 어떤 것은 삼십 배의 결실을 하였느니라 귀 있는 자는 들으라 하시니라" (마태 13:8-9)

생명의 기초가 되는 1차 산업인 농사를 짓는 이들에 대한 하나님의 돌보심을 구합니다. 자연과 함께 땀 흘리며 일구어가는 농사일은 힘든 일에 비해 소득도 적고, 사회적 관심도 적고, 정부의 배려도 적은 산업입니다. 대부분이 많은 공부도 못한 분들이 종사하는 농사일은 하나님의 우주 경영과 흡사한데 하나님께서 농사하는 이들을 기억하여 도와주시옵소서!

전에는 '농자천하지대본(農者天下之大本)'이라는 말로 "농사하는 일이 천하 사람들이 살아가는 큰 근본이다."라며 농사하는 이들이 자부심도 있었는데, 전 국민의 70%이상이 농사하던 시절에 비해 이제는 농업에 종사하는 이들의 수도 줄고, 외국에서 들어오는 수입농산물 때문에 농업이 피폐해졌습니다, 그럼에도 불구하고 농사일이 천박해지지 않게 도와주시옵소서!

이제 농업인구도 많이 줄고 소득도 줄었지만, 그래도 특수작물이나 과학 영농에 눈을 돌린 이들 때문에 일부 농업은 많이 발전하고 있습니다. 그러나 여전히 기계 영농보다는 손이 많이 가고 힘든 일이기에 하나님께서 저희들을 지켜 주셔야 합니다. 이미 재배한지 오래된 감귤은 새로운 품종들이 많고, 키위나 포도 같은 것들은 품종이 많이 개발되고 있습니다.

그러나 농사는 쌀, 보리, 밀, 감자, 양파, 마늘, 땅콩 등 땅을 갈고 씨를 뿌리고 김을 매야합니다. 콩이나 녹두, 옥수수 등 열매식물이나 배추, 무, 양배추, 토마토 등 채소류, 사과, 배, 감 등 과일류 등 어느 하나 쉬운 일이 없습니다. 땅에 씨를 뿌리고 심는 것 뿐 아니라, 전지, 소독, 봉지작업 등도 힘겨운 일입니다. 이런 일손을 감당하는데 필요한 체력도 주옵소서!

씨를 뿌리고 김을 매고, 농사의 종류에 따라 가지를 치고, 수확하는데 들어가는 인건비, 온갖 병충해에 필요한 소독약, 여러 종류의 비료대 등 돈 들어가는 일은 수 없이 많고, 이에 따른 영농비를 대출받으면 저리(低利)라도 이자도 갚아야 하는 이중삼중의 고충이 있습니다. 해마다 자재를 구입하는 이들의 고충도 헤아리시고 하나님의 사랑으로 채워 주옵소서!

자연과 날씨와도 싸워야 합니다. 한해가 들면 가뭄과 싸워야하고, 냉해가 오면 보온에 땀을 흘려야 하고, 폭우나 강풍이 불면 과일은 낙과하고 벼는 쓰러집니다. 병충해의 피해도 많습니다. 각종 농작물이나 과일들은 천적을 만나 기껏 재배한 농작물을 포기해야하는 아픔도 있습니다. 온갖 두려움과 피곤함에 버티기 어려운 농업 종사자들을 기억하여 주옵소서!

세상의 농부가 되신 예수 그리스도의 이름으로 기도드립니다. 아멘!

땅의 기도

일용직 근로자를 위하여 드리는 기도!

"내 형제들아 영광의 주 곧 우리 주 예수 그리스도에 대한 믿음을 너희가 가졌으니 사람을 차별하여 대하지 말라." (야고 2:1)

전능하신 하나님! "가난한 자를 택하여 믿음에 부요하게 하시고, 자기를 사랑하는 자들에게 약속하신 나라를 상속으로 받게 하시는 하나님!(야고 2:5) 공부도 많이 못하고, 배운 기술도 많지 않고, 가진 돈도 없고, 아는 사람도 없는 가난하고. 측은한 이들이 선택할 수 있는 유일한 일 '일용직'으로, 하루 벌어 하루 먹는 곤고한 이들을 기억하여 주시옵소서!

매일이 살얼음판을 딛는 심정으로 긴장하며 사는 이들이오니 불쌍히 여겨 주시옵소서! 세상에서 힘도 없고 미래도 없는 신분이지만, 하나님께서 저들의 능력과 위로가 되어 주옵소서! 하루도 하나님의 은혜가 아니면 살 수 없는 인생입니다. 하나님께서 그들의 미래와 희망이 되시옵소서! 가족들은 그날 일거리가 있고 없고 따라 사느냐 못사느냐가 결정됩니다.

하나님! 비록 '정규직'도 '계약직'도 아니지만 '일용직'이라도 매일 일할 수 있는 일거리를 주시옵소서! 가난한 이들과 나그네를 위하여 추수하는 들에도 곡식을 남겨 두게 하시는 하나님께서 가난하고 힘없는 일용직 근로

자들이 먹고살 수 있는 기반을 위하여 배운 기술 없고 아는 거 없고, 몸이 병이 들어도 쉴 수 없는 그들이 살 수 있는 길을 열어 주옵소서!

병이 들어도 돈이 없어 참고 몸을 혹사해야 합니다. 불쌍히 여기시고 병들지 않도록 지켜 주시옵소서! 병들고 나이 들면 찾는 이도 없습니다. 혹 일자리가 생겨도 눈치 보며 일해야 합니다. 병약해지지 않도록 붙잡아 주시고, 나이 들고 늙어 외면당하기 전에 일용직을 안 하고도 살 수 있게 하옵소서! 불쌍히 여기시고 도와주실 때에, 끝까지 책임져 주시옵소서!

일용직들이 일하는 현장은 거의 위생, 안전 등 노동자들의 사각지대입니다. 일하는 현장이 언제나 밥 먹는 시설이나 일하는 곳의 안전이 보장되지 않아, 다치는 일부터 크고 작은 안전사고에서 지켜주시고 가뜩이나 벌이도 없는데 다치기까지 하면 더욱 어렵고 힘든 세상이 됩니다. 그래도 불평하지 않고 어떤 상황에도 하나님을 사랑하며 감사로 일하게 하옵소서!

비록 일거리가 없어도 낙심하지 않고, 나이 들고 병들어 자신을 쓰기를 꺼려해도 상심하지 말게 하시고, 어쩌다 한 번 일할 수 있어도 그 하루에 감사하여 최선을 다하게 하시고 이를 지켜본 동료 노동자들과 고용주들이 그를 기억하여 함께 계속 일할 수 있도록 배려하게 하시옵소서! 희망이 보이지 않는 곳에서 주님을 희망의 언덕으로 생각하게 하시옵소서!

날마다 좋은 것을 주시려는 예수 그리스도의 이름으로 기도합니다. 아멘!

10. 다양한 직군을 위하여 드리는 기도!!

땅의 기도

작은 가게를 운영하는 이들을 위하여 드리는 기도!

"예수께서 눈을 들어 부자들이 헌금함에 헌금 넣는 것을 보시고 또 어떤 가난한 과부가 두 렙돈 넣는 것을 보시고 이르시되 내가 참으로 너희에게 말하노니 이 가난한 과부가 다른 모든 사람보다 많이 넣었도다" (누가 21:1-3)

사랑이 많으신 하나님! 이 시간에 '구멍가게'라고 불리는 동네 가게를 운영하는 이들을 위해 기도드립니다. 거기서 엄청난 돈을 버는 것도, 중소기업이나 중견기업으로 나가려는 것도 아니고, 다만 가족들의 생계에 보탬이 되고 밥이나 먹으려는 소박한 마음으로 시작한 동네 가게가 월세부담과 구색 맞추기 힘들고 장사는 안 되는 힘겨운 언덕을 오르고 있습니다.

이들이 누구를 속이거나 위해를 가하는 것도 아니고, 매점매석을 하거나 폭리를 취하는 것도 아니고, 그저 들어오는 물건 받아놓고 오는 손님들에게 적당한 이윤을 붙여 팔 뿐입니다. 그러나 오는 손님은 줄어들고 그나마 손님들이 찾는 물건은 다양해지고, 그렇다고 모든 물건 구색을 다 갖출 수도 없어서 가게 유지에 어려움이 많습니다. 하나님께서 도와주시옵소서!

몇 푼어치 팔려서 생긴 현금은 급한 대로 생활에 보태 쓰고, 받은 물건 값이 청구되면 빚내서 갚아야하는 악순환에서, 짧은 유통기한의 식품들은 폐기해야 하고, 매일 생산되는 신제품은 들여놓을 형편도 안 됩니다. 가게 주변에 살고 있는 이웃들은 급할 때 달려와 외상으로 가져가고, 그렇게 한 번 들린 이웃들은 정작 많이 구입할 때는 대형마트에서 구입합니다.

밥 하다 쫓아오고 잠자려면 문을 두드려서, 손님 하나라도 놓치지 않으려는 생각과 그들에 대한 배려에서, 새벽 일찍 문을 열고 밤늦게까지 가게를 지키는 바람에 대부분이 나이든 주인들은 피로감에 몸이 망가져도 가게 문을 닫고 병원에 갈 시간도 여의치 않고, 병원에 가면 진찰비 검사료, 치료비 등 돈 걱정 때문에 몸에 병을 달고 병을 키우고 있습니다.

어렵게 사는 이들을 위협하는 자녀들의 혼사문제나, 언제 해결될지 모르는 월세나 전세 탈출 등 내 집 마련의 꿈은 평생 꿈도 꾸어보지 못한 채 점점 와해되고 있습니다. 명색이 가게요, 사업이요, 경제인이지만 그런 생각도 혜택도 없이 오로지 구멍가게 주인으로 빡빡한 삶을 꾸리며 살아가는 이들의 절박함을 아시는 하나님께서 이들을 기억하여 도와주시옵소서!

그러나 그렇게 어려운 가게를 꾸려가는 가난한 이들이 여전히 몇 푼씩 모아 하나님께 헌금 드리고, 선교하고, 구제하며 사는 이들이 많습니다. 자신보다 여유 있고, 자신보다 덜 궁핍한 이들을 도우며 사는 아름다운 마음을 기억하여 주옵소서! 가난한 이들의 사랑과 헌신을 꼭 기억하여 주셔서, 그들이 땅에서 드린 사랑의 씨앗이 천국에서 열매맺게 하옵소서!

사랑과 헌신을 기억하시는 예수 그리스도의 이름으로 기도합니다. 아멘!

땅의 기도
재래시장, 자영업자들을 위하여 드리는 기도!

"네 하나님 여호와께서 네게 주신 땅 어느 성읍에서든지 가난한 형제가 너와 함께
거주하거든 그 가난한 형제에게 네 마음을 완악하게 하지 말며 네 손을 움켜쥐지
말고" (신명 15:7)

사랑이 많으신 하나님! 오늘은 재래시장에서 어렵게 생계를 이어가는 상
인들과 '골목 상권'이라 불리는 작은 '구멍가게'를 경영하는 이들을 위하여
기도드립니다. 한국 사회가 어렵고 힘든 경제발전을 이루고, 백성들이 이
만큼이라도 먹고 살도록 하는 일에 일등공신이었던 재래시장의 상인들을
기억하여 주옵소서! 그들이 희망을 잃지 않고 상심하지 않게 하옵소서!

전에는 '대형 마트'도 '편의점'도 없었고, 또 여러 형태의 프랜차이즈 매장
도 없었으나, 지금은 웬만한 도시마다 거대한 대형마트가 공룡처럼 버텨
서 있고, 거리마다 마을마다 편의점들이 24시간 불을 밝히고 있습니다. 그
런 가운데 스스로 존립하는 것마저 기적이라 생각하는 작은 가게들의 애
환을 기억하여 밤낮으로 쉬는 저들의 한숨을 거두어 주시옵소서!

찾아오는 몇몇 손님들은 구색이 안 맞는다고 불평하고, 날짜가 오래되었
다, 상품의 질이 떨어진다는 말을 하며 주인들의 아픈 가슴을 건드립니다.
누구라도 여유가 있어 큰 가게 차리고 싶고, 대형마트 하고 싶겠지만 오직

경제적 여력이 안 되어, 힘겹게 사는 집 한 칸을 비워 가게를 연 서민들의 고충을 헤아리시고, 차가운 세간의 눈길을 이기게 하여 주옵소서!

손님들이 많지 않으니 물건의 회전률도 낮고 툭하면 유통기한 되어 버리거나 먹어야 하고, 물건의 구색이 맞지 않아 손님들을 돌려보내야 하는 아픈 마음을 위로하여 주옵소서! 손님들이 가게를 사랑하여 오기 보다는, 당장 멀리 갈 수 없어 찾아오는데, 그들을 외면할 수도 없고, 마냥 환영할 수도 없는 영세상인의 슬픈 마음을 하나님께서 위로하여 주옵소서!

언제나 마을이나 인근의 주민들이 필요한 물건이 있으면 사고 없으면 주문하고, 명절이나 큰 일 때는 많은 물건을 사가고, 돈이 없으면 장부에 달아놓고, 조금 까지고 망가져도 먹는 데는 괜찮다며 가져가던 마을 가게의 추억이 아름답게 이어지게 하옵소서! 돈도 안 되는 몇 푼짜리 생필품 하나 사러 왔다가 구색 없다고 돌아가는 불평의 소리를 들으며 삽니다.

그리고는 정작 많은 물건을 살 때는 대형 마트에 가서 여러 박스 사들고 오는 것을 바라보며 느끼는 설움을 위로하여 주시옵소서! 산업사회에서 돈 없이 가게 하는 사람들이 겪는 어려움을 다 겪고 있는 자영업자들에게 하나님의 위로하심만이 힘이 됩니다. 세상에서는 누구도 그의 형편을 살펴 위로해 줄 이가 없사오니 하나님께서 저들을 기억하여 주옵소서!

힘없는 이들을 도우시는 예수 그리스도의 이름으로 기도합니다. 아멘!

땅의 기도

전화 상담을 하는 이들을 위하여 드리는 기도!

> "예수의 친족들이 듣고 그를 붙들러 나오니 이는 그가 미쳤다 함일러라 예루살렘에서 내려온 서기관들은 그가 바알세불이 지폈다 하며 또 귀신의 왕을 힘입어 귀신을 쫓아낸다 하니" (마가 3:21-22)

사랑의 하나님! 현대 산업의 양상을 따라, 특히 '코로나 19'의 특수한 상황에 따라 대면 접촉이 어려워진 이후에, 전화로 해결하는 업무가 많아졌습니다. 전에는 전화번호 안내라든가 대기업의 콜 센터 정도가 전부였으나, 이제는 거의 모든 회사들이 서비스 혹은 고객센터를 두고 전화 응대를 하면서, 이제 전화응대서비스를 이용하는 이들이 폭발적으로 늘어났습니다.

전화 업무를 보는 이들은 불특정 다수에게 수많은 전화를 받습니다. 출근하여 책상에 앉아 헤드셋을 끼는 순간부터 하루 종일 전화를 받아야 합니다. 얼굴이 보이지 않는 상담이나 문의자들 중에는 암행 감찰반도 있고 장난으로 하는 사람, 심심해서 하는 사람, 회사에 악감정을 가지고 있는 사람들이 있습니다. 별별 사람들이 별별 이유로 이들에게 전화를 합니다.

전화를 하는 이들은 그날의 기분과 날씨에 따라 시비성 상담, 희롱성 상담, 농담성 상담 등 다양한 시도를 하며 전화 상담원을 괴롭힙니다. 말도 안 되는 트집을 잡거나 급한 것도 아닌데 쓸데없이 제품이나 업무와 관계없는 전화를 합니다. 심지어 욕설이나 선정적인 전화를 할 때도 있습니다. 이런 상황에서 침착하게 절제하며 상담할 수 있도록 도와주시옵소서!

이제는 '산업안전 보건법'에 따라 '고객응대 근로자'에 대하여 폭언이나 욕설을 하지 못하게 되어 있고, 이 경우 처벌을 받게 되지만, 처벌보다 더 빠르고 가깝게 느껴지는 비애감이나 분노감 같은 상처가 먼저 다가오기에 단순히 인내하고 절제하는 것으로 이겨내기는 버거운 현실입니다. 응대하는 이는 누군가의 가족이라는 원론적인 말이라도 기억하게 하옵소서!

낯선 고객, 생전 처음 목소리로만 듣는, 얼굴도 이름도 모르는 상대에게 폭언이나 욕설을 퍼붓는 사람은 그것이 일상의 언어라 할지라도, 듣는 이들에게는 날카로운 쇠갈퀴로 가슴을 비집고 간 깊은 상처가 남을 것인데, 하나님께서 어렵고 힘든 감정노동을 하는 상담원들에게 치유의 은혜를 더하여 주시고, 바로 다음 상담자라도 따뜻한 사람을 보내 위로해 주옵소서!

세상을 사는 방법이 다양하고 직업군도 다양하지만, 특히 고객을 직접 상대하여 얼굴을 보고 일하는 것도 힘들거니와, 하물며 얼굴을 보지 않고 전화로만 상담하는 상담자의 인성이 얼마나 내공이 있어야 견딜지 모르나, 하나님께서 그들에게 강인한 인성을 주옵소서! 그리고 무서운 폭력성 고객으로부터 자신을 지켜 승리하는 하루하루가 되게 하여 주시옵소서!

온갖 욕설과 소문을 참으신 예수 그리스도의 이름으로 기도합니다. 아멘!

10. 다양한 직군을 위하여 드리는 기도!!

땅의 기도

출판사와 서점을 경영하는 이들을 위하여 드리는 기도!

"왕이 여후디를 보내어 두루마리를 가져오게 하매 여후디가 서기관 엘리사마의 방에서 가져다가 왕과 왕의 곁에 선 모든 고관의 귀에 낭독하니 그 때는 아홉째 달이라 왕이 겨울 궁전에 앉았고 그 앞에는 불 피운 화로가 있더라"

(예레 36:21-22)

역사의 창조자요, 주관자이신 하나님! 이 시간 출판을 업으로 하는 이들과 출판물을 유통시켜 판매하는 서점들을 위하여 기도합니다. 특히 '코로나' 이후에 출판물도 줄어들고 오프라인 서점은 턱없이 줄어 출판업계나 서점들이 줄도산을 하는 위기에 처해있습니다. 책은 시대의 증인이요, 역사의 목격자인데 출판량이 줄고 서점이 줄면서 문화가 위축되어 갑니다.

우선 좋은 작가가 많이 나와서 양질의 서적을 집필하게 하시고, 책이 집필되면 출판사는 이런 저자들을 발굴해서 양서를 출판하며, 서점은 부지런히 좋은 책을 독자들에게 공급하여 한 시대의 문화를 견인해 가게 하옵소서! 출판사들이 책을 내도 판매가 부진하므로 생기는 경영의 압박을 견딜 수 없어 폐업하거나 출판을 멈추는 불행이 없도록 도와주시옵소서!

출판사의 경영을 위하여 좋은 저자를 만나게 하시고, 좋은 디자인 업체, 좋은 인쇄업자와 제본소를 만나 좋은 책을 만들 수 있는 조건을 주시고,

만든 책들이 재판 삼판 찍을 수 있도록 힘을 주옵소서! 그리하여 단순히 경영을 위하여 저질스럽고 난삽한 책을 찍어 경영에 보태려는 근시안적인 자세를 버리게 하시고 출판업자의 자부심을 잃지 않게 하시옵소서!

서점은 도서공급의 산실로 좋은 독자를 확보하고 지속적인 서적공급을 통해 자구책을 마련할 뿐 아니라, 독서문화의 창달에 힘쓰게 하옵소서! 서점이 어렵다고 책 공급보다는 팬시용품이나 액세서리를 파는 공간이 되지 않고, 얼마든지 공급되는 책을 통해 문화의 산실 역할을 감당하는 서점이 되고, 그곳에 독자들이 찾아와 쉼을 얻는 안식처가 되게 하옵소서!

특히 기독교출판사나 기독교 서점을 위해서 기도합니다. 기독교 출판사들이 속히 영세성을 벗어버리고, 규모를 갖추어 출판에 위험이 없게 하시고, 제대로 출판으로 자립할 수 있게 도우시옵소서! 여느 서점은 교과서나 참고서 팔고, 기독교 서점은 교회용품이나 심방용품으로 먹고사는 게 아니라, 양질의 서적을 공급하는 기업으로 독자들의 존경을 받게 하옵소서!

문화 예술 수준이 그 나라의 수준입니다. 출판의 종류나 부수, 독서인구와 서점의 수가 그 나라 국민수준의 척도인데 대한민국은 세계에서 책을 가장 많이 읽는 나라가 되게 하옵소서! 우리는 성인 독서율이 50%도 안 되고, 1인당 OECD 평균 독서량 16권의 사분의 일인 4.5권입니다. 독서문화 증진 예산 58억도 전액 삭감되는데 스스로 정신 차리게 하옵소서!

성경을 인류 유산으로 주신 예수 그리스도의 이름으로 기도합니다. 아멘!

땅의 기도
치과의사들을 위하여 드리는 기도!

"예수께서 거기서 나가사 두로와 시돈 지방으로 들어가시니 가나안 여자 하나가
그 지경에서 나와서 소리 질러 이르되 주 다윗의 자손이여 나를 불쌍히 여기소서
내 딸이 흉악하게 귀신들렸나이다 하되" (마태 15:21-22)

전능하신 하나님! 이 땅에 국민들의 치아를 비롯한 구강건강을 위해 세우신 '치과병원'과 이곳에서 일하는 치과의사들을 기억하여 주옵소서! 아직은 1인 원장 체제의 치과병원이 많사오니 전국의 3만여 치과 의사들의 손 끝에 특별한 재능을 주사, 모든 국민들이 소망하는 구강 건강을 지켜주옵소서! 충치 먹은 치아부터 시작해 '임플란트'까지 온전하게 하옵소서!

운명적으로 함께 일하는 '치과 기공사'나 '치위생사'들과 협력이 잘되어 치과 치료를 받는 환자들의 불편을 제거하고, 인생의 행복을 되찾아주는 치과 의사들이 되게 하옵소서! 병원에서 발치부터 신경치료, 잇몸치료, 치주염치료, 치열 교정, 스케일링 등 온갖 구강질환자들이 입을 벌리고 누운 모습을 불쌍히 여겨 주시옵소서! 하나님께서 치료해 주시기 원합니다.

구강치료를 담당하는 치과의사들이 "우리는 항상 영리적 동기보다 환자의 복리를 먼저 생각한다."는 치과의사 윤리강령에 맞는 진실한 의료인이 되

게 하시고, 이들을 통해서 치료받은 환자들이 더 이상은 치과 질환에 대한 두려움도 사라지고, 치과에 갈 일도 없어지게 하옵소서! 치과 병원에서 치료받은 이들은 치과의사에 대한 고마움을 간직하며 살게 하옵소서!

여느 의사들처럼 직업적으로 상당히 고되고, 장시간 환자의 입 속을 들여다보기에 목이나 허리도 상하고, 치아가 상한 환자 입에서 나는 악취도 모두 맡아야 하는데 의사들을 지켜 주옵소서! 수술할 때 튀는 피로부터도 안전하게 하시고, 독한 약품 등에 노출되는 치과의사의 애로를 기억하여 주옵소서! 환자의 구강 건강 못지않게 의사의 건강도 지켜주옵소서!

그러나 그들의 노력에 의해서 썩고 망가진 치아들을 깨끗하게 치료하고, 엉성한 차열 때문에 안면부가 일그러져 보이는 이들이 치과병원에서 구강부터 턱관절 등 안면 부위 교정 치료를 받고 밝고 자신 있는 표정으로 병원 문을 나가는 것을 보며 보람을 느끼게 하옵소서! 구강이나 턱, 안면 교정 등 예민한 수술을 위해 좋은 치과의사를 만나 치료받게 하옵소서!

웃음에 자신 없는 이들도 치아교정을 통해 마음 놓고 활짝 웃게 하시고, 안면의 매력에 자신 없는 이들이 치과의사를 만나 자신감을 회복할 수 있게 하시고, 먹는 즐거움을 상실한 이들도 치과병원을 통해서 꿀같이 단 맛의 식사를 할 수 있게 하옵소서! 언제나 귀한 간호사들을 병원에 보내시어 항상 양질의 의료 서비스를 함께 하기에 부족함이 없게 하옵소서!

아픈 곳을 치료해 주시는 예수 그리스도의 이름으로 기도드립니다. 아멘!

땅의 기도

택배 기사들을 위하여 드리는 기도!

"수고하고 무거운 짐 진 자들아 다 내게로 오라 내가 너희를 쉬게 하리라 나는 마음이 온유하고 겸손하니 나의 멍에를 메고 내게 배우라 그리하면 너희 마음이 쉼을 얻으리니 이는 내 멍에는 쉽고 내짐은 가벼움이라 하시니라" (마태 11:28-30)

사랑의 하나님! 이 땅에 많은 직업이 있지만 그 중에 가장 귀하며 고달픈 직업군을 위해 기도드립니다. 가정마다 아름다운 소식, 선물이나 상품을 배달하는 택배기사님들을 위해 기도드립니다. 새벽부터 밤중까지 정해진 근무시간과 관계없이 물건들을 전해 주어야하는 고달픈 삶입니다. 특히 그 가운데 아직도 미래에 이룰 꿈들이 많은 이들을 기억해 주옵소서!

'코로나 19' 이후 비대면 배달이 관례가 되어 다행이지만, 물건을 재촉하는 이들부터 물건의 상태를 트집 잡는 이들까지, 배달 위치부터 별별 것을 다 트집하는 이들까지 만날 때마다 의욕을 꺾고 있는 많은 사람들은 하루도 비켜갈 수 없습니다. 물건을 싣고 운행하는 과정에도 시간에 쫓기면서 과속하지 않도록 저희들에게 평안하고 안정된 마음을 주시옵소서!

그래도 늦은 시간에 배달을 마치고 집으로 돌아가서 사랑하는 가족들과 자녀들을 만나 반가운 인사를 할 때의 행복을 잃지 않도록 언제나 안전운행 할 수 있게 하옵소서! 특히 폭우가 쏟아지거나 안개나 폭설, 결빙으로

운행이 어려울 때, 그래도 받는 이들에게 기쁨을 선물한다는 자긍심으로 일하게 하시옵소서! 몸은 힘들지만 마음은 항상 행복하게 하옵소서!

더러 아파트 출입을 금지당하고 이런 저런 연유로 기사들의 출입을 막는 경우를 당하면 인격적인 모멸감을 느낄 때도, 예루살렘에서 고난당하고 배척받으신 주님을 생각하며 견디게 하시고, 특별히 짐들이 몸에 버거워 건강에 치명적인 손상을 입지 않도록 하나님께서 지켜 주옵소서! 그들에게서 삶의 의욕을 빼앗는 고객만큼이나 좋은 고객들도 만나게 하옵소서!

하나님께서 택배기사 뿐만 아니라 정기화물 운송을 맡고 이들도 기억하여 주옵소서! 무거운 짐들을 싣고 내리며 장거리 운송을 하는 기사님들을, 하나님께서 핸들을 잡은 그 손을 잡아주시고 사고를 막고 안전운행을 하게 도우시옵소서! 차량이 크고 실린 물건들이 많아 운행 주에 사고가 나면 대형 사고로 이어질 수밖에 없습니다. 이들을 불쌍히 여겨 주옵소서!

세상은 택배 기사님들 덕분에 희망을 얻고, 그런 일 하는 이들 때문에 사랑과 감사의 마음을 전할 수 있고, 경제가 원활히 돌아가고 있습니다. 어려운 근무 환경에 놓여있고 이직률이 높을 만큼 노동 강도가 세지만 이런 분들이 사회구성원으로 있어서 오늘도 우리 시대 경제가 순환되고 감사와 행복이 전달되는 것을 봅니다. 자부심과 용기를 갖게 해 주옵소서!

저희를 복 주기 원하시는 예수 그리스도의 이름으로 기도합니다. 아멘!

10. 다양한 직군을 위하여 드리는 기도!!

땅의 기도

택시 기사들을 위하여 드리는 기도!

"둘째는 이것이니 네 이웃을 네 자신과 같이 사랑하라 하신 것이라 이보다 더 큰 계명이 없느니라." (마가 12:31)

하나님! 오늘은 이 땅에서 가장 힘들고 어려운 직업 중에 하나인 택시기사님들을 위해 기도합니다. 전국에 흩어진 택시 기사님들은 가장 힘든 노동자 그룹입니다. 새벽부터 밤중까지 서민들의 발이 되어 애환을 나누며 종일 일하여, 겨우 최저 생계비로 가족들을 부양하는 저들의 삶이 하나님의 돌보심속에서 평안하고 행복하도록 삶에 안전판이 되어 주시옵소서!

새벽에 집에서 나오면 저녁에 들어갈 때까지 조그만 의자에 앉아 운동도 제대로 못하고, 밥 먹는 것도 규칙적으로 못하고 대소변도 자유롭게 보지 못하고 감옥처럼 갇힌 생활을 합니다. 건강을 해할 요인들을 모두 가지고 있습니다. 운동부족, 불규칙한 식사, 화장실 사용의 불편, 답답한 차내 공기, 또 교통사고의 위험에 노출되어 있음을 기억하여 주시옵소서!

별별 다양한 성격의 사람들과 만나, 짧으면 10분 길면 한 시간 좁은 공간에 갇혀 대화하며 마음 상할 때도 많고, 자신의 생각을 털어놓고 말할 수도 없는 직업입니다. 탁한 공기를 벗어나고 싶어도 안 되고, 조용히 운전만 하고 싶어도 말 시키는 승객, 무리한 요구를 수없이 들으며 안전운행을 해야 하는 그들의 고충을 아시오니 저들을 늘 위로하여 주시옵소서!

개인택시 하는 이들은 아니라고 해도, 하루 종일 일해야 사납금 내면 남는 것도 없는 회사택시 기사님들은 허망한 하루하루를 수없이 반복하며 삽니다, 수고의 대가가 보장될 수 있도록 지켜 주시옵소서! 모든 회사 택시 기사들의 소망이 '개인택시'인데 도와주시어, 오래 수고한 그들의 땀이 보람을 얻게 하시옵소서! 언제나 희망을 안고 즐겁게 일하게 하시옵소서!

차에 올라 일을 시작해서 시동을 끄고 집에 들어갈 때까지 교통사고의 위험에서 한 순간도 자유롭지 못하오니, 그들의 건강뿐 아니라 안전을 지켜주시어 사고로부터 지켜 주시옵소서! '가해자'도 '피해자'도 되지 않도록 매일 저들의 목자가 되어 본인이나 가족들이 사고의 스트레스 없이 일할 수 있도록 도우시고 웃으면서 일하는 직업이 되게 해 주시옵소서!

그들이 지입 택시이든지 회사 택시이든지 승객을 모시는데 최선을 다하게 하시고, 국민들이 이용하는데 불편하지 않게 하옵소서! 모든 직업이 그렇듯이, 먹고 살기 위해 일하는 것인데, 새벽부터 밤중까지 종일토록 식사도 제 시간에 못하고 허리도 한 편 펴고 쉬지도 못하는데, 수고에 비해 가족을 부양하기에 턱없는 임금으로 힘들지 않도록 지켜 주시옵소서!

우리의 안전을 지켜주시는 선한 목자 예수님 이름으로 기도합니다. 아멘!

땅의 기도
한국의 육상 선수들을 위하여 드리는 기도!

"운동장에서 달음질하는 자들이 다 달릴지라도 오직 상을 받는 사람은 한 사람인
줄을 너희가 알지 못하느냐 너희도 상을 받도록 이와 같이 달음질하라"

(고전 9:24)

보통 사람인 제가 잘 알지 못하는 운동선수들의 고충을 위해 기도드립니
다. 특히 육상선수들이 단거리의 경우 단 0.1초의 승부를 위하여 매일 처절
한 자기와의 싸움을 하며 견딥니다. 선수들의 체력과 컨디션이 매일 다르
고, 습도와 풍향, 풍속이 항상 다른 환경에서 동일한 연습과 훈련을 한다는
것이 쉬운 일은 아니지만 끝까지 견디며 달리는 저들을 기억하옵소서!

연습이든 훈련이든 시합이든 잘못해서 넘어져 인대가 늘어나거나 골절이
되면 그동안 고생하면서 쌓은 수고들이 허망하게 무너집니다. 선수는 물
론 코치나 감독이나 가족, 팀 전체가 의기소침 할 수밖에 없습니다. 선수
는 다시 학교로 돌아가 학업을 이수해야 하는데 너무 힘든 길입니다. 그들
이 재활을 통해 선수 생활을 지속적으로 할 수 있도록 도와주시옵소서!

일초의 기록이 갱신될 때의 기쁨과, 전혀 변함이 없는 기록을 받아볼 때의
암울함이 날마다 교차하고 있을 때, 감독이나 코치에게 죄스러운 마음이

먼저 드는 것은 어쩔 수 없는 상황이겠으나 실패와 좌절의 순간 떠오르는 얼굴들에게 죄책감 갖지 않고 다시 서게 하옵소서! 작은 대회부터 초중고, 교육청, 시청, 도청 등 큰 대회까지 희망을 잃지 않게 하옵소서!

마침내 소년체전, 전국체전을 거쳐 아시안 게임, 세계 선수권 대회, 올림픽까지 달리기를 하도록 모든 선수들에게 공평하게 기회가 주어지게 하옵소서! 대회에 출전할 때마다 기록이 향상되고 메달을 목에 걸게 하시고, 나아가 태극기가 올라간 시상대에 서는 감격을 누리게 하옵소서! 그를 지도하고 훈련시킨 코치나 감독들에게도 큰 기쁨과 영광이 되게 하옵소서!

운동을 하다가 급격한 난조를 보이거나, 적응이 어려워 선수가 포기하거나 소속팀이 사라져서 다시 예전의 교실로 돌아와야 하는 중도 탈락자들을 기억하여 저들이 정신장애나 사회 부적응 현상을 겪지 않도록 하나님께서 선수와 지도자의 마음을 주관하시어 서로 격려하며 위로하게 하시고 선수로 출발한 그들이 누구도 실족하지 않게 인도하여 주시옵소서!

100, 200, 400미터의 단거리부터 800, 1500, 5000, 1만 미터의 중거리, 이어달리기, 장애물경기 42.195km를 달려야하는 마라톤 경기까지 자기와의 싸움을 하는 선수들이 모두 죽기를 각오하고 스타트 순간부터 중도에 포기하지 않게 하셔서 끝까지 좋은 운동선수로 활약하고 후에는 좋은 지도자가 되어 끝내 자랑스럽고 영광스러운 체육인이 되게 하시옵소서!

우리를 달리게 하시는 예수 그리스도의 이름으로 기도드립니다. 아멘!

땅의 기도

한국의 축구 선수들을 위하여 드리는 기도!

"이기기를 다투는 자마다 모든 일에 절제하나니 그들은 썩을 승리자의 관을 얻고 자 하되 우리는 썩지 아니할 것을 얻고자 하노라" (고전 9:25)

하나님! 오늘 이 땅에 스포츠만큼 인기 있는 영역도 없을 것이고, 그 일에 종사하는 이들만큼 많은 이들도 없을 것입니다. 축구만큼 한국인이나 세계인의 관심을 끌고 있는 종목도 없을 것입니다. '아시안 게임'의 우승이나 '올림픽'의 동메달 이상은 군대 면제가 되는 종목이기도 합니다. 이 시간 특별히 스포츠의 중심에 있는 축구 선수들을 위하여 기도드립니다.

세계 축구팬들이 사랑하고 관심하는 '월드컵'은 물론 '아시안 컵'을 비롯하여 우승컵을 놓고 벌이는 대륙 간의 크고 작은 축구대회는 수많은 스타 선수를 배출하기도 하고, 선수들이나 구단의 몸값을 올리기도 하는 계기가 됩니다. 또한 많은 이야기를 만들어 내기도 합니다. 축구가 재미있는 것은 '공은 둥글다.'는 말처럼 우승컵이 어디로 갈지 모르기 때문입니다.

국민들이나 축구팬들은 선수들의 한 경기 경기를 지켜보며 하루는 환호하고 하루는 탄식하고 비난하지만, 선수들 한 사람 한 사람은 필드에서 한 게임을 소화하기 위하여 얼마나 피나는 자기와의 싸움을 하는지 모릅니다. 그들이 한 게임을 위하여 연습하며 흘리는 땀이란 보통 사람들이 상상할 수 없는 지옥 훈련이고, 그 훈련의 결과가 운동장에서 드러납니다.

'한일 월드컵'을 전후해서 우리나라에는 세계적인 수준의 축구 선수들이 얼마나 많이 탄생했는지 모릅니다. 이름을 말씀드리지 않지만 선수 한 사람 한 사람이 엄청난 땀을 흘리고 세계적인 선수가 되었습니다. 각 분야의 코치도 힘들고 감독은 더 힘들겠지만, 특히 선수들은 목숨을 걸고 달리고 차고 훈련을 소화한 후에, 긴장되는 경기장에 올라가 공을 찹니다.

그들의 수고와 애씀, 땀 흘림과 연습을 기억하시고 저들의 미래가 희망과 영광의 미래가 되도록 붙잡아 주옵소서! 더러 유명 선수들 사이에서 나오는 불협화음이 백성들에게 충격과 실망을 줍니다. 그러나 우리가 선수의 행동을 보며 비난하기 전에, 평가하기는 쉽지만 몸으로 뛰는 건 어려운 선수들의 훈련을 보고 응원하고 격려하는 국민들이 되게 하시옵소서!

스포츠는 어느 경기나 재미있고 국민들의 관심이 있지만 특히 전 국민이 사랑하는 축구가 더 큰 사랑을 받으며, 세계적인 최고의 선수들을 많이 배출할 수 있는 구단이나 협회가 되게 하옵소서! 선수들의 불미스러운 일들이 진정되게 하옵소서! 앞으로 국가대표 뿐만 아니라 K-리그 구단 선수들 모두 건강하게. 운동장을 달릴 수 있도록 저들을 지켜주옵소서!

언제나 저희와 함께 하시는 예수 그리스도의 이름으로 기도합니다. 아멘!

10. 다양한 직군을 위하여 드리는 기도!!

땅의 기도
한의사들을 위하여 드리는 기도!

"이에 열두 해를 혈루증으로 앓는 중에 아무에게도 고침을 받지 못하던 여자가 예수의 뒤로 와서 그의 옷 가에 손을 대니 혈루증이 즉시 그쳤더라" (누가 8:43-44)

하나님께서 저희를 사랑하셔서 인간의 질병을 다루는 의사를 양방 한방에 모두 주셔서 다양한 경로와 방법으로 수술과 치료를 받게 해주심이 하나님의 은총의 선물임을 믿습니다. 하나님께서 가난하고 병든 이들이 어느 의사에게 자신의 생명을 맡기고 치료를 의탁하더라도, 양방이나 한방 의사 모두에게 지혜와 의술을 동원하여 고칠 수 있도록 복을 주옵소서!

오래도록 환자들의 생명을 치료하고 국민건강을 돌보고 있는 2만 명 넘는 전국의 한의사들을 기억하여 주시고, 현대의학과의 접목을 통해서 환자를 정확히 진단하게 하시고 치료법을 적용하게 하옵소서! 특히 양방 의사처럼 100%기계나 장비 수술 투약 등으로 치료하지 아니하고 처음 환자를 대할 때부터 기(氣)와 맥(脈)으로 만나니, 손끝에 능력을 주시옵소서!

치료하는 과정에도 한약의 조제, 침, 부항, 뜸 등 전통적인 한방치료를 택하고 있사오니 조금 시간이 더딘 듯해도 온전한 치료를 이끌어낼 수 있도록 도와주옵소서! 한방에서 수고하는 한의사들이 의사들과 협력하여 더 나은 진료와 치료를 도모함에 주저함이 없게 하시고, 한방이 입원이나 치료환자들의 치료와 회복에 결정적인 도움이 될 수 있게 인도하시옵소서!

한의과대학에서 오랜 기간 강의와 실험을 통하여 공부한 후에, 국가고시를 통과하고 한의사가 된 되었사오니 더 많은 시간을 투자하여 연구하고 정진하여, 우리나라에 세계가 인정하는 '허준' 같은 탁월한 한의사들이 많이 생겨나게 하옵소서! 그리하여 꺼져가는 불꽃처럼 질병으로 죽어가는 이들의 생명의 불꽃을 살려 일상으로 돌려보내는 역사가 있게 하옵소서!

함께 호흡하는 한약사들과 한의원에서 돕는 모든 다른 한의사들을 기억하여 주옵소서! 저들이 모두 환자들의 진료와 치료에 호흡을 맞추어 많은 환자들이 한방의 치료를 경험하게 하옵소서! 특히, 우리나라의 한방 치료가 세계적인 권위를 인정받고, 한의학이 중의학과 경쟁력을 갖춘 학문으로 탁월하게 하옵소서! 이들이 한국 의료계에 끼친 공을 기억하옵소서!

과학, 의학 등 첨단 학문이 발달해 가는 때에 한의학과 한의사들의 치료 영역도 확대되고 치료의 효율을 높여 주옵소서! 가장 인간 친화적인 치료 방법이 되게 하시고, 아직도 한의학, 한의사, 한약사 등이 어색하더라도 궁극적이고 장기적인 목표는 반드시 환자들을 고통에서 건져내 일상으로 보내는 것입니다. 한의사들이 할 일이 너무 많은 시대에 도와주시옵소서!

저희의 질병을 고쳐주시는 예수 그리스도의 이름으로 기도드립니다. 아멘!

땅의 기도

항공기 승무원들을 위하여 드리는 기도!

"만일 내게로 돌아와 내 계명을 지켜 행하면 너희 쫓긴 자가 하늘 끝에 있을지라도 내가 거기서부터 그들을 모아 내 이름을 두려고 택한 곳에 돌아오게 하리라 하신 말씀을 이제 청하건대 기억하옵소서" (느헤 1:9)

이 시간 현대 과학 문명의 총아로 불리는 항공기 승무원들을 위해 기도드립니다. 먼저 수백 명 승객의 안전을 책임지고 일만 미터 안팎 상공에서 조종간을 잡은 조종사를 기억하여 저의 순간 실수가 많은 승객의 안전을 좌우하게 되는 바 깨끗하고 맑은 정신으로 조종간을 잡을 수 있도록 복을 주옵소서! 언제나 한 치의 오차 없이 항공기를 조종하게 하옵소서!

부조종사, 항법사 등을 기억하시어 저들이 항공기를 안전하게 목적지에 도착시킬 수 있도록, 오직 승객의 안전만 생각하게 하옵소서! 지상에서 일하는 정비사에게도 특별한 항공 정비 기술을 주시어 항공기의 안전 운행을 위하여 철저한 점검과 확실한 정비를 할 수 있게 하옵소서! 이들만 아니라 연관된 모든 이들이 하나 되어 항공기 안전을 도모하게 하시옵소서!

열차나 버스 등 다른 교통수단과 달리 사고가 나면 대형사고로 이어지기에 세심한 주의가 필요하오니 조종사, 정비사를 비롯한 안전 운행에 관련된 모든 이들이 실수하지 않도록 해 주시기 원합니다. 뿐만 아니라 항공기 안전을 위하여 사무장을 비롯한 객실 승무원 모두 항공기 안전 운항에 관심과 주의를 기울이어 안전과 관련된 경미한 실수도 없게 하옵소서!

기내 승무원들은 사무장을 중심으로 승객을 안전하고 편안하게 목적지까지 모시기 위하여 최선을 다하게 하시고, 음료 서비스, 면세품 판매 등으로 이어지는 격무를 감당하도록 도와주옵소서! 그보다, 먼저 탑승객 안전 서비스에 최선을 다하게 하옵소서! 극히 민감한 기기에 몸을 싣고, 한 번 사고가 나면 목숨을 보장받기 어려운 업무를 잘 감당하게 하옵소서!

성격이나 기질이 다양한 사람들을 극도의 스트레스가 많은 고도에서 만나, 상처받고 힘든 상황들을 만날 때마다 인내하고 견디게 하옵소서! 지상에서 항공기 이착륙을 돕는 브리지 운영이나 여객기 유도 인력 등 모든 이들이 협력해야 비로소 항공기의 안전한 이착륙과 승객들의 출/도착이 이루어지는 바, 모든 이들이 안전운행에 집중하여 근무하게 하시옵소서!

특별히 항공기의 안전운항에 가장 중요한 이착륙 시간에 기장을 비롯한 모든 승무원들이 오직 안전 운항에만 집중하게 하시고, 그리하여 도시와 도시를 연결하고, 나라와 나라, 대륙과 대륙을 연결하는 세상에서 가장 편리한 교통수단이 세상에서 가장 안전하고 편안하다는 것을 알게 주옵소서! 저들이 일체의 두려움 없이 일하도록 땅과 하늘에서 지켜주옵소서!

저들을 지켜주시는 예수 그리스도의 이름으로 기도드립니다. 아멘!

10. 다양한 직군을 위하여 드리는 기도!!

땅의 기도

화가나 조각가 등 작가들을 위하여 드리는 기도!

"하늘이 하나님의 영광을 선포하고 궁창이 그의 손으로 하신 일을 나타내는도다"

(시편 19:1)

하나님께서 손끝에 재능을 주어, 그림을 그리고 조형물을 만들고 돌이나 나무를 조각하여 조각 작품을 만드는 이들을 기억하여 주시옵소서! 저들이 보통 사람들에게는 없는 영감(靈感)을 얻어 작품의 제작에 심취할 때 모든 생각을 접고 오직 작품에만 몰입하게 하옵소서! 어차피 작품은 자기 스스로도 믿을 수 없사오니, 오직 하나님만 의지하고 나가게 하옵소서!

전능하신 하나님! 모든 작가들이 작품 제작에 들어가기 전에 세계와 우주를 디자인하시고 지으신 창조주 하나님을 묵상하게 하시고, 그 창조의 숨결이 전이되고, 창조의 영감을 얻어 하나님의 품성으로 하나님이 원하시는 바를 그리거나 만들거나 조각하게 하시옵소서! 공원이나 거리나 아파트 단지에 서 있는 작품 하나도 하나님의 살아계심을 드러내게 하옵소서!

아무 형상도 없는 작은 돌이나 큰 바위에, 혹은 거대한 나무 위에 작품 하나를 조각할 때에 하나님께서 그 손끝에 살아계신 하나님의 숨결이 전류처럼 흐르게 하시고, 시작할 때는 형체도 모양도 없었지만 작가의 손이 그

곳을 거쳐나가면 형상과 기운이 살아나는 이들이 되게 하옵소서! 언제나 그들과 동행하시는 하나님의 기운이 작품에 살아 숨 쉬게 하옵소서!

평범한 사람들은 구별할 수 없는 비범한 작품을 만들고 그리게 하실 때에, 사람들이 상상하지 못한 작품의 아이디어를 주옵소서! 그리하여 자신의 눈으로 보고도 믿을 수 없는 감동적인 작품을 만들게 하옵소서! 우리나라에 옛 부터 장인(匠人)들이 많아 고려나 조선시대에 자기(瓷器)며 건축물을 많이 지었습니다. 이 시대에 최고의 장인들이 나오게 하시옵소서!

인간에게 손을 주실 때는 이 손으로 땅이나 일구고 밥이나 먹고 살라고 주신 것이 아니라, 무언가 창조적인 일을 하라고 주신 줄 믿습니다. 모쪼록 저희 육체의 손이 하나님의 영적인 일에 도구가 되게 하여 주옵소서! 하나님의 손이 창조적인 손이 되듯 작가들의 손도 창조적인 손이 되게 하옵소서! 저들의 손이 하나님 창조에 버금가는 일을 하게 하시옵소서!

기막힌 손재주를 가지고도 감동도 없는 작품을 만드는 일에 일생을 보내는 이들이 많습니다. 그들에게 깊은 영감을 주시어, 평생 집을 한 채 지어도 대대로 기념될 만 한 집을 짓고, 그림 한 점을 그리고, 조각이나 작품 하나를 남겨도 후손들이 감동할만한 것을 남기게 하옵소서! 그러기 위하여 언제나 작품을 만들기 전에 하나님 앞에 겸손하게 기도하게 하옵소서!

만물의 창조주가 되신 예수 그리스도의 이름으로 기도 드립니다. 아멘!

10. 다양한 직군을 위하여 드리는 기도!!

땅의 기도

환경 미화원들을 위하여 드리는 기도!

"하나님께서 세상의 천한 것들과 멸시 받는 것들과 없는 것들을 택하사 있는 것들을 폐하려 하시나니 이는 아무 육체도 하나님 앞에서 자랑하지 못하게 하려 하심이라" (고전 1:28-29)

사랑이 많으신 하나님! 오늘은 추운 날씨에 거리 청소를 하는 환경 미화원들을 위해 기도합니다. 이른 새벽의 어둠이 걷히기도 전에 거리에 나와서 차량에 올라 냄새나는 쓰레기들을 치우며 하루를 시작하고, 또 먼지를 마시며 거리의 쓰레기들을 쓸고 있는 환경 미화원들을 기억하여 주옵소서! 저희들의 힘겨운 삶을 위로하시고, 극한 직업에 힘을 주시옵소서!

주변의 사람들은 더러 피하기도 하고 얼굴을 찌푸리기도 하지만, 천한 일을 하는 사람으로 치부하는 편견들을 버리게 하시고, 우리가 살고 있는 세상을 깨끗하게 치워주는 이들의 헌신과 수고를 기억하며 감사하게 하옵소서! 머물고 있는 지역이나 마을이 깨끗하고 쾌적한 환경에서 살아가도록 고생하는 천사들인 바, 이들의 수고에 모두 경의를 표하게 하옵소서!

하는 일이 힘들고 고달파도 세상을 환하고 밝게 하고 깨끗하게 하는 이들의 수고를 고마워하게 하옵소서! 비오는 여름날 개울처럼 흐르는 거리를 분리되지 않은 쓰레기 때문에 고통 받지 않게 하시고, 거리를 치우는 이들은 아무리 쓸어도 표시도 안 나는 청소를 이른 아침부터 온종일 하고 있을 이들을 기억하여 질병에서 지켜주시고 또한 안전을 지켜주시옵소서!

차량에서 일하는 이는 차량에서, 거리에서 일하는 이들은 거리에서, 특별히 악취와 흙먼지와 싸우는 저희들의 건강을 지켜주시고, 가족들의 걱정거리가 되지 않게 하옵소서! 하루의 곤고한 수고를 끝내고 돌아온 이들에게, 따뜻한 물로 씻고 편히 쉴 수 있는 공간과 삶의 여유를 주시고, 가족들이 감사하며 하나님을 기억할 수 있는 기도를 드릴 수 있게 하옵소서!

저희들의 육체로 감당할 수 있는 직장 주심에 감사하게 하시고, 보는 이들의 시선이 따뜻하지 못해도 오직 자신들 때문에 깨끗한 생활을 할 수 있어 기뻐하는 주민들과, 이를 귀히 여기고 사랑하시는 하나님을 바라보며 살게 하옵소서! 저희들은 늘 좋지 않은 환경에서도 세상과 거리를 깨끗하게 해주는 이들의 안전과 건강을 위해 끊임없이 기도하게 하시옵소서!

훗날에 하나님께서, 세상을 더럽힌 인생들과 더럽고 냄새나는 것을 깨끗이 치운 환경 미화원을 보시며 무슨 말씀을 하실지 두렵습니다. 오늘 그분들의 수고로 저희가 냄새나지 않고 깨끗한 가정과 거리에서 살게 된 것을 고맙게 생각하게 하옵소서! 언제 어디서나 인생들의 삶을 아름답고 유익하게 하는 이들을 보며, 저희 자신을 살펴 두려움으로 살게 하시옵소서!

천대받는 이들을 사랑하시는 예수 그리스도의 이름으로 기도합니다. 아멘!

10. 다양한 직군을 위하여 드리는 기도!!

11.
가정의 행복을 위하여
드리는 기도!!
(24편)

왜 기도해야 하는가?

가정의 행복을 위하여!

"이는 네 속에 거짓이 없는 믿음이 있음을 생각함이라 이 믿음은 먼저 네 외조모 로이스와 네 어머니 유니게 속에 있더니 네 속에도 있는 줄을 확신하노라."

(딤후 1:5)

세상에서 가장 작은 교회는 가정이었습니다. 하나님께서 지으신 태초의 교회는 가정이었습니다. '가정'은 세상의 시작이었고 인류의 출발지였습니다. 언제나 사랑의 시작은 가정이었고 가정의 파괴는 죄였고, 그 결과는 심판이었습니다. 지금도 가정은 '사랑의 샘'이자 '행복의 발원지'입니다. 죄는 가정의 분열과 파괴의 원인이기에 우리의 기도는 가정에서 출발합니다.

부모는 사랑의 이슬을 자녀에게 흘려주고, 자녀는 부모에게서 흘러내리는 이슬 같은 사랑을 먹으며 '부모공경'과 '형제우애'라는 원초적 사랑을 나누는 곳입니다. 우리는 그곳을 '작은 천국'이자 '작은 교회'라고 부릅니다. 이 작은 천국이 침략을 당해 영원한 천국을 잃어버리는 일들을 너무 많습니다. 하나님은 우리 안에, 가정 안에, 자녀들과 부모와 함께 계십니다.

세상의 어느 가정도 기도 없이 버틸 수 있는 가정은 없습니다. 최초의 실패한 가정 아담과 하와는 큰 아들이 작은 아들을 살해하는 죄를 짓고, 자신마저 가정에서 쫓겨나는 비극이 일어났습니다. 그렇게 기도하던 야곱의 가정에서도 '요셉'을 향한 질투와 증오의 세계를 보여주었습니다. 제사장 '엘리'의 두 아들 '홉니'와 '비느하스'의 비극적 최후를 보시면 압니다.

역사는 늘 반복됩니다. 반복될 때마다 교훈을 줍니다. 그러나 그 반복되는 역사 중에 이를 지켜보는 이들은 누구도 여기에서 교훈을 얻으려고 하지 않습니다. 남의 일로 치부하기 때문입니다. 세상에서 일어나는 크고 작은 일 중에 안타깝게도 남의 일은 하나도 없습니다. 모두가 우리의 일이고 내 가정의 일이고, 나의 일입니다. 그러므로 우리가 할 일은 기도입니다.

자녀들에게 있어 최고의 효도는 부모들을 위해 기도하는 일이고, 부모에게 있어 최고의 자녀 사랑은 자녀들을 위해 기도해 주는 일입니다. 남편이 할 수 있는 최고의 아내 사랑은 늘 기도해 주는 것이고, 아내가 남편에게 할 수 있는 최고의 덕목 역시 그를 위해 기도하는 일입니다. 그리고 기도의 결과 하나님은 그런 가정에 위대한 하나님의 사람을 선물하십니다.

"세상사람 날 부러워 아니하여도, 나도 역시 세상사람 부럽지 않네. 하나님의 은혜를 생각할 때에 할렐루야 찬송이 저절로 나네!" 가난하게 살든 병들어 살든, 세상 사람들이 무시하더라도, 내가 섬기는 하나님께서 나의 기도를 들으시고 우리의 가정을 복 주신다면 세상에서 가장 위대한 가정으로 만들어 주실 것입니다. '가정'은 세상에서 가장 아름다운 교회입니다.

땅의 기도
결혼을 앞둔 이들을 위하여 드리는 기도! (1)

"모든 사람은 결혼을 귀히 여기고 침소를 더럽히지 않게 하라 음행하는 자들과 간음하는 자들을 하나님이 심판하시리라." (히브 13:4)

인생을 지으시되 남자와 여자로 지으시고 남녀를 아무렇게나 살지 않고 '결혼'이라는 제도와 질서 안에 묶어 주셔서 가정을 이루게 하시고, 가정 안에서 사랑을 통해 자녀를 낳고 대를 이으며 인류의 종족을 이어가게 하심이 고맙습니다. 남녀로 태어나 가장 행복한 순간이 서로 사랑할 때인데, 그 사랑을 육체의 욕망과 혼돈하여 불행해지지 않게 도우시옵소서!

인류의 대사인 결혼을 준비하는 남녀들이 서로 사랑하면서, 사랑이 무엇인지 알게 하시옵소서! 가슴 벅찬 사랑을 값싼 교제와 혼돈하지 않게 하시고, 인생을 살면서 가장 깊이 생각하고. 가장 기도 많이 해야 하는 중대사를 성급하게 기도나 생각을 깊이 못한 채 졸속으로 하지 않게 하시옵소서! 가정이란 성숙한 공동체에 합당한 성숙한 이들이 되게 하옵소서!

성경은 "사랑은 오래 참고 온유하며 시기하지 아니하며 자랑하지 아니하며 교만하지 아니하며 무례히 행하지 아니하며 자기의 유익을 구하지 아니하며 성내지 아니하며 악한 것을 생각하지 아니하며 불의를 기뻐하지 아니하며 진리와 함께 기뻐하고 모든 것을 참으며 모든 것을 믿으며 모든 것을 바라며 모든 것을 견디느니라."(고전 13:4-7)고 하셨습니다.

고귀한 사랑이 전제된 결혼을 통해 서로의 부족을 메우고 상호 결점을 보완하며 반쪽 인생이 하나인 몸으로 완성되게 하시옵소서! 아내들은 "교회가 그리스도에게 하듯 범사에 자기 남편에게 복종하고, 남편들은 아내 사랑하기를 그리스도께서 교회를 사랑하시어 교회를 위하여 자신을 주심같이"(에베 5:24-25) 사랑을 완성하는 이들이 되게 하여 주시옵소서!

결혼은 당사자만 아니라 양가 부모님들과의 관계, 혈육들과의 관계 등 복잡하고 광범위한 관계가 이루어집니다. 양가에서 원만히 합의하고 서로 만족하고 기쁘게 환영받는 결혼이 되게 하시고, 하객들이 마음껏 축하할 만큼 서로 존중히 여기는 행복한 결혼이 되도록 인도하시옵소서! '이삭'과 '리브가'처럼 하나님이 인도하시는 결혼식이 되게 도와주시옵소서!

두 사람은 결혼을 통해 새로운 언약으로 들어갑니다. 아내는 남편에게 순종하며 그만 사랑하기로, 남편은 아내만을 사랑하며 그로 만족하기로 한 새 언약이 두 사람을 하나로 묶어 이제는 '둘이 아니라 하나가 되는 과정(마태 19:6)'이오니, 이 하나 되는 오묘한 진리를 따라 하나인 몸을 성별하여 하나가 되기에 충분하도록 모든 거룩한 책임을 다하게 하시옵소서!

남과 여 둘을 하나로 만들어 주신 예수님의 이름으로 기도합니다. 아멘!

땅의 기도

결혼을 앞둔 이들을 위해 드리는 기도! (2)

"그러므로 누구든지 이런 것에서 자기를 깨끗하게 하면 귀히 쓰는 그릇이 되어 거룩하고 주인의 쓰심에 합당하며 모든 선한 일에 준비함이 되리라." (딤후 2:21)

하나님께서 남자와 여자를 지으시고 둘이 한 몸을 이루어 하나 되게 하시고 이렇게 맺어진 가정을 통해 자녀를 낳아 후사를 세우시는 하나님! 사회의 가장 작은 단위인 가정을 세울 때부터 건강하고 경건한 가정이 되게 하옵소서! 두 사람이 만나 사랑하고 교제할 때부터 아름다운 결혼을 통해 온전한 가정을 이룰 때까지 이들의 몸과 마음을 지켜 주옵소서!

"큰 집에는 금 그릇과 은그릇뿐 아니라 나무 그릇과 질그릇도 있어 귀하게 쓰는 것도 있고 천하게 쓰는 것도 있나니, 그러므로 누구든지 이런 것에서 자기를 깨끗하게 하면 귀히 쓰는 그릇이 되어 거룩하고 주인의 쓰심에 합당하며 모든 선한 일에 준비함이 되리라."(딤후 2:20-21)고 하셨으니 젊은 남녀들의 만남이 시작부터 깨끗하게 저희를 지켜 주옵소서!

큰 그릇 작은 그릇이나, 나무 그릇 혹은 질그릇보다 '정결한 그릇'이 되게 하시되, "청년의 정욕을 피하고 주를 깨끗한 마음으로 부르는 자들과 함께 의와 믿음과 사랑과 화평을 따르는"(딤후 2:22) 종들이 되게 하옵소서! 젊은 남녀들이 자신을 지켜 거룩한 그릇이 되게 하시고, 서로가 서로를 이해하고 신뢰하고 존중하는 사이가 되며 서로를 지키게 하여 주옵소서!

하나님께서 이들에게 젊음을 주시고, 밝고 희망이 가득한 미래를 보는 눈을 주셨으니, 저희들의 눈이 흐려지지 않도록 밝게 하여 주옵소서! 서로가 진리에 눈을 뜨고 복음의 가치를 모르던 이들이 복음을 알고 복음에 적응하게 하시고, 이들이 복음을 전하는 복음의 사람으로 살다가, 영광스러운 미래를 향해 함께 달려가게 하옵소서! 언제나 동행하여 주시옵소서!

서로가 동일한 미래 비전을 갖게 하시고, 같은 방향으로 시선을 고정하여 다툼이 없게 하옵소서! 이들이 가정을 이루고 평생을 해로할 때, 젊은 시절에 가진 마음을 유지하여 서로 위로가 되고 의지가 되게 하옵소서! 이 시대가 더욱 경건하게 하시고, 요셉 같은 이들이 많이 나오게 하옵소서! 죽음을 두려워하지 않는 세례 요한 같은 이들이 나오게 하시옵소서!

이들을 양육하기 위하여 애 쓰신 양가의 부모님들과, 두 사람의 하나 됨을 축하하기 위해 멀고 가까운 곳을 달려와 축하의 마음을 보내는 모든 이들을 사랑으로 격려하여 주옵소서! 이 사회, 이 시대에 태어난 새벽이슬 같은 하나님의 젊은이들이 해처럼 솟아오르게 하옵소서! 이들이 시대의 희망이 되고 촛불이 되게 하시며 어둠을 밝히는 빛이 되게 하시옵소서!

영과 육이 깨끗하기 원하시는 예수 그리스도의 이름으로 기도합니다. 아멘!

11. 가정의 행복을 위하여 드리는 기도!!

땅의 기도
나이 드신 어른들을 위하여 드리는 기도!

"늙은이를 꾸짖지 말고 권하되 아버지에게 하듯 하며 젊은이에게는 형제에게 하듯 하고 늙은 여자에게는 어머니에게 하듯 하며 젊은 여자에게는 온전히 깨끗함으로 자매에게 하듯 하라" (딤전 5:1–2)

크신 하나님의 은혜가 고맙습니다. 이미 한국사회는 인구의 고령화가 이루어졌습니다. 남녀 평균 수명이 80세를 넘어섰습니다. 예전에는 60세만 살아도 호상(好喪)이라며, 고인을 향한 슬픔도 표현하지 않던 때가 엊그제인데, 이제 회갑 잔치도 안하는 시대에 와 있습니다. 이렇게 장수 시대, 백세 시대에 살고 있지만 장수 시대의 그늘이 바로 옆에 있음을 고백합니다.

나이 들어 건강하게 사는 것은 은총이지만, 다른 편에서는 노인들이 국가 재정을 축내는 기생충처럼, 또 자녀들에게는 자신들의 어깨를 무겁게 하며 재정 부담을 유산으로 상속시키는 나쁜 짓의 주역처럼 생각하고 있습니다. 어디 가서 마음 놓고 사람을 만나 대화하고 식사하고는 것조차 부끄럽고, 마치 죄인처럼 고개 숙인 채 살아가는 장면을 목격하게 됩니다.

국가의 경제 성장 주역으로 살아온 이들이, 마치 국가 위기의 책임을 져야 할 것 같은 무거운 심정으로 사는데 이들을 위로하시고 붙잡아 주옵소서!

나이 들면 육체는 약해지고, 몸이 약해지면 병들고, 병들면 눕고, 누우면 간병해야 하고, 간병에는 많은 비용이 따릅니다. 당연히 그 비용은 자녀들이나 사회가 부담해야 하는데 이들은 이 현실에 동의하지 않습니다.

거기다 황혼 이혼도 늘고, 노인들은 온전한 구석이 거의 없이 여기 저기 질병이 자리하고 있고, 이런 병을 모두 병원에 보이려니 왠지 부끄럽게 생각되고, 그나마 쉽게 찾아갈 수 있는 곳에 병원이 있는 것도 아니라 접근성도 떨어지고, 이동 수단이 없으니 죽기 직전까지 미루게 되어 병은 깊어지고, 거기다 황혼 이혼이 늘어 독거노인 숫자는 가파르게 올라갑니다.

장수(長壽)가 복이라고 하던 때가 한 세대 전인데, 지금의 노인들은 거의가 고령자요, 독거노인이며 기저질환자가 되어 모든 사회경제를 마비시키며, 자라나는 다음 세대의 미래를 위협하는 존재가 되었습니다. 이제 사랑하는 하나님께서 이렇게 몸이 늙고 병들었다고 무시당하고 외면당하며 천대받는 어른들을 기억하시어 저들이 서러운 마음을 위로하여 주옵소서!

평생을 하나님과 교회를 사랑하고 복음을 전하며 자녀들을 양육하며 성실하게 살아온 이 땅의 아버지와 어머니들이, 나이 들고 기력이 다하니 이동도 어렵고 세상의 재미도 없어진 때에, 반겨주는 이도 공경하는 이도 없는 것을 보시어, 하나님께서 그들의 위로가 되어 주옵소서! 하나님께서 슬픔과 외로움의 언덕에 선 그들의 손을 어루만져 위로하여 주옵소서!

불쌍한 이들의 위로가 되시는 예수님의 이름으로 기도드립니다. 아멘!

땅의 기도
방학을 맞은 학생들을 위하여 드리는 기도!

"그런즉 너희가 어떻게 행할지를 자세히 주의하여 지혜 없는 자 같이 하지 말고 오직 지혜 있는 자 같이 하여 세월을 아끼라 때가 악하니라 그러므로 어리석은 자가 되지 말고 오직 주의 뜻이 무엇인가 이해하라" (에베 5:15-17)

인생들이 모두 나름대로의 소중한 가치를 지니고 있기에, 하나님께서 주신 은사와 재능대로 가치 있는 삶을 살기 원하시는 하나님! 지금 전국의 초/중/고등학교 학생들이 방학 중에 있습니다. 방학을 했기에 무작정 노는 아이들도 있겠지만 여전히 학교에서 소집하고, 여전히 학원 다니고 과외 하는 아이들도 있습니다. 이제 개학 때까지 저희들을 붙잡아 주옵소서!

현재 우리나라의 어린이나 중고등학교 학생들이 방학을 제대로 즐기지 못합니다. 학교에서 돌아오면서 너덧 군데의 학원을 거쳐야하고, 공휴일도 주일도 없이 학과공부를 해야 합니다. 초등학교 1학년 들어가서 부터 대학입시를 염두에 두고 배점 높은 국/영/수에 몰입해서 삽니다. 그러므로 하나님께서 그 아이들에게 자신의 미래를 개발할 틈을 허락해 주옵소서!

어린 시절부터, 적성에 맞는 일은 무엇인지, 본인의 뛰어난 재능은 무엇인지 발견하여, 미래를 위한 준비를 할 수 있는 기회를 만들어 주옵소서! 놀

여유도 없고, 쉴 곳도 마땅치 않은데 시간마저 없어 창의력을 측정해 볼 기회도 없고, 자신의 적성을 따라 미래를 설계해 볼 기회도 없고, 자신에게 주신 하나님의 재능을 살펴볼 기회도 없이 보내지 않게 하옵소서!

마음껏 뛰어놀고, 마음껏 사고하는 것은 못해도, 그래도 방학 때만이라도 바람도 쐬고 여행도 하고 친구도 만나고 영화도 보는 최소한의 문화생활, 최소한의 자기개발, 또 최소한의 미래설계를 할 수 있게 하옵소서! 하나님 께서는 대한민국에 태어난 아이들에게 무한한 잠재력과 탁월한 능력을 주신 것을 믿습니다. 이 땅에서 위대한 인물이 많이 나올 줄 믿습니다.

이렇게 좋은 환경에서 좋은 여건을 선천적으로 타고난 우리의 다음 세대 들은 지정학적으로 어려운 동서진영의 사이에서 자유로운 방학보내기를 통해서 그가 가지고 있는 기막힌 은사와 재능을 조금이라도 많이, 한 발짝이라도 빨리 발견하게 하옵소서! 이 방학 때 지식보다 조금이라도 지혜를 더 배우게 하옵소서! 교과 학습 과정보다 자기를 발견하게 하옵소서!

우리의 사랑하는 초등학생부터 중/고등학생에 이르는 인생의 가장 중요한 시기에. 세상을 알고 나를 알아가는 인생의 지혜를 방학 때 발견하게 하옵소서! 학교 공부에 시달리고, 다시 학원에서 쫓겨 오듯 숨 막히는 세상에서 자신의 미래를 발견하는 기쁨을 허락하여 주옵소서! 그 중에 중요한 일, 하나님을 체험하고 복음을 이해하는 지혜의 사람이 되게 하옵소서!

아름다운 미래를 주시는 예수 그리스도의 이름으로 기도합니다. 아멘!

땅의 기도
배우자를 잃고 슬퍼하는 이들을 위하여 드리는 기도!

"라헬이 죽으매 에브랏 곧 베들레헴 길에 장사되었고 야곱이 라헬의 묘에 비를 세웠더니 지금까지 라헬의 묘비라 일컫더라" (창세 35:19-20)

하나님께서 짝을 지어주신 이들 중에 더러는 십년도 안 되어 사별하고, 심지어는 신혼 때 사고 등으로 무서운 이별을 경험합니다. 그러나 50년 안팎으로 함께 살던 가정에서, 홀연히 가장 행복한 사랑의 공동체인 가족의 일원 중에 한 쪽이 빠져나갈 때가 있습니다. 그 아픔은 말할 수 없이 큰 것인데 이런 아픔 중에 있는 하나님께서 이들을 위로하여 주옵소서!

'일심동체'라는 신비한 이름으로 둘이 한 몸으로 살아온 세월이 얼마가 되었든, 헤어짐을 경험한 다음 남은 한 사람은 평생을 가슴에 지울 수 없는 또 다른 반쪽의 흔적을 품고 삽니다. 아침에 눈을 뜨고 저녁에 자리에 들 때까지 생각나는 것은 평생을 살면서 잘못한 것뿐인데 그는 위로할 수 없는 사람이 되었습니다. 이제 되돌릴 수 없음이 안타까울 뿐입니다.

이제 부부동반으로 갖는 모임에는 가기가 불편하고, 특히 출가하는 자녀를 둔 이들은 자식이 혼인할 때쯤에 비어있는 배우자의 자리 때문에 미칠 것 같은 심정을 헤아려 봅니다. 하나님께서 저희들을 위로하여 주옵소서!

생전에는 그렇게 잘 해준 것 같고, 주변에서 '잉꼬부부'라고 했는데, 한 사람을 보내고 생각하면 할수록 못해준 것 밖에 생각나지 않습니다.

계절이 바뀔 때마다 계절에 입을 옷 하나씩 못 사준 것이 가슴 아프고, 옷은커녕 맛있는 외식 한 번 못 시켜준 일이 목이 아프도록 메어옵니다. 자식들에게 좋은 일이 있을 때마다 그 좋은 일을 혼자 본다는 것이 너무 미안해서 잠을 이룰 수가 없습니다. 그의 부모들 앞에는 마치 자신 때문에 먼저 간 것 같은 죄책감에 말을 못하고 있습니다. 그를 도와주옵소서!

이제는 잊혀질만한데 3년, 5년, 10년이 지나도 마치 어제 일처럼 아프다 못해 아려오는 가슴을 안고 혼자 창밖에 나가 눈물 흘리기를 몇 번이나 했는지, 아무래도 잊을 수가 없어서 TV를 보며 달래다 잠이 들기를 얼마나 했는데, 살아온 정이 얼마나 무서운지 하나님만이 하실 수 있습니다. 머지않아 천국에서 다시 만날 것이라는 소망으로 위로하여 주시옵소서!

생전에는 그렇게 다투기도 하고 심한 말도 하며 혼자 살면 마음 편히 살 것 같다는 말도 했는데, 막상 보내고 나니 얼마나 허망하고 외로운지, 사람하나가 자신의 곁을 떠났는데 온 우주가 다 비어버린 것 같은 공허함에 울고 있는 이를 위로하여 주옵소서! 다시는 사랑을 고백할 대상도, 사랑을 증명할 방법도 없지만 하나님의 위로로 위로받게 하여 주옵소서!

저희를 사랑하사 눈이 먼 예수 그리스도의 이름으로 기도드립니다. 아멘!

땅의 기도

배우자와 사별(死別)한 이들을 위하여 드리는 기도!

"너와 네 자녀와 노비와 네 성중에 있는 레위인과 및 너희 중에 있는 객과 고아와 과부가 함께 네 하나님 여호와께서 자기의 이름을 두시려고 택하신 곳에서 네 하나님 여호와 앞에서 즐거워할지니라" (신명 16:11)

인생들을 한 없이 사랑하시는 하나님! 부부가 가정을 이루어 행복하게 살다가 남편이나 아내가 먼저 세상을 떠나게 된 일이 생겨 홀로 남은 가정을 위하여 기도합니다. 오랫동안 질병을 앓다 하나님께서 데려가신 경우든, 갑작스런 사고를 만나 목숨을 잃은 경우든, 모두 홀로 남은 이들을 지키시고 위로하여 주옵소서! 하나님께서 이들 모두를 끝까지 지켜 주옵소서!

그가 어떤 이유로든 배우자를 잃고 혼자된 다음, 쏟아지는 눈길이나 험담을 주님께서 모두 잠재워 주시고, 하나님의 사랑으로 품어 주옵소서! 내막도 모르고 하기 쉬운 말로 비난하는 이들의 말에 상처받지 않게 하시고, 마땅히 받아야 할 형벌처럼 생각하는 이들의 편견도 이길 수 있게 하옵소서! 어떤 일에도 우리를 아시는 주님을 생각하며 견디게 하옵소서!

남은 가족들과 사랑하는 배우자와 자녀들을 지켜주시되, 남편이 먼저 세상을 떠난 경우 당장 닥친 경제적 어려움에서 벗어나 안정된 삶을 살 수 있도록 하나님께서 저희를 도와주옵소서! 마음에 있는 공허함이나 외로움도 하나님께서 걷어주시고, 하나님을 의지하며 이겨나가게 하옵소서! 전능하신 하나님만이 저희 인생을 버텨주는 능력임을 알게 하옵소서!

당장 엄마나 아빠를 잃은 자녀들의 미래를 지켜주시고, 모쪼록 저들이 방황하지 않고 아픔과 상처를 꿋꿋하게 이겨나갈 수 있게 해주옵소서! 이제 슬픔은 지난 것이고 남은 내일은 희망을 안고 살게 하옵소서! 하나님께서 저희를 기억하여 고아와 과부를 긍휼이 여기시는 따뜻한 사랑으로 싸매시고 보호하여 주시옵소서! 하나님께서 떠나지 말고 지켜 주옵소서!

하나님께서는 남은 가족들의 삶이 얼마나 어렵고 힘든지 아시는 줄 믿습니다. 서로가 위로하며 힘을 얻을 수 있도록, 힘이 될 수 있는 좋은 배필을 만나도록 하시어, 두 번 째 인생은 슬픔 없이 잘 견디게 하옵소서! 이제 상처(喪妻)하고 남은 남편이나, 사별 후 혼자 된 아내의 고충을 피차에 이해하며 텅 빈 자리를 채워줄 수 있는 이들을 보내 주시옵소서!

한 번의 힘들고 아픈 과정을 겪은 이들이 반쪽으로 다시 만나 새로운 인생을 경험하게 하시고, 사랑과 신뢰로 서로에게 기대고 비빌 언덕이 되어 슬픔과 공허함을 해소할 수 있는 그늘이 되게 하옵소서! 그리하여 한번 겪은 실패를 성공으로, 감당하기 어려운 아픔을 치유해주고 치유 받으며 하나님께 영광을 돌릴 수 있도록 행복한 가정으로 인도하여 주옵소서!

홀로된 이들을 사랑하시는 예수그리스도의 이름으로 기도합니다. 아멘!

땅의 기도
부모님의 추모일(忌日)에 드리는 기도!

너는 네 하나님 여호와께서 명령한 대로 네 부모를 공경하라 그리하면 네 하나님
여호와가 네게 준 땅에서 네 생명이 길고 복을 누리리라." (신명 5:16)

사랑의 하나님! 오늘은 세상의 떠나신 부모님의 추모일입니다. 이제는 이
땅에 몸으로 거하지 않으시고 하나님 나라에서 저희들을 위해 기도하면서
사는 줄 믿사오니, 저희를 기억하여 주옵소서! 일찍이 부모님을 부르시고
구원의 은총을 주시고, 그 복음의 능력이 저희들에게까지 이어져오게 하
심을 생각하면 너무나 고맙습니다. 이 은혜를 잊지 않게 하옵소서!

저희는 아무리 애를 써도 부모님의 믿음을 따라갈 수 없으나, 저희들에게
도 부모님의 믿음을 본받아 승리하게 하시고, 부모님의 이름에 부끄럽지
않은 믿음의 자녀로 살도록 도우시옵소서! 거의 순교적인 삶을 살아오신
부모님이 강조하시던 대로, 우선 하나님을 생각하고, 우선 복음을 위하여,
우선 교회 안에서 진실 되게 살아서 하나님의 기쁨이 되게 하시옵소서!

저희가 부모님의 자녀로 태어나게 하신 것이 은혜임을 알고, 그 이름에 누
가 되지 않도록 언제나 예수님을 본받고, 부모님의 행적을 따라 그 마음과
자세로 살게 하여 주옵소서! 생전에 자식들에게 남겨주신 교훈을 따라 말

씀 안에서 살게 하시며, 생전에 저희 미래를 위하여 기도하시던 바를 모두 이루어 주시옵소서! 무엇보다 하나님을 깊이 사랑하게 하옵소서!

언제든지 오랫동안 저희와 함께 하실 줄 믿었던 부모님들도, 기력이 진하고 수를 다 누리신 후에 하나님께서 부르셨는데, 저희들이 그 삶을 회고하며 신앙을 유산으로 상속받아 그렇게 살기를 원하는 마음으로 기도하게 하시고, 생전에 못 다한 효성을 부모님을 기억하며 저희들이 믿음으로 이 땅에서 다시 살아내게 하옵소서! 저희들도 부모님처럼 살게 하옵소서!

언젠가는 하나님께서 저희들도 부르실 터인데, 이 때 자녀들에게 남겨주고 갈 아름다운 신앙의 유산이 있게 하시고, 부모로 살다간 믿음의 자취가 부끄럽지 않게 하시옵소서! 언제나 하나님 앞에서 사는 것처럼 경건하게 살고, 모든 이들에게 주님께 하듯 하여 저희의 삶이 가문의 자랑이 되게 하시고, 가문의 믿음이 결국 하나님의 영광을 드러내게 하여 주옵소서!

한 시대에 구름처럼 잠시 보내심을 입고 흘러왔다가, 어느 날 주님의 부르심이 있으면 하루도 지체 없이, 안개처럼 떠나야하는 손바닥만 한 인생입니다. 이미 돌아가신 부모님은 가셨고, 지금 우리는 여기에 살고 있지만 부르시면 언제든 툭툭 털고 일어서야 하는데 삶이 부끄럽지 않게 하시고, 저희가 주님의 영원한 품에 갈 때까지 주님 안에서 살게 하시옵소서!

저희의 영원하신 구주 예수 그리스도의 이름으로 기도드립니다. 아멘!

11. 가정의 행복을 위하여 드리는 기도!!

땅의 기도

부모를 잃고 슬퍼하는 이들을 위해 드리는 기도!

그 수종 드는 의원에게 명하여 아버지의 몸을 향으로 처리하게 하매 의원이 이스라엘에게 그대로 하되 사십 일이 걸렸으니 향으로 처리하는 데는 이 날수가 걸림이며 애굽 사람들은 칠십 일 동안 그를 위하여 곡하였더라 (창세 50:2-3)

전능하신 하나님! 오늘 사랑하는, 그래서 잊을 수 없는 죽음을 겪고 오열하는 이들을 위하여 기도드립니다. 때로는 부모님의 죽음일 수도 있고, 그 대상이 배우자인 남편과 아내일 수도 있고, 심지어 사랑하는 자식일 수도 있습니다. 존경하는 스승이나 사랑하는 제자일 수도 있고, 이제 뜨거운 사랑을 달구며 천년의 사랑을 꿈꾸어 가는 젊은 연인일 수도 있습니다.

그 대상이 누구든 '죽음'이란 가장 슬픈 이별이요, 이 이별은 되돌릴 수 없는 것이기에 저희들이 슬퍼합니다. 자신을 낳아서 평생을 기르신 후 곁에 계시다가 홀연히 떠나신 경우에는 자신의 집을 버텨주던 기둥이 쓰러진 것 같은 허무함이 있고, 그동안 효자로 살았든 불효자로 살았든 모든 이들은 불효자가 되는데 눈물로 갚을 수 없는 마음을 위로하여 주옵소서!

어린 시절 저지레를 해놓고 오히려 떼를 쓰며 울어대던 때부터, 나이 들어 부모를 속이던 학창시절, 반대하는 결혼을 하며 부모님들이 식음을 전폐하게 해 드린 일, 그렇게 반대하는 결혼을 하고는 못살겠다며 이혼을 하겠다고 난리를 피우던 일, 그러다가 끝내 갈라서서 부모를 두 번째 배를 쨀 는 아픔을 안겨드린 불효가 생각날 터인데 저들을 위로해 주옵소서!

이제는 더 이상 속을 썩일 수도, 불순종할 수도 없이 곁을 떠난 부모에 대한 아픔은 헤아릴 수 없습니다. 당신은 먹고 입고 쓸 것을 못하면서도 자식이 해달라면 땅을 팔고 집을 팔아서라도 해주던 부모의 아픈 사랑이 생각나고, 그동안 그렇게 어렵게 지내면서도 자식들 걱정할까봐 숨기고 말씀을 안 하시던 속 깊은 부모의 마음이 생각나 가슴이 메어집니다.

심지어 온 몸에 암세포가 전이되는 것을 알면서도 치료비 때문에 걱정하여, 큰 병에 걸린 자신의 일로 걱정할까봐 입도 안 열고 고통스러운 죽음의 날을 기다리신 마음을 대할 때면 억장이 무너집니다. 하고픈 말씀이 많았지만 자식들 마음 상할까봐 가슴으로 삭이며 내색하지 않던 그 무서운 자식사랑을 느끼며 감당하지 못하는 슬픔을 겪는 이들도 있습니다.

세상에서의 이별이란 다시 만난다는 희망이 있지만, 이승과 저승 사이의 이별은 재회의 약속이 불가능한 영원한 이별입니다. 천국에서의 재회가 소망이나 이생에서는 그리움의 정 때문에 너무 견디기 어려운 이별입니다. 그 아픔을 이기고 그리움이 복받칠 때마다 부모님에게 부끄럽지 않은 인생을 살고자 하는 간절함으로 이를 악물고 이겨 나가게 하시옵소서!

죽음으로 깨닫게 하시는 예수 그리스도의 이름으로 기도드립니다. 아멘!

땅의 기도

사랑하는 자녀들을 위하여 드리는 기도!

사랑하시는 하나님! 그동안 나라와 민족을 위해서 기도하고, 교회와 복음을 위해서도 기도했습니다. 세상에 있는 다양한 사람들과 힘들고 어려운 이들을 위해서 기도했습니다. 그런데 정작 하나님께서 선물로 주신 자녀들을 위해, 그들의 미래를 위해 많이 기도하지 못했습니다. 용서해 주시고 저들이 오늘까지 큰 사고 없이 살아왔음이 먼저 하나님의 은혜입니다.

저희에게 선물로 주신 사랑하는 자녀들에게 하늘로부터 은혜를 부어 주시어 저들이 자신의 능력이나 재주로 살지 않고, 부모의 역량이나 배경으로 살지 않고, 오직 하늘의 하나님께서 먹이고 입히시는 은혜로 살게 하시고, 이 사실을 자신들의 입으로 고백하여 주옵소서! 철이 없어 모를 때는 자신들이 잘나서 산 것처럼 생각했을지라도 이제 철이 들게 하옵소서!

그들이 이날까지 먹고 자고 입고 공부하고 결혼하고 일하는 동안 순전히 하나님께서 하신 것을 고백합니다. 불모지와 광야에서 아무도 곁에 없을 때 하나님이 함께 해 주셨습니다. 기가 막힐 웅덩이와 수렁에서 끌어올리시고 저희들의 발을 반석 위에 세우셨습니다.(시편 40:2) 이제까지 '에벤에셀'의 하나님께서 도우셨으니 앞으로도 '임마누엘'하실 줄 믿습니다.

'다윗'이 "내가 어려서부터 늙기까지 의인이 버림을 당하거나 그의 자손이 걸식함을 보지 못하였도다."(시편 37:25)고 했는데, 부족하지만 저희들이 복음과 교회를 위하여 살았사오니, 버림받거나 자녀들이 구걸하며 살지 않도록 도우시옵소서! 하나님은 지금도 살아계시고, 지금도 일하시는 줄 믿습니다. 살아계신 하나님의 강한 손으로 자녀들을 살펴 주시옵소서!

자녀들이 만날 원수들을 하나님께서 막으시고, 그들이 낮의 해와 밤의 달로부터 당할 해를 하나님께서 막아 주시옵소서! 지금도 삼킬 자를 찾아 헤매는 악한 원수 사자로부터 사랑하는 자녀들을 지켜 주옵소서! 하나님은 저의 피할 바위시요. 산성이셨으니, 자녀들의 미래에도 하나님께서 피할 바위와 산성이 되셔서 언제나 안전한 하나님의 품에서 살게 하옵소서!

인생을 하나님께 맡기고, 하나님의 도우심과 인도하심을 매일 경험하게 하옵소서! 지혜를 주시어 세상을 승리하게 하시고, 항상 약한 자로 강한 자를 부끄럽게 하시는 하나님, 없는 자로 있는 자를 무찌르시는 하나님을 경험하게 하옵소서! 저희 자녀들이 가는 길을 늘 푸른 초장과 맑은 시냇가로 인도하여 주옵소서! 주님 때문에 삶이 행복하고 든든하게 하시옵소서!

저들에게 이김을 주실 예수그리스도의 이름으로 기도합니다. 아멘!

땅의 기도

새롭게 출발하는 가정의 결혼 예식을 위한 기도!

"그런즉 이제 둘이 아니요 한 몸이니 그러므로 하나님이 짝지어 주신 것을 사람이 나누지 못할지니라 하시니" (마태 19:6)

사랑하는 하나님! 오늘까지 몇 십 년을 낳아주고 길러 준 부모의 품을 떠난 두 사람이 한 가정을 이루게 되었습니다. 부모를 떠나 한 몸이 되는 거룩한 예식에 하나님께서 오셔서 마음껏 복을 내려 주옵소서! 지금껏 길러 주신 부모를 떠나 새로운 부모를 만나는 두 사람에게 기쁨과 기대와 기도가 있게 하옵소서! 하나님의 사랑이 이제보다 더 흐르게 하옵소서!

오늘까지는 '아이'로 살았으나 오늘부터는 '어른'이 되었으니, 두 사람을 기억하시어 몸만 아니라 마음도 생각이나 영도 어른이 되게 하시고, 이제 두 사람이 걷는 길이 하나님이 예비하신 복된 길이 되게 하옵소서! 각각 화성과 금성에서 살다온 사람처럼 이질적인 사고와 경험을 갖고 있다 할지라도, 이제 둘이 아니고 한 몸이 되었음을 알고 출발하게 하옵소서!

온전치 못한 반쪽짜리 두 사람을 잘 길러, 오늘 온전한 하나로 만들어주는 양가의 부모들을 복주시고, 떠나보내는 저들의 섭섭한 마음을 위로하시고, 맞아들이는 부모들의 걱정하는 마음을 다스리셔서 평안하게 하옵소서! 이제 시작되는 새로운 '하나'를 위하여 양가(兩家)가 합심하여 사랑과 행복을 가꾸어, 무엇보다 하나님께서 기뻐하시는 가정이 되게 하옵소서!

결혼은 두 사람의 행복 가득한 첫걸음만이 아니라, 양가 부모들의 염려와, 양가의 혈육, 일가친척들의 합일(合一)이 함께 따라옵니다. 이들을 주변에서 지켜보며 살얼음을 딛는 것 같은 불안함이 가시도록, 믿음과 사랑으로 이해와 배려로 살아가게 하옵소서! 이제는 내가 아니요 내 안에 있는 남편과 아내로, 그리스도 안에 함께 서있는 것을 알게 하여 주옵소서!

결혼은 두 사람에게 지상 최고의 행복한 날이요, 세상을 모두 가진듯한 날이지만, 두 사람이 한 몸 되는 순간부터 혼자서는 감당하기 두려운 무거운 책임감을 가지고 출발하오니 이들에게 지혜와 능력을 주시고 판단력과 영감을 주옵소서! 혼자 결정하던 것을 같이 생각하고, 혼자 걷던 길을 함께 걸으면서 때로는 불편하고 힘든 일을 만날 때 계속해서 도우시옵소서!

이제 결혼은 행복의 완성이 아니라 행복을 만들어가는 출발선인줄 알고 한걸음씩 조심해서 걷게 하시되, 두 사람만 아니라 허다한 증인들이 있으니 그들에게도 부끄럽지 않게 하시며, 믿음으로 출발했으니 교회와 친지들과 하객들 앞에서 결코 부끄럽지 않은 삶을 살게 하옵소서! 인생을 다 달리고 하나님께 승리의 보고를 드릴 때까지 언제나 함께 하시옵소서!

두 사람을 하나로 만드신 예수 그리스도의 이름으로 기도드립니다. 아멘!

11. 가정의 행복을 위하여 드리는 기도!!

땅의 기도

어린 가장(家長)들을 위하여 드리는 기도!

"그들에게 이르시되 누구든지 내 이름으로 이런 어린 아이를 영접하면 곧 나를 영접함이요 또 누구든지 나를 영접하면 곧 나를 보내신 이를 영접함이라 너희 모든 사람 중에 가장 작은 그가 큰 자니라" (누가 9:48)

사랑의 하나님! 하나님께서 우리를 사랑하시고 복을 주시되 특히 의지할 남편이 없이 혼자 사는 여인이나, 사랑해 줄 부모가 없는 고아들을 사랑하시는 하나님! 이 땅에 부모나 연고자가 없어 시설에서 생활하는 고아들도 있지만, 편부(偏父)나 편모(偏母)를 모시고 살면서 어렵게 생업과 학업을 동시에 해가는 힘겨운 이들도 있습니다. 이들을 기억하여 주옵소서!

본인의 선택이 아니라 부모님이 일찍 세상을 떠났거나, 혹은 부모의 이혼이 시유가 되어 편부모의 슬하에서 자라며 실제 가장의 역할을 감당하며 학업을 이어가는 이들을 하나님께서 불쌍히 여겨 주옵소서! 더러 부모님이 깊은 병으로 입원해 있거나 중증 장애 때문에 생업을 돌아보지 못하는 경우도 있습니다. 가출 등으로 행방을 알 수 없는 경우도 있습니다.

그런 가정환경에서 살림과 학업을 함께 감당하는 이들 소년소녀 가장들을 기억하여 주옵소서! 한 부모 밑에서 살든, 병든 부모를 모시고 살든, 중증 장애를 가진 부모님을 모시고 살든, 누구도 관심하지 않는 어린 가장들을 기억하여 주옵소서! 저들의 삶을 하나님께서 도와주옵소서! 부모의 사랑을 받으며 자란 이들보다 훌륭한 미래가 보장되게 하시옵소서!

비록 제대로 된 부모의 사랑은 받지 못하며 성장했을지라도 그런 일로 위축되지 않고, 더 밝고 아름다운 모습으로 미래를 준비하게 하옵소서! 이제는 소년 소녀 가장의 숫자도 줄고 사회적 관심도 줄어들었지만, 조금도 위축됨이 없이 멋진 인생을 준비하게 하옵소서! 부모님은 안 계실지라도 하나님을 아버지로 잘 섬기며 하나님의 사랑으로 잘 자라게 하옵소서!

상급학교 진학을 위한 학업에 쫓기는 시간과 정서적 불안 때문에 힘들 때마다, 하나님께서 저들의 영혼에 지혜를 더하여 주시고, 하나님의 능력의 옷 입혀 주옵소서! 그리하여 부모의 슬하에서 자란 다른 친구들에게 뒤지지 않게 하시옵소서! 하나님께서 주시는 지혜와 총명으로 가득 채워 주옵소서! 하나님 아버지의 배려로 정상적 수업과정을 마치게 하시옵소서!

힘들고 어려울 때마다 부모에 대한 원망 대신에, 자신의 상황을 수긍하고 사랑하며 형제들과의 우애를 더욱 돈독히 하게 하시며 세상과 이웃에 적응하게 하시옵소서! 무엇보다 자신에게 주어진 환경에 감사하며 열심히 세상을 살고, 마침내 인생을 승리하게 하옵소서! 힘들고 어려운 삶을 살아내, 자신의 미래를 빛나게 하시며 영광을 하나님께 돌리게 하시옵소서!

고아들의 아버지가 되시는 예수 그리스도의 이름으로 기도합니다. 아멘!

땅의 기도

이 땅의 가정들을 위하여 드리는 기도!

"마른 떡 한 조각만 있고도 화목하는 것이 제육이 집에 가득하고도 다투는 것보다 나으니라" (잠언 17:1)

세상을 지으시고 제일 먼저 만들어주신 사랑의 '가정 공동체'를 위하여 기도합니다. 태초의 첫 공동체이자 사회의 가장 작은 기초 공동체인 이 땅의 가정들에게 복을 주시옵소서! 성령님께서 친히 가정을 다스리시고. 가장(家長)이 되시옵소서! 엄청난 식솔과 부와 명성을 얻고도 지옥처럼 되지 않고, 이 작은 가정에 하나님이 계시므로 천국이 되게 해 주시옵소서!

'남편'과 '아내'가 피차에 하나님이 주신 최고의 선물인 줄 믿고 사랑과 존경을 잃지 않고 서로 사랑하며 평생을 해로하게 하시되 주님 안에서 행복하게 하시옵소서! 서로에게 무엇을 기대하며 요구하다가 상처받거나 다투지 않게 하시고, 서로에게 할 수 있는 것을 찾아내게 하옵소서! 첫 사람 '아담'과 '하와'의 교훈을 잃지 않고, 하나님의 말씀을 지키게 하옵소서!

각각의 일터에서 열심히 땀 흘리고 맡긴 일에 최선을 다하게 하시되, 사업장이나 직장에서 일하는 이는 그 일에 최선을 다하고, 살림이나 자녀 양육을 맡은 이들은 그 일에 정성을 다하게 하옵소서! 부부가 모여야 가정이오니 "하나님이 내게 주신 자 때문에"하며 원망하고 핑계하는 자 되지 않게 하시고 "뼈 중의 뼈요 살중의 살"로 귀히 여기고 사랑하게 하옵소서!

사랑하는 사람들이 '당신 없으면 못사는' 그리움과 사랑으로 만나서 사는 동안, 어떤 이유로든 '당신 때문에 못 살겠다'는 원수 같은 이가 되지 않도록 사랑의 대상 배우자를 하나님의 귀한 선물로 알아, 둘이 아니고 한 몸으로 살게 하옵소서! 한 몸인 가정에서 충돌하지 않도록 서로를 이해하고 섬기며 평생토록 행복하게 살 수 있는 지혜를 허락하여 주시옵소서!

가정을 버텨주는 강력한 힘이 물질이나 힘이 아니라 '사랑'과 '인내'임을 알고. 사랑함으로 견디고 인내함으로 사랑하게 하옵소서! 저희에게 맡겨주신 하나님의 삶과 일생을 주님을 위해 헌신하듯 헌신하게 하옵소서! 세월이 흐르고 부부가 늙고 병들고 숨질 때까지 맡겨주시고 짝을 지어주신 배우자를 운명처럼 섬기며 사는 행복한 가정이 되게 하여 주시옵소서!

부부가 모시게 되는 부모님들을 하나님처럼 섬기되, 책무가 아니라 사랑과 특권으로 하게 하시고, 부모를 섬기며 하나님나라의 상을 쌓게 하시옵소서! 선물로 주신 자녀를 내 소유가 아니라 하나님께서 위탁하신 하나님의 자녀인 것을 알아 두려움으로 양육하게 하옵소서! 자녀들을 위하여 끝까지 기도하는 일을 멈추지 않고 주님께 칭찬받게 해주시옵소서!

저희를 부부로 맺어주신 예수 그리스도의 이름으로 기도합니다. 아멘!

11. 가정의 행복을 위하여 드리는 기도!!

땅의 기도

이 땅의 남편들을 위하여 드리는 기도!

"남편들아 이와 같이 지식을 따라 너희 아내와 동거하고 그를 더 연약한 그릇이요 또 생명의 은혜를 함께 이어받을 자로 알아 귀히 여기라 이는 너희 기도가 막히지 아니하게 하려 함이라" (벧전 3:7)

하나님의 형상을 따라 처음 인간을 만드시고, 가정을 이루어 남편을 가장으로 세워주신 하나님! 이 시간 이 땅의 남편들을 위하여 기도합니다. 저들은 거의 가정을 꾸려가야 하는 무거운 책임을 지고 있습니다. 부인이 된 아내는 물론, 자녀들의 미래를 위한 준비를 책임진 가장으로 살면서 그 삶의 무게가 감당하기 어려울 줄 믿습니다. 그때마다 힘을 주옵소서!

특히 사업이든 노동이든, 아니면 사무실 출근을 하든 어느 자리에 있는지 가정을 부양해야하는 책임에서는 한 시도 자유로울 수 없는 저희들을 지켜 주옵소서! 순간순간 좌절할 때도 있고 삶을 포기하고 싶을 때, 하나님께서 그를 위로하시고 격려하여 다시 일으켜 세워 주옵소서! 낙심할 때마다 25년을 기다리며 약속을 이룬 '아브라함'을 생각하게 하옵소서!

무엇보다 아내를 "지식을 따라 너희 아내와 동거하고 그를 더 연약한 그릇이요 또 생명의 은혜를 함께 이어받을 자로 알아 귀히 여기라."(벧전 3:7)는 말씀을 따라 더 연약한 그릇인 아내를 유리그릇 다루듯 조심해서 대하게 하시되 '다이아몬드' 같은 보석처럼 귀히 여기고, 그가 남편과 함께 생명의 유업을 함께 나눌 자인 것을 알고 사랑하며 살게 하옵소서!

아내를 사랑하지 아니하고 함부로 대하면 남편들의 기도가 막힌다고 했사오니, 모든 남편들의 기도가 막히지 않도록 최선을 다해 아내를 사랑하게 하옵소서! 가정이 든든히 서면 이런 가정들이 모여 건강한 사회를 만드는 줄 믿습니다. 모든 남편 된 이들이 가정을 든든히 세워가는 가정의 버팀목이 되게 하시고, 가정의 보호막이 되어 가족들을 지키게 하옵소서!

"남편들아 아내 사랑하기를 그리스도께서 교회를 사랑하시고 그 교회를 위하여 자신을 주심 같이 하라."(에베 5:25)고 하셨는데, 주님께서 교회를 사랑하며 자신의 몸을 버려 교회를 세우듯이 남편들의 사랑과 헌신이 무너지는 이 땅의 가정들을 일으키고 세우게 하옵소서! 아내의 약함을 인정하고, 그 아내와 함께 내세에서 생명의 은혜를 함께 받게 하시옵소서!

아내의 허물을 가만히 덮으려고 했던 요셉처럼, 가족 구성원 특히 아내의 실수와 잘못에 너그럽게 하시고, 이 시대 남편이 자기 자리를 찾기 어려운 시절에 용기를 잃지 않고 꿋꿋이 자기 일에 최선을 다하게 하옵소서! 언제나 부모에게는 자랑스러운 아들이 되고, 아내에게는 한없는 위로가 되고, 자녀들에게는 든든한 우산이 되는 멋진 남편들이 되게 하옵소서!

우리를 위해 당신의 몸을 주신 예수 그리스도의 이름으로 기도합니다. 아멘!

땅의 기도

이 땅의 부모들을 위하여 드리는 기도!

"또 아비들아 너희 자녀를 노엽게 하지 말고 오직 주의 교훈과 훈계로 양육하라"

(에베 6:4)

전능하신 하나님! 저희를 이 땅에 태어나게 하신 부모님들을 위하여 기도합니다. 평생을 자녀의 출산과 양육을 위해 자신을 버리고 사신 부모님들을 위하여 기도합니다. 평생 동안 먹고 입고 쓸 것은, 못 먹고 못 입고 못 쓰시면서 자녀들을 뒷바라지 해온 부모님들을 기억하사, 저들이 하나님의 위로를 받게 해 주옵소서! 그들의 미래를 하나님께서 지켜 주옵소서!

일평생 자녀들을 위하여 뒷바라지 하고, 기도하고 응원해 온 저들의 생애에 하나님 나라의 상이 있게 하시고, 자녀들의 성장하는 모습을 통해 인생의 보람을 느끼게 하시며, 노후에는 건강을 잃지 않고 평강을 누리고 살며 쉬이 낙심하거나 상심하지 않도록 도우시옵소서! 자녀들을 위해 애쓰고 수고한 눈물과 땀을 기억하시어 하나님의 위로를 얻게 하시옵소서!

하나님께서 자녀들보다 먼저 세상에 보내시고, 저희들의 울타리와 담이 되게 하시고, 저희를 위한 기도와 중보자가 되게 하셨으니 고맙습니다. 나이가 들고 육체가 약해지며 마음조차 약해지지 않게 하시되, 자녀들 때문에 섭섭한 마음 생기지 않도록 도우시옵소서! 세상에서 받는 위로는 두고 하나님께서 주시는 위로를 상으로 받는 것으로 만족하게 해 주시옵소서!

자녀들 때문에 낙심하고 실망할 때마다, 우리 인생들을 향하여 사랑을 쏟아 부으시지만 인생들은 여전히 하나님을 거역하고 불순종하는 것을 보며 회개할 기회를 갖게 하시고, 이 땅의 자녀들이 부모에 불순종하고 거역하는 것을 보며 길이 참고 더욱 사랑하는 마음을 주옵소서! 하나님 없이 사는 자녀들의 완악함을 참으며 계속 사랑으로 기도하게 하옵소서!

집을 나간 둘째 아들을 기다리는 마음으로 인내하며 자식들이 돌아오기를 기다리게 하시고, 세상의 모든 소망이 사라져도 끝까지 자기 일을 감당하던 '사가랴'처럼 노년에 이르러서도 자신의 일에 최선을 다하게 하옵소서! "우리가 선을 행하되 낙심하지 말지니 포기하지 아니하면 때가 이르매 거두리라."(갈라 6:9)고 했으니 끝까지 기도의 열매를 거두게 하옵소서!

인생들의 평균 수명이 늘어나고 젊은이들은 출산을 기피하며, 나이든 부모들의 삶이 위축되고 있사오니 저들을 위로하여 땅에서 무병장수하게 하시고 건강하게 하시옵소서! 하나님께서 부르실 때까지 나라와 민족을 위하여 기도하는 일과, 자녀들을 위하여 멋지게 사는 일을 중단하지 않도록 붙잡아 주시옵소서! 나이가 들수록 더욱 아름다운 노후가 되게 하옵소서!

저희에게 영원한 주님이신 예수 그리스도의 이름으로 기도합니다. 아멘!

땅의 기도

이 땅의 아내들을 위하여 드리는 기도!

"아내들아 이와 같이 자기 남편에게 순종하라 이는 혹 말씀을 순종하지 않는 자라도 말로 말미암지 않고 그 아내의 행실로 말미암아 구원을 받게 하려 함이니 너희의 두려워하며 정결한 행실을 봄이라" (벧전 3:1-2)

이 땅에 있는 아내 된 이들을 위하여 기도합니다. 하나님께서 가정의 두 기둥으로 세우신 남편을 위해 돕는 배필이 되게 하셨으니 고맙습니다. 사랑하는 남편을 하늘처럼 주인처럼 알고 생명이 다하는 날까지 사랑하고 섬기게 하옵소서! 남편이 직장이나 일터에서 위기를 만났을 때 따뜻한 말로 위로하고 격려하며 기도하게 하여 아내의 기도로 일어서게 하옵소서!

언제 어디서나 남편이 최고의 선물이요 최고의 자랑이 되게 하시고, 언제나 아내의 자존심이 되게 하시옵소서! 남편의 아내 된 것을 자랑으로 여기고, 자녀들의 어머니 된 것을 기쁨으로 알게 하옵소서! 언제나 그 마음에서 행복 에너지가 충만하여 남편의 힘이 되고 자녀들의 빛이 되게 하옵소서! 믿음으로 가정을 견인하며 사랑으로 가정을 세우게 하옵소서!

"누가 현숙한 여인을 찾아 얻겠느냐 그의 값은 진주보다 더 하니라."(잠언 31:10)고 하셨는데, 성경에 나오는 '사라'같은 여인이 되게 하시옵소서! "사라가 아브라함을 주라 칭하여 순종한 것 같이 너희는 선을 행하고 아무 두려운 일에도 놀라지 아니하면 그의 딸이 된 것이니라."(벧전 3:6)고 하셨는데 '사라'같이 남편을 주로 섬기는 겸손함과 온유함을 주옵소서!

"믿음으로 사라 자신도 나이가 많아 단산하였으나 잉태할 수 있는 힘을 얻었으니 이는 약속하신 이를 미쁘신 줄 알았음이라." (히브 11:11)고 하셨는데, 자신에게 불가능한 일이었지만 믿음으로 마침내 얻는 믿음의 여인이 되게 하시고, 하나님은 실실하신 분임을 죽는 날까지 믿고 섬기게 하옵소서! 세월이 흐른 후에 사람들이 기억하는 참된 아내가 되게 하옵소서!

비록 자신의 신분이 비천한 여인일지라도, 혹은 행실이 떳떳하지 못했을지라도 하나님의 은혜로 예수님 조상의 족보에 그 이름이 오른 여인들처럼, 하나님의 은총을 힘입게 하시고, 가정을 위해, 부모와 남편과 자녀를 위해 일생을 희생하여, 온 지역과 교회에 그의 현숙함이 알려진 '룻' 같은 여인이 되게 하옵소서! 그 삶이 역사가 흐른 후에도 빛나게 하옵소서!

남자보다 연약하게 지어진 여인으로 세상에 나서 많은 권리와 자유가 제한받는 신분으로 살지만, 그래도 하나님의 사랑과 은혜를 힘입어 보람과 의미가 있는 삶을 살게 하시옵소서! 여인으로 홀로 울고 있을 때, 외로움에 떨고 있을 때, 하나님께서 그를 위로해 주옵소서! 늘 약한 자를 위로해 주시는 하나님께서 연약한 아내들 곁에서 힘이 되어 주시옵소서!

저희들의 영원한 남편이신 예수 그리스도의 이름으로 기도합니다. 아멘!

땅의 기도

이 땅의 자녀들을 위하여 드리는 기도!

"자녀들아 주 안에서 너희 부모에게 순종하라 이것이 옳으니라 네 아버지와 어머니를 공경하라 이것은 약속이 있는 첫 계명이니 이로써 네가 잘되고 땅에서 장수하리라" (에베 6:1-3)

이 땅에 하나님께서 선물하신 사랑하는 자녀들을 위해 기도합니다. 저희 자녀들이 주 안에서 온전한 믿음으로 자라도록 도와주옵소서! 시대가 변하고 인구가 감소되면서 점차 자녀들의 성격이나 성품이 부모가 생각하고 바라는 기대에 이르지 못할 때도 있습니다. 그러나 인내하게 하시고, 때가 이르기까지 하나님께서 저희를 기다리심같이 기다리게 하옵소서!

옛적 부모들이 생각하는 것만큼 기대를 이루어 드리려고 하되, 우선 자녀들이 주 안에서 부모에게 순종하게 하옵소서! 하나님께서 인생들에게 주신 첫 계명인데 이를 잘 지키게 하옵소서! 부모를 공경하라 이것은 약속이 있는 첫 계명이라고 하시고, "이로써 네가 잘되고 땅에서 장수하리라.(에베 6:3)고 하셨으니 효도하므로 땅에서 잘 되고 행복하게 해 주옵소서!

언제나 자녀들은 부모에게 순종하면서 부모의 기쁨이 되게 하시고, 내가 살아온 것과 살아가는 방식이 다르다고 할지라도 순종하게 하옵소서! 세상에서 성공하고 행복하게 되기 위해서 먼저 부모에게 순종하는 법부터 배우게 하시옵소서! 부모님을 기쁘게 해드리는 법부터 알아가게 하옵소서! 하나님을 섬기기 전에 육체의 부모님을 섬기는 지혜를 주시옵소서!

소년 '요셉'이 아버지 '야곱'의 말씀을 따라 형들을 방문하고, 어린 '다윗'이 아버지 '이새'의 말씀을 따라 전쟁터에 있는 형들을 방문 하는 등 순종의 사건 이후에 이들을 향한 하나님의 사랑이 드러나 위대한 인물이 된 것을 봅니다. 여전히 이 시대에서도 나이든 부모의 말씀에 순종하는 모습을 보여 점차 '효'가 사라지는 시대에 빛나는 자녀들이 되게 하시옵소서!

젊은 세대들에 대한 사회적 염려들이 기우에 그치게 하시고, 자라나는 어린 새싹부터 시작해서 중고등부 청년 대학생들 젊은 세대로 이어지는 모든 이들을 하나님의 말씀으로 붙잡으셔서 이들이 잘 자라 사회의 기둥이 되고 국가발전의 동력이 되게 하옵소서! 앞으로 태어나고 자랄 미래 세대에도 이들이 큰 모범이 되어 나라의 희망으로 자리하게 하옵소서!

위대한 하나님의 사람들은 모두 어린 시절부터 하나님께 붙잡혀 기도와 말씀으로 양육된 것을 볼 때, 이 시대 하나님의 자녀들도 어린 시절부터 부모의 사랑과 기도를 먹으며 자라, 모두 시대를 이끌어가는 하나님의 종들이 되게 하옵소서! 이 땅에도 어린 시절 '나실인'으로 낳고 자란 세례'요한'이나 젖을 떼고 성전으로 간 '사무엘'같은 인물이 나게 하옵소서!

우리의 영원한 스승이신 예수 그리스도의 이름으로 기도합니다. 아멘!

11. 가정의 행복을 위하여 드리는 기도!!

땅의 기도

이혼(離婚)한 가정들을 위하여 드리는 기도!

"말씀하시기를 그러므로 사람이 그 부모를 떠나서 아내에게 합하여 그 둘이 한 몸이 될지니라 하신 것을 읽지 못하였느냐 그런즉 이제 둘이 아니요 한 몸이니 그러므로 하나님이 짝지어 주신 것을 사람이 나누지 못할지니라 하시니"

(마태 19:5-6)

사랑이 많으신 하나님! 오늘 이 땅에 하나님의 사랑으로 맺어졌던 가정 중에 이런 저런 이유로 하나 됨을 이어가지 못하고 결별한 이혼 가정들을 위해 기도합니다. 그들의 선택이 애초부터 하나님의 뜻을 거스른 것이든, 혹 실수였든, 순간적인 판단의 잘못이든, 헤어진 후에 서로 마음 아파하는 모든 가정을 위로하여 주시고, 그래도 사랑하는 마음을 주옵소서!

그들의 이혼으로 마음 아파하는 당사자는 물론이지만, 특히 이들의 혼인을 지켜본 양가 부모님의 아픔을 위로하여 주옵소서! 부모들 모두 자신들의 잘못이라고 자책하고 있을 터인즉, 하나님께서 저들을 붙잡으셔서 이제 지난날의 아픔에 얽매이지 말고 평안케 하시옵소서! 둘 사이에 태어난 자녀들이 있다면 저희들의 마음에 있는 상처들도 치유 받게 하옵소서!

부모의 이혼을 지켜보며 그 때문에 생긴 무거운 짐을 내려놓고, 더 나은 꿈을 꾸며 아름답고 행복한 자녀들로 자라게 하여 주옵소서! 훗날에는 그 일이 교훈이 되어 그들의 가정에 위기가 올 때 참고 견디며 지켜가게 하옵소서! 두 사람은 부모에게 끼친 아픔이나 자식들에게 물려준 상처를 속죄하는 마음으로 더 행복하고 아름다운 가정을 이루게 하시옵소서!

이혼한 이들을 바라보는 사회적 편견이나 차가운 시선이 있다면, 자신들의 결정으로 생긴 일이니 이것도 잘 감당할 수 있는 강한 마음을 주시고, 더 열심히 사랑하며, 더 열심히 인생을 살아 모든 이들 앞에 내외가 손을 잡고 우뚝 서게 하옵소서! 동일한 이별의 아픔을 겪은 자녀들도 세상이 그들을 보며 염려하는 것과는 달리 인생을 승리하며 살게 하옵소서!

한 가정이 많은 사람의 축복을 받으며 출발했지만, 살다보면 서로 이견(異見)과 충돌이 생겨 끝까지 해로하지 못하는 일이 있을 때, 세상은 정죄하고 비난하나 하나님은 저들을 용납하시고 은혜와 평강으로 함께해 주시옵소서! 이런 일을 만날 때면 먹잇감을 만난 맹수들처럼 달려들어 물고 뜯는 대신, 저들의 아픔을 자신의 가슴에 담고 치유되도록 돕게 하옵소서!

세상에는 결혼 이후 참고 견디며 하나의 가정을 지키는 이들도 있고, 견디지 못해 끝내 이혼하는 가정도 있고, 상처(喪妻)나 사별하고 홀로 사는 가정도 있습니다. 사건이나 사고를 당하여 홀로 남은 이도 있습니다. 어떤 연유에서든지 홀로 남은 이들에게는 위로가 필요합니다. 저들의 아픔을 저희 가슴에 담고 우리의 따뜻한 눈물과 가슴으로 녹여주게 하옵소서!

건강한 가정되기를 원하시는 예수 그리스도의 이름으로 기도합니다. 아멘!

11. 가정의 행복을 위하여 드리는 기도!!

땅의 기도

이혼을 마음먹은 이들을 위하여 드리는 기도!

"여짜오되 그러면 어찌하여 모세는 이혼 증서를 주어서 버리라 명하였나이까 예수께서 이르시되 모세가 너희 마음의 완악함 때문에 아내 버림을 허락하였거니와 본래는 그렇지 아니하니라" (마태 19:7-8)

사랑하는 하나님! 땅에 사는 인생들의 남녀가 부부의 연을 맺고 가정을 이루고 삽니다. 그러나 인간적인 욕망과 분노가 행복한 가정에 틈을 타고 들어와 가정을 무너지게 하고 파멸로 달리게 합니다. 특히 발달된 문명과 문화가 인간의 오감을 자극하여 경건하고 온전한 가정을 파괴하는 주범으로 자리하고 있습니다. 이런 시대를 성도들이 이겨나가게 하옵소서!

성경은 "남편은 아내를 사랑하기를 그리스도께서 교회를 사랑하시고 그 교회를 위하여 자신을 주심 같이 하라."(에베 5:25)고 하셨지만, 우리가 그 말씀을 따라 살기에는 너무 연약합니다. 사랑하기에 너무 멀고, 같이 살기에 힘겨운 내외가 하나님의 말씀을 가정에서 이루어 산다는 것이 얼마나 인내를 필요로 하는지도 알고 있습니다. 저희를 도와주시옵소서!

또한 아내들에게는 "아내들아 남편에게 복종하라. 이는 주 안에서 마땅하니라."(골로 3:18)고 했고, 사도 바울이 믿음의 아들 '디도'에게 보낸 서신을 보면 "신중하며 순전하며 집안일을 하며, 선하며 자기 남편에게 복종하게 하라."시면서(디도 2:5), "이는 하나님의 말씀이 비방을 받지 않게 하려 함이라."고 했습니다. 그렇게 사는 게 하나님의 딸이라는 것입니다.

성경은 사도 '바울'이 교회들에 보내는 다양한 서신을 통해서 "남편은 늘 아내를 사랑하고, 아내는 늘 남편에게 복종하라!"고 하십니다. 그런데 이 마땅한 일이 실제 가정에서는 모두 무너지고 남편들은 사랑대신 폭력을 행사하고, 아내들은 복종하고 순종하는 대신 거역하며 삽니다. 끝내 더 이상 같이 할 수 없어 서로 갈라서기를 다짐하는 부부들이 부지기수입니다.

남편과 아내가 서로를 주장하지 않고 상대가 주장하도록 하며, 서로 권리를 내세우지 않고 도리를 다하며 나뉘기를 금하고 그것이 가져올 심각한 파장을 생각하게 하시옵소서! 순간적인 자유를 누리려다 영원한 족쇄에 채이지 말고 작은 다툼과 불만을 영원한 행복으로 바꾸게 하옵소서! 극단의 주장을 잠시 접고 우리를 위해 참으신 주님을 기억하게 하시옵소서!

당사자들의 일치된 생각이 이혼으로 결론이 난 후에, 양가의 부모, 그들의 일가친척들, 친구들의 관계가 모두 파괴되는 것을 알게 하옵소서! 무엇보다 자신의 분신으로 세상에 태어난 자녀들에게 안겨줄 고통의 크기를 헤아리게 하시고, 사람의 욕심과 분노가 하나님의 뜻을 넘어서지 않도록 지켜주옵소서! 가정 안에서 부부가 하나님의 뜻을 이루게 하시옵소서!

우리에게 이혼을 금하신 예수 그리스도의 이름으로 기도드립니다. 아멘!

땅의 기도
자녀들의 생일에 드리는 기도!

"하나님의 사랑이 우리에게 이렇게 나타난 바 되었으니 하나님이 자기의 독생자를 세상에 보내심은 그로 말미암아 우리를 살리려 하심이라" (요일 4:9)

사랑이신 하나님! 오늘 저희 가정에 별처럼 아름답고 보석처럼 빛나는 자녀들을 선물로 보내시고 오늘까지 지켜주심이 고맙습니다. 이날까지 기적처럼 은혜로 키워주셨는데, 앞으로도 계속해서 하나님의 은혜로 장성하게 하시고, 늘 하나님 임재의 증거가 저희 자녀들에게 머물게 하옵소서! 몸도 건강하고 마음도 생각도 건강하고, 그 삶도 건강하게 하시옵소서!

이들이 자라는 동안에 낳고 키운 부모에 대한 감사의 마음도 잊어서는 안되겠지만, 무엇보다 자신에게 기막힌 재능을 선물로 주셔서 세상을 행복하게 살도록 복 주신 하나님께 일생을 두고 감사하게 하옵소서! 매일 눈을 뜰 때마다 자신들을 사랑하신 하나님의 사랑에 감사하게 하옵소서! 다른 이가 없는 특별한 은사를 주셨으니 잘 관리하고 활용하게 하옵소서!

기왕에 하나님께서 세상에 보내셨으니, 주신 사명이 무엇인지 발견하여 기도하며 잘 관리하게 하시옵소서! 우선 세상에서 잘 되고 강건하고 범사가 잘 되는 복도 필요하지만 하나님의 선하신 뜻을 따라 순종하는 자녀들이 되게 하옵소서! 이들이 가는 곳에는 학교의 친구들도 뜨겁게 환영하고, 직장의 동료들도 모두 기뻐하게 하는 신비한 힘이 있게 하시옵소서!

무엇보다 신앙생활을 잘 하여 본인들도 행복할 뿐 아니라, 주변의 여러 사람들로부터 인정받게 하시고, 특히 담임목사에게 인정받는 신실한 사람이 되게 하옵소서! 온 교회가 우리 자녀들이 나타나면 달려와서 환영하고, 기쁘게 몰려들어 무슨 일인가 묻게 하시고, 학교든 직장이든, 교회든 자녀들이 환영받고, 인정받고, 칭찬받는 보배로운 존재가 되게 하시옵소서!

우리 자녀들은 세상에서 사랑받기 위해 태어났을 뿐만 아니라, 세상에 기쁨을 주고, 행복을 선물하는 특별한 사명을 갖고 세상에 태어났음을 알고 이를 증명하게 하옵소서! 의로운 일, 예수 그리스도의 이름을 위해서라면 세례 '요한'처럼, 혹은 '스데반'처럼 순교자의 영성을 가지고 살게 하시고, 자녀들이 태어나서 세상이 많이 행복해지고 기뻐지기를 소망합니다.

자녀들의 생일에 태어나게 하신 것을 감사하고, 그 목적대로 오늘은 어떻게 살아야 할지를 준비하게 하시옵소서! 성령님께서 오늘도 기쁨의 영, 진리의 영, 영광의 영으로 사랑하는 자녀들에게 오시어 무한한 기쁨과 감사가 차고 넘치게 하시옵소서! 거룩한 성령님의 가장 특별한 축복은 성령님 충만하심을 입는 것인데, 생일에 성령님으로 충만을 받게 하옵소서!

우리를 사명자로 보내신 예수 그리스도의 이름으로 기도드립니다. 아멘!

11. 가정의 행복을 위하여 드리는 기도!!

땅의 기도

자녀를 먼저 보낸 이들을 위하여 드리는 기도!

"지금은 죽었으니 내가 어찌 금식하랴 내가 다시 돌아오게 할 수 있느냐 나는 그에게로 가려니와 그는 내게로 돌아오지 아니하리라 하니라" (삼하 12:23)

사랑이 많으신 하나님! 이 땅에 살면서 만나는 숱한 아픔 중에 자녀를 먼저 하나님께 보내드리고 사는 이들만큼 큰 아픔은 없을 것입니다. 하나님께서 이 시간 어떤 연유로든 부모보다 먼저 자식을 떠나보낸 세상의 부모들을 기억하여 위로해 주옵소서! 전염병이나 기타 질병으로 먼저 부모의 곁을 떠나 가슴 아픈 이별을 한 부모들의 아픔을 기억하여 주시옵소서!

내 목숨이라도 던져 살리고 싶은 마음이나 그렇지 못한 비통한 부모의 심정을 위로하시옵소서! 자녀의 죽음이 부모의 믿음을 더욱 돈독하게 하여 주옵소서! 교통사고를 비롯한 각종사고로 목숨을 잃은 이들도 있습니다. 교통문화가 발달해서 자동차뿐만 아니라 항공, 선박 등 온갖 교통수단은 빠른 만큼 위험합니다. 많은 사고가 있고 거기서 목숨을 잃습니다.

'세월호'나 '이태원'참사 같은 자신들의 의사와 무관하게, 혹은 당사자들의 잘못도 아닌데 어른들의 방심과 무관심으로 목숨을 잃은 이들의 가족은 그 심정이 어떻겠습니까! 특히 한국의 남자들은 누구나 '군대'라는 곳을 다녀와야 하는데, 그때 건강하게 입대한 아들이, 작전이나 훈련 과정에서 목숨을 잃은 부모님들의 억장이 무너지는 심정을 위로하여 주옵소서!

아직은 젊은 시절에 스스로 목숨을 끊은 이들도 있습니다. 저들이 생명의 소중함을 몰라서가 아니라, 순간적인 선택을 잘못한 것입니다. 억장이 무너지는 마음으로 자식을 불러도 이미 생명은 그를 떠나갔습니다. 하나님께서 부모 형제를 위로해 주시고, 슬픔에 묻혀있지 않도록 도와주옵소서! 다시 힘을 내 일어나서 자식이 못살아온 삶을 살려는 마음을 주옵소서!

어렵고 힘든 대학교에 입학해 첫 오리엔테이션에 가서 폭탄주를 마시고 생떼 같은 죽음을 한 이도 있고, 젊음의 패기로 불의한 세상을 새롭게 해보자고 거리 행렬에 나섰다가 죽음을 당한 이도 있습니다. 어떤 이유로든 부모보다 먼저 이 세상을 떠난 이들을 기억하시어 남은 가족들을 위로하여 주옵소서! 삶의 의욕을 상실한 부모 형제들에게 희망을 주옵소서!

야곱은 애굽에 팔려간 요셉이 죽은 줄 알고 살던 슬픈 세월을 말하며 "내 나그네 길의 세월이 백삼십 년입니다. 내 나이가 얼마 못 되니 우리 조상의 나그네 길의 연조에 미치지 못하나 험악한 세월을 보내었나이다." (창세 47:9)고 했습니다. 이 땅에 그렇게 먹먹한 가슴을 끌어안고 눈물과 한숨으로 힙 겹게 사는 이들에게 하나님의 위로가 있게 해 주옵소서!

우리를 천국에서 기다리실 예수 그리스도의 이름으로 기도합니다. 아멘!

땅의 기도

자식을 잃어버린 부모들을 위하여 드리는 기도!

"이에 일어나서 아버지께로 돌아가니라 아직도 거리가 먼데 아버지가 그를 보고 측은히 여겨 달려가 목을 안고 입을 맞추니" (누가 15:20)

하나님! 내 집에서 키우면서도 하루만 못 보면 보고 싶고, 방학 때 어디 가서 며칠만 안 보여도 보고 싶은 게 자식입니다. 그런데 자식이 어디에 있는지, 살았는지 죽었는지도 모른 채 세월을 보내는 부모들이 너무 많습니다. 처음에는 "곧 찾겠지!", "곧 오겠지!"하며 기다리다 시간이 훌쩍 지납니다. 그렇게 미성년자 실종되는 경우가 일 년에 6천 명이 넘습니다.

하나님! 세월이 또 지나 처음에는 구청이나 행정 관서를 믿고, 다음에는 경찰 같은 수사기관을 믿고 기다리면서 "그 숱한 이웃들이 누군가는 보았겠지!", "누군가는 우선 데리고 있겠지!"했는데 끝내 돌아오지를 않습니다. 벽보도 붙이고 현수막도 부치지만 그 넓은 땅에 어디 있는 줄 알고 일일이 다 찾고 붙이겠습니까? 한두 번 해보고 지쳐서 다 포기했습니다.

길을 가다가 아들놈 뒷모습 같아서 쫓아가 보면 아니고, 이름을 부르며 달려가 보아도 아니기를 수십 수백 차례를 했는데 이제는 더 이상 기운이 빠져서 못 찾습니다. "아이가 이만큼 자랐겠지, 이젠 중학교 갔겠구나! 이젠

고등학교 갔겠구나!" 하며 한숨만 쉬다가 포기하고 말았습니다. 그런데 어느 날 꿈속에서 울며 손을 흔들고 나타나면 부모는 미칠 지경입니다.

사랑하는 하나님! 잊어버리고 살고 싶어도 잊히지 않고, 찾으러 다니려 해도 힘이 빠졌습니다. "이렇게 살아서 무엇 하나?"싶어 스스로 주님 앞에 가면 거기서 만날 것 같아서 수없이 결심을 했지만, 마지막 순간에는 "그러다 그 놈이 나타나면 어떻게 하나?"는 생각 때문에 그 짓도 못하고 있습니다. 이런 부모들의 애타는 마음을 어루만지어 찾게 해 주옵소서!

사랑하는 주님! 탕자가 집을 나갔을 때도 동구 밖에 서서 한없이 아들을 기다리는 모습으로 우리를 기다리시던 아버지! 아들을 기다리는 마음을 아시지요? 잃은 아들은 인물도 잘 생기고 마음씨도 착하여 아직까지 곁에 있을 때 속을 썩여 본 적이 한 번도 없었습니다. 이제는 포기하려고 해도 "왜 나를 안 찾느냐?"는 원망 섞인 울음소리가 들리는 것 같습니다.

어쩌다 잃어버린 자식을 찾아 목이 메고 가슴이 새까맣게 타들어 가는 미성년 아이들 부모가 전국에 6-7천 가정이 됩니다. 자식은 잃어도 가슴에서 잊을 수는 없습니다. 이 부모들의 마음을 헤아리시고 잃어버린 자식을 찾아다닌 한 맺힌 세월을 청산하게 하옵소서! 평생을 자식 잃은 죄를 가지고 눈물로 밤을 지새우는 부모들의 간절한 기도를 들어주옵소서!

나를 위해 자신을 버리신 예수 그리스도의 이름으로 기도드립니다. 아멘!

땅의 기도
젊은 신혼부부들을 위하여 드리는 기도!

"남편은 그 아내에 대한 의무를 다하고 아내도 그 남편에게 그렇게 할지라 아내는 자기 몸을 주장하지 못하고 오직 그 남편이 하며 남편도 그와 같이 자기 몸을 주장하지 못하고 오직 그 아내가 하나니" (고전 7:3-4)

이 땅에 사는 동안 가장 행복하고 가장 꿈에 부푼 추억인 결혼 예식을 마치고, 형편에 맞는 신혼여행을 다녀온 후에, 평생을 해로해야 할 부부들을 위하여 기도합니다. 지금은 예전처럼 조혼(早婚)을 하는 시대가 아니라, 남녀 공히 거의 30대나 40대의 만혼(晩婚)을 하는 추세인데, 저들에게 긍휼을 베풀어 주시어 행복하고 즐거운 신혼이 되게 하여 주시옵소서!

취직도 힘들고 사업도 힘든 시대를 맞아 열심히 살게 하시되, 힘들고 어려워도 참고 견디는 마음을 주옵소서! 젊은 시절부터 시간을 절약하는 지혜를 배우고, 그 젊음이 영원하지 않기에 젊음을 누리는 비결도 배우게 하옵소서! 아직은 행복에 취해 살지만 인생의 스승들을 만나 삶의 지혜를 배우게 하시고, 경솔하지 않게 하시며 언제나 서로를 배려하게 하옵소서!

인구 절벽시대에 그들의 가슴에 하나님께서 "생육하고 번성하여 땅에 충만 하라!"(창세 1:28)고 하신 축복의 말씀을 '아멘'으로 받아 허락하시는 대로 자녀를 낳을 마음도 주시어 부부의 행복뿐만 아니라 자녀 출산의 기쁨도 주시고, 자녀들과 누리는 행복도 배우게 하여 주옵소서! 이것이 자신과 가족의 미래와 더불어 부모에게 효도하는 것임을 알게 하시옵소서!

아직은 젊어서 자신들의 미래가 불투명할 때, 장래에 대한 확신을 가지고 도전할 용기와 지혜를 주시고, 지금은 좀 어렵더라도 장차 좋아질 것이라는 믿음으로 하루하루를 성실하게 살게 하옵소서! 지금 당장 힘들기에 생기기 쉬운 불평, 불만 같은 부정적 요인들이 가슴에 남아있지 못하도록 작은 것부터 욕심내지 않고 감사의 마음으로 접근하여 살게 하옵소서!

서로가 서로에게 맞추어 가게 하시되 피차에 상처를 줄 말들을 삼가게 하시고, 결혼 이전의 흠결이나 상대방의 가정과 가족 가문에 대한 비난으로 피차에 씻기 힘든 어려움을 만나지 않게 하옵소서! 아직은 작은 것부터 차근차근 욕심내지 않고 살게 하시고, 서로 가정에서 헌신이나 역할 때문에 다투지 않게 하옵소서! 서로 마음 상할 일에 나아가지 않게 하옵소서!

무슨 일이든 서두르지 말고, 하나씩 준비하게 하시되 절약해서 살게 하시고, 미래를 위해 젊음도 재정도 비축하게 하시고, 다가올 내일을 준비하는 지혜의 마음도 주옵소서! 언제나 오지 않을 것 같은 노년의 때가 다가와도 당황하지 않고 맞이하기 위하여 다가올 미래를 준비하게 하옵소서! 신혼 시절의 행복을 마음껏 누리게 하시되 믿음 안에 살게 하옵소서!

젊은 가정을 축복하시는 예수 그리스도의 이름으로 기도드립니다. 아멘!

11. 가정의 행복을 위하여 드리는 기도!!

땅의 기도

행복한 가정을 소원하는 부부를 위하여 드리는 기도!

"남편들아 이와 같이 지식을 따라 너희 아내와 동거하고 그를 더 연약한 그릇이요 또 생명의 은혜를 함께 이어받을 자로 알아 귀히 여기라 이는 너희 기도가 막히지 아니하게 하려 함이라." (벧전 3:7)

사랑하는 하나님! 오늘날 위기를 겪고 있는 우리의 가정들을 위하여 기도합니다. "당신 없으면 못살겠다."는 오직 하나의 사랑을 완성하기 위하여 70억분의 1의 확률로 만나서 가정을 이루었습니다. 더러 나이가 많이 들고 이미 자녀를 여럿 두었거나, 아니면 아직 젊은 세대인 혹은 신혼인 모든 가정의 부부들이 건강하고 따뜻한 가정을 이루도록 붙잡아 주옵소서!

부부의 행복은 가정의 행복이고, 가정의 행복은 건강한 사회를 만들어가는 초석이기에 가정의 건강한 사랑을 위해 기도합니다. 부부의 사랑이 연인 시절보다 따뜻하고 행복한 관계를 유지할 수 있게 하옵소서! 남편이 출근하면 그립고 귀가하면 심장의 반응 소리가 들릴 만큼 행복한 부부가 되게 하시고, 혹시 전화가 오면 떨리는 가슴으로 받게 하시옵소서!

언제나 행복한 마음으로 일어나고, 아쉬워하는 마음으로 출근하는 뒷모습을 바라보고, 설렘으로 침실에 들게 하옵소서! 소중하기에 조심하게 하시고, 아름답기에 아껴두고 자랑하게 하시고, 영원을 함께 할 것이기에 늘 상대의 안전과 평안을 위해 기도하게 하옵소서! 같이 있으면 든든하고, 바라보면 행복하고, 함께 식탁에 앉으면 작은 천국처럼 만들어 주시옵소서!

세상에는 더 예쁘고 더 멋진 남녀들이 있지만, 세상에서 가장 소중하고 가장 아름다운 이는 지금 나의 부인과 남편이 되게 하시고, 남편은 아내 사랑에 행복하고, 아내는 남편에게 순종하며 행복하게 하옵소서! 서로 소중히 여기며, 서로 사랑하며, 서로 배려하며, 그리워하게 하옵소서! 10년을 살아도 1년 산 것처럼 30년을 살아도 3년 산 것처럼 행복하게 하옵소서!

살면서 힘든 것은 사랑으로 버티고, 때로 화나는 것은 믿음으로 참게 하시고, 아픈 상처는 서로 싸매주며 틈이 벌어질 때마다 다가가게 하옵소서! 분하여도 폭력적인 언어를 쓰지 않게 하시고, 절제하지 못하여 물리적인 충돌이 일어나지 않도록 하나님께서 지켜 주옵소서! 돈이 없어도 건강주심을 감사하고, 자식이 없어도 사랑주심을 감사하여 살게 하시옵소서!

백년을 해로한 후에 서로 손잡고 주님 앞에 서게 하시고, 설령 10년, 20년 먼저 가슴 아픈 이별을 했을지라도 가슴에 묻혀있는 아름다운 추억을 꺼내보며 행복한 그리움으로 살게 하옵소서! 언제나 친구처럼, 언제나 연인처럼 살되 보여주는 사랑이 아닌, 느끼고 고백하는 사랑이 되게 하옵소서! 서로에게 세상에서 가장 소중한 사람으로 영원히 남게 하시옵소서!

우리를 아내로 맞아주신 예수 그리스도의 이름으로 기도드립니다. 아멘!

땅의 기도

혼기(婚期)가 지난 이들을 위하여 드리는 기도!

"창조 때로부터 사람을 남자와 여자로 지으셨으니 이러므로 사람이 그 부모를 떠나서 그 둘이 한 몸이 될지니라 이러한즉 이제 둘이 아니요 한 몸이니"

(마가 10:6-8)

하나님께서 인간을 남자와 여자로 만드시어, 이 둘을 하나가 되게 하시는 경륜을 정하시고, 둘이 하나 되는 복을 주심이 은혜입니다. 인간은 아무도 설명할 수 없는 둘이 하나 되는 신비에 남녀를 참여시켜 사랑과 행복의 눈을 뜨게 해주시니 고맙습니다. 그리고 이 땅에서 모두 사랑을 누리도록 신비하게 남녀의 성비(性比)를 맞추고 채워주시니 무한 감동입니다.

사람들이 결혼할 적령기를 사회적으로 정하여 '혼기(婚期)'라 부르고, 혼기 앞뒤로 결혼하게 하시고 결혼을 통해 자녀를 생산하고 대를 잇게 하시니 고맙습니다. 그러나 이 중에는 결혼하기에 좋은 '결혼 적령기'를 훌쩍 넘긴 이들도 있습니다. 혼기를 놓쳐버린 이들은 결혼할 수 있는 사회적 경제적 형편이 안 되어 놓친 이들이 있으니 그들에게도 기회를 주옵소서!

혼기를 넘겨버린 이들 중에는 자신의 학문과 예술세계를 추구하며, 목표를 이루고 결혼하려고 한 것이 기회를 놓쳐, 주변에서 안타까워하는 이들이 있습니다. 자신의 분야에서는 성공을 거두었으나 세상을 혼자 살게 되는 허무함이 밀려옵니다. 혼자의 외로움이 깊어집니다. 학문성은 인정받고 예술성도 칭송을 받지만 그 영광을 누려야 할 한 쪽이 비었습니다.

하나님께서 그런 안타까운 형편에 미혼 남녀들의 마음을 붙잡아 주옵소서! 이제는 늦었다며 스스로 포기하고 주저앉지 않게 하시고, 이날까지 어디선가 나를 기다리며 다른 한쪽에서 열심이 자기 길을 걸어온 다른 반쪽을 찾게 하옵소서! 이들을 기억하여 그동안 못한 사랑을 만나, '나중 된 자가 먼저 되는' 듯 손을 잡고 혼인식장을 들어갈 수 있게 하시옵소서!

늦게 만나는 두 사람은 늦은 만큼 서두르지 말고, 오히려 더 차분하고 더 신중하게 하옵소서! 늦게 출발하는 미래를 어떻게 디자인해서 어떻게 함께할지 심사숙고하게 하시고, 이들이 맺어진 다음에는 긴장도 갈등도 미움도 없게 하옵소서! 사랑하기에도 시간이 부족한데 언제 미워하며 갈등하겠습니까? 서로 눈빛을 바라보며 행복한 마음으로 사랑하게 하옵소서!

사랑이 때가 있고, 결혼에도 때가 있지만 하나님께서 갖추신 신비한 그 때를 저희들은 모릅니다. 하나님께서 우리에게 정해 주신 그때에 만나서 하나 된 그를 지금부터 영원히 사랑하며 또 사랑받게 하옵소서! 사랑하는 이를 품에 안고, 또 사랑하는 이의 품에 안겨 늦은 결혼을 이루기까지 아프고 힘들었던 이야기를 서로 나누며 위로하고 위로받게 하시옵소서!

두 사람을 하나로 만드신 예수 그리스도의 이름으로 기도드립니다. 아멘!

12.
자신의 영성을 위하여
드리는 기도!!
(28편)

왜 기도해야 하는가?

자신의 영성을 위하여!

"내가 여호와를 기다리고 기다렸더니 귀를 기울이사 나의 부르짖음을 들으셨도다 나를 기가 막힐 웅덩이와 수렁에서 끌어올리시고 내 발을 반석 위에 두사 내 걸음을 견고하게 하셨도다" (시편 40:1-2)

살다보면 답답할 때가 많습니다. 그것은 나이와 신분에 관계없이 일어나는 피곤한 삶의 한 과정입니다. 더러는 작은 처방으로 사라지는 것도 있지만, 애를 쓰고 밤을 새워도 풀리지 않는 어려운 일들이 대부분입니다. 더러 해결할 수 없는 경제적 어려움도 때를 가리지 않고 나타나고, 특히 교회의 크고 작은 목회 계획 중에 나타나는 것은 오롯이 목사의 몫입니다.

한 나라를 통치하던 이스라엘의 위대한 왕 '다윗'도 자신의 권력으로 덮고 넘어갈 수 없는 죄의 문제가 있었습니다. 밤을 새워 하나님 앞에 침상을 적실만큼 울었습니다. 인간의 불가항력 중에 대표적인 것이 죄얼(罪孼)의 문제입니다. 그는 사랑하는 어린 아들의 생명을 살려달라고 금식하며 기도했습니다. 그러나 허락을 못 받고 거절당한 채 금식을 풀었습니다.

하나님 앞에 눈물로 호소하던 왕의 기도는 생명을 살리는 높은 벽 앞에서 막히고 말았습니다. 무소불위의 권위를 가진 왕도 넘지 못할 성은 생명을 살리는 일과 죄 용서를 받는 일입니다. 더러는 무서운 질병이 온 몸을 잠식해서 죽음이 턱밑에 이를 때도, 우리는 다만 하나님 앞에 기도하는 일밖에는 할 일이 없습니다. 그러나 그것은 믿는 이에게 주신 특권입니다.

진실한 기도는 하나님 앞에 홀로 서는 것입니다. 아무도 없는 골방에서, 혹은 성전 마룻바닥에 무릎을 꿇고 흐르는 눈물을 주체하지 못한 채 입술만 움직이는 서러운 기도를 드릴 수 밖에 없을 때도 있습니다. 그러나 하나님은 우리의 기도문이 화려하고 기도가 유창해서가 아니라 그 절박한 마음을 받으십니다. 여기는 저의 그런 경험과 고백을 그대로 옮겼습니다.

신앙생활의 별미는 하나님과의 친밀합니다. 그리고 그 친밀함의 증거는 하나님 앞에서의 응답입니다. 응답은 하나님과의 관계를 입증하는 실상이요, 사랑의 확신을 갖게 하는 믿음의 증거입니다. 그리고 때로는 단 한 번의 응답이 일생을 두고 무한한 위로와 행복을 끊임없이 공급해주는 호르몬입니다. 그때야 말로 세상을 다 가진 것 같은 행복을 느끼는 것입니다.

최고의 응답은 국가적 위기에서의 응답이나, 교회 안의 크고 작은 문제를 해결해 주심보다, 숨이 막혀 들어오는 기가 막힌 수렁에서 자신의 개인적인 기도를 들으시고 응답해 주실 때입니다. 이 은밀한 응답은 자신의 목숨이 다할 때까지 결코 추억의 갈피에서 지울 수 없는 감격입니다. 기도의 응답은 매일 필요한 것이 아니라 일생에 단 한번 필요한 것입니다.

기도를 하고, 기도문을 쓰며 하나님과 사귐이 있다고 자부하면서도 역설적인 현상은 늘 따라다닙니다. 그건 바로 제 믿음을 여지없이 무너뜨리는 긴장, 불안, 염려 같은 믿는 사람이 가질 것 같지 않은 것들이 계속 저를 공격해 오는 것입니다. 기도를 드리고 있는 순간에도 제가 버럭 소리를 지를 만큼 밀려오는 어둠의 세력은 지금도 제 주위에 맴돌고 있습니다.

금방 감사하고 행복했는데, 어떤 일로 잊혔던 분노, 영혼에 수면 아래로 가라앉아있던 배신감, 놀랍게도 분노의 끝에는, 아무도 믿지 않겠지만 살인의 유혹이 그림자로 지나갑니다. 이런 심령에서 요동치는 변화무쌍한 영적 갈등이 바울 사도를 괴롭힌 것과 같을지도 모릅니다. "오호라 나는 곤고한 사람이로다. 이 사망의 몸에서 누가 나를 건져내랴"(로마 7:23)

저는 또 다시 기도하면서 이 기도문을 적었습니다. 그런데 이것도 그런 상황에 있는 이를 위하여 드리는 기도로 실을까 하다가 있는 대로 솔직히 고백하기로 했습니다. 여기에 실린 기도는 그때의 제 심령상태이고 제가 그렇게 기도하고, 제가 그런 상태에 빠져있던 순간의 모습입니다. 그런 이들을 위한 기도로 고칠까 하다 차마 손을 못 대고 그냥 두었습니다.

개인적인 응답에 대한 감사의 기도는 제 자랑 같아서 쑥스러웠다면, 자신의 영성을 위하여 드린 이 기도문은 제 영성을 위한 기도라고 하기보다 제 영적 상태에서 울부짖다시피 한 처절한 망가짐 속에서의 절규입니다. 그래서 수치스러움과 부끄럽고 초라한 제 모습을 그대로 드러낸 기도입니다. 그래도 이 기도는 가장 솔직한 제 모습이라 숨기지 않기로 했습니다.

이 기도를 드릴 때마다 고백하는 것은 변화된 듯 착각하고 있었는데, 여전히 옛사람이 꿈틀대고 있었고, 완전히 그리스도의 사람이라고 자부하고 있었는데 여전히 영의 사람이 아니라 육의 사람이었습니다. 어쩌면 이렇게 약하고 추한 모습은 이 몸을 벗고 영원하고 완전한 무장으로 새롭게 덧입기 전까지는 날마다 일어날 일입니다. 참으로 약한 인생입니다.

처음엔 부끄럽고 당황하고 숨기고 싶은 기도였으나, 저의 연약하고 불완전한 모습을 그대로 노출시키는 것이 그동안 스스로를 기도자로 위장하여 포장된 저를 하나님의 안목으로 보일 수 있는 진솔한 모습입니다. 어쩌면 땅의 기도 사이사이에 묻어놓은 자신의 영성을 위한 기도야말로 저 자신에 대한 가장 진솔한 기도일 것입니다. 이 설명이 좀 긴 이유입니다.

12. 자신의 영성을 위하여 드리는 기도!!

땅의 기도

계속 이 길을 가야할지 모를 때 드리는 기도!

"네 길을 여호와께 맡기라 그를 의지하면 그가 이루시고 네 의를 빛 같이 나타내시며 네 공의를 정오의 빛 같이 하시리로다" (시편 37:5-6)

하나님! 저희가 열심히 달려가는 걸음이 때로는 불안하고 답답할 때가 있습니다. 저희가 가는 길이 하나님이 기뻐하시는 길인지, 아니면 하나님께서 원치 않으시는 길인지 알게 하시고, 이 일을 위하여 기도하오니 응답해 주옵소서! 이 땅의 많은 이들, 때로는 하나님의 자녀들조차, 나아가 주의 종들조차 하나님의 도우심을 구할 때가 있습니다. 기억하여 주옵소서!

분명히 저희의 생각에는 이 길로 가는 것이 하나님께서 기뻐하시는 길이요, 원하시는 길이라고 믿고 달려왔는데, 어느 날 갑자기 일이 가로막혀 풀리지 않으면, 불안하여 평안이 사라지고 맙니다. "정말 하나님이 나를 도우시는가?, 정말 하나님께서 함께 하시는가?" 의심이 들기도 하고, "이렇게 가다가 잘못되는 것은 아닌가?" 불안할 때도 도와주시옵소서!

하나님! 두려워 하나님께 간구하오니. 저희를 인도하시고 눈을 열어 하나님의 세밀한 계획을 보게 하옵소서! 이러지도 저러지도 못할 진퇴양난의 길에 있을 때, 하나님께서 지혜의 영을 부어 주시고 가야할 길을 보여 주옵소서! 확신이 들게 하옵소서! 허망한 욕심을 따라 달려가거나, 세상의 미혹에 귀를 기울이고 떠나 후회하지 않고 바른 길을 가게 하옵소서!

사도 '바울'에게 '아시아' 전도를 막으시고, '비두니아' 전도도 막으시며, 계속 그 지경을 지나 남서쪽 항구도시인 '드로아'까지 가게 하시고, 그곳에서 잠을 잘 때에, 마케도니아 사람하나가 "건너와서 우리를 도우라"(사도 16:9)는 말씀을 들려주시고, "하나님이 저 사람들에게 복음을 전하라고 우리를 부르신 줄 알고"(사도 16:10) '마케도니아'로 가는 계시를 주옵소서!

저희가 하나님의 인도를 구할 때도 하나님은 어떤 방법으로든 갈 길을 가르쳐 주옵소서! '빌립'에게 "남쪽으로 향하여 예루살렘에서 '가사'로 가는 길로 가라."(사도 8:26)는 말씀을 전해 주시듯, 방황하는 저희에게도 분명한 길을 열어 주옵소서! 하나님께 구하고, 하나님께서 응답하시어 믿고 가게 하시는 길만이 가장 완벽하고 안전한 길임을 알게 하여 주시옵소서!

기도도 안하고 떠난 길, 확인도 안 받고 출발한 길, 하나님의 마음보다 저희의 생각대로, 자신이 좋게 보는 대로 왔습니다. 문제가 생기고, 멈추어야 할 때에 성경에 길이 있으니 성경을 읽고, 말씀에 길이 있으니 말씀을 듣게 하시고, 기도에 답이 있으니 기도드리게 하옵소서! 길이 막히고 문제가 생길 때 고집을 믿음인줄 오해하는 어리석음을 버리게 하시옵소서!

저희의 길이요 진리이신 예수 그리스도의 이름으로 기도드립니다. 아멘!

12. 자신의 영성을 위하여 드리는 기도!!

땅의 기도
교만이 올라올 때 드리는 기도!

"그러므로 너희는 하나님이 택하사 거룩하고 사랑 받는 자처럼 긍휼과 자비와 겸손과 온유와 오래 참음을 옷 입고" (골로 3:12)

사랑의 하나님! 제가 입술로는 늘 '부족한 종'이라고 말하고, 사도 '바울'처럼 '만물의 찌끼'나 '가장 낮은 자 보다 더 낮은 자', '죄인의 괴수'라고 하지만 내심은 이걸 동의하지 않을 때가 많습니다. 전능하신 우주 만물의 창조자이며 저희의 하늘 아버지이신 하나님 앞에서야 당연하지만, 같은 목사님들이나 장로님들 앞에 설 때, 순간순간 이런 교만한 생각이 듭니다.

이럴 때 교만하지 않게 하옵소서! 제 종아리를 치시고, 환도 뼈를 부러뜨려 주옵소서! 세상에서 저보다 못한 장로님이나 집사님은 없고, 하물며 저보다 못한 전도사님이나 목사님은 없다는 마음을 다시 깨달아 알게 하옵소서! 정말 제 자신을 되돌아 볼 때 '만물의 찌끼'같은 하찮은 자신을 바라보게 하옵소서! 이는 겸손이 아니라 당연한 사실임을 알게 하옵소서!

목회자의 자격이 없는데 목사의 반열에 끼워 넣어 주심이 은혜요, 무수한 죄와 허물에도 불구하고 마치 실제로 무흠한 것처럼 영예롭게 은퇴하게 하시니 한없이 고맙고, 은퇴 이후에도 이렇게 글도 쓰며 아직도 현직에 있는 이들과 교류하게 하시니 고맙고, 다른 원로 목사님들처럼 목회를 잘 하고 은퇴한 것처럼 보이게 해준 것이 놀라우신 하나님의 은혜입니다.

그달 그달 어떻게 살아야 할까 고민했음에도 실제로 한 번도 끼니를 안 굶도록 까마귀를 보내서 제가 필요한 최소한의 식물을 공급해 주심을 볼 때, 이건 순전히 하나님의 은혜임을 고백합니다. 행여 꿈에서도 다른 분들보다 단 한 치의 어깨도 올라가는 우쭐 병에 걸리지 않게 하시고, 언제나 저는 모든 주의 사자들 맨 끝에 있는 무익한 종임을 알게 하시옵소서!

무엇보다 저 자신에게 "아무 일에든지 다툼이나 허영으로 하지 말고 오직 겸손한 마음으로 각각 자기보다 남을 낫게 여기고"(빌립 2:4)살게 하옵소서! "내가 나 된 것은 하나님의 은혜로 된 것이니, 내게 주신 그의 은혜가 헛되지 아니하여, 이 모든 일이 내가 한 것이 아니요, 오직 나와 함께 하신 하나님의 은혜라."(고전 15:10)고 고백할 수 있게 하시옵소서!

속으로라도, 아니 꿈에라도 '이 세상에 가장 낮은 자보자 더 낮은 자'로 '만물의 찌끼'같은 종인 것을 알게 하옵소서! 그렇게 '생각'하는 것이 아니라 '사실'이 그렇다는 것을 인정하게 하옵소서! 오늘 살아있음도 하나님의 은혜요, 오늘 이 글을 쓰고 있음도 하나님의 은혜입니다. 천국 문을 지나 아버지 앞에 나갈 때 벌레처럼 기어들어가도 과분함을 알게 하옵소서!

겸손의 왕으로 내려오신 예수 그리스도의 이름으로 기도드립니다. 아멘!

땅의 기도
기도가 회복되지 않을 때 드리는 기도!

"나는 너희를 위하여 기도하기를 쉬는 죄를 여호와 앞에 결단코 범하지 아니하고 선하고 의로운 길을 너희에게 가르칠 것인즉" (삼상 12:23)

"쉬지 말고 기도하라!"고 하신 하나님! 저희가 무엇을 구하기 전에 '기도가 회복되기를 위한 기도'를 하게 하옵소서! '코로나' 상황을 핑계로 오랜 시간 온전한 예배가 이루어지지 않고, 덩달아 기도 생활도 게을렀음을 인정합니다. 하나님께서 저희의 형편을 아시니 일일이 구하지 않아도 된다는 헛된 믿음으로, 입을 열어 구하는 데 게을렀음을 용서하여 주옵소서!

왜 저희에게 마치 호흡하듯 "쉬지 말고 기도하라!"고 하셨는지 뒤늦게라도 깨닫게 하여 주시니 고맙습니다. 저희가 기도하는 일을 쉬는 죄를 범했음을 용서하시고, 다시 기도의 열정을 회복하게 하여 주옵소서! 저희로 하여금 '갈멜'산의 '엘리야' 선지자처럼 홀로 외로이 있을지라도 무너진 단을 다시 쌓게 하시고, 하늘을 향하여 기도의 문을 열게 하여 주옵소서!

인공호흡이나 산소 호흡기에 의존하여 겨우 연명하는 위급환자나 중환자처럼 신앙에 불완전한 저희들의 기도를 정상적인 호흡이 되도록 인도해 주옵소서! 하나님께로 나아오게 하시옵소서! 하나님께 구하게 하시옵소서! 하나님을 사모하게 하옵소서! 하나님께 간구하게 하옵소서! 부르짖게 하옵소서! 그리고 응답받게 하옵소서! 그런데 그럴만한 능력이 없습니다.

연약해진 서로를 위해서 기도하게 하옵소서! 하나님께서 저희 목마른 영혼들의 갈급함을 보시고 생수를 주어 마시게 하옵소서! 밤을 새워 기도하게 하시고, 금식하며 기도하게 하옵소서! 구하고, 찾고, 두드리게 하시고, 불의한 재판관을 만난 연약한 여인처럼 마침내 응답받게 하시옵소서! 모두 주님의 이름으로 주시는 신비한 기도응답의 체험이 있게 하옵소서!

자기 자랑만 잔뜩 늘어놓고 아무런 응답을 받지 못하고 돌아간 불쌍한 '바리새인'이 아니라, 정직하고 진솔한 마음으로 "하나님! 불쌍히 여겨 주옵소서! 저는 죄인입니다."라고 고백하고 응답받은 세리와 같은 기도를 드리게 하옵소서! 기도가 끝난 다음 하나님께 저희가가 하나님께 응답을 받고 돌아가게 하옵소서! '벗'됨이 아니라 '강청'함으로 얻게 하옵소서!

전능하신 하나님! 우리가 이 땅에서 사는 힘이 경제력이나 체력이 아니라 기도의 힘인 것을 알게 하시고, 기도의 능력이 사라지면 삶의 의욕도 용기도 모두 사라지는 것을 알게 하여 주옵소서! 기도를 쉬는 것이 얼마나 치명적인 죄인지 알고 다시는 기도를 쉬는 죄를 범치 않게 하옵소서! 기도를 멈추면 인생이 수레바퀴가 멈추어 서는 진리를 깨닫게 하옵소서!

저희 기도의 응답자이신 예수 그리스도의 이름으로 기도드립니다. 아멘!

땅의 기도

마음에 평안이 없을 때 드리는 기도!

"내가 입을 열지 아니할 때에 종일 신음하므로 내 뼈가 쇠하였도다 주의 손이 주야로 나를 누르시오니 내 진액이 빠져서 여름 가뭄에 마름 같이 되었나이다" (셀라)

(시편 32:3-4)

사랑이 많으신 하나님! 무슨 일인지는 모르지만 마음이 불안합니다. 왠지 모르게 마음이 무겁고 옥죄어 오는 듯하고 하늘이 내려앉는 것 같습니다. 좋은 것을 보아도 행복하지 않고 기쁜 일도 신이 나지 않습니다. 무언가에 눌려있는 것 같습니다. 하나님의 사랑이 느껴지지 않고, 쫓기는 것 같습니다. 평안함과 자유로움을 주옵소서! 닫힌 하늘이 열리게 하옵소서!

공연한 불안을 거두어 주옵소서! 웬일인지 하나님의 심판이 있을 것 같은 두려운 마음에서 벗어나고, 하나님의 선하신 인도함을 받으며 행복하게 살게 하옵소서! 모두 포기하고 멈추고 싶은 마음도 사라지게 하시고, 다시 용기를 내어 시작하게 하옵소서! 저를 지배하는 어두움을 걷어내 주시고 밝은 새날의 빛을 주시고, 창공을 날며 먼 미래를 내다보게 하옵소서!

제가, 알지 못하고 기억하지 못하는 죄가 있는지 돌아보게 하시고, 발견했다면 철저하게 회개시켜 주시옵소서! 사람과의 관계에서 마음이 무겁게 된 이유가 있다면 잘 찾게 하옵소서! 그리고 뒤틀리고 무너진 관계가 원인이라면, 이를 수습하고 원만하고 평안한 관계가 되게 하옵소서! 삶의 밑바닥에 가라앉은 해결되지 않은 문제들이 있다면 풀게 하시옵소서!

이유 없는 답답함이나 불안함은 없을 터이니, 내면에 숨어있는 작은 죄라도 샅샅이 찾아내고, 이미 잊어버린 아주 먼 옛날의 일조차도 기억하여 모두 하나님 앞에서 토해 내게 하옵소서! 작은 것도 무시하지 말고, 오래된 것도 가볍게 여기지 않고, 하나님 앞에 직고하게 하옵소서! 죄악을 변명하지 말고 모두 고백하고 인정하고 하나님의 용서를 받게 해 주옵소서!

행여 불안하고 답답한 원인이 다른 곳에 있다면 이를 철저히 찾아내 원인을 제거하여, 하나님께서 주신 시간을 행복하고 평안하게 보내게 하옵소서! 기왕에 살아갈 하루하루를 아침에 눈을 뜨고 저녁에 잠자리에 들 때까지 평안과 기쁨이 넘치게 하옵소서! 귀한 인생을 위하여 "내 마음의 근심이 많사오니 나를 고난에서 끌어내소서!"(시편 25:17) 구하게 하옵소서!

"허물의 사함을 받고 자신의 죄가 가려진 자는 복이 있다."(시편 32:1)고 하셨으니, 오늘 하나님께서 저의 허물을 사하시고 죄를 가려 주시옵소서! 죄의 기세에 눌려 죽음 가운데 내려가 있는 저의 형편을 긍휼이 여기시고, 하나님의 강한 손을 펴시어 건져 주옵소서! 저의 영혼을 소성시키고 의의 길로 인도하시는 하나님을 고백하며 사는 하루가 되게 하옵소서!

찌르는 근심과 불안에서 건지실 예수 그리스도의 이름으로 기도합니다. 아멘!

12. 자신의 영성을 위하여 드리는 기도!!

땅의 기도

마음의 조급함을 견딜 수 없을 때 드리는 기도!

"여호와 앞에 잠잠하고 참고 기다리라 자기 길이 형통하며 악한 꾀를 이루는 자 때문에 불평하지 말지어다." (시편 37:7)

사랑의 하나님! 제가 하나님을 믿는 믿음의 사람으로, 매사를 믿음으로 견디며 믿음으로 기다리며, 오직 믿음으로 살아야 할 터인데, 믿음이 흔들립니다. 조금만 분하면 분노가 치밀고, 조금만 억울하면 심한 말이 나오고, 조금만 지체되면 답답한 마음에 울화가 치밀어 오릅니다. 하나님의 약속이 더디 이루어지면 속상한 마음에 믿음은 사라지고 불평만 하게 됩니다.

하나님! "믿음은 바라는 것들의 실상이요 보이지 않는 것들의 증거니 선진들이 이로써 증거를 얻었느니라."(히브 11:1-2)라고 하셨는데, 저희에게 믿음을 보여주신 믿음의 선진들은 바라는 것들을 마치 눈앞에서 본 듯이, 보지 못하는 것들을 직접 만져본 듯이 인내하며 기다렸습니다. 그리고 그 믿음이 부끄럽지 않도록 약속을 이루어 주시는 하나님을 경험했습니다.

종이 믿음이 부족하여 하나님의 약속이 이루어지기를 참고 기다리지 못하는 조바심으로 일을 그르칠 때가 많습니다. 약속을 못 기다리고 '하갈'을 취하여 '이스마엘'을 얻은 '아브라함'이나, 금방 약속하셨음에도 자신의 나이나 신체적 증거를 보며 약속을 믿지 못하고 웃었던 '사라'처럼 겉으로는 대단한 믿음의 사람처럼 보이는데 막상 들여다보면 믿음이 없습니다.

제제 하나님께서 주신 약속이 살아있다면, 상황과 관계없이 믿음으로 기다리게 하옵소서! 위기가 오고 사면초가가 되어도 하나님의 약속이 있다면 '다윗'처럼 "내가 야훼를 기다리고 기다렸더니 귀를 기울이사 나의 부르짖음을 들으셨도다."고 고백할 수 있는 언약의 성취를 보게 하옵소서! 하나님 앞에 잠잠하고 참고 기다리는 제가 되게 하시옵소서! (시편 37:7)

살다보면 악한 자나 불법한 자들이 잘 되며, 의롭고 선한 이는 안 되는 것을 봅니다. 대적은 간교를 부리고 기만하여도 잘 되고, 저는 우직하게 정직함으로 해도 안 되는 것을 보며 믿음에 회의가 들 때도 있고, 신뢰가 무너지는 슬픔을 겪기도 합니다. 그러나 "그들은 풀과 같이 속히 베임을 당할 것이며, 푸른 채소 같이 쇠잔할 것임."(시편 37:2)을 믿게 하옵소서!

답답하여 숨이 막혀 죽을 것 같을 때도 하나님을 기다리게 하옵소서! "야훼는 정의의 하나님이심이라. 그를 기다리는 자마다 복이 있도다." (이사 30:18)고 하셨으니, 저희가 하나님의 복을 받게 하옵소서! 아무 것도 보이지 않는 '갈멜'산에서 두 무릎 사이에 얼굴 파묻고 일곱 번이나 하나님의 응답을 확인하던 '엘리야'처럼 끝내 응답을 받고 산을 내려오게 하옵소서!

구하는 대로 주신다고 하신 예수 그리스도의 이름으로 기도합니다. 아멘!

12. 자신의 영성을 위하여 드리는 기도!!

땅의 기도

말씀을 들어도 깨달음이 없을 때 드리는 기도!

"그들이 서로 말하되 길에서 우리에게 말씀하시고 우리에게 성경을 풀어 주실 때에 우리 속에서 마음이 뜨겁지 아니하더냐 하고." (누가 24:32)

사랑하는 하나님! 제 심령의 눈을 열어 주옵소서! 하나님의 말씀은 "살았고 활력이 있어 좌우에 날선 어떤 검보다도 예리하여, 혼과 영과 및 관절과 골수를 찔러 쪼개기까지 하며 또 마음의 생각과 뜻을 판단하신다."(히브 4:12)고 하셨는데, 말씀이 제 앞에서 다 떨어지고, 가슴에 남아있지 않습니다. 들어도 감동이 없고, 감동이 와도 이를 쓸어내 버립니다.

하나님의 말씀을 들을 때에 '데살로니가교회'처럼 사람의 말이 아니라 '하나님의 말씀'으로 듣게 하옵소서! 그리하여 말씀을 듣는 저의 마음속에 들어와 역사하게 하옵소서! 말씀을 들을 때 하나님의 음성으로 듣고, 그 말씀에 '아멘'하게 하시옵소서! '선포되는 말씀'인 '설교'뿐만 아니라, 기록된 말씀 성경을 읽을 때 동일한 감동과 고백이 제게 임하게 하옵소서!

성경을 읽어도, 깨닫지도 못한 채 100독을 하고, 필사를 하는 것을 자랑하지 않게 하시고, 그 말씀이 눈을 통해 가슴으로, 다시 깊은 영으로 들어오게 하옵소서! 말씀을 읽을 때 믿음이 생기게 하시고, 기쁨의 깊이가 더해

가고 행복이 깊어지게 하옵소서! 말씀을 넘길 때마다 진리의 샘이 터져 벌떡 일어나서 춤을 추게 하옵소서! 미친 사람처럼 되게 하시옵소서!

말씀을 들을 때에 하나님의 감동에 전율하고 기운에 온 몸을 떨게 하시고, 말씀을 읽을 때에 가슴이 뜨거워지고, 천국의 아름다움을 경험하게 하옵소서! 계시의 언어들이 귀에 들리고 가슴에 닿고 눈으로 보여 실재하는 천국에 눈에 놀라고, 그 나라의 향기가 느껴지게 하옵소서! 성경이 예수님에 대한 기록이니, 그 말씀을 읽을 때에 큰 감동이 있게 하옵소서!

오늘도 하나님의 사랑으로 저를 붙잡으시고 감동을 주셔서 '베드로'가 설교할 때 가슴을 치며 "우리가 어찌할꼬?"하듯 회개하도록 회개의 영을 주옵소서! 다른 이에게 설교하는 설교자가 아니라, 저에게 설교하고 스스로 회개하는 설교자요, 회개하는 성도가 되게 하옵소서! 무엇보다 성경을 읽을 때에 시대를 초월하여 말씀하시는 하나님을 경험하게 하시옵소서!

"주의 말씀은 내 발에 등이요 내 길에 빛이니이다."(시편 119:105)고 하셨는데, '세상의 빛'이신 주님 앞에 나와서 하나님을 뵙게 하옵소서! "너희가 성경에서 영생을 얻는 줄 생각하고 성경을 연구하거니와 이 성경이 곧 내게 대하여 증언하는 것이니라."(요한 5:39)고 하신 주님을 모른 채, 귀머거리로 혹은 영적인 맹인으로 사는 불쌍한 자 되지 않게 하옵소서!

세상의 빛이요 말씀이신 예수 그리스도의 이름으로 기도드립니다. 아멘!

12. 자신의 영성을 위하여 드리는 기도!!

땅의 기도

맑은 영혼을 위하여 드리는 기도!

"나의 죄악을 말갛게 씻으시며 나의 죄를 깨끗이 제하소서 무릇 나는 내 죄과를 아오니 내 죄가 항상 내 앞에 있나이다." (시편 51:2-3)

티끌만한 죄도 용납하지 않으시는 거룩하시고 완전하신 하나님! 이 시간 저희들의 더럽고 탁하게 오염된 영혼을 위하여 기도합니다. 저희 속에 배설물처럼 가득 찬 죄의 힘이 육체와 영혼을 잠식하고 있습니다. 세상의 죄를 무차별 흡입하고 있던 더러운 영혼을 예수님 보혈의 능력으로 씻어주심이 고맙습니다. 공로 없는 저희를 피 값으로 구원하심이 고맙습니다.

죄 씻음을 주시어 저희 영혼을 죄에서 자유케 하셨지만, 여전히 무서운 죄의 세력이 남아서 쉼 없이 죄를 마시고 죄가 배양되고 있습니다. 하나님을 사랑하는 마음보다 세상에 대한 미련과 집착이 강하고, 주님에 대한 사랑의 크기보다 육체에 대한 애정의 깊이가 더합니다. 이 시간 하나님께서 저의 영혼의 상태를 죄의 무균 지대와 청정 지역으로 만들어 주시옵소서!

'속사람으로는 하나님의 법을 즐거워하되 지체 속에서 한 다른 법이 마음의 법과 싸워 내 지체 속에 있는 죄의 법으로 나를 사로잡는 것을 본다.'(로마 7:22-23)며 '오호라 나는 곤고한 사람이로다. 누가 이 사망의 몸에서 나를 건져내랴!'(로마 7:24)고 탄식한 사도의 고백처럼, 저희도 스스로 영혼의 승리를 장담할 길 없는 연약한 인생이오니 도와주시옵소서!

언제나 저희의 영혼이 뿌연 안개에 둘러싸인 것처럼 하나님을 뵈려야 뵐수 없는 상태이오니 하나님께서 오염의 근원인 죄를 제거하시고, 하나님 앞에서 정직한 영이 되고 정결한 영이 되게 하여 주시옵소서! 정결한 영혼이 하나님을 뵈올 수 있음을 믿습니다. 눈은 마음의 등불이듯이, 마음이 영혼의 등불인줄 믿습니다. 맑은 영혼으로 하나님을 뵙게 하시옵소서!

'마음이 청결한 자는 복이 있나니 그들이 하나님을 볼 것임이라.'(마태 5:8)고 하셨으니, 저희의 영혼이 정결케 되어 날마다 하나님을 뵐 수 있게 하시옵소서! 불 꺼진 등처럼 혼미해진 캄캄한 영혼으로 하나님께 나아가는 미련한 자 되지 않게 하시고, 저희가 육체의 외모를 가꾸고 관심을 집중하듯, 매일 아름다운 영혼을 위해 기도와 말씀을 투자하게 하시옵소서!

매일 하나님을 모르는 사람들처럼 겉사람 치장과 겉치레를 하는 것에 인생을 걸지 말고, 영혼을 아름답게 하는 일에 매진하게 하시고, 하나님을 기쁘게 할 것이 무엇인가 시험하게 하시옵소서! 살아도 주를 위하여 살고, 죽어도 주를 위하여 죽어, 사나 죽으나 하나님의 영광만 위하여 살게 하시옵소서! 영혼의 무장상태를 매일 점검할 수 있게 하여 주옵소서!

저희의 영적상태를 흠 없기 원하시는 예수님 이름으로 기도합니다. 아멘!

땅의 기도

무엇을 해야 할지 모를 때 드리는 기도!

"그러나 내가 가는 길을 그가 아시나니 그가 나를 단련하신 후에는 내가 순금 같이 되어 나오리라" (욥기 23:10)

언제나 저희들의 곁에서 두 눈이 시퍼렇게 살아계셔서 "제가 앉고 일어섬을 아시고 멀리서도 저의 생각을 밝히 아시며, 저의 모든 길과 제가 눕는 것을 살펴 보셨으므로 저의 모든 행위를 익히 아시는 하나님!"(시편 139:2-3)하나님께 저의 현재와 미래의 삶을 의탁하며 간절히 구합니다. 전능하신 하나님! 오늘도 저는 제가 가야할 길을 모르고 저의 미래를 모릅니다.

오늘 제가 가는 길이 바른 길인지, 혹 잘못된 길인지 알게 하시고, 행여 오늘 이 길이 하나님의 인도하심인지, 저의 판단으로 제가 결정한 것인지 냉정하게 살펴보게 하옵소서! 인간의 좁은 바람과 욕심의 노예가 되어 일을 그르치지 않게 하시며, '속도가 아니라 방향'이라고 했는데 오늘 제가 달려가는 속도보다는 그 방향이 진정 올바른지 점검하게 하옵소서!

하나님께서 저에게 원하시는 일도 아닌 것을, 하나님의 인도하심도 없이, 그저 열심 하나만으로 달려가는 것은 아닌지 중간에 잠깐 쉬면서 자신을 돌아보는 기회를 갖게 하옵소서! 이 일이 하나님께로부터 온 것인지, 이 일을 하기 전에 하나님의 부르심이 있었는지, 지금은 하나님의 도우심으로 하나님이 주신 능력으로 하는지 살펴보며 달려가게 하여 주옵소서!

어떤 일이 정작 하나님이 기뻐하시는 일인지, 어느 일이 제가 가장 좋아하는 일인지, 어느 일이 사람들을 기쁘게 하는 일인지, 또 어떤 일이 저의 적성에도 맞고, 능력이나 은사에 하나님의 일하심이 있는지 살펴보게 하옵소서! 앞으로 새로운 일을 시작하는데 있어서, 정말 하나님의 부르심이 있는 곳에서, 하나님께서 원하시는 일을, 하나님을 힘입어 하게 하옵소서!

저희는 언제나 우둔하고 미련하여 하나님의 부르심이 없어도 마치 하나님의 부르심이 있는 것처럼, 하나님 없이 가면서도 하나님과 동행하는 줄 알고, 하나님이 기뻐하시지 않는 방법으로 하면서도 하나님의 방법처럼, 하나님의 도우심이 없는데도, 마치 하나님의 도우심으로 하는 것처럼 속아서 살고 있습니다. 저희 미래가 정직하게 하나님의 인도를 받게 하옵소서!

새 일을 시작하든, 지금 하는 일을 돌아보든, 하나님을 어떤 모습으로 따라가는지, 잠시 가던 길을 멈추고 하나님의 계시와 인도를 받게 하옵소서! 한 걸음을 옮기고 한 발자국을 가더라도 주님과 함께 가는 지혜 있는 저희들이 되게 하시옵소서! 평생을 헌신하고 나서 허망한 자 되지 않도록 지금 당장 점검을 하고 자신을 돌아보아 제대로 사는 지혜를 주옵소서!

현재와 미래를 책임지실 예수 그리스도의 이름으로 기도합니다. 아멘!

12. 자신의 영성을 위하여 드리는 기도!!

땅의 기도

믿음이 무너지는 것을 느낄 때 드리는 기도!

"제자들에게 이르시되 너희 믿음이 어디 있느냐 하시니 그들이 두려워하고 놀랍
게 여겨 서로 말하되 그가 누구이기에 바람과 물을 명하매 순종하는가 하더라"

(누가 8:25)

하나님께서 저희에게 "믿음은 모든 사람의 것이 아니니라."(살후 3:2)고 하
신 '믿음'을 주셔서, 그 믿음으로 하나님을 고백하고, 그 믿음으로 구원받
게 하시고, 그 믿음으로 기도하고, 그 믿음으로 응답을 받으며, 그 믿음으
로 천국을 경험하며 살게 하시니 고맙습니다. 믿음 때문에 행복하고 믿음
으로 사니 즐겁고, 믿음으로 사니 인생이 살기에 부족함이 없었습니다.

그런데 요즘은 그 믿음이 점점 사라지고, 따라서 믿음의 능력도 사라지고,
자연히 기도의 능력도 고갈되고, 이에 따라 기쁨도 즐거움도 모두 사라지
고 있습니다. 하나님께서 종을 불쌍히 여기시어 믿음을 회복시켜 주옵소
서! 믿음이 없으면 책망하시고, 큰 믿음은 칭찬을 하셨으니, 제가 큰 믿음
으로 승리하게 하시옵소서! 믿음으로 구하여 응답받게 하시옵소서!

믿음은 '하나님의 선물'(고전 12:9)이라고 하셨으니, 믿음이 있다고 우쭐하지
말 것은 하나님의 선물이요, 없다고 낙심하지도 말 것은 하나님께 구하게

하옵소서! 하나님의 기적을 보기 위하여 아이의 아버지가 "내가 믿나이다. 나의 믿음 없는 것을 도와주소서!"(마가 9:24)라고 하듯 오늘 저의 삶에 이런 기도를 드림으로 믿음의 능력이 나타나게 하시옵소서!

믿음이 있는 척 하는 거짓된 믿음이 아니라, 믿음이 없음을 인정하고 믿음의 사람이 되기를 간절히 구하고, 정직한 믿음의 사람이 되게 하옵소서! 그 믿음으로 포기하지 않고 끝까지 인내하는 믿음을 주옵소서! "믿음이 없으면 하나님을 기쁘시게 할 수 없다."(히브 11:6)고 하셨는데, 반드시 하나님 계신 것과 또 찾는 자들에게 상주시는 이심을 믿게 하옵소서!

무엇보다 먼저 믿음 얻기를 위하여 기도하게 하시고, 믿음의 순수성을 잃지 않도록 탐욕을 버리게 하시고, "믿음은 들음에서 나며 들음은 그리스도의 말씀으로 말미암았느니라."(로마 10:17)고 하신 것처럼, 믿음이 뿌리를 내릴 수 있도록 매일 말씀을 듣게 하옵소서! '말씀'과 '기도'는 믿음의 불씨를 지피고 불태우는 장작입니다. 매일 말씀을 묵상하게 하시옵소서!

믿기만 하고 믿음의 열매는 없는 허황된 믿음이 아니라, 그 믿음을 증명할 수 있는 증거도 있게 하옵소서! 우리가 스스로 믿음의 지도자인양 하지만 강도 만난 자를 지나쳐간 서기관과 제사장들처럼 그렇게 되지 않고, 천한 신분이지만 그의 가슴에 영롱한 햇살처럼 빛나는 믿음을 주옵소서! 하나님! 제가 세상에서 가장 존귀한 믿음의 사람이 되게 하시옵소서!

믿음을 귀하게 여기시는 예수 그리스도의 이름으로 기도드립니다. 아멘!

12. 자신의 영성을 위하여 드리는 기도!!

땅의 기도

배신의 슬픔을 당했을 때 드리는 기도!

"대답하여 이르시되 나와 함께 그릇에 손을 넣는 그가 나를 팔리라 인자는 자기
에 대하여 기록된 대로 가거니와 인자를 파는 그 사람에게는 화가 있으리로다
그 사람은 차라리 태어나지 아니하였더라면 제게 좋을 뻔하였느니라"

(마태 26:23-24)

사랑의 하나님! 감당하기 어려운 배신에 분노가 일고, 분노를 이기기 위해
하나님 앞에 엎드렸습니다. 하나님의 사랑과 위로가 필요합니다. 불쌍히
여기시고 위로하여 주옵소서! 저에게 그런 일이 생기리라고 믿지 않았는
데, 제게도 일어났음에 먼저 저의 죄를 인정합니다. 하나님의 사랑을 기대
합니다. 하나님께서 갚아주심을 바라는 마음조차 부끄럽고 죄송합니다.

처음 일을 겪고 제일 먼저 든 생각은, 형보다 믿음으로 예배를 드린 '아벨'
이 형의 질투를 받은 다음, 그와 들에 나갔다가 돌에 맞아 죽은 때의 상황
입니다. 전혀 자기를 죽일 것 같지 않던 형의 표정이 돌변하여 자신을 돌
로 칠 때 아벨이 얼마나 두려웠을까? 얼마나 처참하게 죽었을까 상상을 했
습니다. 아들 '압살롬'에게 배신당한 '다윗'도 생각이 났습니다.

제자에게 배신당한 사도 '바울'도 생각납니다. 그의 진실한 동역자인 '데마'
는 세상을 사랑하는 마음이 너무 강해 고향인 '데살로니가'로 가버렸습니

다. 그때는 바울에게 직접적인 분노와 배신감은 없었으리라 봅니다. 그러나 주님, 상호 신뢰가 무너지고 서로의 존경과 사랑을 전제로 한 지난날이 부끄럽게 배신당한 후에 감당이 안 됩니다. 감당할 힘을 주옵소서!

그러나 하나님! 제가 다른 사람을 배신하지 않고 오히려 배신당함이 감사합니다. 주님은 열두 명의 제자들 중에 재정 책임자였던 유다에게 밀고를 당하여 죽임을 당하시고, 돌이킬 수 없는 길로 가셨습니다. 가장 열심히 곁에서 대답하고 반응하던 '시몬 베드로'가 주님을 처음 보는 사람이라며 부인하고 밖으로 나간 다음 얼마나 마음이 아프셨을지 생각해 봅니다.

예수님께서 십자가에 달려 죽으시던 때에 예수님의 어머니 '마리아'와 '막달라 마리아' '글로바'의 아내 '마리아' 및 몇몇 여인들과 함께, 제자 중에는 사도 '요한'만이 그 자리를 지키고 있을 때 얼마나 허탈하셨을까 생각해 봅니다. 사랑하는 하나님! 그걸 생각하면 제가 당하고 아파하는 배신은 아무것도 아님을 인정합니다. 그래도 아파서 견딜 수가 없습니다.

가장 사랑했던 사람, 가장 신뢰했던 사람, 가장 가까웠던 사람에게 배신당한 다음, 부끄러워 세상 누구에게도 말할 수 없었음을 고백합니다. 배신에서 오는 슬픔, 저도 모르게 배신 때문에 떠는 분노, 누구에게도 배신을 말하지 못하는 수치에서 종을 건져 주옵소서! 배신의 현장에서 분노하지 않고 주님을 생각하고, 주님을 묵상하며 위로를 얻게 하여 주옵소서!

제자에게 배신당해 죽으신 예수 그리스도의 이름으로 기도합니다. 아멘!

12. 자신의 영성을 위하여 드리는 기도!!

땅의 기도

부흥회를 요청받았을 때에 드리는 기도!

"부름을 사양하지 아니하고 왔노라 묻노니 무슨 일로 나를 불렀느냐"

(사도 10:29)

하나님! 부족한 종을 사랑하시어 개교회도 제대로 목회할 수 없는 연약하고 흠이 많은 종인데, 다른 훌륭한 목사님이 시무하시는 교회에서 복음을 전할 수 있는 기회를 주시니 큰 영광입니다. 세상에는 훌륭한 목사님들이 많이 계심에도 불구하고 미천한 저에게 기회를 주신 것은, 저에게 더 많은 배움의 기회를 주신 줄 알고, 기도하며 성실히 준비하게 하옵소서!

부흥회를 초청받은 때부터 교회를 위해서 기도하고, 주신 주제나 집회의 목적에 맞는 말씀을 준비하게 하시고, 그 말씀을 입고 일하실 성령님을 의지하게 하시며, 종이 말씀을 전하고 돌아온 후에 교회가 평안하게 인도하시옵소서! 선포한 말씀들이 그들의 심령 밭에 떨어져서 백배의 결실을 맺게 하시어, 하나님께는 영광이 되고 교회에는 축복이 되게 하시옵소서!

담임 목사에게는 목회의 유익이 되고, 성도들에게는 신앙생활의 건강한 지침이 되게 하시되, 인간적인 생각으로 말씀을 선포하지 않게 하시고 이 시대에 그 교회에 주시는 하나님의 음성을 가감 없이 전하게 하여 주옵소서! 사람의 생각으로 사람을 변화시키려는 설교가 아니라, 성령님의 역사로 일하시는 하나님의 기적을 온 교회가 기대하고 목격하게 하옵소서!

담임자와는 성도들에 대한 개인적인 정보를 듣지 않게 하시고, 말씀을 준비하고 전하는 과정에 조금이라도 사람의 영향력이나 선입견이 개입되지 않게 하옵소서! 단 한 시간에도 하나님은 역사하실 수 있으니, 새벽이나 낮이나 가리지 않고 최선을 다하게 하시고, 한 시간 말씀을 전하고 들어오면 탈진해서 쓰러질 만큼 제게 있는 모든 것을 쏟아내게 하옵소서!

집회와 휴식, 식사 외에는 별도로 개인적인 관광 같은 분에 넘치는 여가를 즐기지 않게 하시되, 오직 집회 기간에는 집회하는 일에만 전념하게 하시고, 잠자리는 가능하면 걸어서 다니는 모텔이든 여관이든 부탁하고 따로 강사를 데리러 다니는 불편을 가급적 끼치지 않게 하옵소서! 음식은 주는 대로 먹고, 좋아하는 음식을 물으면 값싼 것으로 답하게 하옵소서!

부흥회가 초청받은 강사의 입장에서는 늘 만나는 일상일 수 있으나, 준비하는 교회에서는 1년이나 2년에 한 번 벼르고 준비하고 기도하여 결정한 중요한 행사이니 만큼, 최대한 정성껏 말씀을 준비하여, 정제되고 절제된 정갈한 언어로 품위 있고 예의 있는 하나님의 말씀이 되도록 전하게 하옵소서! 누구도 함부로 하거나 소홀히 하지 않도록 인도하시옵소서!

우리와 교회를 사랑하시는 예수 그리스도의 이름으로 기도드립니다. 아멘!

땅의 기도

분노가 치밀 때 드리는 기도!

"분을 내어도 죄를 짓지 말며 해가 지도록 분을 품지 말고 마귀에게 틈을 주지 말라"(에베 4:26-27)

사랑의 하나님! 오늘 저희가 분한 일을 당하고, 이 분노를 억제할 수 없어 하나님께 기도합니다. 종의 마음에 아직도 참음의 훈련이 되지 않아 작은 일에도 분노가 불일 듯 일고, 견딜 수 없는 괴로움에 잠자리에 들 수 없을 때 하나님께서 친히 저를 다스리시고 깨닫게 하시옵소서! 아무런 악을 행하거나 불의를 행하지 않았는데, 무고히 음해하며 괴롭힙니다.

없는 말로 모함하여 분을 돋우고, 말을 왜곡하고 부풀려 화를 치밀게 합니다. 있지도 않은 일을 만들어내고, 명백한 사실도 거짓말로 몰고 갑니다. 저희가 당한 일이 억울하고 분해하다가도 "성도가 세상을 판단할 것을 너희가 알지 못하느냐? 세상도 너희에게 판단을 받겠거든 지극히 작은 일 판단하기를 감당치 못하겠느냐"(고전 6:2)는 말씀을 생각하며 견딥니다.

견딜 수 없을 때 "너희가 피차 고발함으로 너희 가운데 이미 뚜렷한 허물이 있나니, 차라리 불의를 당하는 것이 낫지 아니하며, 속는 것이 낫지 아니하냐."(고전 6:7)는 말씀을 기억하게 하옵소서! 충혈 된 눈으로 밤을 새우고, 이젠 눈물도 나지 않을 때 "분을 내어도 죄를 짓지 말며 해가 지도록 분을 품지 말고 마귀에게 틈을 주지 않게." (에베 4:26-27)는 하옵소서!

사랑하는 하나님! 생각만 해도 살이 떨리고 온 몸에서 아드레날린이 샘처럼 솟아나는 것을 느낄 때 "내가 왜 이런 고통을 당해야 하나?"하는 생각이 들지만, 그래도 "너희가 피곤하여 낙심하지 않기 위하여 죄인들이 이같이 자기에게 거역한 일을 참으신 이를 생각하라." (히브 12:3)는 말씀을 가슴에 새기게 하옵소서! 분노에 굴복하지 않고 끝내 이기게 하옵소서!

육체를 입고 사는 저희가 '의의 최후 승리'를 믿기에는 너무 연약하오니 하나님께서 순간순간 저희의 분과 노를 이길 힘을 주시옵소서! 끝없이 솟아나는 혈기와 이를 증폭시키는 육체의 생각을 주님의 십자가를 묵상하며 이기게 하옵소서! 저희에게 이김을 주시는 하나님으로 말미암아 이기게 하옵소서! 폭풍처럼 밀려오는 분노를 믿음으로 이기게 하시옵소서!

"노하는 자는 다툼을 일으키고 성내는 자는 범죄 함이 많다. (잠언 29:52)"며, 반대로 "사람이 교만하면 낮아지게 되겠고 마음이 겸손하면 영예를 얻으리라." (잠언 29:23)는 말씀에 위로를 얻게 하옵소서! 마음을 다스리지 못하고, 분노를 참지 못하여 실패하지 않게 하시고, 주님께서 "내가 세상을 이기었다. (요한 16:33)"고 하셨으니, 저희도 승리자가 되게 하시옵소서!

저희에게 이김을 주시는 예수 그리스도의 이름으로 기도드립니다. 아멘!

12. 자신의 영성을 위하여 드리는 기도!!

땅의 기도
빛 때문에 질식할 것 같을 때 드리는 기도!

"그가 이르되 당신의 하나님 여호와께서 살아 계심을 두고 맹세하노니 나는 떡이 없고 다만 통에 가루 한 움큼과 병에 기름 조금 뿐이라 내가 나뭇가지 둘을 주워다가 나와 내 아들을 위하여 음식을 만들어 먹고 그 후에는 죽으리라" (왕상 17:12)

전능하신 하나님! 인간을 물질인 흙으로 만드시어, 저희에게 물질세계를 주시고, 땅에 있는 모든 것을 누리며 살도록 주신 하나님! 물질로 지어진 저희가 물질세계를 딛고 살기에 물질은 필수적으로 필요입니다. 그러나 물질은 저희에게는 갈증이요, 한 번도 넉넉하고 풍성하게 느끼지 못한 채 부족을 느끼고 삽니다. 이런 물질에 대한 어려움에서 지켜 주시옵소서!

물질에 집착하여 물질의 노예처럼 살지 않고, 주신 것으로 감사하며 살게 하옵소서! 물질은 악한 것도 선한 것도 아니라 쓰는 사람에 따라 악하게도 선하게도 쓰이는 바, 물질이 없어 곤란을 겪고 설움을 당할 때 주님의 도우심을 간절히 구합니다. 물질을 추구하여 사랑하며 사는 어리석음을 버리고, 물질을 죄악시하고 은둔자처럼 사는 미련함도 버리게 하옵소서!

돈이 없으면 궁핍해지고, 궁핍해지면 의식주에 위협을 받으며 결국은 끼니를 잇지 못하는 위협을 당합니다. 사랑하는 주님, 밥을 먹지 못하는 것은 견딜 수 있고, 헐벗고도 지낼 수 있으며 한데 잠도 잘 수 있으나 특히 빚을 지고 독촉에 시달리는 지금은 견딜 수가 없습니다. 은행도 갈 곳이 없고 제2금융권도, 사채도 구할 데가 없습니다. 숨이 막힐 것 같습니다.

욕은 욕대로 먹고 시달리는 건 여전히 시달립니다. 이젠 돌려막기 할 데도 없습니다. 일가친척 동기동창 이웃을 포함해서 알아볼 만한 곳은 모두 알아보았습니다. 이자는 이자대로 내야하는데, 금리는 높고, 하루하루 눈덩이처럼 불어납니다. 이자는 국경일에도 늘어나고, 휴일도 없습니다. 잠자는 동안에도 계속 불어나는 이자에 버틸 힘이 없습니다. 도와주옵소서!

이제는 목에까지 차올라 숨도 못 쉬겠습니다. 아무 것도 없는 텅 빈 광야에서 장정(壯丁)만 오천 명을 먹이고도 열두 광주리나 남게 하신 하나님! 사방을 둘러보아도 도움을 구할 곳이라고는 없는 광야 같은 곳에서 하나님의 도우심을 구합니다. 절박한 순간에 도우시던 하나님을 기대합니다. 저를 도울 수 있는 이는 세상 부자나 재벌이 아니라 하나님뿐이십니다.

이제는 연약한 인간의 방법이 아니라 하나님의 방법이 필요합니다. 보리떡 다섯 개와 물고기 두 마리를 가지고 축사하시던 주님의 능력이 필요합니다. 조금 남은 기름과 가루로 마지막 식사를 하고 죽을 생각을 하던 여인을 보시고, 그에게 기름과 가루가 가뭄이 끝날 때까지 마르지 아니게 하시듯 바짝 마른 땅처럼 갈급한 종에게 생수를 마실 기회를 주시옵소서!

구하면 주신다 약속하신 예수 그리스도의 이름으로 기도드립니다. 아멘!

12. 자신의 영성을 위하여 드리는 기도!!

땅의 기도

삶의 의욕을 상실했을 때 드리는 기도!

"게으른 자여 네가 어느 때까지 누워 있겠느냐 네가 어느 때에 잠이 깨어 일어나겠느냐 좀더 자자, 좀더 졸자, 손을 모으고 좀더 누워 있자 하면 네 빈궁이 강도 같이 오며 네 곤핍이 군사 같이 이르리라" (잠언 6:9–11)

엿새 동안 세상을 지으시고 인생들에게 최고의 선물을 주신 하나님! 시간을 창조하시고 한 순간도 시간을 허투루 쓰지 않으시고, 시간의 한 움큼도 헛되이 버리지 않으시는 하나님! 우주창조와 경영을 위해 관리를 위임받은 인간들에게 촌음을 잘 쓰도록 원하시는 하나님! 하나님의 자녀가 한 시도 낭비 없이 살도록 명령하시는 하나님! 저희를 기억하여 주옵소서!

저희는 영혼과 함께 육신을 입고 사는 바, 육체의 나른함과 피곤함이 핑계가 되어 게으른 의욕상실증에 빠졌습니다. 미루기만 하고, 핑계만 대고, 못하겠다고 하고, 안 된다고 하는 말들을 입에 달고 삽니다. 손가락 하나도 까딱하기 싫어하고, 손만 내밀면 집을 수 있는 것도, 손 내밀기가 귀찮아서 망설이고 있습니다. 행동을 귀찮아하는 병이 단단히 들었습니다.

왜 일을 해야 하는지 알고 싶지도 않고, 언제부터 해야겠다는 생각도 없고, 의욕도 계획도 자신도 없습니다. 사무실이나 일터에 나갈 의욕도 상실했고, 의미도 사라졌습니다. 목적도 모호해졌습니다. 할 일은 내일로 미루고, 다음 주로 미루고, 다음 달로 미루고, 그러다가는 새해로 미룰 판입니다. 살고 싶은 생각, 일을 구하려는 의지, 일하려는 의욕이 사라졌습니다.

"너희가 이 시기를 알거니와 자다가 깰 때가 벌써 되었으니, 이는 우리의 구원이 처음 믿을 때보다 가까웠음이라. 밤이 깊고 낮이 가까웠으니 그러므로 우리가 어둠의 일을 벗고 빛의 갑옷을 입자. 낮에와 같이 단정히 행하고(~)다투거나 시기하지 말고 오직 주 예수 그리스도로 옷 입고 정욕을 위하여 육신의 일을 도모하지 말라."(로마 13:11~14)고 하셨습니다.

잠언에는 "게으른 자여 개미에게 가서 그가 하는 것을 보고 지혜를 얻으라! 개미는 두령도 없고 감독자도 없고 통치자도 없으되, 먹을 것을 여름 동안에 예비하며 추수 때에 양식을 모으느니라."(잠언 6:6~9)고 했습니다만, 저희는 탈진한 짐승 떼처럼 기운도 빠지고, 의욕도 사라진 채, 멍한 사람이 되었습니다. 왜 사는지도, 왜 돈을 벌고 있는지 모르고 있습니다.

하나님의 때는 언제 올지도 모릅니다. "그러므로 너희 마음의 허리를 동이고, 근신하여 예수 그리스도께서 나타나실 때에 너희에게 가져다주실 은혜를 온전히 바라라."(벧전 1:13)고 했으니, 이제 자리에서 일어나게 하옵소서! 지치고 곤고한 인생들에게 삶의 의욕과 희망을 주시고, 의욕을 잃어버린 자리에서 벌떡 일어나 땀 흘려 일하는 은혜를 허락하여 주옵소서!

저희의 삶을 빛나게 하실 예수 그리스도의 이름으로 기도합니다. 아멘!

땅의 기도

삶이 곤고할 때 드리는 기도!

"그는 곤고한 자의 곤고를 멸시하거나 싫어하지 아니하시며 그의 얼굴을 그에게서 숨기지 아니하시고 그가 울부짖을 때에 들으셨도다" (시편 22:24)

삶이 피곤하고 곤고하여 모두 내려놓고 싶은 저의 아픔과 번민을 헤아리시는 전능하신 하나님! 오늘도 하나님의 사랑을 기대합니다. 제가 지쳐 쓰러질 것 같을 때, 무너지는 저를 붙잡아 주옵소서! 오늘도 변함없이 종을 사랑하시는 줄 믿사오니 긍휼이 여기시어 연약해진 손을 잡아 일으켜 주옵소서! 삶의 의욕도 열정도 식고, 의미가 없어질 때 도와주시옵소서!

그냥 두시면 무너질 것 같은 저를 지금 다가오셔서 일으켜 주옵소서! 하나님께서 제 삶의 의미가 되시옵소서! 사람들의 말에 상처받고, 용기 없어 주저앉고, 성격 탓에 포기하고 싶습니다. 그 때마다 다시 도전하게 하옵소서! 아무 희망도 보이지 않고, 도와줄 사람도 없고, 여전히 캄캄한 세상이지만, 그래도 제가 살아갈만한 가치가 있음을 알게 하여 주옵소서!

"끝날 때 까지는 끝난 것이 아니다."라는 믿음으로 마지막 최후의 승자가 될 때까지 다시 일어서게 하여 주옵소서! 아침에 떠오르는 태양을 보며 희망을 품게 하시고, 저녁에 지는 해를 보며 아름다움을 노래하게 하옵소서!

거대한 폭풍에도 의미가 있고, 쏟아지는 폭설도 이유가 있음을 알게 하옵소서! 미련한 종에게 자신의 가치를 발견하는 깨달음을 주옵소서!

무서운 바람이 불어도 그 속에서 의미를 찾게 하시고, 무서운 태풍을 보며 고마운 마음을 갖게 하옵소서! 우리에게 베푸신 창조물이 모두 선물이요, 사지백체 오장육부가 모두 행복하게 살도록 주신 하나님의 섬세한 선물인 것을 알아 매일 행복하게 살게 하옵소서! 언제나 의욕적이고 언제나 긍정적으로 살게 하옵소서! 제게 부여하신 생의 의미를 알게 하시옵소서!

배우자에 대한 애정도 식고, 자녀에 대한 희망도 사라지고, 개인적인 사역이나 그 밖의 어디에도 더 이상 기대할만한 것이 없을 때 하나님에게서 새로운 희망을 발견하게 하옵소서! 악인이 득세하여 세상이 흉흉하고, 불의가 정의를 이기고 모든 소망이 끊어질 때, 정치적인 희망도 없어지고, 경제회복도 요원할 때, 더 인내하게 하시고, 조금 더 기다리게 하옵소서!

기다릴만한 이유가 하나도 없을 때 기다릴 수 있는 믿음을 주시고, 아무것도 바랄 게 없을 때 하나님의 약속을 바라게 하시며, 이루어질 가능성이 모두 사라진 중에도, 믿음을 붙잡고 미래의 희망을 바라보게 하옵소서! 쓰러진 자신에게 인생의 가치를 부여하고 영원한 것에 대한 소망을 붙잡고 부정적이고 공허한 것을 이기고 마침내 승리하게 하여 주시옵소서!

저희의 영원한 소망이신 예수 그리스도의 이름으로 기도드립니다. 아멘!

12. 자신의 영성을 위하여 드리는 기도!!

땅의 기도
심령이 점점 차가워질 때 드리는 기도!

"그들의 총명이 어두워지고 그들 가운데 있는 무지함과 그들의 마음이 굳어짐으로 말미암아 하나님의 생명에서 떠나 있도다." (에베 4:18)

하나님! 요즘 들어 이상해진 자신을 보며 하나님께 도우심을 구합니다. 예배를 드리러 예배당에 가는 데도 설렘이 없습니다. 가슴 벅찬 기대도 없고, 흥분도 감동도 없습니다. 말씀을 전하면서도 점점 마음이 건조해지는 것을 느낍니다. 제 마음에 하나님의 임재가 느껴지지 않고, 교인들을 바라보며 애잔함과 측은함보다는 그들의 미래가 한심한 생각한 듭니다.

말씀을 전하기 전에 폭풍 같은 성령님의 임재나, 그 뜨거움을 감당하지 못해 불을 토하듯 하던 사자후도 사라지고, 애정보다는 "그렇게 믿으려면 다 때려치우라!"고 외치며 책망하고 싶은 마음만 듭니다. 어떻게 해서든지 그를 붙들어주고 일으켜 바로 세우려고 인내하며 영혼 하나를 붙잡고 씨름하기는커녕 차라리 다 잘라버리고 새로 시작하고 싶은 심정입니다.

어떻게든 성도들에게 말씀을 들이대며 난도질하지 않게 하시고, 그들의 형편을 덮어주고 품어줄 수 있는 마음을 주옵소서! 할 수 있는 대로 용서하고, 할 수 있는 대로 이해하고, 어떻게든 용납하고 나가는 마음을 주시옵소서! 다른 설교자의 말씀을 들을 때도 '아멘'으로 못 듣고 사무적으로 들으며, 소리로만 '귀'에 들릴 뿐 감동으로 '가슴'에 들리지 않습니다.

돌처럼 굳어버린 마음에 화석이 되어버린 영혼을 볼 때 마음은 점점 거대한 바위덩어리 같이 말씀 앞에 버텨서 있습니다. 말씀을 으깨고 부숴버릴 기세입니다. 한 귀로 들으면서 평가하고, 한 귀로 들으면서 쏟아버리는 오만함이 가득 차 있습니다. 분명 말로는 '하나님의 말씀'이라고 하고 있지만, 믿기는 설교를 입고 나타난 '목사의 마음'으로 치부하고 있습니다.

얼음장처럼 차가워진 마음을 녹일 방법이 없습니다. 기도를 하려고 해도 목구멍에서 나와 입술만 달싹일 뿐, 가슴으로부터 토해 올라오는 창자를 도려내는 기도는 사라졌습니다. 어떤 말을 들어도 이해하고 수용하기보다, 날카롭게 선 도끼날로 무 자르듯이 벼르고 있고, 사방으로 찌를 자세로 바짝 날을 세우고 있습니다. 이렇게 날선 마음을 용서하여 주옵소서!

어떤 것도 용납하지 않으려는 차갑게 얼어버린 마음은, 성경을 읽어도 눈에도 귀에도 들리지 않고, 설교를 하면서도 혹은 들으면서도 아무런 감동이 없습니다. 하나님께서 우선 저의 마음에 기도의 숨통이 트이게 하옵소서! 돌처럼 굳은 마음, 창처럼 날카로운 인성을 성령님께서 녹여 주옵소서! 하나님의 말씀이 들릴 때에 화살처럼 제 심령에 꽂히게 하옵소서!

저의 심령을 새롭게 하실 예수 그리스도의 이름으로 기도드립니다. 아멘!

12. 자신의 영성을 위하여 드리는 기도!!

땅의 기도

억울하고 분한 일을 만났을 때 드리는 기도!

"그들이 내 걸음을 막으려고 그물을 준비하였으니 내 영혼이 억울하도다 그들이 내 앞에 웅덩이를 팠으나 자기들이 그 중에 빠졌도다" (셀라) (시편 57:6)

사랑의 하나님! 순수한 마음으로 세상을 살기가 너무 힘듭니다. 사람들과 부대끼며 살기에 많은 상처를 받습니다. 음해하고 무고하고 모함하는 말을 들으며 살아야 하고, 오해와 편견을 들으며 살아야 합니다. 잊고 넘어가려해도 생각이 나고, 무시하려고 해도 분한 마음이 사라지지 않습니다. 하나님께서 악행을 쉽게 무시하지 못하는 저희를 불쌍히 여겨주옵소서!

서로에게 불쾌한 마음이나 분노하는 감정이 있다면 이것들을 녹여주시고, 저희 모두 동일한 하나님의 자녀들이오니 형제와 자매들끼리 분노하고 그 분하고 억울한 마음을 해가 지도록 품지 않도록 도와주옵소서! 분한 마음이 지속되면서 미움이 증폭되고, 원한으로 발전되지 않도록 도와주옵소서! 한걸음 물러서서 바라보고, 한 걸음 멈추어 서서 생각하게 하옵소서!

"너희는 택하신 족속이요 왕 같은 제사장들이요 거룩한 나라요 그의 소유가 된 백성이니 이는, 너희를 어두운 데서 불러내어 그의 기이한 빛에 들어가게 하신 이의 아름다운 덕을 선포하게 하려 하심이라."(벧전 2:9)고 하섰으니 동일한 목적으로, 동일하신 하나님이 부르신 동일한 형제들이오니, 이런 분하고 억울한 마음들을 정리하고 사랑할 마음을 주시옵소서!

한 번 참고, 두 번 견디며 "죄인들이 이같이 자기에게 거역한 일을 참으신 이를 생각하라."(히브 12:3)고 하셨으니, 억울한 일 당할 때 애매히 고난 받으신 주님을 생각하게 하시고, 격한 분노가 생길 때, 자신을 때리고 침 뱉으며 끝내 못 박던 이들을 참고 침묵하신 주님을 생각하게 하옵소서! 분하고 억울할 때마다 죄 없이 죽으신 주님을 생각하게 하시옵소서!

분하고 억울할 때 주님을 생각하고 바라보게 하옵소서! 주님을 바라보며 감당하게 하옵소서! 역적이 되는 억울함과 매 맞고 창에 찔리는 억울함, 옷이 벗겨진 채 나무에 달리시는 수치심을 모두 겪고, 끝내는 하나님께도 거절당한 주님을 생각하게 하옵소서! 돌에 맞아 죽으면서 "이 죄를 그들에게 돌리지 마소서!"(사도 7:60)하던 '스데반'을 생각하게 하옵소서!

하나님! 다른 한 편에서는 저 때문에 힘들어하는 이들이 있는지 모르겠습니다. 저에게 억울한 일을 당했다고 생각하는 이가 있을지도 모릅니다. 제 말에 상처를 받거나 실족한 이가 있다면 하나님께서 그에게 치유의 은혜를 더하시고, 그의 마음을 부드럽게 녹여주시고 용서하고 이해하는 마음을 주사 평안하게 하옵소서! 저희에게 서로 화해할 기회를 주옵소서!

저희의 억울함을 풀어주실 예수 그리스도의 이름으로 기도합니다. 아멘!

12. 자신의 영성을 위하여 드리는 기도!!

땅의 기도
자기 때를 기다리며 드리는 기도!

"우리가 선을 행하되 낙심하지 말지니 포기하지 아니하면 때가 이르매 거두리라."

(갈라 6:9)

하나님! 이 땅에는 일찍부터 '엘리트코스'를 걸어 영광스러운 출세를 하고, 탄탄대로를 걸으며 많은 이들의 부러움을 받고 사는 이가 있습니다. 반대로 어떤 사람은 그의 삶이 짓이겨지고 구겨진 채 아픈 세월을 지내고 있습니다. 그러나 아무리 더디고, 늦게 싹이 나고 잎이 늦어도, 반드시 때가 오리라는 믿음으로 인내하는 이들이 많사오니 기억하여 주옵소서!

저도 출생 배경은 초라하고, 어린 시절도 주목할 게 없었습니다. 그리고 지금까지 평범한 목사의 삶을 살았습니다. 부끄러움은 있지만 그래도 좌절하지 않고 하나님의 때를 기다립니다. 이른 봄에 매화가 피고, 목련이 피고, 벚꽃과 유채가 핍니다. 때가 되면 장미가 피고, 다시 가을에는 국화가 피고, 겨울에 동백이 피듯 저도 언젠가 피워낼 꽃이 있는 줄 믿습니다.

목회하는 내내 될듯하며 되지 않던 교회 성장은 이제는 몸과 마음에서 내려놓았습니다. 정년 은퇴를 했기 때문입니다. 책을 쓰면서는 "이번에는 많이 팔리겠지! 이번에는 많이 읽어주겠지!" 했지만 아직 그 일도 기대에는 미치지 않았습니다. 그러나 '목회'처럼 정년을 제한하는 목회는 손을 놓았어도, 글 쓰는 일은 은퇴를 강제하지 않아서 지금도 쓰고 있습니다.

본디 미천한 사람이라 독자들의 눈높이에 흡족하게 도달할 수는 없겠지만, 저의 중심을 보시는 하나님의 눈높이에는 도달하고 싶어서 여전히 쓰고 있습니다. 이번에는 많은 독자들이 생기기를 기대하지만 책을 마무리하는 지금쯤에는 다시 마음이 약해지고 자신이 없습니다. 그래도 이 일을 멈추지 않고, 손이 움직이고 눈이 보일 때까지 계속해서 쓸 것입니다.

사랑하시는 하나님! 죽는 날까지 이 걸음으로 하나님의 복 주심을 기다리지만, 제가 구하는 것이 정욕을 위하여 잘못 구한 것이라면 지금 주신 것만으로도 분에 넘치고 있음을 고백합니다. 제 삶이나, 믿음이나, 기도보다도 하나님께서 베풀어주신 은총은 늘 넘치는 것이었습니다. 이 놀라운 사랑의 빚진 자 되어서 지금 감당 못할 다른 은혜를 기다리고 있습니다.

저 이외에도 평생을 한 걸음으로 달려온 '우보천리(牛步千里)'의 걸음과 대기만성(大器晚成)의 기대로 하나님 한 분만을 바라보며 걷는 이들이 많습니다. 하나님께서 그들의 끈기와 인내와 믿음을 보시고, 좌절하지 않고 희망을 포기하지 않고 가는 걸음들을 기억하시어 복을 주옵소서! 저는, 인생들을 실망시키지 않으시는 하나님을 끝까지 신뢰하며 이 길을 갑니다.

우리의 영원한 푯대이신 예수 그리스도의 이름으로 기도드립니다. 아멘!

땅의 기도
자신을 돌아보며 드리는 기도!

"너희는 스스로 삼가 우리가 일한 것을 잃지 말고 오직 온전한 상을 받으라."

(요이 1:8)

우리의 영혼을 불꽃같은 눈으로 살피시는 하나님! 오늘은 저희들의 영혼과 삶과 마음을 돌아보기 원합니다. 하나님께서 지으신 육체와 영혼이 얼마나 흠 없이 온전히 유지관리 되고 있는지 살펴보게 하시옵소서! 스스로 게으름 때문에 영혼이 거하는 육체는 병들고 상해있지 않은지 돌아보게 하시고, 나쁜 습관 때문에 몸이 상하지 않았는지 보게 하시옵소서!

자신의 인간관계는 어떠한지 돌아보게 하시옵소서! 친구와의 우정은 건강한지, 이기적인 처신 때문에 우정이 파괴되지는 않았는지 보게 하시옵소서! 가족들과의 관계는 자기 중심적인 언행 때문에 가족들의 신뢰를 잃지 않았는지 돌아보게 하시옵소서! 부모와 자식과의 관계는 정상인지, 행여 무례함이나 몰이해 때문에 무너지지 않았는지 보게 하시옵소서!

목회자와 성도들과의 관계, 모두 세속적인 처신 때문에 멀어져 존경도 신뢰도 잃어버리고, 사랑도 관심도 받지 못한 채 버려진 모습은 아닌지 돌아보게 하시옵소서! 이웃, 특히 신앙생활을 하는 그리스도인의 입장에서 그렇지 않은 이들에게 종교 때문이 아니라 인간성 때문에 배척당하고 비난받는 것은 아닌지, 이웃에게 책임을 돌리기 전에 돌아보게 하옵소서!

우리의 가장 가까이 있는 이들로부터 진실함과 성실함, 정직함에 인정받고 있는지, 아니면 형편없는 삶으로 낙인찍혀 거리를 두는 사람은 아닌지 돌아보게 하시옵소서! 아주 오래전에 만난 이들부터 최근에 알게 된 이들에 이르기까지, 보면 볼수록 믿음이 가는 사람인지 볼수록 더러운 속내가 드러나 외면당하지는 않은지, 돌아보며 자신을 점검하게 하시옵소서!

자신의 경제적 기반은 얼마나 건강한지, 직장이나 사업은 얼마나 성실하게 하는지, 삶은 얼마나 치열하게 사는지 돌아보며. 가난하고 어렵게 사는 것이 사회구조의 왜곡이나 환경이 아니라 자신의 게으름, 혹은 지나친 낭비나 절제하지 못한 과도한 소비 때문에 생긴 어려움은 아닌지, 십일조, 감사, 선교, 구제 등 하나님과의 관계는 바른지 살피게 하시옵소서!

과거에 대하여 집착하는 건 아닌지, 미래에 대한. 준비와 계획은 얼마나 철저하게 이루어지고 알차게 준비되었는지, 계획도 준비도 없이 되는 대로 살아가고, 기분 따라 대처하는 즉흥적 인생은 아닌지 돌아보게 하시옵소서! 하나님만 바라본다고 현실을 무시하지 않게 하시고, 무엇보다 하나님 앞에서 얼마나 진실한지, 어떤 평가를 하실지 살펴보게 하시옵소서!

우리의 최후 심판자이신 예수 그리스도의 이름으로 기도드립니다. 아멘!

땅의 기도
자신의 건강을 위하여 드리는 기도!

"그가 찔림은 우리의 허물 때문이요 그가 상함은 우리의 죄악 때문이라 그가 징계를 받으므로 우리는 평화를 누리고 그가 채찍에 맞으므로 우리는 나음을 받았도다" (이사 53:5)

전능하신 하나님! 흙으로 만든 인생이 하나님께서 허락하신 70년 혹은 80년 동안 세상을 살며 몸은 늙고 약해져 병이 듭니다. 아무리 운동을 하고 식단 관리를 하고, 건강식품을 먹어도 여전히 나이 듦은 늙음을 되고, 늙음은 병듦을 말하고 있습니다. 영원할 것처럼 여겨지던 건강하고 아름다운 육체가 나이 들면서 급격히 쇠하고 각 기관들이 고장 나고 있습니다.

저희를 영원한 나라에서 부르시는 날까지 건강을 지켜 주옵소서! 나이 들어 기억력도 상실되고 판단력이 흐려질지라도 몸이 각종 질병에서 안전하게 해 주옵소서! 세상에는 육체의 불편과 고통과 두려움을 주는 질병들이 얼마나 많은지 모릅니다. 난치, 불치의 병들이 저희를 공격하여 두려움에 쌓이지 않도록 도와주시고, 무서운 질병들을 이길 힘을 주옵소서!

질병은 검사하는 일도 고통스럽고, 시술이나 수술 등 치료를 감당하기도 어렵습니다. 어느 때 어느 질병이 가까이 오더라도 하나님은 종의 건강을 지켜 주시며, 저의 산성이 되고 피할 바위가 되어 주옵소서! 두려움을 거두어 주시고, 고통을 감해주시며 무엇보다 저에게 인내를 주옵소서! 하나님은 저를 치료하시는 전능자임을 믿고 기도하며 견디게 하옵소서!

저의 건강을 위해 세워주신 의사나 간호사 약사는 물론, 물리치료사, 병리사, 검사실 직원과 그 밖의 촬영, 장비기사를 포함 병원에서 함께 건강을 일하는 모든 연구원들 그 밖에 모든 이들이 함께 저의 건강을 위해 애쓰는데 모든 이들이 정확한 진단과 치료를 통해 건강을 위한 일꾼들로 만들어 주옵소서! 언제나 그들이 맡은 바 책무를 잘 감당하게 하옵소서!

이른 봄부터 늦은 겨울까지 작은 질병 하나도 공격하지 못하도록 지켜 주시고, 어떤 질병도 하나님의 은혜로 능히 이겨내게 하옵소서! 감기, 기침같은 작은 병부터 내과 질환, 이비인후과 질환 같은 일상적인 질병, 안과나 치과 같은 모든 병과 고통에서 자유하게 하옵소서! 고혈압, 고지혈증, 당뇨, 치매 같은 현대병부터 각종 난치병까지 이겨내게 하시옵소서!

지금부터 나이가 더 들어 노인이 되기까지 나이 들면 몸은 질병에 취약해지고 있는바, 모든 병을 능히 이기고 평생을 무병하게 하옵소서! 질병에 져서 병원신세 지지 않게 하시고, 모든 병에서 자유하게 하옵소서! 나이들어 약해질 때마다 면역력은 배가 되게 하시고, 질병을 물리칠 수 있는 강한 체질을 주옵소서! 계절과 나이와 무관하게 건강하게 하옵소서!

우리의 질병을 고쳐주시는 예수 그리스도의 이름으로 기도합니다. 아멘!

12. 자신의 영성을 위하여 드리는 기도!!

땅의 기도

자신의 영성 회복을 위하여 드리는 기도!

"세리는 멀리 서서 감히 눈을 들어 하늘을 쳐다보지도 못하고 다만 가슴을 치며 이르되 하나님이여 불쌍히 여기소서 나는 죄인이로소이다 하였느니라."

(누가 18:13)

사랑하는 하나님! 오늘날 죄로 가득한 저의 심령을 위하여 기도드립니다. 온갖 허물로 만신창이 되어 누더기처럼 된 저의 영혼을 위하여 기도합니다. 하나님께서 이 시간 종을 붙잡으시어 온전히 세워 주시고, 죄로부터 정결한 영혼, 하나님 앞에 바로선 영혼이 되게 하옵소서! '내 모습 이대로 주 받아 주소서!'하는 심정으로 왔사오니 저를 받아 주시기 원합니다.

성전에 나아와 가까이 나아가지도 못한 채 "멀리 서서 감히 눈을 들어 하늘을 쳐다보지도 못하고, 다만 가슴을 치며 이르되 하나님이여 불쌍히 여기소서! 나는 죄인이로소이다."(누가 18:13) 하고 흐느끼던 세리를 향해 "이 사람이 의롭다 함을 받고 집에 내려갔느니라."는 선언을 하셨듯이, 온통 죄로 누더기처럼 더러워진 저의 영혼을 깨끗이 씻어 보내 주옵소서!

간음하다 현장에서 붙잡혀 끌려온 다음 온갖 비난과 욕설을 들으며, 둘러선 무리들이 손에 든 돌에 맞아 죽을 위기에 내 몰린 성전 뜰의 여인을 향하여 "나도 너를 정죄하지 아니하노니 가서 다시는 죄를 범하지 말라!" (요한 8:11)고 하시던 주님의 따뜻한 음성을 들려주옵소서! 저의 마음을 짓누르는 죄와 가책의 고통에 견딜 수 없사오니 종을 용서하시옵소서!

성전에서 거룩하신 하나님의 영광을 뵙고 나서 "화로다 나여 망하게 되었도다. 나는 입술이 부정한 사람이요, 입술이 부정한 백성 중에 거주하면서 만군의 야훼이신 왕을 뵈었다."(이사 6:5)며 슬피 울던 선지자 '이사야'에게 스랍 중의 하나가 핀 숯을 손에 가지고 와서 "네 악이 제하여졌고 네 죄가 사하여졌느니라.(이사 6:7)고 하시던 음성을 듣게 하시옵소서!

주님께서 "건강한 자에게는 의사가 쓸 데 없고 병든 자에게라야 쓸 데 있나니, 내가 의인을 부르러 온 것이 아니요 죄인을 불러 회개시키러 왔노라."(누가 5:31-32)고 하신 말씀을 지금 이 시대에 저에게도 들려주시옵소서! 세상에서 가장 행복한 자는 '허물의 사함을 받고 자신의 죄가 가려진 자'(시편 32:1)라는 말씀을 믿습니다. 그 말씀 위에 서게 하시옵소서!

순간순간 여전히 어둠의 세력이 저희 영혼을 옥죄고 있고, 죄의 위협이 저를 질식시킬 듯이 짓누르는 이때에, 하나님께서 사함의 은혜가 "네 죄가 사하여졌다!"는 말씀으로 제 영혼의 귀에 들리게 하옵소서! 그리하여 집채만 한 바위 밑에 깔려있던 제 영혼이 공중의 새처럼 자유로운 몸이 되어 창공을 날게 하옵소서! 죄 사함 받은 행복함으로 살게 하시옵소서!

저희의 죄를 용서하시는 예수 그리스도의 이름으로 기도드립니다. 아멘!

땅의 기도
자신이 게을러질 때 드리는 기도!

"또한 너희가 이 시기를 알거니와 자다가 깰 때가 벌써 되었으니 이는 이제 우리의 구원이 처음 믿을 때보다 가까웠음이라 밤이 깊고 낮이 가까웠으니 그러므로 우리가 어둠의 일을 벗고 빛의 갑옷을 입자" (로마 13:11-12)

전능하신 하나님! 매일 하나님의 뜻대로, 하나님을 기쁘게 해드리며 살고 싶은데, 살다보니 나태해지고, 지나보면 허망한 데 많은 시간을 쏟았습니다. 그렇게 남들에게는 시간을 알차게 쓰자고 하면서 어떨 때는 삶이 무너질 만큼 게으르고 아무 것도 안한 채 뒹굴며 하루를 보낼 때도 있습니다. 하나님께서 종을 살피셔서 정신이 번쩍 나도록 책망해 주시옵소서!

돈도 벌 수 있고, 건강도 관리할 수 있지만 시간은 어디에서 빌려올 수 없는 것을 알면서도, 생산적이지 못하고 가치 없는 일에 시간을 낭비한 것을 후회합니다. 하루에 주신 24시간 1440분 86400초가 하나님께서 주신 최고의 선물인데, 선물을 낭비한 채 살았다는 것이 가슴 아픕니다. 이제부터라도 정신 차리고 일어나 하나님의 손 안에서 쓰임 받게 하옵소서!

돈은 벌 수 있을지 모르나, 단 한 시간을 더 만들 수는 없는 연약한 존재임을 압니다. 모든 것이 가하지만 시간은 불가한 것을 알면서 헛되이 쓴 게으름을 용서하시고, 이제 정신 차리고 깨어있게 하옵소서! "너희가 이 시기를 알거니와 자다가 깰 때가 벌써 되었으니, 이는 이제 우리의 구원이 처음 믿을 때보다 가까웠다."(로마 13:11)는 말씀을 기억하게 하옵소서!

"밤이 깊고 낮이 가까웠으니 그러므로 우리가 어둠의 일을 벗고 빛의 갑옷을 입자."(로마 13:12)는 말씀을 기억하고 지금 해야 할 일과 달려갈 길을 가게 하옵소서! 어제까지는 실패했더라도 오늘부터는 실패하지 않도록 최선을 다하게 하옵소서! 진실하신 하나님을 사랑하기에, 하나님의 선물인 인생, 인생의 가장 작은 단위인 시간을 귀히 쓰게 하옵소서!

저희의 뼈 속까지 배어있는 게으름을 쫓아내고, 온 몸에 습관으로 붙어있는 핑계, 지체, 변명 같이 파멸로 가는 길에서 발을 빼게 하옵소서! 언젠가 기회가 있을 것이고, 언젠가 할 수 있을 것이라는 막연한 생각으로 미루고 핑계하며 게으름 피우지 않게 하시고 "게으른 자여 개미에게 가서 그가 하는 것을 보고 지혜를 얻으라!"(잠언 6:6)는 말씀을 듣게 하옵소서!

"게으른 자여 네가 어느 때까지 누워 있겠느냐? 네가 어느 때에 잠이 깨어 일어나겠느냐? 좀 더 자자, 좀 더 졸자, 손을 모으고 좀 더 누워 있자 하면 네 빈궁이 강도 같이 오며 네 곤핍이 군사 같이 이르리라."(잠언6:9-11)는 말씀에 정신 차리고 일어나게 하옵소서! 저희에게 찾아올 빈궁과 곤핍 대신에 영적인 풍요를 누리는 지혜 있는 자들이 되게 하옵소서!

촌음을 아껴 기도하신 예수 그리스도의 이름으로 기도드립니다. 아멘!

12. 자신의 영성을 위하여 드리는 기도!!

땅의 기도

자신이 깊은 병에 들었을 때 드리는 기도!

"히스기야가 낯을 벽으로 향하고 여호와께 기도하여 이르되 여호와여 구하오니 내가 진실과 전심으로 주 앞에 행하며 주께서 보시기에 선하게 행한 것을 기억하옵소서 하고 히스기야가 심히 통곡하더라" (왕하 20:2-3)

전능하신 하나님! 그동안 종을 사랑하셔서서 건강을 주시고, 사명을 감당하게 하셔서 고맙습니다. 여러 번 병들었을 때도 생명을 살려주심이 고맙고, 오늘까지 오랫동안 일하도록 허락하심도 고맙습니다. 이제, 다시 병 때문에 누어 하나님의 도우심을 기다립니다. 스스로 몸이 일어설 힘이 없는 종을 불쌍히 여기시고, 자비를 베푸시어 이 병을 이겨내게 하여 주옵소서!

하나님께서 베푸신 은혜를 생각하면 고맙지만 은혜를 떠나 살았습니다. 숱한 질병의 위기 순간에 건져주시어 여기까지 오게 하셨습니다. 이제 지난날의 사랑을 다시 한 번 돌아보게 하시고, 진심으로 감사하지 못했던 허물을 사하여 주옵소서! 건강하고 평안할 때, 주신 사명 감당하지 못할 때도 용납하셨음을 기억하오니 이제 마지막으로 정신을 차리게 하옵소서!

사랑하시는 하나님을 거역하며 살던 일, 하나님 앞에 충성하지 못하던 일, 사랑을 외면하고 방황하던 일, 최선을 다하지 않고 핑계하던 일을 용서하시고, 매일 저 자신을 살펴보게 하옵소서! 하나님! 세상에서 저의 시간이 무한정 이어질 줄 알고, 다가오지 않은 미래가 영원히 희망으로 이어질 줄 알고 자만하던 것을 용서하시고 죄의 잠에서 깨어나게 하옵소서!

한 번만 더 살 수 있는 기회를 주시면, 이제는 게으름을 버리고 부지런히 주를 섬길 것입니다. 한 번만 용서해 주시면 주님의 심정으로 사역을 위해 헌신할 것입니다. '다윗'이 병들었음을 알고 하나님께 벽을 향하여 기도하던 심정으로 벽을 향하여 고개를 파묻고 기도하오니 종을 용서하여 주옵소서! 하나님께서 이 작은 신음에 응답하시고 외면하지 마옵소서!

기도드리는 동안에 머리끝부터 발끝까지 온 몸을 어루만지시고 새롭게 하시어 건강을 회복시켜 주시옵소서! 호흡도 정상이 되고, 열도 내리게 하시고, 두려움도 사라지게 하옵소서! 이제 자리에서 일으켜 주시면 죽는 날까지 부지런히 주님의 뜻을 이루며 살기를 다짐합니다. 더 이상 게으르게 지체하지 않으며 오늘을 마지막 날처럼 최선을 다하게 하여 주옵소서!

저의 생명은 주님의 것이기에, 살아있는 동안 호흡하고 움직이는 모든 것이 하나님의 손 안에 있으니, 진실한 마음으로 하나님을 사랑하게 하옵소서! 앉고 서며, 먹고 마시는 모든 것이 주님께 있음을 알게 하옵소서! 하나님께서 생명을 취하시면 남아있는 것은 아무 것도 없음을 알고 두려움으로 겸손하게 하시며, 최선을 다해 하루를 천 날처럼 살게 하옵소서!

영원한 생명의 주인이신 예수 그리스도의 이름으로 기도합니다. 아멘!

땅의 기도
절망과 좌절을 만났을 때 드리는 기도!

언제나 저희를 눈동자처럼 지키시고 보호하시는 사랑의 하나님! 저희의 앉고 서고, 눕고 일어서는 것을 아시는 전능하신 하나님! 저희가 얼마나 약하고 무능한지 아시는 하나님께서 이 땅에서 만난 어려움을 이길 수 있는 은혜를 허락하여 주옵소서! 무너지기 쉽고, 한 번 무너지면 일어서기 어려운 저희를 불쌍히 여기사, 인생을 승리할 수 있는 힘을 주옵소서!

경제가 파산하여 도저히 회복할 수 없는 저희를 긍휼히 여기시고, 다시 한번 기회를 주셔서 기적 같은 기상회생의 기회를 주옵소서! 저희도 "내가 산을 향하여 눈을 들리라. 나의 도움이 어디서 올까! 나의 도움은 천지를 지으신 야훼에게서로다. 야훼께서 너를 실족하지 않게 하시며 너를 지키시는 이가 졸지 아니하시리로다."(시편 121:1-3)고 고백하게 하옵소서!

의지하던 거대한 산이 무너지고 극심한 절망에 빠졌을 때나, 도저히 다시 설 수 없는 상황에서 저희를 일으켜 주옵소서! '요셉'을 모함과 질투의 감옥에서 건지시고, 그를 통해 애굽과 이스라엘 민족에게 희망을 주신 하나님! '다니엘'을 사자의 굴속에서 건지시고, 그와 민족을 지켜주신 하나님! 저희가 "이제는 끝이구나!" 할 때에 새로운 희망을 보게 하시옵소서!

말할 수 없는 고난에서 '요셉'을 건지시고, 참담한 상황에서 '다윗'을 건지신 하나님! "유대인들에게 사십에서 하나 감한 매를 다섯 번, 태장으로 세 번, 돌로 한 번, 세 번의 파선과, 깊은 바다에서 일주일, 여러 번 여행 중에 강과 강도의 위험, 동족과 이방인의 위험, 시내와 광야의 위험, 바다와, 거짓 형제의 위험에도."(고후 11:24-27)'바울'사도를 지키셨습니다.

지금도 저희 앞길을 가로막는 이들, 여러 장애물을 놓고, 함정을 파놓고 있는 이들이 있을지라도 이것마저 이기게 하옵소서! 도저히 다시 일어선다는 것은 불가능한 일로 여겨질 때도, 다시 일어나 영광을 하나님께 돌리도록 힘을 주옵소서! 넘어진 상태로 힘을 잃고 쓰러져 신음하는 저희에게 손을 내밀어 일으켜 주옵소서! 다시 희망을 꿈꾸게 하여 주옵소서!

건강이 무너져 소망의 끈을 놓으려는 이들을, 죽음이 턱밑에 이르러도 다시 살려 주실 하나님을 의지하고 희망의 끈을 놓지 않게 하옵소서! 아직도 극복하지 못한 난치, 불치의 병 때문에 숱한 생명의 위기를 겪을 때마다 그의 곁에서 기적 같은 방법으로 다시 일으켜 주시는 주님을 경험하게 하옵소서! 주님이 부르시는 순간까지 결코 포기하지 않게 하시옵소서!

웅덩이와 수렁에서 건지실 예수그리스도의 이름으로 기도합니다. 아멘!

12. 자신의 영성을 위하여 드리는 기도!!

땅의 기도

좋은 친구를 얻기 위하여 드리는 기도!

"사람이 친구를 위하여 자기 목숨을 버리면 이보다 더 큰 사랑이 없나니 너희는 내가 명하는 대로 행하면 곧 나의 친구라." (요한 15:13-14)

'모세'와 친구처럼 이야기 하시던 전능하신 하나님! 이 시간에는 정말 좋은 친구를 주시기를 간절히 구합니다. 제가 먼저 다른 이들에게 좋은 친구 되기 원합니다. 그러나 연약한 저를 불쌍히 여기셔서 먼저 좋은 친구들을 보내 주옵소서! 친구를 이용하고, 방패로 삼아 저의 이익을 구하는 것이 아니라, 그 친구에게 선한 영향력을 공급받고 좋은 친구 되기 원합니다.

하나님! 먼저 종에게 신실한 믿음의 친구를 보내 주옵소서! 제 믿음이 연약하여 흔들릴 때마다 저를 붙들어 줄, 함께 풀무 불에도 들어갈 수 있는 '다니엘'의 세 친구 '사드락', '메삭', '아벳느고'같은 친구들을 주옵소서! '암논'의 친구 '요나답'처럼 심히 간교한 친구가 아니고, '욥'을 위로한다며 찾아와 책망하던 세 친구 같은 이들도 말고 진실한 친구를 주옵소서!

많은 재물로 맺은 친구나, 저의 신분이 만든 친구처럼 허상을 쫓아온 친구 말고, 제 형편과 상황의 변화에 무관한 참된 친구를 주옵소서! 재물이 맺어진 친구들은 가난해지면 모두 사라진다고 했습니다. (잠언 19:4) 하나님께서 제가 가난하고 힘들 때, 어렵고 위기를 당할 때, 이를 부끄럽게 생각하지 않고 찾아와 줄 '오네시보로'(딤후 1:16)같은 친구를 주시옵소서!

하나님! "철이 철을 날카롭게 하는 것 같이 사람이 그의 친구의 얼굴을 빛나게 하느니라."(잠언 27:17)고 하셨으니, 저와 친구들이 서로를 빛나게 하여 주옵소서! 친구를 위하여 목숨을 버릴 수 있는 진정성 있는 친구를 주옵소서! 친구의 허물을 덮어주되, 은밀하게 책망할 수 있는 진실한 친구 되게 하여 주옵소서! 서로에게 자랑스러운 친구가 되게 하옵소서!

'다윗'에게 위기가 왔을 때 '사울'의 아들 '요나단'처럼 서로를 위해 자신의 목숨을 걸고 사랑하고 지켜주는 좋은 친구가 있게 하옵소서! '요나단'이 '길보아' 전투에서 죽은 다음 "내 형 '요나단'이여 내가 그대를 애통함은 그대는 내게 심히 아름다움이라. 그대가 나를 사랑함이 기이하여 여인의 사랑보다 더하였도다."(삼하 1:26)며 통곡했는데 그런 친구를 주옵소서!

제가 좋은 친구들의 믿음을 본받고 그 친구들을 형님처럼 섬기며, 그 친구들과 함께 일생을 하나님을 섬기되, 바울 사도의 곁에서 그를 도왔던 '아굴라'나 제자 '디모데', '오네시모', '에바브로디도'처럼 나이나 직분을 떠나 피차 존경하고 사랑하며 흠모하게 하옵소서! 나이도 신분도 지식도 경륜도 초월한 참된 믿음의 친구들을 단 한 사람이라도 보내 주옵소서!

저의 영원하신 친구이신 예수 그리스도의 이름으로 기도드립니다. 아멘!

12. 자신의 영성을 위하여 드리는 기도!!

땅의 기도

죄의 가책으로 번민할 때 드리는 기도!

"내가 이르기를 내 허물을 여호와께 자복하리라 하고 주께 내 죄를 아뢰고 내 죄악을 숨기지 아니하였더니 곧 주께서 내 죄악을 사하셨나이다" (셀라) (시편 32:5)

전능하신 하나님! 연약한 저희가 몸을 입고 살면서 오늘도 하나님 앞에 무서운 죄를 짓고 삽니다. 죄얼이 저를 누르고 죽고 싶고, 도망가고 싶은 때에 하나님께서 종을 용서하고 위로하여 주옵소서! 지치고 곤한 영혼에 안식을 주시되 더 이상은 죄의 미혹에 현혹되지 않도록 붙잡아 주옵소서! 힘든 삶의 여정에서도 이제 하나님의 손을 놓지 않게 하시옵소서!

"아담아, 네가 어디 있느냐?"며 자신을 찾아오신 하나님 앞에서 "내가 두려워하여 숨었나이다."고 외치던 죄를 범한 '아담'이나, '가인'이 동생 '아벨'의 소재를 물으시는 하나님 앞에 "제가 아우를 지키는 자입니까?"하며 항변하는 괴로운 가인을 봅니다. 지금도 저희 양심에 "네가 어디 있느냐?"고 물으시는 하나님 낯을 피하여 두려워 숨어있는 자신의 모습을 봅니다.

저희도 모르는 사이에 미혹되고, 저희도 모르는 사이에 넘어져 울고 있을 때, 미혹하고 대적하던 마귀는 저희 영혼을 야유하고 조롱하며 찌르는 가시가 되었습니다. 그래도 하나님께서 진심으로 참회하는 저희를 용서하시고 너무나 힘들고 두려워 떨고 있을 때 "나도 너를 정죄하지 아니하노니, 가서 다시는 죄를 범치 말라!"며 보내신 주님을 기억하게 하옵소서!

주님을 배반한 괴로움을 견디지 못해 스스로 목숨을 끊어버릴 만큼의 가책을 받았던 '유다'를 보면서, 언젠가 우리의 목숨도 위협할 죄의 힘을 결코 과소평가 하지 않게 하옵소서! 다시는 하나님을 멀리 떠나, 하나님 싫어하는 곳에서, 하나님을 거역하는 모습으로 살지 않게 하옵소서! 언제나 하나님의 기쁨이 되게 하시되, 하나님을 슬프게 하지 않게 하시옵소서!

눈에 보이지 않는 무서운 죄는 저희의 생명, 명예, 미래까지 삼킬 수 있는 엄청난 힘을 가지고 있습니다. 그러나 "큰물이 나를 휩쓸거나 깊음이 나를 삼키지 못하게 하시며 웅덩이가 내 위에 덮쳐 그것의 입을 닫지 못하게 하소서!"(시편 69:15)하며 울부짖던 '다윗'의 기도처럼 절규하는 저희 기도를 들어 주옵소서! 그리하여 저희의 영혼이 정결함을 입게 하옵소서!

"우슬초로 나를 정결하게 하소서! 내가 정하리이다. 나의 죄를 씻어 주소서 내가 눈보다 희리이다.(시편 51:7)며 통회하는 다윗의 심정으로 하나님께 회개하오니, 저희를 용서하여 주시고, 누더기지고 만신창이 된 영혼을 말갛게 씻어 정결케 하여 주옵소서! 저희의 죄를 용서하기를 기뻐하시는 하나님의 사랑을 목말라 기다리오니 저희에게 응답하여 주옵소서!

죄를 회개하면 용서하시는 예수 그리스도의 이름으로 기도합니다. 아멘!

12. 자신의 영성을 위하여 드리는 기도!!

땅의 기도
'하늘의 기도'를 위해 드리는 기도!

"아무 것도 염려하지 말고 다만 모든 일에 기도와 간구로, 너희 구할 것을 감사함으로 하나님께 아뢰라." (빌립 4:6)

사랑이 많으시고, 언제나 오래 참고 기다려주시는 참 좋으신 하나님! 이제 오늘 '하늘의 기도' 재교(再校)를 마치고 교정지를 발송합니다. 기도문을 쓰고 기도드리는 일보다, 이를 취합하고 분류하여 정리하는 일이 더 어려운 것을 알겠습니다. 그동안 지켜 주시고 248편의 기도문을 책으로 엮어 재교까지 보게 된 것이 은혜입니다. 남은 과정도 지켜 주시옵소서!

내일 디자인 사무실에 원고가 도착해서 수정하고 삼교(三校)이자 마지막 교정을 보고 나면 책이 나올 터인데, 오자가 나오지 않게 하시고, 그 정성이 독자들에게 느껴지게 하시옵소서! 제가 기도문을 쓰고, 그 기도문으로 기도를 드리고, 이를 정리해서 책으로 만드는 과정에 교정까지 돌보시고 감동 주셨던 하나님! 남은 책 제작 과정에도 동행하여 주시옵소서!

이 '하늘의 기도' 상/하권을 정리하면서 하나님 앞에 너무 송구스럽습니다. 더 많이, 더 믿음으로, 더 진실하게 기도 준비를 하지 못한 것이 죄송합니다. 그리하여 회개하는 마음으로 엊그제부터 '땅의 기도'라는 제목으로 매일 기도를 드리기 시작했습니다. '하늘의 기도'가 '하나님께 가납되게 기도'라는 뜻이라면, '땅의 기도'는 이 땅에서 올리는 기도라는 뜻입니다.

'하늘의 기도'가 매 주일의 목회기도인데, '땅의 기도'는 매일의 일상 기도 입니다. 예배당 안에 갇혀 교회만 위해 기도하다가 예배당 밖으로 나와 이웃과 사회와 나라와 세계를 위하여 넓고 깊게 기도하게 하시고, 나만 위해 기도하는 미신적인 기도가 아니라, 하나님의 나라를 구하는 종이 되게 하시옵소서! 교정을 하다 받은 감동을 끝까지 간직하게 하시옵소서!

새로 기도하기 시작하는 '땅의 기도'가 진심이 담긴 기도가 되게 하시되, 목회기도처럼 모든 영역을 구하기보다 매일 하나의 주제를 집중적으로 기도하게 하시고, 이런 집중기도가 하나님의 마음에 감동을 드려, 몇 개월 후에 기도가 책으로 나올 때는 '하늘의 기도'보다 더 진솔하고 영성 있는 기도문이 되어 기도의 농인(聾人)들에게 유익을 드리게 하시옵소서!

오늘도 꿈을 꾸며 미래를 그립니다. 이 책이 사고 없이 잘 만들어지게 하시옵소서! 인쇄나 제본 과정에도 하나님께서 손을 대주시고, 완벽한 책이 되도록 도우시며, 이 책이 완성되어 세상에 공급될 때 서점이나 온라인 몰에서 사랑받게 하시옵소서! 그래서 최소한 책값 이상으로 유익한 좋은 잭으로 평가받게 하시옵소서! 기도서의 모범이 되게 하시옵소서!

우리의 일거수일투족을 보시는 예수님의 이름으로 기도드립니다. 아멘!

땅의 기도
한 없이 게을러질 때 드리는 기도!

"그러므로 안식일에 이러한 일을 행하신다 하여 유대인들이 예수를 박해하게 된
지라 예수께서 그들에게 이르시되 내 아버지께서 이제까지 일하시니 나도 일한다
하시매" (요한 5:16-17)

전능하신 하나님! 저는 흙으로 만들어진 연약한 인생이라, 조금만 마음이
풀리면 한 없이 게으르고 싶고, 끝없이 뒹굴고 싶습니다. 저의 훈련되지
못하고 완벽하지 못한 모습을 기억하셔서 정신 바짝 차리고 하나님의 자
녀로 살아가게 하옵소서! 지금 여유 있는 시간처럼 보여도 제 시간이 아니
고, 지금 제 인생인 것처럼 보여도 제 인생이 아님을 알게 하옵소서!

조금만 생각이 흐트러지면 하나님 없이 살고 싶고, 조금만 여유가 있으면
무너지고 싶은 죄악 된 성품을 가지고 있습니다. 본질상 진노의 자식으로
항상 하나님의 은혜가 아니면 버티고 살 방법이 없는, 죄로 범벅된 종을
기억하시고, 하나님의 사랑으로 붙잡아 주옵소서! 게으름으로 육신의 편
안을 만족시키려 하지 말고, 하나님의 뜻을 헤아려 살게 하시옵소서!

전능하신 하나님! "너희는 성령을 따라 행하라. 그리하면 육체의 욕심을
이루지 아니하리라."(갈라 5:16)고 하셨습니다. "육체의 소욕은 성령을 거스

르고 성령은 육체를 거스르나니 이 둘이 서로 대적함으로 너희가 원하는 것을 하지 못하게 하려 함이니라."(갈라 5:17)고 하셨습니다. 제 몸을 세상의 편안함에 던지지 말고 하나님의 평안을 얻는데 쓰게 하옵소서!

조금도 세상 핑계대지 않게 하시고, 다른 사람을 걸고넘어지지 않게 하옵소서! 모든 사람들이 게으름과 편안함과 안일함을 누릴지라도 성령님께서 "내 백성아, 거기서 나와 그의 죄에 참여하지 말고 그가 받을 재앙들을 받지 말라!"(계시 18:4)고 하시면, 저만이라도 하나님께서 원하시는 길로 걷게 하옵소서! 좁은 길이 아니면 가지 말고 거기서 나오게 하옵소서!

미루고 지체하지 않게 하옵소서! '조금만, 조금만!'하며 미루는 동안 저희에게 "게으른 자여 네가 어느 때까지 누워 있겠느냐? 네가 어느 때에 잠이 깨어 일어나겠느냐"(잠언 6:9)는 책망을 듣게 하옵소서! 그때 저에게 "악하고 게으른 종아 나는 심지 않은 데서 거두고 헤치지 않은 데서 모으는 줄로 네가 알았느냐?(마태 25:26)는 주님의 책망이 들리게 하옵소서!

하나님은 늘 미루는 이, 핑계하는 이, 지체하는 이, 다른 이와 비교하는 이를 책망하시고 부르심이 있을 때 즉시 순종하고, 명령이 있을 때 바로 떠나는 이를 귀히 여기셨습니다. 피곤함은 이기고, 귀찮은 것은 떨쳐버리고, 게으름은 박차고 일어나 주님의 부르심을 따라 떠나게 하옵소서! 게으름을 피우는 토끼가 아니라, 부지런히 가는 거북이가 되게 하시옵소서!

하나님과 지금도 일하시는 예수 그리스도의 이름으로 기도드립니다. 아멘!

12. 자신의 영성을 위하여 드리는 기도!!

부록 1.
개인적 응답을 기억해
드리는 기도!!
(23편)

왜 기도해야 하는가?

자신의 응답을 위하여!

"여러 계시를 받은 것이 지극히 크므로 너무 자만하지 않게 하시려고 내 육체에 가시 곧 사탄의 사자를 주셨으니 이는 나를 쳐서 너무 자만하지 않게 하려 하심이라"

(고후 12:7)

이 마지막 항목은 부록으로 따로 싣고 '땅의 기도 월/일별 기도 제목'에는 넣지 않았습니다. 이건 제가 어느 날 갑자기 깨달은 책망의 결과로 쓴 고백 기도이자 간증 기도이기 때문입니다. 제가 매일 이런저런 기도를 드리던 중 하나님께서 마치 음성처럼 주신 감동이 "너는 만날 무얼 달라고만 하지 말고, 내가 네게 준 것이 얼마나 않은지 좀 세어보라!"는 것입니다.

깜짝 놀란 제가 그동안 주셨던 하나님의 은혜를 정신없이 기록하면서 이 기도문은 기록되었습니다. 정말 넘치는 은혜를 주셨습니다. 마치 천민(賤民)으로 나고 자란 허접한 신분으로 왕궁의 왕자가 된 느낌입니다. 기도문을 쓰면서 '거지 왕자'와 '왕자 거지'가 생각났습니다. 마치 제 자랑같이 드러나 쑥스러웠던 기도문입니다. 그래도 제가 진심으로 드린 기도입니다.

그러나 사실은 이 땅에서 하나님의 자녀로 살아가는 대다수의 사람들은 아직 그렇게 써보지를 않아 그런지는 모르지만, 모두 이렇듯 대단한 하나님의 복을 받고 살고 있습니다. 다만, 그 사실을 열거하면 지나친 자랑처럼 되니까 하지 않을 뿐입니다. 그러나 제가 이번에 깨달은 일은 어디서나 부끄러워하지 말고 하나님께 영광을 돌리며 자랑하라는 것입니다.

하나님은 우리에게 엄청난 것들을 주셨습니다. 그런데 우리는 쑥스럽고 수줍어서 말을 안 하고 있습니다. 저도 그랬습니다. 그러나 이제는 매일 감사하고 고백하고 기록하고 간증합니다. 괜찮습니다. 받은 걸 자랑삼아 나열하고 고백하는 것은 우리의 의무이자 책임입니다. 쑥스럽지만 고백하고 나니 그동안 하나님께서 주신 것이 이렇게 많다는 게 확인되었습니다.

이 기도문은 써놓고 여기에 넣지 않는다는 생각이 처음엔 확고했습니다. 그러나 본문에는 넣지 않더라도 부록으로라도 넣어야 하나님께 기쁨이 될 것 같았습니다. 그래서 기도문의 '월/일별 기도 제목'에는 넣지 않아도, 부록으로라도 넣고 자랑한다고 욕을 먹더라도, 하나님께서 주셨다는 자랑은 해야겠다고 결심했습니다. 그랬더니 정말 마음이 후련해 졌습니다.

사람은 스스로 경험한 것이 가장 확실하고, 본인이 고백한 것이 가장 진실합니다. 저는, 비록 책으로는 낼 것이 아니라도, 우리 모두가 받은 은혜를 깨달은 것이 있다면 적어보는 것은 굉장히 유익하다고 봅니다. 문장이 아니라 이력서 쓰듯 나열하더라도 말입니다. 맨 뒤에 쑥스럽게 고개를 파묻고 있는 이 간증 기도는 제게 주신 하나님의 은총의 선물목록입니다.

부록 1. 개인적 응답을 기억해 드리는 기도!!

땅의 기도

거처를 주심이 큰 은혜입니다.

"나의 왕, 나의 하나님, 만군의 여호와여 주의 제단에서 참새도 제 집을 얻고 제비도 새끼 둘 보금자리를 얻었나이다 주의 집에 사는 자들은 복이 있나니 그들이 항상 주를 찬송하리이다" (시편 84:3-4)

하나님께서 저희에게 비를 비할 수 있고 바람을 막아주는 집을 주셔서 고맙습니다. 크고 화려하지는 않을지라도 컴퓨터와 책들을 따로 보관하고 수시로 꺼내 볼 수 있게 하심이 은혜입니다. 책을 많이 버렸지만 그래도 절반은 가져왔고, 그 책들 한권 한권을 붙잡고 제가 축복의 기도를 드린 것을 보셨으니 지켜 주옵소서! 제가 받은 많은 사랑을 갚아주옵소서!

평생을 주님을 위해 헌신한 사역자들 중에 더러는 정착할 수 있는 거처가 없이 유리하는 분들도 있는데 부족한 종에게 작은 처소를 마련해 주시고 부족한 부분은 컨테이너를 구해서 넣어두게 하심도 은혜입니다. 이 안에 제가 '지성소'라 부르는 거실을 주셔서 이곳에서 열심히 연구하게 하시고, 글을 쓰게 하시니 고맙습니다. 이곳이 진정한 사역지가 되게 하옵소서!

한데서 잠을 자지 않고 비 안 새고 바람 들어오지 않는 공간에서 기도도 하고 책도 보고 집회 준비도 하고 또 원고도 쓸 수 있도록 도우신 하나님을 찬양합니다. 이곳이 성소요 지성소이자, 이곳 전체가 성전이요 저의 작업 공간입니다. 어렵고 힘든 이들이 많은 중에도 제 사역의 공간이 필요했는데, 바로 이곳에 연구하고 쉴만한 공간을 주신 것이 너무 고맙습니다.

지금은 '십자가 수도원 임시기도처' 간판을 달고 기도하고 있지만 언젠가 기도하던 일을 감동을 주셔서 준비할 수 있든지, 아니면 부담 없는 조건에 준비할 수 있도록 도와주옵소서! 그리하여 종이 꿈꾸는 십자가 수도원, 십자가 박물관이 하나님이 기뻐하시는 시설로 세워지게 하시기를 기도드립니다. 주님의 십자가를 마음껏 자랑하는 곳이 곧 준비되게 하옵소서!

제주도 관광지에서 주님의 십자가를 묵상할 수 있는 공간이 하나도 없어서 삭막한 제주도가 되지 않게 하시고, 제주 땅에 철 십자가, 동 십자가, 나무 십자가, 유럽 십자가, 아프리카 십자가, 남미 십자가 등을 얼마든지 보며 은혜를 받고, 마지막으로 십자가 수도원에서 성찬식을 하며 일정을 마무리 하게 도와주시옵소서! 이미 허락하셨으니 온전케 하옵소서!

저의 기도를 들으시고 응답하시는 하나님! 전능하신 하나님을 말씀이 선포될 때 만나고, 그 역사는 믿음이 있는 특별한 이들이 만나는 것이기에, 하나님의 전능하심을 믿고 따르는 종들에게 주시는 선물인 줄 믿습니다. 종의 기도에 응답해 주시던 하나님을 믿게 하옵소서! 믿음으로 구하는 종에게, 이제는 저의 처소가 아니라 십자가의 처소를 허락하여 주옵소서!

십자가에 달려 구주가 되신 예수 그리스도의 이름으로 기도합니다. 아멘!

땅의 기도

건강을 주심이 큰 은혜입니다.

"사람들이 사는 동안에 기뻐하며 선을 행하는 것보다 더 나은 것이 없는 줄을 내가 알았고 사람마다 먹고 마시는 것과 수고함으로 낙을 누리는 그것이 하나님의 선물인 줄도 또한 알았도다" (전도 3:12-13)

사랑이 많으신 하나님! 부족한 종에게 오늘까지 생명을 연장시켜 주신 것이 하나님의 큰 은혜입니다. 주님께 진실로 충성하지도 못하고, 성실하지도 못했으나 그때마다 심판하지 않으시고 참아주시니 고맙습니다. 더 의로운 이들이 많고 더 진실하게 산 이들이 많이 있음에도 불구하고 비교할 수 없이 작고 초라한 종에게 넘치는 사랑을 부어주시니 참 고맙습니다.

세상이 복잡하고 다양화되면서 경제적 규모나 의학이나 산업의 발달이 세상을 발전시켜 왔지만, 갖가지 질병은 수를 헤아릴 수 없이 세상에 창궐하며 저희 생명을 위협하고 있습니다. 난치와 불치병들이 여린 저의 목숨을 위협하는 시대에 저에게 아직까지 그 질병의 공격을 받지 않게 하시니 고맙습니다. 앞으로 더 위협적인 질병이 찾아올지라도 이기게 하옵소서!

백수를 한들 온 몸에 병이 진을 치고 있으면 장수가 무슨 소용이 있겠습니까? '치매'로 가족도 못 알아보는 채, 중풍으로 누어 소/대변을 가족이 받아내며 백세를 산들 복이 아닙니다. 지금까지 건강하게 하신 하나님! 앞으로도 건강하게 해 주옵소서! 종의 사지백체 오장육부가 어떤 질병도 틈타지 못하도록 지켜주시고, 마지막까지 모세처럼 건강하게 하옵소서!

툭하면 병원에 누워있고, 툭하면 앓고 있는 만년 병약한 환자가 아니라, 하나님 주신 사명 잘 감당할 수 있도록 강건케 하옵소서! 병원에는 환자들의 치유를 위해서만 방문하게 하시고, 일생동안 병원갈 일 없게 하옵소서! 무서운 현대병들로부터도 안전하게 하셔서 고혈압, 당뇨, 고지혈증 같은 무서운 질병에서 지켜주심이 고맙고, 앞으로도 건강하게 하옵소서!

종이 최선을 다해 제 몸을 돌아보지 못한 부분도 많습니다. 건강관리를 위해 시간 내지 못한 점도 있습니다. 그러나 하루 만보를 걷는 것만으로도 긍휼히 여기사 지켜주시고, 부지런히 일하는 것만으로도 병 걸릴 틈이 없게 하옵소서! 종이 몸에 좋다는 고기나 생선 같은 건강식 보양식을 챙겨 먹지 않아도 하나님께서 인삼 녹용을 먹여주시고 건강을 지켜 주옵소서!

하나님은 종을 너무나 잘 아십니다. 타고난 체질이나 식성 때문에 골고루 음식을 먹지 못하고 콩이나 청국장, 된장, 두부찌개 같은 음식만 먹고, 김치도 굴이나 생선이 들어간 건 못 먹고 신 김치나 먹으면서도 하나님께서 특별히 건강을 지켜주시기 위해 값싸고 몸에 좋은 것만 입에 맞게 해주시고. 제가 먹은 싼 음식들이 제 몸의 건강을 지켜주심이 고맙습니다.

우리의 건강을 지켜 주시는 예수 그리스도의 이름으로 기도합니다. 아멘!

땅의 기도

걷게 해 주심이 큰 은혜입니다.

"평강의 하나님이 친히 너희를 온전히 거룩하게 하시고 또 너희의 온 영과 혼과 몸이 우리 주 예수 그리스도께서 강림하실 때에 흠 없게 보전되기를 원하노라"

(살전 5:23)

고마우신 하나님! 제가 이제라도 매일 걸을 수 있게 시간과 의지와 환경을 주셔서 고맙습니다. 지금보다 젊은 시절에 진즉부터 했으면 좋았겠지만, 앞으로 허락하신 시간동안 운동할 수 있게 하셔서 고맙습니다. 모쪼록 이 운동이 노년에 제 몸을 지탱하며 하나님께 영광을 돌릴 수 있도록 인도 하옵소서! 이것으로 만족하지 말고 다른 운동도 겸하게 하시옵소서!

참으로 고마운 것은 운동하면서 기도도 하고, 통화도 하고, 유튜브도 들으면서 운동하는 시간을 유익하게 함께 활용하게 하시니 고맙습니다. 전에는 하루 한 시간도 뺄 수 없던 일상에서 의지를 가지고 운동을 위해 최소 한 시간 이상은 쓸 수 있는 마음을 주셔서 고맙습니다. 이 운동을 통해 제 마음과 몸이 큰 유익을 얻으며 영성도 깊어지는 은혜를 주시옵소서!

우선은 걷는 운동을 하지만 차차 푸시업도 하고, 누웠다가 일어서는 운동, 또 철봉 운동도 하나씩 배워서 하나님께서 주신 몸을 성령님의 전으로 유지하는 일만이 아니라, 하나님 지으신 몸을 질병의 은신처가 되지 않도록 제 자신을 관리하는 지혜를 허락하여 주옵소서! 운동이 건강만이 아니라 영성을 유지하는 온전한 그릇이 되기 위하여 힘쓰게 하여 주옵소서!

제 분수대로, 형편과 수준대로 하루 종일 나가서 비싼 돈 내고 하는 운동은 하지 않게 하시고 주님의 은혜로 돈이 안 들고 시간도 적당한 운동을 하게 하옵소서! 운동이 오락과 취미와 재미가 섞이지 않게 하시고 순수한 운동으로 자기 관리를 할 수 있는 귀한 은혜를 허락하여 주옵소서! 언제나 기쁨과 고마움과 살아있음에 대한 깨달음이 함께 있게 하옵소서!

걷는 운동을 하면서 하나님 지으신 자연을 보게 하시고, 걸으면서 하나님 지으신 공기를 마시게 하시니 너무 고맙습니다. 걸으면서 '걷는 기도'를 드리고 걸으면서 성경 말씀도 듣고, 걸으면서 좋은 유튜브도 보고, 더러는 걸으면서 통화도 하는 유익한 시간을 갖게 하심이 고맙습니다. 덕분에 눈뜨고 기도하고, 걸으면서 기도하는 비밀도 깨닫게 되어서 고맙습니다.

저희가 인생을 살고 만나는 마지막 어려움이 걷지 못하는 어려움인데, 평생 눕는 시간이 짧거나 아예 없게 하시옵소서! 이 땅에 주님이 주신 몸을 입고 주님 주신 성령님과 동행하면서 영과 육 어느 쪽도 무너지지 않고 강건하게 살다가 주님의 부르심을 입을 때 온전하게 하옵소서! 영도 온전하고 혼도 몸도 강건하여 부르심의 날을 맞이하게 하여 주옵소서!

저희들의 영육의 주인이신 예수 그리스도의 이름으로 기도드립니다. 아멘!

부록 1. 개인적 응답을 기억해 드리는 기도!!

땅의 기도

넘침을 주심이 은혜입니다.

"주께서 내 원수의 목전에서 내게 상을 차려 주시고 기름을 내 머리에 부으셨으니 내 잔이 넘치나이다." (시편 23:5)

사랑의 하나님! 하나님은 저의 목자시니 제게 부족함이 없으십니다. 하나님은 저를 푸른 풀밭에 누이시고 쉴만한 물 가로 인도하십니다. 뿐만 아니라, 제 영혼을 소생시키시고 하나님의 이름을 위하여 의의 길로 인도하십니다. 뿐만 아니라 제가 사망의 음침한 골짜기로 다닐지라도 해를 두려워하지 않을 것은, 하나님께서 언제나 저와 함께 하실 것이기 때문입니다.

하나님! 제가 늘 경험하는 것은 하나님의 지팡이와 막대기가 저를 늘 지켜 보호해주고 계십니다. 하나님께서는 제 원수의 목전에서 제게 풍성한 식탁을 차려 주시고 기름을 제 머리에 부으셨으니 제 잔이 넘치고 있습니다. 평생에 선하심과 인자하심이 반드시 저를 따르리니, 제가 하나님의 집에 영원히 살 것입니다. 오늘 새벽에 늘 듣던 말씀이 다시 들렸습니다.

하나님! 그동안 저는 늘 아쉽고, 불만이고, 다른 이들에 비하여 많이 부족한 것이 상처가 되었는데, 오늘 돌아보니 하나님의 은혜는 저에게 넘치고 넘쳤습니다. 우선 하나님은 현직에서 물러난 저를 현직에 있을 때보다 더 많이 만나 주시고, 더 많이 들어주시니 고맙습니다. 제가 죄송할 만큼 많이 배려해 주시어 고맙습니다. 오늘 주신 은혜도 그 하나입니다.

하나님은 새벽이나 저녁마다 제게 시간을 주십니다. 제가 오늘 새벽에 기도드리다가 깨달은 것은, 모든 신앙인들에게 유치원 수준이지만, 저는 하나님께서 저희를 바라보실 때 손자를 바라보는 눈빛으로 보신다는 것입니다. '기도 시간'은 하나님께서 우리의 곁에 서 계신 시간이고, 우리의 앞에서 인도하는 시간이자, 우리의 위에서 저를 내려다보시는 시간입니다.

또 저희 안에 계시고 저는 하나님 안에 있는 시간입니다. 저의 기도를 듣고 계시는 시간이자, 저를 꼭 안아주시는 시간이요, 저를 최고로 사랑하시고 기뻐하시는 시간입니다. 하나님의 눈을 제게 맞추시고, 얼마나 정직하게 말하나 보시는 아빠 같습니다. 그래서 하나도 섭섭하지 않고, 부족하지도 않습니다. 새벽마다 운동하게 하시어 건강을 주신 것이 은혜입니다.

날마다 운동하며 기도하며 뵐 수 있으니 은혜가 넘치십니다. 그 시간에 제게 영감과 계시를 주셔서 매일 '땅의 기도'를 쓰게 하시니 고맙습니다. 제가 이런 사랑을 받으며 항상 생각하는 것은 이런 사랑을 받음이 과연 합당한가입니다. 이 육체의 건강도 넘치게 하시고, 영혼의 감격도 넘치게 하시고, 주시는 감동도 넘치십니다. 이 차고 넘치는 은혜를 고백합니다.

우리에게 늘 부요하신 예수 그리스도의 이름으로 기도드립니다. 아멘!

부록 1. 개인적 응답을 기억해 드리는 기도!!

땅의 기도

능력을 주심이 큰 은혜입니다.

"또한 우리를 부당하고 악한 사람들에게서 건지시옵소서 하라 믿음은 모든 사람의 것이 아니니라 주는 미쁘사 너희를 굳건하게 하시고 악한 자에게서 지키시리라" (살후 3:2-3)

하나님! 종에게 능력을 주셔서 고맙습니다. 신체적 능력은 고갈되었고, 사회적 능력은 이미 은퇴하였고, 경제적 능력은 백수가 되었지만 오래 전부터 주셨던 믿음의 능력이 있고, 또 종이 어떤 일에든 마음먹고 도전하는 능력을 주시어 어려움들을 견디게 하시니 고맙습니다. 물질로만 살 수 없는 세상에서 무엇과도 바꿀 수 없는 귀한 능력을 주심이 고맙습니다.

오늘도 돌아보니, 어렵고 힘든 시절에 숱한 조롱과 야유가 있었지만 주님 한 분만 바라보고 홀로 버티게 하시고, 가난과 궁핍이 거머리처럼 달라붙어 있을 때도 부자처럼 살게 하시니 고맙습니다. 이 나이 되어도 여전히 청춘처럼 살게 하시니 고맙고, 그게 착각이 아니라 성격이라는 게 또한 고맙습니다. '끈기'도 '인내'도 다른 능력이라고 생각하니 고맙습니다.

하나님께서 종에게 꿈꾸는 능력을 주심이 고맙습니다. 돈이 없어도 꿀 수 있는 것이 꿈이요, 나이가 들어도 꿀 수 있는 것이 꿈이기에, 하나님이 꾸게 하신 꿈을 붙잡고 지금도 저의 꿈과 함께 해주시니 고맙습니다. 실체도 없는 꿈을 꾸고 "믿음은 바라는 것들의 실상이라"고 믿으며, 바랄 수 없는 걸 믿는 믿음 주셔서 고맙습니다. 믿음의 능력 주심이 고맙습니다.

저에게 끊임없이 하나님의 은혜를 기다리면서 묵상하고 기도할 수 있는 능력을 주셔서 고맙습니다. 매일 하나님 앞에 나아가는 시간이 행복이고, 그 시간이 저의 능력을 충전 받는 시간인 줄로 믿습니다. 매일처럼 저에게 기도의 능력을 주심이 고맙습니다. 힘들고 어려운 때마다 기도의 열쇠를 주심이 은혜요, 기도를 붙잡고 만사를 해결하게 하시니 고맙습니다.

손끝에 표현의 능력을 부어주셔서, 종이 하나님의 영광을 세상에 드러낼 수 있게 하심이 큰 은혜입니다. 그동안 60권 넘는 저서를 낼 수 있도록 하신 하나님! 날마다 저에게 베푸신 사랑이 크고 놀라워 더욱 이 일을 위하여 기도하게 하시고, 이 일이 하나님께서 제게 부어주신 가장 큰 능력인 줄 믿어 이 저술의 일로 하나님을 뵈옵기 원합니다. 받아 주시옵소서!

저에게는 엄청난 기적을 행하는 능력과, 예언과 신유의 능력같이 가시적인 것은 주시지 않았지만 하나님 말씀의 능력을 부어주셔서 오늘까지 말씀을 사랑하고, 말씀을 읽고, 연구하고 전할 수 있게 하심이 큰 은혜입니다. 이런 놀라운 은총에 고마워하며 하나님의 큰 능력주심을 간증하게 하옵소서! 끝까지 하나님의 진실하심을 깨닫고 세상에 전하게 하옵소서!

저희에게 능력의 근원이신 예수 그리스도의 이름으로 기도드립니다. 아멘!

부록 1. 개인적 응답을 기억해 드리는 기도!!

땅의 기도

말씀을 주심이 큰 은혜입니다.

"어떤 사람에게는 능력 행함을, 어떤 사람에게는 예언함을, 어떤 사람에게는 영들 분별함을, 다른 사람에게는 각종 방언 말함을, 어떤 사람에게는 방언들 통역함을 주시나니" (고전 12:10)

하나님의 은혜는 말할 수 없이 크십니다. 회중석에 앉아서 말씀을 듣기에도 분에 넘치는 제게 강단에서 하나님의 말씀을 전할 수 있도록 허락해 주심은 하늘같은 은혜입니다. 평생을 농사짓고 김매고 추수하며 육체의 노동을 하며 먹고 살아도 과분한데, 감히 하나님의 말씀을 연구하고 이를 선포할 수 있는 예언자의 길에 세워주셨으니 감당할 수 없는 은혜입니다.

그 가운데 특별히 한 교회에서 32년을 목회하게 하셨으니 감당할 수 없는 은혜입니다. 흠이 많고 실수와 잘못이 많음에도 무흠하게 여기셔서 명예롭게 은퇴하게 하셨으니 고맙습니다. 이는 특별한 사랑입니다. 저희 교회에서만 아니라 다른 교회에서도 부흥회를 인도하게 하셨으니 특별한 은혜입니다. 개 교회만이 아니라 지방 집회도 인도하게 하시니 고맙습니다.

부흥회만 아니라 지방의 사경회도 인도하게 하시니 고마운 일이고, 거기에 또 목회자세미나, 신학생집회, 장로세미나, 임원세미나, 리더십세미나, 특히 속장세미나를 인도하게 하신 것은 하늘의 은총입니다. 청년수련회, 교사수련회도 인도하게 하시니 고맙습니다. 제가 원한 것이 아니라 하나님께서 불러 써 주시니 고맙습니다. 생각하지 못한 사랑임을 고백합니다.

육체적으로 힘든 노동을 하지 않고, 기도하고 말씀을 연구하여 선포할 수 있는 영적인 일을 하게 하시니 고맙습니다. 모두 하나님께서 특별히 주신 은혜입니다. 믿음의 은사를 주시고, 말씀의 은사, 즉 예언의 은사를 주시고, 가르치는 은사를 주셨음이 고맙습니다. 제게 지혜의 말씀과 지식의 말씀을 주시며 선지자로 목사로 교사로 살게 하심이 크신 사랑입니다.

"어떤 사람은 사도로, 어떤 사람은 선지자로, 어떤 사람은 복음 전하는 자로, 어떤 사람은 목사와 교사로 삼으셨다."(에베 4:11)고 하셨는데, 저에게 사도의 직무를 감당하게 하시고, 선지자의 사명을 감당하게 하시며, 복음 전하는 자, 목사와 교사로 세워주심은 생명을 다 드려도 부족한 사랑이요 은혜였음을 고백합니다. 이는 순전히 하나님께로부터 온 것입니다.

"이는 성도를 온전하게 하여 봉사의 일을 하게하며 그리스도의 몸을 세우려 하심이라."(에베 4:12)고 하셨지만, 종이 성도를 온전하게 하여 봉사의 일을 하게 하거나, 그리스도의 몸인 교회를 제대로 세우지 못했음을 인정하고 회개합니다. 이제 추가로 주어진 시간에 그동안 게을러 못한 일, 무지하여 깨닫지 못한 일을 잘 감당하여 하나님의 기쁨이 되게 하옵소서!

은사를 주시고 직분을 맡기신 예수 그리스도의 이름으로 기도합니다. 아멘!

땅의 기도

미래를 주심이 큰 은혜입니다.

"항상 기뻐하라 쉬지 말고 기도하라 범사에 감사하라 이것이 그리스도 예수 안에서 너희를 향하신 하나님의 뜻이니라" (살전 5:16-18)

저에게 많은 것들을 주시어 고맙습니다. 고혈압, 당뇨, 고지혈증 등을 주셨지만 지금까지 잘 견디게 하시니 은혜가 크고, 제가 많이 허약해 보이는데도 은퇴할 때까지 병원에서 고생하면서 목회에 걸림돌이 되지 않고 은퇴하게 하시니 고맙습니다. 급성당뇨와 실족으로 며칠간 입원한 것을 제외하고는, 몸이 아파 새벽기도 빠지는 일 없게 하셨으니 고맙습니다.

많은 돈이나 좋은 집, 좋은 자동차가 아니어도 밥 먹고 살 수 있어 굶을 걱정 안 하게 하시고, 비가 새지 않는 집에 살게 하시고, 자동차가 '고물 자동차'라는 소리를 듣지 않게 하신 것도 고맙습니다. 가끔 말씀 전해달라는 이도 있고, 강의해 달라고 하는 이, 원고를 부탁하는 이도 주시니 고맙습니다. 무엇보다 돈 주고 살 수 없는 마음을 주심이 고맙습니다.

그 고마움은 세상에서 얻을 수 있는 것이 아니라, 하나님의 뜻을 이룰 때 하나님께서 주시는 것인 줄 믿습니다. 항상 기뻐하게 하시니 고맙습니다. 날마다 "무슨 좋은 일이 있느냐"고 묻는 사람들이 많게 하시니 고맙습니다. 또 "쉬지 말고 기도하라!"고 하셨는데 틈나면 기도할 수 있는 믿음을 주셔서 고맙습니다. 모두 돈 주고 살 수 없는 것이기에 고맙습니다.

"범사에 감사하라!"고 하셨는데, 배워서 하는 것이 아니라 마음에 늘 감사한 마음을 주셔서 고맙습니다. 특히 기도하면서 행복하고, 기도문을 쓰면서 행복하고, 그것이 "그리스도 예수 안에서 우리를 향하신 하나님의 뜻이라"(살전 5:16-18)고 하시니 고맙습니다. 새벽에 눈을 뜨고 먼저 기도하게 하시고, 저녁에 잠자리에 누울 때까지 행복하게 하시니 고맙습니다.

큰 것이 아닌 데도 감사하고, 숨 쉬고 사는 것으로도 감사하고, 밥 안 굶고 지내는 게 감사하고, 비새지 않은 집이 감사하고, 병들어 눕지 않을 정도로 건강한 것이 모두 하나님의 은혜입니다. 이런 일상의 것들에 고마워하고, 평범한 것에서 행복하게 하심이 고맙습니다. 기도의 응답과 감사할 조건을 찾기 전에, 이미 주신 감사를 찾게 해 주신 것도 고맙습니다.

살며 만나는 크고 작은 일상에서 경험하는 다양한 일들이, 하나님께서 저에게 베푸시는 것들에 대한 신비한 경륜임을 헤아리며, 베풀어주신 축복과 은혜를 생각하며 감사하게 하시니 고맙습니다. 오늘도 하나님의 뜻을 헤아리게 하시고, 그 뜻을 이루려고 애쓰게 해주시니 고맙습니다. 생애 모든 시간의 갈피마다 행복과 고마움으로 빼곡하게 채우고 살게 하옵소서!

하나님 뜻을 위해 순종하신 예수 그리스도의 이름으로 기도합니다. 아멘!

땅의 기도

사역을 주심이 큰 은혜입니다.

> "때가 아직 낮이매 나를 보내신 이의 일을 우리가 하여야 하리라 밤이 오리니 그
> 때는 아무도 일할 수 없느니라 내가 세상에 있는 동안에는 세상의 빛이로라"
>
> (요한 9:4–5)

사랑의 하나님께서 부족한 종을 기억하셔서 이 나이에도 일할 수 있는 은
혜를 주시니 참 고맙습니다. 50에 퇴직하거나, 60에 퇴직을 해도 할 일이
없어 난감하고 외로운데, 70이 넘은 지금도 일할 수 있는 은혜를 주시니
고맙습니다. 많은 은퇴자들이 할 일이 없어 무료하고 외로워하는데 종에
게 일할 수 있는 틈을 주시어 촌음을 아껴 일하게 하시니 고맙습니다.

지난해에도 여러 교회의 집회와 세미나 강의를 하게 하시니 고맙습니다.
거기에 반대급부가 없고, 사례비와 관계없이 일할 수 있는 곳이 있다는 게
얼마나 큰 위로인지 모릅니다. 종에게 일할 수 있는 기회도 주시고, 사례
도 준비해 주시어 일하게 하시니 고맙습니다. 이달에도 부흥회와 하룻밤
집회, 청년 수련회에서 섬길 수 있는 은혜를 주시니 고맙습니다.

다음 달에도 개체교회 부흥회, 개 교회 리더십 세미나, 또 교회 임원세미
나 등 크고 작은 집회에 저를 불러주심이 고맙습니다. 세상에는 크고 대단

한 현직 목사님들이 많은데 이미 은퇴를 하고 노인이 된 종을 불러주심도 하나님의 개입하심 인줄 믿습니다. 기도드린 대로 하나님이 가라시면 가고, 서라 하시면 서겠습니다. 이조차 하나님께서 하셨기에 고맙습니다.

제가 하나님께 기도 올린대로 체력이나 지혜나 믿음이 소진되지 아니하여 건강하게 살다, 집회 초청이 있으면 집회하고, 강의 초청이 있으면 강의하겠습니다. 어떤 외부 사역의 요청이 없으면 서재에서 책을 쓰겠습니다. 하나님은 제게 주신 은사와 재능을 세밀하게 꿰뚫고 계신 것을 제가 잘 알고 있습니다. 제가 최선을 다하여 한 시도 빈틈없이 쓰게 하옵소서!

하나님께서 종에게 사경회와 집회 인도의 은사를 주시고, 개 교회나 연합 집회나 복음을 전할 수 있는 은혜를 주셨으니, 이를 잘 감당하게 하여 주옵소서! 시간을 쪼개고 체력을 안배하여 집회와 집필에 최선을 다하게 하시되, 이번 달과 다음 달에 있는 집회와 강의를 위하여 하나님께서 응원해 주옵소서! 종에게 강력한 성령님의 기름 부으심이 있게 하옵소서!

오늘도 하나님께서 저에게 일할 수 있는 능력 주심이 고맙고, 그 능력으로 섬길 수 있는 일터를 주시니 고맙습니다. 조금도 낙심하지 말고, 우쭐해 하지도 않고, 제 능력의 범위 안에서 최선을 다하게 하여 주옵소서! 주님께서 저에게 "착하고 충성된 종아! 네가 작은 일에 충성하였으니 나와 함께 천국에서 큰 즐거움에 참여하라."(마태 25:21)는 복을 받게 하옵소서!

저희에게 칭찬과 상을 주실 예수 그리스도의 이름으로 기도드립니다. 아멘!

부록 1. 개인적 응답을 기억해 드리는 기도!!

땅의 기도

생명을 주심이 큰 은혜입니다. (1)

"사람이 만일 온 천하를 얻고도 제 목숨을 잃으면 무엇이 유익하리요 사람이 무엇을 주고 제 목숨과 바꾸겠느냐" (마태 16:26)

하나님께서 부족한 종을 사랑하시고 여태껏 살려 주심이 고맙습니다. 종이 어린 시절에 부모님들이 "너는 서른 까지는 살아야 될 터인데, 서른은 살아야 할 터인데!"하며 제 한계 수명을 '서른'으로 정한 후에 저와 가족들의 은연중 소원은 제가 서른을 넘기는 것이었습니다. 그런데 부모님들과 가족의 바람을 초월하는 70을 한참 넘도록 살게 하시니 고맙습니다.

온 가족이 밥그릇을 들고 쫓아다니며 "이거 먹어야 서른을 산다!"고 하시던 희망 수명을 두 배나 넘게 살게 하심이 큰 은혜요, 또한 건강하게 살게 하시니 고맙습니다. 매일 앓고 병원이나 실려 다니고 허구한 날 입/퇴원하면서 병치레 하는 것이 아니라, 건강 주심이 고맙습니다. 그동안 지불하지 않은 입원비며 수술비 치료비만 해도 엄청날 터인데 고맙습니다.

지금도 사회적 부담을 안고 사는, 고령자이자 독거노인, 기저질환자로 경제적 어려움을 주며 살 텐데 민폐를 끼치지 않게 하시니 고맙습니다. 아직 누워있지 않고, 휠체어 타지 않고, 부축 받지 않고 살 수 있게 하심이 고맙습니다. 점점 고령화 되어가고 의료 수가가 부담되는 때에 지속적으로 건강을 유지하고 자녀들과 사회에 경제적 부담을 주지 않게 하옵소서!

성경은 "우리의 연수가 칠십이요 강건하면 팔십이라도 그 연수의 자랑은 수고와 슬픔뿐이요 신속히 가니 우리가 날아가나이다."(시편 90:10)고 했는데 이날까지 자연 수명을 뛰어넘어 건강 수명으로 살게 하시니 고맙습니다. 구십을 살더라도 강건하게 하시고, 근심과 염려를 초월하여 빛난 얼굴로 만면에 홍조와 웃음을 띠며 살도록 강건한 몸을 허락 하옵소서!

제가 알고 있는 주변의 친구들에게도 동일한 건강을 주셔서 서로가 친구를 일찍 떠나보내는 슬픔을 경험하지 않게 하옵소서! 열심히 일하고, 즐겁게 운동하며, 스트레스 받지 않게 하옵소서! 그리하여 마지막 임종하는 날도 새벽기도회 다녀와서 평안히 쉬는 중에 하나님께서 불러가 주옵소서! 분명히 하나님께서 저희 삶의 전반을 인도하여 주실 줄로 믿습니다.

많은 사람들이, 회갑이 지나면 온 몸이 예전 같지 않다고 하는데 건강하게 하시고, 자녀들이나 배우자가 염려하지 않아도 될 만큼 오늘까지 건강하게 하심이 고맙고, 숱한 사고들이 쉬지 않고 일어나는 중에도 안전히 지켜주심이 너무 고맙습니다. 이 땅에서 생명을 부지하는 동안에 건강하고 아름답게 믿음생활 하며 찬양과 기도가 멈추지 않게 붙잡아 주옵소서!

생명 창조자이신 예수 그리스도의 이름으로 기도드립니다. 아멘!

부록 1. 개인적 응답을 기억해 드리는 기도!!

땅의 기도

생명을 주심이 큰 은혜입니다. (2)

"지금은 죽었으니 내가 어찌 금식하랴 내가 다시 돌아오게 할 수 있느냐 나는 그에게로 가려니와 그는 내게로 돌아오지 아니하리라 하니라." (삼하 12:23)

사랑의 하나님! 고맙습니다. 지금 숨 쉬고 있음이 은혜입니다. 세상에는 이미 복중에서 생명을 다한 이부터 태어나서 얼마 되지 않은 시절에 생명을 다한 이가 있어, 영유아사망이 전 세계에서 26만 명이나 된다는데, 우리는 지금 평균수명이 80세 시대를 살고 있고, 기대수명은 이보다 훨씬 높고, 앞으로는 백 세 시대를 꿈꾸며 살고 있음이 감격스러운 일입니다.

하나님! 어린 시절에 부모님들이 매일 저에게 "서른 살 까지는 살아야 할 텐데!"하고 염려했었는데, 나이 서른을 두 번이나 살고도 또 십여 년을 더 살게 하셨으니, 그것만 해도 은혜요, 덤으로 사는 인생에 의미와 가치를 부여하여 그 한 시간을 두세 시간으로 살도록 감동하심이 하나님 은혜입니다. 그렇게 촌음을 아껴 값진 하루를 살게 하심이 큰 은혜입니다.

지금 이 나이에도 무엇을 계속 쓰게 하심이 고맙고, 매일 운동하게 하심도 고맙고, 운동하는 시간에 또 기도하게 하심이 고맙고, 기도하는 동안에 끊임없이 새롭게 기도해야 할 기도제목을 주심이 감동적인 일입니다. 또 기도의 대상을 주실 때, 어떻게 기도드려야 할지 기도의 내용을 주심도 감사합니다. 천 년에 한 번 주실까말까 한 크신 은혜인 줄 믿습니다.

하나님께서 저에게 기도 생활과 집필과 운동이 전혀 연관이 없는 것 같은데도, 이 안에서 넘치도록 풍성한 통전의 은혜를 주셨으니 감사하고, 오늘 계산하니 하나님께서 저에게 5년만 더 살게 해주셔도 15년의 생명을 더 허락하신 것과 같고, 10년을 더 살게 해 주시면 30년은 더 살게 해주신 것처럼 살게 되었으니 하나님의 은혜는 말할 수 없이 큰 것을 고백합니다.

걸으며 기도하니 하나님과 더불어 걷는 것 같고, 기도하며 걸으니 시간을 운동에만 쓰는 것이 아니고 영적인 기도생활에도 쓰게 하심이 고마운 일입니다. 그리고 돌아와 받은 은혜를 메모하게 하심도 특별한 은혜입니다. 이렇게 살게 해 주시니 저는 어쩌면 120세만큼이나, 혹은 그 이상 사는 사람처럼 가치 있게 살게 하신 것이라고 생각하니 진심으로 고맙습니다.

사랑의 하나님! 주변에 청천벽력 같은 일로 떠나는 이도 많고, 무서운 질병으로 세상을 떠난 이, 불의의 사고를 당해 목숨을 잃은 이도 많은데, 종에게 이렇게 생명을 연장시켜 주신 것도 은혜지만, 노년에 TV앞에서만 시간 보내지 않고 창조적인 삶을 허락해 주시니 너무 고맙습니다. 이런 하나님의 복을 누리며 살아도 되는지 모를 만큼 넘치는 감사를 드립니다.

저의 행복을 위해 죽으신 예수 그리스도의 이름으로 기도드립니다. 아멘!

부록 1. 개인적 응답을 기억해 드리는 기도!!

땅의 기도

손님을 주심이 큰 은혜입니다.

"성문에 가까이 이르실 때에 사람들이 한 죽은 자를 메고 나오니 이는 한 어머니의 독자요 그의 어머니는 과부라 그 성의 많은 사람도 그와 함께 나오거늘 주께서 과부를 보시고 불쌍히 여기사 울지 말라 하시고" (누가 7:12-13)

하나님! 더러 사람들이 "은퇴하고 나서도 부지런히 일하는 것이 보기 좋다."는 덕담으로 위로하는 분들이 계십니다. 그렇게 현장목회는 떠나서도, 성경을 읽고 기도하고 말씀을 전하는 것을 보기 좋다는 말씀을 듣게 하심도 은혜인 줄 믿습니다. 아직도 섬김의 기회를 주신 것도 은혜입니다. 아니면 외로워서 못 살 것입니다. 외롭지 않게 해주셔서 고맙습니다.

하나님은 종이 외롭지 않도록 사람들을 적당히 보내주심이 고맙습니다. 너무 없지도 않고, 너무 많이 와서 방해가 되지 않도록, 또 그동안 보고 싶었던 사람만 보내주셔서 그리움을 해소하고 반가운 마음으로 차도 마시고 식사도 할 수 있게 하심이 은혜입니다. 하나님은 더도 덜도 아닌, 제가 외롭지 않고 분주하지 않도록 좋은 사람들을 보내시니 고맙습니다.

하나님! 언제나 저를 저보다 더 잘 아시고, 저를 저보다 더 사랑하시기에, 제가 그리워하는 사람을 아시고, 제게 필요한 사람을 아셔서 가장 적당한 시기에 가장 적절한 사람을 보내시고, 저는 그 분들에게 위로를 얻고, 그 분들은 저를 통해 힘을 얻는 것을 보며 감사를 드립니다. 사람 하나를 만나고 헤어지게 하는 것조차도 하나님께서 개입하심이 고맙습니다.

하나님은 언제나 필요한 때에 필요한 사람을 만나게 하시고, 그들과의 만남을 통해서 하나님의 뜻을 이루시는 것을 봅니다. 맹인이 지나가시는 예수님을 만나 눈을 뜨게 하시고, '나인' 성에서 혼자 하는 여인이 아들을 장사지내러 가는 죽음 같은 길목에서 예수님을 만나 꺼져가는 가문의 빛을 다시 살려주심을 봅니다. 이런 기적이 지금도 일어나게 하시옵소서!

사람들이 볼 때는 우연(偶然)같고, 저희들은 아무런 계획을 세우지 않았어도, 하나님은 필연적으로 만나게 하시고, 그 만남을 통해 하나님의 경륜을 이루심을 봅니다. 한 여인이 '수가'성에서 예수님을 만나면서 그의 운명이 바뀌고, '혈루증'을 앓던 여인은 회중가운데 있다가 주님을 만나면서 운명이 바뀌었는데, 저도 이렇게 주님과 사람들을 만나게 하시옵소서!

생각지 않은 날 예기치 못한 순간에 주님이 찾아오셔서 '삭개오'의 운명이 바뀌고, 전혀 계획에 없던 예수님의 방문이 중풍병자가 자리를 들고 걸어가는 역사가 있었듯이, 오늘 저의 곁에 아주 적절한 때에 꼭 필요한 사람을 보내시어 충분한 위로를 얻고, 서로 영감을 얻고, 힘을 얻을 수 있게 하심이 큰 은혜요, 오늘도 그런 하나님의 은혜를 간절히 사모합니다.

늘 좋은 사람을 보내주시는 예수 그리스도의 이름으로 기도합니다. 아멘!

땅의 기도
열정을 주심이 큰 은혜입니다.

"원하건대 너희는 나의 좀 어리석은 것을 용납하라 청하건대 나를 용납하라 내가
하나님의 열심으로 너희를 위하여 열심을 내노니 내가 너희를 정결한 처녀로 한
남편인 그리스도께 드리려고 중매함이로다 그러나 나는" (고후 11:1-2)

전능하신 하나님! 정말 고맙습니다. 청년 때에는 열정을 주시고 장년 때에
는 반추(反芻)를 주시고, 노년에는 성숙을 주신다고 하는데 부족하고 어리
석은 사람에게 노년에도 젊은이들이 가지는 열정을 지속적으로 공급해 주
심이 참 고맙습니다. 이제는 생을 마무리하고 정리하려는 황혼이 아니라,
이제 막 불이 댕겨진 청춘처럼 불타는 열정을 주시니 고맙습니다.

이제는 은근히 꺼져가는 화롯불에 된장찌개를 끓여먹는 노년의 화기(火氣)
가 아니라, 여전히 갈비와 등심을 구워먹는 이글거리는 숯불이 되게 하시
니 고맙습니다. 이제 때늦은 망령이 아니라, 하나님께서 종에게 창조의 에
너지를 불붙여 주심인줄 알아 고마운 말씀을 드립니다. 나이가 숫자에 불
과한 것은 창조주 하나님께서 새 창조의 마음을 주심인 줄 믿습니다.

저희가 100세가 되어도 영원하신 하나님 앞에서는 어린아이요 청춘인 바,
세상을 달관한 노인처럼 무게 잡고 살지 않고 여전히 치열하게 살게 하옵

소서! 나이를 핑계하고 몸 사리는 소극적인 인생이 아니라 자신의 모든 삶을 갈아 넣고 그것으로 인생을 구워내는 청년의 패기가 있게 하옵소서! 하나님! 지금 막 교체선수로 들어온 이처럼 치열하게 뛰게 하옵소서!

정년이 되고 은퇴를 해도 청년처럼 꿈을 꾸게 하시고, 여전히 이제 시작하는 인생처럼 먼 미래를 향한 출발선에서 앞으로 다가올 무한한 내일의 영광을 그리게 하옵소서! 하나님의 사람들은 언제나 하나님 앞에서 그 나이를 돌아보아, 백 살이 되어도 어린 아이처럼 꿈을 꾸게 하옵소서! 우리의 취미가 무엇이냐고 물으면 꿈을 꾸는 것이라고 대답하게 하옵소서!

사랑하는 하나님! 지금도 우리 앞에 펼쳐질 미래를 내다보며 꿈꾸게 하시고, 기도하게 하시고, 바라게 하옵소서! 70이 넘은 저에게도 마치 곧 끝날 것처럼 주저앉지 않고, 이제 인생을 출발하는 청년처럼 휘슬소리를 따라 달려가는 열정을 주시니 고맙습니다. 나이나 경륜을 떠나 꿈꾸는 영적 젊은이가 되게 하옵소서! 영원할 것처럼 열정으로 살게 하시옵소서!

우리는 모두 하나님 앞에서 어린아이요 소년이오니, 에너지가 몸에 철철 흘러넘치는 이처럼 살게 하시고, 새봄을 맞은 강가의 버들강아지처럼 온몸에 하나님의 기운이 흘러넘치게 하옵소서! 아직도 청년의 꿈을 꾸고 살게 하시니 고맙습니다. 꿈이 있는 자는 망하지 않을 줄 믿습니다. 저희 가슴에 하나님과 조국과 교회와 복음에 대한 열정이 충만하게 하옵소서!

영원히 변함이 없으신 예수 그리스도의 이름으로 기도드립니다. 아멘!

부록 1. 개인적 응답을 기억해 드리는 기도!!

땅의 기도

음식을 주심이 큰 은혜입니다.

"그러나 자족하는 마음이 있으면 경건은 큰 이익이 되느니라 우리가 세상에 아무 것도 가지고 온 것이 없으매 또한 아무 것도 가지고 가지 못하리니 우리가 먹을 것과 입을 것이 있은즉 족한 줄로 알 것이니라" (딤전 6:6-8)

하나님께서 허물 많은 인생들이 땅에 살면서 굶지 않고 먹을 것을 주셔서 고맙습니다. 특별히 먹고 싶은 것도 별로 없게 하시고, 특히 비싼 것은 체질상 못 먹게 하신 것이 고맙습니다. 제 입에는 된장찌개나 청국장, 순두부나 두부찌개를 맛있게 먹을 수 있는 입맛을 주신 것이 참 고맙습니다. 김치찌개나 비지찌개를 제일 맛있게 먹게 하시는 것이 큰 은혜입니다.

그리고 평생을 이 먹을 것들이 없어 주리거나 소원을 갖지 않고 늘 먹을 수 있게 하심이 고맙고, 사람들이 좋다며 먹고 싶어 하는 고급 음식은 비위가 상해서 못 먹게 하심이 또한 은혜입니다. 그럼에도 모든 보양식이나 건강식을 먹은 것처럼 건강하게 하시니 고맙습니다. 세상에서 일생 먹는 것과 씨름해야 되는 인생이 먹는 것에서 자유하게 하심이 고맙습니다.

오늘 저녁에 무엇을 먹을까, 내일 아침에 무엇을 먹을까 염려하지 않게 해주셔서 고맙습니다. 언제나 냉장고 안에 김치나 된장, 고추장이 있어서 아무 때든지 먹을 수 있게 하심이 고맙고, 제가 접대를 하든지 대접을 받든지 경제적 부담이 크지 않게 먹을 수 있음이 고맙습니다. 먹고사는 일이 인생에서 중요한데 그 일로 걱정 안하게 해주심이 하나님의 은혜입니다.

무엇이든 잘 먹게 하셨을 뿐 아니라, 비싸지 않은 것을 잘 먹게 하심이 최적화된 식성을 주신 것이라 고맙고, 값싼 것을 못 먹고 비싼 것을 좋아하는 체질이 아니라 서민들의 음식을 좋아하게 해 주셔서 고맙습니다. 못 먹어서 약하고 못 먹어서 병나지 않고 건강하게 하신 것이 고맙고, 음식은 가리지만 욕먹지 않도록 값싼 음식을 선호하게 해 주심도 참 고맙습니다.

'바르실래'가 '다윗' 왕에게 "내가 나이 들어 어떻게 음식의 맛을 분간할 수 있겠습니까?"고 대답한 것처럼, 아무 것이나 같은 맛이고, 어느 것 하나 특별한 것이 없으니 또한 고맙습니다. 종의 식성과 체질을 형편에 맞게 준비해 주심이 은혜요 하나님의 복인데, 끝까지 잘 지키게 하시며 사치스럽고 호화로운 식단이 아니라 늘 수수한 식단에 길들여지게 하옵소서!

하나님께서 먹는 것을 특별히 탐하지 않게 하시고 유별나게 기피하지 않게 하시면서도 병약하여 잔병치레하지 않게 하시고 지금도 건강한 몸으로 지나게 해주심이 너무 고맙습니다. 수명을 허락하신 때까지 건강도 허락해 주셔서 일생을 감사하며 살게 하옵소서! 그럼에도 여전히 하루 한두 끼 식사를 해결하지 못하는 안타까운 이들의 형편을 기억해 주옵소서!

우리를 입히고 먹이시는 예수 그리스도의 이름으로 기도드립니다. 아멘!

부록 1. 개인적 응답을 기억해 드리는 기도!!

땅의 기도

의복을 주심이 큰 은혜입니다.

"오늘 있다가 내일 아궁이에 던져지는 들풀도 하나님이 이렇게 입히시거든 하물며 너희일까보냐 믿음이 작은 자들아" (마태 6:30)

사랑의 하나님은 우리나라에 복을 주셔서 여름옷 한 벌이나 겨울옷 하나로 살도록, 적도 부근이나 북극이나 남극에 살지 않고 지금 이렇게 한반도에 자리하여 춘하추동 네 계절을 모두 경험하게 하시고, 모든 옷을 장만하기 위해 게으르지 않고 더 부지런히 일하게 하심이 큰 은혜입니다. 부족한 종에게 평생 동안 입을 것이 다하지 않도록 해 주신 것도 고맙습니다.

그 가운데 저에게는 아무 옷이나 잘 맞도록 체형을 평균화시켜 주심이 고맙습니다. 웬만큼 작아도 입고 어느 정도 커도 입을 수 있음이 은혜입니다. 허리가 좁으면 빠듯하게 입고, 헐렁하면 좀 졸라매어 입게 하시니 고맙습니다. 또 한복이나 양복이나 모두 편하게 입게 하시고, 저고리나 바지, 옷고름이나 대님도 불편 없이 매고 다닐 수 있음이 또한 고맙습니다.

지금 이 시간까지 양복도 평생 동안 입을 수 있고, 코트도 넉넉히 있으며, Y셔츠나 넥타이도 평생 맬 만큼 준비해 주시니 고맙습니다. 옷 때문에 시험 들거나 위축되지 않고, 넉넉하게 해주시어 '의식주'의 처음 욕구를 채워

주심이 고맙습니다. 평생 한 번도 옷에 신경 쓰지 않고 살게 하심이 고맙습니다. 이번 겨울에도 옷 두 벌로 지나게 하시니 고맙습니다.

무엇을 먹을까 염려하지 않아도, 값싸고 영양가 있는 음식을 주신 하나님이요, 거할 처소를 주신 하나님은, 남은 시간 살아가는 동안에 입고 살 수 있는 옷을 주셔서 의식주 문제를 충분히 책임져 주셔서 고맙습니다. 이제 이 옷이 해질 때까지 열심히 입고 부지런히 다니면서 복음을 전하게 하옵소서! 오늘도 베푸신 하나님의 사랑 때문에 고마워하게 하시옵소서!

외모를 가꾸기 위해 애를 쓰거나, 겉모습을 치장하기 위해 힘을 쏟지 않게 하시되 그 안에 감추어 있는 저의 내면을 가꾸는 일에 심혈을 기울이게 하옵소서! 하나님은 "내가 보는 것은 사람과 같지 아니하니, 사람은 외모를 보거니와 나 야훼는 중심을 보느니라."(삼상 16:7)고 하셨으니, 저희도 하나님께서 보시는 중심을 가꾸고, 다른 이들의 중심을 보게 하옵소서!

바울 사도가 그의 제자이자 사랑하는 믿음의 아들인 '디모데'에게 "우리가 세상에 아무 것도 가지고 온 것이 없으매 또한 아무 것도 가지고 가지 못하리니, 우리가 먹을 것과 입을 것이 있은즉 족한 줄로 알 것이니라."(딤전 6:7-8)고 했듯이, 이 말씀을 저희에게 들려주신 책망으로 알고 믿음으로 지혜롭게 처신하게 하옵소서! 항상 넉넉하게 하심이 고맙습니다.

저희 의식주를 책임지신 예수 그리스도의 이름으로 기도드립니다. 아멘!

땅의 기도

일터를 주심이 큰 은혜입니다.

"제 십일 시에도 나가 보니 서 있는 사람들이 또 있는지라 이르되 너희는 어찌하여 종일토록 놀고 여기 서 있느냐 이르되 우리를 품꾼으로 쓰는 이가 없음이니이다 이르되 너희도 포도원에 들어가라 하니라" (마태 20:6-7)

사랑하는 하나님! 여전히 저희를 사랑하여 일할 수 있는 터전을 주심이 고맙습니다. 세상에는 일이 주어졌을 때는 쉬고 싶고, 쉬라고 하면 일이 하고 싶습니다. 모두들 아무 것도 안하고 2박 3일 잠만 자고 싶다가도, 한 달이 안 되어 다시 일하고 싶고, 일할 곳이 없다는 것이 가장 큰 외로움 인 것 같습니다. 그래서 실직자나 퇴직자의 삶이 외로운 줄 압니다.

그래도 종에게 은퇴 이후에도 일할 수 있는 길을 주시고, 일할 수 있는 능력을 주시니 고맙습니다. 젊은 사역자들도 일할 곳이 없고 숙련된 목회자들도 자신의 기량을 마음껏 펼칠 수 없는 살벌한 세상인데, 나이가 차고 기력이 다하여, 기억력도 쇠퇴하고 박력도 사라져 힘없는 노인을 불러 일을 주시니 마치 퇴근 한 시간 전 5시에 포도원에 들어간 품꾼 같습니다.

나이든 종을 측은히 여기셔서 불러 강의를 부탁하고, 집회를 부탁하고 원고를 청탁해주시는 사랑을 입게 하시니 고맙습니다. 종의 여력이 닿는 한 최선을 다하여 충성하게 하시고, 말없이 포도원을 돌보게 하옵소서! 좋은 재주도 능력도 열심을 내는 것도 부족하지만, 끈기와 인내로, 정직과 성실로 최선을 다하게 하시고, 한 데나리온의 소득으로 행복하게 하옵소서!

한 시간 강의를 위하여 며칠을 준비하고, 한 주간 집회를 위하여 한 달을 준비하되, 지금이라도 부르시면 하나님께 가야하는 마지막 기회인 줄 알고 몸이 부서지도록 복음을 전하게 하옵소서! 정직하고 진실하게 하옵소서! 마지막 한 호흡까지 최선을 다하여 부르심에 순종하고 생명의 불꽃을 사르게 하옵소서! 어떤 곳에서 무슨 일을 시켜도 '아멘'하게 하옵소서!

때로 제가 배운 성경이든지, 혹은 평생 해온 기도회든지, 아니면 말씀 선포나 원고 집필이든지, 하나님은 종에게 척박한 땅에서 무엇이든지 할 수 있는 전천후 사역의 은혜를 주셨으니 고맙습니다. 몸으로 하는 것이든, 말로 하는 것이든, 글로 하는 것이든 불러주는 사람이 있고, 일할 곳이 있는 것이 고마워서 마지막 순간까지 하나님께 최선을 다하게 하옵소서!

이제 하나님께서 우리를 부르실 시간은 언제인지 아무도 모릅니다. "그러므로 깨어 있어라! 집 주인이 언제 올는지 혹 저물 때일는지, 밤중일는지, 닭 올 때일는지, 새벽일는지 너희가 알지 못함이라. 그가 홀연히 와서 너희가 자는 것을 보지 않도록 하라."(마가 13:35-36)고 하셨으니 오늘이 마지막 주님의 날인 듯 최선을 다하여 일하다 부름을 입게 하옵소서!

나팔소리와 함께 다시 오실 예수 그리스도의 이름으로 기도합니다. 아멘!

땅의 기도
저서를 주심이 큰 은혜입니다.

"그 모든 일을 근원부터 자세히 미루어 살핀 나도 데오빌로 각하에게 차례대로 써 보내는 것이 좋은 줄 알았노니 이는 각하가 알고 있는 바를 더 확실하게 하려 함이 로라." (누가 1:3-4)

참으로 천박하고 미련한 종이요, 여느 사역자들의 신발 끈을 매기에도 부족한 종에게 책을 집필할 수 있는 하늘같은 은혜를 허락해 주셨으니 너무 고맙습니다. 이는 제가 무엇이 될 만한 그릇이라서가 아니라, 한량없는 하나님의 은혜를 입었음을 고백합니다. 이는 순전히 하나님 은혜로 다함없는 사랑임을 알아 엎드려 고마운 말씀을 올립니다. 영광 받으시옵소서!

"하나님께서 세상의 미련한 것들을 택하여 지혜 있는 자들을 부끄럽게 하려 하시고 세상의 약한 것들을 택하여 강한 것들을 부끄럽게 하려 하시며, 세상의 천한 것들과 멸시 받는 것들과 없는 것들을 택하여 있는 것들을 폐하려 하시는"(고전1:27,28) 하나님의 배려에 근거한 크신 은혜임을 압니다. 부족하지만 몇 권의 책을 쓰게 하시니 이것이 은혜와 복입니다.

이제 하나님께서 저술할 수 있는 지혜와 감각을 주시고, 이런 은사를 활용하여 이날까지 끊임없이 도전하게 하시고 많은 시간과 물질, 에너지를 쏟아 여기까지 왔습니다. 여전히 저술은 졸저이나 그래도 중단하지 않고 여기까지 달려온 것은 힘주시는 하나님의 은총인 줄 압니다. 이제는 고난의 시간을 끝내고 앞으로는 좋은 결과를 얻을 수 있도록 도와주옵소서!

좀 더 연구하고 좀 더 치밀하게 집필하여 읽는 이들이 감동하고 유익을 얻을 수 있는 양질의 서적을 집필할 수 있게 하옵소서! 책의 숫자만 늘어나는 것이 아니고, 한 권의 책이라도 세상이 필요로 하고 책의 출간을 기뻐하고 축하할만한 고품격의 책을 내게 하옵소서! 아무도 거들떠보지 않는 종이만 낭비하는 책이 아니라, 읽는 이들마다 감동받게 하시옵소서!

지금 쓰고 있는 '땅의 기도!'가 한국교회의 기도서를 평정할만한 최고 수준의 저작물이 되게 하여 주옵소서! 읽는 이들에게 살아있는 기도가 되게 하시고, 읽는 이들에게 하나님의 응답이 되게 하옵소서! 그 책을 읽는 이들마다 기도 응답의 확신을 가지고 매일 읽게 하시고, 수많은 기적 체험의 간증을 할 수 있게 하옵소서! 하나님만이 하실 수 있는 일이옵니다.

바로 이어 나올 '유언(遺言)'도 하나님께서 집필초기부터 디자인, 편집, 교정, 인쇄, 제본까지 전 과정을 직접 주관하셔서 이 시대 최고의 명저가 되게 하옵소서! 읽는 이들마다 충격을 받고, 읽을 때마다 도전받는 좋은 책이 되게 하옵소서! 독자들의 폭발적인 사랑을 입게 하옵소서! 더 이상 이런 책은 나올 수 없다는 확신이 들만큼 귀한 책이 되게 하시옵소서!

저희의 일생을 기록하시는 예수 그리스도의 이름으로 기도합니다. 아멘!

부록 1. 개인적 응답을 기억해 드리는 기도!!

땅의 기도

지체를 주심이 큰 은혜입니다.

"내가 주께 감사하옴은 나를 지으심이 심히 기묘하심이라 주께서 하시는 일이 기이함을 내 영혼이 잘 아나이다." (시편 139:14)

사랑의 하나님! 고맙습니다. 오늘 다시 한 번 진심을 다하여 감사드립니다. 저에게 주신 이목구비(耳目口鼻)가 너무 고맙습니다. 다른 이들보다 눈과 코와 귀와 입이 잘 생겨서가 아닙니다. 지금 제 눈으로 사물을 볼 수 있음이 감동이며, 시력이 조금 떨어졌어도 안경을 끼고 볼 수 있음이 고맙고, 귀가 안 들려 평생을 고생하는 이가 있는데 잘 들리니 고맙습니다.

입이 잘 생긴 것은 아닐지라도, 이 입으로 말할 수 있고, 기도할 수 있고, 음식을 먹을 수 있음이 고마울 뿐입니다. 입으로 음식을 못 먹고 노즐을 통해서 음식물을 넣는 사람들이 얼마나 많은데, 제 입으로 먹고, 치아로 씹어서 목구멍으로 넘길 수 있음이 너무 고맙습니다. 세상에는 코로 숨도 못 쉬고 입으로 쉬고 냄새도 맡지 못하는 이들이 너무나 많습니다.

하나님께서 주신 몸으로 먹은 것을 소화하고, 소/대장을 거쳐 항문으로 배설하게 하심이 말할 수 없이 큰 은혜입니다. 이걸 튜브로 배설하는 일이 얼마나 힘든 일인지 모릅니다. 소변을 화장실에서 못 보고, 호스로 봉지에 담아내는 이들은 얼마나 많은지 모릅니다. 신장이 망가져 이틀에 한 번씩 투석하면서 인생의 절반을 쓰는 것을 보면 얼마나 큰 은혜인지 모릅니다.

매일 운동하면서 건강한 두 다리를 주신 게 너무 고맙고, 건강한 심폐기능을 주신 것도 얼마나 고마운지 모릅니다. 휠체어를 쓰는 많은 이들에게 죄송하고, 목발을 집고 다니는 이들에게 미안합니다. 건강한 두 다리 고장 안 나고 정상적인 기능을 해주어 걷기도 하고 뛰기도 하게 해주심이 은혜입니다. 대다수 사람들이 이런 말로 할 수 없는 은혜를 받고 삽니다.

건강한 위(胃)를 주셔서 잘라내지 않고 음식물을 소화시키고, 건강한 소장 대장을 주셔서 음식물을 배출구까지 날라 주니 감사하고 건강한 간(肝)을 주시어서 신체에 들어오는 음식물의 영양소는 저장하고 독소는 분해해서 건강한 몸으로 살게 하심이 큰 은혜입니다. 약한 뇌에 두개골을 씌워 뇌의 안전을 위해 뚜껑을 씌워주심이 말할 수 없는 하나님의 은혜입니다.

제가 미처 우리의 몸이 하고 있는 세세한 기능들을 자세히 몰라서 그렇지 한 시간만 땀 흘려 운동을 하고 들어오면 수십 개의 감사제목들이 있습니다. 세상에는 눈이 있어도 형태만 있지 앞을 보지 못해 걷기는커녕 글도 읽을 수 없고, 영화를 보아도 소리만 들리지 정작 중요한 화면을 보지 못합니다. 세상을 보면서 다시 한 번 눈을 주신 은혜를 깨닫습니다.

저희 오장육부를 지으신 예수 그리스도의 이름으로 기도드립니다. 아멘!

부록 1. 개인적 응답을 기억해 드리는 기도!!

땅의 기도

지혜를 주심이 큰 은혜입니다.

"그 때에 예수께서 성령으로 기뻐하시며 이르시되 천지의 주재이신 아버지여 이것을 지혜롭고 슬기 있는 자들에게는 숨기시고 어린 아이들에게는 나타내심을 감사하나이다 옳소이다 이렇게 된 것이 아버지의 뜻이니이다" (누가 10:21)

사랑의 하나님! 하나님께서 지혜를 주셨음이 고맙습니다. 큰소리치고 살만한 강한 체력이 아니라, 그저 평범한 인생을 살기에 적당한 건강을 주셔서 고맙습니다. 그리하여 세상에 쏘다니지 않고, 하나님 안에서 머물며 살게 하시니 고맙습니다. 밥 굶지 않고 살 수 있는 경제력을 주셔서 빌어먹지 않고, 돈쓰며 죄 짓는 일에 함께 하지 못하게 하심이 고맙습니다.

뛰어난 두뇌를 주셔서 하나님도 부인하고 말씀도 외면한 채 저의 머리만 믿고 살지 않게 하시고, 너무 우둔하여 하나님도 모르고 기도할 줄도 모른 채 짐승처럼 먹고 사는 일에만 전념하지 않게 하심도 고맙습니다. 지나치게 인색하여 나 밖에 모르는 어리석은 사람도 아니고, 저의 잘난 멋에 매일의 삶을 낭비하거나 소모시키며 살지 않게 하신 것도 고맙습니다.

"여호와를 경외하는 것이 지혜의 근본이요 거룩하신 자를 아는 것이 명철이니라."(잠언 9:10)고 하셨듯이, 세상에서 하나님 경외하는 지혜의 근본을 주시고, "어리석은 자는 그의 마음에 이르기를 하나님이 없다 하는 도다."고. 하셨는데, 하나님 앞에 무릎을 꿇고 기도하며, 하나님을 신뢰하고 하나님을 아버지라고 부르며 기도할 수 있도록 해 주심이 은혜입니다.

하나님께서 지혜를 주시어 어리석은 자가 되지 않게 하시고, 그 증거로 매일 하나님을 찾고, 매일 기도하게 하시며, 매일 하나님과 깊은 사귐을 갖게 해 주시니 너무 고맙습니다. 비록 깊은 학문을 하여 학계에 뚜렷한 자취를 남기거나, 과학적 업적을 남기지는 못했지만, 특히 하나님을 깊이 묵상하며 하나님께 나아가는 진실하고 지혜 있는 종이 되게 하옵소서!

"주 야훼의 말씀이니라. 보라 날이 이를지라. 내가 기근을 땅에 보내리니 양식이 없어 주림이 아니며 물이 없어 갈함이 아니요 야훼의 말씀을 듣지 못한 기갈이라.(아모 8:11)고 하시듯, 지금 세상은 하나님의 말씀이 없어 기근이요 기갈이라고 하셨는데, 말씀에 대한 갈증을 갖고 늘 도전하게 하심도 은혜입니다. 말씀에 헐떡이며 나오게 하심 또한 고맙습니다.

제게 주신 지혜를 따라 이 시대에 어떻게 살아야 하는지 지혜를 가지고 말씀을 묵상하며 연구하여 저술하게 하심이 은혜입니다. 지금도 어린 마음으로, 지금도 말씀에 주린 심령이 되어, 어떻게든 숨은 보석 같은 말씀을 가공하여 세상이 보게 하는 일에 최선을 다하게 하여 주옵소서! 언제나 미련한 자가 되지 않고 지혜 있는 자가 되어 칭찬 듣게 하시옵소서!

세상에서 지혜의 왕이신 예수 그리스도의 이름으로 기도드립니다. 아멘!

부록 1. 개인적 응답을 기억해 드리는 기도!!

땅의 기도

채무를 주심이 큰 은혜입니다.

"그 여인이 하나님의 사람에게 나아가서 말하니 그가 이르되 너는 가서 기름을 팔아 빚을 갚고 남은 것으로 너와 네 두 아들이 생활하라 하였더라" (왕하 4:7)

저는 아직도 빚이 있습니다. 물론 그 빚 때문에 쓰러질 정도는 아닙니다. 빚이 없으면 좋겠지만 빚을 지고 있는 것도 하나의 자극은 됩니다. 지금도 매월 키드회사에서 이자가 빠져나갑니다. '신협'에서는 매월 11일이 되면 이자 인출 예정일을 알리는 문자가 옵니다. 그런데 참 고마운 것은 그 버거운 이자를 아직은 안 밀리고 몇 년째 갚을 수 있다는 것입니다.

정말 한 달 갚고 나면 또 다음 달은 어떻게 할까 생각하지만 신기하게도 그 다음 달도 또 그 다음 달에도 어디에선가 빚을 갚을 만큼의 돈이 들어와서 갚아 나갑니다. 그리고 통장은 다시 몇 천원 잔고가 표시됩니다. 신기합니다. 혹시 은행에서 제 잔고까지 볼 수 있는지는 모르지만 만약 본다면 부끄러울 것 같습니다. 그래도 이자를 내게 하심이 고맙습니다.

저보다 저를 더 잘 아시는 하나님은 언제나 저의 필요를 따라 그 날에 그 금액을 준비시켜 주시고, 그리고 모자랄 때는 헌금 서비스라도 받아서 막을 수 있게 하심이 기적입니다. 재무제표를 작성할 때 부채도 자산이라고 들었는데, 그래도 그 만큼의 자산이 있음이 고맙습니다. 그 빚이 저를 숨 못 쉬게 하고 옥죄지 않고 묵묵히 갚아가게 하심이 그저 고맙습니다.

대기업도 빚 때문에 쓰러지고, 유명한 기업들도 빚 때문에 파산하고 마는 데 그래도 그렇게 사회적 민폐를 끼치지 않고 넘기게 하시니 고맙습니다. 언젠가는 저에게 이 빚을 다 갚고 "부채 0원!" 플랜카드를 크게 써들고 사진 한 장 찍을 날이 오게 해 주실 줄 믿습니다. 주신 이도 하나님, 앞으로 주실 이도 하나님이시니 언젠가 모두 갚게 해 주실 줄 믿습니다.

빚이 없다고 자만하지 않고, 빚이 있어도 짓눌리지 않게 하시고, 이자는 내지만 그 일로 비참한 소리 안하게 하시니 고맙습니다. 빚이 있지만 빚진 사람처럼 살지 않고 빚이 없는 사람처럼 알게 하시니 고맙고, 언젠가는 그 빚을 다 갚게 되리라는 믿음과 기대로 살게 하시니 고맙습니다. 빚이 있지만 독촉 받지 않고, 그달 그달 갚아나갈 힘을 주시니 고맙습니다.

전능하신 하나님! 금도 은도 하나님의 것입니다. 세상이 모두 하나님의 것인데 하나님의 자녀로 하나님의 품에 살면서 하나님을 아버지로 의지하게 하시니 고맙습니다. 세상의 삶을 끝내고 주님의 나라에서 부르실 때는 이 빚에서 자유하게 해 주실 줄 믿습니다. 자녀들에게 빚을 남기지 않도록 살펴 주실 것을 믿습니다. 그래서 오늘도 고마운 마음으로 나아갑니다.

빚을 갚아가도록 힘주시는 예수그리스도의 이름으로 기도드립니다. 아멘!

땅의 기도

치열함 주심이 큰 은혜입니다.

"나는 유대인으로 길리기아 다소에서 났고 이 성에서 자라 가말리엘의 문하에서 우리 조상들의 율법의 엄한 교훈을 받았고 오늘 너희 모든 사람처럼 하나님께 대하여 열심이 있는 자라" (사도 22:3)

하나님께서 종에게 열정을 주신 것이 참 고맙습니다. 억지로 마지못해 하는 것이 아니라, 자원함으로 하는 마음 주심도 은혜입니다. 일하면서 많은 대가를 주어도 억지로 하는 이가 있는 중에, 종에게는 대가에 관계없이 열심으로 일할 수 있는 믿음을 주심이 큰 은혜입니다. 치열하게 일하도록 하시고 그 일에 목숨을 걸도록 최선을 다하게 하심이 또한 은혜입니다.

선지자 '엘리야'가 하나님의 일을 목숨 걸고 했습니다. 하루하루 살면서 가장 행복한 것은 그 일에 미쳐서 하는 사람, 그 일에 신바람이 나서 하는 사람, 그 일이 하고 싶어 하는 사람, 최선을 다해서 하는 사람인데, 이 일에 목숨을 걸고 치열하게 살게 하시니 고맙습니다. 사명 앞에서 이를 수행하기 위하여 불타는 마음으로 일하게 하심이 하나님의 은혜입니다.

자기 생명을 걸고 우상숭배자인 왕과 왕비와 치열하게 싸우던 '엘리야', 복음 전하는 사명을 감당하기 위해 생명조차 귀하게 생각하지 않은 '바울' 사도처럼 살게 하옵소서! 사도 '바울'은 "나의 달려갈 길과 주 예수께 받은 사명 곧 하나님의 은혜의 복음을 증언하는 일을 마치려 함에는 나의 생명조차 조금도 귀한 것으로 여기지 않는다."(사도 20:24)고 했습니다.

기왕에 하나님의 일을 하면서 불꽃을 태우듯 자신을 갈아 넣어 복음을 위해 일하고, 달려갈 길을 달리는 동안 성령님의 말하게 하심을 따라 말하게 하옵소서! 하나님의 열심으로 치열하게 살게 하시고, 성령님의 감동으로 새 술에 취해 일하게 하옵소서! '베스도' 총독이 '바울' 사도에게 큰 소리로 "바울아 네가 미쳤도다."(사도 26:24)고 한 말을 저도 듣게 하옵소서!

'고린도' 교인들이 '바울' 사도의 가르침을 받아 열심으로 하나님을 섬기듯이, 이 종도 섬기는 교회마다 치열하게 하나님을 섬기도록 가르치고 전하게 하옵소서! 불같은 성령님의 감동하심을 따라 성전의 매매하는 자들을 내쫓으시던 주님처럼 치열하게 살게 하시고, '헤롯'을 책망하고 목 베임을 당한 세례 '요한'처럼 목숨을 잃으면서도 치열하게 살게 하옵소서!

'스데반'이 치열하게 산 증거로 한 편의 설교가 끝나고 목숨을 잃듯이, 이 세상에 단 한 번의 생을 살 기회를 주신 하나님 앞에 최선을 다하여 삶의 불꽃을 살라 주님을 전하게 하시고, 그렇게 치열하게 산 대가로 목숨을 잃더라도 조금도 아쉬움 없이 주님의 나라에 가게 하시고, 그때 저를 보신 주님께서 자리에서 일어나 맞아주시는 영광을 보게 하옵소서!

치열하게 사시다 죽으신 예수 그리스도의 이름으로 기도합니다. 아멘!

부록 1. 개인적 응답을 기억해 드리는 기도!!

땅의 기도

친구를 주심이 큰 은혜입니다.

"이제부터는 너희를 종이라 하지 아니하리니 종은 주인이 하는 것을 알지 못함이라 너희를 친구라 하였노니 내가 내 아버지께 들은 것을 다 너희에게 알게 하였음이라" (요한 15:15)

하나님께서 저에게 친구들을 많이 붙여 주심이 참으로 고맙습니다. 그것도 나이가 같은 친구뿐만 아니라, 적은 친구도 많이 붙여 주시고, 나이 많은 친구도 붙여 주셨습니다. 어린 시절부터 친구로 있던 고향의 친구들이 서로가 멀리 떨어진 곳에, 특히 제가 섬나라 제주에 와서 살면서 고향 친구가 멀어지며 친구가 소멸되어 갈 때 새 친구를 주심이 고맙습니다.

이곳에서 새롭게 친구를 주신 것도 고맙지만, 특별한 친구들을 많이 보내 주신 것이 더욱 고맙습니다. 섬에서 시공간을 달리 하는 저를 불쌍히 여기시고, 새로운 공간인 SNS에서 친구를 주심이 고맙습니다. '미니 홈피'가 사라지고 나니 '페이스 북'이나 '카카오 스토리'를 통해서 전혀 친구가 될 인연이 없는 이들을 새로운 친구로 연결해 주셨음이 큰 위로입니다.

페이스 북을 통해서 10,000명 가까운 친구들을 주시니 고맙고, '카카오 톡'을 통해 14,000명을 친구로 주시니 고맙습니다. 또 '카스'나 '인스타'를 통해서도 친구를 주시니 고맙습니다. 이런 친구들 중에 본인의 생일이 공개된 이들과는 일 년에 4-5천 명과 생일 축하를 할 수 있게 해 주심이 고맙습니다. 이들과 시공간을 초월해서 교류하게 하심이 고맙습니다.

목회자가 하던 일을 놓으니 목회 현장에서 멀어지고, 따로 수도원에 있으니 교류가 없어 외롭지 않느냐고들 물어보는데, 이런 진구들과 적어도 하루에도 한두 시간은 같이 있게 하시니 고맙습니다. 서로 생일을 축하하고, 축하를 나누는 시간이 행복하고, 이들과 댓글과 답글로 소통하며 교류하게 하심이 고맙습니다. 저보다 젊은이들과 교통하게 하시니 고맙습니다.

책을 통해서 만난 독자 친구들이 있어서 또한 고맙습니다. 책에 대해서, 글에 대해서 피차에 공감하고 공유할 수 있음이 고맙습니다. 하나님! 이런 친구들이 없었으면 외로울 노년에 이들이 책을 사 주고, 독후감을 보내 주니 무한 위로가 됩니다. 하나님께서 저의 노후를 미리 아시고 준비해 준 이 친구들 때문에 크신 하나님의 사랑을 깨닫게 하시니 고맙습니다.

무엇보다 저의 영원한 친구이신 예수님이 늘 곁에 계심이 큰 은혜입니다. 세상의 친구들은 조금 섭섭한 일이 생겨도 떠나고, 조금만 소홀히 해도 외면하는데 비해, 주님은 어떤 일이 있어도 떠나지도 버리지도 않으시니 고맙습니다. 이런 친구이신 예수님과 영원히 살 수 있음이 행복한 일입니다. 그래서 고마운 마음으로 하나님께 기도드리게 해 주심이 은혜입니다.

변함없이 영원한 친구이신 예수 그리스도의 이름으로 기도합니다. 아멘!

부록 1. 개인적 응답을 기억해 드리는 기도!!

땅의 기도

행복을 주심이 큰 은혜입니다.

> "너희 중에 있는 하나님의 양 무리를 치되 억지로 하지 말고 하나님의 뜻을 따라 자원함으로 하며 더러운 이득을 위하여 하지 말고 기꺼이 하며 맡은 자들에게 주장하는 자세를 하지 말고 양 무리의 본이 되라" (벧전 5:2-3)

사랑하시는 하나님! 부족한 종을 아시고 이 종에서 무언가를 그적이고 단어나 어휘를 문장으로 이어서 글을 쓸 수 있게 해 주심이 고맙고, 그 시간이 제게 가장 행복한 시간이 되게 하시니 고맙습니다. 사랑이 많으신 하나님! 아무리 피곤한 시간에도 글을 쓸 수 있는 마음의 여백을 주시고, 글을 쓰는 동안은 피곤하지 않고 오히려 행복하게 하시니 은혜입니다.

종이 피곤하든지 바쁘든지 매일 정한 분량의 글을 쓰게 하심이 전적인 하나님의 간섭이고, 또 글을 쓰면서 억지로 쓰는 게 아니고 즐거움으로 쓰게 하셔서 고맙고, 이 일을 할 때면 힘들고 짜증나는 게 아니라 힘이 나고 행복하게 하시니 고맙습니다. 이런 작은 행복으로 매일의 삶을 충전시키고, 또 다른 이들에게 에너지를 충전시킬 수 있게 하시니 고맙습니다.

아침에 눈을 떠서 기도하고, 기도하는 내용들을 글로 정리해서 독자들과 공유하게 하시고, 이런 것이 일처럼 느껴지고 의무처럼 생각되지 않고 사명처럼 여겨지고 행복으로 느끼게 하시니 고맙습니다. 기도하는 일이 영적 에너지를 충전 받는 일이고, 기도문을 쓰는 것이 감성을 더 풍성하게 하시니 고맙고 이런 일련의 일들이 제 삶을 부요하게 하시니 고맙습니다.

그래서 이 일이 제게 행복의 충전이 되어, 차가운 겨울을 따뜻하게 해 주시고, 무덥고 짜증나는 여름에는 시원하게 해주시는 것을 알게 하시니 고맙습니다. 돈 들지 않고 애쓰지 않고 힘도 안 들이고 매일 행복을 충전하게 하시니 은혜요, 이 은혜로 사람들을 행복하게 할 수 있다는 것이 고마운 일입니다. 이런 일이 제가 호흡하는 동안 멈추지 않게 하시옵소서!

하나님께서 저에게 글을 쓰는 행복을 주시고, 글을 쓰는 즐거움으로 살며, 글을 쓰면서 하나님께 영광을 돌리고 세상을 윤택하게 하며 저에게 복이 되게 하옵소서! 물질이나 오락이 주지 못하는 기쁨과 행복을 주시고 말로 할 수 없는 따뜻함과 아름다움을 경험하게 하셔서 고맙습니다. 지금도 제가 생각하는 은혜를 고백하며 마음이 행복하게 하시니 고맙습니다.

똑같은 하루를 살고, 인생의 연장전을 살아도 고마운 마음으로 기쁜 마음으로 살게 하시니 고맙습니다. 오늘 비바람 부는 을씨년스러운 날씨에도 고마운 마음으로 심경을 토로하게 하시니 고맙고, 오늘도 행복하게 하신 하나님을 찬양합니다. 영원히 이런 감사의 삶으로 살도록 도와주옵소서! 영원히 사랑과 행복의 종이 되게 하옵소서! 행복을 주심이 고맙습니다.

저희에게 행복을 주시는 예수 그리스도의 이름으로 기도드립니다. 아멘!

땅의 기도

희망을 주심이 큰 은혜입니다.

"또한 우리를 부당하고 악한 사람들에게서 건지시옵소서 하라 믿음은 모든 사람의 것이 아니니라 주는 미쁘사 너희를 굳건하게 하시고 악한 자에게서 지키시리라" (살후 3:2-3)

사랑하는 하나님! 이렇게 종에게 지금도 꿈을 꾸게 하시고, 지금도 희망을 주심이 은혜임을 고백합니다. 지금쯤은 허망하게 보낸 세월을 후회하고, 이제는 이룰 수 없는 꿈을 아쉬워하며 맑은 하늘 주심에 감사하고, 따뜻한 해를 주신 것에 감사하며 영원의 나라를 사모해야 할 터인데, 지금도 '요셉'처럼 꿈을 꾸게 하시고, 지금도 희망을 갖게 하시니 고맙습니다.

하나님께서 꿈을 꾸셨고, 사랑하는 자에게 꿈을 주셨으며, 종에게 꿈을 주심이 은혜입니다. 이제는 꿈을 접고, 지난날에 꿈꾸던 시절을 회상하는 게 아니라 지금도 꿈을 꾸게 하시니 고맙습니다. 여전히 과거에 대한 회상이 아니라 미래에 대한 희망을 갖게 하시니 고맙습니다. 지금도 과거의 추억에 젖어 사는 게 아니라 미래의 희망을 노래하게 하시니 고맙습니다.

저는 양쪽에 두 귀가 있어 세상 미혹의 음성도 듣고, 하늘의 응원과 격려도 듣습니다. 그러나 두 눈은 모두 앞에 달려있기에 뒤를 돌아보지 않고 앞으로 나아갑니다. 하나님께서 종을 뒤에서 부르시는 것이 아니라 앞에서 부르시면서, 좌우로 치우치지 말라고 하셨으니 지금도 오직 앞으로만 나아갑니다. 여전히 과거를 자랑하기보다 미래를 설계하며 나아갑니다.

하나님께서 저를 '옛사람'이 아니라 '새사람'이 되기를 원하시고, 과거에의 집착이 아니라 미래에 희망을 두게 하시니 고맙습니다. '바울' 사도가 "내가 이미 얻었다 함도 아니요 온전히 이루었다 함도 아니라, 오직 내가 그리스도 예수께 잡힌바 된 그것을 잡으려고 달려가노라."(빌립 3:12)고 한 것처럼 마지막이 되어도 다시 아름다운 꿈을 꾸게 하시니 고맙습니다.

지난날을 돌아보면 안타깝고, 현재를 바라보면 절망이지만 미래를 바라보면 희망입니다. 애굽에서 종살이 사던 과거는 끝났고, 광야의 길은 거칠고 험하지만, 미래에 저를 기다리는 땅은 젖과 꿀이 흐르는 '가나안' 땅인 것이 은혜입니다. 사람들이 늦었다고 해도 늦지 않았다고 믿고, 모든 이들이 불가능하다고 해도 저는 전능하신 하나님 때문에 희망을 갖습니다.

"믿음은 모든 사람들의 것이 아니다."(살후 3:2)는 말씀처럼 꿈도 희망도 모든 사람의 것이 아닙니다. 그럼에도 불구하고 하나님은 미천한 저에게 꿈을 주시고 꿈을 빼앗지 않으시며, 희망을 주시고 희망을 버리지 않게 하셨으니 이 또한 은혜입니다. 따라서 특별한 은혜를 주신 제게 믿음으로 꿈을 꾸고 꿈에 대한 희망을 주셨으니 기어이 꿈을 이루어 주시옵소서!

꿈을 꾸고 성취케 하시는 예수 그리스도의 이름으로 기도드립니다. 아멘!

부록 1. 개인적 응답을 기억해 드리는 기도!!

부록 2.
'땅의 기도'와 관련된
스무 개의 뒷이야기!

앞에 오는 이야기
이 기도문을 쓰면서 있었던 이야기!

'땅의 기도'라는 재미없는 제목도 책에 대한 가독성을 떨어뜨릴 터인데, 책을 보니 850쪽이 넘는 게 대단한 사전도 아니고 이게 뭡니까? 그런데 거기다 뒤에 무슨 '부록'이 이렇게 붙어 있습니까? 그것도 긴 글이 스무 개씩이나! 그러나 제가 이 글을 여기다 덧댄 이유는 이 '땅의 기도'를 구입해서 읽고 기도하려는 좋은 '독자'요, '기도자들'에 대한 사랑 때문입니다. 저는 제가 경험한 하나님의 사랑과, 또 경험한 '퍼부어주시듯 주시는 하나님의 응답'을 독자들이 모두 받기 원합니다.

이 '땅의 기도'를 드리고, 땅의 기도를 쓰는 동안, 저는 하나님 안에서 행복의 절정에 있었습니다. 그러나 세상에서는 '외로움'의 극치를 맛보았습니다. 이런 역설적인 말씀에 선뜻 동의하기 어려우시겠지만, 사도 '바울'이 셋째하늘에 올라가는 것 같은 영광의 순간을 경험했지만, 동시에 그를 찌르는 몸의 가시가 얼마나 고통스러웠는지 세 번씩이나 특별 기도를 하도록 했고, 그나마도 응답을 받지 못한 채 "내 은혜가 네게 족하다."는 말씀으로 기도의 자리에서 돌아서 내려 왔습니다.

목회 39년 동안에도 경험하지 못한 하나님과의 행복함, 은밀함, 풍성함을 비롯해서 모든 것을 경험했음에도, 제 곁에는 이런 기쁨과 충만함을 나눌 수 있는 이는 없었습니다. 어쩌면 '땅의 기도'를 핑계로 접근하는 세상의 모든 사람들을 차단한 결과입니다. 저는 우둔하여 사역하는 틈틈이 기도 드리고 기도문을 쓰려니 보통 목사님들보다 열배는 더 애를 쓰고 치열하게 매달려야 하니, 늘 시간에 쫓겼습니다. 그때마다 저는 제 친구인 '페이스 북'에 그런 아픈 마음을 적어 두었습니다.

오죽하면 어제 '땅의 기도'를 탈고하고 난 다음에도 누구에게 "나 '땅의 기도'를 탈고 했다!"고 알릴 사람이 없었습니다. 생각하면 얼마나 측은합니까? 집에도, 자녀들도 제가 지금 이런 외롭고 버거운 영적인 싸움을 하고 있는 걸 잘 모르고, 페북에서 저의 글을 접하는 몇 분들은 과연 저의 탈고 소식에 함께 기뻐할 이가 있을까 하는 조심스러운 생각이었습니다. 그래도 같이 운동하는 먼 이웃집 개가 반환점까지 함께 걸어주어 위로가 되었습니다. 이것은 특별한 하나님의 배려입니다.

그래서 지난 1년 동안 '땅의 기도'를 쓰면서 제 마음의 외로움과 충만함의 갈피에 묻어있던 신비한 이야기들 중에 '땅의 기도'와 직접 관련된 글 스무 개를 뽑아 여기 붙였습니다. 기도문은 그때마다 기도하면서 보십시오. 그러나 책의 '서문'과 책 뒤에 붙어있는 '땅의 기도에 대한 스무 개의 이야기!'는 꼭 읽어 주십시오. 기도를 통해 함께 누리고 싶은 영성과 그때 제 심정을 공유하여, 하나님 앞에 함께 나아가는 공감대를 얻고 싶습니다. 그것이 진정한 '땅의 기도'가 되는 것입니다.

부록 2. '땅의 기도'와 관련된 스무 개의 뒷이야기!!

첫 번째 이야기

사랑에 깊이 빠져 지냈습니다.

저는 은퇴 후 지난 1년 동안, 제 목회 40년보다도 더 하나님의 사랑을 많이 받고, 저 또한 하나님을 어느 때보다 많이 사랑하며 살았습니다. 그동안 드렸던 기도보다 은퇴 이후에 드린 기도가 더 진지했고, 많은 순간을 하나님과 기도로 함께할 수 있었고, 이에 하나님은 끊임없이 넘치는 사랑으로 응답해 주셨습니다. 은퇴 이후 허탈하고 외로운 삶이 아니라, 하나님과 지속적인 교제를 하며 사랑받는 은혜를 누리고 살 수 있었습니다. 이것은 실로 하나님의 엄청난 복이었습니다.

하나님 앞에 묵상과 기도를 드리며 하나님의 뜻을 구했고, 하나님은 비밀한 세계를 보이시며 어떻게 기도해야 될 것을 가르쳐 주셨습니다. 묵상하며 기다리는 동안, 제 설렘은 대단했고 그때마다 하나님은 저를 실망시키지 않으시고 넘치는 사랑으로 부어주셨습니다. 물론, 사역 중에도 보람이 있었고 행복했습니다. 그러나 사실은 은퇴 이후에 많은 사람들이 염려했던 것처럼 쓸쓸한 삶이 아니라 정말 하나님과 사랑하고 사랑받는 행복한 시간이었기에 매우 행복했습니다.

하나님은 저에게 한 번도 외면하지 않으시고, 거절하거나 지체하지도 않으시며, 늘 제가 생각했던 것보다 풍성하고 신속하게 말씀해 주셨습니다.

그동안 응답도 많이 받고 기적의 역사를 경험했지만, 은퇴이후 경험했던 하나님의 계시와 하나님의 사랑, 하나님의 배려는 제가 미처 예측할 수 없었던 엄청난 것이었습니다. 그간 경험했던 것보다 더 다양하게 하나님의 살아계심을 경험하고, 하나님께서 그동안 일하셨던 것보다 특별한 방법으로 일하시는 하나님을 경험했습니다.

또 지금까지 저를 사랑해서 주셨던 은혜 이상의 은혜를 맛볼 수 있었습니다. 이는 돈을 주고도 경험할 수 없는 특별한 것이었고, 은퇴자인 저에게 베풀어 주신 넘치는 사랑이었습니다. 지난 세월을 뒤돌아보면, "앞으로 어떻게 살 것인가?"하며 두려워했었습니다. 제가 한 번도 경험하지 못한 은퇴자의 삶은, 다가오지 않은 미래의 생존에 대한 염려, 그리고 어떻게 살아야 할 것인가에 대한 두려움이 늘 저를 짓눌렀습니다. 그러나 하나님은 제게 넘치도록 좋으신 분이셨습니다.

하나님은 제가 염려하고 걱정하던 것 중에 어느 하나도 만나지 않게 하셨고, 오히려 옛적에 경험했던 하나님의 사랑을 반복해서 풍성하게 베푸셨습니다. 이렇게만 노년을 살 수 있다면 은퇴는 하나도 두려워할 필요가 없다는 마음입니다. 은퇴 이후 1년을 보내며, 저는 기도에 대해 묵상했고, 실제 기도했고, 그 기도문을 책으로 엮게 되었습니다. 850쪽이나 되는 이 글은 제가 쓸 수 있는 것이 아니고, 머리를 짜내서 얻을 수 있는 것도 아니고, 순전히 은총의 선물이었습니다.

만나는 사람들마다 저에게 묻는 말은 "은퇴 이후에 무엇을 하며 지내느냐?"는 것입니다. 저는 그분들에게 항상 동일하게 "그저 조용히, 그러나 열심히 살지요."라고 대답합니다. 그렇습니다. 열심히 살았습니다. 그것은 노동하듯 산 게 아니라 하나님과 깊은 열정적 사랑에 빠져, 사랑에 취해서 살던 젊은 날의 세월같이 그렇게 살았습니다. 젊은 날 사랑하는 연인과 함께 거리를 거닐고, 차를 마시듯이 살아계신 하나님과 더불어 시간이 흐르는 것이 아까워하는 삶을 살았습니다.

치열하게 살았다고 삶이 힘들고 땀 흘리는 노동에 비유하는 건 아닙니다. 그것은, 매일 하나님의 사랑에 취해 시간 가는 줄 모르고 살았다는 뜻입니다. 젊은 날 잘못 살았던 것을 참회하며, 이제 남은 자투리 시간이라도 하나님께 최선을 다해 살겠다는 마음으로 하루하루를 쪼개고 쪼개서 소중하게 다루고, 시간이 얼마나 소중한지 배우며 살았습니다. 시간은 금보다 생명보다 귀한 것이요, 소중한 시간들을 하나님과 더불어 사랑으로 기도하며 또 응답으로 살았습니다.

하나님과 더불어 사는 시간은, 상상도 못했던 것이었습니다. 사실 하나님의 크신 사랑을 이곳에 다 쓸 수는 없습니다. 하나님은 하나님만이 아시는 그 방법으로 저를 무척이나 사랑하셨고. 그 사랑의 한 가지가 오늘 제가 드리는 기도문입니다. 이 기도문은 쓰인 책이나 만들어진 글이라기보다 하나님께서 계시하시고 영감을 주신 말씀을 제가 옮긴 것입니다. 제가 기도하고 있지만, 기도하면서 수많은 깨달음을 얻고, 기도하면서 엄청난 감동을 고백할 수밖에 없었습니다.

땅의 기도

혹시 사랑하는 연인과 시간나면 통화하고, 조금만 시간되면 만나고, 조금 시간이 되면 같이 걷고, 영화보고 식사하던 행복한 순간 가슴 떨리는 시간들을 기억하십니까? 이 기도문을 쓰는 동안 저는 "하나님, 정말 고맙습니다."는 진실한 감사의 고백을 수없이 드렸고, 이 고백을 드리는 동안 하나님은 또 다른 은혜를 준비해 주셨습니다. 운전하면서 기도하고, 산책하면서 기도하고, 일하면서 기도하고, 짬나면 기도하고, 조금의 공백이 있으면 기도하는 것으로 행복했습니다.

저는 심장이 멎고 온 몸이 떨리는 뜨거운 사랑을 해본 경험은 많지 않습니다. 그러나 하나님과 더불어 살아오는 지난 1년 동안은 목회과정에서 힘들고 어려웠던, 그래서 부끄럽게도 죽고 싶었던 고난의 시간을 보상해 주셨고, 또한 젊은 날에 누리지 못했던 인간적 행복을 초월하는 하나님의 은혜를 경험했습니다. 처음에 알기는 기도가 하나의 책무이자 짐이고, 세상에서 가장 힘든 노동이라고도 생각했습니다. 일정 부분 그 말은 지금도 맞습니다. 그러나 이제 다릅니다.

이제는 노동이고 책임이고 사명이라고 생각하던 '기도' 이면에 사랑의 깊은 교제를 나누고 은혜를 공급받는 시간이야말로 '특권'이라는 생각을 떨칠 수 없습니다. 이 세상의 그리스도인이 치러야 할 엄청난 책무 중에 가장 무거운 것이 기도이지만, 반면에 하나님께서 우리에게 주신 가장 큰 특권 가운데 하나가 '기도'하는 것입니다. 기도는 그리스도인이 누릴 수 있는 가장 큰 복입니다. 하나님의 백성, 혹은 하나님의 자녀들에게 주시는 하나님의 가장 값진 선물은 기도입니다.

기도를 통해서 하나님과 더불어 개인적인 나눔을 가질 수 있고, 이 독대를 통해 엄청난 것을 얻었습니다. 하나님은 감춰진 비밀을 보여주셨고, "이렇게 깊이 하나님을 사랑하고, 이렇게 깊이 기도 해본 적이 있었나?" 생각할 정도로 1년 동안 제 삶은 매시간이 감동이고 은혜였습니다. 이 시간에 하나님 앞에 말씀드리고 싶습니다. "하나님! 고맙습니다. 또 행복합니다. 베푸시는 사랑이 너무 크십니다. 감당할 수 없는 축복을 줄 수 있는 것을 감사합니다." 이것이 제 심정입니다.

은혜는 여기서 머물고 끝나는 게 아니라 앞으로도 지속적으로 주실 것을 기대합니다. 제가 땅에서 생명이 다할 때까지 하나님을 영원히 기억하고 오늘의 행복이 이어질 수 있도록 저를 지켜 주실 것입니다. 그래서 이것은 끝 인사가 아니라 이제 출발하는 인사입니다. 제가 사는 날 동안 마지막까지 기도문을 쓰다가 주님의 부름을 받고 싶을 만큼 애착과 사명을 갖게 하셔서 고맙습니다. 성삼위 하나님께서 저를 바라보시며 흐뭇해하시는 것을 느끼면서 감사의 글을 마칩니다.

두 번째 이야기!

'글'로 드리는 '기도!'

이 땅에 있는 모든 이들은 기도를 필요로 합니다. 신분으로 말하자면 한 나라를 이끌고 가는 '대통령'을 비롯한 고위 정치인에게도 기도는 필요하고, 한 나라의 경제, 혹은 세계 경제를 쥐락펴락하는 재벌들에게도 기도가 필요합니다. 병들어 죽게 된 이들에게는 병에서 놓임 받기 위하여 기도가 필요하다면, 건강한 이들에게도 여전히 기도가 필요합니다. 공부를 많이 했거나 배우지 못했거나 모든 사람들은 기도를 필요로 합니다. 기도 없이 살 수 있는 사람은 아무도 없습니다.

설령, 건강하고 지혜나 지식에도 부족함이 없고, 돈은 얼마든지 가지고 있는 이, 그래서 그에게는 도무지 어떤 기도도 필요치 않아 보이는 이도 기도는 필요합니다. 그에게는 삶의 의미에 대하여 깊이 생각해 볼 사유의 시간이 필요하고, 임종이 가까워오면 사후 세계에 대한 불확실성이 불안하게 하고 돈과 권력이 해결해 주지 못하는 엄청난 힘이 기도에 있다는 것을 알게 되기 때문입니다. 다시 말하면 인생은 갓 태어난 신생아 때부터 임종 때까지 기도를 필요로 하고 있습니다.

그런데 두 가지 문제가 있습니다. 하나는 정말 기도가 아니면 살 수 없는 절박한 사람, 기도의 능력으로만 연명할 수 있는 연약한 사람들이 스스로

부록 2. '땅의 기도'와 관련된 스무 개의 뒷이야기!

기도의 필요성을 인지하지 못하고 산다는 것입니다. 기도는 전혀 필요하지 않다는 것이고, 기도 없이도 잘 만 살고 있다는 오만함에서, 나아가 기도는 인생의 거침돌이라고 생각하는 것입니다. 그런 이들에게는 중보의 기도만이 유일한 길입니다. 누구라도 그를 위해 기도해 주어 그를 삶의 위기나 위험에서 지켜주어야 하기 때문입니다.

우리가 신앙에 눈을 뜨고 믿음의 가치를 알기 전에는 자신의 지혜나 지식, 혹은 자신의 경험이나 결단이 이끌고 온 줄 알지만, 알고 보면 누군가 그를 위해 기도한 힘이 그를 붙들어 주었습니다. 그래서 험한 세상을 이곳까지 달려온 것을 알게 됩니다. 그 깨달음의 시간은 십년 후가 될지 이십년 후가 될지, 아니면 임종 직전이 될지 모릅니다. 늦게 깨달아도 안타깝기는 하지만 그래도 기도의 능력에 대해서는 알게 되었으니까요. 여기 인생이 만나는 다양한 상황의 기도가 있습니다.

그리고 두 번째는 지금, 아니 오늘이라는 시간에 "내가 기도해야겠다."는 생각을 하고 "오늘부터 기도를 드려야 되겠다."는 결심을 했는데, 정작 어떻게 기도해야 하는지 기도에 대한 기초적 학습이 필요하다는 것입니다. 그런 이들에게 이 기도문은 그냥 읽기만 해도 응답이 되는 것입니다. 사람들이 "찬송은 곡조 있는 기도."라고 말하지요. "내 주여 뜻대로 행하시옵소서!"하는 찬송을 불렀다면, 그는 지금 '벤쟈민 슈몰크(Benjamin Schmolck)'의 심정으로 기도를 드린 것입니다.

그러니까 그는 기도문에 곡을 붙인 찬양으로 하나님께 기도를 드린 것입니다. 여기에 실린 기도문에 곡을 붙이면 이 기도들은 찬양이 될 것이고 그 찬양을 올리는 것이 곡조 있는 기도를 드리는 것입니다. 기도가 무엇인지 모르는 이들, 어떻게 기도해야 되는지 알지 못하는 이들에게 이 기도문은 모두 그를 위기에서 건져 줄 기도문인 것입니다. 여기에 실린 기도문은 읽는 사람들이 자기를 위한 기도문으로 믿고 그 상황에서 기도문을 읽기만 해도 하늘에 상달되고 응답될 것입니다.

이 안에는 수백 개의 상황에 맞는 절제된 언어의 순수한 기도가 실렸습니다. 기도문을 쓰면서 그렇게 기도했고 기도문은 언제나 오염되지 않은 순수함으로 자식의 입장에서 언어 선택을 했습니다. 그리고 진실하고 정직하게 솔직한 기도를 드렸습니다. 그리고 믿음의 언어로 드렸습니다. 그래서 누구든 기도문을 읽으면 감동이 있을 것입니다. 저는 기도문을 쓰면서 수없이 하나님의 뜨거운 감동을 경험했고, 하나님이 기뻐하심을 경험하듯, 읽는 이도 동일한 경험을 할 것입니다.

저는 기도의 능력을 믿습니다. 그 기도는 묵상으로 드리든, 큰 소리로 드리든, 눈을 감고 드리든 글로 써서 드리든 모두 하나님께서 들으심을 믿습니다. 그런데 많은 기도 중에 제가 제일 좋아하는 기도는, 정제된 신앙적 언어로 준비하여 드리는 '글로 드리는 기도' 입니다. 이 책의 기도문은 여기 활자로 박혀 숨도 안 쉬고 있는 게 아니라 자유롭게 이 땅에서 아버지 앞에 올라갈 것이고 응답으로 돌아올 것입니다. 이 기도문이 사방에서 올라가 전국이 기도 응답의 현장이 될 것입니다.

세 번째 이야기!

기도의 영역에 대하여!

제가 기도하는 범주는 첫째가 '나라와 민족'을 위한 기도입니다. 그것은 제 존재의 근거가 되는 이 땅 우리 조국 '대한민국'이고, 아직도 적대적 관계를 가지고 있는 북녘동포입니다. 분단의 아픔은 너무 골이 깊지만, 강대국들이 안겨준 전쟁의 부산물이었습니다. 우리는 이념적 충돌로 갈라진 이 땅을 회복시킬 방법이 없어 기도만 할 뿐입니다. 저는 우리 민족의 번영과 성장, 마침내 통일에 이르기까지 그 어느 것도 하나님께 드리는 기도 외에는 풀어낼 방법이 없다고 믿고 있습니다.

이어서 드리는 기도는 '세계의 평화인데 이 기도는 결국, 나라의 이름을 부르며 기도해야 하는 유엔 사무실 같아야 가능합니다. 그래서 지금 전쟁이 지속되는 나라들과 긴장이 고조되는 나라들을 위해 기도합니다. 즉, '우크라이나'와 '러시아', '하마스' 무장 단체와 '이스라엘', 그리고 '중국'과 '대만'의 양안 문제입니다. 어쩌면 지금 이 지역의 평화가 세계 평화를 치료하는 급소이기 때문입니다. 한반도의 평화, 중동의 평화, '타이페이'만의 평화가 세계 평화를 버티어 주는 기둥입니다.

그만큼 여기서 언급하는 지역이 세계와의 역학관계가 중요합니다. 그래서 이 나라를 위해 기도합니다. 그리고 기도하는 세 번째는 '교회와 복음'을

땅의 기도

위한 기도입니다. 그것은 지금 제가 살고 있는 생명의 터전이고 영원히 추구하는 저의 본향 문제이기도 합니다. 하루하루 살아가는 세상이 성서가 약속한 공간이고, 제가 소망하는 곳이 미래의 천국이기 때문입니다. 그리고 그 천국을 실재적 상황으로 만들어 가려고 몸부림하는 교회 공동체는 우리가 기도하는 중심축이기도 합니다.

이 땅과 미래의 약속을 연결해 주는 브리지는 교회이고, 이 기도가 일어나는 공간도 바로 교회입니다. 그래서 교회는 제가 개인적으로 기도하는 중요 주제이고, 교회들이 기도하는 교회의 중요한 영역입니다. 교회가 건강하지 못하고 병들면 그 사회는 건강한 사회가 될 수 없으며, 교회의 건강지수가 바로 이 땅의 건강지수를 가늠하는 기준이기 때문입니다. 그래서 예수님도 세상을 떠나면서 주님이 세우시는 교회의 일치와 화합을 위해서 그렇게 간절한 기도를 드렸습니다.

다음으로 기도하는 것은 '행복한 가정'입니다. 가정을 작은 천국에 비유하지만, 역설적이게도 '작은 천국'은 '거대한 지옥'으로 변한지 오래입니다. 결혼한 가정의 절반은 이혼에 이르고, 가정 구성원의 핵심 멤버인 부부는 부부대로, 자녀들은 그들대로 유기적(有機的)이지 못한 채 고립되어, 부부 간 부모와 자녀 간 소통이 단절된 지 오래되어 야생동물이 한 우리에 갇혀 있는 것 같은 형국으로 혐오의 대상이 되어 있습니다. 서로 대화가 단절된 채 깊은 침묵 속에 갇혀 있기 때문입니다.

'땅의 기도'에서 가장 강조되는 두 가지 기도가 있는데, 하나는 세상에서

부록 2. '땅의 기도'와 관련된 스무 개의 뒷이야기!!

버려진 가난하고 비천한 삶의 주인공들 즉 '소외된 이웃'입니다. 경제가 3만 달러 시대에 이르고, 첨단 과학과 문명이 21세기 대한민국의 상징처럼, 도시의 인프라 구축이 세계 최고를 달리는 초 문명시대에도 우리는 여전히 낙후된 환경에서 한 세대 전의 궁핍한 삶을 이어가는 다른 민족 같은 변방의 시민들이 있습니다. 그 소외된 이웃들이 우리의 공동체로 들어오는 결정적 힘은 오직 하나님의 손길뿐입니다.

또, 이 땅에 존재하는 수많은 직업군들을 위한 진지한 기도인데 이 또한 물리적으로 불가능합니다. 그 이유는 하루 한 가지 직업군을 위하여 기도하려고 하지만 12,000개 이상의 직업군을 놓고 기도한다면 오직 그들의 이름을 부르는 데만 40년이 걸리기 때문입니다. 이런 안타까움은 시간을 두고 계속 기도하며 직업군을 찾아가는 것으로 미뤄두었습니다. 예로, '법무부' 하나만 놓고 기도하려 해도, 그 안에 거미줄처럼 연결된 수많은 부서와 조직들을 다 하자면 한 달도 모자랍니다.

그리고 우리의 기도 속에 제일 많이 등장하는 내용은 시대나 역사에 관계없이, 민족과 인종에 상관없이 '질병의 치유'를 구하는 것입니다. 어찌 보면 우리 기도의 삼분의 일은 질병의 치유와 관련된 내용일 것입니다. 아니, 부르짖는 절반의 기도는 병든 자신의 몸을 고쳐달라는 호소일 것입니다. 성경에도 신약의 예수님 사역과 행적이 기록된 사복음서에 보면, 절반은 병 고치신 이야기이고, 실제로 어떤 학자는 사복음서 삼분의 일은 병 고치는 이야기라니 우리가 외면할 수 없습니다.

이 기도 역시 존재하는 질병의 종류가 측량이 불가능할 만큼 수가 많습니다. 그리고 그 질병의 상태도 경중부터 중증까지, 아니 오늘 당장 이 밤을 넘길 수 없는 위급한 상황의 환자까지 천차만별입니다. 이 '질병의 치유' 역시 '병자를 위한 기도'만 책으로 써도 십년은 족히 써야 할 것입니다. 그래서 이번에도 제한적으로 기도하는데 그쳤습니다. 이렇게 '나라와 민족', '세계의 평화', '교회와 복음', '신앙과 절기', '어려운 이웃', '다양한 직군', '가정의 행복', '질병과 치유'를 구했습니다.

그리고 이 '땅의 기도'에서 좀 특별히 다룬 두 영역의 기도는 바로 저자 '개인의 영성'과 '개인적 감사'의 장(章)입니다. 이 내용은 실제로 제가 처한 상황에서 드린 개인기도 간증이고, 저의 고백이며 '개인적 감사'는 계속해서 하나님께 구하기만 하던 어느 날 저에게 베풀어주신 하나님의 사랑을 적으며 깨달은 기도 응답의 목록입니다. 마치 자랑처럼 느껴질 수도 있는 이 글은, 저에게 베푸신 복의 진솔한 고백입니다. 물론 기도 영역은 사람에 따라 다양하게 나눌 수 있을 것입니다.

이 '땅의 기도'의 기도내용 분류는 제가 편의상 나눈 것일 뿐 모든 신앙인들은 세 가지로, 혹은 다섯 가지로 나눌 수도 있고, 더 디테일하게 20개 30개로 나눌 수도 있습니다. 그러나 여기에서는 전술한 대로 열개의 영역 대를 나누었습니다. 이건 그때마다 기도하고자 하는 범위에서 혹여 참고할 일이 있을까 해서입니다. 그리고 뒤쪽에는 매일 하루에 한 편의 기도의 산소 호흡기를 통해 환자의 호흡을 돕듯이 약간의 기초적인 안내를 위하여 넣은 것입니다. 그냥 참고로 실었습니다.

즉, 이곳에 기도의 주제로 분류된 '나라와 민족을 위하여!', '세계의 평화를 위하여!', '교회와 복음을 위하여', '신앙과 절기를 위하여', '질병의 치유를 위하여!', '어려운 이웃을 위하여', '다양한 직군을 위하여!', '가정의 행복을 위하여!', '개인의 영성을 위하여!', 쓴 366개의 기도를 1년 366일(윤달포함)을 하루에 기도문 하나씩을 배열했습니다. 기도의 내용이 딱 그날과 일치하지 않는 내용일 수 있음은 해마다 날짜가 다르기 때문입니다. 이점은 읽은 이들의 이해가 필요합니다.

제가 기도하면서 저에게 이미 응답하신 복을 모아놓은 '개인적 감사를 위하여!'는 뒤에 따로 23편을 실어두었습니다. 이 감사 기도는 그대로 글을 읽는 모든 이들에게 응답되기를 소원합니다. 기도는 보람과 가치가 있는 행복한 사역입니다. 그러나 그 행복을 얻는 실제의 길은 험난합니다. 그럼에도, 그렇기에, 그래서, 저는 모든 이들의 기도의 실제생활에서 이런 넘치는 응답을 받는 간증기도가 줄을 잇기를 소망합니다. 이것이 저의 소원이자 기도를 묶어 책으로 내는 이유입니다.

제가 지금까지 오랜 시간 기도생활을 했지만, 그 중에 가장 강력한 기도의 응답을 받은 때는 이 기도문을 쓰기 시작하면서 부터입니다. 마치 눈에 보이고 내 살에 닿는, 그래서 소름이 돋을 만큼 직접적인 경험을 하던 시간이었습니다. 그것은 아직 글로로 다 쓸 수 없을 만큼 충격적이라 이해를 못하실 수도 있어 글로 삼가고 있습니다. 어쩌면 목회하던 시절보다 훨씬 기도에 집중했고, 기도의 응답을 많이 받은 기간입니다. 그래서 이 '땅의 기도'는 제게 행복의 도화선이 되었습니다.

이 기도문들은 제가 쓴 것이 아니라, 기도를 드린 것입니다. 기도를 드리고 나서 기도를 정리하여 기도문으로 올린 것입니다. 따라서 제는 이를 '읽으면서 응답을 받는 기도집'이라고 하는 것입니다. 제가 받았던 기도응답, 제가 했던 기도의 체험들을 모든 독자들이 다 할 수 있으면 좋겠습니다. 저에게 누가 제 생애를 묻는다면 '땅의 기도' 이전의 저와 '땅의 기도' 이후라고 말씀드릴 수 있습니다. 여기 실린 기도는 제게 신앙의 본질, 기도의 신비를 모두 가르쳐 주었기 때문입니다.

부록 2. '땅의 기도'와 관련된 스무 개의 뒷이야기!

네 번째 이야기!

은퇴 후 첫 사순절에 내는 기도문

개신교 전체가 교회력 예전(禮典) 중에 비교적 잘 지키는 것이 '사순절'이고, 얼마 전부터인가 착실하게 본디처럼 '재의 수요일'부터 사순절을 시작합니다. 올해를 기준으로 2월 14일 재의 수요일부터 사순절의 꽃과 같은 '고난 주간'이 끝나는 3월 30일까지 40일간이 사순절입니다. 당연히 교회마다 특별 새벽기도, 성경 통독, 금식 운동, 그 밖에 교회와 목회자의 철학에 따라 다양한 사순절이 진행되고 있습니다. SNS에 올라오는 사순절 이야기만 보아도 다양한 프로그램들이 많습니다.

그런데 저 개인은 이번 사순절이 조용한 사순절이 될 것 같습니다. 우선은 지난해 은퇴를 했기 때문이고, 또 하나의 이유는 지금 기도하면서 매일 하나님의 감동으로 쓰는 '땅의 기도'를 그 때까지 모두 끝내기로 작정하고 있기 때문입니다. 이번 '땅의 기도'는 모두 365개의 기도로 된 최고의 방대한 기도문입니다. 1월 1일부터 12월 31일까지 366일에 매일 하루 한편씩의 기도를 담은 900쪽 짜리 대작입니다. 제가 개인적으로 드리는 감사기도 23편까지 합하면 모두 390편입니다.

이 책을 위하여 수시로 기도하며 하나님의 영감을 구하고 있고, 페이스 북에도 기도문을 올리고 있습니다. 기도문은 제가 사람들에게 보여주는 기도문이 아니라, 하나님께서 인생들에게 주시는 기도문이라는 믿음으로 쓰고 있습니다. 어쩌면 이 기도문 때문에 목회할 때보다 더 많은 기도를 하고 있는지 모릅니다. 기도문이 족쇄가 되어 대인관계도 인색해졌는지도 모릅니다. 아무튼 이 '땅의 기도'는 제 은퇴 후의 첫 번째 책으로 이번 사순절을 침묵의 사순절로 만들어 주고 있습니다.

그럼에도 제가 조금도 불편하지 않은 것은 이 기도문을 쓸 때가 제일 행복한 시간이고, 기도문이 앞으로 저의 삶에 큰 변화를 안겨줄 변곡점이 될 것을 믿고 있기 때문입니다. 이 책은 그동안 제가 써왔던 책들과는 좀 다른 책입니다. 물론 저는 이미 '기도 시리즈'도 7권을 냈고, 지난해에는 '하늘의 기도'(상/하)를 썼습니다만, 이번에 내는 '땅의 기도'는 그와는 성격이 좀 성격을 다릅니다. 어느 책인들 수고가 따르지만 이 책은 수고 이상 영적 감동을 추구하며 쓴 책이기 때문입니다.

뿐만 아니라 '땅의 기도'는 세상에서 누군가의 도움이 없으면 살아갈 수 없는 가난하고 지친 이들, 피곤, 두려움, 불안 등으로 보내는 사순절을 제가 그분들과 함께 지내면서 함께 기도하는 내용들입니다. 이 일을 위해 생명의 진액을 쏟아 기도하며, 기도의 응답을 확신하고 있습니다. 이 기도는 하늘을 향한 저의 간절한 소원입니다. 이 기도문은 해당되는 모든 분들에게 하나님의 임재를 선포하며 중보 기도하는 것입니다. 이 기도는 기도를 필요로 하는 모든 분들을 위한 제 마음입니다

제가 올해 사순절은 조용히 보내지만, 저의 조용한 사순절 안에서 저의 간

부록 2. '땅의 기도'와 관련된 스무 개의 뒷이야기!

절한 사랑의 기도가 올려 졌고, 하나님의 강력한 응답이 임할 것입니다. 그것은 바로 우리가 그토록 추구하던 기도이고, 그렇게 부어주고 싶어 하시는 하나님께서 주신 응답의 현장이 될 것입니다. 사람들이 늘 기도하지만 역사는 하나님의 능력을 보여줍니다. 기도는 눈을 감고 준비도 안 된 채 중언부언하며 음성으로 드리는 것보다, 기도로 잘 준비된 기도문이 아름다운 기도이고, 이 책이 그런 기도문입니다.

책을 읽으면서 그게 내 이야기라면 좋겠고, 책과 동일한 소원을 품고, 품은 소원이 응답되었으면 좋겠습니까? 그런 기적을 위해 이 책이 쓰였습니다. 하나님을 향하여 끝없는 몸부림을 했는데, 하나님은 여전히 대답이 없으신 답답한 신앙생활이 아니라, 부르짖고 나면 언제나 응답하시어 약속을 이루시는 하나님을 만나고 싶습니다. 그 만남을 꿈꾸며 이번 사순절에 이 책을 마무리 하고 싶습니다. 아무 일도 일어나지 않는 시간처럼 보이지만 거대한 폭풍이 일어나는 사순절을 꿈꿉니다.

땅의 기도

다섯 번째 이야기!

왜 매일 이런 재미없는 기도문을 쓸까?

제가 기도문을 쓰게 된 것은 지난 해 4월쯤입니다. 그때는 '하늘의 기도' (상/하) 의 두 번째 교정(再校)을 보던 중이었습니다. 그때 하나님의 감동을 따라 이 책을 쓰기 시작했습니다. 그때는 '하늘의 기도'를 내야하는 숙명 같은 것을 안고 있었습니다. 제가 은퇴 때에는 은퇴 기념으로 주일마다 드린 '목회기도'를 책으로 엮어 드리겠다고 약속한 때문이었습니다. 약속대로 기도문을 책으로 엮었고, 이걸 또 주제별로 하권을 만들어 같은 각각 주일별, 주제별로 만든 다음이었습니다.

그런데 하나님께서 "이 책은 돈 받고 팔지 말고 나누어주라."는 것입니다. 아니 많은 제작비가 들어갔는데 그냥 주면 어떻게 합니까? 그런데 그 다음 말씀에 순종하기로 했습니다. "내가 네게 '하늘의 기도'보다 더 좋은 '땅의 기도'를 쓰게 할 터인데, 그 책은 모든 성도들이 성경, 찬송, 기도가 짝을 이루어 책상 위에 놓이게 하리라."는 것입니다. 그건 엄청난 약속입니다. 모든 성도들이 성경, 찬송가와 함께 그 밑에 이 책을 함께 놓고 신앙생활을 하게 하겠다고 하셨으니 대단하지요.

하나님의 말씀을 믿고, 하나님께서 주시는 감동을 따라 기도문을 쓰기 시작했고, 그 때마다 하나님은 저에게 기도문을 주셨습니다. 약속대로 제

891

'하늘의 기도'는 저의 '은퇴 찬하 예배'에 오신 하객들께 몇 백 질, 그리고 제 '생전 임종예배'에 오신 분들에게 몇 백질을 나누어 드리고, 그동안 사랑받은 몇몇 분들에게 보내드렸고, 그렇게 모두 소진되었습니다. 기도문을 쓰던 제가 어떤 글로 인해 사역을 자제하고 침묵하며 집필을 멈춘 6개월은 평생 가장 후회되는 '휴지기'가 지나갔습니다.

그리고 6개월 후 다시 집필을 시작하여 이제 삼분의 이 분량의 집필을 하고 있습니다. 신비한 것은 그동안도 하나님의 감동을 따라 주셨지만, 기도문은 정말 인간적인 글쓰기가 아니라 하나님의 은혜입니다. 책의 집필을 마치기까지 세상의 뉴스는 안보겠다고 했지만, 한 편에서는 세상이 돌아가는 걸 알아야 그를 위해 기도할 테고, 그래야 진솔한 기도이고 성령님의 감동이라고 믿기 때문입니다. 인간의 언어로 기술(記述)된 창작이 아니라 하나님의 감동으로 된 기도문이기 때문입니다.

그런데 한 번 보기 시작하면 몇 시간씩 보게 됩니다. 그렇게 빼앗긴 시간은 또 저에게 많은 기도 제목과 영감을 주었습니다. 특정인의 자살 소식을 들으며 자살을 준비하는 이들을 위한 기도문을 썼고, 어느 목사님의 어려움을 보며 작은 교회 목회자를 위한 기도문을 썼습니다. 북녘의 비참한 소식을 들으면서 조국통일을 위한 기도문을 썼습니다. 기도는 현실을 보며 드린 개인적 소원이자 하나님의 계시였습니다. 이 기도는 '땅의 기도'입니다. '하늘의 기도'와 다른 뜻이 있었습니다.

'하늘의 기도'는 제 기도가 하늘에서 잡동사니처럼 취급받지 않는 소중한 기도가 되어 천사들의 금 대접에 들려 하나님께 상달되었으면 하는 마음으로 '하늘의 기도'라고 했다면, '땅의 기도'는 이 땅에서 호흡하는 동안 만나게 되는 수많은 문제들을 매일 호흡하듯 하나님께 올리는 절절한 호소입니다. '하늘의 기도'는 '예전기도(禮典祈禱)'이고 '땅의 기도'는 '생활기도'(生活祈禱)입니다. '하늘의 기도'가 하늘에 상달되는 소원을 품고 있다면, '땅의 기도'는 땅의 아픔을 담고 있습니다.

'하늘의 기도'는 목회자들이 읽었으면 했고, '땅의 기도'는 모든 신앙인들이 읽었으면 합니다. 이것은 모두 하나님의 감동으로 제 가슴으로 드린 것입니다. 이 기도문은 '365일 기도문'입니다. 매년 1월 1일부터 12월 31일까지 1년 동안 하루에 한 편의 기도문으로 기도의 호흡을 할 수 있고, 매일 우리를 위하여 친히 간구하시는 성령님의 감동으로 기도할 것입니다. 반면에 주제 기도를 하기 원하는 분들은 주제를 따라 기도하면 되는 것입니다. 그렇게 모든 이들과 공감하게 될 겁니다.

이 책은 이 시대에 우리가 드릴 기도문입니다. 이제 성경, 찬송, 기도는 항상 함께 있어야 하듯, 우리가 늘 성경과 찬송과 기도문을 같이 가지고 신앙생활을 하게 할 것입니다. 따라서 이 땅의 모든 신앙인들이 곁에 두고 읽어볼 책입니다. 그리고 우리의 후손에게 성경처럼 유산으로 물려줄 책이기도 합니다. 감히 이 땅에 나온 모든 기도서의 완결판이라고 봅니다. 우리의 잠자는 영혼을 깨워 기도하게 하고, 글을 통해 병든 영성은 치유되고, 죽은 영혼은 소생하는 은혜를 누리기 원합니다.

수많은 상황과 사건, 다양한 직업군들을 위해 기도하고, 기도가 필요한 모든 이들을 위해 기도하고 있기 때문입니다. 이 기도문을 읽으면서 응답받은 간증들이 부지기수로 나타날 것입니다. 저는 엄청난 기대와 설렘이 있습니다. 이 기도문을 쓸 때만큼 애타게 기도해 본 적이 없습니다. 이 기도문은 저의 '단거리기도', '중거리기도', '장거리기도'에 모두 포함되어 있습니다. 새벽에도, 운동할 때도, 운전할 때도 언제나 저의 기도에는 늘 힘든 인생들의 '땅의 기도'를 우선으로 구합니다.

이 기도는 저에게 주신 일상의 응답이자 특별한 축복입니다. 지금 시작하는 이 기도는, 책이 나온 다음에도 또 '땅의 기도 2', '땅의 기도 3'이 계속해서 나올 것입니다. 제가 이 글을 쓰면서 받은 은혜와 감동이 너무 크기 때문입니다. 어쩌면 제가 주님의 부르심을 받을, 그 때가 언제인지 모르지만 '땅의 기도'를 드리던 때이거나 몇 권 째일지 모르지만 또 다른 '땅의 기도'를 집필하고 있을 때일 것 같습니다. 이 땅의 기도를 한 편이라도 읽어보신 분은, 다음과 같은 생각을 하실 것입니다.

"왜 이런 재미없는 기도문을 매일 쓸까?" 그렇습니다. 긴 글입니다. 거기다 기도문입니다. 읽기도 힘들지만 댓글 쓰기도 힘듭니다. '아멘!'이라는 고백 밖에 쓸 말이 없기 때문입니다. 그래도 고집스럽게 글을 올리는 이유는 하나님의 언약과 잊지 못할 감동 때문입니다. 그 약속이 성취될 것을 기대하며 기다리는 기쁨이 크기 때문입니다. 매일 이 기도문에 대한 꿈을 꾸고, 기도문을 위해 기도하고, 기도문을 쓰고 올리는 것입니다. 이때가 하루에서 가장 행복한 순간이기 때문입니다.

여섯 번째 이야기!

하루 한 계단씩 차근차근 해야지요.

제 이야기는 아니고 어느 스님의 이야기입니다. 어느 산사에 들어가서 사찰 하나를 지으시는 소위 '개척 사찰'을 일구어 가는 스님의 이야기를 다룬 다큐멘터리였습니다. 그 사찰의 이름이나 스님의 존함은 다 흘려보냈습니다. 딱 그 스님의 한 마디가 제 가슴에 여운으로 남아 있어서 이걸 제목으로 차용했을 뿐입니다. 그리고 그 스님의 행적이나 저의 위치나 온전히 기억에 남는 것은 하나도 없습니다. 제 마음에는 오직 "하루 한 계단씩 차근차근!" 이 말씀만 남아있기 때문입니다.

그 스님은 그 산에 들어온 지 2,30년 되는 것 같았습니다. 그런데 아직 이렇다 할 사찰도 없이 작은 암자에 머물며 미래의 사찰 건축의 꿈을 그리고 있었습니다. 나이는 이제 60쯤 되셨는데 넓은 공터를 가리키며 그곳이 장차 당신이 세울 절터라고 했습니다. 누가 보아도 그곳에서 무엇인가 이루어질 것 같지 않은 공터였는데 그는 그곳을 지나갈 때마다 힘이 나고 미래의 비전 때문에 가슴이 설렌다는 것입니다. 그런데 제가 공터에 감동하고 공감하는 건 그 한마디 때문입니다.

"지금 할 수 있는 것을 하루 한 계단씩 조금씩 하다 보면 언젠가는 이뤄지지 않겠습니까?" 하는 바로 그 말이었습니다. 제 성격은 좀 급한 편입니다. 다혈질이기도 합니다. 그래서 천천히 하는 것은 성에 안 찹니다. 그래서 제대로 하는 것도, 되는 것도 없는 편입니다. 그날 그 말씀이 제 뒤통수를 망치로 한 대 때리는 것 같은 충격으로 다가왔습니다. 제 코가 석자나 빠진 형국이기 때문입니다. 지금 제가 하는 일을 크게 나누면 두 가지인데 하나는 강의이고 하나는 집필입니다.

그런데 집회는 한 달에 한 번 정도 있고, 나머지는 하루짜리 강의니까 큰 부담이 되는 건 아닙니다. 문제는 제가 쓰는 책들입니다. 하나는 39년째 쓰고 있는 책이니 해가 바뀌면 40년째 붙잡고 있는 책입니다. 누가 보면 어마어마한 대작인 줄 알겠지만 사실 대작이 아니고 그 책의 집필을 시작한 이래 계속해서 새로운 책에 대한 아이디어가 떠올라 미루고 또 미루면서 40년이 된 책입니다. 상중하 세 권인데 지금 두 권까지 썼습니다. 그렇게 미뤄놓고 또 다른 책을 쓰고 있습니다.

그 다른 책 시리즈 7권 중의 마지막 책이 '외로운 시리즈'(전7권)인 '외로운 이사야'입니다. 그런데 이 책은 2년 전에 다 쓰고 딱 15일치 분량을 남겨놓고 중단한 채, 다는 책을 썼는데 그 때 중단된 이후 단 한 줄도 못썼습니다. 그 때 중단이유는 어처구니없게 "책을 너무 자주 내면 사람이나 책이 가벼워 보인다."는 어떤 이의 이야기를 듣고 좀 무게가 있어 보이려고(?) 멈추었는데, 하나님께서 섭섭하신 것 같습니다. 이 책은 제가 '돈이 안 되는 마지막 책'으로 부르는 것입니다.

그리고 지난 3월에 '하늘의 기도' 두 번째(재교) 교정을 보던 때에 하나님께서 "이 책은 돈 받고 팔지 말고, 내가 네게 '땅의 기도'를 줄 터이니 '땅의 기도'를 써라. 그러면 그 책은 성도들이 성경, 찬송가와 함께 나란히 놓고 신앙생활 하게 할 것이다."라고 약속하신 책입니다. 저는 말씀대로 그 책은 '은퇴찬하 예배'와 '생전 임종예배'때에 수백 질씩 그냥 나누어 드리고 나서 지금 '땅의 기도'를 쓰는 중입니다. 이 책도 800쪽이 넘는 책이니 분량으로는 6개월은 써야 하는 책입니다.

제가 '생전 임종예배'를 드릴 때 생략한 '유언(遺言)'에 대한 책을 시작했는데 지금 삼분의 일 정도를 쓴 것 같습니다. 지금 쓰는 책들과 이전의 책 사이에 중요한 차이가 하나 있습니다. 그것은 이제까지 쓴 책은 돈이 안 되는 책이고, 앞으로 쓸 책은 돈이 되는 책입니다. 이 글을 읽으시는 분들은 웃겠지만 저는 이 책을 사람들이 싫어하는 표현인 계시의 말씀을 듣고 쓰고 있습니다. 이렇게 벌려놓은 것들만 해도 다섯 권이나 됩니다. 이걸 동시에 쓴다는 게 결코 쉬운 일은 아닙니다.

40년째 붙잡고 있는 책 3권은 반드시 완성해야 하는 당위성이 있고, 주님의 확실한 계시의 언어를 듣고 쓰는 '땅의 기도' 역시 속히 마무리를 해야 하는 책입니다. 생전 임종예배 이후 사람들이 관심하는 '유언'은 이미 사전예약도 많은 책입니다. 이렇게 어느 것 하나 뒤로 미룰 수 없는 중요성과 긴박성, 또 필요성이라는 세 개의 톱니들이 서로 맞물려 있습니다. 제 가슴 속에는 어느 책도 뒤로 미룰 수 없이 시급히 출판되어야 하는 것들입니다. 그래서 동시에 쓰는 중입니다.

거기에 독자들과 약속한 '333개의 설교힌트 수정증보판'은 출간되면 기본은 판매되는 책들입니다. 그러다보니 주제와 내용이 상이한 책의 특성상 동시에 쓰기 어려운 실정입니다. 그래도 어느 하나를 뒤로 할 수 없는 중요성을 잘 알고 있습니다. 이 아홉 권의 책을 붙잡고 동시에 씨름한다는 것은 인간 정 목사의 한계를 뛰어넘는 버거운 일입니다. 그러면서 좀처럼 진도는 나가지 않는 딜레마에 빠져 있었습니다. 그러다 이번에 스님의 말씀 한 마디에 은혜를 받고 정리를 했습니다.

"그래! 한 권씩 한 단계 한 단계 할 수 있을 만큼씩 차근차근 하자!"는 것입니다. 서두를 일도 조급할 일도 없습니다. 그래서 되는 일도 아닙니다. 더구나 내년 4월 총선까지 울화통 터지고 분노할 일이 계속될 터인데 뉴스보고 스트레스 받는 시간도 없애기 위해 방송이나 뉴스 보는 일을 없애기 위해 오직 책을 쓰는 일에 에너지를 집중할 생각입니다. 하루 하나씩 할 수 있는 범위 안에서 차근차근 하는 것으로 앞으로의 일정을 정하니, 스님의 말도 말씀으로 들리는 것입니다.

땅의 기도

일곱 번째 이야기!

기도문을 쓰는 이유를 아십니까?

기도를 기도문으로 쓰는 이유를 아시나요? 저는 '하나님이 시키시는 기도, 하나님이 주시는 기도'를 하고 싶었습니다. 이는 '성령님의 감동으로 드리는 기도', 따라서 이 기도는 하나님께서 응답해 주실 기도입니다. 이곳에 실린 기도는 제가 그 대상들을 위하여 기도하고, 다시 이 기도문을 정리해서 실은 것입니다. 하나님께서 어떻게 응답하실지 기다리는 중입니다. 이 기도문을 읽으면서 동일한 소원을 품고 기도하는 내용들이 그대로 응답되는 기적들이 저의 이야기라면 좋겠습니다.

여기에 있는 거의 모든 기도는 제가 실제로 기도를 드린 내용입니다. 이렇게 기도문을 전부 써서 드린 건 아니지만 이런 마음으로 기도했습니다. 그리고 여기에 등장하는 많은 기도는 제 개인의 기도이거나 가족들의 기도이고, 또 제가 섬기던 교회에서 드렸던 기도입니다. 하나님은 어제도 걷는 기도 시간에도 열 개가 넘는 기도 제목을 주셨습니다. 이 기도가 제 생애에서 모두 이루어진다면 얼마나 좋겠습니까? 이 일은 기적 같은 일이지요. 그러나 저는 기적을 꿈꾸며 기도드립니다.

그런 기적을 위해 이 기도문이 만들어졌습니다. 하나님을 향하여 끝없는 몸부림을 했는데, 하나님은 여전히 대답이 없으신 답답한 인생이 아니라,

부록 2. '땅의 기도'와 관련된 스무 개의 뒷이야기!

부르짖고 나면 언제나 응답하시고 약속을 이루어 주시는 신실하신 하나님을 만나고 싶습니다. 그 만남을 꿈꾸며 이번 사순절에 이 기도문을 마무리하고 싶었습니다. 비록 아무 일도 일어나지 않는 시간처럼 보이지만, 거대한 폭풍이 지나가는 역사를 구했습니다. 그리고 응답을 기다리는 '갈멜'산 '엘리야'의 심정으로 기다리는 중입니다.

사람은 자기보다 귀한 신분의 사람을 만날 때는 의복도 깨끗하게 입고, 그분과 대화를 나누게 될 때를 대비해서 드려야 할 말씀을 준비하고, 적당한 단어나 어휘들도 생각해 둡니다. 물론 책을 읽듯이 읽어 내려가는 것은 아닐지라도 언어의 선택, 구사의 방법을 준비합니다. 그런데 하나님과의 대화는 절제되고 정제된 언어로 해야 한다고 생각하는 사람이 없습니다. 세상의 존귀한 사람을 만나도 언어에 신중하고 신경을 쓰는데 정작 존귀하신 하나님께는 그런 생각을 안 합니다.

저는 지금도 살아계신 하나님 앞에 드리는 말씀은 잘 준비되고 정제된 언어로 최고의 예의를 갖추어야 한다고 생각합니다. 그래서 필요 없는 부사는 과감히 삭제하고, 과장된 호칭은 생략하되, 하나님의 존귀하신 이름 앞에 부끄럽지 않은 절제된 표현으로 저의 진심을 아뢰어야 한다는 생각입니다. 그래서 오랫동안 주일 예배기도를 준비해서 드렸고, 지금도 최상의 예의를 갖추어 품격 있는 언어로 드리는 것이 마땅하다고 생각합니다. 개인적인 생각이니 강요할 마음은 없습니다.

어쩌면 이 기도문은 하나님 앞에 나아가는 자녀들의 마땅한 자세와 언어를 가장 쉽게, 그러나 품위 있는 언어로 품격을 갖추어 아뢰도록 했습니다. 오랜 세월동안, 기도는 눈을 감고 외워서 드려야 한다는 생각이 지배해 왔기에 사람들은 눈을 감은 채 중언부언 황설수설 해왔습니다. 이제 그런 우려와 오해에서 벗어나, 하나님께 진정성 있는 기도를 드리되 하나님의 품격에 맞는 언어로 드리는 것이 합당하다고 생각합니다. 물론 개인적으로 하나님께 구할 때도 자세는 마찬가지입니다.

이번에 정리한 '땅의 기도'는 모두 385편입니다. 목차에 주제별로 편집을 한 이유는 그 폴더에 어떤 기도가 있는가 보여드리기 위함입니다. 뒤편에는 1월 1일부터 12월 31일까지 매일 한 편의 기도를 실제로 드리도록 365편을 매일 한 편씩 배치했고, 더 뒤에는 제 개인의 감사기도 20편을 예로 실었습니다. 어쩌면 제 기도의 간증입니다. 그래도 거짓 없는 저의 진심 기도입니다. 하나님은 이 기도를 기뻐하셨습니다. 하나님은 설교만 아니라 기도도 정성껏 하도록 말씀하십니다.

저는 살아있는 동안, 해마다 한 권씩 '땅의 기도'를 내보고 싶습니다. 왜냐하면 이 땅에서 일어나는 안타까운 문제는 일 년치 기도만 가지고는 '간의 기별'도 안 갑니다. '나라와 민족을 위하여' 기도할 일은 십년 치도 더 있습니다. 교회를 위해 기도할 일은 그보다도 많습니다. 질병의 치유를 위하여 드리는 기도는, '치유를 위한 기도'만 일 년에 한권씩 써도 십년을 써야 할 것입니다. 기도문은 하나님께서 주셔야 제목이나 기도문이 가능합니다. 인간의 두뇌로는 일 년치도 못씁니다.

부록 2. '땅의 기도'와 관련된 스무 개의 뒷이야기!

하나님께 기도드리면서, 동일한 주제로 반복되는 언어를 구사하며 드리는 일은 성경에서 말하는 중언부언(重言復言)에 다름 아닙니다. 일상의 대화도 같은 말을 반복하면 피곤합니다. 귀한 분과 대화를 나눌 때도 같은 말을 되풀이하면 성의 없어 보입니다. 하물며 전능하신 창조주 하나님 아버지께 우리들의 문제를 아뢸 때, 최상의 언어를 최고의 정제 과정을 거쳐 수없이 훈련하고 정중히 예의를 갖추어 말씀을 드림이 옳습니다. 그 일이 하나님을 존귀하게 생각하는 증거입니다.

사람의 생각은 각각 다릅니다. 주장하려는 바도 다릅니다. 특히 신앙의 행위에서 모두 자신이 주장하는 대로 되어야 한다는 것은 획일주의요 자만이자 욕심입니다. 저는 그럴 생각이 전혀 없습니다. 여기에 실리는 기도문이 최상이라고도 말씀드리지 않습니다. 이 기도문에도 어법, 문법, 어휘, 문장에 흠결이 수두룩합니다. 따라서 교본으로 내는 것은 절대 아닙니다. 이런 기도를 이렇게 드리고 싶은, 그리고 실제로 드린 제 일상을 사랑하는 하나님의 자녀들과 공유하고 싶었을 뿐입니다.

여덟 번째 이야기!

진심을 담은 '희소식!'입니다.

이건 모든 페북의 필자를 말하는 것은 아니고, 저처럼 옹졸하고 예의와 배려가 부족한 사람의 생각입니다. 설령 여러분은 그렇지 않더라도, 그건 여러분의 존귀함이지 제가 따라가기는 벅찬 것입니다. 지금 지구상에서 페이스 북을 비롯한 SNS의 이용자는 약 30억 명쯤으로 보지만 정확치는 않습니다. 세계에서 매일 4000만 건이 계속 업데이트 되고, 월 20억 건이 올라온다니 실로 엄청납니다. 그런데 그 중의 또 하나 공해처럼 올라오는 이 글을 오늘은 읽으시면 위로가 될 것입니다.

문제는 여기 올라오는 글은 '쓰는 사람'과 '읽는 사람'의 형편이 각각 다르다는 것입니다. 즉 열심히 '쓰는 이'도 있고 대충 '보는 이도 있습니다. 쓰는 사람의 특징은 자기 글은 열심히 씁니다. 그러나 다른 분들의 글은 잘 못읽습니다. 이유는 간단합니다. 자신의 글을 쓰기에도 시간이 부족하니까 다른 사람들의 글에 미처 눈길 줄 여유가 없습니다. 저도 나름대로 부지런히 읽으며 댓글을 적느라 애쓰지만 이조차 역부족입니다. 그렇게 하다보면 언젠가 서로를 이해할 때가 오겠지요.

제가 지금 잠깐 짬을 내서 짧은 글 하나 올리는 것은, 제 글을 읽으려고 애를 쓰지 않으셔도 된다는 것입니다. 왜냐하면 이 글은 여러분이 제 글을 편한 마음으로 부담 없이 지나가시라는 말씀을 좀 드리려고요. 제 글이 길다는 건 이미 소문이 났고, 제가 이를 솔직히 시인하는 바입니다. 쓰는 사람은 자기 글이니까 어렵지 않지만 읽는 분들은 결코 쉬운 일이 아닙니다. 더구나 요즘처럼 글을 마무리하는 때는 성령님의 강한 감동이 있어 쓰는 속도도 빨라지기에 더욱 그렇습니다.

하루에 5편 이상, 많으면 열편 가까이 올리는 글을 저는 성령님의 도우심으로 쓴다지만, 읽는 분들은 그게 가능하지 않습니다. 또 읽고 댓글까지 단다는 것은 아예 불가능에 가깝습니다. 그래서 여러분은 그런 부담에서 자유롭게 그냥 지나가시라는 말씀을 드리려고 글을 씁니다. 이런 글을 한 편 읽으려면 다른 글 열편이나 스무 편을 보실 수 있는 시간인데, 여기 에너지를 쓰시면 안 되지 않겠습니까? 그리고 제 글들은 단순한 일상의 이야기나 기록이 아니라 더욱 그렇습니다.

또 중요한 것은, 지금 여기에 올리는 글들은 다음 달이면 850쪽짜리 책으로 나옵니다. 지금 다 읽으시면 그때 가서 책을 살 필요성이 없어지지 않습니까? 저는 사람들이 이 책을 사두고 평생을 보시라고 하는데, 여기서 다 읽으시면 마치 교보문고에서 쭈그리고 앉아 책을 다 읽고 그냥 가는 것과 같습니다. 그리고 제 글은 기도하며 깊은 영감으로 실제 기도하실 때 읽는 것이 좋습니다. 제가 페이스 북에 올리는 것은 '글 저장소'로 생각하고 올리는 것이니 심려하지 마시옵소서!

아홉 번째 이야기!

무지리, 모지리, 나지리, 자지리, 지지리!

제목으로 달린 다섯 개의 단어 중에 '나지리'라는 말은 '품위나 능력에 있어서 자기보다 못하게 보이다', '천박하게 보이다.', '낮게 보이다.'는 뜻이 있고, 또 '자지리'와 '지지리'는 '매우 심하게'라는 뜻을 가진 우리말입니다. 반면에 '무지리', '모지리'는 비표준어로도 표제어에 안 나오는 단어입니다. 그럼에도 많이 모자라거나 무언가 부족한 모습을 나타낼 때 서민들이 편하게 차용해서 쓰는 단어입니다. '역순 사전'에도 '지리'로 끝나는 말은 '나지리', '자지리', '지지리' 밖에 없습니다.

어제, 제가 '페이스 북'에 올리는 긴 글들이 읽기 부담스러우시면 그냥 지나가시라는 안내를 드렸습니다. 그러면서 아울러 "털도 안 뽑고 날로 먹으려는 마음으로 이곳에서 다 읽지 말고 지나가시고, 이것들이 다음 달에 책으로 나오거든 책을 많이 사서 읽어주십시오."라는 말씀을 드렸습니다. 그러면서 걱정하지 말 것은 제 페북은 친구들과 공유하려는 목적보다는 '글 저장소'의 기능으로 사용하고 있다고 말씀드렸습니다. 어느 목사님은 책을 사시겠다고 하셨습니다. 참 고맙습니다.

그런데 그 중에 제가 존경하는 목사님 한 분이 댓글을 올리셨습니다. 그분은 제가 감히 따라갈 수 없는 목회 연륜과 인성과 영성과 신학적 기반을 갖고 계신 교단의 어른이십니다. 의미 왜곡이 없으시도록 일부러 전문을 그대로 옮깁니다. "대단하신 정성학 목사님. 제가 목사님과 교제한다는 것이 영광입니다. 참으로 부럽습니다. 70년을 살았고 40년 이상을 목회자로 살면서 1권의 책도 내질 못했는데. . ." 이 댓글이 무슨 뜻인지 글을 읽으시는 분들도 의미를 알고 계실 것입니다.

아마도 목사님은 제가 여기에 올린 것을 모아서 다음 달에 책으로 낼 것이라는 말씀에, 그동안 여러 권의 책을 쓴 것을 아시므로 이렇게 이곳에 올려두었다가 모아서 쉽게(?)책을 만드는 것을 보시고 하신 말씀 같습니다. 제가 목사님들을 만나서 그 분들이 받은 은사를 부러워하면, 그 목사님들은 으레 제가 책을 여러 권 쓴 것을 언급하시곤 했기 때문입니다. 의외로 이런 생각을 가지신 분들이 많이 계십니다. 그건 전혀 사실에 맞지 않는 글이지요. 그래서 제가 답을 달았습니다.

"아무개 목사님! 목사 중에 제일 불쌍하고 가련한 목사는, 제 경험에 의하면 '책 쓰는 목사'입니다. 목양 현장에 양들이 신음하고, 배를 곯고 목이 말라 있는데 한가하게 서재에 앉아 책을 쓰고 있겠습니까! 그래서 (예수님도-이 주어를 댓글에서는 빠뜨림)이거 따라할 까봐 한 권도 안 내시고, 성전 바닥에 한 줄 쓰고는 그 내용도 무엇인지 아무도 모르게 지워버리셨습니다. 끝까지 쓰지 마세요. 그러면 주님께서 벌떡 일어나셔서 '나를 그대로 따라온 목사'라며 안아주실 것입니다."

"(책을 내신 다른 목사님들께는 죄송하지만!) 목사님은 멋장이(본디 '멋쟁이'인데 제가 의심스러워 사전을 찾아볼까 하다가 댓글 쓰는 중이라 그냥 쓰고는 바로 사전을 보니 '멋쟁이'의 비표준어라고 나오네요. 부끄럽습니다. 비표준어를~~)십니다. 고맙습니다." 그랬더니 바로 목사님은 "정성학 목사님! 어리석은 아우를 위로해 주셔서 고맙습니다."라고 답을 해 주셨습니다. 그런데 저의 이 댓글은 진심이었습니다. 지금도 같은 마음입니다. 그건 세상을 떠날 때쯤 더욱 확연해질 것입니다.

목회자로 부르심을 받은 이의 최고 영광은 목양현장입니다. 자신의 목장에서 뛰노는 양들이 건강하고 배부르고 잘 자라, 새끼 잘 낳고, 젖 잘 짜고, 털 많이 내주면 그런 목장만큼 목자에게 영광스러움이 어디 있겠습니까? 목사에게 기름진 목장만큼 더 이상 무슨 소원이 있겠습니까? 저에게 그럴 기회가 다시는 오지 않을 것이기에 담대하게 말씀드리자면, 제가 다시 태어나 목사로 교회를 맡겨 주신다면 이렇게 글 쓰는 시간에 성도들 돌아보는 목양에 일생을 투자할 것 같습니다.

열 번째 이야기!

이번 주는 오늘 마감했습니다.

이번 주는 끝났습니다. 내일부터 주일까지 3일은 '특별휴가(?)'입니다. 토요일 11시에 막내 동생 목사의 둘째 아들 결혼 예식에 저에게 주례를 부탁해서 가는 길에, 당일 아침에 가면 위험해서 하루 먼저 출발합니다. '청주' 공항이 안개가 자주 끼는 바람에 툭하면 '저시정'이 발령됩니다. 그러면 항공기는 이착륙이 금지됩니다. 지난해 6월에 세종교회 부흥회 가면서 "은퇴하셨으니 주일 오전 예배부터 인도해 달라!"고 해서 가는데 항공기가 11시에 뜨는 바람에 낮 집회를 못했습니다.

그래서 아예 하루 전인 내일(8일/금요일) 일찍 출발해서 '제천'에서 하룻밤 자고, 토요일에 결혼식 주례하고 또 푹 쉽니다. 아들과 집사람은 토요일 결혼식 후에, 당일 아침에 출발하는 딸네 내외와 들어오고, 저는 "기왕에 오시는 거니까 우리 교회에서 예배드리고 가시라!"고 해서 10일 주일 오전 예배에 참석해서 설교하고 오후에 들어옵니다. 살다보니 이렇게 여유로운 일정도 있습니다. 하루는 가고, 하루는 결혼식, 하루는 예배드리는 하루 하나씩 일정 있는 여유로움이 낯섭니다.

3일 동안 출타하게 되니 제가 쓰는 '땅의 기도'는 오늘까지 300편을 마무리하고 가고 싶은 욕심이 있었는데, 오늘 존경하는 교수님과 점심약속이 있어서 11시부터 2시까지 왕복 두 시간과 식사 한 시간을 포함 3시간을 비워 두었기에 조금 염려를 했는데, 신비하신 하나님은 제가 운전해 가는 번영로에서 위험하게 도로 보수작업을 하는 인부들을 보면서 '도로의 유지 관리 보수를 맡은 이들을 위하여 드리는 기도!'를 드리게 하셨습니다. 기막힌 하나님께 감사드릴 수밖에 없습니다.

그리고 오는 동안에 결혼하는 조카를 위해 '새롭게 출발하는 가정의 결혼 예식을 위한 기도!'를 하게 하셨습니다. 그리고 이런 일로 마음이 급하여 조바심하는 상황을 느끼는 자신을 보며 '마음의 조급함을 견딜 수 없을 때 드리는 기도!'를 드리면서 염려하던 세 편을 모두 마무리해서 300편(페북의 번호로는 '땅의 기도 400')을 마무리하고 나니 마음이 홀가분합니다. 그 바람에 어제도 만보를 넘게 걸었는데 오늘은 쉬었습니다. 그래도 차로 오가는 두 시간은 기도로 드렸습니다.

시간에 쫓기자 저녁은 감자 두 알과 고구마 반쪽으로 대신하고, 허전해서 영양 떡 하나를 더 먹었습니다. 이제는 이번에 주례할 조카의 주례 설교를 한 번 더 살펴보고 출력해서 준비해 두었다가, 주일 오전 설교문과 함께 가지고 가면 됩니다. 3일 동안의 공백에는 그곳에서 쉬면서 더 기도하고 하나님의 감동을 따라 기도문을 쓰면 될 듯합니다. 월요일은 밀린 며칠 분을 올릴 수 있겠지요. 어제, 디자인 회사와 표지와 내지 작업에 대한 대화를 나누었습니다. 모두 감사할 뿐입니다.

열한 번째 이야기!

기도문의 시비에 대한 정중한 변명

우리는 오랜 세월동안, 기도는 '그냥 하는 거' 라고 배웠습니다. 무작정 많은 시간을 자극적인 방법으로 해왔습니다. 무조건적인 '금식기도', 생각 없는 '서원기도', 무리한 '철야기도' 등이 대표적인 예입니다. 물론, 때로는 식음을 전폐하고 기도할 필요가 있습니다. 그것은 예부터 믿음의 선진들이 해 왔던 일입니다. 전쟁 때도 금식했고(사사 20:26), 회개할 때도 그 회개의 증거로 금식했습니다.(삼상 7:2) 간절한 소원을 가지고 있던 '다윗'도 곡기(穀氣)를 끊고 금식했습니다. (삼하 12:16)

그러나 더러 금식은 자신의 몸만 상하게 할 뿐 아무 유익을 얻지 못하고 도리어 자기 자랑이나 하나님의 외면을 받게 하기도 했습니다. 밥을 안 먹고 떼를 쓰는 일도 필요하나, 명분이 있어야 하듯, 하나님 앞에 드리는 금식도 경우와 때를 따라 잘 구별해야 합니다. 이런 것들은 늘 지도자인 목회자와 충분한 교감(交感), 교육이 필요합니다. "무식하면 용감하다."는 말은 얼핏 들으면 천박해 보이지만 의미가 깊은 말입니다. 우리에게 필요한 것은 언제나 바로 알고 행하는 것입니다.

제가 목회 중에 계속해서 기도문을 써서 기도하도록 요청했습니다. 그러나 그런 저의 요구를 기꺼이 순종하는 성도들은 많지 않았습니다. 또, 기도문을 쓰되 정성스럽게 쓰라고 부탁했습니다. 그냥 볼펜으로 생각나는 대로 쓰고, 읽어보고 틀리거나 마음에 안 들면 그 위에다 빨간 볼펜으로 쭉 긋고 고치고, 다른 기도가 생각나면 말풍선으로 끼워 넣거나 필요 없는 말은 돼지꼬리로 삭제하는 식으로 잡기장(雜記帳)수준의 기도문이 아니라 정성스럽게 타이핑이나 정서를 하라고 했습니다.

왕궁의 역사, 실록을 기록하는 관리들은 내용 하나에도 거짓이 없어야 하지만, 기록하는 필체도 정갈하고 바르게 써야합니다. 글이 좋다는 말은 '문장'도 말하지만, 그와 함께 '글씨'도 좋아야 합니다. 그 글 즉 문장, 역사의 기록과 글씨 즉 기록된 서체는 그대로 보존 유지되어 오늘까지 전해 내려옵니다. 마찬가지로 우리의 기도문은 늘 하나님께 올려드린 모든 기도가 어휘하나 문장하나가 정성껏 기록되어야 하고, 그렇게 드린 기도는 영원의 세월을 두고 하늘에 보존될 것입니다.

전에, 육필(肉筆)이 의사 전달의 유일한 수단이던 시절에는 한글이나 한문 서예를 배워 탁월한 '글씨'를 쓰는 이들도 존경을 받았습니다. 그리고 왕궁의 문서를 다루는 고위 관리들은 그의 학문도 중요했지만, 그걸 나타내는 '서예'도 중요했습니다. 그래서 그의 글씨만 보아도 얼마나 품격 있는 지체에게서 전달된 글인지 단박에 알 수 있었습니다. 다양한 전달 수단이 교감의 방편이 된 지금도 이런 원칙에는 하나도 변함이 없습니다. 한 예를 연인의 연서(戀書)에서 찾아보겠습니다.

'손 편지' 시절의 연서는 글씨 하나하나를 또박또박 눌러서 쓰고, 글을 쓰

부록 2. '땅의 기도'와 관련된 스무 개의 뒷이야기!

는 사람의 마음을 담아 글씨를 흘리기도 하고 세우기도 했습니다. 그래서 글의 내용을 보면서 보낸 이의 마음에 감동하고, 글씨를 보면서 쓴 이의 정성에 감복하는 것입니다. 지금은 가장 선호하는 서체, 급수, 거기에 첨부할 이모티콘, 색깔을 모두 동원해서 글을 보냅니다. 음성전화나 영상전화를 통해서 대화를 할 때도, 아름답고 우아한 언어를 구사하고 겉모습도 가꿉니다. 그게 사랑의 마음이기 때문입니다.

오늘 우리의 기도는 때로 설교에 밀려 후순위가 되었지만, 때로는 설교보다 소중히 다루어져야 합니다. '설교'는 하나님의 말씀을 대언하는 통로이기 때문에 말씀의 곡해 없이, 혹은 오해할 여지없이 잘 전달하면 됩니다. 그러나 기도는 하나님의 존전에 그대로 상달될 최고의 궁중 문서입니다. 기도는 영원히 하나님 앞에 발신인이 적힌 채 보존될 것입니다. 그때 어떤 이의 기도는 금 대접에 담겨 하나님 면전에 있을 것이고, 어떤 기도는 잡동사니로 쓰레기통에 있게 될 것입니다.

"경우에 합당한 말은 아로새긴 은 쟁반에 금 사과니라."(잠언 25:11)고 했습니다. 사람에게 하는 한마디도 은쟁반에 사과를 놓은 듯 품위 있고 아름다운데, 하물며 하나님께 올리는 기도가 정갈한 언어와 품위 있는 문장으로 하나님께 올린다는 건 당연하고 감동적인 일입니다. 정성스런 기도는 듣는 이들의 마음에도 감동을 주고, 하나님 마음을 감동시킵니다. 저는 목회자들이 평생의 설교를 잘 보관해야, 그래서 선포한 말씀이 어떤 결과를 가져왔는지 봐야한다고 믿기 때문입니다.

땅의 기도

이는 의사의 '진료기록'이나 '처방전'과 같이 소중한 것입니다. 이는 검사의 '공소장', 판사의 '판결문'과 같은 것이, 모두 사람의 생명과 직결되기 때문입니다. 마찬가지로 설교자의 설교문은 겉으로 보기에는 한 교회의 부흥과 성장에 어떤 영향을 미쳤는지 분석하는 외증(外證)이 되지만, 실제는 그 교회의 공동체 구성원 한 사람 한 사람에게 어떤 영적 변화를 주었는지를 보는 궁극적 자료입니다. 그런데 우리의 기도문은 설교보다 엄청난 결과를 가져오는 엄청난 파괴력이 있습니다.

우리의 기도는 어떤 때는 개인을 떠나 가족구성원 모두에게, 혹은 한 사회, 한 국가의 안전과 평화에 결정적 역할을 하게 합니다. 한 사람 때문에 나라가 건짐을 받는 예는 역사상 무수히 많은 증거들을 갖고 있습니다. 우리가 조국 통일을 위하여, 세계 평화를 위해 드리는 절절하고 진실한 기도가 결국은 조국의 통일과 인류의 평화를 가져온다고 믿기 때문입니다. 어떤 병자를 위해 기도하고, 죄에 빠진 이를 위한 애절한 기도는 하나님 마음을 움직여 그를 살릴 수 있기 때문입니다.

부록 2. '땅의 기도'와 관련된 스무 개의 뒷이야기!

열두 번째 이야기!

이 책을 하나님께 드리려고 합니다.

아무래도 제가 제 정신이 아닌 게 맞습니다. 이제 이 글은 앞으로 열흘이
면 탈고합니다. 그런데 오늘 기도할 때 제가 이렇게 기도했습니다. "하나
님! 이 '땅의 기도'는 제가 썼지만 이건 제가 쓴 것이 아니라 하나님이 쓰셨
습니다. 왜냐하면 성령님께서 지속적인 충만함을 주시고 계시해 주셨기
때문입니다. 마치 '누가복음'은 의사인 '누가'가 썼지만 하나님의 말씀이라
고 하듯이, 이 글은 제가 썼다고 하지만 실제 이 책의 저자는 성령님이십
니다. 그렇기에 저자는 하나님이십니다."

새벽 2시에 기도를 드리면서 "하나님! 저는 이 책이 나오면 먼저 하나님께
드리려고 합니다. 왜냐하면 하나님께서 원저자이시기 때문입니다." 이 당
돌한 기도에 대한 저의 생각을 하나님은 아십니다. 제 고백이 어떤 의미를
가지고 있는지도 아십니다. 그렇다고 제가 이 기도문의 영감설(靈感說)을
말하면서 정경(正經)의 권위에 넣어달라는 뜻은 결코 아닙니다. 다만, 제가
생각하는 기도문에 하나님의 역사하심이 그만큼 크시다는 것입니다. 기도
문을 쓰며 신비한 경험들이 많습니다.

저는 '성경', '찬송', '기도' 이 세 덕목을 신앙생활의 3요소라고 생각합니다.
어느 누구도 말씀을 읽고 찬양 드리며 기도하는 삶이 믿음을 버텨주는 중

요한 세 기둥인 것을 부인할 이는 없을 것입니다. 그리고 바로 이런 맥락에서 모든 신앙인은 그 믿음의 진실성이나 열심의 강도와 관계없이 모두 '성경'과 '찬송가'를 가지고 있습니다. 어쩌면 이런 문화적, 신앙적 배경이 우리나라를 세계의 신앙 역사에서 선구자적인 자리에 세워두었는지 모릅니다. 너무나 감격적이고 감동적인 일입니다.

그런데 이에 비해 '기도'는 너무 뒷받침이 없었습니다. '성경'과 '찬송가'가 신앙인들의 필수도서로 인식되어 일인당 최소 몇 권씩은 가지고 있는데 비해, '기도'는 아예 없습니다. 물론 우리나라에도 기독교서점에서 반세기 전부터 가장 많이 팔리던 책도 '기도문'이었습니다. 그러나 이 기도문은 대표기도나 예배기도의 기도문을 예시한 것이라, 그 영성과 내용에서 아쉬운 부분도 있습니다. 제가 이 안타까운 문제에 뛰어든 것은 순전히 하나님께서 능력으로 이끄신 손길 때문이었습니다.

제가 '하늘의 기도'를 탈고하고 디자인실에서 받은 원고의 재교를 보던 날 하나님은 저에게 "그 책을 팔지 말라!"고 강력하게 명령하신 다음 "네게 '땅의 기도'를 주겠다!"고 말씀하셨습니다. "'하늘의 기도'는 네가 '이 기도가 하늘에 올라가서 응답받기를 소원하여 지은 이름'이라면 '땅의 기도'는 너희들이 땅에 사는 날 동안 부르짖을 내가 기다리는 기도다."고 하시며 기도할 주제, 기도할 대상, 기도문의 줄기까지도 주셨습니다. 그래서 이 책의 저자는 하나님이라고 하는 것입니다.

그 때 하나님께서 제게 주신 계시는 저도 잘 믿기어지지 않는 내용이었는데 "내가 이 '땅의 기도'를 대한민국의 모든 믿는 자들이 성경과 찬송가처럼 함께 포개놓고 보게 하리라!"는 것입니다. 저는 믿기지 않는 말씀을 믿었고, 갈 수 없는 길을 달려왔습니다. 그리고 이제 그 마지막에 다다랐습니다. 세계적인 석학이 이런 책을 썼다면 실망할 터이지만, 신앙과 학문이 미천한 사람인 제가 썼기 때문에 이 책은 귀합니다. 물론 하나님께서 주신 계시를 기록한 것에 불과하기는 합니다.

우리의 '기도'는 선교 130년 동안 엄청 발전했습니다. '침묵기도', 금식기도', '철야기도', '통성기도', '새벽기도'등 어마어마한 기도의 양을 하나님께 드렸습니다. 오죽하면 대중 집회에서 일반적으로 사용하는 '통성기도(通聲祈禱)'를 영어권에서는 '한국식 기도(Korean prayer)'라고 부를 만큼 기도에 관한한 대국입니다. 물량만으로 본다면 한국인만큼 시도 때도 없이 기도를 쏟아 부은 민족도 많지 않을 것입니다. 그런데 신기한 것은 이에 비해 기도의 영성가(靈性家)는 많지 않습니다.

이는, 지금까지 우리의 기도는 마치 어린아이의 떼쓰는 기도 같은 막무가내의 기도였습니다. 그렇게 가르치고 그렇게 배웠습니다. '우는 아이 젖 준다.'며 '아이가 떼를 쓰면 안 주고 버틸 부모가 있느냐?'고 했습니다. 그 말씀은 맞습니다. 그러나 이제 우리 기독교는 기저귀 찬 어린아이가 아닙니다. 장난감 사달라고 마켓의 바닥에서 떼굴떼굴 구를 만큼의 아이가 아니라 모두 성인입니다. 신앙의 역사에서 한 세대를 성장과 변화의 시간으로 본다면 지금 우리는 그만큼 성장했습니다.

첫째, 엄마의 젖을 물고 안 나오는 젖꼭지를 깨물어 엄마를 자지러지게 하고, 미처 젖을 안 주면 악을 쓰며 집안이 떠나갈듯 울어대는 '영유아기'가 아닙니다. 또 마음에 둔 것은 어떻게든 내손에 넣어야 잠이 오는 '청소년기'도 아닙니다. 자기가 마음만 먹으면 무엇이든 스스로 할 수 있는 '청년기'도 아닙니다. 적어도 네 번째 변화주기인 '청/장년기'를 지나 다섯 번째 세대인 '장년기'에 와 있습니다. 선교 140년이 되었으니, 이제 기도의 패러다임이 바뀌어야 할 때가 왔다는 것입니다.

그동안 우리의 기도처럼 '준비 없이, 눈감고, 나오는 대로'하는 상식에서 벗어나야 합니다. 특히 대표기도는 우주에서 가장 존귀하신 하나님께 드리는 것인데 잘 준비해야 합니다. 세상의 왕이나 대통령보다 존귀하신 하나님께 드리는 최상의 언어입니다. 밤새 준비하고, 또 준비해서 회중들의 마음을 담아 드려야합니다. 하나님께 드리는 기도는 최고의 준비로, 최고로 정제되고 절제된 품위 있는 언어로 드려야 합니다. '땅의 기도'는 그에 필요한 일을 수발드는 도구가 될 것입니다.

열세 번째 이야기!

왜 하필 '땅의 기도'인가?

제가 '땅의 기도'를 드리는 이유가 있습니다. 변명하자면 기도의 접근성을 높이고, 더 깊고 실제적인 기도를 드리고 싶어서입니다. 그것은 '주일 낮 예배'를 비롯한 '공 예배'에서 예배를 인도하는 목회자가 드리든지, 대표기도 담당자가 드리든지, 몇 문장의 기도문을 가지고 우리의 신앙생활을 유지하는 데는 한계가 있음을 잘 알고 있기 때문입니다. 물론 그 기도만이 성도들이 드리는 기도의 전부는 아닙니다. 그 기도보다는 수십, 수백 배의 기도를 더 드리며 사는 것은 분명합니다.

중요한 것은 그리스도인들이 정작 이 땅의 기도, 즉 땅에서 만나는 크고 작은 세상의 일들을 기도에 접목시키는 것을 마치 금기사항으로 아는 경우들이 의외로 많습니다. 기도를 두 시간 세 시간씩 해도 결국은 구원, 믿음, 영성, 부흥, 교회 같은 기독교 영역의 문제, 이미 구원받은 이들이 세상에서 좀 더 평안하고 행복한 삶을 사는데 필요한 덕목들을 위해서 기도할 뿐입니다. 그건 정말 안타까운 일입니다. 그렇다면 결국 우리는 정작 기도해야 할 내용의 5%만 기도한다는 것입니다.

즉 세계 인구 5%도 안 되는 그리스도인과 교회만을 위하여 기도한다는 것은 엄청난 기도의 에너지를 오용(誤用)하고 있다는 뜻이고, 무한 광대한 기도의 능력을 오직 5%를 위해서만 쓰고 나머지는 사장시킨다는 것입니다. 지난번 '하늘의 기도'를 내면서 주님의 책망을 받고야 생각이 났으니 얼마나 부끄럽습니까? 우리가 세상을 끌어안고 살면서 얼마나 기도할 것들이 많은데, 결국은 겨우 5% 기도만 하고 있다는 깨달음이 생겨, 미루지 않고 그날부터 일상의 기도를 시작했습니다.

그 때는 아직 '하늘의 기도'가 나오기 전인, 책의 재교(再校)를 보던 때입니다. 그런데 저는 다시 '땅의 기도'를 쓰면서 기도문처럼 기도했습니다. 기도할 일이 얼마나 많습니까? 드넓은 우주공간을 모두 붙잡고 기도한다는 것은 엄청난 기도의 부담도 있지만, 반대로 무한한 능력의 축복이었습니다. 그리스도인의 삶이이라는 한 뼘 밖에 안 되는 범위의 기도를 드리다 창조의 걸작품인 우주공간으로 시야를 넓히고 시선을 돌리자, 기도의 분량과 폭은 상상할 수 없이 깊어졌습니다.

"하늘과 땅과 세계와 거기 충만한 것이 하나님의 것이라."(시편 24:1)고 하면서, 그 하나님의 세상을 풍성히 누리고 있는 저는 그 세상을 위해 일상의 기도를 할 수 밖에 없었습니다. 따라서 '땅의 기도'는 주일에 드리는 목회 기도와는 성격이 다릅니다. 처음에 생각한 것보다도 기도는 저를 기도 속으로 끌고 들어갔고, 삶이 기도 안으로 들어왔습니다. 기도가 제 삶이었고, 제 삶은 기도 안에 있었습니다. 기도와 삶이 분리된 기형아적인 그리스도인의 틀에서 벗어나고 있었습니다.

기도하던 시간에만 보이던 세상의 문제는, 문제가 보이면 곧 기도하기 시작했습니다. 생각한 대로 기도는 일주일에 한 번이 아니라 매일 두 번 꼴로 드렸습니다. 그리고 그 기도문을 쓰는 시간은 기도문보다 기도의 마음과 삶이 훨씬 더 깊어졌습니다. 지진을 당한 '튀르키예'를 위해 기도하던 새벽에, 저는 기도문을 쓰다 말고 그들을 위한 헌금을 보내고 나머지 기도를 썼습니다. 청치현실을 위하여 기도할 때는 지지하지 않는 정당의 건강한 정착을 위해서도 기도하게 되었습니다.

'땅의 기도'를 드리지 않았으면 이처럼 다양한 이들과 상황을 위해 이렇게 구체적으로 기도하지 못했을 것입니다. 그래서 충격이든 가책이든 이런 계기를 주신 은혜가 고맙습니다. 지금은 기도하는 시간이 제일 행복합니다. '글로 쓰는 기도'는 입술로 드리는 기도를 기름지게 합니다. 저는 어쩌면 이 기도를 멈추지 않을 것입니다. 이 일을 위해 매일 몇 편이라도 쓰게 될 것이고, 침묵이 필요하면 며칠이고 쉴 것입니다. 기도문은 글이 아니라 제 삶의 생명이자 기운이기 때문입니다.

열네 번째 이야기!

'땅의 기도'는 '저의 기도'입니다.

제가 '땅의 기도'를 드리며, 우선 기도하는 대상은 이 땅에서 비교적 어렵고 힘든 이들을 위한 이들이었습니다. 그런데 그것은 거의 제가 경험한 것들입니다. 저는 노점상도 해보고, 노숙도 해보고, 구걸도 해 보았습니다. 그때마다 정작 힘든 것은 가난이나 주림, 노숙 같은 '상황'이 아니라, 이를 바라보는 대다수 사람들의 편견과 경멸의 시선이었습니다. 그래도 그런 시선들을 신경 쓰지 않고 당연하게 생각하고 언짢거나 섭섭하지 않게 흘려보냈고, 모두 세월 속에 묻어 두었습니다.

세월이 지나고 제가 거리의 노숙자였던 것도 잊고, 노점상이었던 것도, 일용직이었던 것도, 리어카 행상이었던 것도 다 잊어버리고 그들은 마치 기도가 필요치 않은 버려진 이들이거나, 기도해 주지 않아도 스스로 일어설 수 있는 사람들처럼 생각하게 되었습니다. 기도하기 시작하면서 추억도 살아나고 관심도 생기고 점점 사랑의 마음도 생겼습니다. 이 땅에 살면서 이렇게 힘들고 어려운 삶을 사는 이들에 대한 관심은 하나님께서 주신 마지막 은혜인 것이라는 생각도 들었습니다.

그러면서 한 번쯤 절기 때마다 형식으로 기도하던 '동족' 북한도 다시 생각하게 되었고, 전에 제 책의 수입은 북한 선교를 위해 쓰겠다는 다짐과 약속도 생각났습니다. 한반도의 북쪽에 태어난 죄로 인간 이하로 취급받고 사는 그들의 운명에 무관심했습니다. 그들의 참혹한 삶을 일주일 동안 직접 눈으로 보고 온 다음 가슴이 아파 두 달 동안 우느라 강단에서 설교를 못하던 그 절절한 마음도. 어느새 메말라 버렸는데 그 마른 샘에 다시 그 모습들을 떠올리며 기도하게 되었습니다.

살다보면 잊을 때도 있습니다. 그러나 불현듯 다시 기억이 되살아날 때도 있습니다. 그 기억 중에 전에는 아름답고 즐거운 추억을 떠올리며 행복했는데, 지금은 힘들고 어려웠던 시간을 회상하며 동일한 형편에 있는 이들을 가슴에 꼬옥 안고 기도하게 되었습니다. 빚진 마음 가득한 새벽에 저의 작은 기도가 불쏘시개가 되어 저같이 화석처럼 굳어진 마음에 새 살이 돋아나듯 기도의 새싹이 움텄으면 좋겠습니다. 이런 마음은 전적으로 저를 깨워 이런 기도를 하게 하신 주님의 은혜입니다.

왜 그동안 저의 수치스럽고 고통스럽던 지난날의 추억이 그처럼 까맣게 기억에서 지워져 있었는지 모릅니다. 저는 한 번도 의도적으로 저의 어려웠던 생활을 숨겨 본 적이 없었습니다. 그런데도 마치 고난을 모른 채 지나온 것처럼, 포장된 제 모습만 보고 왔습니다. 그러다가 이번에 '땅의 기도'를 시작하며 충격과 자극을 통해 지난날 제가 막 예수님을 믿고 신앙생활을 시작하며 예배 때마다 혹은 밤마다 눈물범벅이 되어 찬송 부르며 기도하던 때가 불쑥 기억에 다시 돌아왔습니다.

그 일 전후에 제가 걸어 왔던 길은 지금 모두 기도제목이 되었습니다. 그러니까 기도하고 말씀으로 먹이고 사랑으로 돌보던 때에는 정작 기도해야할 이들이 외면당해 왔습니다. 그리고 하나님은 제 마지막 삶의 자락에서 기도할 수 있도록 기회를 주셨습니다. 이는 엄청난 은혜입니다. 매일 기도하는 이들의 세밀한 기도 요청을 별 의미 없이 지나치던 제가, 지금 그 기도를 하고 있는 것이 은혜입니다. 왜 그토록 제 마음에 '십자가 수도원'을 염원하게 하셨는지도 어렴풋이 짐작됩니다.

더 고마운 것은 저의 기도에 넣어달라며 기도제목을 보내주는 이들입니다. 저와는 무관한 삶을 사는 이들을 위한 기도, 미처 생각하지 못했던 쪽에 있던 이들을 위한 기도, 기도의 필요를 모르고 있던 이들에 대한 기도들이 요즘 저를 행복하게 합니다. '땅의 기도'를 드리면서 느끼는 것은, 기도를 받는 저들에게 응답되기 전에 기도하는 저에게 먼저 은혜로 응답이 됩니다. 이것은 기도의 비밀이자 특별한 응답입니다. 이는 기도 시리즈를 쓰면서 받은 응답보다 더 큰 감동이었습니다.

열다섯 번째 이야기!

'하늘의 기도'와 '땅의 기도'에 얽힌 사연

책을 만들다 보면 원고를 쓰는 일보다 디자인, 편집, 교정, 수정하는 일이 더 힘들 때가 많습니다. 이번에 '하늘의 기도'가 그런 경우입니다. 본디는 그냥 주일 '목회기도'를 월별, 주별로 모아서 책을 묶어 교우들과 나눌 요령으로 시작한 일이 의외로 커져서 그 기도가 다시 주제별 기도로 전환 작업을 하게 되고, 의미가 잘 전달되도록 같은 기도문을 상, 하권으로 엮으면서 분류한 본문과 기도 내용이 착오가 생기지 않도록 교정을 보면서 아주 긴장되고 복잡한 과정을 겪었습니다.

실제 교정 과정에서 이런 실수가 발견되었고, 자칫 출판 전량을 회수해야 하는 대형사고 직전에 교정자가 매의 눈으로 사고를 미연에 방지할 수 있게 해 주었습니다. 놀란 저는 3교, 4교를 보고 종이 출력 수정부터 PDF수정까지 여러 번 검토를 하고 오탈자 전수 조사를 몇 번 하면서 교정지 출력도 여러 번 했습니다. 그 바람에 책 한권 만드는 일이 전집류 한질 만드는만큼이나 많은 출력을 했고, 처음에는 이면지 출력을 하다가 나중에는 새 A4용지를 쓰면서 교정을 보았습니다.

그리고 오늘 드디어 최종 4차 교정을 끝내고 디자인실에 OK 사인을 보내고 나니, 책 몇 권을 마감한 것 같은 개운함이 듭니다. 이제는 책을 만드는

실제적 작업인 인쇄와 제본 과정이 남았지만 그건 전문가들이 하는 일이
니 잘 할 것이고, 이제 열흘 후면 자식 같은 책 '하늘의 기도'(상하)와 '외로
운 제자들'이 나오게 될 것입니다. '하늘의 기도'는 각 신국판 양장 550쪽
씩이고 '외로운 제자들'은 450쪽인데 제작비도 예상보다 많이 들어갑니다.
그래도 파격적으로 드리고 싶습니다.

'하늘의 기도'는 실제 기도의 숨결이 살아있는 책이고, 저의 마지막 강단
사역의 발자국이며 '외로운 제자들'은 제가 쓴 '외로운 시리즈'의 여섯 번
째 책인데 한 달 뒤에 나오는 '외로운 이사야'보다 조금 먼저 나오는 것입
니다. 이 책은 쓴 지가 한참 되었는데 이번에 같이 출판하게 되었고, '외로
운 이사야'는 조금 시간을 두고 5월 초에 발행할 생각입니다. 특별한 의미
를 부여한다면 '외로운 제자들'은 담임목사로의 마지막 책이고 '외로운 이
사야'는 원로목사로서의 첫 번째 책입니다.

특히 '하늘의 기도'는 재교(再校)를 보던 지난 3월 5일 하나님의 계시로 '땅
의 기도'를 시작할 만큼 저의 기도와 저술에 충격적인 경험을 하게 한 책입
니다. '땅의 기도'는 올 여름에 나올 터인데 정말 기도를 향한 하나님의 간
섭이 얼마나 무서운지 보여주는 책이 될 것입니다. 왜냐하면 그 기도문으
로 기도하면서 하나님은 저의 기쁨이 되셨고 저는 하나님의 기쁨이 되는
확신을 가지고 글을 쓰고 기도할 수 있었기 때문입니다. 그래서 저는 '땅의
기도'에 많은 기대를 하고 있습니다.

제가 지금껏 60여 권의 책을 쓰면서, 하다하다 기도문까지 책을 만들어 팔

아먹는 짓을 한다고 자조적인 독백을 했는데, 그럼에도 불구하고 많은 기대를 하게 되었고, 거기다 하나님의 직접계시에 의한 책망으로 '땅의 기도'를 시작하고, 그 기도문이 제 일상이 되니 너무 감동입니다. 이제 이 기도문은 저의 살아있는 기도가 될 것이고, 특히 지난 15년 동안 '새벽 이슬기도회' 후에 '아침 만나기도회'와 '저녁 샘물기도회'를 인도하면서 하나님을 만나던 은혜의 때를 회복시키셨습니다.

지금까지 가장 가볍게 시작했다가 가장 무겁게 마치는 이번 '하늘의 기도'는, 책의 제작 동기나 교정 과정, 그 과정에서 만난 새로운 미션, 그리고 책을 통한 사역의 연착륙과 재이륙 등 표현할 수 없을 만큼 신비한 하나님의 인도의 경험도 하게 되었습니다. 그러나 이것으로 끝나는 것이 아니라, 더 크고 놀라운 하나님의 비밀이 여기 숨어있는 것 같은 확신을 떨쳐버릴 수가 없습니다. 그래서 피곤하지 않습니다. 여러 번의 교정지를 보면서 그래도 제가 할 일이 있음이 은혜입니다.

열여섯 번째 이야기!

찌끄레기 / 자투리 / 찌꺼기 시간

요즘 심각한 고민 중입니다. 아니, 이미 고민은 끝났습니다. 실천하면 됩니다. 은퇴하고 나서 시간에 쫓기면서, 가장 큰 고민은 바로 '시간'이었습니다. 이제 은퇴를 했으니 시간이 많을 것이라는 말씀은 은퇴를 안 해보셨기 때문이라고 생각합니다. 왜냐하면 은퇴자는 마치 사형집행을 앞둔 사형수 같습니다. 표현은 살벌하지만 달리 말해 천국 맨션 당첨번호를 기다리는 신분입니다. 하나님께서 갑자기 부르시면 하던 일 멈추고 툭툭 털고 일어서야 하는 대기자 신분이라 그렇습니다.

물론 일반적으로는 "겉으로 보기에 멀쩡한 사람을 불러 가시기야 하겠나?" 혹은 "오는 건 순서대로 오지만 가는 순서는 따로 없다."고 하지만, 그건 한낱 핑계이고 나이 70이 넘으면 늘 제 이름이 언제 불릴지 기다리고 있어야하고, 그 때는 어떤 핑계나 변명도 통하지 않는다는 것을 알기 때문입니다. 그 때 가서 "조금만 기다려 주실 수 없나요? 제가 하던 일 아직 매듭을 못 지었어요!"라고 연기할 수 있는 것도 아니고, "이건 좀 마무리해야 하는데!"하고 핑계할 수 없기 때문입니다.

나이가 들면, 언제든 '부르시면 하던 일 놓고 가야하는' 비상대기조 신분입니다. 그래서 하던 일 매듭을 못 짓고 가는 불상사가 생기지 않기 위해 부지런히 하루 24시간을 48시간으로, 더 욕심내서 72시간으로 늘려 일하는 게 습관처럼 되어 버렸습니다. 은퇴 이전부터 그랬으니 새로울 것은 없지만, 시간이 조금 더 가까이 왔기에 지혜를 모으려 하고 있습니다. 이때 가장 절박한 것이 '기도 시간'입니다. 하루 중 제일 많이 필요한 시간인데, 정작 제일 인색하게 배정하는 시간입니다.

저에게 가장 확실한 기도 시간은 '새벽기도'시간이었습니다. 어차피 새벽에 말씀을 전하고 나서 한 시간이고 두 시간이고 기도할 수 있습니다. 그런데 이론상은 그렇고, 실제 회중석에서 성도들이 조곤조곤 기도하는데 부르짖어 기도할 수도 없고, 그렇다고 조용히 묵상 기도를 드리려면 피곤하고, 제대로 기도도 못하고 조금 앉았다 들어갑니다. '새벽 기도회'는 인도했지만 '새벽 기도'는 못 한 겁니다. 다시 저녁에 기도회가 있어서 그 때 기도하려면 피곤해서 내일 새벽으로 미룹니다.

제가 섬기던 교회는 '새벽기도회', '아침기도회', '저녁기도회' 등 매일 기도회가 세 번 있으니, 기도회는 많았지만 정작 저는 기도하는 시간이 없었습니다. 그러니까 기도회를 하루에 세 번씩 하는 교회의 담임 목사는 하루에 온전한 기도를 한 시간도 못하는 겁니다. 이제 세상에서 기도할 날이 점점 줄어드는 걸 보면서 생각한 것이 '걷는 기도'와 '운전 기도'입니다. 이 기도의 공통점은 모두 무엇을 하는 시간을 이용한다는 것입니다. 운전하는 시간, 운동하는 시간에 기도하는 것입니다.

제가 이 기도의 매력에 빠진 것은 빠른 기도의 응답 때문입니다. 오늘 이

글에서도 신비주의라고 의심받을 만큼 조심스러운 기도 응답의 너무 많습니다. 한두 번이 아니라 기도하는 것마다, 아니 기도하는 것 이상으로 응답해 주십니다. 전에 기도할 때에 '구한 것보다 더 많이 주시도록' 기도했지만 그건 기도 받는 이들을 위한 위로의 기도였는데, 이제 실제 그런 응답을 받으니 신기합니다. 제가 기도한 것들을 그날그날 응답해 주시니 제가 응답을 소화하기가 버겁습니다.

그러면서 양심이 찔리는 것입니다. 저는 지금 고작해야 새벽에 일어나서, 또는 저녁에 자기 전에 기도하는 것입니다. 그리고 시내에 다녀오는 날 기도하는 것이고 운동하면서 기도하는 것입니다. 부끄럽지만 그래도 현직에 있을 때보다 기도시간이 깁니다. 더 감사한 것은 하나님과의 친밀도와 관계성은 말할 수 없이 높습니다. 지금은 매일매일 하루에도 여러 번 하나님 임재가 제 삶에 개입하심을 고백할 수밖에 없습니다. 지금 저의 사역은 하나님 아니면 불가능한 일들입니다.

그래서 죄송한 마음이 들었습니다. '찌끄레기'라는 말이 있습니다. 음식물 등의 '찌꺼기'라는 말의 방언입니다. 거기서 파생된 말이 '찌끄레기 돈'인데 바로 '잔돈'의 방언(方言)입니다. 즉, 이 말대로 '큰돈'은 제가 쓰고 '잔돈'은 하나님께 드린 것인데, 이걸 '알뜰하게 썼다.'며 자화자찬을 한 것입니다. 놀라운 것은 아직 한 번도 큰돈을 드려볼 생각을 못했다는 것입니다. 여기서 큰돈이란 온전한 시간을 일컫는 것임을 고백합니다. 왜냐하면 그 시간은 제가 지금 쓰는 것과는 다릅니다.

부록 2. '땅의 기도'와 관련된 스무 개의 뒷이야기!

지금은 피곤한 새벽, 잠자기 전의 밤, 주목적인 운동을 하면서, 또는 운전을 해서 시내에 오가는 시간입니다. 아침 먹고 몇 시간, 점심 먹고 몇 시간을 기도하지 못했고, 하려고 해 보지도 않았습니다. 왜냐하면 그 알토란같은 낮 시간은 일해야 하기 때문입니다. 설교준비 하고, 지금은 글 쓰는 것 같은 중요한 일을 해야 하기 때문입니다. 그러니까 이론상으로는 온전한 몸통 같은 낮 시간은 제가 세상에서 하는 일을 하고, 자투리시간이나 찌끄레기 시간은 하나님께 드리고 있습니다.

제가 가장 소중한 시간, 온전히 쓸 수 있는 낮 시간에 가장 존귀하신 하나님께 기도하고, 생선으로 말하면 가운데 토막을 주님께 드리고, '어두일미(魚頭一味)'라며 자신을 속여 온 지난 시간들을 제 자리로 돌려놓고 싶은 것입니다. 존귀하신 하나님께는 가장 존귀한 시간을 드림이 마땅하고, 운동하면서, 혹은 운전하면서, 그 밖에 내가 보기에 '찌끄레기 시간'같은 자투리 시간, 혹은 찌꺼기 시간들은 저 자신을 위해 사용하는 계획을 오늘이라도 바로 실천해 보려 준비하고 있습니다.

열일곱 번째 이야기!
글로는 다 못 적는 하나님의 방법

저는 '땅의 기도'를 탈고하기 전 우리의 기도를 필요로 하는 이들을 찾았습니다. 의외로 세상은 너무 힘든 이들이 많았고, 따라서 그리스도인들은 이들을 위한 기도의 채무를 지고 있다는 생각입니다. 기도문을 내면서 제가 제일 많이 뉘우친 부분입니다. 그동안 한국교회가, 아니 솔직히 우리, 더 진솔하게 말하면 제가 기도를 많이 했는지 모릅니다. 그런데 기도는 내가 잘 되고, 내가 하는 일이 잘 되는 푸닥거리 기도였습니다. 말로는 하나님의 영광이었지만 속내는 나의 욕심이었습니다.

그런데 이번에 이 '땅의 기도'를 쓰면서 그 빛을 발견했습니다. 사실은 '기도문'을 쓴다기보다 기도의 영역을 찾는 느낌으로. 우리가 외면하고 지나온 이들을 가던 걸음을 돌아와서, 손 한번 잡아주고 기도 한 움큼 빌어주고 가는 마음을 드리고 싶었습니다. 그리고 바로 그런 기도의 빚진 이들 때문에 '땅의 기도'는 2집, 3집을 계속 써야겠다는 생각을 많이 했습니다. 그러던 어제 밤 '발달 장애인' '이지원'양과 동생 '이송연' 양의 이야기를 보며 장애인을 위한 기도를 생각했습니다.

그래서 이제 남은 몇 개의 기도는 '장애인들을 위한 기도'를 올릴 생각입니다. 본디는 다음 '땅의 기도'를 낼 때, 다른 기도를 모두 빼고 '질병을 앓는

931

이들과 장애를 안고 살아야 하는 이들을 위한 기도'만 실으려던 것을 막판에 급히 수정한 것입니다. 하나님의 특별한 계시라고 생각합니다. 불과 몇 편 남지 않은 '땅의 기도'에 그래도 '장애인을 위한 기도'가 몇 편이라도 들어갈 수 있다는 것은 하나님의 특별한 배려이고, 어쩌면 이것은 하나님의 안타까운 마음의 표현일 것입니다.

저는 지금 '원로목사'로 인생의 새로운 전기를 맞는 것 같습니다. 저는 신학교에 입학했을 때도 이렇게 행복하지 못했습니다. 나이 45세에 저보다 25년 아래 청년들과 같이 공부하는 자체가 부담이고 아픔이었기 때문에 설렘이나 기대, 행복 같은 것을 생각할 겨를은 없었습니다. 그것도 매주일 비행기를 타고 서울에 올라가서 '여관'과 '고시원'에서 잠을 자며 공부하는 처지라 경제적인 압박이 있어서 더욱 그랬을 것입니다. 물론 목회를 하면서 공부하던 일이기에 더 힘들었습니다.

강원도의 첫 목회지에서도 그런 느낌은 같았습니다. 예배당 건물이 있고, 교우들이 있고 부임하는 절차가 있었던 게 아니고, 목회자도 교인도 없어 3년 동안 비어있던 예배당에, 아무도 오는 사람이 없으니 이웃 주민들이 담배말리고 고추 말리던 창고처럼 쓰던 예배당에, 아이들 둘과 저희 내외 네 식구가 첫 예배를 드리던 때에 무슨 사명이니 행복이니 하는 말을 떠올릴 겨를도 없었습니다. 그저 젊었으니 열심히 살았고, 기왕에 목회자로 왔으니 거기에 최선을 다할 뿐이었습니다.

제주도에 처음 올 때도 그랬습니다. 제가 자원했던 것도 아니었고, 오고 싶었던 것도 아니었습니다. 다른 분이 오기로 했었는데, 사양하는 바람에 제가 왔습니다. 짐을 풀어놓고 너무 기가 막혀 어떻게 살아야 할지 걱정했습니다. 경제적으로는 봉급을 지원해 주었으니까 살겠지만, 목사가 목회 비전도 의욕도 없는 곳에서 할일은 아무 것도 없습니다. 그 때는 제주도가 모두가 꺼리는 유배지였습니다. 저도 꺼렸지만 말을 못하는 성격이었을 뿐입니다. 그리고 이제 33년이 되었습니다.

그런데 지금은 매일이 행복하고, 매 순간이 설레고 매일 아침부터 저녁까지 설렘으로 살고 눈물로 삽니다. 그저 행복합니다. 어찌 이해가 될지 모르지만, 제 마음이 지금처럼 행복한 적도 없고 지금처럼 설레어 본 적도 없습니다. 이 글을 쓰는 지금은 제 눈에 눈물이 그렁그렁 고여서 세상에서 가장 행복한 자신을 보고 있습니다. 요즘처럼 하나님과 깊이 사귀는 행복을 경험한 적도 없고, 하나님으로부터 폭풍 응답을 받아본 기억도 별로 없습니다. 제가 응답을 주어 담기가 버겁습니다.

하나님은 살아계십니다. 아니, 지금도 살아계십니다. 제가 기도하는 대로 들으시고, 기도드리기 전에 응답하시고, 기도하면 넘치도록 부어 주십니다. 하나님을 사랑하면서 누린 특권들이 이렇게 엄청나다는 것을 처음 알았습니다. 이 글은 오늘 새벽 한 시에 쓴 것인데 수천 명이 모이는 교회의 예배를 준비하는 기쁨보다 더합니다. 제가 모르는 방법으로 신비롭게 임하실 하나님을 기대하며 제 마음이 설렙니다. 저는 내일을 모릅니다. 그러나 하나님은 내일도 기적을 행하실 것입니다.

부록 2. '땅의 기도'와 관련된 스무 개의 뒷이야기!

열여덟 번째 이야기!

'땅의 기도'는 '기도'의 모범이 아닙니다.

제가 처음 신앙생활하면서 힘든 것 가운데 하나는, 성경에 나타난 하나님의 역사들이 왜 이 시대에는 동일하게 일어나지 않느냐는 것입니다. 물론 그렇다고 그 궁금증을 담임목사님이나 신학교 교수님들께 질문하지는 않았습니다. 틀림없이 대답을 주실 것이고, 그 대답은 제게 만족을 주지 못할 것이라는 믿음(?)때문이었습니다. 그리고 오랜 세월 크게 고민하지 않고 살았는데, 이유는 질문에 대한 대답을 얻었기 때문이 아니라, 제가 성령님의 일하심을 체험하게 되었기 때문입니다.

그러면서 저는 전보다, 아니 지난해보다, 혹은 어제보다 점점 더 주님 앞에 다가가게 되고, 점점 깊이 기도하게 하시는 은혜를 입었습니다. 하나님은 늘 저의 기도에 제가 구한 것 보다 넘치게 응답해 주셨습니다. 저는 자랑 같지만 그동안 비교적 금식을 많이 했습니다. 금식은 주로 열흘씩이 대부분이었고, 짧으면 일주일이었습니다. 목회하던 시절에는 일주일이 많았습니다. 그 때도 응답을 많이 주셨는데, 그러나 요즘은 그 때에 주시던 응답에는 비할 바가 아닐 만큼 놀랍습니다.

하나님은 근래에 제가 숨도 쉴 수 없을 만큼 응답하십니다. 그리고 이 응답은 제가 감당하기에 너무 벅찬 것이었습니다. 아직은 다 밝힐 수 없지만, 제가 요즘 '땅의 기도'를 드리고 있는데, 솔직히 말씀드리자면 이 기도의 시작도 하나님이십니다. 하나님이 주신 것이 '땅의 기도'라는 주제이고, 그 기도를 책으로 묶는 것도 하나님의 명령이었습니다. 그리고 계시의 말씀을 들은 후 1년이 안 되어 이번 주 고난주간 안에 모든 원고는 탈고가 됩니다. 이 '땅의 기도'는 그냥 기도문입니다.

제가 담임목회를 하던 때에 섬기던 교회에서 늘 강조하던 게 '기도문'이었는데, 그 이유는 준비 안 된 기도는 강단에 올라오면 늘 횡설수설하며 시간이 얼마나 흘렀는지도 모르는 채 횡설수설하다가 내려가게 되기 때문입니다. 그러므로 하나님께 드릴 기도의 내용을 잘 정리해서 들고 올라오라는 것입니다. 물론, 그 말에 순종한 사람을 얼마 되지 않았습니다. 이는 순전히 저의 목회 역량 부족이 원인입니다. 저는 목회자의 설교 전후에 드리는 기도문도 설교문처럼 썼으면 좋겠습니다.

사회에서도 신분이 높은 이들께 보고를 할 때는 서류나 '차트'로 일목요연하게 정리를 해서 보고하고, 그때 브리핑에는 밤을 새워서라도 어휘, 단어는 물론 문장까지 잘 정리해서 보고합니다. 그것은 상관, 혹은 고위직에 있는 분에 대한 예의입니다. 대통령을 만나서 무슨 보고를 하고, 부탁을 하든지 브리핑을 할 사람이 철저히 준비를 하고 가도 실수를 하거나 사고가 날 수 있는데, 하물며 아무런 준비도 안하고 가서 생각나는 대로 말한다는 것은 그를 귀히 여기지 않는 것입니다.

그래서 대표기도를 담임자가 하면서 시작된 기도문 작업은 그간 정리한

935

예전 기도문을 '하늘의 기도'라는 책으로 엮어서 내는 결실을 보았고, 그때 전혀 생각하지 않았던 '땅의 기도'를 감동하심으로 시작하게 된 것입니다. 자연히 사람들은 이 기도문이 '최선의 기도문'을 제시하는 줄 알지만 아닙니다. 저는 사실, 기도드릴 영역도 주님이 주시고, 기도문의 내용도 하나님의 감동을 따라, 저는 한 사람의 기자로 기록하고 있다고 말씀드립니다. 이건 절대 '모범 기도문 모음'이 아닙니다.

이 '땅의 기도'는 "기도문은 이렇게 쓰라!"는 것이 아니라 "이 분야도 기도해야겠다!"는 뜻이 더 강합니다. 제가 '땅의 기도'를 쓰면서 경험한 깜짝 놀랄만한 일은 기도를 드리고 나면 또 다른 기도를 주시고, 기도를 드리면 기도할 내용을 주신다는 것입니다. 이런 이야기는 여기다 글로 써야 읽는 이들이 이해를 못하실 것입니다. 다만 '땅의 기도'를 쓰면서, 하나님은 저에게 기도에 관한 '천기수설(天機漏洩)'을 하셨다는 것입니다. 이건 저도 생소한 경험인데 아마도 곧 밝힐 것입니다.

열아홉 번째 이야기!

'땅의 기도'에 대한 변명!

지난해부터 쓰기 시작한 기도문이 이제 한 권의 책으로 나오게 되었습니다. 쪽수로는 850쪽이 됩니다. 그동안 페북에 실린 이 기도문을 꾸준히 읽고 같이 이 기도문으로 기도해 주신 분들도 몇 분 있지만, 그리 많은 분들이 참여하지는 못했습니다. 사실은 기도문이 너무 길기 때문입니다. 3분밖에 안 걸리는 내용이지만, 다급한 상황이 생긴 것도 아닌 분들에게는 스쳐가듯 보는 '페북'에 올리는 글이 상당히 긴 편에 속합니다. 이 정도의 길이는 페북에서는 사실 대하소설 급입니다.

오죽하면 제가 여러 차례 기도문을 읽는 것에 대한 부담을 가지지 않으시도록 짧은 안내 글을 올리던 기억이 납니다. 왜냐하면 이 글은 페북을 이용하시는 분들이 읽어주기를 바라며 올린 기도문이 아니라, 제가 원고를 쓰면서 페북에 덤으로 올리고 지나간 것이기 때문입니다. 그래도 그 바람에 좋은 친구들도 얻었음은 사실입니다. 이제 기도문은 이달로 마감하여 책으로 엮습니다만, 그러나 기도가 끝나는 것은 아닙니다. 저는 계속해서 기도할 것이고 기도문도 계속 올릴 것입니다.

그렇게 기도가 차고 때가 되면 또 묶어서 책으로 낼 것입니다. 그리고 이 기도문이 책으로 묶여지는 날에 책의 가치는 비로소 드러날 것입니다. 이

부록 2. '땅의 기도'와 관련된 스무 개의 뒷이야기!

는 순전히 하나님의 은혜입니다. 기도문을 쓰는 동안, 처음 겪는 일도 많았습니다. 어떤 분은 이런 기도를 해 달라고 부탁하기도 하고, 어떤 분은 저런 기도를 올려달라는 부탁도 하셨습니다. 그러면 저는 또 그런 기도문을 올리고, 길을 걷거나 차를 운전하다 상황을 만나면 또 기도를 드립니다. 어쩌면 기도가 저의 천직인 것 같습니다.

그러나 기도를 부탁하는 분들에게는 하나도 귀찮지 않고 고마웠으며, 기도문을 쓰고 올리는 때에 저의 행복지수는 늘 최고조에 달했습니다. 이 기도는 저에게 있어 '기도 그 이상의 것'이었습니다. 제게는 기도의 교과서였고, 때로는 인생의 나침반이었습니다. 이 기도는 제 자신에게 많은 깨달음을 주었고, 기도가 제 길을 인도해 왔습니다. 이 기도는 저에게 계속해서 말씀하셨고, 끊임없는 축복의 길로 인도해 주셨습니다. 기도문은 저에게 믿음에 대한 간증(干證)이기도 했습니다.

저는 기도문을 쓰면서 위로를 받았고, 기도문을 쓰면서 기도의 응답을 받았습니다. 기도문은 저에게 엄청난 능력의 공급원이었습니다. 기도문은 저에게 하나님과 깊이 또 가까이 교제할 수 있는 징검다리였습니다. 기도문을 쓰면서 하나님과 나누었던 친밀한 사귐은 평생을 목회하면서 누렸던 그 이상이었고, 기도문이 가져다 준 행복은 글로는 다할 수가 없습니다. 그것은 하나님과 저만이 아는 신령한 비밀입니다. 하나님은 이 기도를 통해서 저에게 아주 가까이 다가와 주셨습니다.

가까이 오셨을 뿐 아니라 많은 시간을 함께 해 주셨고, 시간으로만 함께

해 주신 것이 아니라, 깊고 신비한 기도에 대해서 커튼을 열어 보여주시듯 알게 해 주셨습니다. 기도하는 동안에 기도해야 할 수많은 상황들과 사건들이 생겼습니다. 그리고 기도문으로 함께 기도하는 동지들이 생기고, 기도문을 바쁜 일정에서 목회 보조 자료로 쓰는 분도 계시고, 함께 저에게 다른 분들과 나눌 기도제목 즉, '무슨 일, 무슨 상황'을 알려 주시어 제 기도의 지평을 열어주신 계기가 되었습니다.

이 기도는 은퇴이전부터 드리기 시작해서 은퇴 이후에는 제 사역이 되었고, 삶의 둥지가 되었습니다. 이 기도들은 저에게 응답을 주셨고, 행복을 주셨습니다. "기도한다고 떡이 나오느냐? 밥이 나오느냐?"며 비아냥했지만 기도는 떡과 밥 그 이상이 나왔습니다. 처음에는 제가 하나님께 구했지만 후에는 하나님께서 제게 주셨습니다. 여러 영역의 기도가 있습니다. '나라와 민족을 위하여 드리는 기도'부터 '자신의 영성을 위하여 드리는 기도'까지 열 개의 기도 영역으로 분류했습니다.

그러나 그 가운데 가장 많은 기도는 '교회와 복음을 위하여 드리는 기도'입니다. 일부러 숫자를 늘린 것은 아니지만 일 년치 기도를 드리고 난 후에 묶어 보니, 교회와 복음을 위해 드린 기도가 제일 많았습니다. 아마도 늘 제 가슴 한 가운데에는 교회가 있던 것 같습니다. 교회는 늘 제 눈에 그렁그렁 눈물이 고이게 하는 애잔한 곳이었고, 때로는 금식하며 부르짖던 사랑의 대상이었습니다. 지금 교회 공동체는 떠나있지만 그 교회에는 제가 영원히 갚을 수 없는 채무자가 되었습니다.

부록 2. '땅의 기도'와 관련된 스무 개의 뒷이야기!

어떻든 이 책에는 매일 기도하는 하루 한편의 기도 366(윤달은 무시하고 관용적으로 부르는 365일을 하려다가 바꿨습니다.)편과 제가 순전히 개인적으로 하나님께 드리는 감사의 기도를 합하여 390편의 기도문이 영역별로 들어있고, 그 뒤에는 일 년 365일을 매일 '땅의 기도'로 기도하는 분들을 위하여 기도 일과를 넣어드렸습니다. 절대적인 것은 아니고 참고용입니다. 매일 기도 일과는 열개의 기도 영역을 가급적 중복되지 않게 나누어 기도하도록 한 것일 뿐 다른 의도는 없습니다.

분주한 일상을 사는 분들이 기도문의 순서대로 기도하기도 쉬운 일이 아니고, 상황이 생길 때마다 기도문을 찾아서 기도하기도 어려울 것 같아서 저자의 특별한 배려 공간으로 봐 주시면 고맙겠습니다. 이런 형태의 기도문은 견문이 좁은 제가 보기에는 처음인 것 같아서 영광스럽기도 두렵기도 합니다. 기도문을 쓰는 동안 다른 집필은 잠시 접어두고 있었는데, 우선 첫 번째 땅의 기도를 쓰고 난 후에는, 바로 '유언(遺言)'을 쓸 것입니다. 이 책은 제 아들에게 남기는 유언입니다.

그래도 기도문은 계속해서 하루에 몇 편씩 쓸 생각입니다. 왜냐하면 기도문은 제 개인의 기도생활은 물론 저의 믿음을 새롭게 해주는 귀한 계기가 되어 주었기 때문입니다. 이 책의 최초, 최대 수혜자는 바로 저 자신임을 고백하며 '뒤에 오는 서문!'을 끝으로 글을 마칩니다. 이제는 이 책이 나오는 날까지 이 기도문과 관련된 글은 가능한 자제하려고 합니다. 그리고 이제는 좀 미래에 관한 이야기를 쓰고 싶습니다. 그것은 아주 오랜 시간 제 가슴에 있던 가슴시리고 아픈 미래입니다.

돌아다보지 않아도 다 알고 있는 자신의 과거에 대해서 굳이 소환할 필요는 없습니다. 왜냐하면 과거 이야기는 집착 아니면 자랑일 뿐이기 때문입니다. 대신에 아직 한 번도 가본 적이 없는 미래를 디자인하고 말하고 준비하는 것은 귀한 일일 것입니다. 그리고 저를 더 아름답게 발전시키고 복되게 하는 것은 과거가 아니라 미래입니다. 이미 과거는 제에게 미칠 모든 영향을 미쳤습니다. 그러나 미래는 그렇지 않습니다. 그 미래를 '유언'라는 책을 통해서 아들과 함께 나누고 싶습니다.

부록 2. '땅의 기도'와 관련된 스무 개의 뒷이야기!

스무 번째 이야기!

다시 바뀌는 기도 제목!

제가 세상에서 만났던 누구도 믿지 않는 것을 저는 믿었습니다. 그리고 아무도 안 하는 일을 했습니다. 그분들은 그 일에 대한 가치를 인정하지 않았고, 저는 가치를 인정했기 때문입니다. 그리고 아무도 엄두를 내지 못하는 일을 끝냈습니다. 그건 바로 '땅의 기도'를 끝낸 것입니다. 그동안 누가 읽지도 않는 기도문 390개를 썼습니다. 글은 책과는 전혀 위상과 품격이 다릅니다. '글'과 '책'의 차이는 '식자재'와 '음식'의 차이와 같습니다. 식자재를 보고 군침을 삼키는 아마도 없을 겁니다.

그러나 음식이 조리되어 정갈한 그릇에 담겨 식탁 위에 품위 있게 오르면 "그 식자재로 어떻게 이렇게 맛있는 음식이 조리된 거야?" 하며 수저를 들 것입니다. 이제, 390개의 기도문은 썼습니다. 뿐만 아니라 책의 '서문'도 '후기'도 모두 썼습니다. 목차도 다 정했고 책에 실릴 12개의 주제는 애초에 기도하면서 모두 정했습니다. 이제, 순서도 정했고 이미 쪽수도 정해졌습니다. 각 주제별 목차 앞에 적어야 하는 해설문도 다 썼습니다. 이미, 책의 서체와 크기 행간은 다 정해 졌습니다.

애초에 샘플을 여러 번 뽑아서 거기에 맞게 글을 썼기 때문입니다. 이제부터는 책을 예쁘고 맛깔스럽게 편집해서 교정(校正)과 교정(校訂)을 잘하고 이어 수정(修訂)을 잘 해야 합니다. 여기서 실수하면 책의 가치는 절반으로 떨어집니다. 이미 '땅의 기도' 교정은 다섯 번을 넘게 보았습니다. 그 후에는 좀 비싸더라도 좋은 종이에 예쁘게 인쇄해서, 듬직하게 제본하여 책을 내놓는 것입니다. 이런 일은 제가 할 일이 아니라 그동안 제 책을 만든 최고의 전문가에게 다 맡기는 것입니다.

책이 나온 뒤에는 많이 팔리도록 기도해야 할 것입니다. 제 바람은 엄청나게 많이 팔렸으면 합니다. 줄 서서 기다릴 만큼 많이 팔렸으면 좋겠습니다. '책'에서 중요한 것은 좋은 내용과 예쁜 디자인과 믿음이 가는 표지, 그리고 멋진 제본입니다. 그런데 더 중요한 것이 있습니다. 많이 팔려야 합니다. 모든 상품은 소비자에게 외면당하면 끝입니다. 식탁의 음식에 아무도 손이 가지 않으면 요리사는 기운을 잃습니다. 모든 독자들이 이 책을 읽어야 하는 이유가 바로 이 대목에 있습니다.

'기도문'은 제가 저의 영/혼/몸을 갈아 넣어 기도 했고, 그 기도의 내용을 글로 옮긴 것입니다. 오탈자도 확인했고, 게으름을 막을 요령으로 페이스북에 올렸습니다. 본문 디자인은 지난해에 샘플을 뽑아 OK를 한 다음 맞게 썼다고 했습니다. 표지는 '하늘의 기도' 콘셉트를 가져와서 그대로 색깔만 바꾸어 썼습니다. 책의 이미지나 흐름의 일관성을 유지하기 위해서입니다. 다음 '땅의 기도' 역시 같은 디자인에 다른 컬러를 쓸 것입니다. 그리고 저는 내일부터 다른 일을 시작할 것입니다.

여전히 '땅의 기도'는 쓸 것입니다. 제가 찾아낸 땅의 기도는 아마 십년을 해도 또 있을 것입니다. 지금 우리의 기도는 너무 표피적인 면만을 구해왔기 때문입니다. 우리 그리스도인은 하나님께서 보내신 땅에서 얼마나 많은 사랑과 기도의 빚을 지고 사는지 모릅니다. 그런데 우리의 기도 대부분은 자신을 위한 이기적인 내용만 구하고 있을 뿐입니다. 세상을 위해 기도한다는 것은 그리 간단한 일이 아니며, 이 책은 '기도문의 모범'이 아니라 '세상을 향한 기도 발굴'을 하는 책입니다.

이제까지 매일의 기도 제목은, 기도할 주제를 주시고 기도해야 할 제목과 기도문을 구하는 것이었습니다. 이제는 책이 잘 만들어지고 잘 팔리는 기도를 하며 새로운 출발 '외로운 이사야'를 쓸 것입니다. 적어도 다음 두 달은 이 두개의 기도 제목이 계속 번갈아 제 가슴과 입술에 가득할 것입니다. 그 '외로운 이사야'가 끝나면 '유언'을 쓸 것입니다. '유언(遺言)'은 책의 제목입니다. "무슨 놈의 유언이냐?"고 물으면, "죽는 놈의 유언이다."라고 말 하면서요! 모두에게 고마운 마음입니다.